訳注　荊楚歳時記

中村裕一著

汲古書院

471. ゴシュユ　〔ゴシュユ属〕(みかん科)

***Evodia rutaecarpa* (Juss.) Benth.**　(呉茱萸)

【分布】中国原産で，享保年間に日本に渡来し，薬木として各地に植栽される落葉低木。ただし日本にあるのは雌木だけである。【形態】樹高３ｍに達する。葉は対生し，７～８個の小葉からなる奇数羽状複葉，小葉は楕円形，長さ10cm内外，全縁。先端は急にとがり，葉裏や葉柄に柔毛あり，雌雄異株。初夏，円すい花序を出し，緑白色の小さな花をつける。果実は紫赤色。【薬用部分】果実(呉茱萸〈ゴシュユ〉(局))。夏～秋に成熟した果実を採集し，日干しにする。【成分】インドールアルカロイドのエボジアミン，デヒドロエボジアミン，ルテカルピン，ヒゲナミン，エボカルピン，シネフリンのほか，サイクリックGMP，ゴシュユ酸，精油のオシメンなどを含む。苦味成分としてリモニン，特異の香気は鎖状テルペンに基づく。【薬効と薬理】水製エキスはラット摘出子宮のセロトニンによる収縮に拮抗するが，この作用にはシネフリンが関与する。ルテカルピン，デヒドロエボジアミンはラット子宮を収縮させる。呉茱萸には気分を落ちつかせ，痛みを止める作用があり，頭痛，吐き気，口内炎，歯痛，湿疹などに用いられる。冷え症用薬とみなされる処方に少数例配合される。その他浴湯料としても用いられる。【その他】呉茱萸の基原植物としてはゴシュユの他にホンゴシュユ*E. officinalis* Dode, *E. bodinieri* Dodeなども用いられる。

口絵１　呉茱萸《ごしゅゆ》。茱萸はグミ（胡頽子《こたいし》）といわれるが、その説は俗説で、茱萸はミカン科の植物である。345頁以下を参照。

口絵２　曹娥碑（後漢会稽孝女之碑）。151年建立。266頁以下を参照。

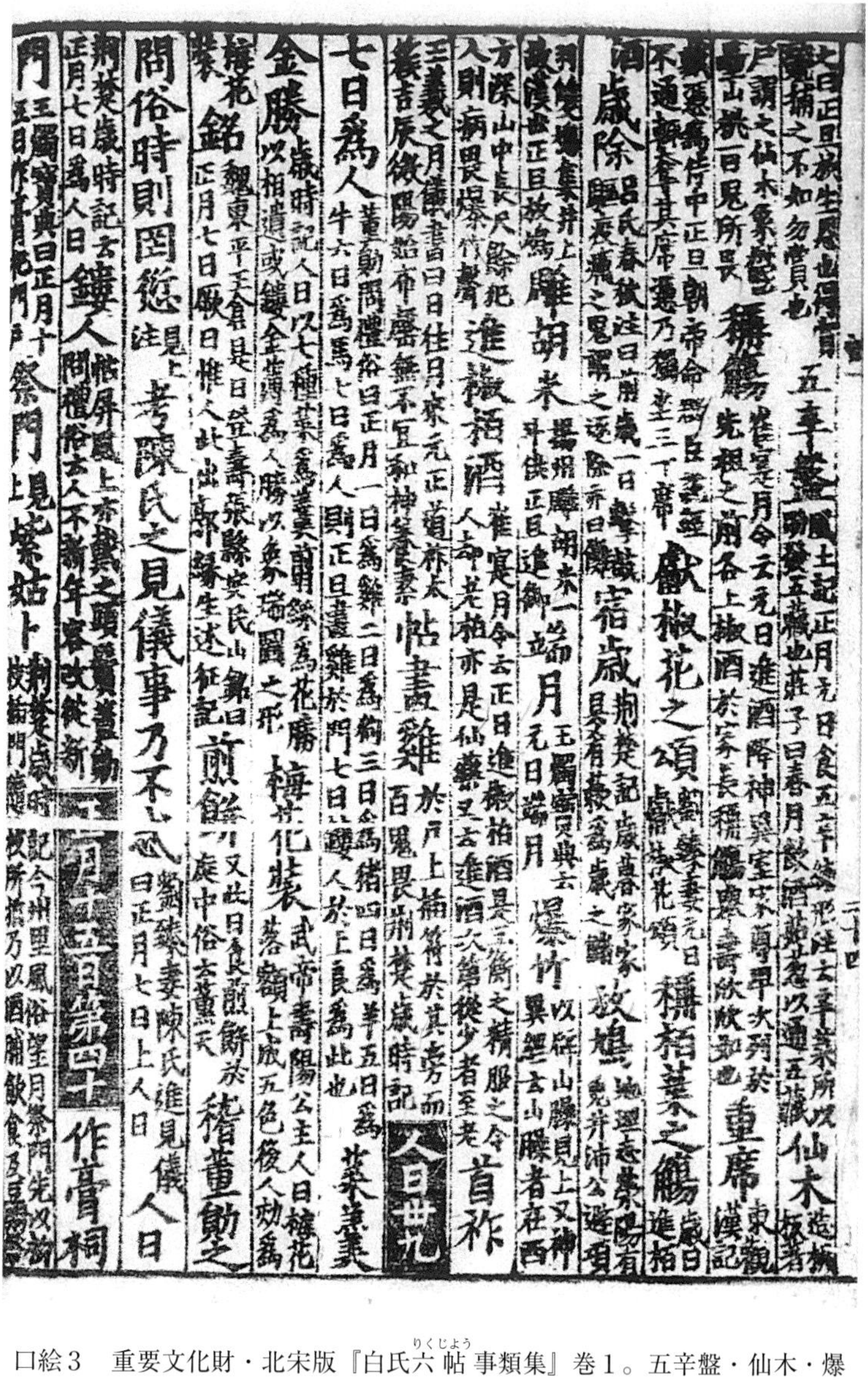

口絵３　重要文化財・北宋版『白氏六帖《りくじょう》事類集』巻１。五辛盤・仙木・爆竹・椒柏酒・７日人日・煎餅・正月15日、作膏祠門・紫姑神の条。

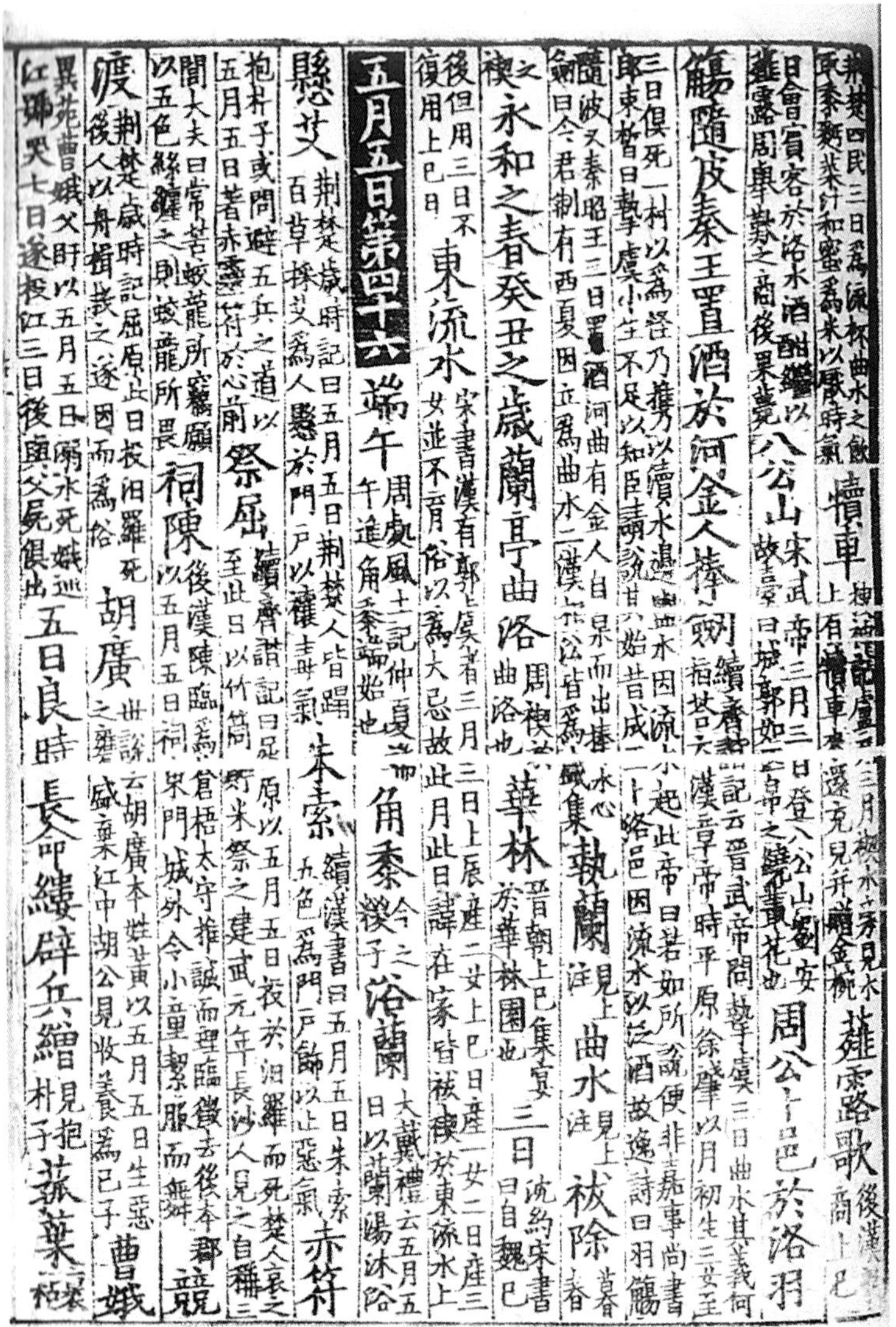

口絵４　重要文化財・北宋版『白氏六帖《りくじょう》事類集』巻１。５月５日第46・角黍《しょ》・浴蘭・屈原・曹娥・五月五日の生子。

訳注　荊楚歳時記

はじめに

『荊楚歳時記』は長江中流域に位置する荊楚地方（現在の湖北省、戦国時代の楚国、唐代の荊州・江陵郡、清代の荊州府）の六世紀の年中行事記であり、「歳時記」という語を使用した中国で最初の書である。著者は南朝の梁王朝（五〇二〜五五七）と北朝の西魏（五三五〜五五六）と北周（五五六〜五八一）の官人であった宗懍《そうりん》（字は元懍、生年四九八〜五〇二年。卒年五六一〜五六五年）で、最初の書名を『荊楚記』という。

宗懍は中国中心部に位置する南陽（唐代の鄧《とう》州・南陽郡。現在の河南省鄧州市）の涅陽《でつよう》県（＝南陽郡穰《じょう》県）が本貫地（本籍地）である。宗懍の八世祖に当たる宗承が、永嘉の乱（三〇四〜三一六）の後に、宜都郡太守（湖北省に置かれた宜都郡の長官。長官を太守という）となってから、荊州江陵（湖北省荊州市）に僑居（本籍地は元のままで、居住すること）し、それ以降、宗氏一族は江陵に僑居するようになった。父は宗高之といい、浙江省紹興市にかつて置かれた会稽郡山陰県の県令（県知事）を歴任している。門地・家柄が重視された南朝の貴族制社会にあって、本貫地も重視された。南陽に居住したのは八世代前のことにも拘わらず、宗懍伝には「南陽宗懍」と本貫地が記されている。

宗懍は六二九年に完成した正史・『梁書《じょ》』巻四一の王規伝（王規は南朝・梁時代の宗懍の上司）に附伝され、六三六年完成した正史・『周書《じょ》』（北周王朝の歴史書）巻四二と、六五九年に完成した李延寿撰の正史・『北史』巻七〇に列伝がある。列伝は『荊楚記』もしくは『荊楚歳時記』に言及がなく、『隋書』経籍志にも著録しない。七世紀前期において、『荊楚記』または『荊楚歳時記』は著録するほどの評価がなかったのであろうか。

宗懍は幼少の時から読書を好み、小児学士といわれた。梁の武帝が龍川廟碑文を起草させたところ、一夜で完成させたと『三国典略』（三〇巻。唐の丘悦撰）は伝える。普通六年（五二五）、宗懍が二十歳代半ばのころ、官途を歩む第一歩である秀才科に推挙されたが、故あって辞退した。普通七年、梁の武帝・蕭衍《しょうえん》の七男である湘東王・蕭繹《しょうえき》（後の江陵・梁朝の元帝）が、長江中流域の諸郡を統括する荊州刺史となり、荊州江陵に湘東王府を開府するに際して、その属僚を募集したとき、宗懍は兼記室参軍（記室参軍は文書係りの長）に任用され、官途を歩むことになる。以後は蕭繹に仕え、江州の刑獄参軍や数県の県令（県知事）を歴任した後に、母の喪に服するため一時的に退官した。

太清元年（五四七）、蕭繹が再び荊州刺史となると、宗懍は召し出され、荊州の江陵令（江陵県知事）となった。五〇歳前後のころである。太清二年に勃発した侯景の乱（侯景は東魏の武人。東魏から離反して南朝・梁に投降した。しかし、梁の武帝が東魏と同盟を結んだため、孤立を恐れた侯景は反乱を起こし、都の建康を陥落させ、武帝を横死させた）は、太清六年に終息し、同年（承聖元年・五五二）一一月、蕭繹は荊州江陵で皇帝に即位し、梁の第二代皇帝の元帝（諡号は孝元皇帝、廟号は世祖、諡号を略して「元帝」と通称する。後世の呼び名である）となった。宗懍は元帝に重用され、五兵・都官・吏部の各尚書を歴任した。梁王朝内部において、元帝に対抗する蕭詧《さつ》（『文選《もんぜん》』を編纂した昭明太子・蕭統の三男・元帝の甥）は、北朝である西魏に庇護を求め、西魏は臣従してきた蕭詧を南朝・梁の正統とし、五五〇年に蕭詧を梁王に冊封した。これによって南朝・梁は分裂する。承聖三年（五五四）、元帝が拠点とする荊州江陵は西魏軍に攻撃され、江陵の梁朝は滅亡した。

宗懍らの江陵の梁王朝官人は、西魏王朝の都である長安に連行され、西魏へ出仕することになる。西魏の後を承けた北周王朝の閔《びん》帝（宇文覚）の五五七年、宗懍は車騎将軍・儀同三司（車騎将軍は朝廷内の官品を示すための官で、武人の将軍とは何ら関係がない。儀同三司は「儀仗は三司に同じ」という意味）を拝命し、明帝が即位すると、麟趾《りんし》殿の書物を扱う職に従事したが、保定年間（五六一～五六五）に、六四歳で長安において卒した。『初学記』巻三歳時部・上・春第一に、宗懍の「春望詩」や「早春詩」があるから、宗懍は文人・詩人としても高く評価された。

宗懍と時を同じくして北朝に連行された官人に、顔之推（『顔氏家訓』の著者。子孫に顔師古や顔真卿）がいる。顔之推は元帝のもとで散騎侍郎であったが、西魏によって強制移住させられ、洛陽の西方に位置する弘農（現在の河南省西部の三門峡市、長安と洛陽の中間の黄河南岸に位置する）に居住することになった。顔之推は遊牧民の雰囲気と鮮卑語が残り、中国文化の香りがしない北朝とは肌が合わなかったのであろう。弘農の東に位置し、北周王朝と対立関係にある北斉《ほくせい》王朝に亡命し、そこで仕官し、北斉から統一王朝である隋王朝に帰属した。

宗懍には五六五年以前に著作した『荊楚記』がある。この書は六世紀以前の荊楚地方の、元日から歳暮に至る年中行事・習俗を記録した書で、この書に注記を加え、『荊楚歳時記』としたのが、隋の杜公瞻《せん》であるといわれる。『荊楚歳時記』の注記には、煬帝が編纂に関与したとされる『古今藝術図』が、鞦韆《しゅうせん》（ぶらんこ）の説明に引用されているから、『荊楚歳時記』の注記は煬帝の治世である大業年間（六〇五～六一八）に完成したと想定できる。日本の時代でいえば、聖徳太子が活躍していた時代である。

唐王朝創建から七年目の六二四年に完成した、欧陽詢らの奉勅撰『藝文《げいもん》類聚』巻八九木部・中・茱萸《しゅゆ》に、

荊楚記曰、九月九日、佩茱萸、食蓬餌、飲菊花酒、令人長寿。

「荊楚記」に曰わく、「九月九日、茱萸を佩び、蓬餌《ほうじ》（餻《こう》＝糕《こう》、米粉を固形化したもの。日本の落雁の類）を食らい、菊花酒を飲めば、人をして長寿ならしむ」と。

とあり、同じく『藝文類聚』巻四歳時部・中・正月一五日に、

荊楚歳時記曰、風俗、望日以楊枝挿門、随楊枝所指而祭。其夕、迎紫姑神、以卜。

「荊楚歳時記」に曰わく、「風俗、望日（一五日）に楊枝を以て門に挿し、楊枝の指す所に随いて祭る。其の夕、紫姑神を迎え、以て卜う」と。

とあり、『藝文《げいもん》類聚』巻四歳時部・中・寒食に、

荊楚歳時記曰、去冬至一百五日、即有疾風甚雨。謂之寒食。

「荊楚歳時記」に曰わく、「冬至を去ること一百五日、即ち疾風・甚雨有り。之を寒食と謂う」と。

とある。右に示した『荊楚歳時記』二条の記事は、現行本『荊楚歳時記』にもあるから、『荊楚歳時記』は六二四年に既に存在し、『古今藝術図』に頼らなくても、隋の大業年間（六〇五～六一八）に『荊楚歳時記』が完成したと考えてよい。『藝文類聚』によって、七世紀初頭の隋代から唐代初期においては、宗懍の『荊楚記』と杜公瞻《せん》が関係した『荊楚歳時記』があり、宗懍の『荊楚記』が書名変更した『荊楚歳時記』は、まだ存在しなかったことが判明する。

『旧唐書《くとうじょ》』巻四七経籍志下・子部・雑家類に、

荊楚歳時記十巻（一巻の誤り）、宗懍撰。又二巻、杜公瞻撰。

とある。これは『旧唐書』が編纂された一〇世紀の五代の後晋王朝の宮廷書庫に、宗懍撰の『荊楚歳時記』一巻と杜公瞻撰の『荊楚歳時記』二巻があったことを示し、また『新唐書《じょ》』巻五九藝文《げいもん》志・子部・農家類に、

宗懍、荊楚歳時記一巻。杜公瞻、荊楚歳時記二巻。

とある。これは一一世紀の北宋の宮廷書庫に、宗懍と杜公瞻の『荊楚歳時記』があったことを示す史料で、宗懍の『荊楚記』の書名は一〇世紀になると消滅している。『旧唐書』経籍志と『新唐書』藝文志にいう宗懍の『荊楚歳時記』一巻は、従前の『荊楚記』が書名変更されて『荊楚歳時記』となったものであろう。

一〇世紀以降の宋代の『荊楚歳時記』に関して、陳振孫（一一八四年の進士）の『直斎書録解題』巻六時令類に、

荊楚歳時記六巻。案唐宋藝文志倶作一巻。　「荊楚歳時記」六巻。案ずるに唐宋藝文志は倶に「一巻」に作る。
梁吏部尚書宗懍撰。記荊楚風物故事。　梁の吏部尚書・宗懍の撰。荊楚の風物・故事を記す。

とあり、『崇文総目』巻二歳時類、『通志』巻六四藝文略・歳時類は、宗懍撰『荊楚歳時記』の存在をいうのみである。

また『宋史』巻二〇五藝文《げいもん》志・子部・農家類に、

　宗懍、荊楚歳時記一巻。

とある。これは一四世紀の元王朝の宮廷書庫の状態を伝えたもので、一〇世紀以降になると、『荊楚歳時記』といえば宗懍の著書とされ、『旧唐書《くとうじょ》』経籍志と『新唐書《じょ》』藝文志が伝える、杜公瞻《せん》撰の『荊楚歳時記』は記録から消える。『荊楚歳時記』は著者を「晋・宗懍撰」とするが、『四庫全書総目』は巻七〇史部二六地理類三の『荊楚歳時記』の条において、「晋・宗懍撰」を「梁・宗懍撰」と訂正し、注記を施した人物は隋の杜公瞻としている。

『荊楚歳時記』は一四世紀から一五世紀頃に伝存状態が不明となった。余嘉錫《しやく》氏（一八八四～一九五五）は『四庫提要弁證』史部地理書三おいて、現行本『荊楚歳時記』は、一四世紀以降に作成された類書等々からの輯録本とする。守屋美都雄氏は『校註　荊楚歳時記　中国民俗の歴史的研究』（帝国書院　一九五〇）を出版した後、余嘉錫氏の輯録本説に疑問を持ち、一四世紀以降の元・明時代にも一冊の『荊楚歳時記』として伝存したが、印刷本でなかったため、書写を重ねる過程で脱文・脱字・誤字・衍増等の劣化が生じ、不完全本になった。その不完全本が「宝顔堂秘笈広集」本、「重較説郛《せつぷ》」本、「説郛」本、「漢魏叢書」本、「広漢魏叢書」本、和刻本『荊楚歳時記』等に分化したと想定する。そして、劣化した『荊楚歳時記』の中で、原形を最もよく残すのは、「宝顔堂秘笈広集」本『荊楚歳時記』であるとした。守屋氏は「宝顔堂秘笈広集」本『荊楚歳時記』に校注を加え、文献を博捜して『荊楚歳時記』の逸文収集を行った。その成果が『中国古歳時記の研究』（帝国書院　一九六三）に所収する『荊楚歳時記』に関する論考である。

　守屋氏の『荊楚歳時記』（平凡社・東洋文庫　一九七八）は「宝顔堂秘笈広集」本『荊楚歳時記』の訳注である。王毓《おういく》栄《えい》氏の『荊楚歳時記校注』（文津出版社　一九八八　臺北）は、「宝顔堂秘笈広集」本『荊楚歳時記』を底本とし、守屋氏の研究を補欠する書である。『荊楚歳時記』に関しては、譚麟《たんりん》氏の『荊楚歳時記訳注』（湖北人民出版社　一九九九）があり、近年では姜《きよう》彦《げん》稚《ち》氏が輯校した『荊楚歳時記』（中華書局　二〇一八）がある。姜氏の書は「広漢魏叢書」本『荊楚歳時記』を底本としている。

以上、『荆楚歳時記』の概略を述べた。右の概略は現行本『荆楚歳時記』の解説として妥当であろうか。『荆楚記』に隋の杜公瞻《せん》が注記を加えて『荆楚歳時記』となったとされる。現行本『荆楚歳時記』には五八一年ころにできた『玉燭宝典』の引用が注記箇所と『荆楚記』本文箇所の随所にあり、出典不明で衍増でない記事が『荆楚記』本文箇所に附加されている。このような現行本『荆楚歳時記』を宗懍（五六五年以前に卒）の著作とするのは妥当であろうか。『荆楚歳時記』は隋代の大業年間（六〇五〜六一八）にできた書である。宗懍は五六五年以前に卒しているから、宗懍は『玉燭宝典』を引用できないし、また現行本『荆楚歳時記』を著作できるはずがない。それにも拘わらず、現行本『荆楚歳時記』を宗懍撰とする。この点に納得できないのである。『旧唐書《くとうじょ》』経籍志と『新唐書《じょ》』藝文《げいもん》志が明記するように、唐代には杜公瞻《せん》撰の『荆楚歳時記』が存在する。『宋史』藝文志を筆頭として、杜公瞻の『荆楚歳時記』に全く言及しない。余嘉錫《しゃく》氏以降の『荆楚歳時記』研究においても同じである。『四庫全書総目』は『荆楚歳時記』を宗懍撰として疑わない。この宗懍撰『荆楚歳時記』という見解は妥当であろうか。

開元一六年（七二八）に完成した徐堅らの『初学記』巻四歳時部・下・元日第一叙事の「折松・索葦」の条に、

董勛答問曰、歳首祝、椒酒而飲之。以椒性芬香、又堪為薬。又折松枝。男七女二七、亦同此義。宗懍荆楚歳時記曰、正月一日、是三元之日。帖（＝貼）画鶏戸上、懸葦索於其上、插符其傍、百鬼畏之。

董勛《くん》問いに答えて曰わく、「歳首祝いて、椒酒而《すなわ》ち之を飲む。椒の性芬香なるを以て、又た薬と為すに堪う。又た松枝を折る。男七枝（一×七＝七枝）・女二七（二×七＝一四枝。この松枝を酒に浮かべ飲むのであろう）、亦た此の義に同じ。宗懍の「荆楚歳時記」に曰わく、「正月一日、是れ三元の日なり。画鶏を戸上に貼り、葦索（太い綱を「索」、細い綱を「縄」という。注連縄のこと）を其の上に懸け、符（護符）を其の傍《かたわら》に挿さば、百鬼之《これ》を畏る。

とある。右の記事の「正月一日、是三元之日。帖（＝貼）画鶏戸上、懸葦索於其上、插符其傍、百鬼畏之」は宗懍の『荆楚歳時記』にある記事と述べている。右の記事は現行本『荊楚歳時記』にもあるから、現行本『荊楚歳時記』は宗懍撰『荊楚歳時記』と同じということになる。『初学記』が『荊楚歳時記』は宗懍の著書と明言するから、何ら問題はないはずであるが、宗懍撰『荊楚歳時記』とするのに疑問が消えないのである。

一一世紀の『経史證類大観本草』巻二八菜部・中品・白襄荷《じょうか》の「図経曰」に、

　宗懍荊楚歳時記曰、仲冬、以塩蔵蘘荷、以備冬儲。又以防蠱。……

　宗懍の「荊楚歳時記」に曰わく、「仲冬、以て蘘荷を塩蔵し、以て冬儲に備う。又た以て蠱《こ》を防ぐ。……」と。

とあり、一二世紀初頭の黄朝英の『靖康緗素雑記』巻五端午に、

　余案、宗懍荊楚歳時記、引周處風土記云、仲夏端午、烹鶩［進］角黍。

　余案ずるに、宗懍の「荊楚歳時記」に、周處の「風土記」を引きて云わく、「仲夏端午、鶩《あひる》を烹て角黍《かくしょ》を進む」と。

とあるにも拘わらず、『荊楚歳時記』を宗懍の『荊楚歳時記』とすることに、納得がいかないのである。宗懍撰・杜公瞻《せん》注『荊楚歳時記』が現行本『荊楚歳時記』であるとするなら、『旧唐書《くとうじょ》』経籍志と『新唐書《じょ》』藝文《げいもん》志にいう、杜公瞻撰『荊楚歳時記』二巻は、如何に説明すればよいのであろうか。このことに言及した文献はない。

本書に展開する行論においては、「一字上げ」と「一字下げ」という言葉を頻繁に使用している。現行本『荊楚歳時記』は「一字上げ」の記事（一般には『荊楚記』の記事と想定されている）と、「一字下げ」で「按」字で始まる記事（一般には杜公瞻の注記と想定されている）から構成される。「一字上げ」と「一字下げ」を、「一　元日は三元といい、正月を端月という」の事例で示すと次のようである。

　正月一日、是三元之日也。［正月］謂之端月。……………………「一字上げ」の記事。『荊楚記』の記事とされる。

　　按史記云、正月為端月。春秋伝曰、履端于始。元始也。…………「按」で始まる「一字下げ」の記事。杜公瞻の注記。

正月一日、是れ三元（歳の元、時の元、月の元）の日なり。正月之《これ》を端月と謂う。

『史記』を按ずるに云わく、「正月を端月と為す」と。『春秋伝』に曰わく、「端を始めに履む」と。元始なり。

「一字上げ」と「一字下げ」で、重要なのは「一字上げ」の箇所である。この箇所は宗懍の『荆楚記』の記事と想定されている。この箇所に衍増以外の理由によって『荆楚記』以外の記事があれば、現行本の宗懍撰『荆楚歳時記』説は成立しないことになる。

現行本『荆楚歳時記』には「一字上げ」と「一字下げ」があるが、唐宋の『荆楚歳時記』はどうなっていたであろうか。『初学記』巻四歳時部・下・七月一五日・第一〇叙事に「荆楚歳時記曰」として、

　七月十五日、僧尼道俗、悉営盆供諸寺。案盂蘭盆経云、有七葉（七葉＝七世）功徳。並幡花・歌鼓・果食送之、蓋由此。

とあり、『太平御覧《ぎょらん》』巻三二時序部一七・七月一五日に、「荆楚歳時記曰」として、

　七月十五日、僧尼道俗、悉営盆供諸寺。按盂蘭盆経云、有七世功徳。幷幡花・歌鼓・果食送之、蓋由此也。

とあって、唐代の『荆楚歳時記』においても、注記は「案」字もしくは「按」字で始まっていたようである。「按」字以下が改行の「一字下げ」であったかは明らかではない。『藝文《げいもん》類聚』巻四歳時部・中・七月一五日には、

　荆楚歳時記曰、七月十五日、僧尼道俗、悉営盆供諸寺院（院は衍字）。□盂蘭盆経云、有七葉（＝七世）功徳。並幡花・歌鼓・果食送之、蓋由此。（□は一字空白を示す）

とあるように、「盂蘭盆経」の前が一字空白となっている。この一字空白は一字空白の前後では、記事の扱いが異なることを示すためであろうと考えられ、「一字下げ」に通じるものであり、「一字上げ」と「一字下げ」に通じるものが、『荆楚歳時記』の最初から存在したとしてよいだろう。すなわち、「案」字と「按」字（孰れも「考える」「調べる」の意味）以下の記事が「一字下げ」の注記記事と考えればよいのである。

現行本『荆楚歳時記』は不完全本である。その内でも最良本である「宝顔堂秘笈広集」本『荆楚歳時記』であっても、

衍文・脱文・脱字、また「一字下げ」の記事を「一字上げ」に訂正しなければならない記事、また説明を必要とする記事、歳時記事の配置箇所に関する問題がある。現行本『荊楚歳時記』は通説では、宗懍の撰となっているが、宗懍撰の『荊楚記』の記事とされる「一字上げ」の箇所を精査すると、『荊楚記』の記事ではない記事が多くある。これらの事実によって、『初学記』以来いわれている宗懍撰『荊楚歳時記』は、揺るぎない事実か、という疑問が生じる。

現行本『荊楚歳時記』の衍文に関しては、守屋美都雄氏の指摘が『荊楚歳時記』（平凡社・東洋文庫）二九四頁にある。衍文と想定できる最たる事例は、「二〇　晦日に窮（窮は疫病神）を送る」である。守屋氏の指摘以外で、衍文と思われるのは「七六　一〇月小春」である。「一字下げ」の注記といわれる部分に、「按」字なしで、

　又天気和暖、似春。故曰小春。　又た天気和暖にして、春に似たり。故に小春と曰う。

とある。「一〇月小春」の出典が『荊楚歳時記』であることは周知されたことであり、それが衍文で誤りとするのは衝撃が大きい。しかし、「重較説郛《せつぷ》」本『荊楚歳時記』には「小春」の記事はない。「小春」の文言が「重較説郛」本から脱落しただけのことであろうか。

「説明を要する記事」は、一四世紀に出版された陳元靚《せい》の『事林広記』前集巻二節序類・歳時雑記・三月の条に、

　寒食無定日、或二月或三月。荊楚記云、去冬至一百五日、即有疾風甚雨。謂之寒食節、又謂之百五節。秦人呼寒食為熟食日。言其不動煙火、預弁熟食、過節也。斉人呼為冷煙節、又云禁煙節。

とある記事である。右の記事には寒食節の別名がある。宗懍の『荊楚記』が、原本に近い形で一三世紀に残存していたとは考え難いから、『事林広記』に引く『荊楚記』は『荊楚歳時記』を略記した書名であろうが、「荊楚記云」は記事の何処までにかかるものであろうか。宗懍は江南のことに言及はするが、華北のことはいわない。従って、晋人や斉人の寒食名に言及するはずがないのである。「一一六補　寒食節の別名」では、このことを述べる。

現行本『荊楚歳時記』の「一字下げ」の記事を「一字上げ」に訂正しなければならないのは、一一月の鹹葅《かんそ》

の項目にある。この詳細は「七七　一一月、鹹葅（漬物）を為る」で述べる。脱文と脱字は「一二月八日為臘日」とある箇所が最たるものであろう。臘日に定日はない。ところが一二月八日が臘日となっている。このようなことはあり得ない。臘日のあり方からして説明できない文である。「一二月八日為臘日」は脱文と誤写があるに相違ない。この詳細は「八一　一二月は臘月、沐浴と臘祭」で論じる。衍文は五月五日の菖蒲酒であろう。唐代に菖蒲酒や菖蒲風呂の習俗はなかった。菖蒲酒は後世の衍増記事である。

現行本『荆楚歳時記』の著者を解明するためには、「一字上げ」の箇所にある文言の典拠を明らかにすることが必須となる。この箇所に『荆楚記』以外の記事があれば、宗懍撰『荆楚歳時記』はあり得ないことになる。この点も考慮して訳註を進め、「典拠」の項目を設け、「一字上げ」の文言の典拠解明に努めた。

目　次

六　月

七　月

八　月

図版目次

口絵1 呉茱萸《しゅゆ》 『新訂原色 牧野和漢薬草大図鑑』（北隆館 二〇〇二）

口絵2 曹娥碑（建立は元嘉元年：一五一） 浙江省紹興市上虞区の曹娥廟内に現在はある

口絵3 『白氏六帖《りくじょう》事類集』巻一「七日人日第三九」 東京 静嘉堂文庫所蔵北宋版本 重要文化財

口絵4 『白氏六帖事類集』巻一「五月五日第四六」 東京 静嘉堂文庫所蔵北宋版本 重要文化財

（1）『蒙古襲来絵詞《えことば》』に見える火球 宮内庁三の丸尚蔵館所蔵 …… 47

（2）一八世紀、江南の桃符 長崎奉行・中川忠英《ただてる》編『清俗紀聞』巻一「年中行事」所載 …… 51

（3）門神（漢代の画像石） 姜彦稚輯校『荊楚歳時記』（中華書局 二〇一八）の口絵 …… 55

（4）『年中行事秘抄』（金谷園の記事） 国立国会図書館蔵（デジタルコレクション） …… 82

（5）紫姑神を迎える図（近代） 長尾龍三著『支那民俗誌』巻二・挿図一二 …… 120

（6）『玉燭宝典』序 国立国会図書館蔵（デジタルコレクション） …… 129

（7）『事林広記』所引の『荊楚記』 至順刊本『事林広記』前集巻二節序類・三月の条 …… 182

（8）鬼子母神像（ガンダーラ出土） 『岩宮武二写真集 アジアの仏像（上）』（集英社 一九八九） …… 232

（9）和刻本『荊楚歳時記』巻末 個人所蔵本 …… 258

（10）赤霊符 明の『遵生八牋』巻四・四時調摂下「五月事宜」所載 …… 271

（11）獬豸《かいち》図 『古今図書集成』禽虫典 …… 279

○図版9の注

元文二年（一七三七）の初刻本原稿完成は三月で、初刻本は大坂心斎橋筋唐物町の「北田清左右衛門」の版行である。この『荆楚歳時記』は版元を江戸日本橋北室町三丁目の「須原屋市兵衛」に替えた後印本である。印刷が首夏（四月）であるから、江戸と大坂の距離と旅程を考えれば、後印本であるが、当時としては同時印刷本としてよい。

○図版10の注

赤霊符は明代の赤霊符で、抱朴子の時代の赤霊符とは異なるかも知れない。

凡　例

（1）「荊」字は正字の「荆」字を使用する。
（2）漢字は常用漢字を使用する。ただし、次に示す漢字、すなわち、龍、餘、闕、萬、灌、證、藝、假、歐、臺、處、圓、豫は旧漢字を用いる。
（3）「餘」字を使用するが、一人称を表わす「予」は「予」を使用し、一人称の「余」と姓の「余」は「余」字使用する。絹糸は「絲」字を使用する。
（4）引用史料において、［　］内に示す漢字は、筆者の推定した補足するべき漢字である。
（5）『荆楚歳時記』の記事は、陳継儒（一五五八～一六三九）の「宝顔堂秘笈広集」本『荆楚歳時記』に従う。
（6）『荆楚歳時記』の記事は約五〇条から構成されるが、このうちで一記事を二記事に分割した記事もある。
（7）最初に『荆楚歳時記』の原文を示し、次に読み下し文を示し、次に注記を掲げる。
（8）読み下し文で、日本語訳は完了していると考える。屋上屋の感のある、現代日本語に直す必要はないだろう。
（9）「宝顔堂秘笈広集」本『荆楚歳時記』は、便宜上、八〇餘りに分けたが、各記事には、
　「宝顔堂秘笈広集」本『荆楚歳時記』の「云云」は次のようである。

という文言を最初に入れ、次に原文を示すことにする。「宝顔堂秘笈広集」本『荆楚歳時記』にない『荆楚歳時記』の逸文を補足する場合、補足する史料の出典を明記し、説明を加える必要がある。突然に逸文記事だけに、文章が入るのは不自然なので、各記事にも煩雑ではあるが〈「宝顔堂秘笈広集」本『荆楚歳時記』の「云云」は

次のようである〉という文言を入れることとする。

(10) 一二月の「八一　一二月は臘月、沐浴と臘祭」は、原文では「一二月八日為臘日」とある。臘日に定日はない。冬至日が決定しないと臘日は決定できない。「一二月八日為臘日」は明らかに脱文と脱字がある。この場合は脱文と脱字がある旨の説明文から始める必要がある。それゆえ、各記事は体裁を整えるため、記事の説明文から始める。

(11) 各記事は、読み下し文と語彙の注解からなり、記事の内容や成立する背景を述べる箇所はない。それゆえに、「附節」の項を加え、記事の背景を理解しやすいように配慮した。既刊の『中国古代の年中行事』（汲古書院　東京）の当該箇所と併読してもらえれば、各行事の由来や後世の展開がよく理解できると考えた。

(12) 記事の配列は「宝顔堂秘笈広集」本『荊楚歳時記』に依ったが、記事が長文であるため、記事を分割している場合もある。その一例は「一〇　七日に登高する」である。

(13) 「宝顔堂秘笈広集」本に本文がなく「補」とする記事は、記事番号に補字を加えて「九〇補」のように表記する。

(14) 『荊楚歳時記』の逸文は『中国古歳時記の研究』に集輯がある。逸文のうち、一七世紀以降の明清時代の文献に引用する『荊楚歳時記』の記事は、補遺として採用しない。一七世紀以降の文献の『荊楚歳時記』の逸文は、極めて信頼性が低いからである。一七世紀以降の文献にみえる『荊楚歳時記』の記事は、すべて造作記事である。また「補」には『中国古歳時記の研究』が指摘する逸文以外の記事も「補」に採用している。

正月

一　元日は三元といい、正月を端月という

「宝顔堂秘笈広集」本『荊楚歳時記』の「元日は三元といい、正月を端月という」は次のようである。

正月一日、是三元之日也。［正月］謂之端月。

按史記云、正月為端月。春秋［左氏］伝曰、履端于始。元始也。

正月一日(1)、是れ三元（歳の元、時の元、月の元）の日なり(2)。正月(3)（＝一月）之《これ》を端月と謂う(4)。『史記』を按ずるに云わく、「正月を端月と為す」と。『春秋左氏伝』（「春秋左氏伝」文公の元年：前六二六）に曰わく、「端を始めに履む(5)」と。元始なり。

（1）「正月一日」は元日、正日、元正、正旦、正始、元陽、上日、正朝、歳日、首祚、開元、履端、肇祚、三元、三朝、三朔、三始、四始、小歳ともいう。上丁は毎月最初の丁日をいい、上巳は毎月最初の巳日をいうように、上日は一年で最初の日という意味である。歳日も一年（一歳）で最初の日という意味である。元旦（旦は朝）は元日の朝であるから、元日と同じ意味で使用する言葉としては適当ではない。

（2）「三元」の説明は『初学記』巻四歳時部・下・元日第一叙事に、

亦云三元。　亦た三元と云う。

とあり、「三元」とは「歳の元、時の元、月の元」をいう。

「三元」には同義語として、「三朔」・「三始」・「三朝」・「四始」がある。「三朔」は『初学記』巻四歳時部・下・元日第一叙事に「亦云三朔（亦た三朔と云う）」とある。「三朔」とは「歳の朔、月の朔、日の朔」をいう。『太平御覧《ぎょらん》』巻二九時序部一四・元日に引用された、前漢の伏勝の『尚書大伝』に、

〔尚書大伝〕又、夏以孟春為正、殷以季冬為正、周以仲冬為正。夏以平旦為朔、殷以鶏鳴為朔、周以夜半為朔。

「尚書大伝」に又た、「夏は孟春を以て正と為し、殷は季冬を以て正と為し、周は仲冬を以て正と為す。夏は平旦を以て朔と為し、殷は鶏鳴を以て朔と為し、周は夜半を以て朔と為す」と。

とあり、一日の開始時を朔という場合もあった。

「三始」とは「歳の始め、月の始め、日の始め」をいう。『漢書《かんじょ》』巻七二鮑宣伝に「今日蝕於三始（今日三始より蝕す）」とある。「三朝」は『漢書』鮑宣伝の「三始」に附された如淳の注に、

歳之朝、月之朝、日之朝。始猶朝也。　歳の朝、月の朝、日の朝。始は猶お朝なり。

とあり、『漢書』巻八一孔光伝に「歳之朝曰三朝（歳の朝を三朝と曰う）」とあり、「歳之朝」には「歳之朝、月之朝、日之朝、故曰三朝（歳の朝、月の朝、日の朝、故に三朝と曰う）」と、唐の顔師古が注を加えている。

「四始」は『史記』巻二七天官書に「四始者候之日（四始は候の日なり）」とあり、その『史記正義』（唐の張守節著）に次のようにある。

正義謂、正月旦、歳之始、時之始、日之始、月之始。故云四始、言以四時之日候歳吉凶也。

「正義」に謂う、「正月の旦は、歳の始、時の始、日の始、月の始。故に四始と云い、四時の日を以て歳の吉凶を候《うかが》うを言うなり」と。

「小歳」に関しては、唐の盧照鄰の「元日述懐」（『幽憂子集』巻二）に「人歌小歳酒、花舞大唐春（人は歌う小歳の酒、花は舞う大唐の春）」と詠う。『四民月令』は、臘日の翌日を「小歳」とする。漢代と唐代では「小歳」の意味が異なる。

元日は歳日ともいう。白楽天（七七二～八四六。楽天は字）の『白氏文集《もんじゅう》』巻二四に、宝暦二年（八二六）の「歳日家宴。

戯示弟姪等、兼呈張侍御二十八丈殷判官二十三兄（歳日、家に宴す。戯れに弟姪等に示し、兼ねて張侍御二八丈・殷判官二三兄に呈す）と題する七言律詩があり、

弟妹妻孥小姪甥、嬌癡弄我助歓情。　弟妹妻孥小姪甥、嬌癡我を弄《もてあそ》び歓情を助く。

歳盞後推藍尾酒、春盤先勧膠牙餳。　歳盞後に藍尾酒を推し、春盤先ず膠牙《こうが》の餳《あめ》を勧む。

形骸潦倒雖堪歎、骨肉団圓亦可栄。　形骸潦倒歎くに堪えたり雖も、骨肉団圓亦た栄とすべし。

猶有誇張少年處、笑呼張丈喚殷兄。　猶お少年誇張する處有り、笑いて張丈を呼び殷兄を喚ぶ。


と詠う。この歳日の家宴は、明らかに元日の家宴の様子を詠うものである。宝暦二年当時、白楽天は蘇州刺史であった。元日には早朝から官府の正月儀式に参列しなければならないから、家宴を元日早朝に開くことはできないはずである。この家宴は元日早朝ではなく、蘇州官府の年賀が終了した元日午后の家宴を詠うものである。

（3）「正月」と補字しなければ、「正月一日」は端月と謂うという意味になる。正月一日は三元の日であり、端月は正月一か月の謂いであるから、「正月」と補字した。

（4）端月の「端」は「始め」の意。端月は正月の異称。始皇帝の時、「正月」の「正」が始皇帝の諱「政」と同音であることを避諱して「端」といったことによるという。『史記』巻一六「秦楚之際月表四」二世皇帝・二年（前二〇八）の条に「端月」とある。その「索隠」（『史記索隠』は唐の司馬貞著、三〇巻）に、

二世二年正月也。秦諱正謂之端。　二世の二年正月なり。秦は「正」を諱み、これを「端」と謂う。

とあり、始皇帝の諱である「政」は「正」と音通であるから、正月を避けて端月といったと説明する。しかし、これは避諱の習慣が確立した唐人《とうひと》の注であり、秦代に避諱の制度が存在したか、疑問視する考えもある。索隠の説明が妥当かどうかは、更なる検討を要する。「端」には「始め・頭・正・耑《たん》（はし）」という意味があるから、避諱の結果、端月としたのではなく、「端」の持つ意味から、正月を端月としたと理解するほうが正解ではないかと考える。

（5）「春秋伝曰、履端于始」は『春秋左氏伝』文公の元年（前六二六）に次のようにある。

先王之正時也、履端於始、挙正於中、帰餘於終。履端於始序則不愆。

先王の時を正すや、端を始めて履み、正を中に挙げ、餘を終りに帰す。端を始めて履むときは、序は則ち愆《あやま》らず。

「漢魏叢書」本と和刻本の『荊楚歳時記』は「正月一日、是三元之日也。春秋謂之端月」に作るが、「春秋謂之端月」は「史記謂之端月」の誤りである。

附節　「元日は三元といい、正月を端月という」の典拠

『荊楚歳時記』の「元日は三元といい、正月を端月という」は次のようである。

正月一日、是三元之日也。正月謂之端月。

右の記事は『荊楚歳時記』の「一字上げ」の箇所にある。「一字上げ」の箇所は常識として、『荊楚記』の記事と想定されているが、「正月謂之端月」は『史記』にある文言であって、『荊楚記』の記事ではない。

「三元」は杜臺卿（『隋書』巻五八）の『玉燭宝典』巻第一・正月孟春に、

附説曰、正月者、…………。春秋［左氏伝文公元年］曰、履端於始。服虔注云、履、践端極也。…………。其一日為元日。亦云上日、亦云正朝、亦云三元、亦云三朝。…………

附説に曰わく、「正月は、…………」と。「春秋左氏伝」文公の元年（前六二六）に曰わく、「端を始めに履む」と。服虔の注に云わく、〈履は、端極を践むなり〉。…………。其の一日を元日と為す。亦た上日と云い、亦た正朝と云い、亦た三元と云い、亦た三朝と云う〉と。…………。

とある。「元日は三元」の出典は『春秋左氏伝』の服虔の注にある。

「正月一日、是三元之日也。正月謂之端月」は、『史記』と『春秋左氏伝』の服虔の注から構成された記事で、『荊楚記』と何の関連もない。『荊楚記』の記事に注記して『荊楚歳時記』ができたとされるが、この「元日は三元といい、正月を端月という」「一字上げ」の記事は『荊楚記』と何ら関係がない記事である。

二　鶏鳴いて起きる

「宝顔堂秘笈広集」本『荊楚歳時記』の「鶏鳴いて起きる」は次のようである。

鶏鳴而起。

按周易緯通卦験云、鶏陽鳥也。以為人候四時、使人得以翹首結帯正衣裳也。注云、礼内則（＝「礼記」内則）云、子事父母、婦事舅姑、鶏初鳴、咸盥漱櫛縰笄。則惟其常、非独此日、但元正之朝、存亡慶弔。官有朝賀、私有祭享。虔恭宜早復位於餘辰、所以標而異焉。

鶏鳴いて起く。(1)

「周易緯通卦験《しゅうえきいつうかけん》」を按ずるに云わく、(2)「鶏は陽鳥なり。以て人の為に四時を候《うかが》い、人をして以て翹首《ぎょうしゅ》し帯を結び衣裳を正さしむを得るなり」と。注に云わく、「礼記《らいき》」内則《だいそく》に云わく、「子の父母に事《つか》うるに、婦の舅姑《きゅうこ》に事《つか》うるに、鶏初めて鳴くや、咸《み》な盥漱《かんそう》（顔を洗うこと）し櫛縰《せつし》（髪を整えること）し笄《かんざし》す」と。(3)則ち惟れ其の常にして、独り此の日に非ず、但だ元正の朝、存亡慶弔す。(4)官に朝賀有り、(5)私に祭享有り。虔恭して宜しく早く餘の辰より位を復すべし、標《しる》して異とする所以なり。

（1）「鶏鳴而起」は『孟子』尽心章句・上にもある。

孟子曰、鶏鳴而起、孳孳為善者、舜之徒也。鶏鳴而起、孳孳為利者、蹠之徒也。欲知舜与蹠之分、無他、利与善之間也。

孟子曰わく、「鶏鳴きて起き、孳孳《しし》（勤勉のさまをいう）として善を為す者は、舜（神話に登場する君主。五帝の一人。儒家により神聖視され、堯と並んで堯舜と呼ばれ聖人とされた）の徒なり。鶏鳴きて起き、孳孳として利を為す者は、蹠《せき》（春秋時代魯の盗賊団の頭目。九千人の配下を従えて各地を横行し、強盗略奪を欲しいままにした大盗賊）の徒なり。舜と蹠との分を知らんと欲せば、他なし、利と善との間なり」と。

（2）『周易緯通卦験《しゅうえきいつうかけん》』は『易緯通卦験』ともいう。緯《い》書の一。緯書とは漢代、儒家の経書を神秘主義的に解釈した書物。『詩』・『書』・『礼』・『楽』・『易』・『春秋』・『孝経』に緯書が作られ、これを七緯という。狭義の緯書は、経書の注釈として、経書の内容に従って書かれた書を指している。緯書は天文占など未来記としての讖《しん》記と同様の内容を含むものも含んでいるため、広義には緯と讖《しん》とを総称して緯書と呼んでいる。讖緯《しんい》思想ともいわれる。後漢に隆盛した。隋の煬帝により禁書処分となり、緯書は散逸した。残存した緯書には、辛酉《しんゆう》革命説、また神話や伝説・迷信・天文や暦法などの史料を豊富に含んでいる。『四庫全書』経部に『易緯通卦験』二巻があるが、「鶏陽烏也。……」の記事は輯録しない。

（3）「子事父母、婦事舅姑、鶏初鳴、咸盥虔櫛纚笄」は『礼記《らいき》』内則《だいそく》に、

子事父母、雞初鳴、咸盥漱櫛縰笄。…………。婦事舅姑、如事父母。雞初鳴、咸盥漱、櫛縰笄。

とあるのを節略した文である。

（4）存亡慶弔とは、生きていることを慶び、死者を弔うという意味。「おめでとう」と年始の賀詞を交わすのは、正に「存する」ことを「慶す」からである。

（5）後漢王朝の朝賀は『後漢書《じょ》』巻一五礼儀志・礼儀中・朝会にある。

毎歳首［正月］、為大朝受賀。其儀、夜漏未尽七刻、鍾鳴、受賀。及贄、公矦璧、中二千石二千石羔、千石六百石鴈、四百石以下雉。百官賀正月。二千石以上、上殿称萬歳。挙觴御坐前。司空奉羹、大司農奉飯、奏食挙之楽。百官受賜宴饗、大作楽。其毎朔、唯十月旦従故事者、高祖定秦之月、元年歳首也。

歳首正月毎《ごと》に、大朝を為して賀を受く。其の儀、夜漏未だ尽きざる七刻、鍾鳴れば、賀を受く。贄《にえ》（手土産の礼物）に及びては、公矦は璧《へき》（璧という宝玉）、中二千石・二千石は羔《こひつじ》、千石・六百石は鴈《かり》、四百石以下は雉。百官正月を賀す。二千石以上、殿に上り萬歳を称う。觴《さかずき》を御坐の前に挙ぐ。司空は羹を奉り、大司農は飯を奉り、食挙の楽を奏す。百官は賜宴・饗を受け、大いに楽を作す。［以前は］其れ毎朔なるも、［廃止せられ］、唯だ一〇月旦のみ故事に従るは、高祖秦を定むる

の月にして、元年の歳首なればなり。

唐代の朝賀の次第は中書令蕭嵩等奉勅撰の『大唐開元礼』巻九七「皇帝元正冬至受羣臣朝賀　并会」、唐の杜佑の『通典』巻一二三礼典八三「皇帝皇后至正受皇太子朝賀」、「皇帝皇后正至受皇太子妃朝賀」、「皇帝正至受羣臣朝賀　并会」にある。

附節1　「鶏鳴いて起きる」の典拠

五八一年頃にできた杜臺卿の『玉燭宝典』巻第一・正月孟春に、

漢書表亦云、一月、鶏鳴而起。　「漢書《かんじょ》」の表に亦た云わく、「一月、鶏鳴いて起きる」と。

とある。「一月、鶏鳴いて起きる」は『荊楚記』にあった記事ではなく『漢書』にある記事とする。しかし、『漢書』の表に「一月、鶏鳴而起」の記事はない。そもそも「元日、鶏鳴いて起きる」であれば理解できるが、「一月、鶏鳴いて起きる」は奇妙である。『漢書』の表に「一月、鶏鳴而起」の記事はない。杜公瞻《せん》は『玉燭宝典』の記載を信じて、「鶏鳴いて起く」を『荊楚歳時記』の「一字上げ」の文言とした。出典は『玉燭宝典』としてよい。

重要なのは、『玉燭宝典』の記事が『荊楚歳時記』の「一字上げ」の箇所にある事実であり、「鶏鳴いて起きる」の文言は、『漢書』の表にないが、杜公瞻の文言である。宗懍の文言があるべき箇所に、杜公瞻の附加文があれば、現行本『荊楚歳時記』は宗懍撰とはいえない。

附節2　元日の諸事

1　一日の始まる時刻

前近代中国の時刻制度においては、現在のように一日は午前零時をもって開始するのではない。釈・道宣（五九六～

六六七）の『広弘明集《ぐみょう》』巻一五仏徳篇第三に所載する、梁の武帝（在位は五〇二～五四九。蕭衍《しょうえん》。字は叔達。諡号《しごう》・武皇帝）が公布した「牙像詔」に、

大同四年七月、詔曰、天慈普覆、義無不摂。方便利物、豈有方所。上虞県民李胤之、掘地得一牙像。方減二寸、両辺双合、倶成獣形。……（中略）……。凡天下罪、無軽重、在今月十六日昧爽已前、皆赦除之。

大同四年（五三八）七月、詔して曰わく、「天慈普《あまね》く覆い、義は摂せざるはなし。方便の利物、豈《あ》に方所に有らんや。上虞県の民の李胤之、地を掘り一牙像を得る。方は二寸を減じ、両辺双合し、倶に獣形を成す。……（中略）……。凡《すべ》て天下の罪、軽重となく、今月一六日昧爽《まいそう》已前に在りては、皆な赦し之を除け」と。

とあり、牙像が出土したことによって、大同四年七月一六日昧爽已前の罪は皆な赦すと宣言する。

唐代の王言集である『唐大詔令集』を通覧すると、赦（大赦や曲赦）を布告する制書（詔書）や発日勅書には、

自某年月日昧爽已前、罪無軽重、咸赦除之。　某年月日昧爽《まいそう》より已前、罪は軽重となく、咸《み》な赦し之を除け。

という文言が必ずある。唐代以前の詔書に「昧爽已前、皆赦除之」とあるのが少ないが、これは一に史料の残存の仕方の問題であり、本来の赦書には必ず「昧爽已前、皆赦除之」とあったはずである。

法制上、某日昧爽（未明）より已前は前日に属し、昧爽より已後は今日となる。昧爽（未明）已前と已後は五更五点が分岐の境界となる。五更五点になると城門や坊門が開き、人々の往来が始まり、その日の営みが開始される。正月元日の長安の日の出は、六時五八分であるから、五更五点は日の出の一時間二〇分前の五時三八分となる。この活動開始時刻は都の長安だけでなく、全国一律である。ここから正月元日が始まり、一年が始まる。

2　元日の行事

元日を迎え、人々は身を正し、家族や眷属《けんぞく》の多幸と無病息災を願い、未明から種々の年始行事を行う。九世紀末の

韓鄂《かんがく》の『四時纂要』正月・占候禳鎮《せんこうじょうちん》等に、次のような元日の諸行事をいう。

元日、備新暦日、爆竹於庭前以辟悪鬼、出荊楚歳時記。進屠蘇酒、造仙木。即今桃符也。玉燭宝典、云仙木。象鬱壘桃樹、百鬼所畏。歳旦、置門前、挿柳枝門上、以畏百鬼。又歳旦、服赤小豆二七粒、面東以虀汁下、即一年不疾病。闔家悉令服之。又歳旦、投麻子二七粒、小豆二七粒於井中、辟瘟。又上椒酒五辛盤於家長、以献寿。朔旦、可受符籙。

元日、新しき暦日を備え、庭前に爆竹し以て悪鬼を辟け、「荊楚歳時記」に出ず。屠蘇酒を進め、仙木を造る。「仙木」は即ち今の桃符なり。「玉燭宝典」は、「仙木」と云う。鬱壘《うつるい》・桃樹を象《かたど》り、百鬼の畏る所なり。歳旦、門前に置き、柳枝を門上に挿し、以て百鬼を畏れしむ。又た歳旦に、赤小豆二七粒（二×七＝一四粒）を服し、東に面して虀汁《さい》（野菜を砕いた液体）を以て［飲み］下せば、即ち一年病を疾《や》まず。闔家《こうか》（一家残らず）悉く之を服せしむ。また歳旦に、麻子二七粒（二×七＝一四粒）、小豆二七粒（二×七＝一四粒）を井中に投ずれば、瘟《おん》（はやり病い）を辟《さ》く。又た椒酒・五辛盤を家長に上《たてまつ》り、以て寿を献ず。朔旦に、符籙《ふろく》（道教の護符）を受くべし。

右の『四時纂要』には、迎神の行事をいわない。『玉燭宝典』巻第一・正月孟春に引用する『四民月令』には、

崔寔四民月令曰、正月之旦、是謂正日。躬率妻孥、潔祀祖禰。前期三日、家長及執事、皆致斉焉。及祀日、進酒降神。畢、乃家室尊卑、無大無小、以次列坐先祖之前、子婦孫曾、各上椒酒於家長、称觴挙寿、欣欣如也。

崔寔《さいしょく》の「四民月令」に曰わく、「正月の旦、是れ正日と謂う。躬《みず》から妻孥《さいど》（妻や子供）を率いて、祖禰《そでい》を潔祀す。期に前だつ三日、家長及び執事、皆な斉（斉は斎に同じ。物忌みのこと）を致す。祀日に及んで、酒を進め神を降す。畢《お》われば、乃《すなわ》ち家室の尊卑、大となく小となく、次を以て先祖の前に列坐し、子婦孫曽《そんそ》、各々椒酒を家長に上《たてまつ》り、觴《さかずき》を称《あ》げ寿を挙げて、欣欣如《きんきんじょ》（よろこぶさまをいう）なり」と。

とあり、漢代の正月行事には神を迎える行事があるという。この行事は一三世紀の『夢粱録』巻六除夜に、

十二月尽、俗云、月窮歳尽之日、謂之除夜。士庶家不論大小家、倶洒掃門閭、去塵穢、浄庭戸、換門神、掛鍾馗、釘桃符、貼春牌、祭祀祖宗。遇夜則備迎神香花供物、以祈新歳之安。

一二月尽く、俗に云わく、「月窮《きわ》まり歳尽くの日」と、之を除夜と謂う。士庶の家大小の家を論ぜず、倶《とも》に門閭を洒掃《さいそう》し、塵穢《じんあい》を去り、庭戸を浄め、門神を換へ、鍾馗《しょうき》を掛け、桃符を釘うち、春牌を貼り、祖宗を祭祀す。夜を遇《むか》えればは則ち迎神の香花・供物を備え、以て新歳の安《やすらけき》を祈る。

とあり、また元末の瞿佑《くゆう》の『四時宜忌』（『欽定四庫全書』所収）正月宜事にも、

正月元旦、迎祀竈神、釘桃符、上書一聻字、掛鍾馗、以辟一年之祟。家長率長幼、拝天地萬神、詣本境土地、五穀之神、以祈一年之福、或誦経呪完畢、方礼拝。新年寅時、飲屠蘇酒。

正月元旦、竈《そう》神を迎祀し、桃符を釘うち、上に一「聻《ぜん》」字を書き、鍾馗《しょうき》を掛け、以て一年の祟《たた》りを辟《さ》く。家長は長幼を率い、天地の萬神を拝し、本境土地の五穀の神に詣《いた》り、以て一年の福を祈り、或いは経呪《けいじゅ》（経文や呪い）を誦《とな》え完畢《かんぴつ》（すべて終了）せば、方《まさ》に礼拝す。新年の寅の時（午前四時から二時間）、屠蘇酒を飲む。

とあるから、漢代より正月元日未明には迎神の行事があったのである。『支那民俗誌』巻一は「天神の下界を迎へる儀式」と題して、中国近世における除夜から元日にかけての迎神行事を詳細に述べる＊。

漢代にあり宋代にある迎神の行事を、前掲した『四時纂要』は伝えない。迎神は除夜に属する行事であるから、『四時纂要』一二月の条に「斎戒」として、

是月、晦日前両日、通晦日三日、斎戒焼香、浄念経文。仙家重之。

是の月、晦日の前の両日、晦日を通じて三日、斎戒して焼香し、経文を浄念す。仙家（道教信奉の家）之を重んず。

とあり、晦日を含めた三日間は斉戒焼香するとあるのみである。この斉戒焼香は迎神のためではないかと考えられるが、詳細は不明である。ともかく迎神の行事は『四時纂要』だけに史料がないのではなく、唐代文献を検索しても記

事がないが、漢代以来の迎神の行事は、唐代にあったと考えてよく、補足して考えるべきであろう。右の行事には、厳密に考えると除夜に属するものもあるが、連続する行事であるから、元日の行事として示す。なお、漢代の元日には竈神を迎える行事はなかったと思われる。

＊ 長尾龍造『支那民俗誌』（丸善 一九四〇）巻一の二七頁以下。

三 庭前に爆竹し、悪鬼（悪霊）を避ける

「宝顔堂秘笈広集」本『荊楚歳時記』の「庭前に爆竹し、悪鬼（悪霊）を避ける」は次のようである。

先於庭前爆竹、以辟山臊悪鬼。

按神異経云、西方山中有人焉。其長尺餘一足、性不畏人。犯之則令人寒熱、名曰山臊。人以竹著火中、烞 音朴 熚 音必 有声。而山臊驚憚遠去。玄黄経所謂山獠鬼也。俗人以為、爆竹燃草、起於庭燎。家国不応濫于王者。

先ず庭前に爆竹し(1)、以て山臊《そう》の悪鬼を辟く。

「神異経」を按ずるに云わく(2)、「西方の山中に人有り。其の長《たけ》・尺餘にして一足、性は人を畏れず。之を犯さば則ち人をして寒熱せしむ、名づけて山臊と曰う(3)。人 竹を以て火中に著けば、烞《ぼく》 音は朴 熚《ひつ》 音は必 の声有り。而して山臊驚憚《きょうたん》して遠去す。「玄黄経」（未詳。「道教」経の一経）に謂う所の山獠《そう》の鬼なり。俗人以為《おも》えらく、「爆竹・燃草は庭燎より起《はじ》まる(4)。家・国（家は卿大夫、国は封建王国・侯国）応《まさ》に王者（帝王・皇帝）より濫にすべからざるなり」と。

（1） 爆竹（燎竹）という語は、日本語では現在でも使用されるが、現代の中国では爆竹は死語に近く、通常は鞭炮（ピェンパオ）・

紙炮（ツーパオ）・炮仔（パオアー）といわれる。

（2）『神異経』は中国神話集の一。『隋書』巻三三経籍志・史部・雑伝類に「神異経一巻。東方朔撰・張華注」、『旧唐書《くとうじょ》』巻四六経籍志・史部・地理類に「神異経二巻。東方朔撰」、『新唐書《じょ》』巻五九藝文《げいもん》志・子部・神仙類に「東方朔・神異経二巻。張華注」とあり、漢の東方朔や張華（二三二〜三〇〇）に仮託された書である。延昌四年（五一五）の成立と推定される『水経注』と、五三二年以降に成立した『斉民要術《せいみんようじゅつ》』に引用されるから、五世紀ころにできた『山海経《せんがいきょう》』に類する書であろう。『四庫全書』子部五二小説家類三に所収し、『四庫全書総目』巻一四二子部五二小説家類三に、四七条から構成される「神異経一巻。内府蔵本」を解説するが、「東方朔撰・張華注」には疑問を呈している。

「按神異経云、……」は『太平御覧《ぎょらん》』巻八八三神鬼部三・上に、

又［神異経］曰、西方深山有人焉。長尺餘、袒身。捕鰕蟹。性不畏人、見人止宿喜。依其火、以炙鰕蟹。伺人不在、而盗人鹽以食蟹。名山⿰犭參。其音自叫。人常以竹著火中、爆烞、而山⿰犭參皆驚、犯之令人寒熱。

又た「神異経」に曰わく、「西方の深山に人有り。長《たけ》は尺餘、袒身（肩を出した状態）。鰕蟹《かかい》（えびとかに）を捕う。性は人を畏れず、人を見て止宿して喜ぶ。其の火に依り、以て鰕蟹を炙る。人を伺い在らざれば、人の塩を盗み以て蟹を食らう。山⿰犭參《さん》と名づく。其の音自らの叫びなり。人常に竹を以て火中に著け、爆烞す、而して山⿰犭參皆な驚き、之を犯せば人をして寒熱せしむ」と。

とある文を加工したものであろう。

（3）山臊《そう》は『国語』（春秋時代を扱った歴史書）巻五魯語・下の「木石之怪曰、夔《き》・蝄蜽《もうりょう》」の注に、

木石謂山也。或云夔、一足。越人謂之山⿰犭巣、或作□。富陽有之、人面猴身、能言、或云独足。蝄蜽山精、好斅人声、而迷惑人也。

木石は山を謂うなり。或いは夔と云い一足なり。越人之を山⿰犭巣《さんそう》と謂う。或いは□に作る。富陽（杭州富陽県）に之有り、人面猴身にして、能く言い、或いは独足と云う。蝄蜽《もうりょう》は山の精にして、好んで人声を斅《まな》んで、人を迷惑するなり。

とあり、『太平広記』巻四二八・虎三・斑子に、

山魈者、嶺南所在有之。独足反踵、手足三歧、其牝好傅脂粉。於大樹空中作窠。…………

山魈《しょう》は、嶺南の所在之有り。独足（一本足）にして反踵（足がそり曲がる）、手足は三歧（三歧＝三本指）、其の牝は好んで脂粉を傅《つ》く。大樹の空中に窠《す》（＝巣）を作る。…………

とあり、謝肇淛《しゃちょうせい》（一五六七～一六二四）の『五雑組』巻一五事部三に、

江北多狐魅、江南多山魈。鬼魅之事、不可謂無也。…………。山魈閩広多有之。拠人屋宅、淫人婦女。

江北は狐魅多し、江南は山魈《さんしょう》（山の精）多し。鬼魅の事、無きを謂うべからずなり。…………。山魈閩《びん》広（閩広は福建と広東のこと）多く之有り。人の屋宅に拠り、人の婦女を淫す。

とあり、山魈は江南・嶺南特有の悪鬼・妖怪であるというから、山魈は長江以南から嶺南の特有の悪鬼・妖怪ということになり、爆竹で山魈《さんしょう》・妖怪を驚かすという『荊楚歳時記』の習俗は、華北ではなく江南・嶺南の習俗を伝えていることになる。唐代の薛《せつ》用弱の『集異記』の韋知微の条に、

開元中、士人韋知微者、選授越州蕭山県令。県多山魈、変幻百端、無敢犯者。而前後官吏、事之如神、然終遭其害。

開元中（七一三～七四一）、士人の韋知微は、越州蕭山県令に選授さる。県に山魈多く、百端に変幻し、敢えて犯す者なし。而して前後の官吏、之に事《つか》えること神の如くし、然りて終《つい》に其の害に遭う。

とあるが、山魈が人間と交流したいうのは真実のことであろうか。

（4）庭燎は王公の庭の照明用の篝火。『詩経』小雅・鴻鴈《こうがん》之什の庭燎に、

鄭云、在地曰燎、執之曰燭。又云、樹之門外曰大燭、於内曰庭燎。皆是照衆為明。

鄭云わく、「地（地面）に在りては燎と曰い、之を執れば燭と曰う」と。又た云わく、「之を門外に樹つれば大燭と曰い、内に於いては庭燎と曰う。皆な是れ衆を照らし明と為すなり」と。

とあり、庭燎とは門内の照明をいう。『太平御覧《ぎょらん》』巻八七一火部四・庭燎に、

説文曰、庭燎火炬也。礼（「礼記」郊特牲）曰、庭燎之百、由斉桓公始也。

「説文」に曰わく、「庭燎は火炬なり」と。「礼記」郊特牲に曰わく、「庭燎の百、斉の桓公（在位は前六八五～前六四三）

より始むるなり」と。

とある。『礼記』郊特牲の注に、庭燎の数に関して「天子は百、公は五〇、侯・伯・子・男、皆な三〇」とある。

附節1　「庭前に爆竹し、悪鬼（悪霊）を避ける」の典拠

『荊楚歳時記』の「一字上げ」の箇所に「先於庭前爆竹、以辟山臊悪鬼」とある。これに類似する記事は、隋の杜臺卿の『玉燭宝典』巻第一・正月孟春に、

荊楚記云、先於庭前爆竹。帖（「帖」は「貼」の誤写）画鶏、或斲鏤五采、及土鶏於戸上。

「荊楚記」に云わく、「先ず庭前に爆竹す。画鶏を貼り、或いは斲《き》りて五采を鏤《ちりば》め、土鶏を戸上に及ぼす」と。

とある。「先於庭前爆竹」は『荊楚記』にある文言である。「以辟山臊悪鬼」は出典不明である。

「先於庭前爆竹、以辟山臊悪鬼」の注記とされる「一字下げ」の箇所に、

按神異経云、西方山中有人焉。其長尺餘一足、性不畏人。犯之則令人寒熱、名曰山臊。人以竹著火中、烞音朴熚音必有声。而山臊驚憚遠去。玄黄経所謂山獏鬼也。俗人以為、爆竹燃草、起於庭燎。家国不応濫于王者。

とある記事は、『玉燭宝典』巻第一・正月孟春に、

畏虎之声、有如爆竹。神異経云、西方深山中、有人焉。名曰山臊。其長尺餘、性不畏人。犯之則令人寒熱。以竹著火中、烞熚有声。而山臊驚憚。玄黄経、謂之為鬼、是也。

畏しき虎の声、爆竹の如きもの有り。「神異経」に云わく、「西方の深山中に、人有り。名づけて山臊《そう》と曰う。其の長《たけ》・尺餘にして、性は人を畏れず。之を犯さば則ち人をして寒熱せしむ。竹を以て火中に著けば、烞熚《かひつ》として声有り。而して山臊驚憚《きょうたん》す」と。「玄黄経」に、之を謂いて鬼と為すは、是《これ》なり。

とある記事と極めて類似する。「一字下げ」の記事は、『神異経』の記事が出典である。『玉燭宝典』と『荊楚歳時記』

の記事が完全に一致しないのは、引用した杜公瞻《せん》の引用方法に起因する。杜公瞻は文章を少し変更したのである。出典不明として残るのは、「一字上げ」の「以辟山臊悪鬼」となる。この文言は『荊楚記』や『玉燭宝典』の文でないことは明白である。「以辟山臊悪鬼」は、「先於庭前爆竹」に杜公瞻が附加した文言と判断してよい。これによって、「一字上げ」の箇所は、『荊楚記』の文だけではなく、杜公瞻の附加文もあることが判明する。「一字上げ」の箇所は宗懍の文と想定されるのに、杜公瞻の文が混在する書は宗懍著とはいえない。

附節2　爆竹

1　爆竹の起源

爆竹をいう『神異経』は前漢の東方朔（前一五四～前九二）に附会した書で、東方朔以降の書であるから、この書によって、爆竹が前漢にあったとすることはできない。しかし、後漢の緯書の一である『易《えき》［緯］通卦験《つうかけん》』（『太平御覧《ぎょらん》』巻二九時序部一四・元日所引）は、元日の爆竹をいうから、後漢（二五～二二〇）に爆竹があったことは確かである。

易緯通卦験曰、正月五更、人整衣冠、于家庭中爆竹。帖画鶏子、或縷（＝鏤）五色［綵、及土鶏］于戸上、厭不祥也。

「易緯通卦験」（鄭玄《じょうげん》の注　二巻）に曰わく、「正月五更（元日の夜明け方）、人衣冠を整え、家の庭中に爆竹す。画鶏子を帖り、或いは五色の綵（あや絹）を鏤《ちりば》め、土鶏を戸上に及ぼし、不祥を厭《おさ》うなり」と。

爆竹の記事は、二世紀の応劭《おうしょう》（？～二〇四）の『風俗通』（『太平御覧』巻二九時序部一四・元日所引）にもある。

応劭風俗通曰、有桃人葦茭画虎鬱壘、以此鬼食虎。今或画虎於門、此幷其事。猛獣之声、有似爆竹。

応劭の『風俗通』に曰わく、「桃人・葦茭《いこう》（葦《あし》で作った綱）・画虎・鬱壘《うつるい》有り、此の鬼を以て虎に食らわしむ。今或いは虎を門に画き、此れ其の事を幷す。猛獣の声、爆竹に似る有り」と。
『易緯通卦験《えきいつうかけん》』と『風俗通』によって、元日の爆竹は後漢に存在したことが確認でき、その起源を秦漢（前二二一～二二五）の時代に求めることは可能であろう。

2　火爆（火薬による爆竹）の始まり

一〇世紀以降の爆竹には、前代とは異なって火薬を使用した爆竹が登場する。火薬の発明時期は明らかではない。一〇世紀に初歩的な火薬が発明されたのであろうと想定される。元寇（一二七四年と一二八一年）の時に蒙古軍が火薬を使用したことは有名な事実である。周達観の『真臘風土記』正朔時序に真臘の正月（中国の一〇月）に「煙火爆杖」があったと伝える。周達観は一二九六年に真臘国（カンボジア国）へ赴き、翌年に帰国しているから、一二九六年に真臘の「煙火爆杖」を実見している。一三世紀には中国周辺に火薬が知られている。一三世紀以前に火薬の実用化があったことは動かせない。

李燾《りとう》（一一一五～一一八四）の『続資治通鑑《しじつがん》長編』巻四七咸平三年（一〇〇〇）九月辛丑の条に、神衛水軍隊長の唐福が火箭・火毬（火球）・火蒺藜《しつれい》を献じた記事があり、曾公亮らが撰述した『武経総要前集』（一〇四四年完成）には、霹靂火毬・火砲と火薬の武器に関する記述があり、『武経総要前集』巻一二守城に「火薬法」として、

> 晋州硫黄十四両。窩黄七両。焔硝《えんしょう》（硝酸カリウム。硝石）二斤半。麻茹（麻の繊維）一両。乾漆一両。砒黄一両。定粉一両。竹茹（竹の繊維）一両。黄丹（鉛丹：四酸化三鉛）一両。黄蠟半両。清油一分。桐油半両。松脂一十四両。濃油一分。（宋代の一両は三七・三g、一斤は五九六・八g）

とある。これらを混合して火薬を製造したものであろう。金軍との戦闘（一〇六一年の「采石の会戦」）において、霹靂砲（雷鳴のような大音響の火球）が使用された。これらのことから、一一世紀には、火球の爆発力は不充分であったとし

図版１『蒙古襲来絵詞《えことば》』に見える火球

ても、火薬が武器として実用化されていたと考えてよい。

浙江省寧波の一三世紀初期の地方志である『嘉泰会稽志』巻一三節序・除夕の条に、爆杖（火薬の爆竹）をいう。

惟除夕爆竹相聞。亦或以硫黄作爆薬、声尤震厲。謂之爆杖。

惟れ除夕に爆竹相い聞ゆ。亦た或いは硫黄を以て爆薬を作り、声尤も震厲《しんれい》なり。之を爆杖と謂う。

この爆杖は火薬による爆竹である。爆杖というのは爆竹と同じように、一定の長さに作られていたためである。『嘉泰会稽志』の記事は、一二世紀後半の会稽地方の状態を伝えたものである。そうすれば、南宋の都である臨安においては、一二世紀中頃には火薬による爆竹があったと考えてもよい。

歳末の臨安（南宋の都）においては、爆杖・成架煙火（仕掛け花火）が売られていたと、咸淳一〇年（一二七四）に完成した呉自牧の『夢粱録』巻六・一二月の条は伝える。

街市撲買錫打春幡勝百事吉斛児、以備元旦懸於門首、為新歳吉兆。其各坊巷叫売蒼朮小棗不絶。又有市爆杖成架煙火之類。

街の市に錫打の春幡勝・百事吉斛児を撲買し、以て元旦に門首に懸けるに備え、新歳の吉兆と為す。其れ各々坊巷は蒼朮《そうじゅ》・小棗を売る叫び絶えず。又た爆杖・成架煙火（しかけ花火）の類を市ること有り。

成架煙火とは仕掛け花火であるから、爆杖は明らかに、火薬よる爆竹と理解しなければならない。南宋時代に首都・臨安や隣接する会稽地方においては、火薬による爆竹が存在したのである。

南宋の周密（一二三二～一二九八）の『乾淳歳時記』に、

禁中、臘月三十日、爆仗。有為果子人物等類不一、而殿司所進屛風外、画鍾馗捕鬼之類、而内蔵薬線、一爇連百餘、不絶。

禁中、臘月三〇日、爆仗す。果子・人物等の類を為ること有るも一ならず、而して殿司進むる所の屛風の外、鍾馗捕鬼の類を画き、而も薬線を内蔵し、一たび爇《もや》せば百餘に連なりて、絶えず。

といい、「禁中、臘月三十日、爆仗」とあるから、南宋の宮廷の爆竹に火薬が使用され、「一爇連百餘、不絶」とあるから、これは現在の鞭炮（ピエンパオ）と何ら変わるものではない。

四　門戸に画鶏、桃板、門神（神荼《しんと》と鬱壘《うつるい》）を飾る

「宝顔堂秘笈広集」本『荊楚歳時記』の「門戸に画鶏、桃板、門神（神荼と鬱壘）を飾る」は次のようである。

帖（「帖」は「貼」の誤写）画鶏、或斲鏤五采、及土鶏於［門］戸上。造桃板著［門］戸。謂之仙木。絵二神、貼［門］戸左右、左神荼、右鬱壘。俗謂之門神。

按荘周云、有掛鶏於戸、懸葦索於其上、挿桃符於旁、百鬼畏之。又魏時、人問議郎董勛云、今正臘旦、門前作烟火桃神絞索松栢、殺鶏著門戸、逐疫礼歟。勛答曰、礼、十二月索室逐疫、釁門戸、磔鶏、熯火行。故作助行気。桃鬼所悪、画作人首、可以有所収縛、不死之祥。又桃者五行之精、能讀作耐制百鬼。謂之仙木。括地図曰、桃都山有大桃樹、盤屈三千里、上有金鶏。日照則鳴。下有二神、一名鬱、一名壘。幷執葦索、以伺不祥之鬼、

則殺之。即無神荼之名。応劭風俗通曰、黄帝書称、上古之時、有神荼鬱壘兄弟二人、住度朔山上桃樹下、簡百鬼、鬼妄搰人、援（＝縛）以葦索、執以食虎。於是、県官以臘除夕、飾桃人、垂葦索、画虎於門、効前事也。

画鶏(1)を貼り、或いは斲《き》りて五綵（青・赤・黄・白・黒の五色のあや絹）を鏤《ちりば》め、土鶏(2)を門戸の上に及ぼす。桃板(3)を造り門戸に著く。之を仙木と謂う。二神を絵がき、門戸の左右に貼る。左は神荼《しんと》、右は鬱壘《うつるい》。俗に之を門神(4)(5)と謂う。「荘周(6)」（「荘子」のこと。荘子：姓は荘、名は周という）を按ずるに云わく、「鶏を戸に掛くこと有り、葦索《いさく》(7)（太い綱を「索」、細い綱を「縄」という）を其の上に懸け、桃符を旁に挿さば、百鬼之を畏る」と。又た魏の時、人議郎の董勛《とうくん》に問いて云わく、(8)「いま正臘の日、門前に烟火（庭燎に類する焚火）・桃神・絞索（綱の類）・松栢(9)を作り、鶏を殺し門戸に著くは、疫を逐うの礼なるか」と。勛答えて曰わく、「礼、一二月室を索《もと》めて疫（悪霊）を逐い、門戸を釁《ちぬ》り、鶏を磔《たく》し、熯火《かんか》（火を燃やすこと）行わる。故に行気を作助す。桃は鬼の悪む所、画きて人首に作り、以て収縛する所有り、不死の祥なるべし」と。又た桃は五行（木・火・土・金・水の五種類の元素）の精、百鬼を制するに能《た》う。之を仙木と謂う。「括地図(10)」に曰わく、「桃都山に大桃樹有り、盤屈すること三千里、上に金鶏（天上に住むという想像上の鶏）有り。日照れば則ち鳴く。下に二神有り、一は鬱と名づけ、一は壘と名づく。幷びに葦索《いさく》（葦の綱）を執り、以て不祥の鬼を伺い、則ち之を殺す」と。即ち神荼の名なし。応劭《おうしょう》の「風俗通(11)」に曰わく、「《黄帝の書》に称う、〈上古の時、神荼・鬱壘の兄弟二人有り、度朔山上の桃樹の下に住み、百鬼を簡《けみ》し、鬼 人を妄搰《もうこつ》せば、縛るに葦索を以てし、執え以て虎に食らわしむ。是に於いて、県官(12)は臘の除(13)（臘の逐除）夕を以て、桃人を飾り、葦索を垂れ、虎を門に画くは、前事に効《なら》うなり〉」と。

（1）画鶏は鶏を描いた絵。『藝文類聚《げいもんるいじゅう》』巻四歳時部・中・元正に、
裴玄新語曰、正朝、県官殺羊、懸其頭於門。又磔鶏以副之。俗説、以厭癘気。玄以問河南伏君。伏君曰、是土気上升、草木

萌動。羊齧百草、鶏啄五穀。故殺之、以助生気。

裴玄（三国・呉の人）の「新語」に曰わく、「正朝（元日の朝）、県官羊を殺し、其の頭を門に懸く。又た鶏を磔《たく》し以て之に副う。俗説に、以て癘気を厭《おさ》う」と。玄、以て河南の伏君に問う。伏君曰わく、〈是れ土気上升し、草木萌動す。羊百草を齧《は》み、鶏五穀を啄《ついば》む。故に之を殺し、以て生気を助くるなり〉」と。

とあるように、古くは磔鶏を元日の朝に門に懸けたが、時代が下るに伴い、画鶏を門に懸けるようになった。これを行うの原義は、鶏は陽鳥であり、癘気を払い、生気を助長すると考えられていたからである。

（2）土鶏は粘土細工の鶏である。土鶏を用いる意味は画鶏と同じで、古い時代の磔鶏の代用である。

（3）桃板は杜臺卿の『玉燭宝典』巻第一・正月孟春に、次のように、正月の桃版（桃板）をいう。

典術云、桃者、五行之精、厭伏邪気、能制百鬼。故今人作桃版著戸、謂之仙木。

「典術」に云わく、「桃は、五行の精、邪気を厭伏《えんふく》し、百鬼を制すに能《た》う」と。故に今人桃版を作り戸に著く、之を仙木と謂う。

六世紀の人は元日に桃版を門戸に著けたのである。唐代の『四時纂要』正月・占候禳鎮《せんこうじょうちん》等に、

元日、……（中略）……。造仙木。即今桃符也。玉燭宝典云、仙木。鬱壘桃樹、百鬼所畏。

元日、……（中略）……。仙木を造る。即ち今の桃符なり。「玉燭宝典」に云わく、「仙木」と。鬱壘《うつるい》・桃樹、百鬼の畏る所なり。

とある。唐代でも正月の門の飾りに桃符を使用した。桃板は桃符と同じで、後世の春聯の前身をなすものである。

桃符の具体的形状に関しては、一三世紀中葉の陳元靚《せい》の『歳時広記』巻五写桃板に宋代の事例を伝える。

皇朝歳時雑記、桃符之制、以薄木版長二三尺、大四五寸、上画神像狻猊白沢之属、下書左鬱壘右神荼、或写春詞、或書祝禱之語、歳旦則更之。

皇朝の「歳時雑記」（二巻。呂希哲、字は原明の撰）に、「桃符の制、薄い木版の長さ二・三尺、大きさ四・五寸を以て、上に神像・狻猊《さんげい》（唐獅子）・白沢（想像上の神獣。人語を解すという）の属《たぐい》を画き、下の左に鬱壘・右に神荼《しんと》を書き、或いは

春詞を写し、或いは祝禱の語を書き、歳旦則ち之を更る」と。

唐代の桃板も同様なものと考えてよいだろう。

桃符は元日に門にかかげる魔除の札。桃木の板に百鬼を食べるという、神荼《しんと》と鬱壘《うつるい》二神の像や吉祥の文字を書いたもの。一一世紀の高承の『事物紀原』巻八歳時風俗部四二「春版」に次のようにある。

今世、画神像於版上、猶於其下書右鬱壘左神荼。元日、以置門戸間也。

今世、神像を版上に画き、猶お其の下に右に「鬱壘」左に「神荼」を書く。元日、以て門戸の間に置くなり。

高承は北宋の都である開封府に生まれた人であるから、右の話は少なくとも、一一世紀の黄河下流域の習俗を伝えたものである。

図版2　18世紀、江南の桃符

（4）門神の本源的正体に関しては、諸説が提出されている。守屋美都雄氏は『荊楚歳時記』（平凡社・東洋文庫　一九七八）一六頁以下に、門神に関する諸説を整理し、門神に関する自説を展開する。

（5）神荼と鬱壘は古代中国の伝説で、門を司る兄弟二神の名。東海中の度朔山に三千里の広さに蔓延《はびこ》る桃の大木があり、その東北の鬼門に住んで、出入りする鬼を検査し、悪鬼をとらえて虎に食わせるという。中国では、年末にその像を門に貼って門神とする。門神の話は『風俗通』に加えて、後漢の蔡邕《さいよう》の『独断』巻上にもある。

（6）荘周は『荘子』の篇名であろうが、詳細は不明。荘子（そうじ。前三六九？〜前二八六？）は、戦国時代の宋国の蒙（現在の河南省商丘市）に産まれた道教の思想家。漆畑の番人であったという。姓は荘、名は周。字は子休。荘子と尊称される。曽子と区別するため「そうじ」と読むのが慣例となっている。唐代の七四二年に道教の神仙に格上げされて、南華真人と追号され、『荘子』を『南華経』と改名した。戦国時代の思想界には孟子よりあと、荀子の前に現れ、その後大きな影響を及ぼした。いわゆる『荘子』がその著書としてあるが、最近では、そのうちの「逍遥遊」「斉物論」の二編が自著とされている。

（7）葦索は葦で作った大縄。葦は水辺に群生する多年草。高さは一～三米ほど。ススキ（薄・芒）に似た穂をつける。中が空洞の茎は簾の材料となる。葦（＝成熟したもの）、蘆・芦（＝完全には穂が出揃っていないもの）、芦（＝穂が出ていないもの）といった漢字表記がある。

（8）董勛は晋の議郎。『北斉書《ほくせいじょ》』巻三七魏収伝に「魏帝宴百僚問、何故名人日。皆莫能知。収対曰、晋議郎董勛答（答＝衍字）問礼俗云、……」とある。

（9）松柏は松と柏（側柏：このてがしわ）・扁柏（ひのき）・圓柏（びゃくしん）・貝塚息吹などの常緑樹をいう。四季に緑を保つ常磐木（ときわぎ）の総称。

（10）『括地図』は五五〇年ころの『斉民要術《せいみんようじゅつ》』巻一〇と五一五年の『水経注』巻一に引用があるから、六世紀以前の書であるが、詳細は不明。逸文は「漢学堂叢書」・「重訂漢唐地理書抄」・「玉函山房輯佚書補編」にある。

（11）『風俗通』は後漢末の人・応劭《おうしょう》（?～二〇四）の著作。『風俗通義』ともいう。制度、風俗、伝説などを述べた書物。『隋書』巻三四経籍志・子部・雑家類に「三十一巻。録一巻。応劭撰。梁三十巻」とあるが、唐代以降に散逸し、一一世紀に残っていた『風俗通』逸文を整理したのが、現行の一〇巻本『風俗通義』で、『四部叢刊』初編や『叢書集成』初編に所収されている。

『風俗通』巻八桃梗・葦茭・画虎に、

虎者陽物、百獣之長也。能執搏挫鋭、噬食鬼魅。今人卒得悪遇、焼煮虎皮、飲之。撃其爪、亦能辟悪。此其験也。

虎は陽物、百獣の長なり。能く執搏《しつばく》し鋭を挫《くじ》き、鬼魅を噬《せい》食す。今人卒《にわ》かに悪遇を得ば、虎皮を焼煮し、之を飲む。其の爪を撃《のぞ》けば、亦た能く悪を辟く。此れ其の験なり。

（12）県官は天子をいう。『史記』巻五七絳侯周勃世家第二七の周亜夫伝に、

居無何、条侯子、為父、買工官尚方甲楯五百被可以葬者。取庸苦之、不予銭。庸知其盗買県官器。
居ること何《いくば》くもなく、条侯（周亜夫）の子、父の為に、工官尚方の甲楯五百被（尚方に属する工官の制作した甲《よろい》と楯五百組）の以て葬るべきものを買う。庸（賃庸の人夫をいう）を取り之を苦しめ、銭を予《あた》えず。庸は其の県官の器を盗み買えるを知る。

とあり、この記事の「索隠」に、県官に関する説明がある。

索隠、県官謂天子也。所以謂国家為県官者、夏官王畿内県即国都也。王者官天下。故曰県官也。
「索隠」に、「県官は天子を謂うなり。国家を謂いて県官と為す所以は、夏官の王畿内の県は即ち国都なり。王は天下に官たり。故に県官と曰うなり」と。

（13）臘除とは臘日の前日に悪疫を逐除することをいう。「臘除」とは「臘日の前日に悪疫を逐除」を縮めた言い方。臘日とは一年の最終の祭りで、臘月といえば一二月の別名になっているように、臘日は一二月中にある。冬至から三巡目の戌の日が漢王朝の臘日であり、冬至から三巡目の辰の日が唐王朝の臘日である。太陰太陽暦では、冬至は一定していないから、現在の暦のように臘日は固定していない。詳細は本書一二月の「八一　一二月は臘月、沐浴と臘祭」を参照。

附節　「門戸に画鶏、桃板、門神（神荼《しんと》と鬱壘《うつるい》）を飾る」の典拠

『荊楚歳時記』の「門戸に画鶏、桃板、門神（神荼と鬱壘）を飾る」の記事は次のようである。

帖（「帖」は「貼」の誤写）画鶏、或斲鏤五采、及土鶏於［門］戸上。造桃板著［門］戸。謂之仙木。絵二神、貼［門］戸左右、左神荼、右鬱壘。俗謂之門神。

按荘周云、有掛鶏於戸、懸葦索於其上、挿桃符於旁、百鬼畏之。又魏時、人問議郎董勛云、今正臘旦、門前作烟火桃神絞索松栢、殺鶏著門戸、逐疫礼歟。勛答曰、礼、十二月索室逐疫、釁門戸、磔鶏、熯火行。故作助行気。桃鬼所悪、画作人首、可以有所収縛、不死之祥。又桃者五行之精、能読作耐制百鬼。謂之仙木。括地図曰、

桃都山有大桃樹、盤屈三千里、上有金鶏。日照則鳴。下有二神、一名鬱、一名壘。幷執葦索、以伺不祥之鬼、則殺之。…………

右に極めて類似する記事が『玉燭宝典』巻第一・正月孟春にある。

荊楚記云、先於庭前爆竹。帖（「帖」は「貼」の誤写）画鶏、或斲鏤五采、及土鶏於戸上。荘子云、斲鶏於戸、懸葦索於其上、挿桃符其旁連灰其下、百鬼畏之。括地図曰、桃都山有大桃樹。盤屈三千里。上有金鶏。日照此木則鳴。下有二神、一名鬱、一名壘。並執葦索、以伺不祥之鬼、得而殺之。

「荊楚記」に云わく、先ず庭前に爆竹す。画鶏を貼り、或いは斲《き》りて五采を鏤《ちりば》め、土鶏を戸上に及ぼす」と。「荘子」に云わく、「鶏を戸に斲《たく》し、葦索（葦の綱）を其の上に懸け、桃符を其の旁に挿し、灰を其の下に連ぬれば、百鬼之を畏る」と。「括地図」に曰わく、「桃都山に大桃樹有り。盤屈すること三千里なり。上に金鶏有り。日此の木を照らせば則ち鳴く。下に二神有り、一は鬱《うつ》と名づけ、一は壘《るい》と名づく。並びに葦索（太い綱を索という）を執り、以て不祥の鬼を伺い、得て之を殺す」と。

右の『玉燭宝典』の記事によって、『荊楚歳時記』の「門戸に画鶏、桃板、門神（神荼《しんと》と鬱壘《うつるい》）を飾る」の記事は『玉燭宝典』の記事が基礎であることは明瞭に看取できる。

『玉燭宝典』の記事に、次の二記事が附加されて、「門戸に画鶏、桃板、門神（神荼と鬱壘）を飾る」の記事が構成されている。

○造桃板著［門］戸。謂之仙木。絵二神、貼［門］戸左右、左神荼、右鬱壘。俗謂之門神。

○又魏時、人問議郎董勛云、今正臘旦、門前作烟火桃神絞索松栢、殺鶏著門戸、逐疫礼歟。勛答曰、礼、十二月索室逐疫、釁門戸、磔鶏、熯火行。故作助行気。桃鬼所悪、画作人首、可以有所収縛、不死之祥。又桃者五行之精、能 読作耐 制百鬼。謂之仙木。

「一字上げ」の箇所は『荊楚記』の記事としてよいが、『荊楚記』以外の記事が附加されている。『荊楚記』の「帖画鶏、或斲鏤五采、及土鶏於門戸上」の後に、

造桃板著［門］戸。謂之仙木。絵二神、貼［門］戸左右、左神荼、右鬱壘。俗謂之門神。

という記事を附加したのは誰か。また『荘子』の記事の後に、

又魏時、人問議郎董勛云、今正臘日、門前作烟火桃神絞索松栢、殺鶏著門戸、逐疫礼歟。勛答曰、礼、十二月索室逐疫、釁門戸、磔鶏、熯火行。故作助行気。桃鬼所悪、画作人首、可以有所収縛、不死之祥。又桃者五行之精、能 読作耐 制百鬼。謂之仙木。

とある記事を附加し、『括地図』の記事の後に、

図版3　門神（漢代の画像石）

即無神荼之名。応劭風俗通曰、黄帝書称、上古之時、有神荼鬱壘兄弟二人、住度朔山上桃樹下、簡百鬼、鬼妄搰人、援（＝縛）以葦索、執以食虎。於是、県官以臘除夕、飾桃人、垂葦索、画虎於門、効前事也。

という記事を附加したのは誰かということになる。

「造桃板著［門］戸。謂之仙木」は、八世紀の前半期にできた徐堅らの『初学記』巻四歳時部・下・元日第一叙事に「造桃板著戸、謂之仙木」とあるから、八世紀の前半期までに『荊楚記』の「帖画鶏、或斲鏤五采、及土鶏於［門］戸上」の後に附加された記事である。他の記事も八世紀の前半期までに附加された記事としてよい。

八世紀前半までに『荊楚記』と『玉燭宝典』を参照することが可能で、『荊楚歳時記』と関係が深い人物といえば杜公瞻《せん》である。「仙木と門神」と「議郎董勛《とうくん》」の記事は杜公瞻が附加した記事としてよいだろう。

『荊楚歳時記』は二書がある。一は宗懍の『荊楚歳時記』であり、一は杜公瞻の『荊楚歳時記』である。杜公瞻の『荊楚歳時記』は『荊楚記』と『玉燭宝典』を参照し、新しく記事を附加したもので、六二四年には完成した『藝文《げいもん》類聚』に引用されるから、六二四年には存在していた。『荊楚記』と『玉燭宝典』の記事を附加し、八世紀前半以前に存在した『荊楚歳時記』は、杜公瞻の『荊楚歳時記』である。つまり、現行本『荊楚歳時記』は杜公瞻撰の『荊楚歳時記』ということになる。

五補　謝道通、羅浮山で朱書の桃板をみる

一二世紀の『経史證類大観本草』巻二三果部・桃核仁の条に、次に示す『荊楚歳時記』の記事を引用する。

荊楚歳時記、謝道通登羅浮山、見数童子以朱書桃板、貼戸上。道通還、以紙写之、貼戸上。鬼見畏之。

「荊楚歳時記」に、「謝道通[1]（詳細未詳）羅浮山[2]（嶺南の循州博羅県境にある霊山）に登り、数童子の朱書せる桃板を以て、戸上に貼るを見る。道通還り、紙を以て之を写し、戸上に貼る。鬼見て之を畏る」と。

謝道通が羅浮山に登り、朱書した桃板を実見し、帰郷した後に朱書の桃板を模倣すると鬼が畏れたとある。この記事は南朝時代の羅浮山と江南のことを伝えたものであるから、元は宗懍の『荊楚記』にあった記事であろう。

（1）　謝道通は南朝の門閥貴族・謝氏の一員であろう。詳細は未詳。

（2）　羅浮山は嶺南の循州・博羅県にある霊山。『藝文《げいもん》類聚』巻七山部・上・羅浮山に、

羅浮山記曰、羅浮者、蓋総称焉。羅羅山也。浮浮山也。二山合体、謂之羅浮。在増城博羅二県之境。

「羅浮山記」に曰わく、「羅浮は、蓋《けだ》し総称なり。羅は羅山なり。浮は浮山なり。二山合体し、之を羅浮と謂う。増城（広州所管）・博羅（循州所管）二県の境に在り」と。

とある。別名は東樵《とうしょう》山。主峰は標高一二九六米である。道教の仙人が住むと考えられ、古くから山岳信仰の対象とされてきた。三世紀初頭に、医聖として尊崇され、『傷寒雑病論』を著作した張仲景が羅浮山において生涯を終えているし、東晋の葛洪も、その晩年には羅浮山に隠棲して、『抱朴子』の著述と錬丹研究に専念している。

六　屠蘇酒と五辛盤を上《たてまつ》る

「宝顔堂秘笈広集」本『荊楚歳時記』の「屠蘇酒と五辛盤を上る」は次のようである。

於是、長幼悉正衣冠、以次拝賀。進椒柏酒、飲桃湯。進屠蘇酒膠牙餳、下（下＝上の誤記）五辛盤[1]。進敷于散、服却鬼丸。各進一鶏子。凡飲酒次第、従小起。梁有天下、不食葷。荊自此不復食鶏子、以従常則。

按四民月令云、過臘一日、謂之小歳。拝賀君親、進椒酒、従小起。椒是玉衡星精、服之、令人身軽、能老。柏是仙薬、成公子安椒華銘曰、肇惟歳首、月正元日、厥味惟珍、蠲除百疾。是知小歳則用之漢朝、元正則行之［晋世］。典術云、桃者五行之精、厭伏邪気、制百鬼也。董勛云、俗、有歳首酌椒酒而飲之。以椒性芬香、又堪為薬。故此日、採椒花、以貢尊者飲之、亦一時之礼也。又晋海西四令（「四」は衍字。「又晋海西令」とあるべきである）、問勛曰、俗、人正日飲酒、先飲小者何也。勛曰、俗云、小者得歳、先酒賀之、老者失歳。故後飲酒。周處風土記曰、元日、造五辛盤。正月元日、五薫錬形。注、五辛所以発五蔵（＝五臓）之気、即大蒜・小蒜・韮菜・雲臺・胡荽、是也。荘子所謂、春正月、飲酒茹葱、以通五蔵也。又食医心鏡曰、食五辛、以辟厲気。食医心鏡。

方用柏子仁・麻仁・細辛・乾薑・附子、等分為散、井華水服之。又天医方序云、江夏劉次卿見鬼、以正旦至市、見一書生入市、衆鬼悉避。劉問書生曰、子有何術以至於此。書生言、我本無術。出之日、家師以一丸薬絳嚢裏之、令以繋臂、防悪気耳。於是、劉就書生借此薬、至所見諸鬼處、諸鬼悉走。所以世俗行之。其方用武都雄黄丹散二両、蠟和調如弾丸。正月旦、令男左女右帯之。周處風土記曰、正旦当呑生鶏子一枚。謂之錬形。膠牙者、蓋以使其牢固不動。取膠固之義。今、北人亦如之。

是に於いて、長幼悉く衣冠を正し、次（＝順序）を以て拝賀す。椒柏酒(2)（椒酒と柏酒）を進め、桃湯(3)（桃の葉・枝・茎を煮だしたもの）を飲む。屠蘇酒(4)・膠牙餳《こうがとう》(5)(6)を進め、五辛盤(7)を上《たてまつ》る。敷于散《ふうさん》(8)を進め、却鬼丸を服す。各々一鶏子（＝鶏卵）を進む。凡《すべ》て飲酒の次第、小より起む。(9)梁は天下を有《たも》ち、葷《くん》（臭いのきつい野菜）を食らわず（梁の武帝が深く仏教に帰依し、それが食物まで影響を与えたことを指す）。荆は此れより復た鶏子を食らわず、以て常則に従る。(10)

「四民月令」を按ずるに云わく、(11)「臘を過ぎること一日、之を小歳と謂う。君親に拝賀し、椒酒を進むこと、小より起む」と。椒は是れ玉衡星（北斗七星の一で、北斗七星の柄末から三番目の大熊座イプシロン星・アリオトAliothの中国名）の精(12)、之を服さば、人の身をして軽くせしめ、老に能《た》う。柏は是れ仙薬、成公子安(13)の「椒華銘」(14)に曰わく、「肇むるに惟れ歳首、月正元日、厥の味惟れ珍、百疾を蠲除《てんじょ》す」と。是れ「小歳」（小歳という表現は）則ち之漢朝に用い、「元正」（元正という表現は）則ち之晋世に行わるを知る。「典術」(15)に云わく、「桃は五行（木・火・土・金・水の五元素）の精、邪気を厭《えん》伏し、百鬼を制するなり」と。董勛《とうくん》(16)云わく、「俗、歳首に椒酒を酌んで之を飲む有り。椒性芬香なるを以て、又た薬と為すに堪う。故に此の日、椒花を採り、以て尊者に貢《すす》め之を飲むは、亦た一時の礼なり。又た晋の海西公(17)、勛に問いて曰わく、「俗人正日酒を飲むに、先に小者《わかき》に飲すは何ぞや」と。勛曰わく、「俗に云わく、小者は歳を得、酒を先にし之を賀す。老いたる者は歳を失う、故に後に酒を飲む」と。周處(18)の「風土記」(19)に曰わく、「元日、五辛盤を造る。正月元日、五薫の錬形あり」と。注に、「五辛は五臓の気を発する所以なり。即ち大蒜《にんにく》・小蒜《のびる》・韭菜《きゅうさい》・雲薹《あぶらな》・胡荽《こえんどろ》、是れなり」と。「荘子」の所謂(20)、「春正月、酒を飲み葱を茹《くら》い、以て五臓（肝臓・心臓・脾臓・腎臓・肺臓）に通ずるなり」と。又た「食医心鏡(21)」に曰わく、「五辛を食らい以て厲気《れいき》を辟く」と。敷于散は葛洪《かっこう》(22)の「煉化篇」に出ず。方（處方）は柏子仁・麻仁・細辛（ウマノスズクサ科の多年草）・乾薑・附子《ぶす》（トリカブトの子根を乾燥させたもの）を用い、等分して散と為し、井華水（井花水。朝一番に汲んだ井戸水）もて之を服す。又た「天医方」（未詳）の序に云わく、「江夏（湖北省武漢市附近）の劉次卿鬼を見、正旦を以て市に至り、一書生の市に入るに、衆鬼悉く避ける見る、劉は書生に問いて曰わく、「子何の術有りて以て此に至るや」と。書生言う、「我もとより術なし。出ずるの日、家師は一丸薬を以て絳嚢《こうじょう》（赤い袋）に之を裹《つつ》み、以て臂《ひじ》に繋け、悪気を防がしむのみ」と。是に於いて、劉は書生に就《つ》いて此の薬を借り、諸鬼を見る所の處に至るに、諸鬼悉く走《に》ぐ。所以に世俗之を行う。其の方（＝處方）は武都(23)の雄黄（石黄ともいう。砒素の化合鉱物）・丹散（辰砂の粉末）二両（一両：魏では約一四g、唐では三七g）を用い、蠟もて和ぜ調《ととの》え弾丸（はじき弓の弾《たま》）の如くす。正月の旦、男は左・女は右に之を帯しめる。周處の「風土記」に曰わく、「正旦当《まさ》に生の鶏子一枚（鶏卵一個）を呑むべし」と。之を錬形と謂う。膠牙《こうが》とは、蓋《けだ》し以て其れをして「歯を」牢固不動ならしむなり。膠固の義を取る。今、北人（秦嶺・淮河線以北の人々）亦た之《かく》の如し。

（1）「下五辛盤」は「上五辛盤」の誤写である。元日の縁起物の五辛盤を「下げる」のは不可解である。下げるものなら、最初から出す必要はない。「下」字は「上」と訂正するべきである。唐の韓鄂《かんがく》の『四時纂要』正月・占候禳鎮《せんこうじょうちん》等には「上」とある。

　元日、備新暦日、………。又上椒酒五辛盤於家長、以献寿。

　元日、新しき暦日（暦のこと）を備え、…………。又た椒酒・五辛盤を家長に上り、以て寿を献ず。

元文二年（一七三七）に、大坂で刊行された和刻本『荆楚歳時記』の「五辛盤」の欄外に「下一作上」と印刷されているから、

「広漢魏叢書」本以外の一本には「上五辛盤」とあったのである。

王毓《いく》栄氏は『荊楚歳時記校注』（文津出版社　一九八八　臺北）の三七頁の注釈7において、「下」は江陵地方の方言では「吃（食べる）」であるとする。

（2）椒柏酒は椒の酒と柏の酒。椒酒は山椒の実を浸した酒。柏酒はヒノキ科に属する常緑樹の「このて柏」の葉を酒に浸した酒である。山椒の実の香り、柏の葉が放つ香りが邪気を払うと信じられた。中国で「柏」といえば、ヒノキ科に属する檜（ひのき）・側柏（このてがしわ）・貝塚息吹（かいづかいぶき。貝塚伊吹とも書く）・椹（さわら）などヒノキ科の木々を意味し、日本の柏餅を包む葉のブナ科の木とは異なる。『漢官儀』巻一に「正旦、飲柏葉酒、上寿（正旦、柏葉酒を飲み、寿を上る）」とあり、『仙経』（『太平御覧《ぎょらん》』巻九五四木部三・柏）に「柏子（柏の実）を服せば、人年を長くす」とある。
九世紀末の韓鄂《かんがく》の『四時纂要』正月には「元日、新暦日を備う。庭前に爆竹し以て悪鬼を辟く。……（中略）……。また椒酒・五辛盤を家長に上り、以て寿を献ず。朔旦、符籙（道教の護符）を受くべし」とあるから、唐代の元日には、なお漢代以来の椒酒を飲む習慣もあった。
杜審言（六四五～七〇八。初唐の詩人。杜預の末裔。孫は杜甫）の「守歳侍宴応制」（『全唐詩』巻六二）に、
弾弦奏節梅風入、対局探鈎柏酒伝。　　弦を弾き節を奏で梅風入り、対局し探鈎《こう》して柏酒伝う。
とある。「対局探鈎」は「碁を打つこと、籤《くじ》を引くこと」をいい、色々娯楽を尽くしたのちに柏酒が出ることをいう。これによっても、唐代の宮廷の除夜には柏酒が提供されており、柏酒は除夜から元日に飲む酒であった。

（3）「桃湯を飲む」のは、後掲する『典術』に「桃は五行の精、邪気を厭伏し、百鬼を制すなり」とある。桃を煮だして、その核心にある精を摂取することは、邪気払いにより効果的と思考されたのである。

（4）屠蘇酒は元日に長寿を願って飲む薬酒。現在の中国では、屠蘇酒を飲む習俗は消滅した。長尾龍造氏の『支那民俗誌』（丸善一九四〇）一巻の五七一頁によれば、南の広東地方では元日に柏酒を飲み、福建地方では、薬酒を飲む習慣が残存するのみであるという。一二世紀の福建・福州の『淳熙《じゅんき》三山志』巻四〇土俗類二には、正月元日に屠蘇酒を飲むことを伝える。元日の屠蘇酒は唐宋時代に習俗として盛行したが、一三世紀以降の元・明王朝時代になると、この習俗は消滅する。

後漢の応劭《おうしょう》の『漢官儀』には、元日には柏酒を飲むといい、後漢の崔寔《さいしょく》の『四民月令』にも、元日に椒酒を飲むというから、元日に無病息災を願い酒を飲むことは、紀元前後の漢代にあったが、屠蘇酒の名はない。

隋唐時代になって、屠蘇酒が元日酒の一に加わった。『金谷園記』（『年中行事秘抄』正月・屠蘇白散事所引）に、

屠蘇、薬酒名。正朝以桃皮及諸薬、於酒中屠蘇和而飲之。先従小起、一人飲、一家無病。一家飲、一里無病。

屠蘇とは、薬酒の名なり。正朝（元日の朝）に桃皮及び諸薬をもって、酒中の屠蘇に和《ま》ぜて之を飲む。先づ小《わか》きより起《はじ》め、一人飲めば、一家病なく、一家飲めば、一里病なし。

とあり、大和年間（八二七～八三五）に書かれた敦煌文献の「節候賞物第二」（敦煌文献のスタイン・六五三七背）には、歳日（＝元日）の賞物（賜物）として屠蘇酒をいう。

歳日、賞屠蘇酒五辛盤假花菓狡（狡＝咬）牙餳。　歳日、屠蘇酒・五辛盤・假花菓・咬牙餳《こうがとう》を賞《たま》う。

（5）膠牙餳《こうがとう》は元日食の一である。一一世紀末の龐《ほう》元英の『文昌雑録』巻三に、

唐歳時節物。……（中略）……。元日則有屠蘇酒五辛盤咬牙餳。

唐の歳時の節物。……（中略）……。元日則ち屠蘇酒・五辛盤・咬牙餳（咬牙餳は膠牙餳《こうがとう》と同じ）有り。

とあることによって確認でき、また、白楽天（七七二～八四六。楽天は字、居易は諱）の「七年元日、対酒五首」（『白氏文集《もんじゅう》』巻三一）に「三杯の藍尾酒、一楪膠牙の餳」、また「歳日家宴」（『白氏文集』巻二四）に「歳盞後に推す藍尾の酒（残り酒）、春盤先ず勧む膠牙の餳」とあり、唐代でも元日に膠牙餳を食し、歯の健康を願い、長寿を願うことが一般的に行われたのである。

膠牙餳に関して、范成大（一一二六～一一九三）の『呉郡志』巻二「分歳食物」に、

有膠牙餳守歳盤。　膠牙餳《こうがとう》・守歳盤有り。

とある。守歳盤は除夜の食べ物を盛った盤であり、蘇州においては、除夜に膠牙餳を食べた。宋の蘇州に膠牙餳を食す習俗があることによって、唐代の元日に広く膠牙餳を食す習俗があったことが確認できる。一三世紀中葉の陳元靚《せい》の『歳時広記』巻四〇歳除・売白餳に、膠牙餳の記事があり、宋代の元日にも食膳に上っていた。

歳時雑記、膠牙餳形製不一。其甚華者、云膠之使歯牢。東京潘楼下、従歳前売此等物、至除夜、殆不通車馬。

「歳時雑記」（二巻。呂希哲、字原明の撰）に、「膠牙餳《こうがとう》の形製一ならず。其の甚だ華なるは、膠の歯をして牢ならしめるを云う。東京の潘楼下、歳前より此れ等の物を売り、除夜に至り、殆ど車馬通ぜず」と。

（6）「進屠蘇酒膠牙餳」の文言が『荊楚歳時記』の「一字上げ」の箇所にあるのは非常に疑問である。このことは、六八頁の附節1の「荊楚歳時記の「進屠蘇酒膠牙餳（屠蘇酒・膠牙餳を進む）」」において述べる。

（7）元日食には五辛盤（春盤ともいう）がある。一一世紀末の龐《ほう》元英の『文昌雑録』巻三は、

唐歳時節物。……（中略）……。元日則有屠蘇酒・五辛盤・咬牙餳。

唐の歳時の節物。……（中略）……。元日は則ち屠蘇酒・五辛盤・咬牙餳《こうがとう》（＝膠牙餳）有り。

とあり、唐代の元日食として五辛盤をいう。前掲した「元日の行事」に引用した韓鄂の『四時纂要』正月占候禳鎮《じょうちん》等の記事に、元日の食膳に五辛盤の記事があった。唐代の朝廷において提供される元日の飲食物に「屠蘇酒・五辛盤・膠牙餳」の品目はないから、『文昌雑録』にいう唐代の歳時の節物は、基本的には民間の正月食を伝えるものである。白楽天の「歳日家宴（元日の家宴）」（『白氏文集《もんじゅう》』巻二四）では、五辛盤を春盤といっている。

元日に五辛盤の食品を食べる目的に関して、『荊楚歳時記』の杜公瞻《せん》の注に、

荘子所謂、春正月、飲酒、茹葱以通五蔵也。又食医心鏡曰、食五辛、以辟癘気。

『荘子』（『荘子』逸文）の所謂、「春正月、酒を飲み、葱を茹《くら》い以て五蔵に通ず」るなり。又た『食医心鏡』に曰わく、「五辛を食らい、以て癘気を辟く」と。

と説明し、唐の孫真人（孫思邈《ばく》）は癘気（悪気・邪気）を避けるためと説明する。

孫真人食忌云、正月節食五辛、以辟癘気。（『歳時広記』巻五正月「五辛盤」）

孫真人の「食忌」に云わく、「正月の節に五辛を食らえば、以て癘気を辟《さ》く」と。

五辛の種類に関して、周處の『風土記』（『宝顔堂秘笈広集』本『荊楚歳時記』元日所引）には、

周處風土記曰、元日造五辛盤、正月元日、五薫錬形。注、五辛所以発五蔵之気、即大蒜小蒜韭菜雲臺（＝蕓臺）胡荽是也。

周處の「風土記」に曰わく、「元日に五辛盤を造り、正月元日、五薫錬形す。注に、『五辛は五蔵の気を発する所以、即ち大

蒜・小蒜・韮菜《きゆうさい》・雲臺《あぶらな》・胡荽《こえんどろ》是なり』」と。

とあり、大蒜《にんにく》・小蒜《のびる》・韮菜《にら》・蕓臺・胡荽とする。これは宋代の文献である『正一旨要』にいう五菜と同じである。

正一旨要云、五辛者、大蒜小蒜韮菜蕓臺胡荽是也。（『歳時広記』巻五正月「五辛盤」）

「正一旨要」に云わく、「五辛とは大蒜・小蒜・韮菜・蕓臺・胡荽、是れなり」と。

『風土記』と『正一旨要』にいう五辛が同じであるから、唐代の五辛も同様と断定できないが、『風土記』と同じ五辛盤と考えてよいであろう。

『本草綱目』巻二六菜部「五辛菜」の「集解」には、五辛菜を「葱・蒜・韮《にら》・蓼《たで》・蒿芥《よもぎ》」とし、『正一旨要』とは異なる五辛菜をいう。唐代においても地域によって、また家々によって、五辛菜は異なることが予想されるから、五辛菜を確定することは餘り意味がない。

（8）「敷于散《ふうさん》」は葛洪《かつこう》の「煉化篇」にみえる散薬（粉末薬）。『太平御覧《ぎょらん》』巻二九時序部一四・元日の「於是、長幼悉正衣冠、以次拝賀」の細字注に、

其敷于散（＝敷于散）、出葛洪練化篇（煉化篇）。方用栢子仁麻仁細辛乾薑附子等、分為散、井花水服之。

其の敷于散は葛洪《かつこう》の「煉化篇」に出ず。方（＝處方）は栢子仁・麻仁・細辛（ウマノスズクサ科の多年草）・乾薑・附子《ぶす》（トリカブトの子根を乾燥させたもの）等を用い、分ちて散と為し、井花水（朝一番に汲んだ井戸水）もて之を服す。

とある。『肘後《ちゆうご》備急方』巻二治瘴気疫癘瘟毒諸方第一五や『肘後百一方』巻二治瘴気第一五辟瘟疫薬に次のようにある。

［敷］干（＝于）散。大麻仁栢子仁乾薑細辛各一両、附子半両、炮搗篩、正旦以井華水、挙家各服方寸匕、疫極。則三服日一服。

敷于散。大麻仁・栢子仁・乾薑・細辛、各々一両、附子半両、炮《い》り搗《つ》き篩《ふる》いて、正旦に井華水（朝一番に汲んだ井戸水）を以て、挙家各々方寸の匕《さじ》を服さば、疫極《きわま》る。則ち三服し日日に一服なり。

（9）「凡《すべ》て飲酒の次第、小より起《はじ》む」に関して、洪邁の『容斎続筆』巻二歳旦飲酒は次のように述べる。

今人元日飲屠酥酒、自小者起、相伝已久、然固有来處。後漢李膺・杜密、以党人同繫獄。値元日、於獄中飲酒、曰正旦従小

起。時鏡新書、晋董勛［問礼俗］云、正旦飲酒先従小者、何也。勛曰、俗以小者得歳、故先酒賀之、老者失時、故後飲酒。
初学記載四民月令云、正旦進酒次第、当従小起、以年小者起先。

今人元日に屠酥酒を飲むに、小《わか》き者より起《はじ》むるは、相い伝うること已に久しく、然るに固より来る処あり。後漢の李膺《よう》・杜密は党人なるを以て同《とも》に獄に繋がる。元日に値《あた》り、獄中に於いて酒を飲みて曰わく、「正旦は小《わか》きより起《はじ》む」と。「時鏡新書」に、晋の董勛《とうくん》の『問礼俗』に云わく、「正旦の飲酒先に小き者よりするは、何ぞや」と。勛曰わく、「俗に小き者は歳を得るを以ての故に、先づ酒もて之を賀し、老る者は時を失うが故に後より酒を飲む」と。「初学記」に「四民月令」を載せて云わく、「正旦の酒を進むる次第、当に小きより起むべし、年小き者を以て起《はじ》め先にす」と。

酒を進める次第は、年小者を先にするのは、寿命の関係であるというから、屠蘇酒は長寿を願い、萬病を退散させる効果を期待するものである。

(10)「梁は天下を有ち、葷《くん》（臭いのある野菜）を食らわず。荆は此れより復た鶏子を食らわず」は、南朝・梁の食習慣の一を述べたもので、北朝・隋の杜公瞻が増入するはずがなく、論證するまでもなく『荆楚記』の記事と断定してよい。『玉燭宝典』巻第一・正月孟春は『荆楚記』の正月記事の全文を引用しているわけでないから、本来の『荆楚記』の正月記事に「梁有天下、不食葷。荆自此不復食鶏子、以従常則」の語句があったと想定することは可能である。

(11)『四民月令』は後漢時代の崔寔《しょく》（?～一七〇?）の著書で、農事暦と年中行事記を兼ねた書。完本は現存せず、逸文のみが残る。逸文を集めたものが『漢魏遺書抄』と『全上古三代秦漢三国六朝文』の『全後漢文』に収められ、輯本は守屋美都雄氏の『中国古歳時記の研究』（帝国書院　一九六三）にもある。平凡社・東洋文庫に渡部武氏の訳書がある。

(12)「椒は是れ玉衡星の精」は『太平御覧《ぎょらん》』巻九五八木部七・椒に、

　春秋運斗樞曰、玉衡星、散為椒。

「春秋運斗樞」に曰わく、「玉衡星（北斗七星の一）、散じて椒と為る」と。

とある。『春秋運斗樞』は後漢時代にできた緯書の一。易・書・詩・礼・楽・春秋・孝経に緯書がある。緯書は「守山閣叢書」・「墨海金壺」・「玉函山房輯佚書」・「説郛《せっぷ》」に輯録されている。

(13) 成公子安（二三一～二七三）のこと。成公は姓、子安は字、諱は綏。『晋書《しんじょ》』巻九二文苑伝に立伝されている。西晋の人。『隋書』巻三五経籍志・集部・別集類に「晋著作郎 成公綏集九巻。残缺。梁十巻」とあり、『旧唐書《くとうじょ》』巻四七経籍志・集部・別集類に「成公綏集十巻」とある。作品の一は『文選《もんぜん》』巻一八に所収されている。

(14)「椒華銘」は歐陽詢の『藝文《げいもん》類聚』巻八九木部・中・椒に引用がある。

晋成公綏椒華銘曰、嘉哉芳椒。載繁其実。厥味惟珍。蠲除百疾。肇惟歳始。月正元日。永介眉寿。以祈初吉。

晋の成公綏《すい》の「椒華銘」に曰わく、「嘉かな芳椒、載々其の実を繁らす。厥《そ》の味惟れ珍にして、百疾を蠲除《てんじょ》す。肇《はじめ》るに惟れ歳首、月正元日。永く眉寿を介し、以て初吉を祈る」と。

(15)『典術』は『太平御覧《ぎょらん》』の「太平御覧経史図書綱目」に「王建平。典術」とある。王建平に関しては未詳である。

(16) 董勛《とうくん》は三国・魏(二二〇～二六五)から西晋(二六五～三一六)の議郎。『隋書』巻三二経籍志・経部に「問礼俗十巻、董勛撰」とあり、『旧唐書《くとうじょ》』巻四六経籍志・経部・礼類に「問礼俗十巻、董勛撰」とあり、『新唐書《じょ》』巻五七藝文志・礼類に「董勛、問礼俗十巻」とあるが、董勛の生きた時代は言及しない。

(17) 原文は「晋海西四令」とある。「晋海西四令」では意味不明である。海西県は存在しないから、「晋海西公」の誤記もしくは誤写であろう。晋の海西公とは、東晋の七代皇帝で廃帝となった司馬奕《えき》のことと想定したが、海西公・司馬奕(三八六年薨去)であれば、董勛と生きた時代が異なり、董勛と海西公・奕は問答することはできないことになる。ここでは東晋第七代皇帝・司馬奕以前の海西公と想定した。

(18) 周處(二三六～二九七)は『晋書』巻五八に列伝がある。三国・呉と西晋に仕えた武人。呉興郡陽羨《ようし》県(現在の江蘇省宜興市)の人。字は子隠という。若い時は粗暴でならし、「南山の猛虎」、「長橋の蛟」と並び称せられ、郷里では「三害」と嫌われたが、改心して学問に励み、三国・呉の官僚になり、続いて西晋王朝に出仕した。二九七年、反乱鎮定に赴き戦死する。西晋王朝から「孝」と謚された。陸機の『陸士衡文集』巻一〇と『金石萃編《すいへん》』巻一〇六所収の「晋平西将軍孝侯周處碑」は後人の偽作である。周處に関しては、守屋美都雄『中国古歳時記の研究』(帝国書院 一九六三)の「周處の風土記について」に詳しい。

(19)『風土記』は『隋書』巻三三経籍志・史部・地理類に「風土記三巻、晋平西将軍周處撰」とある。『旧唐書』巻四六経籍志・史部・地理類に「風土記十巻、周處撰」、『新唐書《じょ》』巻五八藝文《げいもん》志・史部・地理類に「周處、風土記十巻」とある。『陽羨風土記』

といわれることもある。二六五年以降、二八〇年までに成立した書と推定できる。地理類に分類される書であるが、歳時風俗に関する記事もあり、『荊楚歳時記』の先駆をなす書として重要である。奈良時代に『風土記』は日本に将来していたようである。清代になって、佚文の輯録がなされ、厳可均は二三〇条餘りを一巻本とし『四録堂類集』に収めた。また、王謨による輯集が行われ、これは『漢魏遺書鈔』別史地理書類に収めた。比較的容易に見ることができるのは、金武祥の『粟香室叢書』第一冊所収の輯本である。以上の詳細は、守屋美都雄氏の『中国古歳時記の研究』（帝国書院　一九六三）第一篇研究篇第一章を参照。なお風土記の逸文は『中国古歳時記の研究』第二篇資料篇三「周處風土記輯本（歳時習俗・伝承関係抜萃）」を参照。

(20)「荘子所謂、春正月、飲酒茹葱、以通五蔵也」の「春正月、飲酒茹葱、以通五蔵也」は『荘子』の逸文である。『太平御覧《ぎょらん》』巻五三〇礼儀部九・儺《だ》に次のようにある。

荘子曰、游島問雄黄曰、今逐疫出魅、撃鼓呼噪何也。雄黄曰、黔首多疫。黄帝氏立巫咸、使黔首沐浴斎戒、以通九竅。鳴鼓振鐸、以動其心、労形、趨歩以発陰陽之気、飲酒茹葱、以通五臓。夫撃鼓呼噪、逐疫出魅鬼。黔首不知、以為魅祟也。

「荘子」に曰わく、「游島は雄黄に問いて曰わく、〈今疫を逐い魅出で、鼓を撃ち呼噪するは何ぞや〉と。雄黄曰わく、〈黔《きん》首《しゅ》疫多し。黄帝氏巫咸を立て、黔首をして沐浴斎戒せしめ、以て九竅に通ず。鼓を鳴らし鐸を振り、以て其の心を動かす。形を労し、趨歩して以て陰陽の気を発す。酒を飲み酒葱を茹《く》らい、以て五臓（肝臓・心臓・脾臓・腎臓・肺臓）を通ぜしむ。夫れ撃鼓呼噪して、疫を逐い魅鬼を出だす。黔首知らず、以て魅の祟りと為すなり〉」と。

(21)『食医心鏡』は明の李時珍の『本草綱目』巻一上・序例上・歴代諸家本草に「昝殷《さんいん》。食医心鏡」とある。昝殷は唐末の人である。一二世紀にできた『経史證類大観本草』に多数の引用がある。昝殷の書であれば、隋の杜公瞻《せん》は引用できない。昝殷の書と同名異書であろうか。

「又食医心鏡曰、食五辛、以辟厲気」の文章に関して、守屋美都雄氏は『荊楚歳時記』（平凡社・東洋文庫）三五頁注(23)において、「食医心鏡」は唐末の蜀の医師・昝殷《さんいん》の『食医心鑑』二巻ではないかとされ、一〇世紀以降の文章の衍増を疑っている。「重較説郛《せつぷ》」本『荊楚歳時記』、「広漢魏叢書」本『荊楚歳時記』、和刻本『荊楚歳時記』に『食医心鏡』の記事はない。守屋氏の見解が正解かも知れない。

(22) 葛洪《かっこう》（二八三～三四三）は、『晋書《しんじょ》』巻七二に、郭璞《かくはく》と共に列伝がある。丹陽の句容（江蘇省鎮江市に位置する。南京市城内を貫く秦淮河の源流、句容河が流れる）の人で、字は稚川、抱朴子と号す。神仙思想と煉丹術、医学に造詣が深く、『抱朴子』、『神仙伝』、『隠逸伝』、『肘後備急方』などの著作がある。晩年には嶺南の羅浮山に隠棲して、著述と練丹研究に専念した。

(23) 武都は甘粛省に漢代から北魏まで置かれた武都郡をいう。雄黄《ゆうおう》は、ヒ素の硫化鉱物で、石黄とも呼ばれる。字のごとく黄色味を帯びている。黄色顔料として用途があるが有毒。丹散は辰砂（硫化水銀：HgS。朱色であるから日本では丹と言われた）を粉末にしたもの。葛洪の『抱朴子』内篇巻三黄白第一六に次のような黄金冶金をいう。

当先、取武都雄黄、丹色如鶏冠而光明、無夾石者。多少任意、不可令減五斤也。擣之如粉、以牛膽和之、煮之令燥、以赤土釜実一斗者、先以戎塩石膽末、薦釜中、令厚三分、乃内雄黄末、令厚五分、復加戎塩於上、如此相似至尽、又加砕炭火如棗核者、令二寸、以蚓螻土及戎塩為泥、泥釜外、以一釜覆之、皆泥令厚三寸、勿泄。陰乾一月。乃以馬糞火熅之、三日三夜寒、発出皷下其銅。銅流如冶銅鉄也。乃令鑄此銅、以為筩、筩成以盛丹砂水、又以馬糞火熅之三十日、発取擣治之、取其二分生丹砂一分、幷汞者、立凝成黄金矣。光明美色、可中釘也。

当《まさ》に先ず、武都の雄黄（砒素の硫化物）、丹色鶏冠の如きものにして光明あり、夾石（石を含むこと）なきものを取るべし。多少は任意にして、五斤より減ぜしむべからずなり。之を擣《くだ》き粉の如くにし、牛膽を以て之に和わせ、之を煮て燥かしめ、赤土釜の一斗を実すものを以て、先ず戎塩・石膽の末を以て、釜の中に薦《し》きて、厚さ三分ならしめ、乃ち雄黄の末を内れて、厚さ五分ならしめ、復た戎塩を上に加え、此の如くに尽くるに相い似たらば、又た砕炭火の棗核（棗の種）の如きものを加えて、二寸ならしめ、蚓螻土（みみず・けらの土）及び戎塩を以て泥と為し、釜外に泥し、一釜を以て之を覆い、皆な泥して厚さ三寸ならしめ、泄すこと勿れ。陰乾すること一月。乃ち馬糞の火を以て之を熅め、三日三夜にして寒し、発出して其の銅を皷下す。銅流れて冶銅鉄の如くなり。乃ち此の銅を鑄しめて、以て筩《つつ》を為り、筩成らば以て丹砂水を盛り、又た馬糞火を以て之を熅むこと三〇日にして、発取して之を擣治し、其の二分・生丹砂一分を取り、汞（水銀：水銀の漢字を汞と書く）に幷せば、立どころ凝《かたま》りて黄金と成る。光明美色にして、釘に中《う》つべきなり。

附節1　『荊楚歳時記』の「進屠蘇酒膠牙餳（屠蘇酒・膠牙餳《こうがとう》を進む）」

正月に屠蘇酒を飲む記事は『荊楚歳時記』が初見とされる。日本では屠蘇酒の習俗が残存し、屠蘇酒の起源を語る上で、必ず『荊楚歳時記』が引用されてきた。『荊楚歳時記』の屠蘇酒の記事を再示すると次のようである。

　於是、長幼悉正衣冠、以次拝賀。進椒柏酒、飲桃湯。進屠蘇酒膠牙餳、上五辛盤。進敷于散、服却鬼丸。

右の記事に依れば、椒柏酒（椒酒と柏酒）・桃湯（桃樹の葉・枝・茎を煎じたもの。桃は邪気を厭伏するといわれる）を飲み、次に屠蘇酒を飲むことになる。こんなに多種の正月酒を飲むものであろうか。段成式（八〇〇～八六三）の『酉陽雑俎《ゆうようざつそ》』前集巻一礼異には、南朝・梁の宮廷における元日の賜物を次のように伝えるが、屠蘇酒はない。

　梁主常遣伝詔童、賜群臣歳旦酒辟悪散却鬼丸三種。

　梁主（梁の皇帝）常に伝詔の童《わらべ》をして、群臣に歳旦酒・辟悪散・却鬼丸の三種を賜う。

現行本『荊楚歳時記』の「進屠蘇酒膠牙餳」は後世の附加とする説がある＊。それは『玉燭宝典』巻第一・正月孟春に引用する『荊楚記』には「進椒柏酒、飲桃湯、服却鬼丸」とあり、屠蘇酒がないことを根拠とする。しかし、『荊楚記』の記事に、他の記事を加える例は「四　門戸に画鶏、桃板、門神（神荼《しんと》と鬱壘《うつるい》）を飾る」において指摘した通りであり、『荊楚記』に「進屠蘇酒膠牙餳」の記事がないから、「進屠蘇酒膠牙餳」は後世の衍増記事とはいえない。後世の附加とする説を認めるなら、『太平御覧《ぎょらん》』巻二九時序部一四・元日に、『荊楚歳時記』が引用され、

　又、元日、服桃湯。桃者五行之精、厭伏邪氣、制百鬼。今人進屠蘇酒膠牙餳、蓋素遺事也。

　又た、［荊楚歳時記に］元日、桃湯を服す。桃は五行の精、邪気を厭伏《えんぷく》し、百鬼を制す。今人屠蘇酒・膠牙餳を進むるは、蓋《けだ》し其の遺事なり。

とある記事の屠蘇酒は、どのように説明すればよいかということになる。『太平御覧』所引の『荊楚歳時記』には、屠

蘇酒が明記される。現行本『荊楚歳時記』の屠蘇酒の記事は後世の附加ではない。「進屠蘇酒膠牙餳、上五辛盤、進敷于散」の記事は『荊楚記』の記事を充分に承知していて、増入した記事である。誰が増入したかといえば、それは杜公瞻《せん》である。杜公瞻は『荊楚歳時記』を著作する際に、『荊楚記』の記事を自著に採用し、杜公瞻の見解も加えたのである。南朝人である宗懍の記事と北朝人である杜公瞻の記事が相まって、杜公瞻の『荊楚歳時記』は唐代と、それに続く宋元の時代に広く受容されることになったのである。

杜公瞻の『荊楚歳時記』は『荊楚記』の記事を使用し、独自の記事を加えていることは注目してよい。唐代の『荊楚歳時記』には、宗懍と杜公瞻の書がある。杜公瞻の『荊楚歳時記』であれば、『荊楚記』の記事を使用し、杜公瞻独自の記事を増入して何ら不思議はない。「進屠蘇酒膠牙餳、上五辛盤、進敷于散」の記事は、宗懍の『荊楚歳時記』ではなく、杜公瞻の『荊楚歳時記』であれば、あり得て当然である。決して衍文ではない。「進屠蘇酒膠牙餳、上五辛盤、進敷于散」の記事を後世の衍増としたのは、『荊楚歳時記』の「一字上げ」の記事は『荊楚記』の文言のみと想定したことによって生じた誤解である。「一字上げ」にあるのは『荊楚記』の文言のみならず、『玉燭宝典』の文、杜公瞻の文があることを想定しないと、『荊楚歳時記』に対する正解は得られない。

杜公瞻は『荊楚記』に注記を加えた人物と考えられてきたが、『荊楚記』に北朝的な歳時事象と、その歳時事象に関連する記事を書き加え、『荊楚歳時記』を著作したというのが、その実体であろう。『荊楚歳時記』の「一字上げ」の記事を、『荊楚記』の記事のみと想定するのは誤解である。

＊　青木正児『青木正児全集』巻八（春秋社　一九七〇）一三〇頁。中村喬『続　中国の年中行事』（平凡社　一九九〇）三五頁において、『荊楚歳時記』の屠蘇酒の記事を衍文と疑う。

附節2　屠蘇酒

1　唐代の屠蘇酒

屠蘇酒の處方に関して、九世紀末の韓鄂《かんがく》の『四時纂要』一二月は次のようにある。

屠蘇酒、大黄蜀椒苦梗（桔梗）桂心防風、各半両、白朮虎杖、各一両、烏頭半分。右八味、剉、以絳嚢貯。歳除日薄晩、掛井中、令至泥。正旦出之、和嚢浸於酒中、東向飲之。従少起至大、逐人各飲少許、則一家無病。候三日、棄嚢并薬於井中。此軒轅黄帝之神方矣。

屠蘇酒、大黄・蜀椒（山椒）・桔梗・桂心・防風、各々半両、白朮《はくじゅつ》（朮はオケラ、キク科オケラ属の多年草）・虎杖《いたどり》、各々一両、烏頭《うず》（とりかぶと）半分（唐代の一両は三七・三g、一分は一両の百分の一g）。右の八味、剉《きざ》み、絳嚢《こうじょう》（赤い袋）を以て貯う。歳除の日の薄晩（＝薄暮）に、井中に掛け、泥に至らしむ。正旦に之を出だし、嚢に和ぜて酒中に浸し、東に向きて之を飲む。少《わか》きより起《はじ》め大《おとな》に至り、人を逐いて各々飲むこと少し許《ばか》りなれば、則ち一家に病なし。三日を候《ま》ち、嚢并びに薬を井中に棄つ。此れ軒轅《けんえん》黄帝（黄帝は姫姓、氏は軒轅氏）の神方なり。

すなわち、屠蘇酒の材料は大黄・蜀椒・苦梗・桂心・防風・白朮・虎杖・烏頭（とりかぶとの一種）であるという。

また、一三世紀中葉の陳元靚《せい》の『歳時広記』には、唐の孫真人《しんじん》（孫思邈《しばく》）の「屠蘇飲論」を引用し、『四時纂要』と同じ屠蘇酒の材料を伝えるから、これが唐代の一般的な屠蘇酒と考えてよいだろう。

孫真人屠蘇飲論云、屠者言其屠絶鬼炁、蘇者言其蘇省人魂。其方用薬八品、合而為剤。故亦名八神散。大黄蜀椒桔梗桂心防風各半両、白朮虎杖各一分、烏頭半分。咬咀以絳嚢貯之、除日薄暮、懸井中、令至泥、正旦出之、和嚢浸酒中、頃時捧杯呪之曰、一人飲之、一家無疾、一家飲之、一里無病。先少後長、東向進飲、取其滓懸於中門、以辟瘟気。三日外棄於井中。此軒轅黄帝神方。（『歳時広記』巻五正月「屠蘇散」）

孫真人の「屠蘇飲論」に云わく、「〈屠〉とは、その鬼炁（炁は気）を屠絶するを言い、〈蘇〉とは、その人の魂を蘇省するを言う。其の方（處方）は薬八品を用い合せて剤と為す。故に亦た八神散と名づく。大黄・蜀椒・桔梗・桂心・防風各々半両、白朮《はくじゅつ》・虎杖《いたどり》各々一分、烏頭半分を、㕮咀《こうそ》（噛むこと）し絳嚢を以て之を貯え、除日の薄暮に、井中に懸けて、泥に至らしめ、正旦に之を出だし、嚢を和ぜて酒中に浸さしめ、頃時《しばらく》して杯を捧げて呪《まじな》いて曰わく、『一人之を飲まば、一家疾なく、一家之を飲まば、一里病なし』と。少《わか》きを先にし長《ねんちょう》を後にし、東に向かいて飲を進め、其の滓《かす》を取りて中門に懸け、以て瘟気《おんき》を辟く。三日外にし、井中に棄つ。此れ軒轅《けんえん》黄帝の神方なり」と。

また、孫思邈《ばく》（五八一～六八二）の『備急千金要方』巻二九辟温第二には次のようにある。

屠蘇酒、辟疫気、令人不染温病及傷寒、歳旦之方。

　大黄 十五銖 白朮 十八銖 桔梗蜀椒 各十五銖 桂心 十八銖 烏頭 六両 菝葜 十二銖。

右七味、㕮咀絳袋盛、以十二月晦日中、懸沈井中、令至泥。正月朔旦平暁出、薬置酒中、煎数沸、於東向、戸中飲之。屠蘇之飲、先従小起、多少自在。一人飲、一家無疫、一家飲、一里無疫。飲薬酒得三朝、還滓置井中、能仍歳飲、可世無病。当家内外有井、皆悉著薬、辟温気也。又一方、有防風一両。（巻二九辟温第二）

屠蘇酒、疫気を辟け、人をして温病（瘟病）及び傷寒に染まず、歳旦の方なり。

　大黄 一五銖（一両 ＝二四銖。一銖＝〇・六g） 白朮 一八銖 桔梗・蜀椒 各々一五銖 桂心一八銖 烏頭《とりかぶと》 六両 菝葜《はっかつ》（サルトリイバラ） 一二銖。

右の七味、㕮咀《こうそ》して絳袋《こうたい》（赤い袋）に盛り、一二月晦日中を以て、井中に懸沈し、泥（井底）に至らしむ。正月朔旦の平暁に出し、薬を酒中に置き、煎じること数沸、東向に於いて、戸中（家族みな）之を飲む。屠蘇の飲、先ず小《わか》きより起《はじ》め、多少は自在なり。一人飲めば、一家疫なく、一家飲めば、一里疫なし。薬酒を飲み三朝を得、滓を還し井中に置く、能く仍ち歳飲せば、世々病なかるべし。家の内外の有井に当り、皆な悉く薬を著ければ、温気（瘟気　感染性のはやり病い）を辟くなり。又た一方に、防風一両有り。

唐代までの質量の単位は一両＝二四銖制で、一六両は一斤であった。『玉燭宝典』巻第二・二月仲春に、

二十四銖為両、十六両為斤、……　　二四銖を両と為し、一六両を斤と為し、……

とある。一両を実測すると、約一四・一六七gであるから、一銖は〇・五九g≒〇・六gとなる。

2「屠蘇酒」の初見

晋の葛洪《かっこう》（二八四～三六三）の『肘後《ちゅうご》備急方』巻八に引用する、晋の陳延之の『小品方』に屠蘇酒がある。これが屠蘇酒がみえる文献上の最初のものである＊。

小品、正朝屠蘇酒法、令人不病瘟疫。大黄五分、川椒五分、朮桂各三分、桔梗四分、烏頭一分、祓禊二分、七物細切、以絹囊貯之。十二月晦日正中時、懸置井中、至泥、正暁拝慶前出之。正旦、取薬置酒中屠蘇、飲之於東向、薬置井中、能迎歳、可世無此病。此華佗法、武帝、有方験中。従小至大、少随所堪。一人飲、一家無患。飲薬三朝。一方、有防風一両。

小品、正朝（元旦）の屠蘇酒の法、人をして瘟疫《おんえき》を病ましめず。大黄五分・川椒《せんしょう》（四川省産の椒）五分・朮・桂各々三分・桔梗四分・烏頭《うず》（とりかぶと）一分・祓禊《ふっけい》（菝葜《はっかつ》の誤写）二分、七物細切し、絹囊を以て之を貯う。十二月晦日正中の時、井中に懸置し、泥に至らしめ、正暁の拝慶前に之を出《い》だす。正旦、薬を取り酒中に屠蘇を置き、之を東向して飲む、薬は井中に置き、能く迎歳せば世々此れ病なかるべし。此れ華佗《かだ》（？～二〇八。後漢末

の医師）の法、武帝、方験中に有り。小《わか》きより大に至り、少きは堪う所に随う。一人飲めば、一家患なし。薬を飲むこと三朝なり。一方（他の處方）に、防風一両有り（分は一両の百分の一をいう。時代によって一両の重さは違なる）。『肘後備急方』巻八にいう屠蘇酒が間違いないものとすれば、屠蘇酒は『荊楚歳時記』より二〇〇年も前にあったことになる。『肘後備急方』の記事には「附方」の部分に、唐代の『劉禹錫《りゅううしゃく》伝信方』や宋代の沈括《しんかつ》（一〇三〇～一〇九四）の『夢渓筆談』が引用されており、屠蘇酒の記事も後世の附会ではないかと考えられるが、附会であるとする明證もない。屠蘇酒は四世紀中葉には存在したと認めなければならないことになる。

問題は、屠蘇酒法が書物に記載されていても、それが世間で広く習俗として成立していなければ、年中行事としての意味はないということである。四世紀中葉の書物に記載されていても、習俗として確認できるのは六世紀中葉であるから、その間に徐々に屠蘇酒の習俗が拡大したと考えるべきであろう。

＊　李献章「屠蘇飲習俗考」（『東洋史研究』三四の一）を参照。

3　『雑五行書』の屠蘇酒

『荊楚歳時記』の屠蘇酒の記事に疑問があり、四世紀の屠蘇酒は記事だけで、飲まれた形跡がないとすれば、屠蘇酒飲用の起源はどこに求めたらよいであろうか。屠蘇酒は『雑五行書』にみえ、これにみえる屠蘇酒は正月元日に飲用された屠蘇酒である。一二二二年に完成した周守忠の『養生月覧』巻上・正月に引用する『雑五行書』に＊、

元日寅時、飲廜癬酒（廜癬酒）、自幼及長。雑五行書。

元日寅の時、廜癬《とそ》酒を飲む、幼きより長（年長）に及ぶ。「雑五行書」。

とある。『雑五行書』の廜癬酒は、元日寅の時に飲む酒であり、また飲む順序が幼き者が最初に飲むから、この酒は後世の屠蘇酒に相違ないと考える。『雑五行書』は『斉民要術《せいみんようじゅつ》』に引用される。『斉民要術』は五五〇年ころ完成した書

であるから、『雑五行書』はそれ以前に成立した書ということになる。

数家が屠蘇酒を飲んだとしても、それは習俗とはいえない。大半の家が多年に亘って屠蘇酒を飲んで、はじめて習俗となるのである。五五〇年以前、元日に屠蘇酒を飲む習俗が成立した。『雑五行書』は『斉民要術《せいみんようじゅつ》』に引用され、六世紀末に華北で成立した『玉燭宝典』にも引用される書である。それゆえ、『雑五行書』は華北地域において、六世紀初頭ころに成立した書であろう。であれば、屠蘇酒の飲用は華北地域において、六世紀初頭ころに成立した習俗であることになり、六世紀の江南が屠蘇酒の濫觴の地ではないことになる。

＊『養生月覧』は国立公文書館・内閣文庫に写本を所蔵し、守屋美都雄『中国古歳時記の研究』（帝国書院　一九六三）の「附」と中村裕一『中国古代の年中行事　第五冊』（汲古書院　二〇一八）の附録に影印本を所載する。

七　元旦、麻の実と大豆で瘟《おん》気を避ける

「宝顔堂秘笈広集」本『荊楚歳時記』の「元旦、麻の実と大豆で瘟気を避ける」は次のようである。

熬麻子大豆、兼糖散之。

按煉化篇（葛洪著）云、正月旦、呑鶏子赤豆各七枚、辟瘟気。又肘後方云、旦及七日（旦及七日＝正月朔旦及七日）、呑麻子小豆、各二七枚、消疾疫。張仲景方云、歳有悪気、中人、不幸便死。取大豆二七枚、鶏子・白麻子、幷酒呑之。然麻豆之設、当起於此。

麻子（麻の実）・大豆(1)を熬《い》り、糖を兼《あわせ》て之を散（＝粉末状にする）とす。

「煉化篇」(2)を按ずるに云わく、「正月の旦、鶏子・赤豆各々七枚を呑めば、瘟気《おんき》を辟く」(3)と。又た「肘後方《ちゅうごほう》」（晋の葛洪《かっこう》の「肘後備急方」(4)に云わく、「旦及び七日、麻子・小豆を呑むこと、各々二七枚（二×七＝一四粒）、疾疫消

ゆ」と。「張仲景の方(5)」に云わく、「歳に悪気有り、人に中《あた》り、不幸ならば便ち死す。大豆二七枚（二×七＝一四粒）・鶏子・白麻子を取り、酒に幷せ之を吞む」と。然らば麻・豆の設《しつら》え、当《まさ》に此れより起《はじ》まるべし。

（1）大豆の原産地は東アジアで、ツル豆が原種と推定されている。日本では縄文時代中期、紀元前四〇〇〇年の後半より栽培されていたことが考古学的調査で判明している。中国や日本では主要穀物である五穀（日本の五穀は米・麦・粟・稗・大豆。『周礼』にいう五穀は麻・黍・稷・麦・豆）の一となっている。欧米に伝播したのは新しく、欧州には一八世紀、米国には一九世紀のことである。欧州で大豆の存在を知られていなかった理由として、既に他の豆類が栽培されていたことや、土壌が合わなかったこと、根粒菌が土壌にない場合があったことなどが挙げられる。

（2）煉化篇は葛洪《かっこう》の著作した『煉化篇』であろうが、詳細は不明。葛洪（二八三～三四三）は、『晋書《しんじょ》』巻七二に列傳がある。西晋・東晋の道教家。字は稚川。号は抱朴子。広州刺史の嵆含《けいがん》（「南方草木状」を著わす。三〇八年没）に仕え、兵を募集するために広州へ赴き、南海太守の鮑靚《ほうせい》に師事した。三一七年ごろ郷里に帰り、神仙思想と煉丹術の理論書である『抱朴子』を著した。晩年になって、嶺南の羅浮山に入って金丹を練ったり著述を続け、羅浮山で卒す。著作としては『神仙伝』・『隠逸伝』・『肘《ちゅう》後《ご》備急方』などがある。

（3）瘟《おん》は「はやりやまい。悪性の感染症」をいう。

（4）『肘後方』は葛洪の『肘後備急方』のこと。『肘後備急方』巻一救卒中悪死方第一に次のようにある。

又方、大豆二七枚、以鶏子白幷酒和、尽以吞之。

又た「方」に、「大豆二七枚（二×七＝一四粒）、鶏子白（＝卵白）を以て酒に幷せ和《ま》ぜ、尽して以て之を吞む

とあり、『肘後備急方』巻二治瘴気疫癘温毒諸方第一五に、

又方、正月朔旦及七日、吞麻子小豆、各二七枚。

又た「方」に、「正月の朔旦及び七日、麻子・小豆を吞むこと、各々二七枚（二×七＝一四粒）。

とあり、また『斉民要術《せいみんようじゅつ》』巻二第七小豆の条に引用された『龍魚河図』と『雑五行書』に類似する記事がある。

（5）張仲景（一五〇～二一九）は医学上の功績から医聖と称えられる。張機ともいう。機は諱で、仲景は字。孝廉に推挙されて官僚となり、一九六年ごろには長沙太守であった。このころ親族の多くが疫病によって死亡したことが機縁となり、官を退いて医学の研鑽に努める。従来の医学的知識と自らの経験を加えて、『傷寒雑病論』（『傷寒論』と『金匱要略方論』）を著作した。張仲景は霊山である嶺南の羅浮山において、その生涯を終えている。

八　元旦の如願《じょがん》の習俗

「宝顔堂秘笈広集」本『荊楚歳時記』の「元旦の如願の習俗」は次のようである。

又以銭貫繋杖脚、迴以投糞掃上、云令如願。

按録異記云、有商人区 一作歐 明者。過彭沢湖、有車馬出。自称青湖君、要明過家、厚礼之。問何所須、有人教明、但乞如願、及問、以此言答。青湖君甚惜如願、不得已許之。乃一少婢也。青湖君語明曰、君領取至家、如要物、但就如願、所須皆得、自爾商人或有所求、如願並為即得。数年遂大富。後至正旦、如願起晩。商人以杖打之。如願以頭鑽入糞中。漸没失所。後商人家漸貧。今北人（北人＝世人の誤記）、正日夜（正日は元日の朝であるから、「夜」は衍字）、立於糞掃辺、令人執杖打糞堆、以答假痛。又以細縄繋偶人、投糞掃中。云令如願。意者亦為如願故事耳。

又た銭貫(1)（ぜにさし）を以て杖脚に繋け、迴して以て糞掃《ふんそう》の上に投げ、「願いの如くならしめよ」と云う。

「録異記」を按ずるに云わく、「商人の区明 一は歐に作る なる者有り。彭沢湖(2)を過《よぎ》るに、車馬の出ずる有り。自ら青湖君と称い、明家を過るを要《もと》め、厚く之に礼す。〈何か須《ねが》う所〉を問う。人有り明に教う、但だ如願を乞うのみと。問われるに及んで、此の言を以て答う。青湖君甚だ如願を惜しむも、已《や》むを得ず之を許す。乃ち一少婢なり。青湖君 明に語りて曰わく、〈君領取して家に至り、如《も》し物を要《もと》むれば、但だ如願に就けば、須《ねが》う所は皆な得られん〉と。爾《これ》より商人或いは求むる所有らば、如願並びに即得を為す。数年して遂に大いに富む。後に正旦（元日の朝）に至り、如願起きること晩《おそ》し。商人杖を以て之を打つ。如願は頭を以て鑽《き》りて糞中に入る。漸いに没して所を失う。後に商人の家漸いに貧なり。今世人、正旦、糞掃辺に立ち、人をして杖を執り糞堆《ふんたい》を打たしめ、以て假痛に答えしむ。又た細縄を以て偶人を繋ぎ、糞掃《ふんそう》中に投げ、〈願いの如くならしめよ〉と云う。意は亦た如願の故事と為すのみ。

（1）銭貫《ぜにさし》は銭差、緡銭（緡銭は紐に絹糸を使用したもの）、銭縄、鎈とも書く。銭の四角い穴に紐を通し、端を輪状にしたもの。

（2）「地理志」類に「彭蠡湖」はあるが「彭沢湖」はない。『晋書《しんじょ》』巻一五地理志下・揚州豫章郡に彭沢県があり、『隋書』巻三一地理志下に「九江郡。旧置江州」に彭沢県があり、『旧唐書《くとうじょ》』巻四〇地理志三淮南道江州に彭沢県があり、唐の李吉甫（九世紀初頭の人）の『元和郡県志』巻二九江南道江州の条に、

都昌県本漢彭沢県地。武徳五年、分置都昌県、以県北有都村配。以昌字取嘉名也。彭蠡湖在県西六十里、与潯陽県分湖為界上。西北至州一百五十里。

都昌県は本《もと》は漢の彭沢県の地。武徳五年（六二二）、分けて都昌県を置き、県北の有都村を以て配す。「昌」字を以て嘉名を取るなり。彭蠡《ほうれい》湖は県西六〇里に在り、潯陽県と湖を分ち界上を為す。西北して州に至ること一五〇里。

とあるから、隋唐時代の江州彭蠡湖のことである。

附節　如願《じょがん》

1　唐宋の如願

唐宋時代の元旦（元日の朝）には、富貴を願う「如願」の行事がある。『太平広記』巻二九二歐明には、『博異録』（『太平広記』に引用されるから一〇世紀以前の書であろうが、詳細は不明）にみえる話として、『録異記』と同じ話があり、

　今世人、歳朝鶏鳴時、輒往捶糞、云、使人富。

　今世の人、歳朝（元日の朝）の鶏鳴く時、輒《すなわ》ち往きて糞を捶《むちう》ち、云わく、「人をして富ましめよ」と。

とある。「今世」とあるから、唐代の如願の習俗をいうものである。

范成大（一一二六～一一九三）の『呉郡志』巻二風俗「除夜」に次の記事がある。

　夜向明、則持杖撃灰積。有祝詞、謂之打灰堆。蓋彭蠡廟中如願故事、呉中独伝。

　夜明に向えば、則ち杖を持ち灰《かい》積を撃つ。祝詞《のりと》有り、之を打灰堆《だかいたい》と謂う。蓋《けだ》し彭蠡《ほうれい》廟中の如願の故事、呉中（蘇州・呉郡）独り伝うのみ。

呉郡（蘇州）は如願の習俗を守り伝えてきたというから、唐代の蘇州においても如願の習俗があったことになる。

一一世紀の高承の『事物紀原』には、如願の話を記した後に、

　今人、元日鶏鳴時、輒往積壌間捶之、云、使人富。蓋起自歐明也。今京東之俗、猶然。（巻八歳時風俗部「捶糞」）

　今人、元日鶏鳴の時、輒《すなわ》ち積壌の間に往き之を捶《むちう》ち、云わく、「人をして富ましめよ」と。蓋《けだ》し歐明より起《はじ》まるなり。今京東の俗、猶お然り。

とあるから、一一世紀の開封府の東部地域においても如願の習俗はあったのであり、呉郡（蘇州）だけに限定される

ものではない。

2 正月一五日の如願の習俗

富貴となる呪《まじな》いの「如願」の行事は、元日鶏鳴の時に行うのが通例である。唐代の華北地域では、この行事を正月一五日夜に行う所もあった。『太平御覧《ぎょらん》』巻二九時序部一四・元日に引用する『録異記』の末尾に、次の細注がある。

今、北人正月十五日夜、立於糞掃辺、令人執杖、打糞堆上、云、以治腰痛。意者亦為如願故事耳。

今、北人（秦嶺・淮河線以北の人々）正月一五日の夜、糞掃《ふんそう》辺に立ち、人をして杖を執り糞堆の上を打たしめ、云わく、「以て腰痛を治せ」と。意は亦た如願の故事を為すのみ。

「今、北人」とは、『録異記』成立以降、一〇世紀の『太平御覧』成立以前の人であるから唐人《とうひと》となる。地域によって、如願の習俗を行う日が異なっていたのであろう。

九 七日は人日《じんじつ》、七種《くさ》粥を作り、人勝と華勝を贈答する

「宝顔堂秘笈広集」本『荊楚歳時記』の「七日は人日、七種粥を作り、人勝と華勝を贈答する」は次のようである。

正月七日、為人日。以七種菜為羹。剪綵為人〔勝〕、或鏤金箔為人〔勝〕、以貼屏風、亦戴之頭鬢。又造華勝、以相遺。

按董勛問礼俗云、正月一日為鶏、二日為狗、三日為羊、四日為猪、五日為牛、六日為馬、七日為人、以陰晴占豊耗。正旦、画鶏於門。七日、貼人於帳。今一日不殺鶏、二日不殺狗、三日不殺羊、四日不殺猪、五日不殺牛、六日不殺馬、七日不行刑、亦此義也。古乃磔鶏令畏鬼。今則不殺。未知孰是。荆人於此日向辰門前、呼牛羊鶏

畜令来、乃置粟豆於灰、散之宅内、云以招牛馬、未知所出。劉臻妻陳氏進見儀曰、七日、上人勝于人。董勛曰、人勝者、或剪綵、或鏤金箔為之、貼於屏風上、亦戴之。像人入新年、形容改従新也。華勝起於晋代。見賈充李夫人典戒云、[華勝]像瑞図金勝之形。又取像西王母正月七日戴勝、見武帝於承華殿也。旧以正月七日為人。故名人日。剪綵鏤金箔為人、皆符人日之意、与正旦鏤鶏於戸同。今北人、又有至人日、諱食故歳菜。惟食新歳菜者、与楚諱食鶏正相反。又餘日、不刻牛羊猪犬馬之像、而二日独施人鶏、此則未喩。

正月七日、人日《じんじつ》と為す。七種の菜《くさ》(1)を以て羹を為る。綵(あや絹)を剪《き》り人勝(2)を為り、或いは金箔を鏤《ちりば》めて人勝を為り、以て屏風に貼り、亦た之を頭鬢《とうひん》に戴く。又た華勝を造り(3)、以て相い遺《おく》る。高きに登り詩を賦す。

董勛《とうくん》の「問礼俗」を按ずるに云わく(4)、「正月一日を鶏と為し、二日を狗《いぬ》と為し、三日を羊と為し、四日を猪と為し、五日を牛と為し、六日を馬と為し、七日を人と為し、陰晴を以て豊耗《ほうもう》を占う」と。正旦、鶏を門に画く。七日、人を帳に貼る。今一日は鶏を殺さず、二日は狗を殺さず、三日は羊を殺さず、四日は猪を殺さず、五日は牛を殺さず、六日は馬を殺さず、七日は刑を行わずは(5)、亦た此の義なり。古は乃ち鶏を磔《たく》して鬼を畏れさしむ。今は則ち殺さず。未だ孰《いず》れが是なるかを知らず。荊人此の日に於いて辰門(西門)前に向かい、牛羊鶏畜を呼びて来らしめ、乃ち粟豆を灰に置き、之を宅内に散じ、以て牛馬を招くと云う。未だ出ずる所を知らず。

劉臻《りゅうしん》の妻・陳氏(6)の「進見儀」に曰わく、「七日、人勝を人に上る(7)」と。董勛《とうくん》の「問礼俗」に曰わく、「人勝は、或いは綵を剪り、或いは金箔を鏤《ちりば》めて之を為り、屏風の上に貼り、亦た之を戴く」と。人を像《かたど》るは新年に入り、形容改め新しきに従うになり。華勝は晋代(8)(二六五年以降)より起る。賈充の李夫人の「典戒」を見るに云わく、「華勝は瑞図の金勝の形に像る。又た西王母(9)の正月七日に戴勝して武帝に承華殿に於いて見るを像るを取るなり」と。旧は正月七日を以て人と為す。故に人日と名づく。綵を剪り金箔を鏤めて人と為すは、皆な人日の意に符し、正旦に鶏を戸に鏤めるのと同じ。今北人(秦嶺・淮河線以北の人々)、又た人日に至るまで、故歳の菜を食らうを諱み、惟だ新歳の菜を食らう者有り、楚の鶏を食らうを諱むと正に相い反す。又た餘日には牛・羊・猪・犬・馬の像を刻まずして、二日（元日と七日）独り人・鶏を施すは、此れ則ち未だ喩《さと》らず。

（1）「七種《くさ》の菜」（種は種類の意）は六一菜・七菜の羹・七草粥ともいう。現在の中国では、七草粥の習俗は消滅している。唐代では七日に七草粥を食べ、無病息災を願った。八世紀の李邕《よう》の『金谷園記』（鎌倉時代の『年中行事秘抄』正月所引）に、

正月七日、以七種菜作羹。食之、令人無萬病。

正月七日、七種の菜を以て羹を作る。之を食らわば、人をして萬病なからしむ。

とある。金谷園は隋唐洛陽城西部の地名で、金水（川名）が流れる谷という意味で、現在の隴海《ろうかい》線の洛陽駅附近である。洛陽では正月七日に無病息災を祈願して、七菜の羹を食べたと限定して考える必要はない。黄河の中・下流域全般に七草粥の習俗があったとしてよい。

戴叔倫の「和汴州李相公勉、人日喜春（汴州の李相公勉に和し、人日春を喜ぶ）」（『全唐詩』巻二七三）に、

年来日日春光好、今日春光好更新。　年来り日日春光好《よ》し、今日の春光好く更に新し。
独献菜羹憐応節、遍伝金勝喜逢人。　独り菜羹を献じ憐節に応ずるを憐み、遍く金勝を伝え人に逢うを喜ぶ。
煙添柳色看猶浅、鳥踏梅花落已頻。　煙柳色を添え看るに猶お浅く、鳥踏み梅花落ちること已に頻なり。
東閣此時聞一曲、翻令和者不勝春。　東閣此の時一曲を聞く、翻令して和するは春に勝《た》えず。

とある。菜羹は七菜の羹である。「汴州李相公勉」は宣武軍節度使の李勉であり、李勉は、建中年間（七八〇～七八三）に宣武軍節度使になっているから、「和汴州李相公勉、人日喜春」は、建中年間の正月七日の作詩であろう。

一〇世紀の張手美家の料理に「六一菜。人日」（『清異録』巻下所載）とあり、『膳夫録』（『重較説郛《せっぷ》』匀《いん》九五所収）の「汴州節食」には「人日、六上菜（六上菜は六一菜の誤り）」とある。「六一菜」は七菜の羹である。張手美家の料理は蘇州地方の料理書であり、『膳夫録』は汴州の料理書であるから、七草粥は人日の洛陽独自の食べ物ではなく、広く普及した人日《じんじつ》の食物であるとしてよい。

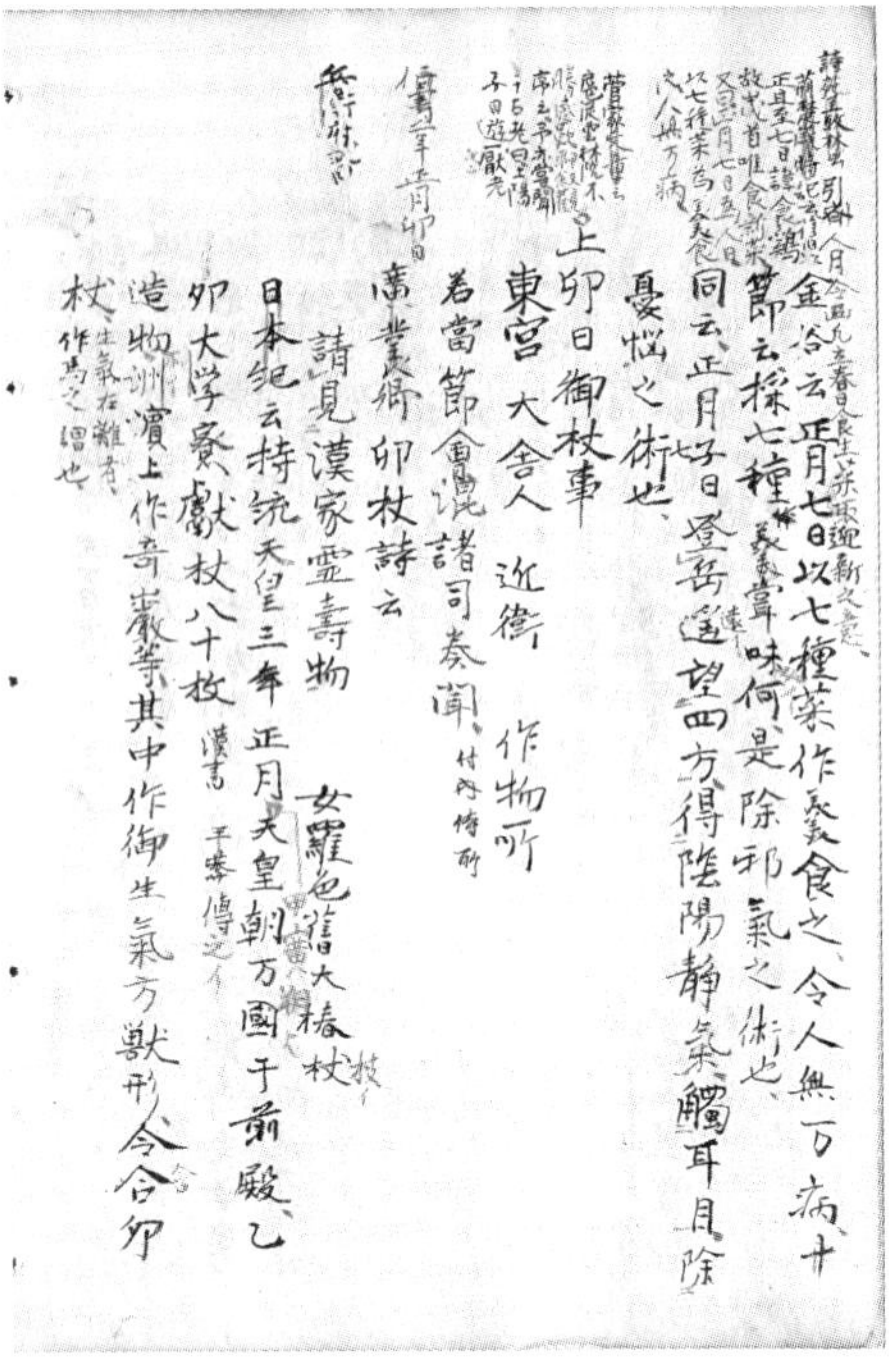

図版4　『年中行事秘抄』金谷園記の部分。115頁の注（1）を参照。

（2）人勝は華勝と同じように「勝」字を伴うが、華勝とはまったく異なる髪飾りである。また人の形に切った布や紙や箔ではない。道教的な呪文を記した布や紙や箔をいう。これを屏風に貼り、また髪飾りとした。実物は正倉院に所蔵され、現存している。詳細は原田淑人「人勝」（『東亜古文化論考』吉川弘文館　一九六二）を参照。

（3）華勝は『漢書《かんじょ》』巻五七下の司馬相如《しょうじょ》伝の「戴勝而穴處兮（戴勝して穴處す）」に、唐代の顔師古が注を加え、

　師古曰、低徊猶徘徊也。勝婦人首飾也。漢代謂之華勝。

　師古曰わく、「低徊は猶お徘徊なり。勝は婦人の首飾なり。漢代之を華勝と謂う」と。

とある。「勝」は女性の髪や首や腕の飾りをいい、紀元前後の中国では髪飾りを華勝といった。華勝とは髪に横一文字にさした簪の両端に飾りを垂らしたものをいう。漢代において髪飾りは一律に華勝といい、漢代以降に華勝に人勝が加わったのである。『山海経《せんがいきょう》』の「海内北経」には「西王母は几（机）に寄りかかり、勝を戴き、杖をつく」とある。

（4）「董勛問礼俗云、正月一日為鶏、………（中略）………、七日為人」は、『玉燭宝典』巻第一・正月孟春に、

　董勛問礼俗云、正月一日為鶏、二日為狗、三日為羊、四日為猪、五日為牛、六日為馬、七日為人、…………

董勛《とうくん》の「問礼俗」に云わく、「正月一日を鶏と為し、二日を狗と為し、三日を羊と為し、四日を猪と為し、五日を牛と為し、六日を馬と為し、七日を人と為し、…………

とある。『玉燭宝典』の董勛の『問礼俗』の文と『荊楚歳時記』の董勛《とうくん》の『問礼俗』の文は完全に一致する訳ではないが、『荊楚歳時記』の董勛の『問礼俗』の記事は『玉燭宝典』の影響を受けていることは明らかである。

（5）「七日は刑を行わず」は、正月七日には死刑を執行しないことをいう。『荊楚記』に注記をつけたのは隋の杜公瞻《せん》であるから、隋代までは、正月七日には死刑を執行しない規定であったらしい。

この規定は唐代になって変更があった。唐の「獄官令」には、悪逆以上の犯罪と奴婢・部曲の主殺しを除いて、立春より秋分まで死刑を執行しないとある。『唐会要』巻四一雑記に、

貞観十一年正月、勅、在京禁囚、毎月奏。自立春至秋分、不得奏決死刑。

貞観一一年正月、勅す、「在京の禁囚は、毎月奏せ。立春より秋分に至り、死刑を奏決するを得ざれ」と。

とあるから、立春より死刑を執行しない規定は、貞観一一年（六三七）正月に公布された「貞観《じょうがん》獄官令」にあり、この規定は以後の「獄官令」に継承された。

右に違反した場合は、「断獄律」の「立春後、不決死刑」によって罰せられた。

諸立春以後、秋分以前、決死刑者、徒一年。其所犯雖不待時、若於断屠月及禁殺日而決者、各杖六十。待時而違者加二等。

疏議曰、依獄官令、従立春至秋分、不得奏決死刑、違者、徒一年。若犯悪逆以上、及奴婢部曲殺主者、不拘此令。

諸《すべ》て立春以後、秋分以前、死刑を決する者は、徒一年（懲役一年）。其れ犯すところ時を待たずと雖も、若し断屠月及び禁殺の日に於いて決する者は、各々杖六〇。時を待ちて違《たが》う者は二等を加う。

疏議して曰わく、「獄官令」に依るに、「立春より秋分に至り、死刑を奏決するを得ず」と。違う者は、徒一年（懲役一年）。悪逆以上を犯し、及び奴婢・部曲の主を殺す者の若《ごと》きは、此の令に拘《かかわ》らず。

『旧唐書《くとうじょ》』巻八玄宗紀・開元四年（七一六）春正月の条に、「立春より秋分まで、死刑を執行しない」という「獄官令」に関連する事件を伝える。

正月癸未、尚衣奉御長孫昕、恃以皇后妹壻、与其妹夫楊仙玉、毆撃御史大夫李傑。上令朝堂斬昕、以謝百官。以陽和之月、不可行刑。累表陳請、乃命杖殺之。

正月癸未（六日）、尚衣奉御《ほうぎょ》の長孫昕《きん》、恃《たの》むに皇后の妹壻を以てし、其の妹の夫・楊仙玉と、御史大夫の李傑を毆撃す。上《おかみ》は朝堂に昕《きん》を斬らしめ、以て百官に謝せんとす。陽和の月を以て、刑を行うべからず。累表して陳請し、乃ち命じて之を杖殺す。

『旧唐書《くとうじょ》』巻一〇〇李傑伝によれば、長孫昕と楊仙玉が里巷において、李傑と遭遇して事件となったものである。多分、「致敬」に端を発する紛争であろう。玄宗皇帝は朝廷の重要官である御史大夫に辱めを加えた点に重きを置き、皇族に連なる長孫昕らを非とし、朝堂に長孫昕らを斬って、百官に謝せんとした。そこで群官は累表し、「獄官令」の「従立春至秋分不得奏決死刑」の規定を持ち出し、長孫昕らを斬ることに反対したのである。開元四年（七一六）の立春は正月五日であるから、群官の反対は法理に叶っている。玄宗皇帝は一歩譲って杖殺に決した。死刑は不可で杖殺は可であるから、死刑は具体的には斬刑に処すことをいう。この事件は、「獄官令」の「従立春至秋分不得奏決死刑」という規定が、開元七年「獄官令」以前の開元前令の「獄官令」にあったことを傍證する。

（6）劉臻《りゅうしん》の妻・陳氏は『晋書《しんじょ》』巻九六列女伝に立伝されている。

劉臻妻陳氏者、亦聡弁、能属文。嘗正旦献椒花頌。其詞曰、旋穹周廻、三朝肇建。青陽散輝、澄景載煥、標美霊葩、爰採爰献、聖容映之、永寿於萬。又撰元日及冬至進見之儀、行於世。

劉臻の妻・陳氏は、亦た聡弁にして、属文（文章を作ること）を能《よ》くす。嘗て正旦に椒花頌を献ず。其の詞に曰わく、「旋穹周廻し、三朝肇《はじ》めて建つ。青陽散輝し、澄景載煥し、美霊の葩《はな》を標し、爰《ここ》に採り爰に献じ、聖容之を映し、永く萬を寿《ことほ》ぐ」と。又た「元日及び冬至進見の儀」を撰し、世に行わる。

（7）「劉臻妻陳氏進見儀曰、七日、上人勝于人」の文は『藝文《げいもん》類聚』巻四歳時部・中・人日《じんじつ》にある。

劉臻妻陳氏進見儀曰、正月七日、上人勝於人。

劉臻の妻・陳氏の「進見儀」に曰わく、「正月七日、人勝を人に上《たてまつ》る」と。

（8）華勝に関しては、林巳奈夫編『漢代の文物』（京都大学人文科学研究所　一九七六）八五頁を参照。

（9）西王母は中国で古くから信仰された女仙、女神。すべての女仙たちを統率する聖母。王母娘娘《にゃんにゃん》と呼ばれる。西王母は西方の崑崙山に住み、山海経では半人半獣である。不老長寿をもって知られ、漢の武帝に不老不死の仙桃を授与したとされる。西王母に関しては多くの研究があるが、比較的容易に入手できるのは、小南一郎『中国の神話と物語り―古小説史の展開』（岩波書店 一九八四）、小南一郎『西王母と七夕伝承』（平凡社 一九九一）であろう。

附節1 「七日は人日《じんじつ》、七種粥《くさ》を作り、人勝と華勝を贈答する」の典拠

『荊楚歳時記』の「七日は人日、七種粥を作り、人勝と華勝を贈答する」の「一字上げ」の記事には、

正月七日、為人日。以七種菜為羹。剪綵為人〔勝〕、或鏤金箔為人〔勝〕、以貼屏風、亦戴之頭鬢。又造華勝、以相遺。

とある。これに類似する記事は、『玉燭宝典』巻第一・正月孟春に、

翦綵為人、或鏤金薄為人、以貼屏風。亦戴之頭鬢。

綵を翦《き》り人を為り、或いは金薄を鏤《ちりば》めて人を為り、以て屏風に貼る。亦た之を頭鬢《とうひん》に戴く。

とあるから、『荊楚歳時記』の「剪綵為人〔勝〕、或鏤金箔為人〔勝〕、以貼屏風、亦戴之頭鬢」の記事は『玉燭宝典』が出典である。「一字上げ」の箇所は『荊楚記』の記事と想定されている。しかし、そこには『玉燭宝典』の記事もある。そうであれば「一字上げ」の箇所は、『荊楚記』の記事のみとすることは間違いとなる。

「一字上げ」の箇所に「正月七日、為人日。以七種菜為羹。……」とあるうちの、「正月七日、為人日」の記事は魏晋ころの議郎・董勛《とうくん》の『問礼俗』に記載される話で、『荊楚記』の記事ではない。では「以七種菜為羹」とある記事は、『荊楚記』の記事であろうか。本項目の「一字下げ」の部分に、

今、北人、又有至人日、諱食故歳菜。惟食新歳菜者。与楚諱食鶏正相反。

今、北人（秦嶺・淮河線以北の人々）、又た人日に至りて、故歳の菜を食らうを諱み、惟だ新歳の菜を食らう者有り。楚の鶏を食らうを諱むと正に相い反す。

とある。この記事は「今北人」とあるから、『荊楚歳時記』の完成と時期が近い人が書いた文である。であれば、この文を書いたのは、北人の杜公瞻《せん》ということになる。七種粥《くさ》は荊楚地方が発祥ではなく、華北の習俗であることになる。

「又造華勝、以相遺」の典拠は『荊楚記』に求めなくてもよい。『玉燭宝典』巻第一・正月孟春の記事に、

今世、多刻為花勝、像瑞図金勝之形。　今世、多く刻みて花勝を為り、瑞図・金勝の形を像る。

とあり、花勝（華勝）は杜臺卿が生きた華北でも盛んに作られたとある。華勝の淵源は荊楚地方とする必要はない。

以上、述べたことを要約すると、「七日は人日《じんじつ》、七種粥を作り、人勝と華勝を贈答する」の「一字上げ」の箇所には、『荊楚記』の記事はなかった。『荊楚歳時記』の「一字上げ」の記事は、『荊楚記』の記事と想定されてきたが、それが完全に覆ったことになる。もう一度確認しておく。『荊楚歳時記』の「一字上げ」の箇所は、『荊楚記』の記事だけではなく、『玉燭宝典』や他の記事も混在する。「一字下げ」の箇所にも『玉燭宝典』の記事がある。現行本の様な『荊楚歳時記』を書くことができるのは、杜公瞻を措いて他にはない。従って、現行本『荊楚歳時記』の著者は杜公瞻であり、宗懍撰・杜公瞻注とするのは誤りである。

『旧唐書《くとうじょ》』経籍志や『新唐書《じょ》』藝文志《げいもん》によれば、唐代には宗懍撰と杜公瞻撰の『荊楚歳時記』がある。右に述べた結果に従えば、宗懍は『玉燭宝典』を引用することはできないから、宗懍撰『荊楚歳時記』という本は『荊楚記』を『荊楚歳時記』と書名変更したもので、内容は『荊楚記』と同じということになる。

附節2　人日《じんじつ》

1　人日の由来

正月七日は人日である。日本では現在でも「七日正月」として、わずかに面影を残すが、中国では一〇世紀以降、

人日《じんじつ》の習俗は廃れていき、現在はその片鱗さへも見ることはできない。

さて、人日とは何であろか。東魏の武定二年（五四四）、孝静皇帝（在位は五三四～五五〇）が人日の由来を臣下に下問したところ、誰も答えることができなかった。がしかし、魏収のみが董勛《とうくん》の『問礼俗』を引用して説明したという話が、『北斉書《ほくせいじょ》』巻三七魏収伝にみえている。六世紀には、既に七日・人日の由来は不明となっていたのである。

武定二年、除正常侍、領兼中書侍郎仍修史。魏帝宴百僚、問何故名人日、皆莫能知。収対曰、晋議郎董勛答問礼俗（「答」は衍字。「問礼俗」のこと）云、正月一日為鶏、二日為狗、三日為猪、四日為羊、五日為牛、六日為馬、七日為人。時邢邵亦在側、甚恧焉。

武定二年（五四四）、正常侍（従来の通直散騎常侍）に除せられ、兼中書侍郎を領し、仍お修史たり。魏帝百僚を宴し、［七日を］何故に人日と名づくかを問うに、皆な知る能《あた》う莫し。収対《こた》えて曰わく、「晋の議郎・董勛の『問礼俗』に云わく、〈正月一日を鶏と為し、二日を狗と為し、三日を猪と為し、四日を羊と為し、五日を牛と為し、六日を馬と為し、七日を人と為す〉」と。時に邢邵《けいしょう》亦た側《かたわら》に在り、甚だ恧《は》ず。

右の『問礼俗』では、七日が何故に人日なのか説明になっていない。

2　人勝

七日は人日である。習俗として、この日は人を象った人勝を作り贈答した。「勝」に関して、『漢書《かんじょ》』巻五七下の司馬相如《しょうじょ》伝の「戴勝而穴處兮（戴勝して穴處す）」の顔師古の注に、

師古曰、低徊猶徘徊也。勝婦人首飾也。漢代謂之華勝。

師古曰わく、「低徊は猶お徘徊なり。勝は婦人の首飾なり。漢代之を華勝と謂う」と。

とあり、「勝」は婦人の髪や首や腕の飾りをいい、「人勝」とは人の形をした髪飾りである。漢代では髪飾りを華勝と

いったとあるが、華勝とは髪に横一文字にさした簪の両端に飾りを垂らしたものをいう。漢代には人勝がまだなかったから、髪飾りは一律に華勝といったのである。最初に華勝があり、それに人勝が加わったのである。

『荊楚歳時記』の人日《じんじつ》の条に引用する『進見儀』や董勛《とうくん》の『問礼俗』から、人勝は晋代に起源する習俗である。正月七日に人勝を作るのは、この日を人日としたことに起因し、七日人日は晋代（二六五年以降）に始まるものであろう。前漢の東方朔の『占書』に鶏・牛・羊・豬・犬・馬・人の日があるが、この書は東方朔に仮託した偽書である可能性が強いから信頼することはできない。

人日に人勝を作る習俗は、『玉燭宝典』巻第一・正月孟春の附説に、

七日、名為人日。家家翦綵、或鏤金薄為人、以帖屏風、亦戴之頭鬢。今世、多刻為花勝、像瑞図金勝之形。

七日、名づけて人日と為す。家家綵（あや絹）を翦《き》り、或いは金薄（＝金箔）を鏤《ちりば》めて人を為り、以て屏風に帖り、亦た之を頭鬢《とうひん》に戴く。今世、多く刻みて花勝を為り、瑞図（めでたい意匠）・金勝（金箔で作った花の髪飾り）の形を像る。

とあり、人勝に加えて花勝が作られ、隋代にも継承された。

『唐詩紀事』巻九李適之の条に、人日に人勝を賜わる記事がある。

景龍四年正月、……（中略）……。人日、重宴大明殿、賜綵鏤人勝、又観打毬。

景龍四年（七一〇）正月、……（中略）……。人日、重ねて大明殿に宴し、綵鏤《さいる》の人勝を賜い、又た打毬を観る。

「綵鏤人勝」とは、色絲を細工して作った人勝をいう。一三世紀中葉の陳元靚《せい》の『歳時広記』に引用する唐の武平一の『景龍文館記』に、右と類似する記事があり、『唐詩紀事』の記事は、『景龍文館記』が出典であるらしい。

景龍文館記、中宗景龍四年正月七日、宴大明殿、賜王公以下綵勝。（巻九人日・賜綵勝）

「景龍文館記」に、中宗の景龍四年正月七日、大明宮に宴し、王公以下に綵勝（綵鏤人勝の略形）を賜う。

唐代の人日に人勝を贈答することがあった。

正倉院には、紙に貼った二枚の人勝を収蔵する。この人勝は『荊楚歳時記』や『玉燭宝典』がいう「以帖屏風」に相当するから、文献がいう通りの人勝が現存するわけである。この人勝は中国で作成されたものと鑑定されているから、遣唐使が土産として将来したものであろう＊。

＊　原田叔人「人勝」（『東亜古文化論考』所収　吉川弘文館　一九六二）二九三頁以下。

一〇　人日《じんじつ》に登高する

「宝顔堂秘笈広集」本『荊楚歳時記』の「人日に登高する」は次のようである。この項目は前掲した「九　七日は人日、七種粥を作り、人勝と華勝を贈答する」の末尾にある「登高賦詩」を独立させ、「登高賦詩」に関係する注記である郭縁生の『述征記』等々もここに移動させ、一項目としたものである。

正月七日、為人日。………（中略）………。登高賦詩。

［按］郭縁生述征記云、魏東平王翕、七日、登寿張県安仁山、鑿山頂為会望處、刻銘於壁。文字猶在。銘云、正月七日、厥日為人。策我良駟、陟彼安仁。老子云、衆人熙熙、如登春臺。［如享大牢］。楚詞云、目極千里、傷春心。則春日登臨、自古為適。但不知七日竟起何代。晋代、桓温参軍張望、亦有正月七日登高詩。近代以来、南北同耳。北人、此日、食煎餅。於庭中作之、云薫天。未知所出也。

正月七日、人日と為す。………（中略）………。高きに登り詩を賦す。

郭縁生の「述征記」(1)を按ずるに云わく、「魏の東平王・翕《きゅう》(2)は、七日、寿張県（鄆《うん》州寿張県）の安仁山(3)（安民山が正しい。『玉燭宝典』巻第一・正月孟春には「安民峰」に作る）に登り、山頂を鑿《うが》ち会望の處を為《つく》り、銘を壁に刻む。

文字猶お在り。銘に云わく、「正月七日、厥《そ》の日人と為す（「人日と為す」の意味）。我が良駟《し》を策《むち》うち、彼の安仁に陟《わた》る」と。「老子」（『老子』大道章）に云わく、「衆人熙熙《きき》として、春臺に登るが如く、大牢を亨《う》けるが如し」と。「楚詞」（『楚辞』招䰟章句第九）に云わく、「目は千里を極め、春心を傷ましむ」と。則ち春日の登臨、古《いにしえ》より適（よいという意）と為す。但だ七日なるは竟《つい》に何れの代より起《はじ》まるかを知らず。晋代、桓温(4)の参軍の張望(5)、亦た正月七日登高の詩有り。近代以来、南北同じきのみ。北人（秦嶺・淮河線以北の人々）、此の日、煎餅を食らう。庭中に之を作り、薫天(6)と云う。未だ出ずる所を知らず。

（1）郭縁生の『述征記』は『隋書』巻三三経籍志・史部・地理類に「述征記二巻、郭縁生撰」とあり、『旧唐書《くとうじょ》』巻四六経籍志・史部・地理類に『述征記二巻。郭象撰』、『新唐書《じょ》』巻五八藝文《げいもん》志・史部・地理類に「郭縁生、述征記二巻」とある。郭象と郭縁生は同一人である。『新唐書』巻五八藝文志・史部・雑伝記類に「郭縁生、武昌先賢伝三巻」とあり、『冊府元亀』巻五五五国史部採撰に「郭縁生為天門太守。撰武昌先賢志二巻述征記二巻」とある。
『述征記』は何時ごろの書であろうか。『太平寰宇記』巻三河南道河南府・河南県の条に、
金谷、郭縁生述征記云、金谷谷也。地有金水、自太白原南流、経此谷。晋衛尉［卿］石崇、因即川阜而造制園館。崇金谷詩序云、余以元康六年従大業卿（太僕卿?）、出為征虜将軍。
金谷、郭縁生「述征記」に云わく、「金谷は谷なり。地に金水有り、太白原より南流し、此の谷を経る。晋の衛尉卿・石崇、因りて川阜に即きて園館を造制す」と。崇の「金谷詩」の序に云わく、「余は元康六年（二九六）を以て太僕卿より出でて、征虜将軍と為る」と。
とある。郭縁生は三世紀末の石崇の金谷園の別荘の事実を記述しており、五一五年に完成した『水経注』に多くの引用があるから、『述征記』は五世紀の著作であり、郭縁生は南朝・宋の官人であろう。
（2）魏の東平王・翕《きゅう》は魏の東平霊王・曹徽《そうび》の子。曹操の孫。『三国志』魏書巻二〇東平霊王・徽伝に、

東平霊王徽、奉叔父朗陵哀侯玉後。建安二十二年、封歴城侯。黄初二年、進爵為公。三年、為廬江王。四年、徙封寿張王。五年、改封寿張県。太和六年、改封東平。青龍二年、徽使官属撾寿張県吏、為有司所奏、詔削県一戸五百。其年、復所削県。正始三年、薨。子翕嗣。景初正元景元中、累増邑、并前三千四百戸。

東平霊王・徽、叔父の朗陵哀侯・玉の後を奉ず。建安二二年（二一七）、歴城侯に封ぜらる。黄初二年（二二一）、爵を進めて公と為る。三年、廬江王と為る。四年、徙して寿張王に封ぜらる。五年、改めて寿張県に封ぜらる。太和六年（二三二）、改めて東平に封ぜらる。青龍二年（二三四）、徽は官属をして寿張県吏を撾《なぐ》らしめ、有司の奏す所と為り、詔して県一・戸五百を削らる。其の年、削らる所の県を復す。正始三年（二四二）、薨ず。子の翕《きゅう》嗣ぐ。景初（元年は二三八）・正元・景元中（元年は二六一）、累して増邑せられ、前に并せて三千四百戸。

とある。東平王・翕が寿張県の安民峰を登ったのは、偶然ではない。自己の封領内に寿張県があり、安民峰があったからである。

（3）安仁山は『玉燭宝典』巻第一・正月孟春は「安民峰」に作る。『白氏六帖《りくじょう》事類集』巻第一・人日《じんじつ》第三九・銘に、

魏東平王倉（＝翕）、是日、登寿張県安民山。銘曰、正月七日、厥日惟人。此出郭縁生述征記。

魏の東平王・翕《きゅう》、是の日、寿張県安民山に登る。銘に曰わく、「正月七日、厥《そ》の日惟《こ》れ人」と。此れ郭縁生の「述征記」に出ず。

とあり、安仁山を安民山に作る。口絵3を参照。五世紀の『水経注』巻八「済水又北逕須朐城西」の注に、

地理志曰、寿張県西北、有朐城者是也。済水西、有安民亭。亭北対安民山、東臨済水、水東即無塩県界也。

「地理志」に曰わく、「寿張県の西北、朐《く》城有るは是れなり。済水の西に、安民亭有り。亭北は安民山に対かい、東は済水に臨み、水の東は即ち無塩県界なり」と。

とあるから、安仁は「安民山」が正解である。唐王朝の第二代皇帝・太宗皇帝（五九八～六四九。在位は六二六～六四九。李世民、「済世安民」から採る。諡号は文武大聖大広孝皇帝、廟号は太宗）の李世民の「民」を避諱して、「安仁山」としたものであり、李世民の避諱と無関係な隋代の『玉燭宝典』が「安民峰」とするのは、正解である。なお、安民山は『三国志演義』で著名な梁山泊附近にある。

（4）桓温（三一二～三七三）は『晋書《しんじょ》』巻九八に列伝がある。東晋の武人。字は元子。諡は宣武。三四五年に東晋第一の大鎮であった荊州刺史となった。蜀を滅ぼし、前秦の軍を破り、さらに前燕を討った。桓温の中原出兵の目的は、中原を制覇し、その成功によって朝廷内の反対勢力を押え、東晋の簡文帝から禅譲によって皇帝となり、新王朝を樹立することにあった。しかし、前燕戦で敗戦し、威名も衰え、新王朝の樹立は実現しなかった。

（5）張望は『隋書』巻三五経籍志・集部・別集類に「晋征西将軍張望集十巻。梁十二巻録一巻」とあり、『旧唐書』巻四七経籍志・集部・別集類に「張望集三巻」とある。『玉燭宝典』巻第一・正月孟春の末尾に、

　桓温参軍張望、亦有正月七日登高作詩。内云、玄陰斂夕殺、青陽舒朝煥。熙哉陵崗娯、眺盻肆廻目。

　桓温の参軍・張望、亦た正月七日の登高の作詩有り。内に云わく、「玄陰夕べに殺たるを斂《おさ》め、青陽朝の煥《あつき》を舒《の》ぶ。熙《き》なるかな崗に陵《のぼ》る娯しみ、眺盻《ちょうけい》して廻目を肆《ほしいまま》にす」と張望の登高詩の一部引用がある。

『荊楚歳時記』に「晋代、桓温参軍張望、亦有正月七日登高詩」とあるが、この『玉燭宝典』の記事を採用したものであり、この部分は杜公瞻《せん》の注記部分と断言してよい。そうすれば、「近代以来、南北同耳。北人、此日食煎餅。於庭中作之、云薫天。未知所出也」とある箇所は、「南北同じ」とか「北人」とあるから、北朝系の隋の杜公瞻の記事と考えてよいだろう。

（6）薫天とは煎餅のことである。唐代の官府では、人日《じんじつ》には常食料に加え、節日食品として煎餅が官人に提供された。一一世紀末の龐《ほう》元英の『文昌雑録』巻三にも、唐代の人日の節日食として煎餅をいう。

　唐歳時節物。……（中略）……。人日則有煎餅。　唐の歳時の節物。……（中略）……。人日は則ち煎餅あり。

　煎餅とは小麦粉に水を加えて、饅頭の生地程度の堅さに溶き、一定の大きさに分割し、それを薄く延ばし、薄餅（餃子の皮）にし、餡《あん》（小豆の餡ではない）を包み、それを油で揚げたものをいう。春巻とか揚げ餃子を想起すればよい。

　唐王朝は北朝系の王朝であるから、北朝の伝統を継承して、煎餅を人日の常食料に加えたものであろう。北朝の煎餅は、北朝期の華北の習慣を王朝行事に採用したものであるから、北朝期の華北は、人日に煎餅を食す習慣があったのである。とすれば、隋王朝でも人日には、煎餅が提供されたと想定される。

　隋代の華北地域では人日に煎餅を食べ、これを薫天といった。郭縁生の『述征記』（『続編珠』巻一薫天酹水所載）にも、

述征記曰、人日、作煎餅於中庭、謂之薫天。

「述征記」に曰わく、「人日《じんじつ》、煎餅を中庭に作り、之を薫天と謂う」と。

と、人日に煎餅を食す記事があるから、北朝時代には、人日に煎餅を食べる習慣があった。この習慣を承けて、『荊楚歳時記』の杜公瞻《せん》の注が書かれたのである。煎餅を人日に食べるのは、華北独自の習俗であるらしい。

附節 「人日に登高する」の典拠

「登高」は『玉燭宝典』巻第一・正月孟春に、

其登高、則経史不載。唯老子云、如登春臺。既無定月。豈拘早晩。或可初春。

其れ高きに登るは、則ち経史に載せず。唯だ「老子」に云わく、「春臺に登るが如し」と。既に定月なし。豈に早晩に拘わらんや。或いは初春なるも可なり。

とある。「登高」は経・史（史は史記・漢書《かんじょ》・後漢書《じょ》）に記載する伝統のある習俗記事ではないと『玉燭宝典』はいう。『玉燭宝典』が初めて言及する習俗である。もちろん『荊楚記』も言及するところはない。『玉燭宝典』が歳時の一として採用し、『荊楚歳時記』が「一字上げ」の箇所に採り入れたものである。これによって、『荊楚歳時記』の「一字上げ」の箇所は『荊楚記』の記事だけではなく、『玉燭宝典』の記事もあることが確認できよう。

一一 立春、燕を象《かたど》った髪飾りを作る。「宜春」の字を貼る

「宝顔堂秘笈広集」本『荊楚歳時記』の「立春、燕を象った髪飾りを作る。〈宜春〉字を貼る」は次のようである。この箇所は「重較説郛《せつぷ》」本の記事のほうが良い。後世の衍増である箇所には傍線を施した。

立春之日(1)、悉剪綵為燕、以戴之。貼宜春二（二は之の誤記）字。

按綵燕即合歓羅勝。鄭毅夫云(2)、漢殿闘簪双綵燕、併（＝並）知春色上釵頭。宜春二字、傅咸(3)燕賦有其言矣。賦(4)曰、四時代至。敬逆其始。彼応運［至］於東方。乃設燕以迎至、翬軽翼之岐岐、若将飛而未起。何夫人之功巧。式儀刑之有似。御（＝銜）青書以賛時、著宜春之嘉祉。

立春の日、悉く綵（五色のあや絹）を剪《き》り燕を為り、以て之を戴く。「宜春（＝適春）」の字を貼る。

按ずるに綵燕は即ち羅勝（薄絹の首飾り）と合歓す（綵燕は羅勝と適合する）。鄭毅夫云わく、「漢殿に簪双・綵燕を闘わすは、並びに春色釵頭に上るを知る」と。「宜春」の字、傅咸《ふかん》の「燕賦」に其の言有り。賦に曰わく、「四時代るがわる至る。敬んで其の始めを逆《むか》う。彼応《まさ》に運《めぐ》りて東方より至るべし。乃ち燕を設け以て至るを迎う。翬《なん》ぞ軽翼の岐岐たる、将《まさ》に飛ばんとして未だ起《た》たざるが若《ごと》し。何ぞ夫《そ》の人の功巧たる。式に儀刑の似たる有りと。青書を銜《くわ》え以て時を賛し、宜春の嘉祉《かし》（幸せ・嘉祚《かそ》）を著わす」と。

（1）立春は正月元日が春の開始日であるため、立春は正月元日と思われるが、実はそうではない。一年は二四節気で区分され、冬至・小寒・大寒・立春となる。一節気は一五日間であるから、冬至から四六日目が立春となる。冬至は旧暦では一一月に位置するようになっている。冬至が一一月一〇日ごろにくると、年内立春となる。一一月の二〇日ごろだと元日すぎに立春がくることになる。ただし約三〇年に一度、立春が朔と重なり、旧暦正月元日が立春となることがある。これを朔旦立春という。次年度の冬至が決定できないと立春は決定できない。

中国・日本の太陰太陽暦は、古代中国夏王朝の暦を採用し、元日が立春前後に置かれる。それは立春のころを年初にし、春の始まりと年の始まりを一致させるためである。気象的事象によって「立春」が定められたのではなく、冬至から春分への中間点として、暦法上の要請から定められたものである。

（2）鄭毅夫は晁《ちょう》公武の『郡斎読書志』巻四下によれば、王安石（一〇二一〜一〇八六）と同時代の人で、知制誥《こう》や翰林学士を歴任した人物であるから、「鄭毅夫云、漢殿闘簪双綵燕、併（＝並）知春色上釵頭」は『荊楚歳時記』の記事ではない。後世の増入であり、傍線部分は削除するべきである。

（3）傅咸は傅玄の子で、『晋書《しんじょ》』巻四七傅玄伝に附伝されている。

（4）この「燕賦」は『玉燭宝典』巻第一・正月孟春にも引用がある。「燕賦」の全文は次に掲げる附節を参照。

附節「立春、燕を象《かたど》った髪飾りを作る。〈宜春〉の字を貼る」の典拠

『荊楚歳時記』の「立春、燕を象った髪飾りを作る。〈宜春〉字を貼る」は次のようであった。

立春之日、悉剪綵為燕、以戴之。貼宜春之字。

按綵燕即合歓羅勝。傅咸燕賦有其言矣。賦曰、四時代至。敬逆其始。彼応運於東方。乃設燕以迎至、翬軽翼之岐岐、若将飛而未起。何夫人之功巧。式儀刑之有似。銜青書以賛時、著宜春之嘉祉。

類似する記事は『玉燭宝典』巻第一・正月孟春に、

立春、多在此月之初。俗間、悉翦綵為燕子、置之簷楹、以戴。帖宜春之字。傅咸燕賦云、四気代至、敬逆其始。彼応運而方臻。乃設像迎至止。翬軽翼之岐岐、若将飛而未起。何夫人之功巧、信儀刑之有似。銜青書以賛時、著宜春之嘉祉。因厥祥以為飾、並金雀而列峙。孰有新之不貴。独擅価於朝市。

立春、多く此の月の初めに在り。俗間、悉く綵を翦《き》り燕子を為り、之を簷楹《えんせい》（軒の柱）に置き、以て戴く。「宜春」の字を帖る。傅咸の「燕賦」に云わく、「四気代わるがわる至る。敬んで其の始めを逆《むか》う。彼応《まさ》に運《めぐ》りて方に臻《いた》るべし。乃ち像を設けて至るを迎う。翬《なん》ぞ軽翼の岐岐たる、将《まさ》に飛ばんとして未だ起たざるが若《ごと》し。何ぞ夫《そ》の人の功巧たる、信《まこと》に儀刑の似たる有り。青書を銜《くわ》えしめ以て時を賛し、宜春の嘉祉《かし》（幸せ・嘉祚《かそ》）を著す。厥《そ》の祥に因り

て以て飾りを為り、金雀を並べて列峙《れつじ》す。孰《いず》れか新しきを之貴ばざる有らん。独り価を朝市に擅《ほしいまま》にするのみ」と。

とある。この記事は『荆楚歳時記』の「一字上げ」の記事と極めて類似する。『荆楚歳時記』の「一字上げ」の記事の出典は『玉燭宝典』に相違ない。『荆楚歳時記』の「一字上げ」箇所は『荆楚記』の記事があるべきであるが、『玉燭宝典』の記事もある。これによって、『荆楚歳時記』の「一字上げ」の箇所の記事は、『荆楚記』の記事とするのは、幻想に過ぎないことが判明する。『荆楚歳時記』の「一字上げ」の箇所に、『玉燭宝典』の記事を引用できるのは、『玉燭宝典』以降の人である杜公瞻《せん》であり、『荆楚歳時記』は宗懍の記事に杜公瞻が注記したという通説は、完全な誤りであることが明らかとなる。

なお、注記にある傅咸の燕賦も『玉燭宝典』にあるから、この「立春の日、悉く綵を剪り燕を為り、以て之を戴く。〈宜春〉の字を貼る」の全文が『玉燭宝典』の記事から構成されているといってよい。

一二　綱引き（施鈎、抜河、索道、索鈎、鈎強）をする

「宝顔堂秘笈広集」本『荆楚歳時記』の「綱引き（施鈎、抜河、索道、索鈎、鈎強）をする」は次のようである。

為施鈎之戯、以緶作篾纜、相罥綿亘数里。鳴鼓牽之。

按施鈎之戯、求諸外典、未有前事。公輸［子］自遊楚、為載舟之戯。退則鈎之。進則強之、名曰鈎強。遂以鈎為戯。意起於此。涅槃経曰、闘輪罥索。其外国之戯乎。今鞦韆、亦施鈎之類也。施或作拖。

施鈎の戯を為す。(1)緶《べつ》（麻）を以て篾纜《べつらん》（綱のこと）を作り、相い罥《けん》すること綿々として数里（綱が長いことの比喩）に亘る。鼓鳴りて之を牽く。

施鈎の戯を按ずるに、諸々の外典（内典＝仏書に対置する言葉。仏書以外の書）に求むれども、未だ前事有らず。公輸［子］(2)自ら楚に遊（勉学のため他国を旅すること）し、載舟の戯(3)を為る。退けば則ち之を鈎し、進めば則ち之を強くす。名づけて鈎強《こうきょう》と曰う。遂に鈎を以て戯を為すは、意《おも》うに此れより起《はじ》まるならんか。「涅槃経」(4)に曰わく、「罥索《けんさく》」と。其れ外国の戯ならんか。今の鞦韆、亦た施鈎の類なり。「施」或いは「拖」に作る。

（1）「施鈎之戯」は「綱引き競技」のことである。荊楚地方では、鞦韆（ぶらんこ）のことを施鈎というから、ここでは「施鈎」と書いて、施鈎は「綱引き競技」である旨の説明している。とすれば、ここにいう施鈎は荊楚地方以外の言葉ということになり、ここにいう「施鈎」は『荊楚記』に記載された言葉ではないことになり、ここの「一字上げ」の文は『荊楚記』の文ではないことになる。

（2）公輸子は公輸盤、魯班ともいう。公輸子は魯の哀公（前四九四～前四六八）の時代の人。奇巧の器具を制作者として著名。『墨子』に「公輸」の一篇があり、公輸子が楚国のために雲梯《うんてい》という攻城器具を作り、宋を攻めようとしたことが記される。中国の大工の始祖とされている。

（3）「載舟之戯」は『墨子』巻一三魯問第四九に次のようにある。

昔者、楚人与越人舟戦於江。楚人順流而進、迎流而退。見利而進、見不利則其退難。越人迎流而進、順流而退。見利進。見不利則其退速。越人因此若（「若」字と「此」字は同じ意味）執（＝「勢」字に同じ）、亟（「数」に同じ）敗楚人。公輸子、自魯南遊楚、焉始為舟戦之器。作為鈎拒之備、退者鈎之、進者拒之。量其鈎拒之長、而制為之兵。楚之兵節、越之兵不節。楚人因此若執（＝「勢」字に同じ）、亟敗越人。公輸子善其巧、以語子墨子曰、我舟戦有鈎拒。不知子之義、亦有鈎拒乎。子墨子曰、我義之鈎拒、賢於子舟戦之鈎拒。我鈎拒、我鈎之以愛、拒之以恭。弗鈎以愛、則不親、弗拒以恭、則速狎。狎而不親則速離。故交相愛、交相恭、猶若相利也。今子鈎而止人、人亦鈎而止子。子拒而拒人、人亦拒而拒子。交相鈎、交相拒、猶若相害也。故我義之鈎拒、賢於子舟戦之鈎拒。

昔者《むかし》、楚人と越人と江に舟戦す。楚人流れに順いて進み、流れに迎らいて退く。利を見て進み、不利を見れば則ち其の退くこと難し。越人流れに迎らいて進み、流れに順いて退く。利を見て進み、不利を見て則ち其の退くこと速し。越人此《こ》若の執（＝「勢」字に同じ）いに因りて、亟《しばしば》楚人を敗る。公輸子、魯より南して楚に遊び、焉《ここ》（「ここに於いて」の意）に始めて舟戦の器を為る。鉤拒（鉤は引っかける道具、拒は相手を防ぐ道具）の備を作為し、退く者は之を鉤し、進む者は之を拒す。其の鉤拒の長さを量り、之が兵（＝兵器）を制為す。楚の兵（＝兵器）節あり、越の兵（＝兵器）節あらず。楚人こ（「若」字と「此」字は同じ意味、二字で「こ」と読んだ）の執《いきお》（＝「勢」字に同じ）いに因り、亟《しばしば》越人を敗る。公輸子其の巧を善しとし、以て子墨子に語りて曰わく、「我が舟戦に鉤拒有り。知らず子の義に、亦た鉤拒有るか」と。子墨子曰わく、「我が義の鉤拒、子の舟戦の鉤拒より賢る。我が鉤拒、我之を鉤するに愛を以てし、之を拒するに恭を以てす。鉤するに愛を以てせざれば、則ち親まず、拒するに恭を以てせざれば、則ち速かに狎《な》る。狎れて親まざれば則ち速かに離る。故に交《こもごも》相い愛し、交相い恭するは、猶お相い利する若きなり。いま子鉤して人を止むれば、人亦た鉤して子を止めん。子拒して人を拒《ふせ》がば、人亦た拒して子を拒《ふせ》がん。交《こもごも》相い鉤し、交《こもごも》相い拒するは、猶お相い害するが若きなり。故に我が義の鉤拒、子の舟戦の鉤拒より賢《まさ》る」と。

（4）『大般《だいはつ》涅槃経』は、釈迦の入滅を叙述し、その意義を説く経典類の総称である。阿含経典類から大乗経典まで数種ある。略称『涅槃経』。『長阿含経』の第二経「遊行経」（『大正新脩大蔵経』第一冊）、『仏般泥洹経《ぶつはつないおんぎょう》』（二巻、『大正新脩大蔵経』第五冊）、『般泥洹経《はつないおんぎょう》』（二巻、「大正新脩大蔵経」第六冊）、『大般涅槃経』（三巻、「大正新脩大蔵経」第七冊）等々がある。それぞれに後世の脚色があり、どの経典が正確かは断言できないが、「自灯明・法灯明」（自らを依りどころとし、法を依りどころとせよ）と諭したことなどが重要である。

『涅槃経』は、釈迦の入滅という場面を舞臺にとり、また諸行無常という仏教の基本的理念を踏まえながら、如来の般涅槃は方便であり、実は如来は常住で不変だとして、如来の法身の不滅性を主張する。また「一切衆生悉有仏性」と宣言する。この経は、『法華経』の一乗思想を継承しつつ、仏性思想によってそれを発展させた。「一切衆生悉有仏性」は、近代の大乗仏教において、衆生つまり人間以外の山川草木や動物などすべてにおいて仏性があるという解釈から、「一切悉有仏性」となった。

人間の世界は無常・苦・無我・不浄であるが、如来とその法や世界こそ永遠である（如来常住や常楽我浄）と『涅槃経』では説いた。また同じく闡提成仏も、それまで仏教では、（仏教を否定する）闡提は成仏しがたい者であるとしていたが、『涅槃経』にいたっては闡提であっても仏性は有しているから成仏する可能性はあるとする。『涅槃経』は、段階的に教えを説くという仏教の従来の形式に則りつつ、その最終的な教理を展開したものである。

『涅槃経』は他の経典との関連性を随所に説くが、『涅槃経』は特に『法華経』と密接な関係があり、大乗の思想発展や経典成立の過程で注目に値する。『金光明経』や『法華経』では、未来における釈迦仏の常住について、『涅槃経』ほど詳細ではない。これに対し『涅槃経』では、『金光明経』や『法華経』で説かれた未来における釈迦仏の常住説をさらに発展させ、詳細に述べている。従って『法華経』などの経名が『涅槃経』文中にあることから、それら既成経典をさらに敷衍したことが理解できる。如来の常住思想は『法華経』において発展させたものを、『涅槃経』はこれを最終形として編纂された。

一三　打毬（打球・蹴球）と鞦韆《しゆうせん》（ぶらんこ）をする

「宝顔堂秘笈広集」本『荊楚歳時記』の「打毬（打球・蹴球）と鞦韆（ぶらんこ）をする」は次のようである。

又為打毬鞦韆之戯。(1)

按劉向別録曰、寒食蹴鞠、黄帝所造。本兵勢也。或云、起於戦国。案鞠与毬同。古人蹋蹴、以為戯也。古今藝術図云、鞦韆本北方山戎之戯、以習軽趫者。後中国女子学之。乃以綵縄、懸木立架、士女炫服、坐立其上、推引之。名曰鞦韆。楚俗亦謂之施鈎。涅槃経、謂之罥索。

又た打毬(2)（打球）・鞦韆の戯を為す。

劉向(3)の「別録(4)」を按ずるに曰わく、「寒食の蹴鞠《しゆうきく》、黄帝(5)の造る所なり。本は兵勢なり。或る人云わく、「戦国より起《はじ》まる」と。案ずるに鞠は毬と同じ。古人蹋蹴《とうしゅう》し、(6)以て戯と為すなり。「古今藝術図」(7)に云わく、「鞦韆《しゅうせん》はもと北方山戎の戯、以て軽趫《けいきょう》を習うなり。後に中国の女子之を学ぶ。乃ち綵縄を以て、木に懸け架を立て、士女炫服《げんぷく》（色彩の明確な服）し、其の上に坐立（座ったり立ったり）し、之を推引す。名づけて鞦韆と曰う」と。

楚（湖北省を荊・楚という）俗亦た之を施鈎と謂う。「涅槃経」は、之を罥索《けんさく》と謂う。

（1）「又為打毬鞦韆之戯」は『荊楚記』の文であろうか。「按」以下の「一字下げ」の文に、鞦韆は「楚俗亦謂之施鈎（楚俗では鞦韆のことを施鈎と謂う）」とある。荊楚地方で鞦韆のことを施鈎というならば、「一字上げ」の『荊楚記』の文と考えられている箇所において、「為打毬施鈎之戯」としないのであろうか。鞦韆に対する楚地方の説明を、「一字下げ」の箇所でするのは、「為打毬鞦韆之戯」は『荊楚記』の文でないことを示す。鞦韆とは華北地方の「ぶらんこ」のことであろう。

（2）打毬（打球）はペルシャ伝来のポロ競技だけを意味する漢語ではない。それゆえ『荊楚歳時記』の打毬（打球）は、ポロを意味しない。唐代では打毬（打球）といえば、一般的にはポロを指す。ポロ（英語発音: poulou ポウロウ）はペルシャに発祥し、そこから東西に伝播した。中国には七世紀初めに伝来した。中国では歩打球・騎打球・驢打球の別がある。

『荊楚歳時記』に「打毬」の語が出てくる。杜公贍《せん》は劉向の『別録』を引用し、打毬は蹴鞠《しゅうきく》という。隋代にポロは伝来していないから、打毬（打球）をポロということはない。『荊楚歳時記』にみえる「打毬」は蹴球を意味する。六世紀には、蹴球を打毬ともいっていたのである。唐代においても、打毬（打球）には蹴球を指す場合と、ポロを指す場合があったと理解するべきである。守屋美都雄氏は『中国古歳時記の研究』（帝国書院　一九六二）一一三頁において、打毬（打球）は唐代以前にはないとするが、球を扱う競技はすべて打球という。守屋氏の思い違いである。

（3）劉向《りゅうきょう》（前七七〜前六）は、漢の高祖（劉邦）の末弟である楚王・劉交の玄孫に当たる。陽城侯・劉徳の第二子。字は子政。宣帝・成帝に仕え、宮廷所蔵の諸文献を調査し新校本をつくり、解題書である『別録』を著わし、中国の目録学の創始者とされる。『新序』『説苑』『古列女伝』などのほか、『楚辞』の編者としても知られる。

（4）『別録』は前漢の成帝のとき、宮廷の蔵書の校定官であった劉向が、一書ごとに篇目を書いた簡略な解題書である。劉向の子の劉歆《きん》は、それを発展させ『七略』という図書目録にまとめた。『七略』のほとんどは『漢書《かんじょ》』藝文志《げいもん》に採用されている。

（5）黄帝は神話伝説上の人物。三皇（伏羲《ふっき》・女媧《じょか》・神農）の治世を継ぎ、中国を統治した五帝の最初の帝。『史記』巻一・五帝本紀や『国語』によれば、少典の子で『山海経《せんがいきょう》』に登場する怪神・帝鴻と同一とする説もある。『史記』では開国の帝王としている。黄帝は中国医学の始祖とされ、著者不明の医書は、黄帝のものとされる。現存する中国最古の医書である『黄帝内経素問』・『黄帝内経霊枢』も、黄帝の名が冠せられている。

（6）蹴鞠に関しては、林巳奈夫編『漢代の文物』（京都大学人文科学研究所　一九七六）三八八頁を参照。

（7）『古今藝術図』は『隋書』巻三四経籍志・子部・小説類にはない。あるのは「古今藝術、二十巻」である。著者は不明。『旧唐《くとう》書《じょ》』経籍志、『新唐書《じょ》』藝文志《げいもん》に『古今藝術』は著録されない。この書名は『古今藝術』であって、『古今藝術図』ではない。おそらくは両書は別書であろう。

九世紀の張彦遠《がんおん》の『歴代名画記』巻三に、

古今藝術図、五十巻。既画其形、又説其事。隋煬帝撰。

「古今藝術図」、五〇巻。既《ことごと》く其の形を画き、又た其の事を説く。隋の煬帝の撰。

とある。挿絵に説明文が附いた書である。この『古今藝術図』は『荊楚歳時記』にみえる『古今藝術図』であろう。

六二四年にできた歐陽詢らの『藝文類聚《げいもん》』巻四歳時部・中・寒食に、

古今藝術図曰、北方山戎、寒食日、用鞦韆為戯、以習軽趫者。

「古今藝術図」に曰わく、「北方の山戎、寒食の日、鞦韆《しゅうせん》を用《もっ》て戯を為し、以て軽趫《けいきょう》を習うものなり」と。

とある。『古今藝術図』は六二四年には存在していた。『古今藝術図』を『荊楚歳時記』が引用している。『荊楚歳時記』は『藝文類聚』に引用があり、六二四年以前に完成していた書であるから、『荊楚歳時記』は煬帝（在位は六〇五～六一八）の治世にできた書で、『古今藝術図』が先に完成し、それを『荊楚歳時記』が引用したことになる。『荊楚歳時記』は煬帝即位以降の七世紀初頭にできた書となる。

一〇世紀の源 順《したごう》の『倭名類聚鈔』巻四術藝部射藝類・鞦韆には、

古今藝術図云、鞦韆、秋遷二音、由佐波利。以綵縄懸空中、以為戯也。

「古今藝術図」に云わく、鞦韆、秋遷の二音、由佐波利《ゆさはり》。綵縄を以て空中に懸け、以て戯を為すなり。

とあり、『倭名類聚鈔』においても、鞦韆を説明するのに『古今藝術図』を用いている。

附節1　打毬

1　「打毬」（打球）について

唐代、王侯以下は打毬に興じたことは唐代文献に見えている。打毬は李商隠の『李義山雑纂』に「悪模様（興ざめ）」の例として「打毬落馬」とあるように、一般には騎上して競技を行う勇壮なポロ競技と理解される。九世紀の封演の『封氏聞見記』巻六打毬に、

開元天宝中、玄宗数御楼、観打毬為事。能者左縈右払、盤旋宛転、殊可観。然馬或奔逸、時致傷斃。

開元・天宝中（開元・天宝は七一三～七五六）、玄宗数しば楼に御し、打毬を観るを事と為す。能き者は左縈右払《さえいうふつ》し、盤旋宛転し、殊《はなは》だ観るべし。然るに馬或いは奔逸し、時に傷斃《しょうへい》（傷つき、また死亡すること）を致す。

とある打毬は、サッサン朝ペルシャ（Sassanian Persia。二二六～六五一）伝来のポロ競技である。

しかし、打毬には色々な意味があり、「打毬」はポロ競技だけを意味しない。打毬の「打」は「打つ」だけの意味ではない。史料の内容を検討すると、打毬はポロとはいえない場合があり、前後関係を考えないと理解を誤ることがある。唐の封演の『封氏聞見記』巻六打毬には、次のように打毬を説明する。

打毬、古之蹵鞠也。「漢書」藝文志、蹵鞠二十五篇。顔注云、鞠以韋為之、実以物、蹵蹋為戯。蹵鞠陳力之事、故

附于兵法。蹵音子六反、鞠音鉅六反。近俗声訛、謂蹴為毬、字亦従而変焉。非古也。
打毬は、古の蹵鞠《しゆうきく》なり。「漢書《かんじょ》」藝文《げいもん》志に、「蹵鞠二五篇」と。顔注（顔師古の注）に云わく、「鞠は韋《かわ》を以て之を為《つく》り、実すに物を以てし、蹵蹋《しゆうとう》して戯をす。蹵鞠は陳力の事、故に兵法に附す」と。「蹵」の音は子・六の反《かえ》し、「鞠」の音は鉅・六の反し。近俗声訛り、蹴を謂いて毬と為し、字は亦た従りて焉《これ》に変る。古に非ざるなり。

封演は九世紀初頭に生きた人であり、騎上ポロや驢上ポロ競技を人から聞き、また観戦したこともあるはずである。その封演が打毬を説明して、中国に古くからある蹵鞠（蹴鞠《しゆうきく》・蹴毬《しゆうきゆう》）をわざわざ持ち出してくるのは、打毬はポロ競技を意味する場合に加えて、蹴鞠・蹴毬の意味もあるからである。

『封氏聞見記』巻六打毬に、封演はポロを意味する打毬の伝来を述べている。封演はポロを知っていて、打毬には古来からの蹴鞠・蹴毬も意味することがあるため、「打毬、古之蹵鞠也」としたのである。打毬は本来は蹴鞠と同義であるが、新来のポロ競技も毬を用いる競技であるため、打毬と呼ばれるようになったのである。

銭易《せんえき》（一一世紀初期の翰林学士）の『南部新書』庚集に、嶺南の撃毬を伝える。

胡淛者、呉少誠之卒也。為弁州刺史、好撃毬。南方馬庳小、不善馳。淛召将吏蹴鞠、且患馬之不便玩習。因命夷民十餘輩肩舁、拠輦撝杖。肩者且繫、旋環如風、稍怠、淛即以策叩其背、犯鞭亟走淛用是為笑楽。
胡淛《こせい》は、呉少誠の卒なり。弁州刺史（嶺南道の弁州刺史）と為り、撃毬を好む。南方の馬庳《ひ》小《しよう》にして、善く馳せず。淛は将吏を召し蹴鞠《しゆうきく》するに、且《まさ》に馬の玩習に便ならざるを患う。因りて夷民（土着の異民族）十餘輩に命じて肩舁《けんよ》させ、輦に拠り撝杖《きじよう》（杖を操ること）す。肩の者且つ繫《か》け、旋環風の如し。ようよう怠れば、淛即ち策《むち》を以て其の背を叩く。犯鞭せば亟《すみ》やかに走り、淛是れを用て笑楽を為す。

右の史料で興味深いのは、撃毬と蹴鞠とを同一の意味に使用していることである。嶺南の馬は撃毬に不適として、胡淛は輦《こし》に乗り「撝杖」した。これはポロに類する競技である。『南部新書』はポロを撃毬といい、蹴鞠ともいっている。ポロの訳語は「打毬」だけではないことがわかる。

２「打」字について

杜甫（七一二〜七七〇）の『杜工部詩』巻一六に「観打魚歌」・「又観打魚」の詩がある。「打魚」とは「魚を打つ」ことではなく、魚を捕ることである。「打」字に関して、歐陽脩（一〇〇七〜一〇七二）の『帰田録』巻二に言及がある。

世俗、言語之訛、而挙世君子小人、皆同其繆者、惟打字爾。打丁雅反。其義本謂考撃、故人相毆、以物相撃、皆謂之打、而工造金銀器、亦謂之打可矣。蓋有槌一作撾撃之義也。至於造舟車者曰打船打車、網魚曰打魚、汲水曰打水、投夫餉飯曰打飯、兵士給衣糧曰打衣糧、従者執傘曰打傘、以糊黏紙曰打黏、以丈尺量地曰打量、挙手試眼之昏明曰打試。至於名儒碩学、語皆如此、触事皆謂之打。而徧検字書、了無此字。

世俗、言語の訛《あやま》り、而して挙世の君子・小人、皆な其の繆《あやま》りを同じくするは、惟《こ》れ「打」字も爾《しか》りなり。打は丁・雅の反《かえ》し。其の義 本は撃を考えるを謂い、故《こと》さらに人相い毆り、物を以て相い撃するを、皆な之の「打」と謂い、而して金銀器を工造するを、亦た之を「打可」と謂う。蓋《けだ》し槌 一に撾に作る 撃の義有るなり。舟車を造るに至りては「打船打車」と曰い、網魚を「打魚」と曰い、汲水を「打水」と曰い、役夫の餉《しょう》飯を「打飯」と曰い、兵士に衣糧を給すを、「打衣糧」と曰い、従者傘を執るを「打傘」と曰い、糊を以て紙に黏《は》るを「打黏《ねん》」と曰い、丈尺を以て地を量るを「打量」と曰い、手を挙げ眼の昏明を試すを「打試」と曰う。名儒・碩学に至り、語皆な此《かく》の如し、事に触れるを皆な之を「打」と謂う。而して徧《あまね》く字書を検《しらべ》るに、了《つい》に此の字なし。

これによって、「打」は「うつ」という意味ばかりではないことが明らかとなる。『荊楚歳時記』の「打毬」はポロの意味に理解する必要はなく、動作することを「打」というから、毬（鞠）を操作すれば「打毬・打鞠」となり、『荊楚歳時記』の時代には、蹴鞠を打毬といっていたことになる。

3　ポロ競技の伝来

ポロ（Polo　英語発音は poulou：ポウロウ）は、馬に乗って行う球技の一種。世界で最も古い歴史をもつ競技の一つである。八世紀中葉の安西四鎮の兵卒である杜環の中央アジアと西アジアの見聞記である『経行記』（『通典』巻一九二疎勒国の注に引用）に、中央アジアにあった抜汗那国（フェルガナ、Fergana、ウズベキスタン共和国東部のフェルガナ州の州都。アラル海に注ぐシルダリア川の上流）を述べて、抜汗那国には毬場があるという。

土有波羅林、林下有毬場。　土に波羅林有り、林下に毬場有り。

この毬場はポロのためのものであろう。ポロは波斯語のvaretaで、これがpareaに転靴したといわれ、『大般《だいはつ》涅槃経』巻一聖行品《ぼん》や『梵網経』巻下に「波羅塞戯」と訳される競技が、ポロに相当するといわれる。

ポロ競技は七世紀に中国に伝来した＊。『封氏聞見記』巻六打毬に、皇帝が打毬を見る話がある。

太宗常（＝嘗）御安福門、謂侍臣曰、聞西蕃人好為打毬、比亦令習、曽一度観之。昨昇仙楼、有群胡街裏打毬、欲令朕見。此胡疑朕愛此、騁為之。以此思量、帝王挙動、豈宜容易。朕已焚此毬、以自誡。

太宗（唐王朝第二代皇帝、太宗は廟号）嘗て安福門（長安の皇城西面の北門）に御し、侍臣に謂いて曰わく、「聞くならく、西蕃の人好んで打毬を為し、比ごろ亦た習わしめ、曽て一度之を観る。昨に仙楼に昇るに、群胡有り街裏に打毬し、朕をして見せしめんと欲す。此れ胡は朕の此れを愛でるを疑い、騁《は》せて之を為す。此れを以て思量するに、帝王の挙動、豈《あ》に容易なるべけんや。朕已に此の毬を焚き、以て自誡す」と。

同じような話は『資治通鑑《しじつがん》』巻一九九永徽三年（六五二）の条にある。

二月甲寅、上御安福門楼、観百戯。乙卯、上謂侍臣曰、昨登楼、欲以観人情及風俗奢倹、非為声楽。朕聞胡人善為撃鞠之戯、嘗一観之。昨初升楼、即有群胡撃鞠、意謂朕篤好之也。帝王所為、豈宜容易。朕已焚此鞠、冀杜胡人窺望之情、亦因以為誡。

二月甲寅、上は安福門楼に御し、百戯を観る。乙卯、上は侍臣に謂いて曰わく、「昨に楼に登り、以て人情及び風俗の奢倹《しやけん》を観んと欲す、声楽の為に非ず。朕聞く胡人善く撃鞠の戯を為し、嘗て一たび之を観る。昨に初めて楼に升るに、即ち群胡の鞠を撃する有り、意謂《おもう》に朕篤く之を好むなり。帝王為す所、豈《あ》に容易にすべけんや。朕已に此の鞠を焚く、胡人の窺望の情を杜《ふさ》がんと冀《ねが》い、亦た因りて以て誡と為す」と。

右の史料において注意するべきは、『封氏聞見記』が「聞西蕃人好為打毬、比亦令習、曽一度観之」といい、『資治《しじ》通鑑《つがん》』が「朕聞胡人善為撃鞠之戯、嘗一観之」ということである。太宗皇帝は西域人が打毬戯を好み、最近に打毬戯を習わせ、一度打毬戯を観た、といい、高宗皇帝は西域人が打毬戯を好み、一度打毬戯を観た、という点で共通している。一度しか観戦していないことは、七世紀中葉に打毬戯は中国に流布していないからである。そして、最近に打毬戯を習わせたとあるのは、七世紀中葉になって、打毬戯が中国に伝来したことを示すものであろう。打毬戯は七世紀中葉に西域から伝来した新しい競技である。

＊　原田叔人《よしと》「八世紀前後における国際競技の二、三」（『東亜古文化論考』吉川弘文館　一九六二）、向達「長安打毬小考」（『唐代長安与西域文明』所収　生活読書新知三聯書店　一九五七）

4　劉向《りゆうきよう》の「寒食蹴鞠」

『荊楚歳時記』に前漢の劉向の『別録』を引用している。寒食は冬至から一百五日目の行事であるから、漢代に隋唐風の寒食があったことになる。後漢の并州の寒食は厳冬に行われた。劉向が生きた二千年前の前漢末期に、冬至から一百五日目の寒食があろうはずがないから、「寒食蹴鞠」と劉向が書くはずがない。「寒食」の二字は、後世の冬至から一百五日目に生きた人の附加に相違ない＊。

『太平御覧《ぎょらん》』巻三〇時序部一五・寒食に、

劉向別録曰、寒食蹋蹴、黄帝所作、本兵勢也。或云起於戦国。与鞠毬同、古人蹋蹴、以為戯。

劉向の「別録」に曰わく、「寒食の蹋蹴《とうしゅう》、黄帝の作る所、本は兵勢なり。或るひと云わく〈戦国より起《はじ》まる〉と。鞠毬と同じ。古人蹋蹴して、以て戯と為す」と。

とある。この記事に続いて、『太平御覧《ぎょらん》』には「古今藝術図云、寒食鞦韆、本北方山戎之戯、……」とあるから、右の記事は『荊楚歳時記』が引用する劉向の『別録』から引用したものである。一〇世紀に伝存した『荊楚歳時記』に引用される劉向の『別録』は、「寒食蹋蹴（蹴鞠）」となっていたようである。しかし、この『別録』は隋の杜公瞻《せん》が引用したものであり、杜公瞻が改変し、また彼以後の人が改変を加えている可能性も考えておく必要がある。

『太平御覧』巻七五四工藝部一一・蹴鞠に引用された、蹴鞠に関する『別録』は次のようである。

劉向別録曰、蹴鞠者、伝言、黄帝所作、或曰起戦国時。記（＝記は衍字）黄帝蹴鞠兵勢也。所以練武士知有才也。令軍士無事、得使蹴鞠。有書二十五篇。

劉向《りゅうきょう》の「別録」に曰わく、「蹴鞠は、伝に言う、〈黄帝の作る所、或いは戦国の時に起《はじ》まると曰う〉と。黄帝の蹴鞠は兵勢なり。武士を練り才有るを知る所以なり。軍士をして事なからしむは、蹴鞠せしむを得。書に二五篇有り」と。

この史料が劉向の『別録』本来の文である。ここには「寒食」の二字がない。『荊楚歳時記』に引用される劉向の『別録』にある「寒食」の二字は、杜公瞻が附加したか、また後人が附加したものと考える。

日本の一〇世紀中葉の源順《したごう》の『倭名類聚鈔』巻四術藝部雑藝類・打毬には、

劉向別録云、打毬、昔黄帝所造、本因兵勢而為之。

劉向の「別録」に云わく、「打毬、むかし黄帝の造る所、本は兵勢に因りて之を為す」と。

とある。「蹴鞠」の字が「打毬」に変化しているが、「寒食」の語がない。『倭名類聚鈔』は杜公瞻の注記を細工する必要はないから、唐代のあった『荊楚歳時記』に引用された『別録』には、「寒食」二字がない本もあったのである。この事実によって、「寒食」という二字は、杜公瞻の注記に存在しなかった可能性が生じ、杜公瞻以後、一〇世紀の『太平御覧』編纂までに附加された可能性があることが想定できる。

ともかく、劉向の『別録』に、冬至以後一〇五日目を意味する「寒食」があってはならないのである。

＊　この「寒食」の二字は、中村喬氏『中国の年中行事』（平凡社　一九八八）一二六頁注六に言及がある。

附節2　唐代の鞦韆《しゅうせん》

王維（七〇一〜七六一）の『王右丞《ゆうじょう》集』巻六「寒食城東即事」と題する七言古詩に、

蹴踘屢過飛鳥上、鞦韆競出垂楊裏。　蹴踘屢しば飛鳥の上を過《よぎ》り、鞦韆競いて出ず垂楊の裏《り》。

と詠い、寒食の遊びといえば、蹴毬と鞦韆である。薛能（八七一〜八八〇）の「寒食」（『歳時雑詠』巻一二寒食）にも、

夜半無灯還不寐、鞦韆懸在月明中。　夜半灯なく還りて寐ねず、鞦韆懸りて月明中に在り。

の句があり、寒食の夜、月下の庭に鞦韆が懸かることを述べる。白楽天（七七二〜八四六。楽天は字、居易は諱）の「寒食夜」（『白氏文集《もんじゅう》』巻一八）は、寒食の夜、子供達が大声を出し、鞦韆に興じるさまを詠む。

四十九年身老日、一百五夜月明天。　四九の年身老ゆる日、一百五夜の月明らかなる天。
抱膝思量何事在、癡男騃女喚鞦韆。　膝を抱き思量するも何事か在る、癡男騃《じ》女鞦韆を喚《おめ》く。

一〇世紀中葉に源 順《したごう》の撰した『倭名類聚鈔』巻四術藝部射藝類・鞦韆には、

古今藝術図云、鞦韆、秋遷二音、由佐波利。以綵縄懸空中、以為戯也。
「古今藝術図」に云わく、「鞦韆、秋遷の二音、由佐波利《ゆさはり》。綵縄を以て空中に懸け、以て戯を為すなり」と。

とあり、日本では古くは「ゆさはり」・「ゆさぶり」といった。

白楽天の「和春深二十首」（『白氏文集《もんじゅう》』巻二六）には、寒食行事の鞦韆に言及する五言律詩がある。


何處春深好、春深寒食家。　何れの處か春深くして好《よ》き、春深し寒食の家。

玲瓏鏤鷄子、宛転綵毬花。　玲瓏《れいろう》として鶏子を鏤《ちりば》め、宛転として毬花を綵《いろど》る。

碧草追遊騎、紅塵拝掃車。　碧草遊騎を追い、紅塵拝掃の車。

鞦韆細腰女、揺曳逐風斜。　鞦韆細腰の女、揺曳《ようえい》して風を逐うて斜めなり。


その鞦韆について「細腰女」とある点は注意される。女児の腰を「細腰女」とはいわないから、鞦韆は成人女性も行うことが判明する。また、「ぶらんこ」の横棒に腰掛けていては「細腰」かどうか判然としないから、横棒の上に立つこともあり、体型がわかる軽快な服装であることも読みとれる。白楽天が「鞦韆細腰女」と詠み、宮中で行われたことによって、成人女性が鞦韆に興じたことがわかる。

杜甫（七一二～七七〇）の「清明二首」（『杜工部詩』巻三節序）の第二首に、

此身飄泊苦西東、右臂偏枯半耳聾。　此の身飄泊西東に苦しむ、右臂《うひ》は偏枯し半耳は聾《ろう》す。

寂寂繫舟双下涙、悠悠伏枕左書空。　寂寂《せきせき》舟を繫《つな》ぎて涙を双に下し、悠悠枕に伏し左に空に書す。

十年蹴踘将雛遠、萬里鞦韆習俗同。　一〇年蹴踘雛を将いて遠く、萬里鞦韆の習俗同じ。

旅鴈上雲帰紫塞、家人鑽火用青楓。　旅鴈雲に上り紫塞に帰る、家人火を鑽《き》るに青楓を用う。

秦城楼閣煙花裏、漢主山河綿繍中。　秦城の楼閣煙花の裏《り》、漢主の山河綿繍の中。

春水春来洞庭闊、白蘋愁殺白頭翁。　春水に春来りて洞庭闊《ひろ》し、白蘋《ひん》愁殺す白頭の翁。


と詠む。この詩は大暦四年（七六九）に潭《たん》州・長沙郡（湖南省長沙市一帯）においての作品であるが、「萬里鞦韆習俗同」とあるから、湖南省においても、清明・寒食節の行事として鞦韆があったことがわかる。

韋荘（八三六〜九一〇）の「丙辰年、鄜州遇寒食、城外酔吟七言五首」の一首に、

満街楊柳緑絲烟、画出清明二月天。　満街の楊柳緑絲の烟、画き出す清明二月の天。
好是隔簾花樹動、女郎撩乱送鞦韆。　好《よ》きかな簾を隔て花樹動ける、女郎撩乱し鞦韆を送る。

と詠う。右は『浣花集』巻九に所収し、丙辰は乾寧三年（八九六）である。「送鞦韆」とはぶらんこを漕ぐこと。この酔吟によって、長安北方の鄜《ふ》州においても、寒食節に鞦韆が行われていたことがわかる。

『四時宝鏡』（『重較説郛《せつぷ》』匀《いん》六九所引）に、寒食の鞦韆をいう。

北方□□（□□＝山戎）、至寒食、為鞦韆戯、以習軽趫。後中国女子学之。

北方の山戎、寒食に至り、鞦韆の戯を為し、以て軽趫《けいきよう》（身軽さ）を習う。後に中国の女子之を学ぶ。

寒食の鞦韆は北方の山戎（北方に居住する異民族）の遊技であるという。鞦韆には二本の木の支柱がいるから、もともとは中国東北部の森林地帯に居住する民族の遊技であろう。『藝文《げいもん》類聚』巻四歳時部・中・寒食に、

古今藝術図曰、北方山戎、寒食日、用鞦韆為戯、以習軽趫者。

「古今藝術図」に曰わく、「北方の山戎、寒食の日、鞦韆を用て戯を為し、以て軽趫を習うものなり」と。

とある。『藝文類聚』は信頼のおける書であるが、右の記事には不都合な点がある。それは、北方の山戎が寒食の日に鞦韆に興じるとある点で、中国北方の異民族に寒食節などあろうはずがない。

一四補　正月七日の夜、鬼鳥（鬼車鳥）が渡る

「宝顔堂秘笈広集」本『荊楚歳時記』に「正月七日の夜、鬼鳥（鬼車鳥）が渡る」の記事はなく、「重較説郛《せつぷ》」本、『広漢魏叢書』本、『漢魏叢書』本、和刻本『荊楚歳時記』と、『歳華紀麗』巻一人日《じんじつ》「捩狗耳翦人形」の細字註に「鬼

鳥（鬼車鳥）が渡る」の記事がある。

正月［七日］夜、多鬼鳥度。家家槌牀、打戸、捩狗耳、滅灯燭、以禳之。
按玄中記云、此鳥名姑獲。一名天地女（＝天帝女）、一名隠飛鳥、一名夜行遊女。好取人女子養之。有小児之家、即以血点其衣、以為誌。故世人、名為鬼鳥。荊州彌多。斯言信矣。

正月七日の夜、鬼鳥の度《わた》ること多し。家家は牀《しょう》（寝臺兼用の床）を槌《う》ち、戸を打ち、狗の耳を捩り、灯燭を滅じ、以て之を禳《はら》う。
「玄中記[1]」を按ずるに云わく、「此の鳥 姑獲と名づく。一つには天帝女（道教の天帝の娘）と名づけ、一つには隠飛鳥と名づけ、一つには夜行遊女と名づく。好んで人の女子を取り之を養う。小児有るの家、即ち血を以て其の衣に点し、以て誌《しるし》と為す」と。故に世人、名づけて鬼鳥と為す。荊州彌《いよ》いよ多し。斯の言信《まこと》なり。

右の鬼鳥の話は、九八三年に完成した『太平御覧《ぎょらん》』巻九二七羽族部一四・鬼車に、

荊楚歳時記曰、正月七日［夜］、多鬼車鳥度家。家槌門打戸、捩狗耳、滅燭灯、以禳之。
玄中記曰、姑獲鳥、夜飛昼蔵。蓋鬼神類。衣毛為鳥、脱毛為女人。名為天帝少女。一名夜行遊女、一名釣星、一名隠飛鳥。無子、喜取人子、養之以為子。人養小児、不可露其衣。此鳥度、即取児也。荊州為多。昔豫章男子、見田中有六七女人、不知是鳥。扶匐往先、得其所解毛衣、取蔵之即往就。諸鳥各走就毛衣、衣此飛去、一鳥独不得去。男子取以為婦、生三女。其母、後使女問父取衣在、積稲下得之、衣之而飛去。後以衣迎三女、三女児得衣、飛去。今謂之鬼車。

「荊楚歳時記」に曰わく、「正月七日の夜、鬼車鳥の家を度ること多し。家々門を槌ち戸を打ち、狗の耳を捩り、燭灯を滅し、以て之を禳う」と。
「玄中記」に曰わく、「姑獲鳥、夜飛び昼蔵《かく》る。蓋《けだ》し鬼神の類なり。毛を衣て鳥と為り、毛を脱いで女人と為

る。名づけて天帝少女（道教の天帝の娘）と為す。一つには夜行遊女と名づけ、一つには釣星《ちょうせい》と名づけ、一つには隠飛鳥と名づく。子なく、喜んで人の子を取り、之を養い以て子と為す。人は小児を養うに、其の衣を露すべからず。此の鳥渡り、即ち児を取るなり。荊州多しと為す。昔、豫章《よしょう》（現在の江西省北部）の男子、田の中に六・七の女人有るを見、是れ鳥なるを知らず。扶匐《ほふく》して先に往き、其の解《ぬ》ぐ所の毛衣を得、取りて之を蔵《かく》し、即ち往就す。諸鳥各々走りて毛衣に就き、此れを衣て飛去するに、一鳥独り去るを得ず。男子取りて以て婦と為し、三女を生む。其の母、後に女《むすめ》をして父の取る衣の在るところを問わしめ、積稲の下に之を得、之を衣《き》て飛去す。後に衣を以て三女を迎え、三人の女児は衣を得、飛去す」と。今之を鬼車と謂う。

九世紀末の韓鄂《かんがく》の『歳華紀麗』巻一正月・人日《じんじつ》の「捩狗耳、翦人形」の細字注に次の記事がある。

荊楚歳時記云、人日夜、多鬼鳥過。人家槌床、打戸、捩狗耳、滅灯燭、以禳之。

「荊楚歳時記」に云わく、「人《じん》日の夜、鬼鳥の過《よぎ》ること多し。人家床を槌《う》ち、戸を打ち、狗の耳を捩り、灯燭を滅し、以て之を禳《はら》う。

右の記事と類似する記事は『太平御覧《ぎょらん》』巻一九時序部二・春中にある。

荊楚歳時記曰、正月［七日］夜、多鬼鳥度。家家搥牀、打戸、捩狗耳、滅灯燭、以禳之。
玄中記云、此鳥名姑獲。一名天帝女、一名隠飛鳥、一名夜行遊女。好取人女子、養之。有小児之家、即以血点其衣、以為誌。故世人名為鬼鳥。荊州彌多。斯言信矣。

「荊楚歳時記」に曰わく、「正月七日の夜、鬼鳥度《わた》ること多し。家家は牀（寝臺兼用の床）を搥うち、戸を打《たた》き、狗の耳を捩り、灯燭を滅し、以て之を禳う」と。

「玄中記」に云わく、「此の鳥　姑獲と名づく。一つには天帝女（道教の天帝の娘）と名づけ、一つには隠飛鳥と名づけ、一つには夜行遊女と名づく。好んで人の女子（女児）を取り、之を養う。小児有るの家、即ち血を以て其の衣に点し、以て誌《しるし》と為す」と。故に世人名づけて鬼鳥と為す。荊州彌《いよ》いよ多し。斯の言信《まこと》なり。

とあり、また一三世紀中葉の陳元靚《せい》の『歳時広記』巻一春・禳鬼鳥（鬼鳥を禳《はら》う）に、『太平御覧《ぎょらん》』巻一九時序部二・春中に引用する『荊楚歳時記』と同文の記事がある。

加えて、一二世紀にできた『経史證類大観本草』巻一九禽部・鬼車に、

鬼車。晦瞑、則飛鳴、能入人室、収人䰟（＝魂に同じ）気。一名鬼鳥。此鳥、昔有十首、一首為犬所噬。今猶餘九首。其一常下血滴、人家則凶。夜聞其飛鳴、則捩狗耳。猶言其畏狗也。亦名九頭鳥。荊楚歳時記云、姑獲夜鳴、聞則捩耳。乃非姑獲也。鬼車鳥耳、二鳥相似、故有此同。

鬼車。晦瞑《かいめい》（暗闇）に、則ち飛鳴し、能く人室に入り、人の䰟気《こんき》を収む。一つには鬼鳥と名づく。此の鳥、昔は一〇首有り、一首は犬の噬《か》む所と為る。今猶お九首を餘《あま》す。其の一は常に血滴を下し、人家則ち凶とす。夜に其の飛鳴を聞かば、則ち狗の耳を捩る。猶お其の狗を畏れるを言うなり。亦た九頭鳥と名づく。「荊楚歳時記」に云わく、「姑獲夜鳴き、聞かば則ち耳を捩る」と。乃ち姑獲に非ざるなり。鬼車鳥のみなり。二鳥相い似る、故に此れに有りては同じ。

このことから、「説郛《せっぷ》」所収の記事は、『荊楚歳時記』に存在したと考えてよい。

（1）『玄中記』は『太平御覧』の巻首の「太平御覧経史図書綱目」に「郭氏玄中記」とある。西晋王朝の時代（二六五〜三一六）の書とされ、「郭氏玄中記」の郭氏は『晋書《しんじょ》』巻七二に列伝がある郭璞（二七六〜三二四）ではないかと想定できるが、郭璞と断定する確證がない。

附節　鬼鳥（鬼車鳥）が渡る（唐代）

正月七日の夜、不吉な鬼鳥が渡るという迷信がある。唐末の韓鄂の『四時纂要』正月に次のようにある。

又初七日夜、俗謂鬼鳥過行。人家槌床打戸、捩狗耳、滅灯、以禳之。鬼鳥九頭虫也、其血或羽毛落人家、凶。厭之則吉。

又た初七日の夜、俗に鬼鳥の過《よぎ》り行くと謂う。人家、床を槌《う》ち戸を打ち、狗の耳を捩り、灯を滅して、以て之を攘《はら》う。鬼鳥とは九頭の虫なり。其の血或いは羽毛の人家に落つれば凶なり。之を厭《おさえ》れば則ち吉なり。

正月七日の夜、人々は音を出し、犬の耳をひねり鳴き声を出させ、明かりを消して、鬼鳥が家に入らないように、通り過ぎるのを待った。

唐代の華南の風俗を記した『嶺表録異』巻下にも同様の話があるから、鬼鳥の俗信は全中国にあった。

鬼車、春夏之間、稍遇陰晦、則飛鳴而過、嶺外尤多。愛入人家、爍人魂気。或云九首。曽為犬囓其一、常滴血。血滴之家、則有凶咎。

鬼車、春夏の間、稍《よう》陰晦（暗闇）に遇し、則ち飛び鳴きて過り、嶺外尤も多し。人家に入るを愛《この》み、人の魂気を爍《と》かす。或いは九首と云う。曽て犬の為に其の一を囓まれ、常に血を滴《たら》す。血滴の家、則ち凶咎《きゅう》有り。

鬼鳥は無子という。段成式（八〇〇～八六三）の『酉陽雑俎《ゆうようざつそ》』前集巻一六羽篇・夜行遊女には、

一曰天帝女（道教の天帝の娘）、一名釣星。夜飛昼隠、如鬼神。衣毛為飛鳥、脱毛為婦人。無子、喜取人子。胸前有乳。凡人飴小児、不可露處、小児衣亦不可露曬。毛落衣中、当為鳥祟。或以血点、其衣為誌。或言産死者所化。

一つには天帝女と曰い、一つには釣《ちょう》星と名づく。夜飛び昼隠れ、鬼神の如し。毛を衣て飛鳥と為り、毛を脱ぎ婦人と為る。子なく、喜んで人の子を取る。胸前に乳有り。凡《すべ》て人の小児に飴ねぶらせ、露處すべからず、小児の

衣亦た露曬《れい》すべからず。毛 衣中に落つれば、当に鳥の祟りと為るべし。或いは血を以て、其の衣に点し誌《しるし》と為す。或るひと言う「産死の者の化する所」と。

とあり、前掲した「正月七日の夜、鬼鳥が渡る」に引用した『太平御覧《ぎょらん》』巻九二七羽族部一四・鬼車に引用する『玄中記』に「無子、喜取人子、養之以為子」とある。鬼鳥は無子のゆえに、子供が誘拐されると信じられたのである。

一五補　正月七日、人像を造る

日本の鎌倉時代の『年中行事秘抄』(1)の正月「人日《じんじつ》事」に、次の一文がある。正月七日の人像に対応する記事は、中国文献には見いだせない。

荊（＝「荊楚歳時記」）云(2)、呂氏俗例云、其初七日、楚人取南北二山之土、以作人像一頭。令向正南、建立庭中、集宴其例（＝側）、却陰起陽。即以人北為冬気、拒陰気之禍、以人南為春気、招陽気之祜。故名云人日也。

「荊楚歳時記」に云わく、「呂氏俗例」(3)に云わく、〈其れ初七日、楚人南北二山の土を取り、以て人像一頭を作る。正南を向かしめ、庭中に建立し、集いて其の側に宴し、陰を却け陽を起す。即ち人の北を以て冬気と為し、陰気の禍を拒ぎ、人の南を以て春気と為し、陽気の祜《さいわい》を招く〉と。故に名づけて人日と云うなり」と。

（1）『年中行事秘抄』は作者未詳。鎌倉時代初期（一二世紀末）の成立と推定されている。『年中行事御障子文』を基礎に多くの文献を引用している。引用文献には散逸しているものが多くあり、逸書の研究の重要な史料である。刊本は『群書類従』公事部にある。一二三九年、中原師世の写本である、「師世本」が東京の前田育徳会尊経閣文庫に所蔵され、尊経閣叢刊として複製本もある。師世本『年中行事秘抄』の本となった、萬里小路惟房本『年中行事秘抄』（天文二〇年：一五五〇年書写）が天理大学図書館吉田文庫にある。

（2）［荊云］の荊とは『荊楚歳時記』のことであろう。『呂氏俗例』の記事は『荊楚歳時記』に記載がない。もっとも、現行本『荊楚歳時記』は不完全本であるから、『呂氏俗例』の記事が現行本『荊楚歳時記』にないから、その記事が『荊楚記』の記事とはいえない。また『玉燭宝典』に引用する『荊楚記』に『呂氏俗例』の記事はない。それゆえ、『荊楚記』に『呂氏俗例』の記事はなかったことにはならない。『玉燭宝典』は『荊楚記』の全文を引用する書ではないからである。日本に『荊楚歳時記』は将来されていた。日本に将来された『荊楚歳時記』は『荊楚記』が書名変更した宗懔の『荊楚歳時記』ではないかと想到する。

（3）『呂氏俗例』は『荊楚記』もしくは『荊楚歳時記』が引用する書であるから、六世紀の『荊楚歳時記』以前の書である。『呂氏俗例』という書は、現存する中国文献には書名さえも著録されない。不明である。

一六　正月一五日、豆粥を作り、蚕神《さんしん》を祠る

「宝顔堂秘笈広集」本『荊楚歳時記』の「正月一五日、豆粥を作り、蚕神を祠る」は次のようである。

正月十五日、作豆糜、加油膏其上、以祠門戸。

按斉諧記曰、正月半、有神降陳氏之宅。云是蚕室、若能見祭、当令蚕桑百倍、疑非其事、祭門備之七祠。今州里風俗、是一作望日、祠門戸。其法、先以楊枝挿於左右門上、随楊枝所指、乃以酒脯飲食、及豆粥餻糜、挿箸而祭之。続斉諧記曰、呉県張成、夜起、忽見一婦人、立於宅東南角、挙手招成。成即就之、謂成曰、此地、是君家蚕室。我即此地之神。明年正月半、宜作白粥、泛膏於上、以祭我。当令君蚕桑百倍。言訖而去、遂失所在。成如言、為作膏粥、自此以後、年年大得蚕。今世人、正月十五日、作粥禱之、加以肉覆其上、登屋食之、呪曰、登高糜（＝膏糜）、挾鼠脳。欲来不来、待我三蚕老、則是為蚕逐鼠矣。与斉［諧］記相似。又覆肉、亦是覆膏之

理。石虎（＝陸翽の誤り）鄴中記、正月十五日、有登高之会。則登高、又非今世而然者也。

正月一五日、豆糜(1)（豆粥）を作り、油膏を其の上に加え、以て門戸を祠る。「斉諧記」(2)を按ずるに曰わく、「正月半ば、神 陳氏の宅に降ること有り。《是れ蚕室、若《も》し能く祭れば、当《まさ》に蚕桑をして百倍ならしめるべし。其の事に非ざるを疑わば、門を祭り之を七祠（司命・門・戸・中霤・井・行・竈）に備えよ》と云う。今州里の風俗、是の日一に望日に作る、門戸を祠る。其の法、先ず楊枝を以て左右の門上に挿し、楊枝の指す所に随い、乃ち酒脯（酒と乾し肉）を以て飲食し、豆粥・餻糜《こうび》（餅米の粉の固粥・外郎の一種）に及び、箸に挿して之を祭る。「続斉諧記」(3)に曰わく、「呉県(4)（現在の蘇州市呉中区及び相城区）の張成、夜起き、忽《にわか》に一婦人の宅の東南の角に立ち、手を挙げて成を招くを見る。成即ち之に就くに、成に謂いて曰わく、《此の地、是れ君の家の蚕《さん》室なり。我れ即ち此の地の神なり。明年正月半ば、宜しく白粥を作り、膏を上に泛《うか》べ、以て我れを祭るべし。当《まさ》に君の蚕桑百倍ならしむべけん》と。言い訖《おわ》るや去り、遂に所在を失う。成は言の如く、為に膏粥を作るに、此れより以後、年年大いに蚕を得たり」(5)と。今世人、正月一五日、粥を作り之に禱《いの》り、加えるに肉を以て其の上を覆い、屋に登り之を食らい、呪《まじな》いて曰わく、《膏糜《こうび》を登せて、鼠《そ》脳を挟む。来らんと欲するも来らざるも、我が三蚕の老ゆるを待て》」と。則ち是れ蚕の為に鼠を逐うなり。「斉諧記」と相い似たり。又た肉を覆うも、亦た是れ膏を覆うの理なり。石虎(6)（＝陸翽《りつかい》の誤り）の「鄴中《ぎょうちゅう》記」(7)に、「正月一五日、登高の会有り」と。則ち登高、又た今世にして然るものに非ざるなり。

（1）豆糜《とうび》は豆粥のこと。豆糜は『新唐書《じょ》』巻一六九韋貫之伝に、

貫之、及進士第、為校書郎。擢賢良方正異等、補伊闕渭南尉。河中鄭元沢潞郗士美以厚幣召、皆不応。居貧、啜豆糜自給。再遷長安丞。

貫之、進士の第に及び、校書郎と為る。［制科の一科目である］賢良方正異等に擢んでられ、伊闕・渭南尉に補せらる。河中（藩鎮の名）の鄭元（藩帥の名）・沢潞《たくろ》（藩鎮の名）の郗《ち》士美（藩帥の名）厚幣を以て召すに、皆な応ぜず。貧に居り、豆糜を啜《く》らい自らを給す。再び長安［県の］丞（萬年・長安・河南・洛陽・奉先・太原・晋陽の七県は、特に通判官として「丞」二人・従七品上を置く）に遷る。

とあるから、粗末な粥である。

（2）『斉諧記』は南朝・宋の人である無疑の撰。『隋書』巻三三経籍志・子部・雑伝類に「斉諧記七巻、宋散騎侍郎、東陽無疑撰」とある。現在は散逸して、魯迅の『古小説鉤沈《こうちん》』に逸文が一六条が集められているにすぎない

（3）『続斉諧記』は『隋書』巻三三経籍志・史部・雑伝類に「続斉諧記一巻。呉均撰」とある。呉均は『梁書《じょ》』巻四九に列伝がある。呉均は（四六九～五二〇）は、字は叔庠《しゅくしょう》。南朝・梁の官僚、本貫は呉興郡故鄣《しょう》県。

（4）呉県は現在の蘇州市呉中区及び相城区に相当する。前二二一年、秦王朝によって会稽郡の郡治が呉県に設置された。会稽郡は後に呉郡、蘇州と名称が変遷したが、呉県は常にその治所であった。

（5）「今州里風俗、…………。年年大得蚕」の箇所は、白楽天（七七二～八四六。楽天は字、居易は諱）の宋版『白氏六帖事類集』巻第一「正月十五日第四十」の紫姑卜には、

荆楚歳時記、今州里風俗、望日、祭門。先以楊枝挿門、隨枝所指、乃以酒脯飲食及豆粥祭之。斉諧記曰、月半昔呉県王成家、夜一人立宅東南角、謂成曰、此地、是君蚕室。我即地神。明日月半、宜作白粥、泛膏於上、以祭我。必当令君蚕桑百倍。神言訖、失所在。如其言、年年大得蚕。或云神降陳氏之家、云蚕神也。

とある。北宋版の『白氏六帖《りくじじょう》事類集』ではあるが、脱字が多く判読できない。口絵3を参照。

（6）石虎は五胡十六国時代の後趙の第三代皇帝。唐代に編纂された『晋書《しんじょ》』では、唐の高祖皇帝・李淵の祖父である李虎の諱を避けるため、字の季龍を用いて石季龍と記されている。石勒（後趙の初代皇帝）の遠縁であり、石勒の没後、石弘から帝位を奪って皇帝になった。石虎は武人として有能だったが、行政能力は皆無に近く、非道な法律、重税と労働を課し、大宮殿を建てることに執心し、後趙の崩壊を早めた。

（7）『鄴中記《ぎょうちゅうき》』は『隋書』巻三三経籍志・史部・地理類に「鄴中記二巻、晋国子助教・陸翽《りっかい》撰」とある。石虎は三三五年に鄴に遷都した。鄴は後趙、冉魏、前燕、東魏、北斉《ほくせい》の各王朝の都となった地で、唐代（七世紀から一〇世紀）の相州・鄴郡である。相州鄴県の東には斉の桓公（在位は前六八五〜前六四三）以来の「故鄴城」があるという。大部分は現在の河北省邯鄲《かんたん》市臨漳県附近、一部は河南省安陽市にまたがっている。『鄴中記』は石虎の都した鄴の繁盛記である。

一七　正月一五日の夕、紫姑神を迎え、蚕桑《さんそう》と衆事を占う

其夕、迎紫姑、以卜将来蚕桑、幷占衆事。

「宝顔堂秘笈広集」本『荊楚歳時記』の「正月一五日の夕、紫姑神を迎え、蚕桑と衆事を占う」は次のようである。

按劉敬叔異苑云、紫姑、本人家妾。為大婦所妬、正月十五日、感激而死。故世人作其形迎之、呪云、子胥不在。云是其婿。曹夫人已行、云是其婦。小姑可出。於厠辺或猪欄辺迎之、捉之覚重。是神来也。平原孟氏、恒不信。嘗以此日迎之、遂穿屋而去。自爾厠中、著以敗衣、蓋為此也。洞覧云、是帝嚳女、将死云、生平好楽、至正月半、可以衣見迎。又其事也。雑五行書、厠神、名後帝。異苑云、陶侃如厠見人。自云後帝。著単衣平上幘、謂侃曰、三年莫説、貴不可言。将後帝之霊、憑紫姑而言乎。俗云、溷厠之間、必須静（静＝清）［浄］、然後致紫姑。

其の夕（正月一五日の夕）、紫姑を迎え、以て将来の蚕桑を卜い、幷せて衆事を占う。

劉敬叔（1）の「異苑」（2）を按ずるに云わく、「紫姑、本は人家の妾。大婦（＝正妻・大家《たいこ》ともいう）の妬む所と為り、正月一五日、感激して死す。故に世人其の形を作り之を迎え、呪いて云わく、「子胥在らず。是れ其の婿を云う。曹夫人已に行く。是れ其の婦を云う。小姑出ずべし」と。厠辺に或いは猪欄（豚小屋）辺に之を迎う。之を捉えれば重きを覚ゆ。是れ神来るなり。平原の孟氏（3）、恒には信ぜず。嘗て此の日を以て之を迎えるに、遂に屋を穿《うが》

図版５　紫姑神を迎える図（近代）。塀の内に便所が見える。

ちて去る。爾《これ》より厠中、著るに敗衣を以てするは、蓋《けだ》し此れが為なり。「洞覧」（詳細不明）に云わく、「是れ帝嚳《ていこく》の女(4)、将に死せんとして云わく、生平楽を好む、正月半に至らば、衣を以て迎えらるべし。又た其の事なり」と。「雑五行書(5)」に、「厠神《そくしん》、後帝と名づく」と。「異苑」に云わく、「陶侃《かん》(6)厠に如《ゆ》き人を見る。自ら後帝と云う。単衣《ひとえ》・平上幘《へいじょうさく》（上部が平たい髪隠し用の帽子）(7)を著て、侃に謂いて曰わく、「三年説くこと莫くんば、貴なること言うべからず」と。後帝の霊を将《もっ》て紫姑に憑《よ》りて言うならんか。俗に云わく、「溷厠《こんそく》（豚小屋と便所）の間、必ず須《すべ》からく清浄にして、然る後に紫姑を致すべし」と。

（1）劉敬叔は南朝・宋の人。正史に列伝がない。劉敬叔は彭城（現在の江蘇省徐州市および安徽省淮北市附近）の人。小兵参軍に起家し、元嘉三年（四二六）に給事黄門郎と為り、泰始年間（四六五～四七一）中に卒した。

（2）『異苑』は南朝・宋の劉敬叔の撰になる説話集。『隋書』巻三三経籍志・史部・雑伝類に「異苑十巻。宋給事劉敬叔撰」とある。現行本は明代に改めて編集されたもので、「津逮秘書」と「学津討源」所収の『異苑』が最もよくまとまっている。内容は、当時の人物に関する怪奇な挿話から仏教説話に及び、かなり多彩である。

（3）平原は隋代の平原郡平原県、李吉甫の『元和郡県志』巻二二によれば、唐代の河北道の徳州平原県をいう。『太平御覧《ぎょらん》』巻三〇時序部一五・正月一五日に引用する『荊楚歳時記』は「平昌」とする。平昌県は隋代の平原郡平昌県であり、唐代の河北道の徳州平昌県で、平原県の隣県である。

（4）帝嚳《ていこく》は伝説に登場する「三皇五帝」の五帝の一人で、『史記』に「五帝本紀」がある。五帝とは通常の場合、黄帝・顓頊《せんぎょく》・帝嚳・堯・舜である。帝嚳は姫姓で、黄帝の曽孫とされる。名は俊（夋とも）で姫俊という。顓頊の後を継いで帝位に就き、『山海経』に出てくる天帝・帝俊の原型とされる。

（5）『雑五行書』は五五〇年ころ完成した『斉民要術《せいみんようじゅつ》』に引用される。『雑五行書』はそれ以前に成立した書ということになる。また、劉敬叔の『異苑』注（2）に引用がある。劉敬叔は泰始年間（四六五～四七一）に卒しているから、『雑五行書』は大約して、五世紀の書としてよいだろう。著者は不明。

（6）陶侃《かん》（二五九～三三四）は『晋書《しんじょ》』巻六六に伝がある。西晋、東晋の武人。字は士行。鄱陽の人。東晋の黎明期を代表する武人である。『太平広記』巻三二二鬼七・陶侃に、

陶侃、字士行。曽如厠、見数十人。悉持大印、有一人単衣平上幘。自称後帝、云、君長者故出見。三載勿言。富貴至極。侃便起、旋失所在、有大印作公字。当其穢所。雑五行書曰厠神、曰後帝也。出異苑。

陶侃、字は士行。曽て厠《かわや》に如《ゆ》き、数十人を見る。悉く大印を持ち、一人単衣《ひとえ》・平上幘《へいじょうさく》のもの有り。自ら後帝と称い、云わく、「君は長者故に出見す。三載言うこと勿れ。富貴極めて至る」と。侃便ち起き、旋《すこし》して所在を失う。大印有り公字に作る。其の穢所に当たる。『雑五行書』に厠神と曰い、後帝と曰うなり。「異苑」に出ず。

（7）平上幘ではなく、平巾績に関しては、林巳奈夫編『漢代の文物』（京都大学人文科学研究所　一九七六）七六頁を参照。『大唐六典《りくてん》』巻二二少府監織染署令職掌の条に、天子・皇太子・臣下の冠冕制度をいう。

天子之冠二、一曰通天冠、二曰翼善冠。

冕六、一曰大裘冕、二曰袞冕、三曰鷩冕、四曰毳冕、五曰絺冕、六曰玄冕。

弁二、一曰武弁、二曰皮弁。

幘二、一曰黒介幘、二曰平巾幘。
帽一、　曰白紗帽。
太子之冠三、一曰三梁冠、二曰遠遊冠、三曰進徳冠。
冕二、一曰袞冕、二曰玄冕。
弁一、　曰皮弁。
幘一、　曰平巾幘。
臣下之冠五、一曰遠遊冠、二曰進賢冠、三曰獬豸《かいち》冠、四曰高山冠、五曰却非冠。
冕五、一曰袞冕、二曰鷩冕、三曰毳冕、四曰絺冕《ちべん》、五曰玄冕。
弁二、一曰爵弁、二曰武弁。
幘三、一曰介幘、二曰平巾幘、三曰平巾緑幘。

附節1　「正月一五日の夕、紫姑神を迎え、衆事を占う」の典拠

『荊楚歳時記』の「正月一五日の夕、紫姑神を迎え、蚕桑と衆事を占う」は次のようであった。

其夕、迎紫姑、以卜将来蚕桑、幷占衆事。

按劉敬叔異苑云、紫姑、本人家妾。為大婦所妬、正月十五日、感激而死。故世人作其形迎之、呪云、子胥不在。云是其婿。曹夫人已行、云是其婦。小姑可出。於廁辺或猪欄辺迎之、捉之覚重。是神来也。平原孟氏、恒不信。嘗以此日迎之、遂穿屋而去。自爾廁中、著以敗衣、蓋為此也。洞覧云、是帝嚳女、将死云、生平好楽、至正月半、可以衣見迎。又其事也。雑五行書、廁神、名後帝。異苑云、陶侃如廁見人。自云後帝。著単衣平上幘、謂侃曰、三年莫説、貴不可言。将後帝之霊、憑紫姑而言乎。俗云、溷廁之間、必須静（静＝清）〔浄〕、然後致紫姑。

右に類似する記事は『玉燭宝典』巻第一・正月孟春にある。両書の文字の異同は傍線で示した。

其夜、則迎紫姑、以下（＝ト）。北周云紫女也。劉敬叔異苑云、紫姑、本人家妾。為大婦所妬、正月十五日、感激而死。故世人作其形於厠、以迎之。呪云、子胥不在。曹夫人以行、小姑可出。（「小姑可出」以下に細字の注記があるが注記は省略する）。平原孟氏、常以此日迎之、遂穿屋而去。自爾、正著以敗衣、蓋為此也。洞覧云、帝嚳之女、将死遺言、我、生平好遊楽。至正月、可以見迎。又其事也。俗云、溷厠之間、必須清浄、然後能降紫女。白沢図云、厠神名倚衣。雑五行書云、後帝。異苑云、陶侃如厠見人。自称後帝。著単衣平上幘、謂侃曰、君三年莫説、貴不可言。将後帝之霊、憑紫姑而言也。

其の夜、則ち紫姑を迎え、以てトう。北周（王朝の名）は紫女と云うなり。劉敬叔の「異苑」に云わく、「紫姑、本は人家の妾なり。大婦（＝正妻）の妬む所と為り、正月一五日、感激して死す。故に世人其の形《かた》を厠に作り、以て之を迎う。呪いて云わく、「子胥在らず。曹夫人以て行けり、小姑出ずべし」と。（…………）。平原の孟氏、常《かつ》て此の日を以て之を迎うに、遂に屋を穿ちて去る。爾《こ》れより、正に著るに敗衣を以てするは、蓋《けだ》し此れが為なり。「洞覧」（未詳）に云わく、「帝嚳《ていこく》の女、将《まさ》に死せんとして言を遺《のこ》す、〈我、生平遊楽を好む、正月に至らば、以て見迎すべし〉」と。又た其の事なり。俗に云わく、「溷厠《こんそく》（豚小屋と便所）の間、必ず須《すべ》からく清浄にして、然る後に能く紫女を降すべし」と。「白沢図」に云わく、「厠神は倚衣《きい》と名づく」と。「雑五行書」に云わく、「後帝」と。「異苑」に云わく、「陶侃《かん》厠《かわや》に如《ゆ》き人を見る。自ら後帝と称う。単衣《ひとえ》・平上幘《さく》を著て、侃に謂いて曰わく、「君三年説くこと莫れ、貴なること言うべからず」と。将《はた》後帝の霊、紫姑に憑《よ》りて言えるならんか。

両書の記事を比較すると、ほぼ記事が一致する。『玉燭宝典』が『荊楚記』を引用する場合は、「荊楚記云」と明記して記事を引用する。「紫姑神」の話は「荊楚記に云わく」とはない。従って、『荊楚歳時記』の「紫姑神」の話は、全文を『玉燭宝典』に依拠していることになる。『荊楚歳時記』には『白沢図』の記事がなく、『雑五行書』の引用順序が異なり、また『玉燭宝典』には「於厠辺或猪欄辺迎之、捉之覚重。是神来也」の文がないという小異はある。これは『荊楚歳時記』の注記者が『玉燭宝典』の記事に書き加えと省略を行ったとすれば、小異は解決するであろう。

「紫姑神」の記事によって、現行本『荊楚歳時記』の実体が解明されたといってよい。現行本『荊楚歳時記』の「紫姑神」の記事は、全文が『玉燭宝典』からの引用である。『荊楚歳時記』の「一字上げ」の箇所は『荊楚記』の記事といわれてきたが、それは大いなる誤解に過ぎない。「紫姑神」の記事においては「一字上げ」の箇所は『玉燭宝典』の記事であり、「一字下げ」の箇所も『玉燭宝典』の記事である。『荊楚歳時記』の「一字上げ」の記事は、すべて『荊楚記』の記事とすること自体、誤りであることが明白な事実となる。

杜公瞻《せん》の『荊楚歳時記』は『玉燭宝典』を引用することは可能である。現行本『荊楚歳時記』は宗懍撰となっているが、実は大いなる誤りであり、杜公瞻こそは現行本『荊楚歳時記』の著者である。現行本『荊楚歳時記』の「紫姑神」の記事は、現存する『荊楚歳時記』の著者を決定する上で極めて重要な史料である。

附節2　紫姑神を迎える

正月一五日の夜、紫姑神を迎え豊作や衆事を占う。紫姑神は厠の神であるから、この神を迎えることを、激厠姑（山東省）、召厠姑（杭州）、請厠姑娘（広東省）といい、坑三姑娘（蘇州）、瓜瓢姑娘（江西省）、迎紫姑（湖北省）、召紫姑（陝西省）、という名称で革命以前の全中国に展開する習俗であった。近代中国の紫姑神は、長尾龍造『支那民俗誌』（丸善一九四〇）巻二の五二三頁以下に詳しく述べられている。

唐代の嶺南のことを述べた九世紀の段公路の『北戸録』巻二「雞卵卜」に、「紫姑卜」の記事があるから、唐代には、既に南辺の嶺南にまで、紫姑神の習俗が浸透していたのである。

唐代の紫姑神を迎える習俗は、熊孺登《ゆうじゅとう》の「正月十五日夜」（『全唐詩』巻四七六）と題する詩は楚州で詠んだものであるが、「漢家遺事今宵見（漢家の遺事、今宵見《あら》わる）」と詠い、唐代の正月一五日の夜には紫姑神を迎えたことが窺える。『異苑』の著者である劉敬叔は五世紀の人である。紫姑神の習俗も四・五世紀に成立したものかと思われるが、熊孺登の詩によれば、紫姑神は漢代からの習俗であるという。紫姑神の習俗はまことに古い起源をもつ。

紫姑神の神体について、長尾龍造氏は杓子を神体とする地方、笊《ざる》を神体とする地方、瓢箪を神体とする地方、箕を神体とする地方、箒を神体とする地方、草を神体とする地方を挙げ、神体は地方によって異なることという。『太平広記』巻一五八・支戩《しせん》に、唐代後半期の支戩なる者が、飯箕《はんき》（竹で編んだ飯櫃）をご神体にみたてて、紫姑神を迎える話を載せる。この神体は近世中国の紫姑神のご神体と比較して、餘り変化していない点が興味深い。

江左有支戩者、餘干人。世為小吏。至戩、独好学為文、窃自称秀才。会正月望夜、時俗取飯箕、衣之衣服、挿箸為觜、使画盤粉以卜。戩見家為之、即戯祝曰、請卜支秀才他日至何官。乃画粉宛成司空字。又戩嘗夢至地府、尽己籍云、至司空。年五十餘。他人籍不可記、惟記其友人鄭元枢云、貧賤無官。年四十八。元樞後居浙西、廉使徐知諫賓礼之、将薦於執政、行有日矣。暴疾而卒、実年四十八。戩後為金陵観察判官、検校司空。恒以此事話於親友、竟卒於任。年五十一。出稽神録。

江左に支戩《しせん》なる者有り、餘干（饒州・鄱陽郡餘干県）の人なり。世世小吏と為り。支戩、独り学を好み文を為り、窃《ひそ》かに自ら秀才と称う。会《たま》たま正月の望夜、時俗、飯箕を取り、之に衣服を衣せ、箸を挿し觜と為し、盤粉に画かしめ以て卜う。戩は家に之を為すを見、即ち戯に祝いて曰わく、「請う支秀才他日何の官に至るかを卜わん」と。乃ち粉宛に画き「司空」の字を成す。又た戩嘗て夢みて地府に至り、己の籍を尽して云わく、「司空に至る。年五十餘」と。他人の籍は記すべからざるに、惟だ其の友人の鄭元樞を記して云わく、「貧賤にして官なし。年四八」と。元樞は後に浙西に居り、廉使の徐知諫は之を賓礼し、将て執政に薦め、行くに日有り。暴《にわ》かに疾みて卒す、実に年四八。戩《せん》は後に金陵の観察判官・検校司空と為る。恒に此の事を以て親友に話し、竟に任に卒す。

年五一。「稽神録」に出ず。

沈括《しんかつ》（一〇三一～一〇九五）の『夢渓筆談』巻二一異事には、沈括が少年の時、紫姑神を迎えた経験を述べる。

旧俗、正月望夜迎厠神、謂之紫姑。亦不必正月、常時皆可召。予少時、見小児輩等閑則召之以為嬉笑、親戚間曽有召之而不肯去者、両見有此。自後遂不敢召。

旧俗、正月の望夜、厠に神を迎う、之を紫姑と謂う。亦た必ずしも正月ならず、常時皆な召すべし。予少《わか》き時、小児の輩等閑なれば則ち之を召し以て嬉笑を為し、親戚の間に曽て之を召して去るを肯んぜざるもの有るを見る、両つながら此れ有るを見る。後より遂に敢えて召さず。

一一世紀末の龐《ほう》元英の『文昌雑録』巻一にも、紫姑神を迎え、出世を占う話を載せる。

九月、以工部郎中范子奇充陝西転運使。辺事畢如故。以知湖州唐淑問為吏部員外郎。是月、曽肇以憂去官、礼部謝侍郎言、昨以諫議大夫知潭州、歳正月、家人迎紫姑神為戯、是時、官制未頒陞改之名、莫有知者。家人戯問紫姑将来遷何官、乃画地作太中字了。不詳所以。明年遂改太中大夫。

九月、工部郎中・范子奇を以て陝西転運使に充つ。辺事畢《ことごと》く故の如し。知湖州の唐淑問を以て吏部員外郎と為す。是の月、曽肇憂いを以て官を去る。礼部の謝侍郎言う、「昨に諫議大夫を以て潭州を知《す》べ、歳の正月、家人紫姑神を迎えて戯を為し、是の時、官制して未だ陞改の名を頒たず、知る者有る莫し。家人戯れに紫姑に将来何の官に遷るかを問う、乃ち地に画くに「太中」の字を作し了る。所以は詳ならず。明年遂に太中大夫に改む。

『夢渓筆談』や『文昌雑録』によって、宋代にも紫姑神を迎えることが盛んに行われたことが判明する。

明代にできた『三教源流捜神大全』では、紫姑神は何媚（字は麗卿）といい、萊州萊陽県（山東省萊陽県）の生まれで、美人で聡明な女子であったが、刺史の李景の妾となってから、本妻に嫉妬され、ついには正月一五日に厠で殺されてしまった。その魂は厠から去らず、ときどき姿を現し、霊異を示すようになった。そこで人々は彼女を厠の神とした。彼女に祈ると吉凶禍福を告げたので、彼女が死んだ正月一五日を祭日とするようになったとある。明清時代以降の紫姑神を迎える習俗は『三教源流捜神大全』にいう何媚を迎える習俗であり、唐宋の紫姑神とは異なる。

一八　正月未の日の夜、井戸と厠《かわや》を照らす

「宝顔堂秘笈広集」本『荊楚歳時記』の「正月未の日の夜、井戸と厠を照らす」は次のようである。

正月未日夜、蘆苣火照井厠中、則百鬼走。

正月未の日の夜、蘆苣《ろしん》（蘆炬に同じ。あしの松明）の火もて井・厠の中を照らせば、則ち百鬼走《に》ぐ。(1)

（1）『太平御覧《ぎょらん》』巻一九時序部四・春中に、

又［荊楚歳時記］曰、正月未日夜、蘆苣火照井厠中、百鬼走。

又た「荊楚歳時記」に曰わく、「正月未の日の夜、蘆苣火もて井・厠の中を照らさば、百鬼走《に》ぐ」と。

とあり、『歳時広記』巻一春・照百鬼に、

荊楚歳時記、正月未日夜、蘆苣火照井厠、百鬼皆走。

とあるから、「正月未日夜」の記事は「宝顔堂秘笈広集」本『荊楚歳時記』だけにある孤立した記事ではない。

一九　正月（一月）の行楽と飲食

「宝顔堂秘笈広集」本『荊楚歳時記』の「正月（一月）の行楽と飲食」は次のようである。後世の増入と考えられ

る箇所には傍線を附した。

元日至于月晦、並為酺聚飲食。士女泛舟、或臨水宴会、行楽飲酒。

按、毎月皆有弦望晦朔、以正月為初年。時俗重之、以為節也。玉燭宝典曰、元日至月晦、人並酺食。渡水、士［女］悉湔裳、酹酒於水湄、以為度厄。今世人、唯晦日臨河解除、婦人或湔裙。又是月、民並脯食、□□之名。又似之矣。出銭為醵、出食為脯。竟分明擲盧。名為博射、藝経為擲博。

元日より月晦に至り、並びに酺聚《ほしゅう》(1)し飲食を為す。士女舟を泛べ、或いは水に臨んで宴会し、行楽し飲酒す。

按ずるに、毎月皆な弦望晦朔有り、正月を以て初年と為す。時俗之を重じ、以て節と為すなり。「玉燭宝典」(2)に曰わく、「元日より月晦に至り、人並びに酺食《ほしょく》す。水を渡り、士女悉く(3)裳《もすそ》を湔《すす》ぎ、酒を水湄《び》（水際）に酹《そそ》ぎ、以て厄を度ると為す。今世の人、唯だ晦日に河に臨んで解除し、婦人或いは裙《すそ》を湔ぐのみ。又た是の月、民並びに脯食《ほしょく》し、□□の名。又た之に似る。銭を出すを醵と為し、食を出すを脯と為す。竟に擲盧に分明(4)。名づけて博射と為し、「藝経」は擲博と為す。

(1) 酺聚に関して、韓鄂の『歳華紀麗』巻一春・晦日に「酺聚。大飲之名」とあるから、酺聚飲食は大いに飲み食べること。

(2) 『玉燭宝典』は六世紀末に隋の杜臺卿によって著作された一二巻からなる年中行事記。『隋書』巻五八杜臺卿伝に、

開皇初、被徴入朝。臺卿嘗采月令、觸類而広之、為書名玉燭宝典十二巻。至是奏之、賜絹二百匹。

開皇の初め（元年は五八一）、徴されて入朝す。臺卿嘗て「月令」に采り、類に觸れて之を広め、書を為り「玉燭宝典」と名づく一二巻。是に至りて之を奏し、絹二百匹を賜う。

とある。『玉燭宝典』という書名は『玉燭宝典』巻第一・正月孟春の「序」に、

案、爾雅、四気和為玉燭。周書、武王説周公、推道徳、以為宝典。玉貴精、自寿長宝、則神霊滋液、将令此作義衆美。以玉

図版６　『玉燭宝典』巻一巻首部分にある序文。一行目の『爾雅』以下に『玉燭宝典』と名づく所以が書かれている。

燭宝典為名焉。
案ずるに、「爾雅」（＝「爾雅」釈天）に、「四気和して玉燭と為る」と。「周書」（＝「逸周書」）に、「武王は周公に説き、道徳を推し、以て宝典を為らしむ」と。玉は貴にして精、自ら寿にして長く宝なれば、則ち神霊滋液し、将に此れをして義の衆美を作さしむ。「玉燭宝典」を以て名と為す。

とあるように、『爾雅』と『逸周書』の語を合せ、『玉燭宝典』と命名した。

　『宋史』巻二〇五藝文《げいもん》志・子部・農家類に「杜臺卿。玉燭宝典十二巻」とあり、一三世紀まで中国には存在したが、それ以降に佚書となり、東京の前田育徳会尊経閣文庫にのみ残る天下の孤本である。

　『玉燭宝典』は多くの書を引用し、後漢の崔寔《しょく》の『四民月令』、蔡邕《さいよう》の『月令章句』、西晋の周處の『風土記』、宗懍の『荊楚記』など現在失われたものも多い。杜臺卿の甥の杜公瞻は、『荊楚記』に『玉燭宝典』を加え、また自己の見解を附加して『荊楚歳時記』なる書を作った。『玉燭宝典』は『荊楚歳時記』を構成する重要文献である。

　東京の前田育徳会尊経閣文庫に所蔵する『玉燭宝典』は貞和年間（一三四五～一三五〇）の書写で、重要文化財に指定されている。宮内庁書陵部所蔵の『玉燭宝典』は、江戸時代に毛利佐伯藩（一六〇一年、毛利友重が二萬石で豊後・佐伯に入府したのに始る）において前田本を写したものを、毛利高翰《たかなか》（藩主期間は一八一二～一八三二）が幕府に献上し、それが時を経て宮内庁書陵部所蔵となったものである。『玉燭宝典』の誤記などを修正した、依田利用《りよう》（一七八二～一八五二）の『玉燭宝典攷證』（国会図書館と国会図書館分館・東洋文庫に所蔵）がある。『玉燭宝典』は『古逸叢書』、『重較説《せつ》郛《ぷ》』、『叢書集成』初編に所収されている。一九四三年に尊経閣文庫から解題つきの複製本が出版された。

（3）『荊楚歳時記』が引用する「玉燭宝典」の記事に「女」字を補字したのは、『玉燭宝典』巻第一正月孟春の末尾に「元日至於月晦、民並酺食。渡水。士女悉湔裳、酹酒於水湄、以為度厄」とあることによる。

（4）「竟分明擲盧。名為博射、藝経為擲博」は「正月中の行楽飲食」と無関係な記事で、意味不明な文である。「竟分明擲盧」以下は衍文であり、削除するべきであろう。

附節1　「元日より月晦に至り、並びに酺《ほ》聚《しゅう》し飲食を為す」の典拠

『荊楚歳時記』の「正月（一月）の行楽と飲食」は次のようである。

元日至于月晦、並為酺聚飲食。士女泛舟、或臨水宴会、行楽飲酒。

按、毎月皆有弦望晦朔、以正月為初年。時俗重之、以為節也。玉燭宝典曰、元日至於月晦、人並酺食。渡水、士［女］悉湔裳、酹酒於水湄、以為度厄。

『荊楚歳時記』の「一字上げ」の箇所にある記事は、「一字下げ」の箇所に引用された『玉燭宝典』に、

元日至於月晦、人並酺食。

とあるから、『玉燭宝典』が出典であり、「並為酺聚飲食」は「人並酺食」に少し手を加えたものである。「士女泛舟、或臨水宴会、行楽飲酒」は、杜公瞻《せん》が作文し「元日至于月晦、並為酺聚飲食」に附加したものである。『荊楚歳時記』の「一字上げ」の宗懍の文と想定される箇所に、『玉燭宝典』と杜公瞻の自作の文章があることは注目してよい。「一字上げ」の箇所に宗懍以外の記事があることは、『荊楚歳時記』を宗懍著とすることは、誤りであるこ

との證拠であろう。

附節2　伝座

唐人《とうひと》は元日以降の年明けの期間、親族・知人を招いて宴会した。これを伝座という。

長安市里風俗、毎至元日已後、遞餘食相邀、号為伝座。（『南部新書』己集）

長安市里の風俗、元日已後に至る毎に、遞《たが》いに餘食もて相い邀《むか》え、号して伝座と為す。

「長安市里風俗」というが、これは長安に限定されるものではない。唐人は現代人と異なり、年始の行事は三日間に限定したものではなく、燃灯行事のある正月中旬に及ぶことがあった。正月は初春といっても華北では降雪する時もあり、農作業を開始するまでの間は、時間的余裕があったのである。

唐の李綽の『秦中歳時記』（『日月紀古』巻一所引）には、正月二日からの伝座をいう。

唐長安風俗、従正月二日起、飲酒相邀、号為伝座。

唐の長安の風俗、正月二日より起《はじ》め、飲酒相い邀《むか》え、号して伝座と為す。

『法苑珠林《ほうおんじゆりん》』にも「冥報記」を出典として、伝坐（伝座）をいう。

唐長安市里風俗、毎至歳元日已後、逓作飲食相邀、号為伝坐。（巻九二）

長安市里の風俗、毎歳元日已後、遞《かわるがわ》る飲食を作りて相い邀《むか》え、号して伝坐と為す。

唐代長安の正月の酒を伝生酒とする文献がある。

伝生酒。唐長安風俗、毎至元日已後、遞飲酒相邀迎、号伝生酒。出法苑珠林。（『錦繡萬《きんしゅうまん》花谷《かこく》』後集巻四・元日）

伝生酒。唐の長安の風俗、元日已後に至る毎に、遞に飲酒し相い邀迎し、伝生酒と号す。「法苑珠林」に出ず。

伝生酒の「生」は「坐」の誤りであり、それに「酒」字が附加されたものである。『法苑珠林』が出典であれば、唐代に伝生酒（伝坐酒）があったことにはならない。伝生酒は南宋の著作である『錦繍萬花谷《きんしゆうまんかこく》』の創作記事である。

二〇　晦日に窮（窮は疫病神）を送る（衍文）

「宝顔堂秘笈広集」所収の『荊楚歳時記』の「晦日に窮（窮は疫病神）を送る」は次のようである。

晦日送窮。

按金谷園記云、高陽氏子痩約、好衣敝食糜。人作新衣与之、即裂破以火焼、穿着之。宮中号曰窮子。正月晦日、巷死。今人作糜棄破衣、是日、祀於巷、曰送窮鬼。

晦日に窮を送る。

「金谷園記」(1)を按ずるに云わく、「高陽氏(2)の子・痩約《そうやく》、好んで敝《へい》（やぶれた服）を衣て糜《び》（糜粥という言葉がある。糜は粥）を食らう。人新衣を作り之に与うに、即ち裂破し火を以て焼き、穿ちて之を着る。宮中号して窮子と曰う。正月晦日、巷に死す」と。今人は糜・棄破衣を作り、是の日、巷に祀り、窮鬼を送ると曰う。

（1）　金谷園は洛陽城の西（現在の隴海線の洛陽駅附近）にあった、晋の石崇の別荘の名に由来する地名。『金谷園記』は『新唐書《じよ》』巻五九藝《げい》文《もん》志・子部・農家類に「李邕、金谷園記一巻」、『宋史』巻二〇五藝文志・子部・農家類に「李邕、金谷園記一巻」とある。李邕《よう》（六七八〜七四七）は『旧唐書《くとうじよ》』巻一九〇・中・文苑伝・中に「李邕。広陵江都人。父善嘗受文選於同郡人曹憲」とあり、広陵郡江都県（江蘇省揚州市江都区）の人で、父は『文選《もんぜん》』に注を加えた李善である。

九世紀の韓鄂《かんがく》の撰述した『歳華紀麗』巻一春・晦日・「送窮」に、

金谷園記云、昔、顓頊帝時、宮中生一子。性好著浣衣、人作新衣与之、即裂破以火焼穿著。宮人共号窮子。其後、以正月晦日死。人葬之曰、今日送窮子也。因此相承、号送窮也。

「金谷園記」に云わく、「昔、顓頊帝《せんぎょく》（所謂「三皇五帝」の五帝の一人）の時、宮中に一子を生む。性は浣衣（洗濯した衣）を著るを好み、人新衣を作り之に与えれば、即ち裂破し火を以て焼き穿ちて著る。宮人共に窮子と号す。其の後、正月晦日を以て死す。人之を葬りて曰わく、「今日窮子を送るなり」と。此れに因り相い承け、送窮と号するなり」と。

とある。これによって、韓鄂《かんがく》の時代には「送窮」と『金谷園記』が密なる関係にあったことを窺い知ることができる。しかし、『金谷園記』は八世紀中葉の李邕《よう》が書いた書であり、『金谷園記』は『荊楚歳時記』に引用できない。よって、「按金谷園記云、……」は九世紀の韓鄂以降の増衍である。「晦日送窮」も『荊楚歳時記』の記事ではない。宋の朱翌の『猗覚《いかく》寮雑記』巻上に「唐人、以正月下旬、送窮」とあり、送窮は八世紀になって成立する行事である。ゆえに、「晦日送窮」も九世紀の韓鄂以降の増衍である。『荊楚歳時記』の「晦日送窮」は全文削除するべきである。

（2）高陽氏は伝説上の五帝の一人である顓頊のこと。顓頊は高陽に都して高陽氏と称したとされる。黄帝の後を継いで帝位に就いたことになっている。

附節　唐代の窮を送る習俗

疫病神は「窮」ともいわれる。唐の姚合《ようごう》（七七五～八五五。八一六年の進士合格）の「晦日送窮三首」（『姚少監詩集』巻六）の、第一首には次のように詠う。

年年到此日、瀝酒拝街中。　年年此の日に到れば、酒を瀝《そそ》ぎ街中に拝す。
萬戸千門看、無人不送窮。　萬戸千門看るに、人として窮を送らざるはなし。

唐代の正月晦日に窮鬼を退散させる行事が普遍的に行われたと考えてよい。

唐代の疫病神を退散させることに関して、韓愈の「送窮文」があり、次のようにいう。

元和六年正月乙丑晦、主人使奴星結柳作車、縛草為船、載糗輿粻、牛繫軛下、引帆上檣、三揖窮鬼而告之曰、聞子行有日矣。鄙人不敢問所塗。窃具船与車、備載糗粻、日吉時良、利行四方。子飯一盂、子啜一觴、携朋挈儔、去故就新、駕塵彇風、与電争先。子無底滞之尤、我有資送之恩。子等有意於行乎。（『昌黎先生文集』巻八所収）

元和六年（八一一）正月乙丑の晦、主人、奴の星をして柳を結んで車を作り、草を縛りて船を為り、糗《きゅう》を載せ粻《ちょう》を輿《の》せ、牛、軛の下に繋け、帆を引き檣に上げ、三たび窮鬼に揖して之に告げて曰わく、「聞く、子行くに日あり」と。鄙人《ひじん》敢えて途する所を問わず。窃かに船と車とを具え、糗粻《きゅうちょう》を備載し、日吉時良に、四方に行くに利あり。子、一盂《わん》を飯し、子、一觴《しょう》（さかずき）を啜り、朋を携え儔《とも》がらを挈《さ》げて、故を去り新に就き、塵に駕し風に彇《は》り、電と先を争え。子は底滞の尤《とが》なく、我は資送の恩あり。子等、行くに意ありや」と。

唐代の無名氏の『四時宝鏡』（『新編古今事文類聚』前集巻六天時部「元日」所引）に同様の話がある。

高陽氏子、好衣弊食糜。正月晦日巷死。世作糜棄破衣、是日祝（祀）於巷、曰除貧鬼。

高陽氏の子、衣の弊れ糜《び》（粥）を食らうを好む。正月の晦日、巷にて死す。世に糜《び》を作り破衣を棄て、是の日、巷に祀り、除貧鬼と曰う。

多くの唐代史料は正月晦日の送窮をいうが、日本の『年中行事秘抄』一二月追儺《ついな》の条に引用する『金谷園記』は、窮鬼の死亡を一二月晦日夜とし、前掲した『歳華紀麗』に引用する『金谷園記』と文章が異なる。

昔、高辛氏子、十二月晦夜死。其霊成鬼、致病疾、奪飡人祖祭物、驚祖霊。因之以桃弓葦矢、逐疫鬼、静国家。又河辺幷道路、散供之解除、無除咎矣。

昔、高辛氏の子、一二月晦の夜に死ぬ。其の霊は鬼と成り、病疾を致し、人祖の祭物を奪飡《そん》し、祖霊を驚す。之に因り桃弓・葦矢を以て、疫鬼を逐い、国・家を静んず。又た河辺幷びに道路、之（糜や破衣）を散供し解除せば、除咎《じょきゅう》なからん。

二月

二一　八日は仏陀降誕の日、八関の斎戒を行い、行城する

「宝顔堂秘笈広集」本『荊楚歳時記』の「八日は仏陀降誕の日、八関の斎戒を行い、行城する」は次のようである。

二月八日、釈氏下生之日、迦文成道之時。信捨之家、建（＝行）[1]八関斎戒、［具］車輪宝蓋、［建］七変八会之灯。［故云、今二月八日］平旦、執香花、遶城一匝、謂之行城。

按本起経云、二月八日夜、浄居諸天、共白太子。今者正是出家之時。車匿自覚、揵陟不復噴鳴。太子放身光明、獅子吼言、諸仏出家之法、我亦如是。諸天捧馬四足、幷接車匿、釈提柜（＝桓）因執蓋。北門自開、諸天歌讃、至於天暁。行已三踰闍那。又本行経云、鬼星已与月合、帝釈諸天、唱言、時至。太子聞已、以手抜髪令瘖。諸天捧馬足出。至聞王内則行城中矣。故今二月八日平旦、執香、行城一匝。蓋起於此。又阿那［含］経云、二月八日、当行八関之［斎］戒。文仏経（＝又仏経）云、在家菩薩、此日、当行八関之斎戒。

二月八日、釈氏下生《げしょう》[2]の日、迦文（釈迦牟尼：シャカムニを縮めた表記＝釈迦族の聖者の意）成道の時[3]。信捨の家（在家の信者）、八関の斎戒[4]を行い、車輪（仏陀の足跡の象徴）・宝蓋[5]（きぬがさ）を具し、七変八会の灯を建つ。故に云わく、「今二月八日の平旦、香花を執り、城を遶《めぐ》ること一匝《そう》（匝は巡ること。本字は帀）、之を行城と謂う[6]」と。

「本起経[7]」を按ずるに云わく、「二月八日の夜、浄居の諸天、共に太子に白《もう》す。〈今は正に是れ出家の時〉と。車匿《とく》（釈尊の従者の名）自覚し、揵陟《けんちょく》（釈尊の乗っていた馬の名）復た噴鳴せず。太子身に光明を放ち、獅子吼《ほ》えて

言う、〈諸仏出家の法、我亦た是《かく》の如し〉と。諸天馬の四足を捧げ、幷せて車匿《しやとく》を接し、釈提桓因蓋《しやくだいかんいんがい》(8)を執る。北門自ら開き、諸天の歌讃、天暁に至る。行くこと已に三踰闍那《ユジヤナ》（踰闍那は距離の単位）(9)」と。又た「本行経」(10)に云わく、「鬼星已に月と合し、帝釈諸天、(11)唱《とな》えて言う、「時至れり」と。太子聞き已《おわ》り、手を以て髪を抜き宿めしむ。諸天馬足を捧げて出ず。王内《い》るを聞くに至り、則ち城中を行《めぐ》る。故に今二月八日の平旦、香を執り、城を行ること一匝《そう》（＝一周）なるは、蓋《けだ》し此れより起《はじ》まる。又た「阿那含経」(12)に云わく、「二月八日、当《まさ》に八関の戒を行うべし」と。又た「仏経」に云わく、「在家の菩薩、此の日、当《まさ》に八関の斎戒を行うべし」と。

（1）「八関の斎戒を建つ」は意味として奇妙であり、注記の末尾の『阿那含経』や『仏経』がいうように「行八関之斎戒」とあるべきである。九世紀末の韓鄂《かんがく》の『歳華紀麗』巻一・二月八日の「釈氏下生之日、迦文成道之時」に、

歳時記云、二月八日、釈氏下《げ》生《しよう》之日、迦文成道之時。信捨之家、建八関斎戒車輪宝蓋七変八会之灯。

とあり、『歳華紀麗』にも「建八関斎戒、……」とあるが、宗懍の『荊楚記』の記事は『歳華紀麗』までに、錯誤が生じたと考えられる。それゆえ、「建」字を「行」字とし、「具」字と「建」字を補字し、文章を訂正した。

（2）二月八日は釈尊（前四六三～前三八三）降誕の日とされる。釈尊降誕の日は三月八日と四月八日、さらに一二月八日にもある。この日は仏生会《え》・誕生会・仏誕・降誕会・龍《りゆう》華《げ》会《え》・浴化斎ともいう。『瑞応本起経』巻上に、釈尊誕生のとき、香水でその体を灌沐した話がある。それにもとづき、二月八日・三月八日・四月八日・一二月八日に釈尊誕生の像を洗浴する儀式があり、それを浴化斎という。

釈尊は現在のネパール国境附近に住むシャカ族が建国したカピラヴァトゥ（kapirakapilavastu）のSuddhodana（浄飯王）と夫人・摩耶の子としてルンビニ園において誕生した。釈尊の降誕日に関して、宋代の『歳時雑記』（『歳時広記』巻二〇仏日・行摩訶に引用）は、諸説があるという。

歳時雑記、諸経説仏生日不同。其指言四月八日生者為多。宿願果報経云、諸仏世尊、皆此日。故用四月八日灌仏也。今南方

皆用此日、北人専用臘月八日。

「歳時雑記」（二巻。一一世紀の呂希哲、字は原明の撰）に、諸経に仏の生日を説くも同じからず。其れ四月八日生を指言するもの多と為す。「宿願果報経」に云わく、「諸仏世尊、皆な此の日」と。故に四月八日を用て灌仏するなり。今南方は皆な此の日を用てし、北人（秦嶺・淮河線以北の人々）専ら臘月八日（＝一二月八日）を用《もつ》てす。

釈尊の生日に関して、『太子瑞応本起経』巻上、『異出菩薩本起経』、『仏所行讃』第一生品《ぼん》、『仏説十二遊経』、『仏説灌洗仏形像経』は四月八日とする。『長阿含経』第四、『過去現在因果経』第一、『仏本行集経』第七は二月八日を釈尊の生日とし、『修行本起経』巻上「菩薩降身品《ぼん》」には四月七日とし、『大唐西域記』巻六「劫比羅伐窣堵国《カピラビヤストこく》」の条では、三月八日とし、上座部では三月一五日とする。

また、出家に関しても諸説がある。『長阿含経』第四は二月八日とし、『過去現在因果経』第二は二月七日とし、『修行本起経』巻下「出家品《ぼん》」は四月七日とし、『太子瑞応本起経』巻上、『仏説灌洗仏形像経』は四月八日とする。

釈尊の涅槃に関しても諸説ある。『衆聖点記』（『大正新脩大蔵経』第四九冊所収の『歴代三宝紀』に引用）によれば、釈尊の涅槃は前四八六年とする。年寿に関しても八〇餘歳と七九歳の両説がある。『金光明経』第一寿量品や巴梨語本『大般《だいはつ》涅槃経』第五によれば八〇歳とする。この八〇歳を是とし、釈尊の生年を逆算すれば、前五六五年に誕生したことになる。南亜細亜諸国においては、前五四四年を釈尊の入滅とする。最近では前四六三年誕生、前三八三年涅槃説が提唱されている。このように生誕・出家・成道・涅槃に関して諸説あるが、重要な節日になっているのは、二月八日と四月八日である。

二月・三月・四月という生月の相違は、梵本の釈尊誕生に関する所伝が異なるためではなく、釈尊の誕生した月「吠舎佉月《べいしやきよげつ》後半八日」（第二月八日）を梵本から漢訳するとき、印度と中国の暦の差異に注意を払わなかったため生じた差異である。夏王朝は建寅、太陰暦の一月を正月とし、周王朝は建子、十一月を正月とする。夏王朝の暦に準拠すれば、釈尊の生日は太陰暦二月八日となるし、周王朝の暦に準拠すれば四月八日となる。従って、漢訳するとき同一の暦法を用いず、夏王朝の暦を使用し、またある時は周王朝の暦を使用したために生じた混乱であるといえよう。

（3）「成道の時」は釈尊誕生の日とされるに加えて、悟りを開いた成道の日ともされる。『長阿含経』第四や『過去現在因果経』第

三は、成道の日を二月八日とし、道世の『法苑珠林《ぼうおんじゅりん》』巻一二〇伝記篇・歴算部にも、

周第六穆王満二年癸未二月八日、仏年三十成道。故普曜経云、菩薩明星出時、豁然大悟。即此年也。穆王五十二年壬申之歳二月十五日、仏年七十九、方始滅度。故涅槃経云、二月十五日、臨涅槃時、出種種光、地大震動、声至有頂、光徧三千。

周の第六主の穆王・満の二年癸未（前九四八）二月八日、仏年三〇にして成道《じょうどう》す。故に「普曜経」に云わく、「菩薩明星出る時、豁然《かつぜん》と大悟す」と。即ち此の年なり。穆王の五二年壬申の歳（前八九八）二月一五日、仏の年七九、方《まさ》に始めて滅度す。故に「涅槃経」に云わく、「二月一五日、涅槃の時に臨み、種種の光出で、地は大いに震動し、声は有頂に至り、光は三千に徧《あまね》し」と。

とあり、二月八日を成道の日とする。

玄奘三蔵法師の『大唐西域記』巻八摩掲陀国・上は、成道の日を「吠舎佉月《べいしゃきょげつ》後半八日」（第三月八日）とし、『仏説灌洗仏形像経』は四月八日とし、また、一二月八日を成道の日とする説もある。

一二月八日が成道の日であることに関して、一一四三年に法雲の撰した『翻訳名義集』巻三・林木篇に、

又今北地、尚臈八（臘八）浴仏、乃属成道之節。故周書異記云、周穆王二年癸巳二月八日、仏年三十成道。正当今之臈八（臘八）也。

又た今（宋代）の北地（華北地方）、臘八（一二月八日）の浴仏を尚び、乃ち成道の節に属す。故に「周書異記」に云わく、「周の穆王の二年癸巳二月八日、仏年三〇にして成道す」と。正に今の臘八に当るなり。

とある。釈尊が成道した周の穆王二年癸巳二月八日は周正である。これを夏正に直せば二月八日は一二月八日となるから、華北地方では一二月八日を成道としていると、法雲は臘八成道を説明する。成道は成道の日を伝える印度暦を、中国暦に直す過程での解釈の相違から、二月八日・三月八日・四月八日・一二月八日の四説が生じていた。中国では地域によって、成道日や釈尊降誕日が異なっていたことが窺われる。

（4）八関斎戒は在家の信者が守るべき八種の禁戒。不殺生・不偸盗・不淫・不妄語・不飲酒の五戒に、高くゆったりした寝臺に寝ない、歌舞を見聞したり化粧をしない、非時の食を取らないの三戒を加えたもの。

（5）車輪は仏陀の足跡を荘厳にするのに車輪のしるしを用いる。仏陀が各地を遊歴したことから、このことを宝車の輪のよく回るのに例えたものである。宝蓋は仏像または導師の頭上の傘を宝蓋という。印度では尊貴の人が雨や日光を避けるために傘を用いた。傘は尊貴のしるしとされた。

（6）行城とは釈尊の降誕の日に、釈尊の像を担いだり、釈尊の像を車に乗せて巡行し、多くの人々に釈尊を見せ、人々の罪悪を除き、功徳を与える行事を行像、または行城という。これは生前の釈尊の歩む姿を目にすることのできる人々は、過去一切の罪業を消除することができるという、東晋の天竺三蔵・仏陀跋陀羅《ぶつだばつだら》の訳した『仏説観仏三昧海経』の考えを敷衍したもので、『仏説観仏三昧海経』（『大正新脩大蔵経』第一五冊経集部所収）巻六観四威儀品に次のようにある。

仏去世後、三昧正受、想仏行者、亦除千劫極重悪業。雖不想行、見仏跡者像行者、歩歩亦除千劫極重悪業。

仏世を去りし後、三昧《さんまい》正受して、仏の行くを想うものは、亦た千劫極重《せんこうきよくじゆう》の悪業を除かん。行くを想わずと雖も、仏の跡を見る者、像の行くを見る者は、歩歩に亦た千劫極重の悪業を除かん。

グプタ朝（三二〇年から五五〇年頃まで、パータリプトラ＝巴連弗邑を都として栄えた古代インドの王朝である。四世紀に最盛期を迎え、インド北部を統一した）のチャンドラグプタ二世が統治する五世紀の印度を求法の旅をした法顕（三三七〜四二二。三九九年、陸路によって長安を出発、帰国は海路をとってマラッカ海峡を通り、四一二年に帰国）の旅行記である『法顕伝』（『仏国記』ともいう）の摩竭《マカダ》提国・巴連弗邑《パータリプトラ》の条に、

巴連弗邑是阿育王所治城。……（中略）……。凡諸中国唯此国城邑為大。民人富盛競行仁義。年年常以建卯月八日行像。作四輪車縛竹作五層、有承櫨揠戟高二丈許、其状如塔。以白氎纏上、然後彩画作諸天形像。以金銀琉瑠荘校其上、懸繒幡蓋四辺作龕。皆有坐仏菩薩立侍。可有二十車、車車荘厳各異。当此日境内道俗皆集作倡伎楽、花香供養。婆羅門子来請仏、仏次第入城、入城内再宿。通夜然灯、伎楽供養。国国皆爾。

巴連弗邑は是れ阿育王の治むる所の城なり。……（中略）……。凡《すべ》て諸中国唯だ此の国の城邑を大と為す。民人富盛にして競いて仁義を行う。年年常に以て卯月八日に行像を建つ。四輪車を作り竹を縛り五層を作し、櫨揠戟《ろあつげき》の高さ二丈許《ばか》りを承くる有り、其の状は塔の如し。白氎を以て上に纏《からま》しめ、然る後に彩画して諸天の形像を作る。金銀琉瑠を以て其の上に荘校

し、繒幡《ぞうはん》を懸けて四辺を蓋《おお》い龕《ずし》を作る。皆な坐仏菩薩の立ちて侍する有り。二〇車有るべし、車車の荘厳なること各々異なれり。此の日に当たり境内の道俗皆な集いて倡伎楽を作し、花香供養す。婆羅門子来りて仏を請えば、仏次第に城に入る、城内に入れば再宿す。通夜然灯し、伎楽供養す。国国皆な爾《しか》り。

と行像を伝えている。摩竭提国では釈尊の降誕日に行像が挙行されたといい、「国国皆爾（国国皆な爾《しか》り）」とあるから、他の印度諸国でも同様であった。

(7)『本起経』は一般には西晋の竺法護が訳した『五百弟子自説本起経』を指す。この部分の『本起経』は後漢の竺大力・康孟訳の『修行本起経』と三国・呉の支謙訳の『仏説太子瑞応本起経』であると、『荊楚歳時記』（平凡社・東洋文庫　一九七八）八八頁はいう。両経は共に『大正新脩大蔵経』第三冊本縁部と『国訳一切経』に所収される。ここに引用される『本起経』は二書を忠実に引用したものではなく、二経の大意を採ったものである。

(8)釈提桓因《しゃくだいかんいん》は天帝釈のこと。印度神話において代表的な神であるインドラが仏教にとり入れられたもの。釈迦提婆因陀羅《しゃっかだいばいんだら》、釈迦提婆《しゃっかだいば》、釈迦因陀羅《しゃっかいんだら》などとも表記し、諸天中の天帝という意味で天帝釈、天主帝釈、天帝などという。梵天とともに仏法守護の善神とされている。

(9)踰闍那《ユジャナ》とは、梵語の yojanan に対する音訳で、由旬・踰繕那・由延とも書く。距離の単位。玄奘三蔵法師の『大唐西域記』巻二の印度を総説した箇所に、（　）内は細字である事を示す。

夫数量之称、謂踰繕那。（旧曰由旬、又曰踰闍那、又曰由延。皆訛略也）。踰繕那者、自古聖王一日軍行也。旧伝、一踰繕那四十里矣。印度国俗、乃三十里、聖教所載、唯十六里。

夫れ数量の称、踰繕那《ゆじゃな》と謂う。（旧は由旬と曰い、又た踰闍那《ゆじゃな》と曰い、又た由延と曰う。皆な訛略なり）。踰繕那は、古より聖王一日の軍行なり。「旧伝」に、「一踰繕那四〇里」と。印度国の俗、乃ち三〇里、聖教載す所は、唯だの一六里なり。

とある。龍樹の『大智度論』によれば、踰闍那は八〇里、六〇里、四〇里の別がある。一踰闍那は何里と決定できないが、距離の単位であることは確かである。

(10)『本行経』は『仏本行経』もしくは『仏本行讃伝』七巻のこと。南朝・宋の元嘉年間（四二四～四五三）に宝雲が訳したもので、釈尊一代の行状を記したもの。「鬼星已に月と合し、帝釈諸天、唱《い》いて言う、……」は『仏本行経』巻二出家品第一一の大意を述べたものである。

(11) 帝釈諸天は仏教の守護神である一二天部の一。天主帝釈・天帝ともいう。バラモン教・ヒンドゥー教・ゾロアスター教の武神・インドラと同一の神。梵天と一対の像として表されることが多く、両者で「梵釈」という。本来のインドラ神は武勇の神であったが、仏教に取り入れられ、成道前から釈迦を助け、またその説法を聴聞したことで、梵天と並んで仏教の二大護法善神となった。四天王などを配下とし、須弥山の頂上・忉利天《とうりてん》の善見城に住むとされる。

(12) 『阿那経』に関して、守屋美都雄訳注『荊楚歳時記』(平凡社・東洋文庫　一九七八) 九一頁、王毓栄《いくえい》『荊楚歳時記校注』(文津出版社　一九八八　臺北) は、「含」の脱字とし、『阿那含経』とする。

二二補　仏陀の降誕日の新花

「宝顔堂秘笈広集」本『荊楚歳時記』に「仏陀の降誕日の新花」の記事はない。『玉燭宝典』巻第二・二月仲春に、『荊楚記』を引用し、謝霊運(三八五〜四三三。六朝門閥貴族の代表的存在)が考案した供仏の新花をいう。

『荊楚歳時記』は二種類があると『旧唐書《くとうじょ》』経籍志と『新唐書《じょ》』藝文志《げいもんし》はいう。『荊楚記』が『荊楚歳時記』と改名した書、これは宗懍の撰である。もう一書は杜公瞻《せん》撰の『荊楚歳時記』である。本書において問題にしている『荊楚歳時記』は杜公瞻撰の『荊楚歳時記』である。この書は『荊楚記』のすべての記事を引用しているとは限らないから、杜公瞻撰の『荊楚歳時記』に謝茲藻の記事があったとはいえない。

『玉燭宝典』巻第二・二月仲春に次のようにある。

荊楚記云、謝霊運孫名茲藻者、為荊［州王］府諮議［参軍］云、今世新花、並其(＝某)祖謝霊運所制。

「荊楚記」(1)に云わく、「謝霊運の孫の茲藻と名づく者(2)(3)（謝霊運の孫であるから、官人となるのは五世紀後半期頃である）、荊州の王府の諮議《しぎ》参軍と為りて云わく、(4)〈今世の新花、並びに某《それがし》の祖の謝霊運の制《つく》る所〉」と。

（1）『荊楚記』は荊楚の歳時を記録した宗懍の最初の書名である。『荊楚記』に隋の杜公瞻《せん》が注記を加えて、宗懍撰・杜公瞻注の『荊楚歳時記』ができたと、従来は考えてきたが、杜公瞻が関係した『荊楚歳時記』は宗懍撰・杜公瞻注『荊楚歳時記』というような書ではなく、実体はどうやら杜公瞻撰『荊楚歳時記』ともいうべき書であるようである。『玉燭宝典』においては『荊楚記』と表記している。これは杜臺卿の時は『荊楚記』しかなかったからである。宗懍の書の正式名称は『荊楚記』である。

（2）謝霊運（三八五～四三三）は『宋書《じょ》』巻六七に列伝がある。字は宣明。山水を詠じた詩が名高く、「山水詩」の祖といわれる。六朝時代を代表する門閥貴族である謝氏に生まれ、祖父の爵位である康楽公を継承したため、謝康楽とも呼ばれる。族弟の謝恵連、南斉の謝朓とあわせて「三謝」とも呼びならわされる。『文選《もんぜん》』には、代表作である「登池上楼」などの作品が、三九作品が採用されている。　仏教にも造詣が深く、竺道生によって提唱された頓悟成仏（速やかに仏と成る事ができる）説を研究した「弁宗論」を著し、『金剛般若経注』も著作している。

（3）謝茲藻が荊州の王府の諮議参軍となって「今世の新花、並びに某の祖の謝霊運の制る所」と発言したのは、書物に記録されるような話ではないから、諸本を点検しても出てくることはない。この話は荊州地方の巷間《こうかん》における話を宗懍が記録したもので、『荊楚記』にしかない記事である。

（4）諮議参軍は通常の官府に置かれることはない。『隋書』巻二六「百官志」上に、

梁武受命之初、官班多同宋斉之旧。……（中略）……。諸公及位従公開府者、置官属。有長史司馬諮議参軍掾属従事中郎記室主簿列曹参軍行参軍舎人等官。

梁武受命の初め、官班多く宋・斉の旧と同じ。……（中略）……。諸公及び従位公（＝三公待遇）の府を開く者、官属を置く。長史・司馬・諮議参軍・掾・属・従事中郎・記室主簿・列曹参軍・行参軍・舎人等の官有り。

とあり、三公と三公待遇の官は、自らの幕府を開設することができた。また皇太子と諸王も東宮府と王府を開設でき、都督は都

督府を開設することができた。幕府と東宮諸王府・都督府に置かれるのが諮議参軍である。諮議参軍は通判官たる長史・司馬の次に位置しているから、府内では高官であり、清官である。職務は充分明らかではないが、唐の「東宮王府職員令」によれば、職は「匡正幕府、諮謀庶事」とあり、特定の職があるのではなく、大所高所から意見を述べる官であった。それゆに、荆府諮議は荆［州］府諮議［参軍］ではなく、荆［州王］府諮議［参軍］と補字しなければならない。

二三　春分に戒火草を植える

「宝顔堂秘笈広集」本『荆楚歳時記』の「春分に戒火草を植える」は次のようである。

春分日、民並種戒火草於屋上。有鳥如烏。先鶏而鳴架架格格。民候此鳥、則入田、以為候、［人架（架＝駕）犁格（格＝把）也］。

春分の日、民並びに戒火草(1)を屋上に種える。鳥有り烏の如し。鶏に先んじて架架格格と鳴く。民は此の鳥を候《ま》ち、則ち田に入り、以て候と為し、人は犁《すき》・把（土ならしの農具）に駕すなり(2)。

（1）戒火草は『経史證類大観本草』巻七草部上品之下・景天の細字記事に、

陶隠居云、今人皆盆盛、養之於屋上、云以辟火。

とある。陶隠居云わく、「今人皆な盆盛し、之を屋上に養い、以て火を辟くと云う。「陶隠居云」とあるから、この記事は『神農本草経』の記事で、戒火草は景天草と同じ植物である。

戒火草を植えることは、『玉燭宝典』巻第二・二月仲春にある。

此月、民並種戒火草於屋上。白沢図云、火之精為宋無忌。春秋謂之回祿、黄石記則曰許咸池。四時皆須戒火、独於此月種草者、周官司烜氏、仲春、以木鐸、備火禁于国中。注云、為季春将出火也。

此の月には、民並びに戒火草を屋の上に種《う》う。「白沢図」に云う、「火の精を宋無忌と為す」と。「春秋」（左伝昭公一八年に火神・回禄がみえる）はこれを回禄と謂い、「黄石記」（五行書の一）は則ち許咸池と曰う。四時皆な須《すべか》らく火を戒むべけれども、独り此の月に於いてのみ草を種うるものは、「周官」の司烜氏《しかんし》に、「仲春には、木鐸を以て、火禁を国中に備む」と。注に云う、「季春に将に火を出ださんとするが為めなり」とあればなり。

また一二世紀末にできた梁克家の福州の『淳熙《じゅんき》三山志』巻四一土俗類四・物産・草に、

戒火草。人家用瓦缶植之、以警火　戒火草。人家は瓦缶（植木鉢）を用いて之を植え、以て火を警《いまし》む。

とあり、鉢植えにし屋根に置くものであった。一三世紀中葉の陳元靚《せい》の『歳時広記』巻二七・七夕・中「種天草」に、

神農本草云、景天草一名慎火、一名戒火、一名救火。七月七日、採陰乾。（巻二七・七夕・中「種天草」）

「神農本草」に云わく、「景天草は一つに慎火と名づけ、一つ戒火と名づけ、一つに救火と名づくなり。七月七日、採り陰に乾かす」と。

とあり、戒火草は景天草、慎火草、救火草ともいう。

（2）「人駕犁把也」の補字は『太平御覧《ぎょらん》』巻九一四羽族部一・鳥に「荊楚歳時記曰、春分日、民並種戒火草於屋上。有鳥如烏、先鶏而鳴架架格格。民候此鳥、則入田、以為候、人架犁格也」とあることによる。犁と把の具体的形状に関しては、西山武一・熊代幸雄訳『斉民要術《せいみんようじゅつ》』（アジア経済出版会　一九六九）二五頁の中国在来農具図を参照。

附節　戒火草

1　戒火草を植える

戒火草を植えることは、『玉燭宝典』巻第二・二月仲春にもみえる。

此月、民並種戒火草於屋上。白沢図云、火之精為宋無忌。春秋謂之回祿。黄石記則曰許咸池。四時皆須戒火、独

於此月種草者、周官司烜氏、仲春、以木鐸脩火禁于国中。注云、為季春将出火也。

此の月、民並びに戒火草を屋上に種る。「白沢図」に云わく、「火の精を宋無忌（火神）と為す」と。「春秋」（左伝昭公一八年に火神・回祿がみえる）は之を回祿と謂う。「黄石記」（五行書の一）は則ち許咸池と曰う。四時皆な須らく火を戒むべけれど、独り此の月に於いて草を種うるものは、『周官』（＝『周礼《しゅらい》』）の司烜《しかん》氏に、「仲春、木鐸を以て火禁を国中に脩む」と。注に云わく、「季春に将に火を出ださんとするが為なり」と。

『玉燭宝典』の記事によって、唐代にも二月に戒火草を植える行事があったと考えてよいだろう。その理由は、戒火草を植える行事は民間の行事であり、王朝の交替によって『玉燭宝典』にいう戒火草の行事が、消滅するはずがないからである。

2　民家の屋根

敦煌や王墓の壁画から、ともすれば家屋は瓦葺きを想定するが、庶民の家は草葺きであった。南朝・宋の明帝の陳貴妃の生家は草屋であった。『宋書《じょ》』巻四一后妃列伝の陳貴妃伝に、

明帝陳貴妃、諱妙登、丹陽建康人、屠家女也。世祖常使尉司採訪民間子女有姿色者、太妃家在建康県界、家貧有草屋両三間、上出行、問尉曰、御道辺那、得此草屋、当由家貧、賜銭三萬、令起瓦屋。尉自送銭与之、家人並不在、唯太妃在家、時年十二三、尉見其容質甚美、即以白世祖、於是迎。

明帝（劉彧《いく》。在位は四六六～四七七。第六代皇帝。謚号は明皇帝。廟号は太宗）の陳貴妃、諱は妙登、丹陽建康の人にして、屠家の女《むすめ》なり。世祖常に尉司（県尉）をして民間の子女の姿色有る者を採訪せしむ。太妃の家は建康県界に在り、家貧しく草屋両三間有り。上出行し、尉に問いて曰わく、「御道辺那、此の草屋を得、当《まさ》に家貧に由り、銭三萬を賜い、瓦屋を起てしむべし」と。尉自ら銭を送り之に与《あた》うに、家人並びに在らず、唯だ太妃のみ家に在り、

時年一二・三、尉は其の容質甚だ美しきを見、即ち以て世祖に白《もう》し、是に於いて迎う。

とあり、『旧唐書《くとうじょ》』巻九六宋璟《そうえい》伝には、八世紀初頭の広州の家屋について次のように述べる。

坐事、出為睦州刺史、転広州都督、仍為五府経略使。広州旧俗、皆以竹茅為屋、屢有火災。璟教人焼瓦、改造店肆。自是無復延焼之患、人皆懐恵、立頌以紀其政。開元初、徴拝刑部尚書。

事に坐し、出でて睦州刺史と為り、広州都督に転じ、仍《よ》って五府経略使と為る。広州の旧俗、皆な竹茅《ぼう》（竹と萱《かや》）を以て屋を為り、屢しば火災有り。璟人に瓦を焼くことを教へ、店肆を改造す。是れより復た延焼の患いなし。人皆な恵を懐い、頌を立ち以て其の政を紀す。開元の初め（元年は七一三年）、徴されて刑部尚書を拝す。

広州は嶺南の政治の中心であり、貿易港でもあり、市街地だけでも整備されていたと想像されるのであるが、八世紀においてこの状態であれば、他の州県の状態は推測され、戒火草の必要性は頷けるところである。

安南の家屋の状態を伝える史料としては、『旧唐書』巻一一二李復伝に「又勧導百姓、令変茅屋為瓦舍」とあり、また『新唐書《じょ》』巻一九七韋丹伝には、江南西道管内の家屋の状態を伝える記事がある。

始民不知為瓦屋、草茨竹椽、久燥則戞而焚。丹召工教為陶、聚材於場、度其費為估、不取嬴利。人能為屋者、受材瓦于官、免半賦、徐取其償。逃未復者、官為為之、貧不能者、畀以財。

始め民は瓦屋を為るを知らず、草茨竹椽《そうしちくえん》、久しく燥《かわ》けば則ち戞《す》りて焚く。丹は工を召し陶を為るを教え、材を場に聚め、其の費を度り估と為し、嬴利《えいり》（利益）を取らず。人の能く屋を為す者、材瓦を官に受け、半賦を免じ、徐徐に其の償を取る。逃じて未だ復せざる者、官為《ため》に之を為り、貧にして能わざる者、畀《あた》うに財を以てす。

また楚地方の民家を述べて、荆州江陵府の司曹参軍の官を経験した、唐の元稹《げんしん》（七七九～八三一）の「茅舍」と題する五言古詩（『元氏長慶集』巻三古詩）に、

楚俗不理居、居人尽茅舍。　楚俗居を理《おさ》めず、居人尽く茅舍。

茅苫竹梁棟、茅疎竹仍罅。　茅《ぼう》・苫竹梁棟し、茅・疎竹仍お罅《か》（すき間）あり。

辺縁隄岸斜、詰屈檐楹亜。　辺縁の隄岸斜めにして、詰屈せる檐楹《たんえい》亜なり。

籬落不蔽肩、街衢不容駕。　籬落は肩を蔽《おお》わず、街衢《がいく》は駕を容れず。

南風五月盛、時雨不来下。　南風五月盛んにして、時に雨来り下らず。

竹䖩茅亦乾、迎風自焚灺。　竹䖩《と》茅亦た乾き、風を迎えて自ら焚灺《ふんしゃ》す。

防虞集隣里、巡警労昼夜。　防虞して隣里を集め、巡警の労昼夜なり。

遺燼一星然、連延禍相嫁。　遺燼は一星然として、連延の禍は相い嫁す。

号呼隣穀帛、奔走伐桑柘。　号して隣の穀帛を呼び、奔走して桑柘を伐る。

旧架已新焚、新茅又初架。　旧架已に新たに焚き、新茅又た初めて架す。


とあるから、唐代の荊楚地方の民家は茅で葺かれており、軒が低く密集しており、類焼の危険が常にあった。

3　景天草

『経史證類大観本草』巻七草部上品之下・景天には「図経曰」として、景天草の産地は山東省の泰山という。

景天生泰山山谷、今南北皆有之。人家多種於中庭、或以盆盛植於屋上、云以辟火。謂之慎火草。春生苗、葉似馬歯而大、作層而上、茎極脆弱。夏中開紅紫花、秋後枯死。亦有宿根者。

景天は泰谷山の谷に生ず。今南北皆な之れ有り。人家多く中庭に種え、或いは盆を以て屋上に植え、云わく「以て火を辟く」と。之を慎火草と謂う。春に苗生じ、葉は馬歯に似て大なり、層を作して上り、茎は極めて脆弱。夏中に紅紫の花を開き、秋の後枯死す。亦た宿根のもの有り。

『藝文類聚《げいもん》』巻八一薬香草部・上・慎火には、

南越志曰、広州有樹、可以禦火。山北謂之慎火、或謂之戒火。多種屋上、以防火也。但南中無霜雪、［其花不凋、故生而］成樹［耳］＊。

「南越志」（南朝・宋の沈懐遠の撰）に曰わく、「広州に樹有り、以て火を禦ぐべし。山北は之を慎火と謂い、或いは之を戒火と謂う。多く屋上に種え、以て火を防ぐなり。但だ南中に霜雪なく、其の花凋まず、故に生じて樹と成るのみ」と。

とある。戒火草は一種類の草をいうのではなく、水分を多く保持する、火に強い草をいうものであろう。戒火草を屋上に種えるとは、戒火草を鉢植えにして屋上に置くことをいうのである。出土した漢代家屋の明器をみると、屋根は瓦葺きであるが、考えてみると、家屋の明器は有力者の家屋を模したものであり、庶民の家ではない。庶民の家は草葺きであるから、戒火草を鉢植えにして屋上に置くことが防火上必要であったのである。

＊［　］内の字は『太平御覧《ぎょらん》』巻九九八百卉部五・戒火に引用する「南越志」から補字した。

二四　春分の春社

「宝顔堂秘笈広集」本『荊楚歳時記』の「春分の春社(1)」は次のようである。

社日、四隣並結宗、会社、宰牲牢。為屋於樹下、先祭神、然後享其胙。

按鄭氏云、百家共一社。今百家所立社、宗即共立社之為（為は義の誤り）也。

社日(2)、四隣並びに結宗（多数の人が一群となること）し、社に会し、牲牢《せいろう》（いけにえ）を宰《ほふ》る。屋を樹下に為り(3)、先ず神を祭り、然る後に其の胙《そ》（神に供えた肉・ひもろぎ）を享《う》く。

鄭氏を按ずるに云わく(4)、「百家一社を共にす」と。今百家立つ所の社、宗は即ち立社を共にする義なり(5)。

（1）『荊楚歳時記』は春社の日をいわない。春分に春社としたのは、『太平御覧《ぎょらん》』巻七二六方術部七・竹下に、

荊楚歳時記曰、秋分、以牲祠社。其供帳盛於仲春之月。……」。

「荊楚歳時記」に曰わく、「秋分、牲を以て社を祠る。其の供帳（供物）は仲春の月より盛ん。……」と。

とある。秋分に秋社があるなら、春社は春分の日に相違ないと推定できる。

（2）鎌倉時代の『年中行事秘抄』に、

二月上丁明日、献胙事

荊（＝荊楚歳時記）云、社日、四隣並結宗、会社、牲醪。為屋於樹下、先祭神、然後饗其胙。

又云、八月社日、祠社其供張者盛於仲春之節。以社之餘胙、悉以貢饋村里。

二月上丁の明日、胙を献ずるの事

「荊楚歳時記」に云わく、「社日、四隣並びに結宗し、醪《どぶざけ》を牲とす。屋を樹下に為り、先ず神を祭り、然る後に其の胙《ひもろぎ》を饗《う》く。

又た云わく、「八月の社日、祠社其の供張は仲春の節より盛ん。社の餘胙《よそ》を以て、悉く以て村里に貢饋《こうき》す」と。

とあり、社日を二月上丁の明日とするが、『荊楚歳時記』に社日をこのように書くことはない。『年中行事秘抄』を作成するとき、社日を「二月上丁の明日」としたものであり、南朝・梁の社日としなくてもよい。

（3）「為屋於樹下（屋を樹下に為る）」は、一三世紀中葉の陳元靚《せい》の『歳時広記』巻一四・二社日に、

孝経緯、社土地之主也。土地濶、不可尽祭。故封土為社、以報功也。稷五穀之長也。穀衆不可偏祭。故立稷神以祭之。

「孝経緯」（後漢にできた書。後漢の宋均の注）に、「社は土地の主なり。土地濶く、祭を尽すべからず。故に封土を社と為し、以て功に報ずなり。稷は五穀の長なり。穀衆《おお》ければ偏く祭るべからず。故に稷神を立て以て之を祭る」と。

とあり、樹下に封土（壇）を築くのが先秦以来の社祭の原則である。樹下に作る屋であっても、この屋は社日ごとに作るのであるから、まことに簡便な屋であって、恒久的な屋でないことは確かである。

この史料にこだわるのは、これと同じことが隋唐の民社でも行われたと想定できるからである。百年程度、時代が異なっても社祭の基本が変化することはない。元代の王禎《おうてい》の『農書』巻一一農器図譜一民社に、

古有里社樹、以土地所宜之木。如夏后氏以松、殷人以柏、周人以栗、荘子見櫟社樹。漢高祖禱豊枌楡社、唐有楓林社、皆以樹為主也。自朝廷至于郡県、壇壝制度、皆有定例。惟民有社、以立神樹、春秋祈報、莫不群祭。於此考近代祭儀、前一日、社正及諸社人、各斎戒。祭日未明三刻、烹牲于厨。掌饌者、実祭器、掌事者、以席入、設社神之席於神樹之下、設稷神之席於神樹之西、倶北面。質明、社正以下、皆再拝読祝、礼成而退。

古は里社の樹有り、土地の宜《よろ》しき所の木を以てす。夏后氏の如きは松を以てし、殷人《ひと》は柏を以てし、周人《ひと》は栗を以てし、「荘子」に櫟《れき》社樹を見る。漢の高祖は豊枌《ほうふん》の楡社を禱り、唐に楓林社有り、皆な樹を以て主と為すなり。朝廷より郡県に至るまで、壇壝《だんい》の制度、皆な定例有り。惟だ民に社有り、以て神樹を立て、春秋に祈報し、群祭せざるは莫し。此こに於いて近代の祭儀を考るに、前の一日、社正及び諸《もろもろ》の社人、各々斎戒す。祭日の未明三刻、牲を厨に烹る。饌《せん》を掌る者、祭器に実たし、事を掌る者、以て席入し、社神の席を神樹の下に設け、稷《しょく》神の席を神樹の西に設け、倶に北面せしむ。質明（夜明け）に、社正以下、皆な再拝して祝《のりと》を読み、礼成りて退く。

とあり、やはり、樹下に屋することをいわない。

元稹（七七九～八三一）の『元氏長慶集』巻一所収の「古社」と題する五言古詩に、

古社基阯在、人散社不神。　古社の基阯在り、人散じ社は神ならず。
唯有空心樹、妖狐蔵魅人。　唯だ空心の樹有り、妖狐蔵《かく》れ人を魅《みい》る。

と詠う。屋があれば妖狐は屋に住みつくはずなのに、大樹の穴に住みつくというから、やはり、社には恒常的な社屋はなかったと考えるべきであり、『荊楚歳時記』の「屋」は恒常的な建築物ではない。

王維（六九九～七五九）の『王右丞《ゆうじょう》集』巻五「涼州郊外遊望」は、寒村の社祭の情景を詠う詩である。

野老才三戸、辺村少四隣。　野老才《わずか》に三戸、辺村にして四隣少なし。
婆娑依里社、簫鼓賽田神。　婆娑里社に依り、簫鼓して田神に賽す。

灑酒澆芻狗、焚香拝木人。　酒を灑《そそ》ぎて芻狗を澆《ぬ》らし、香を焚き、木人を拝す。

女巫紛屢舞、羅襪自生塵。　女巫紛《ふ》として屢しば舞えば、羅襪《らべつ》自ら塵を生ず。

里正や社正を筆頭とする祝詞が終わると、次には笛や太鼓をうちならし田神を祭る。巫女が衣裳を翻して踊り、あたりの塵を舞い上げるのを眼前に見る思いがする臨場感溢れる詩である。

（4）「鄭氏云、百家共一社」は、『礼記《らいき》』祭法の鄭玄《じょうげん》（鄭玄は「ていげん」ともいう）の注に、

大夫不得特立社。与民族居、百家以上、則共立一社。今時里社是也。庶人等共在一處也」。

大夫は特に立社するを得ざれ。民と族居し、百家以上、則ち共せて一社を立つ。今時の里社是れなり。庶人等しく共に一處に在るなり。

とあり、大夫以下は百家一社が原則的な規定であった。

（5）社の起源に関しては諸説がある。『荊楚歳時記』（平凡社・東洋文庫　一九七八）九五頁以下に整理された諸説を示しておく。

①シャバンヌ氏の説。中国古代人が林叢の茂みに対して畏怖心をいだき、それから発展して一本の木を社神とするに至ったとする（Le Tai-chan 附篇 Le dien de sol dans la chine antique）。

②出石誠彦氏の説。シャバンヌ氏の説を発展させたもの。（「社を中心として見た社稷考」「早大哲学年誌」第四巻）。のちに『支那神話伝説の研究』（中央公論社　一九七三）所収。

③関野雄氏の説。中国古来の林叢に対する崇拝と土地に対する崇拝が結びついたとする（「中国古代の樹木思想」「民族学研究」一四―二）。『中国考古学研究』（東京大学出版会　一九五六）に所収。

④橋本増吉氏の説。土地を祭ったとする説（「東亜経済研究」二〇―三所載の「支那古代の社稷について」）。

⑤傅斯年氏の説。土地神説（『安陽発掘報告』第二期所載の「新獲卜辞写本後記跋」）。

⑥佐藤匡玄氏の説。社を構成するのは「土壇」とその上の「主」であるが、特にその中でも土壇が主要部分であったとし、土地心神説をとる（『支那学』一一―三所載の「支那思想の風土的性格」）。

⑦津田左右吉氏の説。社は中国古代人がマジカルな儀式を行った場とする（『満鮮地理歴史研究報告』六所載の「上代支那

人の宗教思想」)。のちに『津田左右吉全集』(岩波書店 一九六六)二八巻に所収。

⑧グラネ氏の説。聖地の聖の象徴説(M.Granet *Fetes et chansons anciennes de la chine*. Paris 1919、内田智雄訳『中国古代の祭礼と歌謡』(平凡社・東洋文庫 一九八九)二四一頁)。

⑨郭沫若氏の説。生殖器崇拝とする(『甲骨文字研究』上冊第一釈「釈祖妣」の条)。

⑩新美寛氏の説。中国古代の民族社会における民族団結の中心とする(『支那学』八-四所載の「魯の亳社に就いて」)。

⑪藤枝了英氏の説。原始的社会集団の集会所たる聖所とする(『支那学』一〇-二所載の「社の原始的形態に就いて」)。

⑫西嶋定生氏の説。本来は土地神であるが、祖先神を祭祀の対象とするものに変化したものとする(『中国経済史研究』(東京大学出版会 一九六六)第二章)。

⑬右の諸説に加えて、「社の研究」(「史学雑誌」五九-七所載)と題する論文を発表した守屋美都雄博士の説がある。守屋博士の説は、社が聚落の中心的存在であるという社会的事実を重視する点にある。要点を述べれば、

⑭社は原始聚落の発生と共に設けられた標識であり、聚落の人々の集合の中心であると共に、土地占有の事実を外に向かって示すものであり、ひいては聚落そのものを意味した。

⑮社の標識は、初め叢または聚の音で呼ばれ、のちに転じて纂の音になった。しかし、社に祖先の霊が拠ると考えられる時代があり、「祖」と呼ばれたことがあり、「祖」の音が社と祖分離の後も残存して「社」の音を生むに至った。

⑯社の標識の最初は、茅のようなものを束ね、おそらくは、これに血塗って打ち立てたものであった。この形式は後代まで残ったらしいが、束ね木が単木や生木に代わり、木の下に土壇が設けられるように多少の変化はあった。

⑰原始聚落の中から、階級が分化し、特定の家が強くなって、その家自身の宗廟が社と別れて生まれてくると、社の原義が忘れられた。そして、社にも天子・諸侯以下の社の別が生まれ、かつ天子の社と諸侯の社には、天子・諸侯自らの社と、民の社とが別々に考えられるようになった。『礼記』祭法篇の記事は、そのことを示している。

⑱原始聚落の拡大と分解後、社に対する解釈はまちまちになって、社とは別個に存在した自然崇拝が社に結びつけられ、社は樹木崇拝の名残りとして、また土地神として解釈されるようになり、漢代ごろはこの解釈が支配的であった。「社の研究」

は守屋美都雄『中国古代の家族と国家』（京都大学文学部東洋史研究会　一九六八）に所収。

附節　唐宋の春社

「社日に定日なし」といわれる。前近代中国では、太陰太陽暦を採用する。この暦では毎年冬至の日が変化し、冬至から起算して立春が決定されるから、立春日は毎年異なる。杭州の繁昌記である呉自牧の『夢粱録』巻一・二月に、

立春後、五戊日為社、州県祭社稷。朝廷亦差官、祭於太社太稷壇。

立春の後、五戊《ぼ》日を社と為し、州県は社稷を祭る。朝廷亦た官を差《つか》わし、太社・太稷《しょく》壇を祭る。

とあるように、一〇世紀以降の宋時代においては、立春の日から数えて五巡目の戊の日が、土地神である「社」を祭る、春の社日であった。

唐代の春の社日は、暦の実例で検討すると、敦煌文献のペリオ・二七六五の大和八年（八三八）暦では、立春（大和七年一二月一九日）より、五番目の二月七日戊子が社日となっており、圓仁の『入唐求法巡礼行記《にっとうぐほう》』開成五年（八四〇）正月一五日の条に引用する「開成五年暦」に、

二月小。一日戊申、土破。十一日［戊午］、社・春分。廿六日［癸酉］、清明。

とある。開成五年二月一一日は戊午であり、立春（開成四年一二月二四日）より五番目の戊日である。敦煌文献のスタイン・一四三九の「大中一二年（八五八）暦」では、閏二月六日戊戌が社日となっている。これは立春（大中一二年正月一四日）より六巡目の戊日となる。敦煌文献のペリオ・三二八四の「咸通五年（八六四）暦」では、二月一一日戊辰が社日となっている。これは立春（咸通四年一二月二〇日）より五番目の戊日となる。敦煌文献のペリオ・三二〇七の「同光四年（九二六）暦」では、二月二日戊子が社日となっている。これは立春（同光四年正月一五日）より、閏正月をはさんで五巡目の戊日となる。立春の日より六番目の戊日を社日とする例もあるが、これは立春以後の近接する日に

戊日があると、その戊日は計算に入れないためであろう。立春が戊日であれば、もちろん計算には入れない。
因みに、漢代では二月午の日、魏では二月未の日、晋では一月酉の日、北魏では二月戊の日を春社の日とした。

二五　寒食（冬至の後、一百五日目）

「宝顔堂秘笈広集」本『荊楚歳時記』の「寒食（冬至の後、一百五日目）」は次のようである。

去冬［至］節、一百五日、即有疾風甚雨。謂之寒食。禁火三日、造餳大麦粥。

按歴（＝暦）、［寒食］合在清明前二日。亦有去冬至一百六日者。介子推三月五日、為火所焚。国人哀之、毎歳暮春、為不挙火。謂之禁煙。犯之則雨雹、傷田。陸翽鄴中記曰、寒食三日、為醴酪。又煮糯米及麦為酪、擣杏仁煮作粥。玉燭宝典曰、今人悉為大麦粥、研杏仁為酪、引餳沃之。孫楚祭子推文曰、黍飯一盤、醴酪一盂、清泉甘水、充君之厨。今寒食有杏酪麦粥、即其事也。旧俗以介推焚骸、有龍忌之禁。至其月咸言、神霊不楽挙火。後漢周挙、為并州刺史、移書於介推廟云、春中食寒（＝寒食？）一月、老小不堪。今則三日而已。謂冬至後一百四日一百五日一百六日也。琴操曰、晋文公与介子綏倶亡、子綏割股以啖文公。文公復国、子綏独無所得。子綏作龍蛇之歌而隠。文公求之、不肯出。乃燔左右木、子綏抱木而死。文公哀之、令人五月五日、不得挙火。又周挙移書及魏武明罰令・陸翽鄴中記、並云、寒食断火、起於子推。琴操所云子綏即介推也。又云五月五日、与今有異。皆因流俗所伝。拠左伝及史記、並無介推被焚之事。周礼司烜氏（＝『周礼』秋官司寇・司烜氏）、仲春、以木鐸修火禁於国中。注云、為季春将出火也。今、寒食準節気、是仲春之末。清明是三月之初。然則禁火、蓋周之旧制也。

冬至節[1]を去ること一百五日、即ち疾風甚雨有り。之を寒食と謂う[2]。火を禁ずること三日、餳・大麦の粥を造る。

「暦」を按ずるに、「寒食は合に清明の前二日に在るべし」(3)と。亦た冬至を去ること一百六日なるもの有り。介子推(4)、三月五日に、火の焚く所と為る。国人之を哀れみ、毎歳の暮春に、火を挙げずと為す。之を禁煙と謂う。之を犯さば則ち雨雹あり、田を傷つく。陸翽《りつかい》(4)の「鄴中記《ぎょうちゅうき》」(6)に曰わく、「寒食すること三日、醴《あまざけ》(7)・酪を為る。又た糯米《だまい》（もちごめ）及び麦を煮て酪を為り、杏仁を擣《つ》き粥を作る」と。「玉燭宝典」(8)に曰わく、「今人悉く大麦粥を為り、杏仁を研きて酪を為り、餳を引きて之に沃ぐ」と。孫楚(9)の「子推を祭る文」(10)に曰わく、「黍飯《しょはん》（きびめし）一盤、醴酪《れいらく》一盂、清泉の甘水、君の厨に充つ」と。今の寒食に杏酪・麦粥有るは、即ち其の事なり。旧俗、介推の焚骸《ふんがい》を以て、龍忌の禁有り。其の月に至らば咸《み》な言う、「神霊は火を挙げるを楽しまず」と。後漢の周挙(11)、并州刺史と為り、書を介推廟に移して云わく、「春中に寒食すること一月、老小堪えず」と。今則ち三日のみ。冬至の後一百四日一百五日一百六日を謂うなり。「琴操」(12)に曰わく、「晋の文公(13)、介子綏と倶に亡《に》げ、子綏股を割きて以て文公に啖《くら》わしむ。文公国を復し、子綏独り得る所なし。子綏は「龍蛇の歌」を作りて隠る。文公之を求むれども、出ずることを肯んぜず。乃ち左右の木を燔《た》くに、子綏木を抱きて死す。文公之を哀れみ、人をして五月五日、火を挙ぐることを得ざらしむ。又た周挙の移書及び魏武(14)（＝魏の武帝）の「明罰令」(15)・陸翽《りつかい》「鄴中記」、並びに云わく、「寒食の断火、子推より起《はじ》まる」と。「琴操」云う所の子綏は即ち介推なり。又た「五月五日」と云うは、今と異なること有り。皆な流俗の伝うる所に因る。「左伝」及び「史記」に拠るに、並びに介推の被焚の事なし。「周礼《しゅらい》」の秋官・司烜《しかん》氏に、「仲春、木鐸（銅鐸の形を木で製作したもの）を以て火禁を国中に修む」と、注に云わく、「季春、将に火を出さんとが為なり」と。今、寒食 節気に準ずるに、是れ仲春の末なり。清明是れ三月の初めなり。然らば則ち禁火、蓋《けだ》し周の旧制なり(16)。

（1）「冬節」を白楽天（七七二～八四六。楽天は字、居易は諱）の『白氏六帖《りくじょう》事類集』巻第一「寒食第四十四」に引用された「荊楚歳時記」には、「去冬至節、一百五日、即有疾風甚雨。謂之寒食」とある（口絵4参照）。これによって「至」を補字した。

（2）隋唐では冬至から数えて一百五日目からの三日間を寒食もしくは寒食日（熟食日）という。断火して冷食する奇習である。一百五日は新暦では三月末から四月上旬のころである。三世紀以前は冬至後の厳冬の時期に断火・寒食したが、魏晋時代に冬至後一百五日に寒食が移行し、明清時代ではこの習俗は衰退してしまうから、冬至の後一百五日の寒食は南北朝・隋唐・宋元の習俗である。

隋唐時代は、冬至から百四日目から三日間の食事には火を用いず、暖かい食事を摂らず、照明用の灯火も使用しない断火の生活を送った。これを寒食節とか冷煙節という。この時期の長安の気候を、白楽天は「寒食夜有懐」（『白氏文集《もんじゆう》』巻一四）において、「寒食長きに非ず短きに非ざるの夜、春風熱からず寒からざるの天」と詠う。寒食の頃の西安市（長安）の平均気温は約一五度であり、白楽天が「熱くもなく寒くもない」と表現するのは、当を得ている。

寒食の中日は冬至から数えて一百五日目であるが、南北朝以来　寒食は百四日から三日間行われた。旧暦においては冬至は一定しているわけではない。

寒食、すなわち断火の習俗は、収穫後の一年の終わりの行事である。が、表面上は春秋時代の介子推という人物の故事に由来すると説明される。介子推の故事を述べる文献は『春秋左氏伝』を初めとして少なからずある。ここでは『玉燭宝典』巻第二・二月仲春の附説によって、介子推の故事を紹介する。

［蔡邕］琴操云、晋重耳与介子綏、倶遁山野。重耳大有飢色。綏割其腓股、以啖重耳。重耳復国、子綏独無所得、甚怨恨。乃書作龍蛇乃歌以感之。曰。有龍嬌嬌、遭天譴怒。捲排角甲、来遁于下。志願不得、与蛇同伍。龍蛇倶行、周遍山野。龍遭飢餓、蛇割腓股。龍行升天、安其房戸。蛇独抑摧、沈滞泥土。仰天怨望、惆悵悲苦。非楽龍伍、恬不眄顧。文公驚寤、即遣追求、得於荆山之中。使者奉節還之、終不肯聴。文公曰、燔左右木熱、当自出。乃燔之、子綏遂抱木、而焼死。文公流涙、交頸、令民五月五日不得発火。

蔡邕《さいよう》（一三二〜一九二）の「琴操」に云わく、「晋の重耳（後の晋の文公）と介子綏（介子推）と、倶に山野に遁る。重耳大いに飢色あり。綏は其の腓股《ひこ》（ふくらはぎ）を割きて、以て重耳に啖《くら》わしむ。重耳 国に復る。子綏独り得る所なく、甚だ怨恨す。乃ち書きて龍蛇の歌を作り、以て之を感ぜしめんとす。曰わく、『有龍矯矯たるに、天の議怒に遭う。角甲を捲排し、来たりて下に遁る。志願得ずして、蛇と同《とも》に伍す。龍蛇ともに行きて、周《まわ》りて山野を遍《あまね》くす。龍 飢餓に遭ひ、蛇 排股を割く。龍行きて天に升り、其の房戸に安んず。蛇独り抑推せられて、泥土に沈滞す。天を仰いで怨望し、惆悵《ちゅうちょう》して悲苦す。龍の伍なるを楽しむにあらず、恠《あや》しむも盼顧《はんこ》せず』と。文公驚き寤め、即ち追求せしめるに、荆山の中に得。使者、節を奉ずて之を還らしめんとするも、終に聴くことを肯ぜず。文公曰く、『左右の木を播《た》きて熱せば、当《まさ》に自ら出ずべし』と。乃ち之を播かしむるに、子綏遂に木を抱きて焼死す。文公、涙を流し交頸（夫婦の仲むつまじい喩）し、民をして五月五日には火を発するを得ざらしむ」と。

寒食は、介子推が晋の文公の處遇を不満として、木を抱いて焼死したことに由来する行事である。重耳が晋の文公となった元年は、前六三六年であるから、介子推の焼死はこのころの事件である。

後漢の時代、并州太原郡（山西省）に寒食の習俗があったことを伝えるのは、『後漢書《じょ》』巻六一周挙伝である。

周挙、字宣光、汝南汝陽人。陳留太守防之子、防在儒林伝。挙姿貌短陋、而博学洽聞、為儒者所宗、故京師為之語曰、五経従横周宣光。延熹（延光）四年、辟司徒李部府。……（中略）……。挙稍遷并州刺史。太原一郡旧俗、以介子推焚骸、有龍忌之禁。至其亡月、咸言神霊不楽挙火、由是士民毎冬中輙一月寒食、莫敢煙爨、老小不堪、歳多死者。挙既到州、乃作弔書、以置子推之廟、言盛冬去火、残損民命、非賢者之意、以宣示愚民、使還温食。於是衆惑稍解、風俗頗革。転冀州刺史。陽嘉三年、司隷校尉左雄薦挙、徴拝尚書。

周挙、字は宣光、汝南汝陽の人なり。陳留太守・防の子、防は儒林伝（『後漢書』儒林伝）に在り。挙の姿貌短陋、而して博学洽聞《こうぶん》、儒者の宗とする所と為り、故に京師之が為に語りて曰わく、「五経従横周宣光」と。延光四年（一二五）、司徒・李部《こう》の府に辟せらる。……（中略）……。挙 稍《ようや》く并州刺史に遷る。太原一郡の旧俗、介子推 骸《むくろ》を焚くを以て、龍忌の禁有り。其の亡月に至り、咸な神霊は火を挙ぐる楽しまずと言い、是れに由り士民毎《つね》に冬中に輙《すなわ》ち一月寒食し、敢えて煙爨《えんさん》すること莫く、老小堪えず、歳歳死す者多し。挙既に州に到り、乃ち弔書を作り、以て子推の廟に置き、「盛冬火を去り、民の命を残損するは、賢者の意に非ず」と言い、以て愚民に宣示し、温食に還えさしむ。是に於いて衆の惑い稍《ようや》く解け、風俗頗る革《あらた》まる。冀州刺史に転ず。陽嘉三年（一三四）、司隷校尉の左雄は挙を薦め、徴されて尚書（初期は単なる文書官であったが、後漢においては国政を司る官となる）を拝す。

後漢の寒食は春秋時代の晋国の故地である并州地方において、介子推が木を抱いて焼死したことに由来する行事として限定的に行われた地方的習俗で、中国全域に渡るものではない。中国全域に渡る行事であれば、『漢書《かんじょ》』や『後漢書《じょ》』に、寒食の記事が散見するはずである。中国全域に渡る行事となるのは、三国・魏の時代以降である。并州における寒食の起源は不明であるが、二世紀初頭にあるから、遠くない一世紀には行われていたであろう。

なお、周挙の民衆教化によって、「於是衆惑稍解、風俗頗革」とあるが、これは并州の厳冬の寒食が完全になくなったことを意味するものではない。周挙の在任中、一時的に改善されただけである。

南宋の洪邁（一一二三～一二〇二）の『容斎三筆』巻二「介推寒食」は、寒食の由来を説明した後に、

是後、雑伝記如汝南先賢伝、則云、太原旧俗、以介子推焚骸一月寒食。「鄴中記」云、并州俗、冬至後、一百五日、為子推断火、冷食三日。魏武帝以太原・上党・西河・雁門、皆沍寒之地、令人不得寒食。亦為冬至後一百五日也。後漢［書］周挙伝云、太原一郡旧俗、以介子推焚骸、有龍忌之禁。至其亡月、咸言神霊不楽挙火。由是士民毎冬中輒一月寒食、莫敢煙爨。挙為并州刺史、乃作吊書、置介子推廟、言盛冬去火、残損民命、非賢者之意。宣示愚民、使還温食。於是衆惑稍解、風俗頗革。然則所謂寒食、乃是冬中、非今節令二三月間也。

是の後、雑伝記の「汝南先賢伝」の如きは、則ち云わく、「太原の旧俗、介子推の骸《むくろ》を焚くを以て、一月寒食す」と。「鄴中《ぎょうちゅう》記」に云わく、「并州の俗、冬至の後の一百五日に、子推の為に火を断ち、冷食すること三日」と。魏の武帝、太原・上党・西河・雁門、皆な沍寒《かくかん》の地を以て、人をして寒食するを得さしめず。亦た冬至の後一百五日と為すなり。「後漢書《じょ》」周挙伝に云わく、「太原一郡の旧俗、介子推骸を焚くを以て、龍忌の禁有り。其の亡月に至り、咸《み》な神霊は火を挙げるを楽しまずと言う。是れに由り士民毎に冬中輒《すなわ》ち一月寒食し、敢えて煙爨《えんさん》すること莫し。挙は并州刺史と為り、乃ち吊書（弔書）を作り、介子推の廟に置き、『盛冬火を去り、民命を残損するは、賢者の意に非ず』と言い、愚民に宣示し、温食に還さしむ。是に於いて衆の惑い稍《ようや》く解け、風俗頗る革まる」と。然れども則ち謂う所の寒食は、乃ち是れ冬中にして、今の節令の二・

三月の間に非ざるなり。

と述べ、四世紀のことを伝える『鄴中記』は、冬至の後一百五日の寒食三日間をいうが、二世紀の并州地方の寒食は冬至から数えて一百五日目ではなく、厳冬期間に実施された事実を指摘する。この指摘は寒食の変遷を考える上において極めて重要で、後漢の寒食は隋唐の寒食とは、まったく時期を異にした寒食の行事が行われていたことになる。

（3）清明は二四節気の第五。旧暦二月後半から三月前半。清明とは「清浄明潔」の略。気候もすっかり温暖となり、桃やスモモの花が咲き、柳が緑となり、まさに清明（すがすがしい）と呼ぶにふさわしい時期をいう。

（4）介子推（?～前六三六）は介之推、介推、介子とも称される。春秋時代の晋・文公（重耳）の臣下。

（5）陸翽《りつかい》に関して『隋書』巻三三経籍志・史部・地理類に「鄴中記二巻、晋国子助教・陸翽撰」とある。陸翽は東晋王朝の国子監・助教であったことしか判らない。

（6）『鄴中《ぎょうちゅう》記』は一一九頁の「一六　正月一五日、豆粥を作り、蚕神を門戸を祠る」の注（7）を参照。

（7）醴酪のうち、醴《れい》はあま酒、酪は牛・馬などの乳を発酵させて作った酸味のある飲料。

（8）『玉燭宝典』は、六世紀末期に北朝の杜臺卿によって著作された一二巻からなる年中行事記（現在は巻九が闕巻）。詳細は本書一二八頁以下の「一九　正月（一月）中の行楽と飲食」の注（2）を参照。

（9）孫楚は（?～二九三）は『晋書《しんじょ》』巻五六に立伝されている。三国・魏から西晋の武人。字は子荊。并州太原郡中都県の人。孫に『魏氏春秋』や『晋陽秋』を著作した孫盛がいる。自分の失敗を認めない。屁理屈を並べて言い逃れをする。負け惜しみの強いことを指す「漱石枕流《そうせきちんりゅう》」の語源を作った人でもある。孫楚は最初「枕石漱流」といおうとして、「漱石枕流」と言い間違えたが、これを間違いと認めず、強引な言い訳をして押し通したことに由来する。夏目漱石の「漱石」は孫楚の故事に由来し、正岡子規の号の一であったものを貰い受けたものであるといわれる。機転がきくことを「流石」といって褒めるが、これも孫楚の「漱石枕流」から派生したといわれている。

（10）「子推を祭る文」の全文は残っていない。『太平御覧《ぎょらん》』巻八五〇飲食部八・飯に、

孫子（子＝衍字）楚祀介子推祝文曰、棗飯一盤。　孫楚の介子推を祀る祝文に曰わく、「棗飯一盤」と。

とあり、『太平御覧《ぎょらん》』巻巻八五八飲食部一六・酪酥《らくそ》にもある。

　孫楚祀介子推祝文曰、棗飯一盤、醴酪一盂、清泉甘水。充君之厨。

　孫楚の介子推を祀る祝文に曰わく、「棗飯《そうはん》一盤、醴酪《れいらく》一盂《う》、清泉の甘水。君の厨に充つ」と。

(11) 周挙は『後漢書《じょ》』巻六一に列伝がある。本書一五七頁の周挙伝を参照。

(12) 『琴操』には二書がある。『隋書』巻三二経籍志・経部・楽類に「琴操三巻、晋広陵相孔衍撰」とあり、『旧唐書《くとうじょ》』巻四六経籍志・経部・楽類に「琴操二巻。桓譚撰」とあり「琴操三巻。孔衍撰」とある。この『琴操』は楽に関する書である。王謨の「漢魏遺書鈔」と孫星衍の「平津館叢書」、「叢書集成」初編に輯録されている『琴操』は蔡邕《さいよう》の『琴操』である。介子綏のことを述べた『琴操』は経籍志にいう『琴操』ではなく、後漢の蔡邕の『琴操』である。

『玉燭宝典』巻第二・二月仲春の附説によって、介子推の故事を紹介する。

[蔡邕] 琴操云、晋重耳与介子綏、倶遁山野。重耳大有飢色。綏割其腓股、以啖重耳。重耳復国、子綏独無所得、甚怨恨。乃書作龍蛇乃歌以感之。曰。有龍矯矯、遭天譴怒。捲排角甲、来遁于下。志願不得、与蛇同伍。龍蛇倶行、周遍山野。龍遭飢餓、蛇割腓股。龍行升天、安其房戸。蛇独抑摧、沈滞泥土。仰天怨望、惆悵悲苦。非楽龍伍、恠不眄顧。文公驚寤、即遣追求、得於荆山之中。使者奉節還之、終不肯聴。文公曰、燔左右木熱、当自出。乃燔之、子綏遂抱木、而焼死。文公流涙、交頸、令民五月五日不得発火。

蔡邕《よう》（一三二～一九二）の「琴操」に云わく、「晋の重耳（後の晋の文公）と介子綏（介子推）と、倶に山野に遁る。重耳大いに飢色あり。綏は其の腓股《ひこ》（ふくらはぎ）を割きて、以て重耳に啖《くら》わしむ。重耳 国に復る。子綏独り得る所なく、甚だ怨恨す。乃ち龍蛇の歌を書作し、以て之を感ぜしめんとす。曰く、『有龍矯矯たるに、天の譴怒に遭う。角甲を捲排し、来たりて下に遁る。志願得ずして、蛇と同《とも》に伍す。龍蛇ともに行きて、周く山野を遍る。龍 飢餓に遭ひ、蛇 腓股を割く。龍行きて天に升り、其の房戸に安んず。蛇独り抑摧せられて、泥土に沈滞す。天を仰いで怨望し、惆悵《ちゅうちょう》して悲苦す。龍の伍なるを楽しむにあらず、恠《あや》しむも眄顧《はんこ》せず』と。文公驚き寤《さ》め、即ち追求せしむるに、荆山の中に得。使者、節を奉じて之を還らしめんとするも、終に聴くことを肯ぜず。文公曰く、『左右の木を播《た》きて熱せば、当《まさ》に自ら出ずべし』と。乃ち之を播かしむるに、子綏遂に木を抱きて焼死す。文公、涙を流し、交頸《けい》し、民をして五月五日には火を発するを得ず」と。

(13) 文公（在位：前六三六～前六二八）は、春秋時代の晋王。姓は姫、諱は重耳、諡は文。王子の時代、晋国内の内紛をさけて、諸国を放浪したのち、帰国して晋王となった。斉桓・晋文と称され、春秋五覇の一人となった。

重耳は武公の子の献公と遊牧民族である白狄の娘である狐姫の間に生まれた。献公には重耳の他に、太子とされていた異母兄の申生、異母弟の夷吾などがいた。献公の寵姫である驪姫《れいき》は、自分の息子である奚斉を世継ぎにしようとし、重耳を首都から遠ざけるため、辺境守備とし、更に申生を罠に嵌めて、申生を自殺させた。重耳に対しても自殺を迫った。重耳は母の出身地である白狄へ亡命し、夷吾も国外へ亡命した。この時、重耳は四三歳であった。

亡命五年目の年に、献公が薨去し、驪姫らによって奚斉が晋公となるが、その直後に臣下のクーデターにより驪姫らは皆殺しとなった。弟の夷吾が要請されて帰国し、晋公に迎えられ恵公となった。恵公は重耳を恐れ、臣下の中の重耳派を粛清し、更に重耳には刺客を送った。重耳はこれに対応して、東方の大国・斉へ亡命することになる。斉の桓公は一亡命者に過ぎない重耳に戦車二〇乗分の馬を贈り、また娘を重耳に娶《めと》らせ歓待した。桓公の死亡によって、斉は激しい内乱状態となり、重耳は出国し、曹国・宋国・楚国を遍歴することとなる。

前六三七年、晋国の恵公が死亡し、秦国の人質となっていた恵公の太子・圉《ぎょ》が秦国から逃亡して晋に帰国し、晋公（懐公）の位に就いた。人質に逃げ出された秦の穆公は、重耳を晋公につけよう計画し、楚国から重耳を呼んだ。重耳は秦軍に護衛され晋国に入る。晋軍は一応迎撃するが、戦ったのは王側近の軍のみで、他の晋軍は重耳側に味方し、秦軍と共に側近の軍を殲滅した。これによって重耳は晋公に就く。実に六二歳の新君主である。

前六三二年、楚国に攻められた宋国を救援するため軍隊を派遣し、楚の成王と対陣したが、成王は形勢不利とみて軍を引き上げた。しかし、楚軍の一部は城濮で晋軍と戦い、晋軍が勝利した。これを城濮の戦いといい、これによって文公の覇者としての地位が確立することになる。前六二八年、死去。混乱の続いた晋を安定させ、覇業をもたらした功績から、重耳は「文」を諡される。在位は九年と短いものの、治績は覇者の名にふさわしく、桓公と並んで春秋五覇の筆頭に数えられる。

(14) 魏武は後漢末期の武人である曹操（一五五～二二〇）のこと。字は孟徳、幼名は阿瞞《あまん》、また吉利。豫州沛国譙県《よしゅうはいこくしょうけん》（現在の安徽省亳《はく》州市譙城区）の出身。後漢の丞相・魏王となり、三国・魏の基礎を作った。二二〇年、曹操は病気で死去し、後漢王朝から武王と諡《おくりな》された。二二〇年、曹操の子の曹丕が魏王朝を創建し皇帝になると、追号されて、廟号を太祖、諡号を武皇帝とされた。後世では魏の武帝、魏武とも呼ばれるが、これは追諡号である。

（15）「明罰令」は明帝の時に魏の「新律」を編纂し、初めて律の法典化が実施された。魏の令に関しては州郡令・軍中令等があるが、令は「かくあるべし」と罰則をいわない後世の行政法典とは異なり、魏の令は刑罰を明記するもので、後世の「律令」的観点からは不完全なものであった。西晋の二六八年に泰始律令が制定され、これが最初の律令法典とされる。明罰令は後世の「律令」と比較すると不完全なもので、内容に違反した場合の罰則を規定する。

『玉燭宝典』巻第二・二月仲春に引用する、魏の武帝の「明罰令」は次のようである。

去冬至一百五日、謂為寒食之節。魏武明罰令云、聞太原上党西河雁門、冬至後、百有五日、皆絶火寒食、云為介子推。夫子推晋之下士、無高世之徳。子胥以直亮、沈水、呉人未有絶水之事。至於子推、独為寒食、豈不偏乎。又云、有廃者、乃致雹雪之災。不復顧不寒食。郷亦有之也。漢武時、京師雹、如馬頭。寧当坐不寒食乎。且北方沍寒之地、老小羸弱、将有不堪之患。令書到、民一不得寒食。若有犯者、家長半歳刑、主吏百日刑、令長奪俸一月。

冬至を去ること一百五日、謂いて寒食の節と為す。魏武（武帝・曹操）の「明罰令」に云わく、「聞くならく太原・上党・西河・雁門、冬至の後、百有五日に、皆な火を絶ちて寒食し、〈介子推の為〉と云う。夫れ子推は晋の下士にして、高世の徳なし。子胥（伍子胥）、直亮なるを以て、水に沈むも、呉人未だ水を絶つの事有らず。子推に至りて、独り寒食を為すは、豈《あ》に偏ならずや」と。又た云わく、「廃する者あれば、乃ち雹雪の災を致すと。復た顧みるに寒食せずんばあらず。郷にも亦た之れ有るなり。漢武（漢の武帝）の時、京師の雹、馬頭の如し。寧んぞ当に坐して寒食せざるべけんや。且つ北方は沍寒《かくかん》（すべてのものが凍り附くほど寒さ）の地にして、老小羸弱《るいじゃく》、将に不堪の思い有らんとす。令書到れば、民一に寒食するを得ず。若し犯す者有らば、家長は半歳の刑、主吏は百日の刑、令長は俸一月を奪う」と。

（16）寒食行事の民俗学的意味に関しては、守屋美都雄訳註『荊楚歳時記』（平凡社・東洋文庫　一九七八）一〇三頁の注⒃の「寒食の起源と変遷」を参照のこと。

附節1　「寒食（冬至の後、一百五日目）」の典拠

『荊楚歳時記』の「寒食（冬至の後、一百五日目）」は次のようである。

去冬至節、一百五日、即有疾風甚雨。謂之寒食。禁火三日、造餳大麦粥。

この記事は『荊楚歳時記』の「一字上げ」の箇所にある。「一字上げ」の記事は、宗懍の文とされるから、この文も一般論でいえば、宗懍の文と想定してもよい。しかし、六世紀初頭の荊楚地方の習俗を伝える『荊楚記』に、北方の太原地方に由来する、寒食の奇習を記載するものであろうかという疑問が湧く。

隋代の杜臺卿の『玉燭宝典』巻第二・二月仲春の附説に、「荊楚記に曰わく」とせず、単に、

去冬至一百五日、謂為寒食之節。冬至を去ること一百五日、謂いて寒食の節を為す。

とある。六二四年に完成した歐陽詢らの『藝文類聚《げいもんるいじゅう》』巻四歳時部・中・寒食に、

荊楚歳時記（杜公瞻の書）曰、去冬至一百五日、即有疾風甚雨。謂之寒食。

とあるから、『玉燭宝典』の記事が『荊楚歳時記』に採用され、

去冬至一百五日、即有疾風甚雨。謂之寒食。

となったものであろう。『玉燭宝典』の記事を『荊楚歳時記』に採用したのは杜公瞻《せん》である。

『藝文類聚』は『荊楚記』と『荊楚歳時記』を引用する。一〇世紀以前の『荊楚歳時記』に関して、『旧唐書《くとうじょ》』巻四七経籍志・子部・雑家類に、

荊楚歳時記十巻（一巻の誤り）、宗懍撰。又二巻、杜公瞻撰。

とあり、『新唐書《じょ》』巻五九藝文志《げいもん》・子部・農家類に、

宗懍、荊楚歳時記一巻。杜公瞻、荊楚歳時記二巻。

とあり、一〇世紀以前においては、宗懍の『荊楚歳時記』と杜公瞻《せん》の『荊楚歳時記』の二書があった。著者が異なるから内容も異なるはずである。唐代になると、宗懍撰『荊楚記』の書名が消滅し、宗懍撰『荊楚歳時記』が登場する。この『荊楚歳時記』は、以前の『荊楚記』が書名変更した書であって、内容は『荊楚記』のままであろう。

六二四年の『藝文類聚《げいもん》』に引用される『荊楚歳時記』は、杜公瞻が煬帝の大業年間（六〇五～六一八）に著作した書であり、杜公瞻撰『荊楚歳時記』である。この書は『荊楚記』を史料の一とするとともに、『玉燭宝典』を中心とした華北の習俗も採用した年中行事記で、華北に偏《かたよ》ることなく、また江南に偏ることのない南北が調和した年中行事記であるがゆえに、広く受容されることになった。杜公瞻撰の『荊楚歳時記』であれば、寒食を記事にすることはあり得る。

『荊楚歳時記』に、

去冬至節、一百五日、即有疾風甚雨。謂之寒食。禁火三日、造餳大麦粥。

とある記事は、『玉燭宝典』から採用した「去冬至節、一百五日、即有疾風甚雨。謂之寒食」と「一字下げの」注記の『玉燭宝典』に「今人悉為大麦粥、研杏仁為酪、引餳沃之」とある記事を参考にして、「禁火三日、造餳大麦粥」が附加されたと想定できる。

そうであれば、「去冬至節、一百五日、即有疾風甚雨。謂之寒食。禁火三日、造餳大麦粥」は『玉燭宝典』の記事となり、『荊楚歳時記』の「一字上げ」の箇所は、すべて宗懍の『荊楚記』という想定は成立しなくなる。

附節2　介子推

1　介子推に関する初期の史料

寒食は介子推が焼死したことに由来する行事である。『玉燭宝典』巻第二・二月仲春の附説には、寒食の由来となっ

た介子推の事跡を伝える『史記』と『春秋左氏伝』を紹介し、二書の結論として、

並無割股、被燔之事。　並びに股を割《さ》き、燔《や》かるるの事なし。

と指摘する。この指摘は南北朝以後の寒食を考える上で重要であるので、以下には『春秋左氏伝』と『史記』の介子推の部分を引用して、『玉燭宝典』の指摘を確認しておく。

『春秋左氏伝』僖公二四年（前六三六）の条には、

晋侯賞従亡者。介之推不言禄。禄亦弗及也。推曰、献公之子九人、唯君在矣。恵懐無親、外内棄之。天未絶晋。必将有主。主晋祀者、非君而誰。天実置之。而二三子以為己力、不亦誣乎。窃人之財、猶謂之盗。况貪天之功、以為己力乎。下義其罪、上賞其姦、上下相蒙。難与処矣。其母曰、盍亦求之。以死誰懟。対曰、尤而効之、罪又甚焉。且出怨言。不食其食。其母曰、亦使知之若何。対曰、言身之文也。身将隠。焉用文之。是求顕也。其母曰、能如是乎。与汝偕隠。遂隠而死。晋侯求之不獲。以緜上為之田曰、以志吾過、且旌善人。

晋侯は亡（亡命）に従う者を賞す。介之推禄を言わず。禄も亦た及ばざるなり。推曰わく、「献公の子九人、唯だ君のみ在り。恵（恵公）・懐（懐公）親なく、外内之を棄つ。天未だ晋を絶たず。必ず将に主有らんとす。晋の祀を主る者は、君に非らずして誰ぞや。天実に之を置く。而るに二・三子以て己が力と為すは、亦た誣《しい》ざるか。人の財を窃むすら、猶お之を盗と謂う。況んや天の功を貪《むさぼ》りて、以て己が力と為すをや。下は其の罪を義とし、上は其の姦を賞し、上下相い蒙《あざむ》く。与《とも》に処《お》り難し」と。其の母曰わく、「盍《なん》ぞ亦た之を求めざる。以て死せば誰をか懟《うら》まん」と。対《こた》えて曰わく、「尤《とが》めて之に効《なら》うは、罪又た甚だし。且つ怨言を出だせり。其の食を食らわじ」と。其の母曰わく、「亦た之を知らしめば、若何《いかん》」と。対えて曰わく、「言は身の文なり。身将に隠れんとす。焉《いず》くんぞ之を文《かざ》るを用いん。是れ顕を求むるなり」と。其の母曰わく、「能く是《かく》の如くならんか。汝と偕《とも》に隠れん」と。遂に隠れて死す。晋侯之を求むれども獲ず。緜上《めんじょう》（地名）を以て之が田と為して曰わく、「以て吾が過ちを志《しる》し、

且つ善人を旌《あらわ》さん」と。

とあり、たしかに股を割《さ》いたことも、文公に焼かれたことも記されていない。

また『史記』巻三九晋世家には、

文公修政、施恵百姓、賞従亡者及功臣。大者封邑、小者尊爵。未尽行賞。周襄王以弟帯難、出居鄭地、来告急晋。晋初定、欲発兵、恐他乱起。是以賞従亡、未至隠者介子推。推亦不言祿。祿亦不及。推曰、献公子九人、唯君在矣。恵懐無親、外内弃之。天未絶晋、必将有主。主晋祀者、非君而誰。天実開之。二三子以為己力。不亦誣乎。窃人之財、猶曰是盗。況貪天之功、以為己力乎。下冒其罪、上賞其姦。上下相蒙。難与處矣。其母曰、盍亦求之。以死誰懟。推曰、尤而効之、罪有甚焉。且出怨言、不食其祿。母曰、亦使知之、若何。対曰、言身之文也。身欲隠。安用文之。文之、是求顕也。其母曰、能如此乎、与女偕隠。至死不復見。介子推従者憐之、乃懸書宮門曰、龍欲上天、五蛇為輔。龍已升雲、四蛇各入其宇。一蛇独怨、終不見處所。文公出見其書、曰、此介子推也。吾方憂王室、未図其功。使人召之則亡。遂求所在、聞其入緜上山中。於是、文公環緜上山中而封之、以為介推田、号曰介山。以記吾過、且旌善人。

文公政を修め、恵を百姓に施し、亡（＝亡命）に従う者及び功臣を賞す。大なる者は邑に封じ、小なる者は爵を尊《たか》くす。未だ尽して賞を行わず。周の襄王は弟・帯の難を以て、出でて鄭の地に居り、来りて急を晋に告ぐ。晋初めて定まり、兵を発せんと欲すれども、他の乱の起らんことを恐る。是を以て亡に従いしものを賞するに、未だ隠者・介子推に至らず。推も亦た祿を言わず。祿も亦た及ばず。推曰わく、「献公の子九人、唯だ君在るのみ。恵・懐親なく、外内之を弃《す》つ。天未だ晋を絶たざれば、必ず将《まさ》に主有らんとす。晋の祀を主る者は、君に非らずして誰ぞ。天実に之を開けり。二・三子以て己が力と為す。亦た誣ざるか。人の財を窃むすら、猶お是を盗と謂う。況《いわん》や天の功を貪《むさぼ》りて、以て己が力と為すをや。下は其の罪を冒《おか》し、上は其の姦を賞し、上下相い蒙《あざむ》く。与《とも》に処り難し」と。其の母曰わく、「盍《なん》ぞ亦た之を求めざる。以て死せば誰をか懟《うら》みん」と。推曰わく、「尤《とが》めて之に効うは、罪焉《これ》よりも甚しき有り。且つ怨言を出《い》だせり、其の祿を食《は》まじ」と。母曰わく、「亦た之を知らしめば、若何《いかん》」と。対えて曰わく、「言は身の文なり。身隠れんと欲す。安《いず》くんぞ之を文《かざ》るを用いん。之を文るは、是れ顕を求むるなり」と。其の母曰わく、「能く此《かく》の如くならんか、女《なんじ》と偕《とも》に隠れん」と。死に至るまで復た見えず。介子推の従者之を憐み、乃ち書を宮門に懸けて曰わく、「龍天に上らんと欲し、五蛇輔と為す。龍已《すで》に雲に升り、四蛇各々《おのおの》其の宇に入る。一蛇独り怨み、終に處所を見ず」と。文公出でて其の書を見、曰わく、「此れ介子推なり。吾方《まさ》に王室を憂え、未だ其の功を図らざりき」と。人をして之を召さしむれば則ち亡し。遂に所在を求むるに、其の緜上《めんじよう》の山中に入れるを聞く。是に於いて、文公は緜上の山中を環らして之を封じ、「以て介推の田と為し、号して介山と曰う。以て吾が過ち記し、且つ善人を旌《あらわ》す」と。

とあり、確かに股を割いたことも、焼き殺されたことも記載しない。『史記』が書かれるころ、介子推には股を割いたことも、焼き殺されたことも事実として認定されていなかったから、『史記』はそのことを記述しなかったのである。『呂氏《りよし》春秋』介立篇の介子推の記事も焼死をいわない。

2　介子推焼死説の濫觴

『春秋左氏伝』と『史記』に登場する介子推は、単なる忠義の人である。文公の亡命中に一命を捧げる程、献身したのに報われることなく、焼き殺される憂き目にあう悲劇の忠臣と尾ひれが附くのは、『史記』以降のことであろう。

『荘子』盗拓篇には介子推の焼死説が見える。『荘子』のうち、盗拓篇のみは秦末漢初のころ附加された篇で、漢初に焼死説がまず成立した。漢の武帝のころの韓嬰《えい》の『韓詩外伝』にも焼死説がある。しかし、『史記』には焼死の話はないから、『史記』成立のころには、少数の人がその説を唱えるだけであったらしい。

文公に焼き殺された話は、劉向《りゅうきょう》の『新序』巻七節士にみえる。

晋文公反国、酌士大夫酒。召咎犯而将之、召艾陵而相之、授田百萬。介子推無爵。歯而就位、觴三行。介子推奉觴而起曰、有龍矯矯、将失其所。有虵従之、周流天下。龍既入深淵、得其安所。虵脂尽干、独不得甘雨。此何謂也。文公曰、嘻、是寡人之過也。吾為子爵与。待旦之朝也。吾為子田与。河東陽之間。介子推曰、推聞君子之道、謁而得位、道士不居也。争而得財、廉士不受也。文公曰、使我得反国者、子也。吾将以成子之名。介子推曰、推聞君子之道、為人子而不能承其父者、則不敢当其后。為人臣而不見察于其君者、則不敢立於其朝。然推亦無索於天下矣。遂去而之介山之上。文公使人求之不得。為之避寝三月、号呼朞年。詩（『詩経』魏風・碩鼠）曰、逝将去汝、適彼楽郊。適彼楽郊（楽郊楽郊）、誰之永号。此之謂也。文公待之不肯出、求之不能得、以謂焚其山宜出、及焚其山、遂不出而焚死。

晋の文公国に反《かえ》り、士大夫に酒を酌す。咎犯《きゅうはん》を召して之を将（将軍）とし、艾陵《がいりょう》を召して之を相（宰相）とし、田百萬を授く。介子推に爵なし。歯して（年齢順に）位に就き、觴《さかずき》三行す。介子推觴を奉じて起ちて曰わく、「有龍矯矯たり、将《まさ》に其の所を失う。虵（＝蛇）有り之に従い、天下に周流す。龍既に深淵に入り、其の安所を得たり。虵脂尽きて干《かわ》き、独り甘雨を得ず。此れ何の謂ぞや」と。文公曰わく、「嘻《ああ》、是れ寡人の過ちなり。吾れ子が為に爵与せん。旦の朝を待て。吾れ子の為に田与せん。河の東陽の間」と。介子推曰わく、「推聞く君子の道、謁して位を得ば、道士居らざるなり。争いて財を得ば、廉士受けず」と。文公曰わく、「我をして国に反《かえ》るを得さしめるものは、子なり。吾れ将に以て子の名を成さんとす」と。介子推曰わく、「推聞く君子の道、人の子と為りて其の父を承くこと能わざる者、則ち敢えて其の后に当たらず。人臣と為りて其の君を見察せざる者、則ち敢えて其の朝に立たず。然るに推亦た天下に索するなし」と。遂に去りて介山の上に之《ゆ》く。文公人をして之を求むれど得ず。之が為に避寝すること三月、号して朞年と呼ぶ。「詩」（『詩経《しきょう》』魏風・碩鼠《せきそ》）に曰わく、「逝《い》きて将に汝を去り、彼の楽郊に適かんとす。楽郊、誰か之《これ》永号せん」と。此れは之を謂うなり。文公之を待つに出るを肯《がえん》ぜず、之を求めて得る能わず、以て其の山を焚けば宜しく出ずべしと謂《おも》い、其の山を焚くに及んで、遂に出でずして焚死す。

劉向《りゆうきよう》（前七七～前六年）は『漢書《かんじよ》』巻三六に列伝があり、前漢末の人である。前漢末に介子推の焼死説が成立していたと考えてよく、このころ、寒食が介子推の焼死を悼むための行為と説明されるようになったのであろう。

『玉燭宝典』巻第二・二月仲春の附説には、

離騒九章云、介子忠而立枯、文君寤而追求。王逸注云、文公出奔、介子推従行。道乏糧。介子割脾以食文公。後文公得国、賞諸従行者失忘子推。子推逃介山。文公覚寤追而求之、遂不肯出。文公因焼其山。子推抱樹、焼而死。故言立枯也。又封介山為之禁、報大徳之優遊、思久故之親身、因縞素而哭之。注云、文公遂以介山之民、封子推使祭祠之。又禁民不得有言焼死、以徳其徳。優遊其霊魂也。文公思子推親自割其身、恩義尤篤。因為変服、悲而哭之也。

七諫云、子推割肉而食、徳日忘而怨深。「列仙伝」云、介推与母入介山。文公遣数千人、以玉帛礼之、不出。後世見在東海辺、売扇、後数十年。便似不死。

「離騒九章」に云わく、「介子忠にして立ちながらに枯れ、文君寤《さ》めて追ひ求む」と。王逸の注に云わく、「文公出奔し、介子推従いて行く。道に糧に乏し。介子脾《ひ》を割きて、以て文公に食らわしむ。後に文公国を得て、諸《もろもろ》の従い行きし者を賞するも、子推を失志す。子推遂に介山に逃る。文公覚寤して追いて之を求むれども、遂に出ずるを肯んぜず。文公困りて其の山を焼かしむ。子推樹を抱き、焼けて死す。故に立ちながらに枯ると言う」と。また、「介山を封じて之が禁と為し、大徳の優遊に報い、久故の親身を思ひ、困りて縞素してこれに哭す」と。注に云わく、「文公遂に介山の民を以て、子推を封じ、これを祭祠せしむ。また民に禁じて、焼死を言うことあるを得ざらしめ、以てその徳に報ゆ。優遊は、その霊魂なり。文公、子推自からその身を割きて、恩義もっとも篤きを思う。困りて変服を為し、悲しみてこれを哭するなり」と。
「七諫」に云わく、「子推肉を割《さ》きて君に食らしむも、徳日日に忘れられて怨むこと深し」と。『列仙伝』に云わく、「介推母と介山に入る。文公数千人を遣わして、玉帛を以てこれに礼せしむれども、出でず。後世見《あらわ》れて東海の辺に在り。扇を売ること、のち数十年なり」と。便ち死せざるに似たり。

とあり、『楚辞』の中に介子推の話が出てくる。これは劉向《りゅうきょう》が『楚辞』の編纂に関係しているためで、屈原の原『楚辞』にあったものではない。介子推の焼死説は劉向が主張し、それが受容され、以後に継承されることになる。同じ話は先に示した『玉燭宝典』巻第二・二月仲春の附説に引用される、後漢の蔡邕《よう》（一三二～一九二）の『琴操』にもみえ、後漢では定説のようになった。

3　介子推の五月五日焼死説

介子推は五月五日に焼死したとする説がある。『太平御覧《ぎょらん》』巻三〇時序部一五・寒食に、寒食日の異説を述べて、

又五月五日。与今有異、皆因流俗所伝。

又た五月五日。今と異なる有り、皆な流俗の伝う所に因る。

といい、介子推は五月五日に焼死した俗伝があるという。寒食は最終的に冬至の後一百五日に収束することになるが、厳冬期に寒食を行う反省が生まれ、寒食行事だけでも残存さすため、適当な寒食日を模索する中で考案された一つの寒食日であろう。魏の武帝の「明罰令」も、厳冬期に寒食を行う反省機運が生まれつつある時の禁止令で、時宜を得たものであった。

四世紀の人である晋の陸翽《りっかい》の『鄴中記《ぎょうちゅうき》』に、

并州俗、以介子推五月五日焼死、世人為其忌、故不挙餉食非也。

并州の俗、介子推五月五日に焼死するを以て、世人其の忌を為し、故に餉食《しょうしょく》は非として挙げざるなり。

とあり、四世紀の并州（太原郡）の民間では、五月五日は介子推が焼死した日として食事をしなかったとあり、寒食は厳冬期から五月五日に移行され継続されていたのである。

崔鴻の『十六国春秋』巻一三後趙録三・石勒下・建平三年（三三二）四月の条に、五月五日の寒食記事がある。

時断寒食。忽暴風大雨、雷震建徳殿端門、襄国市西門倒、殺五人。雹起西河介山、大者如弾丸。平地水深三尺、洿下丈餘、行人禽獣死者萬数。歴太原楽平武郷趙郡広平鉅鹿千餘里、樹木摧折、禾稼蕩然。勒大驚、正服于東堂、問徐光曰、歴代已来、有斯災幾也。光対曰、周漢魏晋、皆有之、雖天地之常事、然明主未始不為一変、所以敬天之怒也。俗以介子推五月五日焼死、世人為其忌故、不挙餉食。去年、禁寒食非也。且介子推帝郷之神也。歴代所尊、或者以為、未宜替也。一人吁嗟、王道尚為之虧。況群神怨憾、而不怒干上帝乎。縦不能令天下同爾、介山左右、晋文之所封也。宜任百姓奉之。勒乃下書曰、寒食既并州之旧風、朕生其俗、不能異也。前者外議以、子推諸侯之臣、王者不応為祀一作忌字。故従其議。儻或由之、而致斯災乎。子推雖朕郷之神、非法食者、亦不得乱也。尚書其速検旧典、定議以聞。有司奏、以子推歴代攸尊、請普復寒食。

時に寒食を断つ。忽《たちま》ち暴風・大雨して、雷は建徳殿・端門に震い、襄国の市西門倒れ、五人を殺す。雹《ひょう》は西河の介山に起り、大なるものは弾丸の如し。平地の水深さ三尺、洿《くぼみ》の下は丈餘にして、行人・禽獣の死す者萬を数う。太原・楽平・武郷・趙郡・広平・鉅鹿の千餘里に歴し、樹木摧折し、禾稼蕩然たり。勒は大いに驚き、服を東堂に正し、徐光に問いて曰わく、「歴代已来、斯の災有ること幾《いくばく》なるや」と。光対《こた》えて曰わく、「周漢魏晋、皆な之《これ》有り、天地の常事と雖も、然るに明主未だ始めて一変を為さざればなく、天の怒りを敬む所以なり。俗は介子推五月五日に焼死するを以て、世人は其の忌を為す、故に餉食《しょうしょく》を挙げず。去年、寒食は非として禁ずるなり。且つ介子推は帝の郷の神なり。歴代尊ぶ所にして、或る者以為えらく、未だ宜しく替うべからざるなり。一人の吁嗟《うさ》、王道尚お之《これ》が為に虧《か》く、況《いわん》や群神怨憾して、怒りて上帝を干《おか》さざるをや。縦《たとえ》天下をして同爾すること能わざるも、介山の左右、晋文の封じる所なり。宜しく百姓之を奉ずるに任《まか》すべし」と。勒乃ち書を下して曰わく、「寒食は既に幷州の旧風、朕は其の俗に生まれ、異とすること能わざるなり。前《さき》に外議して以《おも》らく、子推は諸侯の臣、王者は応《まさ》に祀を為すべからずと祀は一には「忌」字に作る。故に其の議に従う、儻《もし》或いは之に由り、斯の災を致さんや。子推は朕が郷の神と雖も、法食の者に非ざれば、亦た乱すを得ずなり。尚書其れ速かに旧典を検べ、議を定め以て聞せよ」と。有司奏す、「子推は歴代攸尊《ゆうそん》するを以て、普《あまね》く寒食を復さんことを請う」と。

『晋書《しんじょ》』巻一〇五載記・石勒下にも、少しの異同はあるが、同じ記事がある。がしかし「俗以介子推五月五日焼死、世人為其忌故、不挙餉食」の部分は削除されている。『晋書』は唐初に編纂された書であり、唐人《とうひと》は介子推の五月五日焼死と寒食を奇異として削除した可能性がある。

最初、介子推が焼死したのは厳冬期とし、厳冬に寒食が行われていた。ところが、介子推が焼死したのは五月五日と言う説が出現し、それを著録したのは、後漢の蔡邕《さいよう》（一三二～一九二）である。先の「寒食の由来」に示した『玉燭宝典』に引用する『琴操』に五月五日焼死説のことが出てくる。

五月五日に関する『琴操』は『藝文《げいもん》類聚』と『荊楚歳時記』の杜公瞻《せん》の注にも引用されているが、これは『玉燭宝典』の『琴操』を引用したもので、新しい知見はない。『藝文類聚』の『琴操』を次に掲げる。

琴操曰、介子綏（介子推）割其腓股、以啖重耳。重耳復国、子綏独無所得。綏甚怨恨、乃作龍蛇之歌、以感之、終匿於山。文公令燔山求之、子綏遂抱木而焼死。文公令民五月五日不得発火。（巻四歳時部・中・五月五日）

「琴操」に曰わく、「介子綏《すい》は其の腓《ひ》股《こ》（ふくらはぎ）を割き、以て重耳（文公）に啖《くら》わしむ。重耳国に復《かへ》り、子綏独り得る所なし。綏甚だ怨恨し、乃ち龍蛇の歌を作り、以て之に感ぜしめ、終《つい》いに山に匿《かく》る。文公は山を燔《や》かしめ之を求むるも、子綏遂に木を抱きて焼死す。文公は民をして五月五日火を発するを得ざらしむ。

蔡邕の生きた二世紀中葉には、厳冬期の寒食に民衆も困り果て、「明罰令」のような王朝の禁止令を待たずに、新しい寒食時期を模索し始めていたのである。五月五日はその候補の一であったが、最終的には冬至の後、一百五日に収束していくことになる。

五月五日といえば端午であり、屈原である。屈原は戦国時代の南にあった楚国の忠臣で、五月五日、汨羅《べきら》に身を投じて死んだ。楚国の民衆はその死を悼み、屈原の鎮魂のため競渡の行事を行うようになった。介子推は北方を代表する忠臣である。五月五日が介子推の記念として選択されたのは、南方の屈原の鎮魂が意識された結果であろう。二世紀には屈原と五月五日が結びつき、鎮魂のための競渡があり、それが洛陽まで聞こえていたことがわかる。

附節3　明罰令

1　「明罰令」の疑問点

「明罰令」は二つの部分から構成される。前半は春秋時代末の呉国の伍子胥《ごししょ》を引き合いに出し、介子推のために寒食することの不当性をいう部分である。後半は太原郡等は冬季は寒冷の地域であるから、老人や子供にとって、寒食は身体によくないから禁止するいうものである。前半は後半の寒食禁止を導くための準備部分であり、寒食禁止こそが「明罰令」の本旨である。

ところで、「明罰令」を読んでみると、太原郡の冬至から数えて一百五日の気温は、身体に悪影響を与えるほどの低温であろうかという疑問が生じてくる。また三日間の寒食（冬至の後、一百五日の寒食は三日間であった）が、体力的弱者に堪えられないほどのものかという疑問も湧いてくる。

さらに、冬至から数えて一百五日後の寒食は、南北朝や隋唐の寒食であり、嶺南を除いて、広く中国に受容された習俗である。広範囲に普及したことは、冬至から数えて一百五日の寒食三日は、気候的にも日程的にも無理がなかったからである。「明罰令」は、後世に広く普及した冬至の後一百五日の寒食の習俗を法によって禁止しようとしている。これは原「明罰令」ではなく、『玉燭宝典』に引用する「明罰令」に、何か何處か欠陥があって、冬至から数えて一百五日の寒食を禁止している解釈となると考えるのである。

冬至から数えて一百五日目は、新暦では三月末から四月初旬ころである。この時期の太原市の平均気温は、三月の平均気温が一三度、四月が二〇度で、洛陽市の三月の平均気温が一四度、四月が二一度であるから、条件的には、ほぼ長安と同じと考えてよい。日中はもっと気温が上がるであろうから、堪えられないほどの寒さどころか適温である。また三日間の寒食であれば、「不堪之患」として禁止令を出すほどのものではない。であるのに、魏の武帝は「不堪之患」として、罰則まで明記して、「明罰令」を公布し、寒食禁止を推進しようとしている。

『玉燭宝典』に引用する「明罰令」には納得がいかない。最大の疑問は、冬至から数えて一百五日の太原や上党等の地は土も凍《い》てつく寒冷の地域であり、「不堪之患」があるとする点である。今示した平均気温によれば、山西省方面の冬至から一百五日目の寒食は、寒冷の気候下での寒食ではなく、「不堪之患」もないはずである。先に示した白楽天の長安の寒食を詠う「寒食夜有懐」（『白氏文集《もんじゅう》』巻一四）には、寒食の時期を「寒食長きに非ず短きに非ざるの夜、春風熱からず寒からざるの天」という。寒食の時期、長安と平均気温が約三度しか違わない并州・太原郡一帯が、どうして「北方沍《ご》寒《かん》之地」であろうか。まことに不可解というべきである。

『太平御覧《ぎょらん》』巻八六九火部二・火下に引用する「明罰令」は、

魏武帝明罰令曰、聞太原上党西河雁門、冬至之後、百五日、禁火寒食、云為介子推。子胥沈江、呉人未有絶水之事。至於［子］推、独為寒食、豈不悖乎。

魏の武帝の「明罰令」に曰わく、「聞くならくは太原・上党・西河・鴈門、冬至の後、百五日に、火を禁じ寒食し、『介子推の為《ため》にす』と云う。子胥《ししょ》は江に沈み、呉人未だ水を絶つの事有らず。子推に至りて、独り寒食を為すは、豈《あ》に悖《もと》らずや」と。

とあり、『玉燭宝典』の「明罰令」の前部を引用している。『古今事文類聚』前集に「魏禁寒食」と題して、

魏武帝明罰令曰、聞太原上党西河鴈門、冬至後、百有五日、皆絶火食、云為介子推。且北方沍寒之地、老少羸弱、将有不堪之患。今後人不得寒食。若犯者、家長半歳刑、主吏百日刑、令長奪一月俸。（巻八天時部三月・古今事実）

魏の武帝の「明罰令」に曰わく、「聞くならくは太原・上党・西河・鴈門、冬至の後、百有五日に、皆な火食（温食）を絶ち、『介子推のため』と云う。且つ北方沍寒の地（非常に寒い土地）、老少羸弱《るいじゃく》、将《まさ》に不堪の患い有らんとす。今後人寒食するを得ず。若し犯す者は、家長は半歳の刑、主吏は百日の刑、令長は俸一月を奪う」と。

と、「明罰令」を引用するが、これも『玉燭宝典』の「明罰令」全体を簡略化したものである。『藝文《げいもん》類聚』にも、

魏武帝明罰令曰、聞太原上党西河鴈門、冬至後、百五日、皆絶火寒食、云為介子推。且北方沍寒之地、老少羸弱、将有不堪之患。令到、人不得寒食。若犯者、家長半歳刑、主吏百日刑、令長奪一月俸。（巻四歳時部・中・寒食）

と、ほぼ同文の記事がある。三書とも『玉燭宝典』が引用する「明罰令」とほぼ同じことを伝え、『玉燭宝典』の「明罰令」に問題があるわけではないようである。

『太平御覧《ぎょらん》』と『藝文類聚』が引用する「明罰令」は、『玉燭宝典』の「明罰令」の範囲を出るものではないから、二書が拠った「明罰令」は、『玉燭宝典』の「明罰令」を再引用したものであろう。そうなれば、『玉燭宝典』の「明罰令」の何処かに問題があることになる。

『太平御覧』巻三〇時序部一五・寒食に引用する「明罰令」は次のようである。

魏武帝明罰令曰、聞太原上党西河鴈門、冬至後、皆［禁火寒食。云為介子推。且北方］沍寒之地、老少羸弱、将有不堪之患。令［書到］、人不得食寒（＝寒食）。若犯者、家長半歳刑、主吏百日刑、令長罰一月俸。

魏の武帝の「明罰令」に曰わく、「聞くならくは太原・上党・西河・鴈門、冬至の後、皆な［火を禁じ寒食す。『介子推のため』と云う。且つ北方は］沍《ご》寒の地にして、老少羸弱《るいじゃく》、将《まさ》に不堪の患い有らんとす。令書到れば、人をして寒食せしめるを得ず。若《も》し犯す者は、家長は半歳の刑、主吏は百日の刑、令長は俸一月を奪う」と。

この「明罰令」も『玉燭宝典』の「明罰令」の節略文であることは明白であるが、「冬至後」の次に「百五日」の三字がない。この記事は「明罰令」に対する疑問を氷解する上で大きな示唆を与えてくれる。

この史料の大意は「太原地方は冬至以降に介子推のためとして寒食している。太原地方は土も凍りつくほどの極寒の地であるから、極寒の時期に寒食しては、身体的弱者に生命の危険があるから、寒食を禁止する。禁令に違反する者は、家長は半歳の刑、主吏は百日の刑、令長は俸一月を奪う」ということになろう。

「明罰令」の「冬至後」の後に「百五日」の三字がなければ、先に述べた疑問は一挙に解決するのである。「百五日」の三字がないものとすれば、「明罰令」が云わんとしたのは、冬至の後の断火寒食であり、それを禁止したことになる。冬至は新暦では一二月下旬であるから、冬至の後の断火寒食とは、新暦でいえば正月の時期となる。正月・二月の太原市の平均気温は零下五度であり、まさに「沍寒之地」というのにふさわしい。

たとえ「沍寒之地」の地域であっても、三日間の寒食であれば、「不堪之患」を理由として、禁止令を出すほどのものではない。それにも拘わらず、「不堪之患」があることを禁止の理由としている。「明罰令」公布当時の寒食の期間を後世の例から三日間としたが、実はもっと長い期間で深刻な状況であるから、「不堪之患」を禁止の理由としたのではないかと考える。いくら極寒の地といっても、三日間程度の寒食であれば、王朝がわざわざ禁止令を出すことはないであろう。王朝は自己に直接利害がない場合は、よほどの事態でない限り、民衆のために能動的に動くことはないのが通例である。

このように、「百五日」がないと仮定して、「明罰令」を解釈すれば、「明罰令」は太原郡一帯の厳冬の、また長期に及ぶ寒食を禁止するものということになる。これは後漢の周挙が行った太原郡一帯の寒食の改善を一段と推進したものであり、周挙が弔書を作り介子推の廟に示し、民衆を教化し風俗を改めたものを、より強力な王朝権力、すなわち法によって威嚇し、禁止したものであることになる。

原史料の文字を改変するのは、歴史研究の常道から逸脱するものであり、禁じ手であることは理解している。しかし、この場合、「百五日」の三字を衍字と理解しないと、「明罰令」の寒食禁止は合理的に説明できないのである。

2 「百五日」は衍字

文献には時として衍字が往々にしてある。『荊楚歳時記』に引用する、前漢の劉向《りゅうきょう》の『別録』に「寒食蹴鞠」とあるうち、「寒食」の二字は後世の附加であり衍字である。「百五日」三字の附加も不注意ではなく、確信を以てなされたものであると推定する。

『太平御覧《ぎょらん》』巻三〇時序部一五・寒食に、『後漢書《じょ》』周挙伝を引用する。

范蔚宗後漢書曰、周挙遷幷州刺史。太原一郡旧俗、以介子推焚骸、有龍忌之禁。至其［亡］月、咸言神霊不楽挙火。挙移書於子推廟云、春中食寒（寒食）一月、老小不堪。今則三日而已。

范蔚宗の「後漢書」に曰わく、「周挙、幷州刺史に遷る。太原一郡の旧俗に、介子推骸《むくろ》を焚かるるを以て、龍忌の禁有り。其の亡月に至れば、咸《み》な『神霊、火を挙ぐる楽しまず』と言う。挙は書を子推の廟に移《い》して、云わく、『春中の寒食一月なるは、老小は堪えず』」と。今は則ち三日なるのみ。

范曄《はんよう》の字が蔚宗であるから、范蔚宗は范曄と同一人物であり、右は正史『後漢書』周挙伝の記事である。周挙伝に「毎冬中輒一月寒食」とあるものを「春中食寒一月」に誤る。これは冬至の後、一百五日の寒食が普及した時、後漢の寒食も春にあると恣意的に思いこみ、「冬中」とあるのを、意図的に「春中」に改変した結果である。

では、右の史料の「今則三日而已」は何か。周挙伝は後漢の寒食は一月（三〇日の意味）というから、「今則三日而已」は決して周挙の言ではない。『玉燭宝典』巻第二・二月仲春の寒食に引用された『後漢書《じょ》』周挙伝には、

范曄後漢書云、周挙遷并州刺史、太原一郡旧俗、以介子推焚骸、有龍忌之禁。至其亡日、咸言神霊不聴挙火。挙移書於子推廟、乃言、冬中寒食一月、老小不堪。今則三日而已。

范曄の「後漢書」に云わく、「周挙、并州刺史に遷る。太原一郡の旧俗に、介子推骸《むくろ》を焚かれるを以て、龍忌の禁有り。其の亡月に至れば、咸な『神霊、火を挙ぐるを聴さず』と言う。挙は書を子推の廟に移《い》して、乃ち言う、『冬中、寒食すること一月なるは、老小は堪えず』」と。今は則ち三日なるのみ。

とある。『太平御覧《ぎょらん》』時序部に引用する『後漢書』周挙伝は、『玉燭宝典』に引用された『後漢書』周挙伝の「冬中」を「春中」に改変し、再引用したものであり、「今則三日而已」は『玉燭宝典』の著者・杜臺卿の言である。杜臺卿は五八一年に『玉燭宝典』を著作しているから、開皇の初め、寒食は三日であったことが杜臺卿の言で明らかとなる。

『藝文《げいもん》類聚』巻四歳時部・中・寒食には、

范曄後漢書云、周挙遷并州刺史、太原一郡旧俗、以介子推焚骸、有龍忌之禁。至其［亡］日、咸言神霊不聴挙火。挙移書於子推廟、云、春中寒食一月、老小不堪。今則三日而已。

とある。この史料は『玉燭宝典』に引用された『後漢書』周挙伝と、ほぼ同文であり、『後漢書』周挙伝を直接見ずに『玉燭宝典』から引用したものであるが、寒食は春にあるべきとの思いこみから「冬中」を誤りとし、南北朝以後の寒食の知識で「春中」と改変したものである。これは『玉燭宝典』が恣意的に改変したものではない。『玉燭宝典』は改変して誤りとなった南北朝期の史料を忠実に引用しただけのことで、『藝文類聚』がそれを無批判に再引したのである。

『荊楚歳時記』の「去冬節一百五日」の杜公瞻《せん》の注に、

旧俗、以介推焚骸、有龍忌之禁。至其［亡］月、咸言神霊不楽挙火。後漢周挙為并州刺史、移書於介推廟云、春

中食寒（寒食）一月、老小不堪。今則三日而已。

旧俗、介推骸《むくろ》を焚かれるを以て、龍忌の禁有り。其の亡月に至れば、咸な「神霊火を挙ぐるを楽しまず」と言う。後漢の周挙は幷州刺史と為り、書を介推の廟に移《い》して云わく、「春中寒食すること一月、老小は堪えず」と。今は則ち三日なるのみ。

とある。この記事は「今則三日而已」の句があるから、『玉燭宝典』に引用された『後漢書《じょ》』周挙伝を節略したものであることは明らかである。そして、本来は「冬中寒食一月」とあるべき箇所が「春中寒食一月」に改変されている。改変したのは、『荊楚歳時記』の写本を作成した杜公瞻以後の人が、寒食は春の行事と思いこみ、確信を以て「冬中」を「春中」に改めたのである。

このように見てくると、『太平御覧《ぎょらん》』『藝文《げいもん》類聚』『荊楚歳時記』に引用される『後漢書』周挙伝は、『玉燭宝典』に引用された周挙伝が元になっているが、引用の過程で、ある固定観念から字句を改変していることが理解できよう。『玉燭宝典』以後に改変が生じているが、『玉燭宝典』に誤りは認められない。この例から推すと、諸書に引用された魏の武帝の「明罰令」も『玉燭宝典』に引用する「明罰令」が元になったものであるから、『玉燭宝典』の引用に問題はないことになる。

確かに、その通りではあるが、『玉燭宝典』が引用した「明罰令」に疑問がないとはいえない。『玉燭宝典』の著者である杜臺卿は、寒食は「今則三日而已」というように、冬至の後一百五日目の寒食習俗のまっただ中に生きていた。杜臺卿は「明罰令」の原文を見て、それを『玉燭宝典』に引用したのではないだろう。杜臺卿が見た「明罰令」が、冬至の後一百五日目の寒食習俗の中に生きていた人の書写になるなら、「冬至後、皆絶火寒食。云為介子推」とある「明罰令」を見た時、その人の経験や知識から、寒食は冬至直後ではなくて、冬至の後、一百五日でなければならないとし、誤った確信を以て「明罰令」に「百五日」の三字を附加増入し、「冬至後、百五日、皆絶火寒食。云為介子推」

と文章を改変し、それを『玉燭宝典』が、その記事をそのまま引用した可能性がある。『玉燭宝典』に問題があるというのではなく、「百五日」の三字を附加増入した「明罰令」を『玉燭宝典』が、そのまま引用したことに問題があると考えるのである。『玉燭宝典』に引用される「明罰令」は「百五日」の三字を附加増入と判断した。この三字を削除して考えないと、気温の点から、「明罰令」は整合性をもって説明できない。

さきに示した南宋の洪邁《こうまい》の『容斎三筆』巻二「介推寒食」の一節に、

魏武帝以太原・上党・西河・雁門、皆冱寒之地、令人不得寒食。亦為冬至後一百五日也。

魏の武帝、太原・上党・西河・雁門、皆な冱寒《ごかん》の地を以て、人をして寒食するを得さしめず。亦た冬至の後一百五日と為すなり。

とあり、魏の武帝は従来の冬至の後の寒食を禁止して、冬至の後、一百五日に変更させたと述べている。どのような史料をみて、このような見解となったのかは明らかではない。

附節4　寒食清明の成立時期

以上に述べたように、『玉燭宝典』所引の「明罰令」は、「百五日」の三字を附加増入していることが認められ、「百五日」の三字を削除して「明罰令」を読むなら、次のことが明らかになる。

「明罰令」が公布された三世紀初頭、寒食は太原郡一帯の限定された一地域的行事であり、寒食の時期は冬至の後に厳冬期に一月間行われていた。これは二世紀の二〇年代に、周挙が并州刺史となった時の状況と何ら変わるものではなく、周挙が民衆を教化して厳冬寒食の弊害を少しは改善したが、それは一時的なものであった。「明罰令」は厳冬の寒食を法的強制力で廃止させたのである。従って、冬至の後一百五日目の寒食は、「明罰令」以後に成立するのであり、「明罰令」以前に成立したものではない。

先に示した　南宋の洪邁《こうまい》の『容斎三筆』巻二「介推寒食」の一節に、

魏武帝以太原・上党・西河・雁門、皆沍寒之地、令人不得寒食。亦為冬至後一百五日也。

魏の武帝、太原・上党・西河・雁門、皆な沍寒《ごかん》の地を以て、人をして寒食するを得さしめず。亦た冬至の後一百五日と為すなり。

と述べ、洪邁も「明罰令」以後に、冬至の後一百五日の寒食が成立したと考えるようである。

冬至の後一〇五日目の寒食の成立は、何時かということが問題となる。『藝文類聚《げいもん》』巻四歳時部・中・寒食に、

陸翽鄴中記曰、并州俗、冬至後百五日、為介子推断火、冷食三日。作乾粥。今之糗是也。又曰、寒食三日、作醴酪。煮粳米及麦為酪、擣杏仁、煮作粥。

陸翽《りつかい》の「鄴中記《ぎようちゆう》」に曰わく、「并州の俗、冬至の後一百五日、介子推の為に火を断ち、冷食すること三日。乾粥を作る、今の糗《きゆう》（乾しいい）は是れなり。又た曰わく、「寒食三日、醴酪《れいらく》を作る。粳米《うるちまい》及び麦を煮て酪を為り、杏仁を擣《つ》き、煮て粥を作る」と。

とある。陸翽と『鄴中記』に関して『隋書』巻三三経籍志・史部・地理類に「鄴中記二巻、晋国子助教陸翽撰」とあるから、陸翽は四世紀後半期の人であろう。その時に、冬至の後、一百五日の寒食三日が成立していた。これ以上に史料的に詰めることは無理である。新しい寒食は魏晋時代の三世紀以降に成立したとしておくのが無難である。

二六補　寒食節の別名

一四世紀の前半期に出版された陳元靚《せい》（生卒年不詳。一三世紀中葉、南宋の理宗皇帝の時代に活動した福建の人。『事林広記』の他に『歳時広記』四〇巻・『博聞録』を著作あり）の『事林広記』(1)前集巻二節序類・歳時雑記・三月の条に、

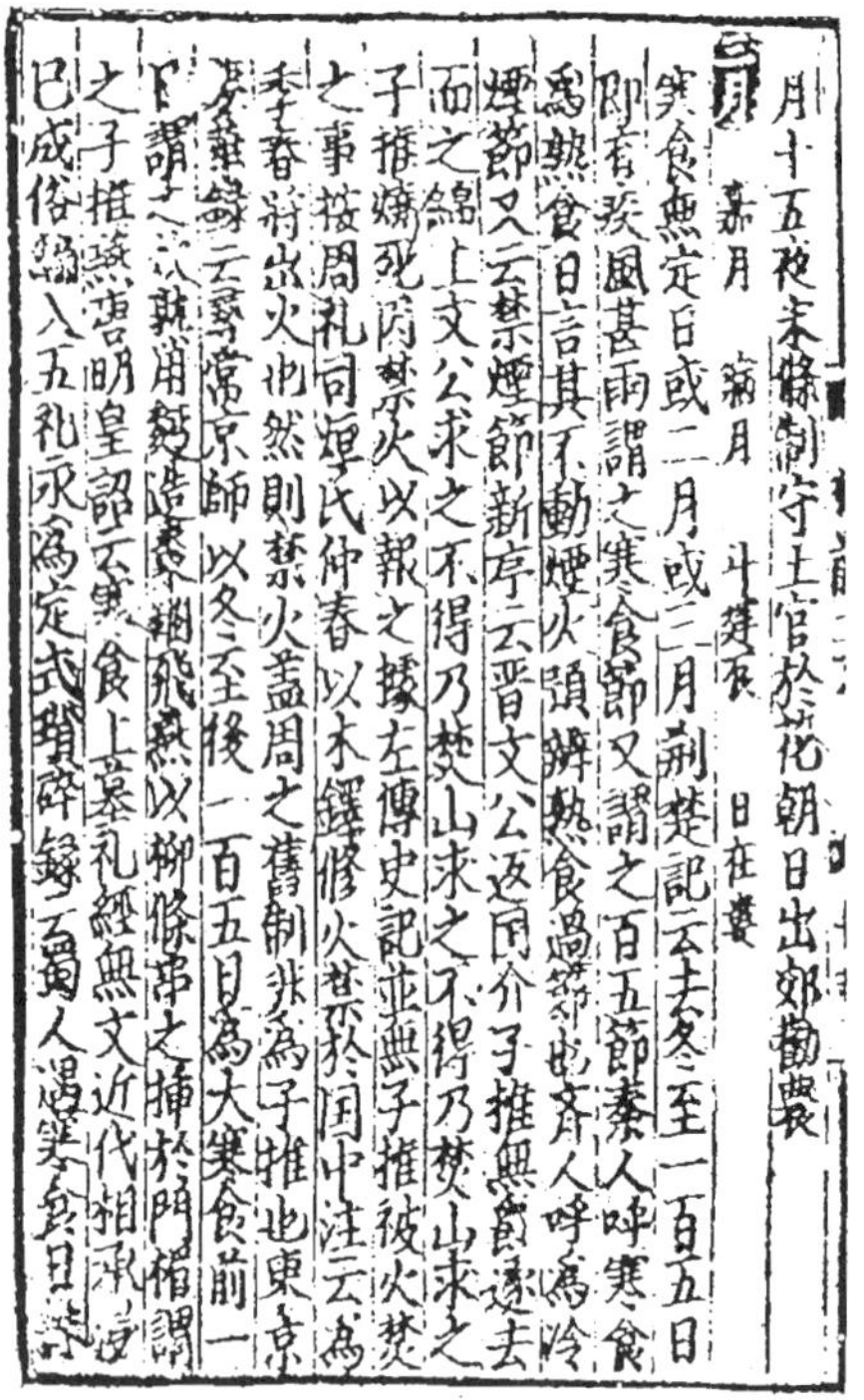

図版7　至順刊本『事林広記』前集巻2節序類・歳時雑記・三月の条

寒食無定日、或二月或三月。荊楚記云、去冬至一百五日、即有疾風甚雨。謂之寒食節。又謂之百五節。秦人呼寒食為熟食日。言其不動煙火、預弁熟食、過節也。斉人呼為冷煙節、又云禁煙節。

寒食に定日なし、或いは二月或いは三月。「荊楚記」(2)に云わく、「冬至を去ること一百五日、即ち疾風・甚雨有り。之を寒食節と謂う。又た之を百五節と謂う」と。秦人（関中盆地、古都・長安方面の人々）は寒食を呼びて熟食日と為す。其れ煙火の動かざるを言い、預め熟食を弁じ、節を過すなり。斉人（春秋・戦国の斉国があった黄河下流域の人々）は呼びて冷煙節と為し、又た禁煙節と云う。(3)（「荊楚記」の内容は「又謂之百五節」までである。理由は順次述べる）

とある。宗懍の『荊楚記』が原本に近い形で一三世紀に残存していたとは考え難いし、『荊楚記』が北方由来の寒食を伝えるとは考え難いから、ここにいう『荊楚記』は『荊楚歳時記』を略記した書名であろう。

『荊楚歳時記』に、前掲した「荊楚記」以下の記事が本当に存在したのであろうか。宗懍は江南の人であり、荊楚地域もしくは南朝の版図以外の行事には言及しない。宗懍が「秦人や斉人」の寒食名に言及するであろうか。顧起元（一五六五～一六二八）の『説略』巻四時序には、

荊楚記曰、去冬至一百五日、即有疾風甚雨、謂之寒食節。又謂之百五節。斉人呼為人煙節、又謂禁煙節。

とあり、徐応秋（一六一六年の進士合格）の『玉芝堂談薈』巻二一・一百五日に、

　荊楚記、去冬至一百五日、即有疾風甚雨。謂之寒食節、又謂之百五節。斉人呼為人烟、又謂禁烟節。

「荊楚記」に、「冬至を去ること一百五日、即ち疾風甚雨有り。之を寒食節と謂い、又た謂之を百五節と謂う。斉人呼びて人烟と為し、又た禁烟節と謂う」と。

とある。顧起元と徐応秋は、『荊楚歳時記』に「秦人や斉人」の寒食名があったと理解している。

しかし、同じ明人である盧翰（一五三四年の挙人。挙人は郷試合格者）の『月令通考』巻四・三月には、

　寒食無定日、或二月或三月。去冬至一百五日、即有疾風甚雨。謂之寒食節、又謂之百五節。荊楚記。

寒食に定日なし、或いは二月或いは三月。冬至を去ること一百五日、即ち疾風甚雨有り。之を寒食節と謂い、又た之を百五節と謂う。「荊楚記」。

とあり、「秦人や斉人」の寒食名に関する記事はなく、顧起元と徐応秋の理解とは異なる。これは盧翰が記事を短くするために、「秦人や斉人」の寒食名に関する記事を省略したとも考えられなくもない。

淳熙一五年（一一八八）以降に出版された闕名氏の『錦繡萬《きんしゆうまん》花《か》谷《こく》』後集巻四寒食に、

　百五節、去冬節一百五日、即有疾風甚雨。謂之寒食。出荊楚歳時記。

百五節、冬節を去る一百五日、即ち疾風甚雨有り、之を寒食と謂う。「荊楚歳時記」に出ず。

とあり、「秦人や斉人」の寒食名に関する記事がない。『荊楚歳時記』には「秦人や斉人」の寒食名に関する記事は存在しなかったのである。盧翰の寒食節の記事は、記事を意図的に短文にしたためではなく、『荊楚歳時記』の記事をかなり正確に引用した結果である。

一三世紀中葉の陳元靚《せい》の『歳時広記』巻一五巻首の「寒食上」の部分に、

　提要録云、秦人呼寒食為熟食日。言其不動煙火、預弁熟食、過節也。斉人呼為冷烟節。

「堤要録」に云わく、「秦人寒食を呼びて熟食日と為す。其の煙火動かざるを言う、預《あらかじ》め熟食を弁じ（＝熟食を準備する）、節を過ごすなり。斉人呼びて冷烟節と為す」と。

とある。「荊楚記」の「秦人と斉人」の寒食名に関する記事は、『堤要録』（一〇世紀以降の書、詳細不明。『堤要録』は『養生月覧』に引用がある。国立公文書館の内閣文庫に『養生月覧』の写本を所蔵。『養生月覧』は汲古書院の『中国古代の年中行事第五冊・補遺』附録に写真版の掲載がある）にあった記事であり、陳元靚《せい》が『事林広記』を書くとき、『荊楚歳時記』の寒食記事に『堤要録』の記事を附け加えたものであることが判明する。

『荊楚歳時記』の本来の記事は、次に示す記事である。

荊楚記云、去冬至一百五日、…………。又謂之百五節。

「荊楚記」に云わく、「冬至を去ること一百五日、…………。又た之を百五節と謂う」と。

『事林広記』の「荊楚記」の記事は、『荊楚歳時記』を補足する記事ではない。将来、『事林広記』の「荊楚記」の記事が問題となり、『事林広記』所載の「荊楚記」の記事は、後世の衍増記事が混入しており、『荊楚歳時記』を補足する記事ではないことを指摘する次第である。

（1）『事林広記』は同名の書が多くある。日本で通行する『事林広記』は、目次の末尾に「泰定乙丑（一三二五）仲冬増補」と刊語のある書の和刻本である。この和刻本は元禄一二年（一六九九）に京都の今井七郎兵衛・中野五郎左衛門後印本であり、『和刻本　類書集成　1』（汲古書院　一九七六）として出版されている。泰定乙丑版『事林広記』では、「巻第三　甲集　令節門・三月」の条に「寒食」として、同じ記事があるが、最後の「又云禁煙節」がない。

（2）『荊楚記』は南朝・梁の宗懍の著書である。ここにいう『荊楚記』は『荊楚歳時記』を略記した書名であろう。六二四年にできた歐陽詢らの『藝文類聚《げいもん》』巻四歳時部・中・寒食に、

荊楚歳時記曰、去冬至一百五日、即有疾風甚雨。謂之寒食。

「荊楚歳時記」に曰わく、「冬至を去ること一百五日、即ち疾風・甚雨有り。之を寒食節と謂う」と。

とあり、唐末の韓鄂《かんがく》の『歳華紀麗』巻一寒食・「二三之月、百五之辰（二・三の月、百五の辰）」に、

歳時記云、去冬至一百五日、即有疾風甚雨。謂之寒食。

とあり、『荊楚歳時記』に「去冬至一百五日、即有疾風甚雨。謂之寒食」の記事があるという。『藝文類聚《げいもんるいじゅう》』には『荊楚記』と『荊楚歳時記』の二書が登場するが、『藝文類聚』の『荊楚歳時記』は杜公瞻《せん》の『荊楚歳時記』を指す。また『荊楚記』や宗懍の『荊楚歳時記』に寒食の話はあるはずがない。寒食は山西省太原附近に発祥する奇習で、江南・荊楚地方の宗懍が言及するはずがない。杜公瞻は北朝人であるから、寒食に言及するであろうし、杜公瞻の『荊楚歳時記』に寒食が出てくるのは、話が整合している。

（3）王毓《いく》栄氏の『荊楚歳時記校注』（文津出版社　一九八八　臺北）は、一二六頁に「補　寒食節別名」と題して、『月令采奇』巻一に所載する「寒食無定日、或二月或三月。去冬至一百五日、即有疾風甚雨、謂之寒食節、又謂之百五節。秦人呼寒食為熟食日。言其不動煙火、預弁熟食過節也。斉人呼為冷煙節」の記事を掲げ、寒食節の別名とするが、秦人と斉人がいう寒食節の別名は、一〇世紀以降の寒食節の別名であるので、『荊楚歳時記』の補遺にはならない。

二七　寒食の日、生菜を摘む

「宝顔堂秘笈広集」本『荊楚歳時記』の「寒食の日、野菜を摘む」は次のようである。

寒食挑菜。

按、如今人、春日［食］生菜。(1)

寒食に菜を挑《と》る。

按ずるに、今人の如きは、春日に生菜を食らう。

（1）「宝顔堂秘笈広集」本『荊楚歳時記』には「春日生菜」とある。「宝顔堂秘笈広集」と同系統の『四庫全書』本『荊楚歳時記』には「春日食生菜」とある。このほうが意味が通る。『四庫全書』本に従い、「食」字を補字し「春日食生菜」とする。

二八　寒食の日、闘鶏と闘鶏子（闘卵）を行う

「宝顔堂秘笈広集」本『荊楚歳時記』の「寒食の日、闘鶏と闘鶏子（闘卵）を行う」は次のようである。

闘鶏、鏤鶏子闘鶏子。

按玉燭宝典曰、此節、城市尤多闘鶏［卵］之戯。左伝、有季郈闘鶏。其来遠矣。古之豪家、食称画卵。今代猶染藍茜（＝蒨）雑色、仍加雕鏤、遞相餉遺、或置盤俎。管子（＝巻一二侈靡第三五）曰、雕卵然食之（＝雕卵然後瀹之）。所以発積蔵散萬物。張衡南都賦曰、春卵夏筍秋韭冬菁。便是補益滋味。其闘卵、則莫知所出。董仲舒、書云、心如宿卵。為体内蔵。以拠其剛、髣髴闘理也。

鶏を闘わし、（1）鶏子（＝鶏卵）を鏤《え》り（鏤は彫るの意味）鶏子を闘わす。

「玉燭宝典」（2）を按ずるに曰わく、「此の節、城・市尤《もっと》も鶏卵を闘わすの戯多し。（3）「左伝」（4）（昭公二五年秋）に「季・郈《こう》の鶏を闘わすこと有り」と。其の来るや遠し。古の豪家、食は画卵と称う。今代猶お藍・蒨《せん》（茜色）・雑色に染め、仍お雕鏤《ちょうろう》を加え、遞《たが》いに相い餉遺《しょうい》し、或いは盤俎《ばんそ》（食卓）に置く。「管子」（巻一二侈靡《しび》第三五）に曰わく、（5）「卵に雕りて然る後に之を瀹《ゆで》る」と。積蔵を発し萬物を散ずる所以《ゆえん》ならん。張衡（『後漢書』巻八九。字は平子）の「南都賦」（『文選』巻四所収）に曰わく、「春卵・夏筍・秋韭《しゅうきゅう》（秋のにら）・冬菁《とうせい》（冬のかぶら）」と。便ち

是れ滋味を補益す。其の闘卵、則ち出ずる所を知る莫し。董仲舒《とうちゆうじよ》、書に云わく、(6)「心は宿卵の如し。体の内蔵為《た》り」と。其の剛に拠るを以て、闘理を髣髴《ほうふつ》せしむるなり。

(1) 闘鶏に関しては、林巳奈夫編『漢代の文物』(京都大学人文科学研究所　一九七六) 三九〇頁を参照。

(2) 「此節、城市尤多闘鶏之戯」は『玉燭宝典』にある文という。『玉燭宝典』巻第二・二月仲春に、

　此節、城市尤多闘鶏卵之戯。　此の節(寒食の時期)、城・市尤《もつと》も鶏卵を闘わすの戯多し。

とあり、「闘鶏卵之戯」とあるから、「宝顔堂秘笈広集」本『荊楚歳時記』は「卵」字が脱落している。「闘鶏卵之戯」は闘鶏と闘鶏卵のことであろう。

(3) 「闘鶏卵之戯」は鶏卵を競う戯のこと。詳細は不明であるが、鶏卵を茹《ゆ》でて卵白とし、その卵白に絵を描いたり、卵白を刻んで模様を施し、その出来具合を競うことであろう。

(4) 「左伝、有季郈闘鶏」は『春秋左氏伝』昭公二五年(前五一六)の条に、

　季郈之闘鶏。季氏介其鶏、郈氏為之金距。

　季・郈《こう》の鶏を闘わす。季氏其の鶏を介(鎧を着せること)し、郈氏之が金距(金属の蹴爪)を為る。

とあり、『呂氏《りよし》春秋』巻一六先職覧第四・察微に、

　魯季氏与郈氏闘鶏。郈氏介其鶏、季氏為之金距。季氏之鶏不勝。季平子怒、因侵郈氏之宮、而益其宅。郈昭伯怒、傷之於昭公。

　魯の季氏は郈《こう》氏と鶏を闘わす。郈氏は其の鶏を介(鎧を着せること)し、季氏は之が金距(金属の蹴爪)を為る。季氏の鶏勝たず、季平子怒り、因りて郈氏の宮を侵して、其宅を益す。郈昭伯怒り、之を昭公に傷《そし》る。

とあり、前漢の淮南《わいなん》王・劉安(前一七九～前一二二)が編纂させた『淮南子《えなんじ》』巻一八人間訓に、

　魯季氏与郈氏闘鶏。郈氏介其鶏、而季氏為之金距。季氏之鶏不勝。季平子怒、因侵郈氏之宮而築之。郈昭伯怒、傷之魯昭公曰、禱於襄公之廟、舞者二人而已、其餘尽舞於季氏。季氏之無道無上久矣。弗誅必危社稷。

魯の季氏は郈《こう》氏と鶏を闘わす。郈氏は其の鶏を介（鎧を着せること）し、季氏之が金距（金属の蹴爪）を為る。季氏の鶏勝たず。季平子怒り、因りて郈氏の宮を侵して之を築く。郈昭伯怒り、之を魯の昭公（?〜前五一〇。名は裯《とう》。襄公の子。前五四二年に即位。前五一七年、昭公は季孫氏を討って大敗し、昭公は他国に亡命した。前五一〇年、昭公は晋で死去した）に傷《そし》って曰わく、「襄公の廟に禱るに、舞う者二人のみ、其の餘は尽《み》な季氏に舞う。季氏の道をなみし上《かみ》をなみすること久し。誅せずんば必ず社稷を危《あやう》くせん」と。

とあり、『史記』巻六九蘇秦列伝に、前六世紀の斉の都の臨菑《りんし》の繁栄を伝えて、

臨菑甚富而実。其民無不吹竽鼓瑟、弾琴撃筑、闘鶏走狗、六博蹋鞠者。

臨菑甚だ富みて実つ。其の民は竽《ふえ》を吹き瑟《しつ》を鼓し、琴を弾じ筑《ちく》（琴を竹で打ち鳴らす楽器）を撃ち、鶏を闘わしめ狗を走らしめ、六博（囲碁に似た局戯）蹋鞠《とうきく》（蹴鞠）せざる者なし。

とあり、闘鶏は前六世紀には、既に存在していた。

なお、「淮南子」は『淮南子』という書名の場合は、漢音の「わいなんじ」ではなく、呉音で「えなんじ」と読むのが一般的通例であるが、『淮南鴻烈解』の場合は「わいなんこうれつかい」と読む。地名の「淮南」は「わいなん」と読む。

（5）管仲（?〜前六四五。諱を夷吾、字を仲という）は、中国春秋時代の斉の桓公（?〜前六四三）に仕え、桓公を覇者に押し上げた。管仲は「敬」と諡《おくりな》され管敬仲、あるいは管子とも呼ばれる。『管子』巻一二侈靡《しび》第三五に、

故嘗至味而罷至楽、而雕卵然後瀹之、雕橑然後爨之。

故に至味を嘗《な》めて至楽に罷《つか》れ、而して卵に雕りて然る後に之を瀹《に》、橑《たきぎ》に雕りて然る後に之を爨《かし》ぐ。

とある。『玉燭宝典』巻第二・二月仲春に「管子云」として次のようにあるが、語順が『管子』と反対になっている。

雕橑然後灼之、雕卵然後瀹之

橑に雕りて然る後に之を灼き、卵に雕りて然る後に之を瀹る。

（6）「董仲舒、書云、心如宿卵。為体内蔵」は王充（二七〜一世紀末）の『論衡』巻一三別通篇にある次の文をいう。

董仲舒雖無鼎足之位、知在公卿之上。周監二代、漢監周秦。然則蘭臺之官、国所監得失也。以心如丸卵、為体内蔵、眸子如

豆、為身光明、令史雖微、典国道蔵、通人所由進、猶博士之官、儒生所由興也。委積不紲（＝泄）、豈聖国微遇之哉。殆以書未定而職未畢也。

董仲舒《とうちゅうじょ》は鼎足（三公）の位なしと雖も、知は公卿の上に在り。周は二代（夏と殷）に監《かんが》み、漢は周・秦に監む。然らば則ち蘭臺の官、国の得失を監みる所なり。心は［小さな］丸卵の如きも、体の内蔵為《た》り、眸子（ひとみ）は豆の如きも、身の光明為るを以て、［蘭臺の］令史は微（微官、低い官）と雖も、典国の道蔵（典国道蔵＝治国の重要な官府）、通人の由りて進む所なること、猶お博士の官は、儒生の由りて興る所のごときなり。委積《いし》して泄さざるは、豈に聖国之を微遇せるか。殆んど書未だ定まらずして職未だ畢せざるを以てなり。

それゆに、「董仲舒、書云」は「董仲舒の書に云わく」と読むのは誤りである。

附節　「寒食の日、闘鶏と闘鶏子（闘卵）を行う」の典拠

『荊楚歳時記』の「寒食の日、闘鶏と闘鶏子（闘卵）を行う」は次のようである。

闘鶏、鏤鶏子闘鶏子。

按玉燭宝典曰、此節、城市尤多闘鶏［卵］之戯。左伝、有季郈闘鶏。其来遠矣。古之豪家、食称画卵。今代猶染藍茜（＝蒨）雑色、仍加雕鏤、遞相餉遺、或置盤俎。管子（＝巻一二侈靡第三五）曰、雕卵然食之（＝雕卵然後瀹之）。所以発積蔵散萬物。張衡南都賦曰、春卵夏筍秋韭冬菁。便是補益滋味。其闘卵、則莫知所出。董仲舒、書云、心如宿卵。為体内蔵。以拠其剛、髣髴闘理也。

『荊楚歳時記』の注記がいうように、『玉燭宝典』巻第二・二月仲春に、次のような記事がある。

此節、城市尤多闘鶏卵之戯。左伝、有季郈闘鶏、延及魯邦。魏陳思王有闘鶏表云、預列鶏場。後代文人、又有闘鶏詩賦。古之豪家、食称画卵。今世、猶染藍蒨雑色、仍加雕鏤、遞相餉遺、或置盤俎。管子云、雕燎然後灼之、

雕卵然後淪之。所以発積蔵散萬物。夏侯湛梁田賦云、……………。便是補益滋味。山海大荒西経云、…………。其闘卵、則莫知所出。董仲舒、書云、心如宿卵。為体内蔵。以拠其剛、髣髴闘理也。

此の節、城・市尤《もっと》も鶏卵を闘わすの戯多し。「左伝」（昭公二五年秋）に「季・郈《こう》の鶏を闘わすこと有りて、魯邦に延及するならん」と。魏の陳思王（一九二～二三二、曹植は三国・魏の曹操の五男。陳王に封じられ、諡《おくりな》が「思」であるから陳思王といわれる）に闘鶏の表有りて云わく、「預《あらかじ》め鶏場に列《つら》なる」と。後代の文人、又た闘鶏の詩賦有り。古の豪家、食は画卵と称う。今世猶お藍・蒨（茜色）・雑色に染め、仍お雕鏤《ちょうろう》を加え、遞《たがい》に相い餉遺《しょうい》し、或いは盤俎《ばんそ》（食卓）に置く。「管子」（巻一二侈靡《しび》第三五）に曰わく、「燎を雕りて然る後に之を灼き、卵に雕りて然る後に之を瀹《に》る」と。積蔵するを発き萬物を散ずる所以《ゆえん》ならん。夏侯湛《かこうたん》（二四三～二九一、『晋書』巻五五）の梁田賦に云わく、……………。便ち是れ滋味を補益す。「山海《せんがい》大荒西経」に云わく、……………。其の闘卵、則ち出ずる所を知る莫し。董仲舒《とうちゅうじょ》、書に云わく、「心は宿卵の如し。体の内蔵為り」と。其の剛に拠るを以て、闘理を髣髴《ほうふつ》せしむるなり。

『荊楚歳時記』に傍線を施した「張衡南都賦曰、春卵夏筍秋韭冬菁」は『玉燭宝典』に記事がなく、『玉燭宝典』に傍線を施した「夏侯湛梁田賦云、………」と「山海《せんがい》大荒西経云、………」は『荊楚歳時記』に記事がない。「張衡南都賦曰、春卵夏筍秋韭冬菁」は『荊楚歳時記』に増入した記事、「夏侯湛梁田賦云、………」と「山海大荒西経云、………」は、『玉燭宝典』の記事を『荊楚歳時記』に引用するときに省略した記事とすれば、話は合致する。

「寒食の日、闘鶏と闘鶏子（闘卵）を行う」は『玉燭宝典』に依るところが大であるから、闘鶏の習俗は華北の習俗を述べるもので、荊楚地方の習俗を伝える『荊楚記』の記事に依るものではないだろう。とすれば、寒食に「闘鶏、鏤鶏子闘鶏子」とある「一字上げ」の文言は、宗懍の文言ではないことになる。では、これは誰の創作した文言であろうか。「一字下げ」の注記記事が『玉燭宝典』に依拠しているから、「一字上げ」の「闘鶏、鏤鶏子闘鶏子」は、杜公瞻《せん》が創作した文であろう。

二九補　燕初めて来る

杜臺卿（六世紀後半期の人・『隋書』巻五八）の『玉燭宝典』巻第二・二月仲春に、

又以種殖之時、燕始来。……（中略）……。荊楚記云、婦人以一双竹箸擲之、以為令人有子。蓋其遺俗。古今注云、燕一名天女。

又た種殖の時を以て、燕始めて来たる。……（中略）……。「荊楚記」に云わく、「婦人一双の竹箸を以て之（＝燕）を擲《なぐ》らば、以て人をして子を有らしむと為す」と。蓋《けだ》し其の遺俗ならん。「古今注」に云わく[1]、「燕は一つに天女と名づく」と。

とあり、羅願（一一三六～一一八四）の『爾雅翼』巻一五釈鳥・燕に次のようにある。

荊楚之俗、燕始来、睇 夏小正二月燕乃睇 有入室者、以双箸擲之、令人有子。

荊楚の俗、燕始めて来り、睇《だい》して[2]「夏小正」に「二月の燕乃ち睇す」と。室に入るもの有らば、双箸を以て之を擲《なぐ》らば、人をして子有らしむ。

前漢の戴徳の『大戴礼《だたいれい》』夏小正第四七・二月に次のようにある。

来降燕乃睇。

燕乙也。降者下也。言来者何也。莫能見其始出也。故曰来降。言乃睇何也。睇者眄也。眄者視可為室者也。百鳥皆曰巣突穴。又謂之室何也。操泥而就家、入人内也。

来降して燕乃ち睇《だい》す。

燕は乙（乙鳥、燕の異名）なり。降は下（下る）なり。来と言うは何ぞや。能く其の始めて出ずるを見ること莫きなり。故に来降（毎年、必ずやってくるから来降という）と曰う。乃ち睇すと言うは何ぞや。睇《だい》は眄《べん》なり。眄（流し目で視る、横目で視る）とは室を為すべきものを視るなり。百鳥に皆な巣を突穴と曰う。又た之（燕の巣）を室と謂うは何ぞや。泥を操《と》りて家に就き、人の内に入るなり。

（1）『古今注』は崔豹（字は正熊。晋朝の人）の『古今注』三巻を指す。『太平御覧《ぎょらん》』巻九二二羽族部九・燕に「崔豹古今注曰、燕一名天女、一名鷙鳥」とある。

（2）「睇」字に関して、前漢の揚雄（前五三〜一八）の『方言』巻二に、

瞯音閑、睇音悌、睎、略音略、眄也。陳楚之間、南楚之外曰睇。東斉青徐之間曰睎。呉揚江淮之間、或曰瞯、或曰略。自関而西、秦晋之間曰眄。…………南楚謂眄曰睇。

「瞯音は閑、睇《てい》音は悌、睎、略音は略」は眄《べん》（横目でみる、流し目でみる、チラッとみる）なり。陳楚の間、南楚の外は睇《だい》と曰う。東斉・青徐の間は睎《き》と曰う。呉揚・江淮の間、或いは瞯《かん》と曰い、或いは略《らく》と曰う。関より而西、秦晋の間は眄と曰う。…………南楚は眄を謂いて睇と曰う。

とあり、梁の顧野王（五一九〜五八一）の『玉篇』巻四目部第四八の「眱」に「南楚謂眄曰眱（南楚は眄を謂いて眱《い》と曰う）」とある。眱は睇に同じである。睇は「眄」の楚国の独特の言い方で、ここにも『荊楚歳時記』の独自性が発露している。

三〇　三月三日、禊祓《けいふつ》と曲水の飲

「宝顔堂秘笈広集」本『荊楚歳時記』の「三月三日、禊祓と曲水の飲」は次のようである。

三月三日、四民(1)（＝士民）並出江渚池沼間、臨清流、為流觴曲水之飲。

按韓詩（＝『韓詩外伝』）云、唯溱与洧、方洹洹兮。唯士与女、方秉蕑兮。注謂、今三月、桃花水下、以招魂続魄、除歳穢。周礼女巫（＝「周礼」春官宗伯・女巫）［掌］歳時祓除釁浴。鄭注云、今三月上巳、［如］水上之類。司馬彪礼儀志曰、三月上巳、官民並禊飲於東流水上、彌験此日。南岳記云、其山西曲水壇、水従石上行、士女臨河一作行壇。三月三日、所逍遙處。続斉諧記、晋武帝問尚書摯虞曰、三日曲水、其義何指。答曰、漢章帝時、平原徐肇、以三月初生三女、至三日倶亡。一村以為怪、乃相与携酒、至東流水辺、洗滌去災。遂因流水以泛觴、曲水之義、起於此也。帝曰、若如所談、便非嘉事。尚書郎束皙曰、摯虞小生、不足以知此。臣請説其始。昔周公卜城洛邑、因流水以泛酒。故逸詩云、羽觴随波流。又秦昭王三月上巳、置酒河曲。有金人、自東而出、奉水心剣曰、令君制有西夏。及秦霸諸侯、乃因其處立為曲水［祠］。二漢相沿、皆為盛事。帝曰善。賜金五十斤、左遷摯虞、為陽城令。周處呉徽注呉地記、則又引郭虞三女、並以元巳（元巳＝上巳）日死。故臨水以消災、所未詳也。張景陽洛禊賦、則洛水之遊。傅長虞禊飲文（禊飲文＝神泉賦）、乃園池之宴。孔子暮春浴乎沂。則水浜禊祓、由来遠矣。

三月三日、士民並びに江渚（河川の水ぎわ）・池沼の間に出で、清流に臨み、觴《さかずき》を流し曲水の飲を為す。(2)「韓詩外伝」(3)を按ずるに云わく、「唯だ溱《しん》と洧《い》、方に洹洹《えんえん》たり。唯だ士と女、方に蕳《ふじばかま》を秉《と》る（溱水と洧水は、春を迎えて盛んに流れている。男と女が集いて、蕳を秉っている）」と。注に謂う、「今三月、桃花水下り、魂を招き魄《たましい》を続《つ》ぎ、以て歳穢《わい》（一年の穢れ）を除く」と。「周礼《しゅらい》」の春官・司巫《しふ》に、(4)「女巫は歳時の祓除《ふつじょ》・釁浴《きんよく》(5)（香草を以て沐浴すること）を掌る」と。鄭注《ていちゅう》（鄭玄《じょうげん》の注）(6)に云わく、「今三月上巳《じょうし》、水の上《ほとり》に如《い》くの類なり」と。司馬彪《しばひょう》の「礼儀志」(7)（「後漢書《じょ》」礼儀志）に曰わく、「三月上巳、官民並びに東流せる水の上に禊飲す」と、彌《いよ》いよ此の日を験あらしむ。「南岳記」(8)に云わく、「其の山（南岳・衡山）の西の曲水壇、水は石の上より行《さ》り、士女河（河は一つに「行」に作る）壇に臨む。三月三日、逍遙する所の處」と。「続斉諧記」(9)に、「晋の武帝（在位は二六六～二九〇）尚書の摯虞《しぐ》（「晋書《しんじょ》」巻五一）に問いて曰わく、(10)「三日の曲水、其の義何をか指さんや」と。答えて曰わく、「漢の章帝（後漢の第三代皇帝。在位は七五～八八）の時、平原（唐代の河北道徳州平原県）の徐肇《じょちょう》、三月を以て初めて三女を生み、三日にして倶に亡くなるに至る。一村以て怪と為し、乃ち相い与《とも》に酒を携え、東流せる水辺に至り、洗滌して災を去る。遂に流水に因りて以て觴《さかずき》を泛《うか》ぶ。曲水の義、此れより起《はじ》まるなり」と。帝曰わく、「若《も》し談《かた》る所の如くんば、便ち嘉事に非ず」と。尚書郎の束晳《そくせき》曰わく、「摯虞は小生、以て此れを知るに足らず。臣其の始めを説かんことを請う。昔、周公(11)（周の文王の四男。前一一世紀の人）は卜して洛邑(12)を城《きず》き、流水に因り以て酒を泛ぶ。故に「逸詩」に云わく、〈羽觴《うしょう》波に随いて流る〉と。又た秦の昭王（在位は前三〇六～前二五一。始皇帝の祖父）は三月上巳（三月上巳＝三月の最初の巳の日）に、河曲に置酒す。金人有り、東より出で、水心剣を奉じて曰わく、〈君をして西夏を制し有《たも》たしめん〉と。秦は諸侯に霸たるに及んで、乃ち其の處に因りて立てて曲水祠を為る。二漢（前漢と後漢）相い沿い、皆な盛事と為す」と。帝曰く「善し」と。金五〇斤（魏の一斤＝二二二g。五〇×二二二g＝一一、一〇〇g）を賜い、摯虞《しぐ》を左遷し、陽城令と為す。周處(13)・呉徽《ごき》（未詳）

は「呉地記」（未詳）に注して、「則ち又た郭虞の三女を引き、並びに上巳《じようし》の日を以て死す」(14)と。故に水に臨んで以て災いを消すは、未だ詳らかならざる所なり。張景陽（『晋書《しんじよ》』巻五五張載伝附伝。諱は協、字景陽）の「洛禊賦」(15)は、則ち洛水の遊。傅長虞《ふちようぐ》（長虞は傅咸の字。傅玄の子で「晋書」巻四七傅玄伝に附伝されている）の「神泉賦」(16)は、乃ち園池の宴。孔子に「暮春に沂《き》に浴す」(17)と。則ち水浜の禊祓《けいふつ》、由りて来るや遠し。

（1）「四民」に関して、『太平御覧《ぎよらん》』巻三〇時序部一五・三月三日に「荊楚歳時記曰、三月三日、四人並出江渚池沼間、為流盃曲水宴」とあり、「四人」とある。「人」は唐の太宗皇帝（五九八～六四九。在位は六二六～六四九。李世民、太宗は廟号）の諱「世民」の「民」を避諱し、「四人」となったものである。「四民」は「重較説郛《せつぷ》」本は「士民」に作る。「士民」を是とする。

（2）「曲水の飲」は曲水に杯を浮かべ、所定の位置に杯が流れ行くまでに詩歌を作る風流な遊びである。詩歌ができたら酒を飲むのか、できない人が罰杯するのかは明らかではない。「曲水之飲」は著名であるので、多くの文献が言及していると考えがちであるが、「曲水之飲」に言及する文献は『続斉諧記』の記事が最も古い。晋の武帝は「曲水之飲」の原義を質問しているから、三世紀末に「曲水之飲」の原義は不明となっていたのである。

『晋書』巻八〇王羲之伝に、

孫綽李充許詢支遁等皆以文義冠世。並築室東土、与羲之同好。嘗与同志宴集於会稽山陰之蘭亭。羲之自為之序、以申其志曰、永和九年歳在癸丑、暮春之初、会於会稽山陰之蘭亭、修禊事也。群賢畢至、少長咸集。此地有崇山峻嶺茂林修竹、又有清流激湍、映帯左右。引以為流觴曲水、列坐其次、雖無絲竹管絃之盛、一觴一咏、亦足以暢叙幽情。是日也、天朗気清、恵風和暢、仰観宇宙之大、俯察品類之盛。所以游目騁懐、足以極視聴之娯、信可楽也。

孫綽・李充・許詢・支遁等は皆な文義を以て世に冠たり。並びに室を東土に築き、羲之と好みを同じくす。嘗《かつ》て同志と会稽山陰の蘭亭に宴集す。羲之自ら之が序を為り、以て其の志を申べて曰わく、「永和九年（三五三）歳在癸丑、暮春の初め、会稽山陰の蘭亭に会し、禊事を修めるなり。群賢畢く至り、少《わか》きも長も咸な集う。此の地は崇山峻嶺・茂林修竹有り。又た清流激湍《げきたん》有り、左右に映帯す。引きて以て流觴曲水を為し、列して其の次に坐し、絲竹管絃の盛なきと雖も、一觴一詠し、亦た以て幽情を暢叙するに足る。是の日や、天は朗気は清、恵風和暢し、仰いで宇宙の大を観、俯して品類の盛を察す。目を游し懐を騁する所以にして、以て視聴の娯を極めるに足る。信に楽しむべきなり」と。

と永和九年（三五三）の蘭亭における「曲水の飲」を伝える。『通典』巻五五礼典一五・吉礼一五・祓禊に、東晋と南朝・斉の「曲水之飲」の記事がある。

（3）韓詩は『韓詩外伝』のこと。前漢の韓嬰《えい》の著。韓嬰は『漢書《かんじょ》』巻八八儒林伝に列伝がある。燕の人で、前漢の文帝（在位は前一八〇～前一五七）と景帝（在位は前一五七～前一四一）に仕えた。現行本『韓詩外伝』は一〇巻から構成される。『詩経《しきょう》』の章句に関連する故事、逸事、伝承を述べた書。説話集に近い。

秦の焚書ののち、漢代に『詩経』を伝えた轅固生の斉詩・申公の魯詩に加えて韓嬰の韓詩がある。これを三家詩という。現行の毛詩が古文の説であるのに対し、三家詩は今文に属する。韓嬰は韓詩の注釈書である『韓詩内伝』と『韓詩外伝』を著わした。『漢書』藝文志には『韓内伝』四巻、『韓外伝』六巻、『韓故』三六巻、『韓説』四一巻があるが、『外伝』以外は散逸した。『韓詩外伝』は三家詩の現存する唯一の書である。『漢書』藝文志は『韓外伝』六巻とするが、『隋書』巻三二経籍志・経部・詩類には「韓詩外伝十巻」とある。『韓詩外伝』は直接に『詩経』と関係する書ではなく、いろいろな故事を述べ、『新序』・『説苑《ぜいえん》』・『列女伝』の故事は、『韓詩外伝』を多く引用している。

（4）『周礼《しゅらい》』は、この場合『周礼』春官宗伯・女巫《ふ》を指す。『周礼』春官宗伯・女巫（みこ）に次のようにある。

女巫掌歳時祓除釁浴、旱暵則舞雩。

女巫は歳時の祓除《ふつじょ》・釁浴《きんよく》を掌り、旱暵《ひでり》には則ち舞雩《ぶう》す。

（5）釁浴《きんよく》は王応麟（一二二三～一二九六）の『漢制攷《こう》』巻二に、次のようにある。

女巫注、歳時祓除如今、三月上巳如水上之類。釁浴謂以香薫草薬沐浴。

「女巫」に注す、「歳時の祓除は今の如く、三月上巳は水上の類の如し。釁浴は香薫の草薬を以て沐浴するを謂う。

（6）鄭注は鄭玄《じょうげん》の注。鄭玄（一二七～二〇〇）は、後漢末期の学者。字は康成。後漢時代には、古文学派が発展し、一人で複数の経典を兼修するのが常となっていた。二二歳で太学へ進み、『春秋公羊《くよう》伝』・『春秋左氏伝』・『周礼《しゆらい》』等々の講義を受けた。鄭玄は古文を主とし、今文・古文の諸説を統合して一家の説を形成した。後世の考證学のために重要な資料を提供する事となった。

（7）「司馬彪《しばひよう》の礼儀志曰、……」は『後漢書《じよ》』礼儀志・中の次の記事を指す。

是月上巳、官民皆絜於東流水上、曰洗濯祓除、去宿垢疢、為大絜。絜者言陽気布暢、萬物訖出、始絜之矣。

是の月の上巳、官民皆な東流せる水の上《ほとり》に絜《きよ》くし、洗濯祓除と曰い、宿垢・疢《ちん》（やまい）を去り、大絜を為す。絜とは陽気布暢し、萬物訖《すで》に出《い》で、始めて之を絜するを言う。

（8）『南岳記』は『太平御覧《ぎよらん》』巻三九地部四・衡山に「徐霊期南岳記曰、衡山者、五岳之南岳也。其来尚矣（徐霊期の南岳記に曰わく、衡山は、五岳の南岳なり。其の来るや尚し）」とあるように、南岳は五岳の一で、江南道の衡州衡山県にある。唐の李吉甫の『元和郡県志』巻三〇江南道五・衡州衡山県の条に「衡山、南岳也。一名岣嶁《こうろう》。山在県西三十里」とある。前掲した『南岳記』には「其山西曲水壇、水従石上行、士女臨河一作行壇。三月三日、所逍遙處」とあったが、唐の歐陽詢の『藝文《げいもん》類聚』巻六四居處部四・壇に、

徐霊期南岳記曰、南岳山上、有飛壇。懸水激石、飛湍百仞、即孫温伯所喪身處也。又有曲水壇。水行石上、成溝瀆。如世人臨河壇也。三月三日、時来逍遥。

徐霊期の「南岳記」に曰わく、「南岳の山上、飛壇有り。懸水石を激し、飛湍《ひたん》すること百仞《じん》（仞は両手をひろげた長さ。長く飛湍することのたとえ）、即ち孫温伯（詳細未詳）の喪身する所の處なり。又た曲水壇有り。水は石上を行《さ》り（＝流れ）、溝瀆《こうとく》を成す。世人の臨河壇の如くなり。三月三日、時来らば逍遥す」と。

とあり、『荊楚歳時記』引用の『南岳記』と記事が類似するから、『荊楚歳時記』の『南岳記』は、徐霊期の『南岳記』と認めてよい。『通典』巻一〇三礼典六三・凶礼二五「久喪不葬服議」に「東晋徐霊期問張憑云、……（東晋の徐霊期　張憑《ちようふう》に問いて云わく、……）」とあるから、徐霊期は東晋（四世紀後半）以降の人であろう。

（9）『続斉諧記』は『隋書』巻三三経籍志・史部・雑伝類に「続斉諧記一巻。呉均撰」とあり、呉均（四六九～五二〇）の著書。呉均は『梁書《じよ》』巻四九文学上に列伝がある。

(10) 晋の武帝が曲水宴の由来を問う話は、『晋書《しんじょ》』巻五一束晳《そくせき》伝にある。

遷尚書郎。武帝嘗問摯虞三日曲水之義。虞対曰、漢章帝時、平原徐肇、以三月初、生三女、至三日倶亡。村人以為怪、乃招携之水浜、洗祓。遂因水以汎觴。其義起此。帝曰、必如所談、便非好事。晳進曰、虞小生、不足以知。臣請言之。昔周公城洛邑、因流水以汎酒。故逸詩云、羽觴随波［流］。又秦昭王以三日置酒河曲。見金人、奉水心之剣曰、令君制有西夏。乃覇諸侯、因此立為曲水。二漢相縁、皆為盛集。帝大悦、賜晳金五十斤。

尚書郎に遷る。武帝嘗て摯虞《しぐ》に三日の曲水の義を問う。虞対《こた》えて曰わく、「漢の章帝の時、平原の徐肇、三月初めを以て、三女を生み、三日に至りて倶に亡《し》す。村人以て怪と為し、乃ち之を水浜に招携し、洗祓す。遂に水に因り以て觴《さかずき》を汎ぶ。其の義此こより起こる」と。帝曰わく、「必ず談《かた》る所の如くんば、便ち好事に非らず」と。晳進んで曰わく、「虞は小生、以て知るに足らず。臣は之を言わんことを請う。「昔、周公（周の文王の四男。前一一世紀の人）洛邑を城《きず》き、流水に因りて以て酒を汎《うか》ぶ。故に「逸詩」に云わく、「羽觴《うしょう》波に随いて流る」と。又た秦の昭王は三日を以て河の曲に置酒す。金人見れ、水心の剣を奉じて曰わく、「君をして制して西夏を有《たも》たしめん」と。乃ち諸侯に覇たりて、因りて此こに立てて曲水を為る。二漢（前漢と後漢）相い縁り、皆な盛集を為す」と。帝大いに悦び、晳に金五〇斤を賜う。

(11) 周公は周王朝（前一〇四六?〜前二五六）の王家に生まれた。姓は姫、諱は旦。文王《ぶんのう》の四男。初代の魯公である伯禽の父。呂尚（太公望）や召公と並ぶ、周王朝創建の功臣の一人。周公といわれる理由は明らかではない。兄王の武王・武王の王子・成王を補佐し、周王朝の安定化に奔走し、洛邑（洛陽、成周）を造営し、周王朝の副都とした。周公は周代の儀式・儀礼について述べた『周礼《しゅらい》』や『儀礼』を著したとされる。

(12) 洛邑は洛陽のこと。周の成王（?〜前一〇二一）の時代に、東方経略の拠点として洛邑の都城が築かれて、成周、東都と呼ばれ、洛陽の歴史が始まる。紀元前七七一年の平王の洛邑遷都を境に、それ以前を西周、以後を東周といい、春秋時代が始まる。こうした経緯から、渭水流域の軍事力と結びついた長安と、華北平原の経済力と結びついた洛陽が対になって首都機能を担う形が出来上がっていき、後漢・曹魏・西晋・北魏・隋・唐などにおいて都が置かれることになった。

(13) 周處（二三六〜二九七）は『晋書』巻五八に列伝がある。詳細は本書六五頁注（18）を参照。

（14）郭虞の話は『宋書《そうじょ》』巻一五礼志に、

旧説、後漢有郭虞者。有三女、以三月上辰産二女、上巳産一女。二日之中、而三女並亡。俗以為大忌。至此月此日、不敢止家。皆於東流水上、為祈禳自潔濯、謂之禊祠。分流行觴、遂成曲水。

「旧説」に、「後漢に郭虞なる者有り。三女有り、三月上辰を以て二女を産み、上巳《じょうし》に一女を産む。二日の中、三女並びに亡くなる。俗以て大忌と為す。此の月の此の日に至り、敢えて家に止まらず。皆な東流せる水の上《ほとり》に於いて、為に祈禳して自らを潔濯す、之を禊祠と謂う。分流行觴し、遂に曲水を成す」と。

とあり、『太平御覧《ぎょらん》』巻三〇時序部一五・三月三日に次のようにある。

風土記曰、漢末、有郭虞者。有三女、以三月上辰上巳三日而三女産、乳並亡。迄今時俗以為大忌。故到是月是日、婦女忌諱、不復止家、皆適東流水上、就遠地禊祓、自潔濯也。

「風土記」に曰わく、「漢末に、郭虞なる者有り。三女有り、三月上辰・上巳の三日を以て而して三女産み、乳して並びに亡《なく》なる。今に迄《いた》りて時俗以て大忌と為す。故に是の月是の日に到り、婦女忌諱し、復た家に止まらず、皆な東流せる水の上《ほとり》に適《ゆ》き、遠地に就き禊祓し、自ら潔濯するなり」と。

（15）『洛禊賦』は『藝文《げいもん》類聚』巻四歳時部・中・三月三日の条に引用されている。

夫何三春之令月、嘉天気之氤氳。和風穆以布暢、百卉曄而敷芬。川流清冷以汪濊、原隰葱翠以龍鱗。游魚瀺灂於渌波、玄鳥鼓翼於高雲。美節慶之動物、悦群生之楽欣。故新服之既成、将禊除於水浜。於是縉紳先生、嘯儔命友。携朋接黨、冠童八九。主希孔墨、賓慕顔柳。臨崖詠吟、濯足揮手。乃至都人士女、奕奕祁祁。車駕岬嵑、充溢中逵。粉葩翕習、緑阿被湄、振袖生風、接衽成幃、若夫権戚之家、豪侈之族。采騎斉鑣、華輪方轂。青蓋雲浮、参差相属。集乎長洲之浦、曜乎洛川之曲、遂乃停輿蕙渚、税駕蘭田、朱幔虹舒、翠幕蜺連。羅樽列爵、周以長筵、於是布椒醑、薦柔嘉、祈休吉、蠲百痾、漱清源以滌穢兮、攬緑藻之繊柯、浮素卯（＝卵）以蔽水、灑玄醪於中河。

夫《そ》れ何ぞ三春の令月、天気の氤氳《いんうん》を嘉す。風に和し穆に以て布暢し、百卉《き》曄《かがや》きて芬《かお》りを敷く。川流清冷にして汪濊を以《おも》い、原隰葱翠《そうすい》にして龍鱗を以う。游魚は渌《りょく》波に瀺灂《さんさく》し、玄鳥は翼を高雲に鼓す。節慶の動物を美《よみ》し、群生の楽欣を悦ぶ。故に新服の既に成り、将《もつ》て水浜に禊除す。是において縉紳《しんしん》先生、嘯儔《しょうとう》命友、朋《とも》を携え党に接し、冠童八九なり。主は孔墨（孔子と墨子）を希《こいねが》い、賓は顔柳（顔回と柳下恵）を慕う。崖に臨んで詠吟し、足を濯い手を揮《ふる》う。乃ち都人の士女に至りては、奕奕祁祁《えきえききき》とす。車駕岬嵑《こうかつ》し、中逵《き》に充溢す。粉葩《は》翕《きゅう》習、縁阿被湄《び》。袖を振るわせ風を生み、袵《えり》を接し幃を成す。夫《そ》れ権戚の家、豪侈の族の若《ごと》きは。采騎鑣《くつわ》を斉しくし、華輪方《まさ》に轂《あつめ》る。青蓋雲浮し、参差し相い属す。長洲の浦に集い、洛川の曲に曜《かがや》く。遂に乃ち輿を蕙渚に停め、駕を蘭田に税《と》く。朱幔虹舒し、翠幕蜺《げい》連す。樽を羅《つら》ね爵を列し、周《めぐら》すに長筵《えん》を以てす。是において椒醑《しょうしょ》を布きて、柔嘉を薦め、休吉を祈り、百痾《あ》（多くの病気）を蠲《はら》う。清源に漱《すす》ぎ以て穢を滌《すす》ぎ、緑藻の繊柯を攬《と》り、素卵を浮かべ以て水を蔽《おお》い、玄醪《ろう》を中河に灑《そそ》ぐ。

（16）「傅《ふ》長虞の禊飲文」は「傅長虞の神泉賦」と訂正するべきである。「重較説郛《せつぷ》」本『荊楚歳時記』にも「神全文」とある。これは「神泉文」とあったものが「神全文」と誤った結果である。『神泉賦』は『藝文類聚《げいもん》』巻九水部・下・泉に引用がある。

（17）「暮春浴乎沂」の句は『論語』先進篇にある。

暮春者。春服既成。冠者五六人。童子六七人。浴乎沂。風乎舞雩。詠而帰。

暮春には、春服既に成る。冠する者五、六人、童子六、七人、沂《き》に浴し、舞雩《ぶう》に風し、詠じて帰らん。

附節　上巳《じょうし》

1　上巳の起源

上巳とは毎月の最初の巳日をいう。三月上巳に、水浜において身についた不祥を洗い流す習俗があった。特に三月上巳をいうのは、水ぬるむことと大いに関係がある。三月の水浜において、最初に不祥を洗い流すことに意味をもたせた結果、三月上巳が不祥を洗い流す習俗の行事日となったのでる。

一八世紀から一九世紀の趙翼（一七二七～一八一四）の『陔餘《がいよ》叢考』巻二一「上巳・端午・除夜」に、

韓詩［章句］、鄭国之俗、三月上巳、采蘭水上、祓除不祥。蓋用三月中第一巳日、如上辛上丁之類也。後漢書、上巳官民皆於東流水上、祓除宿垢。則猶用巳日。後乃但以三月三日為上巳誤也。

「韓詩章句」に、「鄭国の俗、三月上巳、水の上《ほとり》に采蘭し、不祥を祓除《ふつじょ》す」と。蓋《けだ》し三月中の第一巳日を用《もつ》てすは、上辛・上丁の類の如きなり。「後漢書《じょ》」に、「上巳に官民皆な東流せる水の上《ほとり》に於いて、宿垢《こう》（たまった垢）を祓除す」と。則ち猶お巳の日を用う。後に乃ち但だ三月三日を以て上巳と為すは誤りなり。

とあり、上巳の意味を述べ、後漢時代は三月上巳に水浜の行事が行われたことを指摘する。

『後漢書』礼儀志・上・祓禊《ふつけい》に、

是月上巳、官民皆絜於東流水上、曰洗濯祓除、去宿垢疢為大絜。絜者、言陽気布暢、萬物訖出、始絜之矣。謂之禊也。風俗通曰、周礼、女巫掌歳時以祓除疾病。禊者、絜也。春者、蠢也。蠢、揺動也。

是の月（三月）上巳、官民皆な東流せる水の上《ほとり》に絜するを、洗濯祓除と曰い、宿垢・疢《ちん》（やまい）を去り大絜《けつ》を為す。絜とは、陽気布暢し、萬物訖《すで》に出で、始めて之を絜《きよ》めるを言うなり。之を禊と謂うなり。「風俗通」に曰わく、「〈周礼《しゅらい》〉に、女巫《ふ》は歳時を掌り以て疾病を祓除す」と。禊は絜なり。春は蠢《しゅん》なり。蠢は揺動なり。

とあり、後漢では三月上巳に洗濯祓除が行われていた。

右の「祓禊」の注に、

漢書、八月、祓灞水。亦斯義也。後之良史、亦拠為正。

「漢書《かんじょ》」に、「八月、灞《は》水に祓《はら》う」と。亦た斯《こ》の義なり。後の良史も、亦た拠りて正と為す。

とあり、前漢の祓除を指摘するのは、上巳の起源を考える上で貴重である。しかし、八月に祓除をいうのは、上巳の洗濯祓除と合わない。右の記事は『漢書』巻二七中之上・五行志七・中之上に、

高后八年三月、祓霸上。師古曰、祓者除悪之祭也。音廢。

高后八年（前一八〇）三月、霸上（霸水のほとり）に祓《はら》う。師古曰わく、「祓《ふつ》は除悪の祭なり。音は廃」と。とある「高后八年三月、祓霸上」を「八月、祓灞水」に誤ったものである。上巳の祓除は前一八〇年に存在した。

『漢書《かんじょ》』巻九七上外戚伝にも記事がある。

孝武衛皇后、字子夫、生微也。其家号曰衛氏、出平陽侯邑。子夫為平陽主謳者。武帝即位、数年無子。平陽主求良家女十餘人、飾置家。帝祓霸上、孟康曰、祓除也。於霸水上自祓除、今三月上巳祓禊也。師古曰、祓音廃、禊音系。還過平陽主。主見所侍美人、帝不説。既飲、謳者進、帝独説子夫。帝起更衣、子夫侍尚衣軒中、得幸。

孝武（武帝）の衛皇后、字は子夫、微（微賤）に生るなり。其の家号して衛氏と曰い、平陽侯の邑に出ず。子夫は平陽主の謳《おう》者（歌手）と為る。武帝即位し、数年子なし。平陽主は良家の女十餘人を求め、家に飾置す。帝霸上に祓《はら》い、孟康曰わく、「祓除なり。霸水の上《ほとり》に自ら祓除す、今三月上巳の祓禊なり」と。師古曰わく、「祓の音は廃、禊の音は系」と。還りて平陽主を過《よぎ》る。主は侍する所の美人を見せるに、帝説《よろこ》ばず。既に飲み、謳者進むに、帝独り子夫を説《よろこ》ぶ。帝起きて衣を更《あらた》め、子夫は尚衣軒中に侍し、幸を得る。

また『漢書』巻九八元后伝にも、

莽又知太后婦人厭居深宮中、莽欲虞楽以市其権、乃令太后四時車駕巡狩四郊、存見孤寡貞婦。春幸繭館、率皇后列侯夫人桑、遵霸水而祓除。夏遊籞宿鄠杜之間。

莽《もう》は又た太后・婦人深く宮中に厭《えん》居するを知り、莽は虞楽し以て其の権を市《か》わんと欲し、乃ち太后をして四時に車駕四郊を巡狩し、孤寡貞婦を存見せしむ。春は繭館に幸し、皇后・列侯夫人を率い桑とりし、霸水に遵《よ》りて祓除す。夏は籞宿《ぎょしゅく》（禁苑の名）・鄠《こ》杜（長安県西南の鄠県にある漢の宣帝の陵）の間に遊ぶ。

とある。これによって、前漢にも春の祓除があったことが明らかとなる。

前掲した『後漢書《じょ》』礼儀志上・祓禊の注には、

韓詩曰、鄭国之俗、三月上巳、之溱洧両水之上、招魂続魄、秉蘭草、祓除不祥。

「韓詩」に曰わく、「鄭国の俗、三月上巳、溱《しん》・洧《い》両水の上《ほとり》に之《い》き、魂を招き魄《たましい》を続《つ》ぎ、蘭草《ふじばかま》を秉《と》り、不祥を祓除す」と。

とある。「韓詩」は前漢の文帝から武帝時代に生きた韓嬰《えい》の『韓詩章句』をいうから、前漢の文帝から武帝時代には三月上巳に祓禊の行事を行っていた。なお「鄭国之俗、云云」は『詩経《しきょう》』国風・鄭風の「溱洧《しんいく》（ともに川の名）」の記事を指すが、「溱洧」では春に蘭草を採ることはいうが、不祥を祓除するとはいわないから、韓嬰《えい》は『詩経』国風以外に史料を持っていて、「鄭国之俗、云云」となったものであろう。

また前掲した『後漢書《じょ》』礼儀志上・祓禊の注には、

蔡邕曰、論語、暮春者、春服既成、冠者五六人、童子六七人、浴乎沂、風乎舞雩、詠而帰。自上及下、古有此礼。今三月上巳、祓禊於水浜、蓋出於此。

蔡邕《さいよう》曰わく、「『論語』に、『暮春には、春服既に成り、冠者五・六人、童子六・七人［を得て］、沂《き》に浴し、舞雩《ぶう》に風して、詠じ帰らん』と。上より下に及ぶまで、古《いにしえ》は此の礼有り。今三月上巳、水浜に祓禊《ふつけい》するは、蓋《けだ》し此れより出ずるならん」と。

とあり、三月上巳の水浜における祓禊の起源は、『論語』先進篇にみえる「沂に浴す」にあると蔡邕は推定している。『後漢書』礼儀志・上「祓禊」の注に引用するように、『論語』に暮春に浴すとあることが、後世の三月上巳の水浜における祓禊の起源とし、他の文献でも必ず引用され、三月上巳の祓禊の起源する。しかし、『論語』の場合は、なぜ「沂に浴す」のかは不明であるから、この史料を以て、上巳祓禊の起源とすることは再考する必要がある。

『韓詩章句』にいう、

韓詩曰、鄭国之俗、三月上巳、之溱洧両水之上、招魂続魄、秉蘭草、祓除不祥。

は、前漢の前二世紀に生きた韓嬰《えい》の文であり、確たる史料があって、この記事を書いたのならともかく、『詩経』国風の鄭風「溱洧」を基礎にし、韓嬰が創作した文章であるなら、鄭風「溱洧」には「祓除不祥」はないから、上巳祓禊の起源を『詩経』に求めることも妥当ではないことなり、蕭頴士《しょうえいし》の「蓬池禊飲序」（『文粋』巻九七所収）に、

禊逸礼也。鄭風有之。　禊は逸礼なり。鄭風に之有り。

とあるが、「鄭風有之」は何ら根拠のない文であり、上巳祓禊の起源は、文献では前漢にしか求め得なくなる。

前掲した『後漢書《じょ》』礼儀志上・祓禊の注には、

一説云、後漢有郭虞者、三月上巳産二女、二日中並不育。俗以為大忌、至此月日諱止家、皆於東流水上為祈禳、自潔濯。謂之禊祠。引流行觴、遂成曲水。

一説に云わく、「後漢に郭虞なる者有り、三月上巳に二女を産むも、二日の中並びに育たず。俗以て大忌と為し、此の月日に至れば家に止るを諱み、皆な東流せる水の上《ほとり》に於いて祈禳《きじょう》を為し、自ら潔濯す。之を禊祠と謂う。流を引いて觴《さかずき》を行い、遂に曲水を成す。

とあり、後漢の郭虞の故事が契機となって、上巳祓禊となったような記事があるが、上巳祓禊は前漢にあるから、郭虞の故事と上巳祓禊は無関係である＊。

＊　上巳節の起源に関しては、守屋美都雄訳注『荊楚歳時記』（平凡社・東洋文庫　一九七八）一一三頁以下、中村喬『中国の年中行事』（平凡社　一九八八）五二頁以下を参照。中村氏は上巳の起源を『論語』先進篇の「沂《き》に浴す」に求める。

2　上巳は三月三日

三月上巳の水浜に不祥を洗い流す習俗は、三国・魏の時代になって、三月三日に固定され、上巳は三月三日を指すようになった。『晋書《しんじょ》』巻二一志一一礼下に、

漢儀、季春上巳、官及百姓、皆禊於東流水上、洗濯祓除、去宿垢。而自魏以後、但用三日、不以上巳也。

漢の儀、季春の上巳、官及び百姓、皆な東流せる水の上《ほとり》に禊し、洗濯祓除し、宿垢を去る。而して魏より以後、但だ三日を用い、上巳を以てせざるなり。

とある。隋唐の上巳節は前漢以来の上巳を継承しているように思えるが、日附は魏以来を継承し、行事自体も本来の主旨から派生した行事を行っており、「上巳」という漢代の名称のみを継承していることになる。

3　重《ちょう》三

五月五日を重五といい、九月九日を重九《ちょうきゅう》というように、三月三日は重三ともいう。王楙《ぼう》（一一五一～一二一三）の『野客叢書』巻一一「重三」は次のようにいう。

今言五月五日曰重五、九月九日曰重九。僕謂三月三日、亦宜曰重三。観張説文集、三月三日詩、暮春三月日重三。此可拠也。［閻朝隠］曲水侍宴詩、三月重三日。此可拠也。

今五月五日を言いて重五と曰い、九月九日を重九と曰う。僕三月三日を謂いて、「亦た宜しく重三と曰うべし」と。張説の「文集」を観るに、「三月三日」の詩に「暮春三月日は重三」と。此れ拠るべきなり。閻朝隠の「曲水侍宴」の詩に、「三月重三の日」と。此れ拠るべきなり。

開元年間（七一三～七四一）の宰相である張説は、三月三日を『張説之文集』巻五「舟中和蕭令潭字」において、「暮春三月日重三」といい、閻《えん》朝隠の「三日曲水侍宴応制」に「三月重三日」（『文苑英華』巻一七二・応制五・歳時一「上巳二十二首」）というから、唐人《とうひと》は三月三日を重三ともいったのである。

三月三日の上巳の習俗は、本来は三月最初の巳の日に行われたが、後ちに三月三日に移され固定された。三月三日となった時期は「自魏以後、但用三日、不以巳也（魏より以後、但だ三日を用い、巳を以てせずなり）」（『宋書《じょ》』巻一五礼志二）とあるように、三国・魏の時代である。

三一補　三月三日、荊楚の曲水の飲

羅願（一一三六～一一八四）の『爾雅翼』巻二釈草・蕑《かん》（ふじばかま）に次の記事がある。

荊楚之俗、三月三日、亦出水渚沙洲間、或園宅池沼内、為曲水飲。

荊楚の俗、三月三日、亦た水渚・沙洲の間に出で、或いは園宅池沼の内に、曲水の飲を為す。

右の記事は「三〇　三月三日、禊祓と曲水の飲」と記事が類似する。『爾雅翼』は「荊楚之俗」として「曲水の飲」があったようにいうが、『荊楚歳時記』に「曲水の飲」の記事があることを、「荊楚之俗」と表現している可能性が高い。右の記事は、「三〇　三月三日、禊祓と曲水の飲」と同一記事であり、『爾雅翼』が「荊楚之俗」とし、別表現したと考えるべきであろう。

三二　三月三日、龍舌䉽《はん》（龍舌のような団子）を作る

「宝顔堂秘笈広集」本『荊楚歳時記』の「龍舌粓（龍舌のような団子）を作る」は次のようである。

是日、取黍麹（＝鼠麹）菜汁、作羹、以蜜和粉。謂之龍舌粓、以厭時氣。（粓は団子）

是の日、鼠麹《そきく》菜(1)の汁を取り、羹を作り、蜜を以て粉に和す。之を龍舌粓と謂い、以て時気（流行病）を厭《おさ》う。

（1）　鼠麹草は母子草（ハハコ草）。一年生草の菊科の草で、御形（ゴギョウ）と言われ春の七草の一。春から夏にかけ、黄色の小

さな花が咲く。別名はホオコグザ・オギョウ。原産地は日本、朝鮮半島、中国、臺湾、東南アジアである。
龍舌料は龍の舌を連想させる団子であるから、丸みを帯びた長細い団子であろう。
一三世紀中葉の陳元靚《せい》の『歳時広記』巻一八上巳「為龍餅（龍餅を為る）」に、

　歳時記、三月三日、或為龍舌餅。

「歳時記」に、「三月三日、或るいは龍舌餅（＝龍舌料）を為る」と。

とある。ここにいう『歳時記』は唐代の『歳時記』かも知れないが、龍舌料を龍餅といっている。
鼠麴《そきく》菜に関して、一二世紀にできた『経史證類大観本草』巻一一草部下品・鼠麴草には、

　荊楚歳時記云、三月三日、取鼠麹汁、［作羹］、蜜和為粉。謂之龍舌料、以厭時気。山南人呼為香茅。取花雑欅皮染褐、至破猶鮮。江西人呼為鼠耳草。

「荊楚歳時記」に云わく、「三月三日、鼠麴汁を取り、羹を作り、蜜を和し粉と為す。之を龍舌料と謂い、以て時気を厭《おさ》える」と。山南の人呼びて香茅《ぼう》と為す。花を取り欅皮（けやきの皮）を雑え褐を染むに、破に至りて猶お鮮なり。江西の人呼びて鼠耳草と為す。

とあり、鼠麴草と同じものとする。『欽定続通志』巻一七四には、鼠麴草の異名をいう。

　鼠麴草、一名米麴、一名鼠耳、一名仏耳草、一名無心草、一名香茅、一名黄蒿、一名茸母。荊楚歳時記云、三月三日、取鼠麴汁、蜜和為粉。謂之龍舌拌（拌＝料）、以厭時気。

鼠麴草。一つには米麴と名づけ、一つには鼠耳と名づけ、一つには仏耳草と名づけ、一つには無心草と名づけ、一つには香茅と名づけ、一つには黄蒿《おうこう》と名づけ、一つには茸母《じょうぼ》と名づく。「荊楚歳時記」に云わく、「三月三日、鼠麴汁を取り、蜜を和し粉と為す。之を龍舌料と謂い、以て時気を厭《おさ》う」と。

『年中行事秘抄』曲水宴事所引の『金谷園記』には、曲水の飲には参麺菜汁の加工食品を食べるという。

　三月三日、四人（民）並出水渚沙洲之間、或於国（＝園）宅池沼之内、為流杯曲水之飲。取参麺菜汁、和蜜為料（龍舌料）、以厭時気。

三月三日、四民並びに水渚・沙洲の間に出で、或いは園宅池沼の内に於いて、流杯曲水の飲を為す。参麺菜汁を取り、蜜に和ぜ龍舌䉽を為り、以て時気を厭《おさ》う。

『金谷園記』のいう「参麺菜汁」は「参麺」と「黍麴」は字形に似ているから、「黍麴菜汁」の誤写であり、黍麴は鼠麴《そきく》の誤写であるから、参麺菜汁は鼠麴菜汁ということになる。そうすれば、唐代においても『荊楚歳時記』の時代と同じように、三月三日には、鼠麴菜汁から作る龍舌䉽があったことになる。

三三補　三月三日、杜鵑《ほととぎす》初めて鳴く

羅願（一一三六～一一八四）の『爾雅翼』巻七釈草・蕩《とう》(1)に次の記事がある。

荊楚歳時記、三月三日、杜鵑初鳴。田家候之。此鳥鳴昼夜、口赤、上天乞恩。至章陸子（＝商陸の実）熟、乃止。然則章陸子未熟以前、為杜鵑鳴之候、故称夜呼。

「荊楚歳時記」(3)に、「三月三日、杜鵑(2)初めて鳴く。田家之を候《ま》つ」と。此の鳥昼夜に鳴き、口赤く、天に上り恩を乞う。商陸の実熟すに至り、乃ち止む。然らば則ち商陸の実未だ熟さざる以前、杜鵑鳴くの候と為し、故に夜呼と称う。

また『経史證類大観本草』巻一九禽部・杜鵑に、

杜鵑初鳴、先聞者、主離別、学其声。令人吐血於厠溷上。聞者不祥、厭之法、当為狗声、以応之。俗作此説。按荊楚歳時記、亦云、有此言。

杜鵑初めて鳴き、先に聞く者、離別を主り、其の声を学ぶ。人をして血を厠溷《そつこん》（便所と豚小屋）の上《ほとり》に吐かしむ。聞く者不祥とし、之を厭《ふさ》ぐ法、当《まさ》に狗声を為し、以て之に応ずべし。俗は此の説を作す。「荊楚歳時記」を按ずるに、亦た云わく、「此の言有り」と。
とあるが、全体の意味が把握し難い。

（1）蓫薚《ちくとう》は羅願（一一三六〜一一八四）の『爾雅翼』巻七釈草・薚に、

　蓫薚馬尾。郭璞曰、広雅云、馬尾蔏陸。本草、別名薚。今関西亦呼為薚、江東呼為当陸。

　蓫薚は馬尾なり。郭璞《かくはく》曰わく、「《広雅》に云わく、馬尾は蔏《しょう》陸」と。「本草」に、「別名は薚」と。今関西亦た呼びて薚と為し、江東は当陸と為す。

とある。薚は商陸・当陸である。

（2）杜鵑《ほととぎす》はカッコウ目・カッコウ科に分類される鳥類の一種。特徴的な鳴き声とウグイスなどに托卵する習性で知られている。中国南部に越冬していた杜鵑が、五月頃になると中国北部、朝鮮半島、日本まで渡ってくる。他の渡り鳥よりも渡来時期が遅いのは、托卵の習性のために対象とする鳥の繁殖が始まるのにあわせることと、食性が毛虫類を捕食するため、早春に渡来すると餌がないためである。杜宇、蜀魂、不如帰、時鳥、子規、田鵑《けん》など異名が多い。

（3）章陸はナデシコ目に属する双子葉植物。商陸（やまごぼう）。古倭名は「いおきす」）である。商陸は中国が原産地。商陸の実は八個に分かれ、熟すと黒紫色になる。根に多量の硝酸カリとキナンコトキシンを含み、有毒である。漢方では利尿薬として使われる。葉は食用にされるが、多量摂取は要注意である。現在、日本で多いのは米国原産の商陸である。

四月

三四　四月、獲穀（郭公）来《きた》る

「宝顔堂秘笈広集」本『荊楚歳時記』の「四月、獲穀（郭公）来る」は次のようである。

四月、有鳥、名獲穀。其名自呼。農人候此鳥、則犂杷上岸。

按爾雅云、鳲鳩鴶鞠（鞠＝鵴）。郭璞云、今布穀也。江東呼獲穀、崔寔正論云、夏扈（夏扈＝夏鳸）趍耕鋤、即窃脂（脂は衍字）玄鳥、鳴獲穀、則其夏扈（夏扈＝夏鳸と同じ）也。

四月、鳥有り、獲穀と名づく。(1)其の名自ら呼ぶ（その鳥名は獲穀と鳴くことから附いた）。農人は此の鳥を候《ま》ち、則ち犂・杷(2)(3)は岸に上る。

「爾雅」(4)を按ずるに云わく、「鳲鳩は鴶鵴(5)(6)。郭璞(7)云わく、〈今の布穀(8)（つつ鳥又はふふ鳥）なり。江東(9)（長江下流域）は獲穀と呼ぶ〉」と。崔寔の(10)「正論」(11)に云わく、「夏扈(12)（＝夏鳸《こ》）は耕鋤を趍《うなが》す」と。即ち窃玄鳥(13)は獲穀と鳴く、則ち其れ夏扈（＝夏鳸）なり。

（1）　四月に獲穀と呼ぶ鳥が鳴き、それを合図に農作業が開始されると『荊楚歳時記』はいう。『太平御覧《ぎょらん》』巻九一四羽族部一・鳥には、『荊楚歳時記』の記事を引用して、

又曰、夏七月、有鳥、民（＝名の誤り）穫穀。其声自呼。農人候此鳥、則犁把上岸。

又た曰わく、「夏七月、鳥有り、穫穀と名づく。其の声自ら呼ぶ。農人は此の鳥を候《ま》ち、則ち犁・把は岸に上る」と。

とあり、獲穀が鳴くのは七月とするが、七月では農事時期に合致しない。「七月」は明らかに「四月」の誤記である。羅願（一一三六〜一一八四）の『爾雅翼』巻一四釈鳥・鳲鳩《しきゅう》に、

鳲鳩、一名鴶鵴、又名布穀。江東呼穫穀、又呼撥穀、又呼郭公。以此鳥鳴時、布種其穀。似鷂長尾、牝牡飛鳴、翼相摩払。月令云、鳴鳩（＝獲穀）拂其羽。是也。取其骨佩之、宜夫婦。又善養其子、有均一之徳。故少皞氏以為司空。

鳲鳩、一つには鴶鵴《きつきく》と名づけ、又た布穀と名づく。江東は穫穀と呼び、又た撥穀と呼び、又た郭公と呼ぶ。此の鳥鳴く時を以て、其の穀を布種す。鷂《よう》（はし鷹）に似て尾長く、牝牡《ひんぼ》飛びて鳴き、翼は相い摩払す。『礼記《らいき》』月令に云わく、「鳴鳩（＝獲穀）其の羽を払う」と。是なり。其の骨を取り之を佩ぶれば、夫婦に宜《よろ》し。又た善く其の子を養わば、均一（ひとしい）の徳有り。故に少皞《こう》氏以て司空と為す。

とあり、『爾雅』釈鳥・鳲鳩・鴶鵴にも次のようにある。

即布穀也。一名桑鳩、一名撃穀。江東呼為穫穀。礼記謂之鳴鳩。鴶苦八反、鵴音菊。

即ち布穀なり。一つには桑鳩《そうきゅう》と名づけ、一つには撃穀と名づく。江東呼んで穫穀と為す。「礼記《らいき》」は之を鳴鳩と謂う。鴶は苦・八の反《かえ》し、鵴の音は菊。

この鳥は『詩経《しきょう》』の曹風に「鳲鳩」とみえる鳥で、「夏の農作業開始と関連して古来知られた鳥である。穫穀は多くの名があるが、鳴く声をk音に聞けば穫穀・鴶鵴・撃穀・郭公となり、p音に聞けば布穀・撥穀となる。郭公は最も新しい名で、唐代（七世紀初頭から一〇世紀初頭）の陳蔵器の『本草拾遺』（『経史證類大観本草』巻一九禽部二六種・陳蔵器）に登場し、唐の段公路の『北戸録』巻一紅蝙蝠にもある。

日本では子規と混同された。「閑古鳥が鳴く」というが、この閑古鳥は穫穀・郭公のことである。穫穀・郭公は深山幽谷に住み、そこで鳴くから「誰もいない所で鳴く鳥」となる。穫穀はカッコウ科の鳥。全長約三五センチメートルで、ホトトギスより大きい。背面は濃灰色で、腹面には白地に黒色の横斑が不規則に並ぶ。まれに全身赤味を帯びた赤色型がいる。自分で巣を作らず、モズ、オオヨシキリなどの巣に産卵し、それらの鳥を仮親として育てさせる。ユーラシア大陸の中北部に広く分布し、

日本には五月頃に渡来し、八月頃に去り始める。平地から低山にすみ、主に昆虫を捕食する。鳴き声は「カッコー」と聞こえる。かっこどり。かんこどり。がっぽうどり。よぶこどり。ふふどり。青木正児「子規と郭公」（『青木正児全集』巻八所収　春秋社　一九七一）を参照。

（2）犂《れい》は畜力を利用して、田畑を耕起するのに用いられる農耕具。中国では既に春秋時代（前七七〇～前四〇四）に犂に類するものが存在していた。日本では犂耕は遅れ、中国または朝鮮から伝来するまで人力による鋤や鍬によって耕起されていた。犂先は青銅および鉄でつくられ、木製の湾曲した長い柄をつけて、おもに牛に引かせて使用していた。林巳奈夫編『漢代の文物』（京都大学人文科学研究所　一九七六）二六八頁を参照。

（3）杷は木または竹製の農具。柄が長く、先に歯のついた熊手のような形のもの。木製のものは土をかきならすのに用い、竹製のものはごみ・落ち葉などをかき集めるのに用いる。注（2）に示した『漢代の文物』二八一頁を参照。

（4）漢字は形、意味、音の三要素から成る。『爾雅』は、そのうちの「意味」に重点をおいた中国最古の辞書。著者は未詳。三巻。前二〇〇年頃成立。『十三経注疏』の一つに加えられるほど重視され、訓詁学、考證学のもととなった。後世の辞典類に与えた影響も大きく、魏の張揖の『広雅』、宋の陸佃（一〇四二～一一〇二）の『埤雅《ひが》』の基本となった。

（5）鳲《し》鳩は、ふふ鳥、つつ鳥、よぶこ鳥、郭公をいう。

（6）鵠鞠《きつきく》は鳲鳩に同じ。

（7）郭璞《かくはく》（二七六～三二四）は『晋書《しんじょ》』巻七二に列伝がある。字は景純。河東郡聞喜県（現在の山西省運城市聞喜県）の人。古典にも造詣が深く、卜占・五行・天文暦法に通じ、『爾雅』・『方言』・『山海経《せんがいきょう》』に注を施した。

（8）布穀はカッコウ科の鳥、つつ鳥。また郭公をいう。

（9）江東は江東「河川の東岸」「河川の流域の東部」を意味する地名。長江下流域。江表とも呼ばれる。後漢では揚州の会稽・丹陽・呉・豫章・廬陵・新都の六郡の地域。このため江東六郡とも呼ばれる。

（10）崔寔《さいしょく》（?～一七〇）は、後漢の官僚。『四民月令』や『正論』（『政論』ともいう）を著作した。いずれも現存せず、逸文のみが残る。『後漢書《じょ》』崔駰伝によると、崔寔は博陵郡安平県（現在の河北省衡水市）の出身。祖父の崔駰《いん》も父の崔瑗《えん》（『文選《もんぜん》』

巻五六に収める「座右銘」の作者）も文学者として高名である。桓帝のときに郎にあげられ、議郎を経て外戚の梁冀の司馬となった。このとき『東観漢記』の編纂に従事している。その後、北方の五原太守の職につき、住民に紡織を教えるとともに夷狄の侵略に備えた。再び議郎に戻ったが、梁冀が粛清されると、連座して数年間は官につけなかった。その後、鮮卑対策のために推薦されて遼東太守になったが、任地にゆく途中で母が死亡し、その喪を行うために郷里に帰った。喪があけた後に尚書（文書の授受を司る官）に就任したが、数か月で病気と称して辞任した。

『四民月令』は、『礼記』月令にならって各月ごとに年中行事を記した書物で、月令類の代表的な書物の一である。『斉民要術《せいみんようじゅつ》』、『玉燭宝典』などに引用されるが、完本は現存しない。逸文を集めたものが『漢魏遺書抄』と『全上古三代秦漢三国六朝文』に収められ、守屋美都雄『中国古歳時記の研究』（帝国書院　一九六三）にも逸文の収録がある。平凡社・東洋文庫に渡部武氏による日本語訳の『四民月令』がある。

(11)『正論』は『政論』ともいう。刑罰と徳教を主張する書物。『隋書』巻三四経籍志・子部・法家類に「正論六巻。漢大尚書崔寔撰。……」とある。唐代以降に逸書となった。逸文は厳可均の『全上古三代秦漢三国六朝文』所収の『全後漢文』巻四六にある。

(12) 夏扈は夏鳸《こ》と同じ。

(13)「即窃脂玄鳥」は難解である。『爾雅』釈鳥によれば「春扈鳻鶞、夏扈窃玄、秋扈窃藍、冬扈窃黄、桑扈窃脂、棘扈窃丹、行扈唶唶。宵扈嘖嘖」であり、春扈・夏扈・秋扈・冬扈・桑扈・棘扈は、それぞれに鳻鶞・窃玄・窃藍・窃黄・窃脂・窃丹という別名がある。窃は盗の意味で、種々の色を盗んだ鳥が、その色の毛になったということらしい。これからいえば、夏扈は窃玄鳥と呼ぶことになる。『荊楚歳時記』が書写されて行く過程で「窃玄鳥」が「窃脂玄鳥」になったものであろう。『太平御覧《ぎょらん》』巻二二時序部七・夏中に「荊楚歳時記曰、四月也有鳥、名穫穀。其名自呼。農人候此鳥、云犁耕［上］岸」とあり、

　爾雅曰、鳲鳩鴶鵴。郭璞云、今布穀也。江東呼穫穀。崔寔正論云、夏扈趍耕鋤。即窃脂玄鳥鳴、穫穀則其夏扈也。

とあるから、「即窃脂玄鳥」となったのは『太平御覧』が完成した一〇世紀より以前である。

「窃脂玄鳥」は守屋美都雄氏訳註の『荊楚歳時記』（平凡社・東洋文庫　一九七八）一三二頁の記事を参考にした。『爾雅』釈鳥によれば、夏扈は九扈（春扈・夏扈・秋扈・冬扈・棘扈・行扈・宵扈・桑扈・老扈）の一で、各々その宜しきによって民

に事を教えた。「即窃玄鳥呼穫穀、則其夏扈也」とは、穫穀が民に夏の事を教えるという意味である。

三五　四月八日の浴仏会《え》と龍《りゆう》華《げ》会《え》

「宝顔堂秘笈広集」本『荊楚歳時記』の「四月八日の浴仏会と龍華会」は次のようである。

［荊楚之人、以］四月八日、諸寺［各］(1)設斎、以五色香水浴仏。共作龍華会、［以為弥勒下生之徴也］。

按高僧伝、四月八日、浴仏以都梁香為青色水、鬱金香為赤色水、丘隆香（不詳）為白色水、附子香為黄色水、安息香為黒色水、以灌仏頂。

荊楚の人、四月八日(2)を以て、諸寺(3)各々斎(4)を設け、五色の香水を以て浴仏し、共せて龍華会(5)を作し、以て弥勒下生(6)の徴《きざし》と為すなり。

『高僧伝』(7)を按ずるに、「四月八日、浴仏するに都梁香(8)を以て青色水を為り、鬱金香《うつこん》(9)を以て赤色水為り、丘隆香を以て白色水を為り、附子《ぶす》香(10)を以て黄色水を為り、安息香(11)を以て黒色水を為り、以て仏頂に灌ぐ」と。

（1）「荊楚之人、以」と「各」の補字は、泰定二年（一三二五）本『事林広記』甲集巻二令節門・四月八日の条に引用する『荊楚歳時記』と一四世紀に出版された陳元靚の至順刊本『事林広記』前集巻二節序類・歳時雑記・四月の条に依る。「以為弥勒下生之徴也」の補字は、注（7）に示す韓鄂《かんがく》の『歳華紀麗』巻二夏・「浴釈迦」の記事による。

（2）四月八日は釈尊の生誕日。釈尊の生誕日は他に二月八日、三月八日、一二月八日がある。この四説は印度の暦の解釈によって生じたものである。四月八日が一般的であるが、華北地方では一二月八日も支持されていた。

（3）荊州江陵府には、南朝・梁代に長沙寺と大明寺があったことは、唐の道宣（五九六～六六七）の『広弘明《ぐみよう》集』巻一五所載の

「列塔像神瑞迹」によって判明している。この他に天皇寺のあった。

（4）斎とは身心をつつしみ清浄を保つこと、斎戒。斎は僧が正午にとる食事（斎食）を意味する場合もある。「とき」という。また法要のときの食事を指す場合もある。

（5）龍華会は釈尊の誕生を記念する灌仏会《え》の別称。また兜率天《とそつ》にいる弥勒菩薩が、釈尊の滅後五六億七千萬年のちにこの世に下り、龍華樹のもとで悟りを開いて説法し、釈尊の教えで悟りえなかった衆生が、龍華樹の会座に列して成仏するという意味の龍華会もある。

（6）弥勒菩薩は釈迦牟尼仏の次に現われる未来仏とされる。弥勒は音写で、「慈しみ」（梵：maitrī）を語源とし、慈氏菩薩とも意訳する。弥勒は現在仏である釈迦牟尼仏の次に仏陀となることが約束された菩薩で、釈迦の入滅後五六億七千萬年後の未来に、この世界に現われ、多くの人々を救済するとされ、それまでは兜率天で修行しているとされる。弥勒菩薩の兜率天に往生しようと願う信仰（上生信仰）が流行した。『弥勒三部経』といわれる『観弥勒菩薩上生兜率天経』・『弥勒下生経』・『弥勒大成仏経』が、その信仰の拠り所である。また、浄土宗系の『無量寿経』には、阿弥陀仏の本願を後世の苦悩の衆生に説き聞かせるようにと、釈迦牟尼仏から弥勒菩薩に附嘱されている。未来仏としての弥勒菩薩は、既に『阿含経』に記述が見える。この未来仏の概念は過去七仏から発展して生まれたものである。

　弥勒信仰には、上生信仰とともに、下生信仰も存在し、中国においては、こちらの信仰の方が流行した。下生信仰とは、弥勒菩薩の兜率天に上生を願う上生信仰に対し、弥勒如来の下生が遠い未来ではなく、現に「今」なされるから、それに備えなければならないという信仰である。

（7）『高僧伝』は南朝・梁の慧皎《えこう》（四九七～五五四）の撰述した高僧の伝記集で一四巻からなる。『梁高僧伝』ともいう。中国に仏教伝来より梁の天監一八年（五一九）までの二五七人の高僧の伝記集である。この書は唐の道宣の『続高僧伝』三〇巻、宋の賛寧の『宋高僧伝』三〇巻、明の如惺の『大明高僧伝』八巻の編纂規範となった。四種の『高僧伝』を四朝高僧伝という。ともに『大正新脩大蔵経』第五〇冊史伝部二に所収されている。

　都梁香等々からなる五色の香水は、梁の慧皎が撰述し一四巻から構成される『高僧伝』（『梁高僧伝』ともいう）に記事はない。

宗懍の『荊楚記』に注記を施し『荊楚歳時記』としたのは、六世紀末の杜公瞻《せん》であるから、『高僧伝』は『梁高僧伝』であって、唐の道宣（五九六〜六六七）の『続高僧伝』や賛寧の『宋高僧伝』ではない。その『高僧伝』に、浴仏に用いる五色の香水に関する記事がない。「按高僧伝、……」以下の記事は明らかに衍文である。

九世紀末の韓鄂《かんがく》の『歳華紀麗』巻二夏・四月八日・浴釈迦に「荊楚歳時記云」とあり、

荊楚、以四月八日、諸寺各設会（＝斎）、香湯浴仏。共作龍華会、以為弥勒下生之徴也。

荊楚［の俗］は、四月八日を以て、諸寺各々斎を設け、香湯もて浴仏す。共せて龍華会《りゅうげえ》を作し、以て弥勒下生の徴《きざし》と為すなり。

とある。この記事は最初に示した『荊楚歳時記』の記事と大差がないから、『荊楚歳時記』の記事と認定してよい。『歳華紀麗』の記事には「按高僧伝、……」の記事がなく、梁の慧皎《えこう》の『高僧伝』には五色の香水の記事はない。本来の『荊楚歳時記』には「按高僧伝、……」の記事は存在しなかったと想定できる。この「按高僧伝、……」の記事は、『歳華紀麗』以降に増入されたもので、衍文である。

『大正新脩大蔵経』第一六冊経集部に西秦の釈聖堅訳『仏説摩訶刹頭経』（灌仏形像経）がある。

四月八日、浴仏法。都梁・藿香・艾納。合三種草香、挼而漬之。此則青色水。若香少可以紺黛秦皮権代之矣。欝金香、手挼而漬之於水中。挼之以作赤水。若香少若乏無者。可以面色権代之。丘隆香、擣而後漬之、以作白色水。香少可以胡粉足之。若乏無者。可以白粉権代之。白附子擣而後漬之。以作黄色水。若乏無白附子者。可以梔子権代之。玄水為黒色。最後為清浄。今見井華水名玄水耳

四月八日、浴仏の法。都梁・藿《かく》香・艾《がい》納、三種の草香を合せ、挼《も》んで之を漬ける。此れ則ち青色水なり。若し香少なくば紺黛・秦皮を以て権りに之に代るべし。鬱金香《うつこんこう》、手挼《てもみ》して之を水中に漬け、之を挼んで以て赤水を作る。若《も》し香少なく若しくは乏無ならば、面色を以て権《か》りに之に代るべし。丘隆香、擣《つ》きて後に之を漬け、以て白色水を作る。香少なくば胡粉を以て之に足すべし。若し乏無ならば、白粉を以て権りに之に代うべし。白附子《ぶす》、擣きて後に之を漬け、以て黄色水を作り、若し白附子を乏無ならば、梔子《くちなし》を以て権《かり》に之に代え、玄水を黒色と為すべし。最後に清浄に為す。今は井華水を見て玄水

と名づくのみ。

『仏説摩訶刹頭経』と『高僧伝』の記事は大きく異なるから、『仏説摩訶刹頭経』の記事の言い換えが『高僧伝』の五色香水の記事ではない。「按高僧伝、……」の記事は一〇世紀以降の捏造記事である。

(8) 都梁香は『太平御覧《ぎょらん》』巻九八二香部二・都梁に、

盛弘之荊州記曰、都梁県有小山。山水清淺。其中生蘭草。俗謂蘭、為都梁。即以号県。

盛弘之の「荊州記」(五三七年完成、三巻)に曰わく、「都梁県に小山有り。山の水は清浅。其の中に蘭草を生ず。俗に蘭と謂い、都梁と為す。即ち以て県を号す」と。

とあり、都梁香は都梁県の蘭草から精製した香であるから、都梁香という。

(9) チューリップはユリ科チューリップ属の植物。球根が出来、形態は有皮。鱗茎。この球根からできる香を鬱金香(うっこんこう)という。アナトリア、イランからパミール高原、ヒンドゥークシュ山脈、カザフスタンのステップ地帯が原産地。鬱金香は、この花の香りがスパイスまたは食品を黄色く染めるのに使われるウコンのようであることに由来する。一三二二年の序文がある陳敬の『陳氏香譜』巻一に次のようにある。

鬱金香、魏略云、生大秦国。二三月、花如紅藍。四五月採之。甚香。十二葉為百草之英。

鬱金香、「魏略」に云わく、「大秦国に生ず。二・三月、花は紅藍の如し。四・五月之を採る。甚だ香し。一二葉は百草の英と為す」と。

(10) 附子《ぶす》香はトリカブトを精製して作る香であろう。『太平御覧』巻九九〇薬部七・附子に、

楚国先賢伝曰、孔休傷頬有瘢。王莽曰、玉屑白附子香消瘢。乃以剣璏音滞幷香与之。

「楚国先賢伝」に曰わく、「孔休(後漢の人)は頬に傷し瘢《はん》(傷跡)有り。王莽曰わく、〈玉屑・白附子香は瘢を消す〉と。乃ち剣璏《たい》(音は滞。剣の柄頭)幷せて香を以て之に与う」と。

とあり、白附子香がみえる。

(11) 安息香(ベンゾイン)は香料として用いられる樹脂である。安息はイラン系のパルティアの Arshak の音訳。安息国で用い

られていた香。安息香はエゴノキ科エゴノキ属のアンソクコウノキ、またはその他、同属植物が産出する樹脂。アンソクコウノキなどの樹木に傷をつけて、そこからにじみ出て固化した樹脂を採集する。一三世紀の趙汝适《じょかつ》の『諸蕃志』巻下に、

安息香出三仏斉国。其香廼樹之脂也。…………。然能発衆香。故人取之、以和香焉。

安息香は三仏斉国（マラッカ海峡地域における港市国家の総称）に出だす。其の香廼《すなわ》ち樹の脂なり。…………。然るに能く衆香を発す。故に人之を取り、以て香に和す。

とある。一〇世紀以降の安息香の主な産地はインドシナ半島の高原地方とインドネシアのスマトラ島である。

附節1 「四月八日の浴仏会《え》と龍《りゅう》華《げ》会《え》」の典拠

『荊楚歳時記』の「四月八日の浴仏会と龍華会」の「一字上げ」の箇所は次のようである。

［荊楚之人、以］四月八日、諸寺［各］設斎、以五色香水浴仏。共作龍華会、［以為弥勒下生之徴也］。

泰定二年（一三二五）本『事林広記』甲集巻三令節門・四月八日の条と一四世紀に出版された陳元靚《せい》の『事林広記』前集巻二節序類・歳時雑記・四月の条に引用された『荊楚歳時記』とよって、「荊楚之人、以」と「各」と「以為弥勒下生之徴也」を補足した。

その結果、四月八日の浴仏会と龍華会は中国全土のことを述べているのではなく、荊楚地方のことをいっていることが判明する。『荊楚歳時記』がどのような史料に依拠したか不明であるが、荊楚地方の浴仏会と龍華会のことに言及するのは『荊楚記』を措いて他にはない。従って、『荊楚歳時記』の浴仏会と龍華会の記事は『荊楚記』に基づいている判断してよい。

附節2　灌仏

1　灌仏とは

仏生会は灌仏会（灌仏は「摩訶利経」に釈尊誕生の時、龍が天から降りてきて香湯を注いだことに由来する）・誕生会・仏誕会・降誕会・龍華会《りゅうげえ》（弥勒菩薩が龍華樹の下で悟りを開くといわれ、その出現を待つ法会）・浴化斎ともいう。釈尊降誕のとき龍王が香水を注いだという説話に因み、花御堂の中に誕生仏を安置し、灌仏偈を唱えながら、香湯または甘茶を注ぐ。誕生仏は右手で天を、左手で地をさした立像で、これは釈尊が降誕した際に「天上天下、唯我独尊。今茲而往《こんじじおう》　生《しょう》分已尽《ぶんいじん》」と宣告した相を表している。仏誕の灌沐は、釈尊八相（釈尊が教化のため一生の間に示した八種の相）の一にあげられ、現在に残る古い石刻によって、印度でも広く行われたことがわかる。

2　印度の灌仏

三世紀末の西晋王朝時代に、敦煌菩薩・月氏三蔵と呼ばれた敦煌出身の竺法護の訳した『普曜経』（『大正新脩大蔵経』第三冊本縁部所収）巻二「欲生時三十二瑞品《ぼん》」に、

爾時、菩薩従右脇生、忽然見身住宝蓮華。堕地行七歩、顕揚梵音、無常訓教、我当救度天上天下為天人尊、断生死苦、三界無上、使一切衆無為常安。天帝釈梵、忽然来下、雑名香水、洗浴菩薩、九龍在上而下香水、洗浴聖尊。洗浴竟已身心清浄。

爾《そ》の時、菩薩右脇より生じ、忽然として身　宝蓮華に住するを見る。地に堕ちて行くこと七歩、梵音を顕揚して無常なるを訓教し、「我まさに天上天下を救度して天人尊と為り、生死の苦を断じ、三界に上なく、一切の衆をして無為常安ならしむべし」と。天帝釈梵、忽然として来下し、雑名香水もて、菩薩を洗浴し、九龍上に在りて香水を下し、聖尊を洗浴す。洗浴竟已《おわ》りて身心清浄なり。

とあり、唐の宝思惟が訳した『仏説浴像功徳経』（『大正新脩大蔵経』第一六冊経集部所収）には、沐仏の方法を述べて、

若欲沐像、応以牛頭栴檀紫檀多摩羅香甘松芎藭白檀欝金龍脳沈香麝香丁香、以如是等種種妙香、随所得者、以為湯水置浄器中、先作方壇、敷妙床座。於上置仏。以諸香水次第浴之、用諸香水、周遍訖已。復以浄水於上淋洗、其浴像者、各取少許洗像之水、置白頭上焼種種香、以為供拳。

若《も》し像を沐せんと欲せば、応《まさ》に牛頭・栴檀・紫檀・多摩羅香・甘松・芎藭《きゆうきゆう》・白檀・欝金《うつこん》・龍脳・沈香・麝香・丁香（グローブ：clove）、是の如き等の妙香を以て、得る所のものに随い、以て湯水を為りて浄器の中に置き、先ず方壇を作り、妙なる床座を敷き、上に仏を置き、諸の香水を以て次第に之を浴すべし。諸の香水を用うること、周遍し訖已《おわ》らば、復た浄水を以て上に於いて淋洗し、其の浴像者は、各々少し許《ばか》りの洗像の水を取りて自の頭上に置き、種種の香を焼きて以て供養すべし。

とある。もっとも、『仏説浴像功徳経』にいう灌仏は日々のものであって、四月八日のものではないが、誕生会にも「牛頭栴檀」等の諸香が使用されたと理解してよい。

3　漢代の灌仏

中国における灌仏は、『後漢書《じよ》』巻六三陶謙伝にみえるのが、初出の記事である。

初、同郡人笮融、聚衆数百、往依於謙、謙使督広陵下邳彭城運糧、遂断三郡委輸、大起浮屠寺。上累金盤、下為重楼、又堂閣周回、可容三千許人、作黄金塗像、衣以錦綵。毎浴仏、輒多設飲飯、布席於路、其有就食及観者、且萬餘人。

初め、同郡の人・笮《さく》融、衆数百を聚め、往きて謙に依る。謙は広陵・下邳《かひ》・彭城に運糧を督せしめ、遂に三郡の委輸を断ち、大いに浮屠《ふと》寺を起つ。上には金盤を累ね、下には重楼を為《つく》り、又た堂閣周回し、三千許《ばか》りの人を容

るべく、黄金の塗像を作り、衣するに錦の綵を以てす。浴仏の毎《ごと》に、輒《すなわ》ち多く飲飯を設け、席を路に布き、其の就きて食らい及び観る有る者は、且に萬餘人ならんとす。

陶謙は三世紀初頭に生きた人であるから、この灌仏は三世紀初頭の記録であり、三世紀初頭には中国に灌仏の行事があったことがわかる。

4　三国・呉の灌仏

九世紀末の韓鄂《かんがく》の『歳華紀麗』巻二夏・四月八日の「溺《でき》金像」の注に、

世説、孫皓初治国、於地中得金像如小児高。皓便著厠前、令持籌四日。皓語像云、今日浴仏、来暮陰病、懺悔乃瘥。

「世説」に、「孫皓《そんこう》国を治めるの初め、地中に於いて金像の小児の高さの如きを得たり。皓は便ち厠前に著き、持籌せしめること四日。皓は像に語りて云わく、〈今日仏を浴し、来暮陰病ならば、懺悔し乃ち瘥《や》む〉」と。

と『世説』所載の話を引用する。孫皓とは、三国・呉の皇帝・孫権の孫であり、『三国志』巻四八呉書に伝記がある。第四代呉国の皇帝（在位は二四二〜二八四）となったが、失政が多く、西晋王朝に敗北し、洛陽に送られ帰命侯に拝された人物である。『世説』とは南朝・宋の劉義慶（四〇三〜四四四）の『世説新語』のことであろうが、現行の宋刊本『世説新語』に、この記事はない。唐末の韓鄂の時代の『世説新語』には存在した記事であろうか。

5　南朝の灌仏

南朝期の灌仏史料としては、『宋書《じょ》』巻四七の劉敬宣の事例がある。隆安二年（三九八）以前のこととして、

父牢之、鎮北将軍。敬宣八歳喪母、昼夜号泣、中表異之。輔国将軍桓序鎮蕪湖、牢之参序軍事。四月八日、敬宣

見衆人灌仏、乃下頭上金鏡、以為母灌、因悲泣不自勝。序嘆息、謂牢之曰。卿此児、既為家之孝子、必為国之忠臣。

父の牢之、鎮北将軍たり。敬宣八歳にして母を喪《うしな》い、昼夜号泣す。中表（中外と同じ意味。天下）之《これ》を異とす。輔国将軍・桓序は蕪湖に鎮し、牢之は序の軍事に参《あずか》る。四月八日、敬宣衆人の灌仏するを見、乃ち頭上に金鏡を下し、以て母の灌と為し、因りて悲しみ泣きて自ら勝《た》えず。序は嘆息し、牢之に謂いて曰わく、「卿《なんじ》の此の児、既に家の孝子たり、必ず国の忠臣と為らん」と。

とある。「敬宣見衆人灌仏」とある点は重要で、一部の知識人や権力者だけでなく、一般大衆が灌仏会に参加していたことを知れる。

一三世紀の釈・志磐の『仏祖統紀』巻三六法運通塞志の大明六年（四六二）の条に、

四月八日、帝於内殿灌仏、斎僧。　四月八日、帝は内殿に於いて灌仏し、僧を斎《とき》す（食事を提供すること）。

とあり、『南史』巻三二張融伝にも四月八日の灌仏をいう。

融、字思光。弱冠有名。道士同郡陸修静、以白鷺羽麈尾扇遺之、曰、此既異物、以奉異人。解褐為宋新安王子鸞行参軍。王母殷淑儀薨、後四月八日、建斎幷灌仏、僚佐儭者多至一萬、少不減五千、融独注儭百銭。帝不悦、曰、融殊貧、当序以佳祿、出為封渓令。

融、字は思光。弱冠にして名有り。道士の同郡の陸修静、白鷺の羽麈尾扇を以て之に遺《おく》りて、曰わく、「此れ既に異物、以て異人に奉る」と。解褐（初めて官途に就くこと）して宋の新安王・子鸞の行参軍と為る。王の母・殷淑儀（淑儀は南朝后妃制度の一で、后妃の下位に置かれた九嬪の一。位は九卿に相当する）薨じ、後に四月八日、斎を建て幷せて灌仏し、僚佐の儭《ほどこ》す者多きは一萬に至り、少きは五千を減ぜずに、融独り百銭を注儭《しん》（布施）するのみ。帝悦ばずして、曰わく、「融殊だ貧、当《まさ》に序するに佳祿を以てすべし。出だして封渓令と為せ」と。

附節3　行像（行城）

1　行像（行城）とは

釈尊の降誕の日に、釈尊の像を担いだり、釈尊の像を車に乗せて巡行し、多くの人々に釈尊を見せ、人々の罪悪を除き、功徳を与える行事を行像、または行城という。これは生前の釈尊の歩む姿を象ったもので、これを目にすることのできる人々は、過去一切の罪業を消除することができるという、東晋の天竺三蔵・仏陀跋陀羅の訳した『仏説観仏三昧海経』の考えを敷衍したものである。杜臺卿の『玉燭宝典』巻第四・四月孟夏の正説に、

　後人、毎二月八日、巡城囲繞。四月八日、行像供養。並其遺化、無廃両存。

　後人、二月八日毎《ごと》に、城を巡り囲繞す。四月八日、行像して供養す。並びに其の遺化にして、廃すること無く両《ふたつ》ながら存す。

とあり、二月八日の行事を行城といい、四月八日は行像という

五世紀の印度を求法の旅をした法顕《ほっけん》（三三七～四二二。三九九年、陸路によって長安を出発、帰国は海路をとってマラッカ海峡を通り、四一二年に帰国）の旅行記である『法顕伝』（『仏国記』ともいう）の摩竭提国《マカダ》・巴連弗邑《パータリプトラ》の条に、

　巴連弗邑は是れ阿育王の治むる所の城なり。……（中略）……。凡《すべ》て諸中国唯だ此の国の城邑を大と為す。民人富盛にして競いて仁義を行う。年年常に以て卯月八日に行像を建つ。四輪車を作り竹を縛り五層を作し、櫨揠戟の高さ二丈許《ばか》りを承くる有り、其の状は塔のごとし。白氎を以て上に纏《まと》わしめ、然る後彩画して諸天の形像を作る。金銀琉瑠を以て其の上に荘校し、繒幡《ぞうはん》（絹幡）を懸けて四辺を蓋《おお》い龕《がん》（小部屋）を作る。皆な坐仏菩薩の立ちて侍する有り。二〇車有るべし、車車の荘厳なること各々異なれり。此の日に当たり境内の道俗皆な集いて倡伎

楽を作し、花香供養す。婆羅門の子来りて仏を請えば、仏次第に城に入る、城内に入れば再宿す。通夜然灯し、伎楽供養す。国国皆な爾《しか》り。

と行像を伝えている。摩竭提国では釈尊の降誕日に行像が挙行されたといい、「国国皆爾」とあるから、他の印度諸国でも同様であった。

2　亀茲《きじ》国の行像

七世紀の初め、印度に求法の旅をした玄奘三蔵法師（六〇二〜六六四）は旅行記・『大唐西域記』を残した。その巻一に屈支国（亀茲とも書く。天山南路北道にあった印度アーリヤ系のオアシス国家）の行像を次のように伝える。

大城西門外、路左右各有立仏像、高九十餘尺。於此像前、建五年一大会處。毎歳秋分数十日間、挙国僧徒皆来会集、上自君主、下至士庶、捐廃俗務、奉持斎戒、受経聴法、渇日（＝竭日）忘疲。諸僧伽藍荘厳仏像、瑩以珍宝、飾之錦綺、載諸輦輿、謂之行像、動以千数、雲集会所。

大城の西門の外、路の左右に各々仏像の立つ有り、高さ九十餘尺。此の像の前に於いて、五年に一たび大会を建つるなり。毎歳秋分の数十日間、国の僧徒を挙げて皆な来り会集し、上は君主より、下は士庶に至るまで、俗務を捐《えん》廃し、奉持斎戒し、経を受け法を聴き、竭日《けつじつ》（経日）疲れを忘る。諸僧は伽藍の仏像を荘厳にし、瑩《みが》くに珍宝を以てし、之に錦綺を飾り、諸を輦輿《れんよ》に載せ、之を行像と謂い、動《やや》もすれば千を以て数え、会所に雲集す。

右は四月八日もしくは二月八日の釈尊の生日の行像を伝えるものであろうが、亀茲国の行像の時期に関して、段成式（八〇〇〜八六三）の『酉陽雑俎《ゆうようざつそ》』前集巻四境異・亀茲国の条には、

八月十五日、行像及透索為戯。　八月一五日、行像及び透索（綱渡り）を戯と為す。

とあり、八月一五日に行像するといい、印度や中国の行像日と異なる。亀茲国固有の暦日が印度や中国と異なってい

るためであろうか。四月八日や二月八日に加えて、八月一五日にも行像するものであろうか。

3　于闐国《うてん》の行像

五世紀に往路は中央亜細亜を通って、印度に求法の旅をした法顕の『法顕伝』(『仏国記』)には、天山南路南道に位置する于闐国(khotan、現代では「和田」と表記。塔里木盆地の天山南路南道にあった印度アーリヤ人系のオアシス国家)において見聞した行像の行事を次のように伝える。

法顕等欲行像、停三月日。其国中有四大僧伽藍、不数小者。従四月一日、城裏便掃灑道路、荘厳巷陌。其城門上張大幃幕、事事厳飾。王及夫人采女皆住其中。瞿摩帝僧是大乗学、王所敬重。最先行像、離城三四里作四輪像車、高三丈餘。状如行殿、七宝荘校、懸繒幡蓋。像立車中、二菩薩侍。作諸天侍従、皆以金銀彫瑩懸於虚空。像去門百歩、王脱天冠、易著新衣、徒跣持花香、翼従出城。迎像頭面礼、足散花焼香。像入城時、門楼上夫人采女遙散衆花紛紛而下。如是荘厳供具、車車各異。一僧伽藍則一日行像、自月一日為始、至十四日、行像乃訖。行像訖王及夫人乃還宮耳。

法顕等行像を[見んと]欲し、停まること三月日なり。其の国中に四大僧伽藍有り、小なるものを数えず。四月一日より、城裏便ち道路を掃灑し、巷陌《こうはく》を荘厳にす。其の城門の上に大幃幕を張り、事事に厳飾す。王及び夫人・采女皆な其の中に住む。瞿摩帝僧は是れ大乗の学、王の敬重する所なり。最も行像を先んじ、城を離ること三四里に四輪の像車を作る、高さ三丈餘り、状は行殿のごとく、七宝荘校し、繒《きぬ》の幡蓋を懸く。像を車中に立て、二菩薩侍す。諸天の侍従を作るに、皆な金銀の彫瑩《えい》を以て虚空に懸く。像門を去ること百歩、王天冠を脱ぎ、易えて新衣を著け、徒跣し花香を持ち、翼従して城を出ず。像頭を迎えて面礼するは散華焼香するに足る。像城に入る時、門楼の上の夫人・采女遙かに衆花を散らせば、紛紛として下る。是《か》くの如く荘厳なる供具、車車各々異なる。一僧伽藍は則ち一日行像し、月の一日より始と為し、一四日に至り、行像乃ち訖《おわ》る。行像訖れば王及び夫人乃ち宮に還るのみ。

于闐国の行像は、四月一日から準備が始まり、一四日になって終了したのであり、八日一五日の行事ではない。

4　焉耆《えんぎ》国の行像

天山南路北道にオアシス国家・焉耆（karashar）国がある。唐の慧超の『往五天竺国伝』（敦煌文献のペリオ・三五三二）の焉耆国の条には、この国人を「百姓是胡」とし、唐代においても住民は西域人であったと伝える。

この国の四月八日の行像行事を、『魏書』巻一〇二西域伝焉耆国の条には次のように伝える。

俗事天神、並崇信仏法。尤重二月八日四月八日、是日也、其国咸依釈教、斎戒行道焉。気候寒、土田良沃、穀有稲粟菽麦、畜有駝馬。養蚕不以為絲、唯充綿纊。俗尚蒲萄酒、兼愛音楽。南去海十餘里、有魚塩蒲葦之饒。東去高昌九百里、西去亀茲九百里、皆沙磧。東南去瓜州二千二百里。

俗は天神に事え、並びに仏法を崇信す。尤も二月八日・四月八日を重んじ、是の日となるや、其の国咸な釈教に依り、斎戒行道す。気候寒く、土田は良沃にして、穀に稲・粟・菽《まめ》・麦有り、畜に駝馬有り。養蚕し以て絲を為らず、唯だ綿纊に充つ。俗は蒲萄酒を尚び、兼ねて音楽を愛す。南して海を去ること十餘里、魚塩蒲葦の饒有り。東して高昌を去ること九百里、西して亀茲を去ること九百里、皆な沙磧なり。東南して瓜州《か》を去ること二千二百里なり。

この史料には「行像」ではなく「行道」とあるが、行道とは行像のことを指すものであろう。『周書』巻五〇異域伝焉耆国の条にも、同じ記事があるから、行道は北魏時代の焉耆国だけでなく、北魏時代以後も存在した行事であろうし、北魏時代の焉耆国にあった行事であろう。

焉耆の国人は唐代においても西域人であったから、北魏時代の国人も西域系の人々であったとしてよく、西域系仏教徒が行像を行ったのである。

5 東晋の行像

中国の行像は、唐の釈・道世の『法苑珠林《ほうおんじゅりん》』巻一六弥勒部感応縁・東晋譙《しょう》国・戴逵《たいき》に、

逵又造行像五軀、積慮十年。像旧在瓦官寺。

逵又た行像五軀を造り、積慮すること一〇年。像旧は瓦官寺に在り。

とあるのが最古の記事である。中国の行像は東晋時代（三四四〜四二〇）に開始されたものである。

6 北魏の行像

行像・行城は中国の北朝時代には盛んに行われた。その一端は『魏書』巻一一四釈老志が伝える。

世祖即位、亦遵太祖太宗之業、毎引高徳沙門、与共談論。於四月八日、輿諸仏像、行於広衢、帝親御門楼、臨観散花、以致礼敬。

世祖（太武帝、北朝北魏の第三代皇帝。第二代皇帝：明元帝の長子。拓跋氏、諱は燾。字は仏狸、古代テュルク語で狼を意味する）位に即き（四二三年）、亦た太祖（北朝北魏の初代皇帝。太祖は廟号、道武帝は諡号）・太宗（姓諱は拓跋嗣。北魏の第二代皇帝、在位は四〇九〜四二三。太宗は廟号、諡号は明元帝という）の業に遵い、毎《つね》に高徳の沙門を引き、与に共に談論す。四月八日に於いて、諸の仏像を輿《か》き、広衢に行き、帝親ら門楼に御し、臨観して散花し、以て礼敬を致す。

また北魏の楊衒之の『洛陽伽藍記』巻一長秋寺の条に、四月四日に六牙の白象に乗った釈迦が出巡することは既に述べた。楊衒之《げんし》の『洛陽伽藍記』巻一昭儀尼寺の条に、

寺有一仏二菩薩、塑工精絶、京師所無也。四月七日、常出詣景明、景明三像恒出迎之、伎楽之盛、与劉騰相比。堂前有酒樹麺木。

寺に一仏・二菩薩有り、塑工の精絶なること、京師になき所なり。四月七日、常に出でて景明［寺］に詣り、景明三像恒に出でて之を迎う、伎楽の盛なること、劉騰《とう》（劉騰の作った長秋寺のこと）と相い比す。堂前に酒樹麺木有り。

とあり、昭儀尼寺の仏像は四月七日に出巡するといい、また同書巻三景明寺の条に、

景明寺、宣武皇帝所立也。景明年中立、因以為名。在宣陽門外一里御道東。………（中略）………。伽藍之妙、最得称首。時世好崇福、四月七日、京師諸像皆来此寺。尚書祠曹、録像凡有一千餘軀。至八月（八日の訛）節、以次入宣陽門、向閶闔宮殿前受皇帝散花。于時金花映日、宝蓋浮雲、旛幢若林、香煙似霧。梵楽法音、聒動天地、百戯騰驤、所在駢比。名僧徳衆、負錫為群、信徒法侶、持花成藪。車騎塡咽、繁衍相傾。時有西域沙門、見此、唱言仏国。

景明寺、宣武皇帝（四九九〜五一五）の立つ所なり。景明年中（五〇〇〜五〇三）に立て、因りて以て名と為す。宣陽門外一里の御道の東に在り。………（中略）………。伽藍の妙、最も首を称うを得。時世、崇福を好み、四月七日、京師の諸像、皆な此の寺に来る。尚書祠曹の録には像凡《すべ》て一千餘軀ありとす。八日節に至り、次を以て宣陽門に入り、閶闔宮殿の前に向かい、皇帝の散花を受く。時に金花日に映じ、宝蓋雲に浮び、旛幢は林の若く、香煙似霧に似たり。梵楽法音、聒《かまびす》しくて天地を動かし、百戯騰驤《とうじょう》して、所在に駢比す。名僧徳衆は、錫を負うて群をなし、信徒法侶は、花を持ちて藪を成す。車騎は塡咽《てんいん》して、繁衍相い傾く。時に西域の沙門あり、此れを見て、唱えて仏国と言う。

とあって、北魏洛陽諸寺の行像が景明寺に集合し、皇帝の散花を受け、西域の沙門をして「仏国」といわしめるほど盛んな、洛陽・景明寺の行像の様子を伝えている。楊衒之の『洛陽伽藍記』巻四城西・法雲寺の条に、

四月初八日、京師士女、多至河間寺、観其廊廡綺麗、無不歎息、以為蓬莱僊室亦不是過。

四月初八日（初八日は八日のこと）、京師の士女、多く河間寺（河間王・琛の旧宅。『魏書』巻二〇）に至り、其の廊廡の綺麗を観て、歎息せざるはなく、以て蓬莱・僊室亦た是れに過ぎざると為す。

とある。四月八日に多くの人が河間寺に集まったのは、釈尊の誕生行事の行像・行城も関係しているであろう。

7 南朝の行像

『寿陽記』（『歳時広記』巻二〇仏日「遶城歌」所引）に、

梁陳典曰、二月八日行城歌曰、皎鏡寿陽宮、四面起香風、楼形似飛鳳、城勢如盤龍。

「梁陳典」に曰わく、「二月八日の行城の歌に曰わく、〈皎鏡の寿陽宮、四面に香風を起こし、楼の形は鳳の飛ぶに似て、城の勢い盤龍のごとし〉」と。

あって、華中地域の行像・行城を伝える。

右の記事は二月八日の行像をいうものである。四月八日も、また釈氏下生の日であるから、禦皇子があるが、四月は行像ではなく、行城が挙行された。

この他に『法苑珠林《ほうおんじゅりん》』巻三一潜遁部感応縁に行像・行城の記事が多くある。

三六補　四月八日、荊州城に八字の仏を迎える

九世紀の韓鄂《かんがく》の『歳華紀麗』巻二「四月八日」の「八字之仏爰来（八字の仏爰《ここ》に来《きた》る）」に、

荊楚人、相承、此日、迎八字之仏於金城、設榻幢（榻幢は幡幢？）歌鼓、以為法華会（法華会は法楽の誤写？）。

荊楚の人、相い承けて、此の日、八字の仏(1)を金城(2)に迎え、幡幢(3)・歌鼓を設け、以て法華会(4)を為す。

とあり、一三世紀中葉の陳元靚《せい》の『歳時広記』巻二〇仏日「為法楽（法楽を為す）」に、

荊楚歳時記、荊楚人、相承、四月八日、迎八字之仏於金城、設幡幢鼓吹、以為法楽。

「荊楚歳時記」に、「荊楚の人、相い承けて、四月八日、八字の仏を金城に迎え、幡幢・鼓吹を設け、以て法楽（経を読誦したり、楽を奏し舞を舞ったりして仏を楽しませること）を為す」と。

とあり、『歳華紀麗』に「法華会」とあるのを「法楽」とする。四月八日に法華会《ほつけえ》があるのは奇妙である。この日は浴仏会があり、龍華会《りゆうげえ》がある。これに加えて、「法華経」を称える法華会がある。四月八日に法華会を開催する必要性は全くない。会式が多きに過ぎるのではないか。

「法華」は「法楽」と字形が似ている。「法楽」が「法華」に誤り、これに「会」字が附加されたのではないかと疑う。もちろん、韓鄂《かんがく》の『歳華紀麗』の原本が誤ったのではなく、韓鄂以降の人が書写する時に誤写が生じ、「法華」とし、それに「会」字が附加されたものであろう。九世紀以降の韓鄂以降の『歳華紀麗』において法華会となったのであろう。この箇所は『歳時広記』を是とするべきであろう。

（1）「八字之仏」は「南無不可思議光仏」のことか。

（2）金城は荊州附近の地名ではなく、この場合は荊州江陵城を措いて他にはない。金城に迎えるとは漠然としているが、城内の孰れかの寺に「八字之仏」を迎えるのであろう。

（3）幡幢は法会などで寺の庭に立てる小さい旗を先につけたほこ。

（4）法華会は「法華経」を読誦《どくじゆ》し、その功徳をたたえる法会。四月八日は浴仏会があり、龍華会があり、行事多端であるから、この日に法華会を開催する必要はない。『歳華紀麗』の「法華会」は「法楽」の誤写であろう。

三七補　四月八日、荊州長沙寺の九子母（鬼子母）神に詣る

九世紀末の韓鄂《かんがく》の『歳華紀麗』巻二「四月八日」の九子母に、

荊楚歳時記曰、四月八日、長沙寺閣下、有九子母神。是日、市肆之人、無子者、供養薄餅、以乞子。往往有験。

「荊楚歳時記」に曰わく、「四月八日、長沙寺（1）（荊州江陵県城内にあり。東晋の永和年間《三四五～三五六》に建立）の閣下、九子母神（2）有り。是の日、市肆《しし》の人、子なき者、薄餅（3）を供養をし、以て子を乞う。往往にして験有り」と。

とあり、陳元靚《せい》の『歳時広記』巻二〇仏日・「乞子息（子息を乞う）」に、

荊楚歳時記曰、四月八日、長沙寺閣下、［有］九子母神。［是日］、市肆之人、無子者、供薄餅、以乞子。往往有験。

「荊楚歳時記」に曰わく、「四月八日、長沙寺の閣下、九子母神有り。是の日、市肆の人、子なき者、薄餅を供え、以て子を乞う。往往にして験有り」と。

とある。『歳時広記』の記事は『歳華紀麗』の記事を踏襲したものであろう。

（1）長沙寺は荊州において、大明寺・竹林寺・上明寺と並ぶ名刹で、南朝・梁の釈・慧皎《えこう》の撰述した『高僧伝』巻四の東晋の荊州長沙寺釈曇翼伝と、東晋の荊州長沙寺釈法遇伝、東晋の荊州長沙寺釈曇戒伝にその名がみえる。東晋代には既に存在していた。

『大清一統志』巻二六九荊州二寺観・長沙寺に、

在江陵県城内。晋永和中、郡人滕畯捨宅建。畯故長沙太守。因名長沙。寺内有阿育王像、屢著霊異。後移置天皇寺。

江陵県の城内に在り。晋の永和中（三四五～三五六）、郡人の滕畯《とうしゅん》の宅を捨して建つ。畯は故《もと》の長沙太守なり。因りて長沙と名づく。寺内に阿育王像有り、屢《しば》しば霊異を著す。後に移し天皇寺を置く。

図版８　鬼子母神像（ガンダーラ出土）

とあり、東晋の永和年間に滕畯の宅を捨して創建した寺と伝える。東晋時代の話を乾隆八年（一七四三）に完成した『大清一統志』によって説明するのは心許ないが紹介しておく。

唐の釈・道世の『法苑珠林《ほうおんじゅりん》』巻二一敬仏篇第六之二・観仏部・感応縁・東晋荊州金像遠降縁の一節には、

有長沙太守江陵滕畯 一云滕含 以永和二年、
捨宅為寺、額表郡名。

長沙太守江陵の滕畯《とうしゅん》有り 一に「滕含」と云う 永和二年（三四六）を以て、宅を捨し寺と為し、額は郡名を表わす。

とあり、長沙寺は永和二年の建立とする。

（2）鬼子母神（梵語のHārītī、ハーリーティー）は、仏教を守護する夜叉（護法善神の一）で、梵語のハーリーティーを音写し、訶梨帝母といわれ、鬼女、歓喜母ともいう。夜叉は毘沙門天の配下の八大夜叉大将の妻で、五〇〇人以上の子があり、多数の子を育てるために人間の子を捕えて食べていた。釈迦は教え諭すために、夜叉の最愛する末子のピンガラ（嬪伽羅）を托鉢用の鉢に隠した。彼女は半狂乱となって、探したが発見することはできず、助けを求めて釈迦にすがった。釈迦は「汝の嘆き悲しみは、子を失う人間の親の苦しみ悲しみと同じである」と諭し、夜叉（鬼子母神）が教えを請うと、「戒を受け、人々を悲しますのをやめよ。そうすれば汝が最愛するピンガラに会えるだろう」といった。夜叉は承諾し、三宝（仏・法・僧）に帰依すると、釈迦は隠していた夜叉の最愛の子を戻した。夜叉（鬼子母神）は仏法の守護神となり、また、子供と安産の守り神となった。

（3）薄餅は餅米から餅を作り、薄くした様態をいうのではない。中国では、餅は穀物粉を固形化したものいうから、餃子の皮か雲呑のようなものを、鉄板か網上で焼いたものをいう。

三八補　四月八日に造花の芙蓉・菱・藕《ぐう》（蓮根）を作る

羅願（一一三六〜一一八四）の『爾雅翼』巻七釈草・活莌《だつ》（草の名）に次のようにある。

至梁宗懍、記荊楚之俗。四月八日、有染絹為芙蓉、捻蠟為菱藕。亦未有用此物者。今通行於世矣。

梁の宗懍に至り、荊楚の俗を記す。四月八日、絹を染めて芙蓉と為り(1)、蠟を捻《ひね》りて菱（ヒシ科の水生の一年草。夏に水上に白い四弁花を開く）藕（蓮根）を為ること有り。亦た未だ此の物を用う者有らず。いまは世に通行す。

（1）芙蓉はアオイ科フヨウ属の落葉低木。芙蓉はハスの美称でもあることから、区別する際には「木芙蓉」ともいう。

三九　四月一五日、僧尼の結夏《けつげ》（結制）

「宝顔堂秘笈広集」本『荊楚歳時記』は「四月一五日、僧尼の結夏（結制）」に関して次のように述べる。傍線は衍文であることを示す。

四月十五日、僧尼就禅刹、掛搭。謂之結夏、又謂之結制。

按、夏乃長養之節、在外行、則恐傷草木虫類。故九十日安居［念道］。

禅苑宗規云、祝融在候、炎帝司方、当法王禁足之辰。是釈子（子＝氏？）護生之日。至七月十五日、応禅寺掛搭僧尼、尽皆散去、謂之解夏。又謂之解制。禅苑宗規云、金風漸漸（＝金風淅淅）、玉露瀼瀼、当覚皇解制之辰。是法歳周圓之日。大蔵経云、四月十五日、坐樹下、至七月十五日、僧尼坐草為一歳。禅談語録、謂之法歳。

四月一五日、僧尼禅刹（禅宗の寺院）に就いて、掛搭《かた》す。(1) 之を結夏《けつげ》(2)と謂い、又た之を結制と謂う。

按ずるに、夏は乃ち長養の節、外に在りて行かば、則ち草木・虫類を傷つけるを恐る。故に九〇日安居(3)し念道(4)す。

「禅苑宗規」(5)に云わく、「祝融(6)候に在り、炎帝(7)方を司る。法王禁足の辰に当たる。是れ釈氏護生の日なり。七月一五日に至り、禅寺に応じ掛搭せる僧尼、尽く皆な散去す」と。之を解夏と謂い、又た之を解制と謂う。「禅苑宗規」に云わく、「金風淅淅、玉露瀼瀼、覚皇（仏陀のこと）解制の辰に当たる。是れ法歳周圓の日なり。「大蔵経」(8)に云わく、「四月一五日、樹下に坐し、至七月一五日に至りて、僧尼草に坐し一歳と為す」と。「禅談語録」に、之を法歳(9)と謂う。

（1）掛搭とは寺に滞在を許された禅僧が錫杖を禅堂の搭鉤《とうこ》に掛けること。または禅僧が行脚をやめて一か所に長く滞在すること。

（2）結夏は『冊府元亀《さつぶげんき》』巻五二帝王部崇釈氏第二・清泰二年（九三五）四月丙寅に、
　……、縁四月十五日、僧門結夏、至七月十五日方満。　……、四月一五日縁り、僧門結夏し、七月一五日に至り方に満つ。
とあり、結夏という語は一般の史書にもみえる。

（3）安居は雨期に草木が生え繁り、昆虫、蛇などの数多くの小動物が活動するため、外での修行をやめて一か所に定住することにより、小動物に対する無用な殺生を防ぐことである。後に、雨期のある夏に行うことから、夏安居《げあんご》、雨安居ともいう。

（4）「念道」は宋潘自牧撰『記纂淵海』巻八五釈部仏・結夏に、
　夏時長養之節、恐傷折草木、践履生虫。故九十日安居念道。荊楚歳時記。

夏時長養の節、草木を傷折し、生虫を践履することを恐る。故に九〇日安居《あんご》念道す。「荊楚歳時記」。

とあることにより、「念道」の二字を補足した。

（5）守屋美都雄氏は訳註『荊楚歳時記』（平凡社・東洋文庫　一九七八）二九四頁において、「一字下げ」にある『禅苑《ぜんおん》宗規』と『大蔵経』の記事は衍文とする。従うべきである。一三世紀に完成した『歳時広記』巻二九所載の「僧尼の結夏」に『禅苑宗規』と『大蔵経』の記事はなく、『事林広記』前集巻二節序類・歳時雑記・四月に見えるから、衍増は『歳時広記』以降『事林広記』までのことである。

（6）祝融は火をつかさどる神。夏の神、南方の神。祝融氏。祝融神。

（7）炎帝は神農のこと。三皇五帝は中国神話上の八人をいう。三皇は燧人《すいじん》、伏羲《ふっき》、神農。あるいは女媧《じょか》を数えることもある。五帝は黄帝、顓頊《せんぎょく》・帝嚳《ていこく》、堯、舜である。神農は炎帝神農ともいい、人々に医療と農耕の術を教えたという。神農大帝と尊称されていて、医薬と農業を司る神とされている

（8）「大蔵経」は「一切経」、「蔵経」ともいう。仏教経典の総集の呼称。経蔵・律蔵・論蔵の三蔵に中国で撰述された仏典若干を加える。隋代以後の呼称。近世以後は日本撰述の仏典を含めて、日本でもこの呼称を用いる。また漢訳仏典以外にも用いられる場合があり、セイロン所伝のパーリ語三蔵を《南伝大蔵経》、チベット語三蔵を《西蔵大蔵経》と呼ぶ。「大蔵経」の開板印刷されたものは、中国の宋版・金版・元版・明版・清版、朝鮮の高麗版、日本の天海版・黄檗《おうばく》版・卍版などがあり、近くは《大正新脩大蔵経》がある。

（9）法歳は具足戒を受けて、比丘・比丘尼となってからの年数をいう。また出家した人は俗世間の歳を使用せず、夏安居の制により、四月一五日を歳首とし、七月一五日を臘除とする。

五月

四〇　五月は悪月、牀《しょう》（寝臺を兼用する床）と薦席《せんせき》（敷物）を曝《さら》し、屋を蓋《おお》うを忌む

「宝顔堂秘笈広集」本『荊楚歳時記』の「五月は悪月、牀と薦席を曝し、屋を蓋うを忌む」は次のようである。

五月、俗称悪月、多禁忌。曝牀薦席、及忌蓋屋。
按異苑云、新野庾寔、嘗以五月曝席、忽見一小児死在席上、俄而失之。其後、寔子遂亡。或始於此。風俗通曰、五月、上屋、令人頭禿。或問董勛曰、俗五月不上屋。云、五月人或上屋、見影魂便去。勛答曰、蓋秦始皇自為之禁、夏不得行。漢魏未改。案月令（＝「礼記」月令）、仲夏可以居高明、可以遠眺望、可以升山陵、可以處臺榭。鄭玄以為、順陽在上也。今云不得上屋、正与礼反。敬叔云、見小児死、而禁暴席、何以異此乎。俗人月諱、何代無之。但当矯之、帰於正耳。

五月、俗に悪月と称い(1)、禁忌多し。牀（寝臺を兼用する床）・薦席（敷物）を曝し、及び屋を蓋うを忌む。
「異苑」(2)を按ずるに云わく、「新野（南陽郡新野県・唐代の鄧州新野県）の庾寔(3)、嘗て五月を以て席を曝すに、忽《たちま》ちに一小児の死して席上に在るを見るに、俄にして之を失う。其の後、寔《しょく》の子遂に亡《な》くなる。或いは此れより始まるならんか。「風俗通」(4)に曰わく、「五月に屋に上らば、人の頭をして禿げしむ」と。或るひと董勛《とうくん》(5)に問いて曰わく、「俗は五月屋に上らず。云えらく、五月に人或いは屋に上り、影を見れば、魂便ち去る」と。勛答えて曰わく、「蓋《けだ》し秦の始皇［帝］自ら之が禁を為るも、夏に行うを得ず。漢魏未だ改めず」と。『礼記《らいき》』の「月令」(6)

を案ずるに、「仲夏以て高明（高臺・楼観）に居るべく、以て遠く眺望すべく、以て山陵に升るべく、以て臺榭（高殿）に處《お》るべし」と。鄭玄《じようげん》以為《おも》えらく、(7)「陽に順い上に在るなり」と。今屋に上るを得ずと云うは、正に礼と反す。敬叔（『異苑』の著者・劉敬叔のこと）云わく、「小児の死を見て、席（敷物）を暴《さら》すを禁ずるは、何を以てか此れに異らんや。俗人月の諱、何れの代か之なからん。但だ当《まさ》に之を矯《たわ》め、正に帰すべきのみ」と。

（1）「五月は悪月」という考えは、戦国四君（戦国時代に活躍した四人の人物を総称した呼び名。「君」とは死後に贈られた謚号）、斉の孟嘗君（斉の威王の孫・田文。?〜前二七九）、趙の平原君・趙勝（?〜前二五一）、魏の信陵君・魏無忌（?〜前二四四）、楚の春申君・黄歇（?〜前二三八）の一人である孟嘗君の時代にあった。孟嘗君は五月生まれである。もともとは父が五月は悪月であり、五月の子は出産しないよう言い渡していたにも拘わらず、母親が出産した子が孟嘗君である。応劭《おうしよう》（?〜二〇四）の『風俗通』にも五月は悪月という。三国・魏から西晋の議郎である董勛《とうくん》の『問礼俗』にも「五月、俗称悪月、俗多持齋放生（五月、俗は悪月と称い、俗は持齋・放生多し）」とある。王鎮悪（三七三〜四一八）は五月生まれで、五月悪月を鎮圧するため「鎮悪」と命名された。清朝の顧禄（?〜一七九六）の蘇州の年中行事記である『清嘉録』巻五にも「挂鍾馗図」がある。五月に鍾馗図を挂《かけ》るのは、鍾馗が五月の悪気を祓《はら》うと信じられたからである。

（2）『異苑』は『隋書』巻三三経籍志・史部・雑伝類に「異苑十巻、宋給事劉敬叔撰」とある。南朝・宋時代以前の人物に関する超自然的な逸話、幽霊、狐狸に関係する民間の説話を述べたもの。現行の『異苑』は明の胡震亨（一五六九〜一六四五）によって、再編集されたものであるから、原『異苑』と異なる部分がある。

（3）「新野の庾寔《ゆしよく》」は、『異苑』巻四では「新野庾寔妻毛氏、嘗于五月五日、曝薦席」とあり、庾寔の妻・毛氏の体験談となっている。また『玉燭宝典』巻第五・五月仲夏では「案異苑、新野庾寔家、常以五月五日曝薦。忽見一小児死於席上、俄失所在。其後、寔女子遂亡。故相伝称、以為忌」とあり、「庾寔の家」となっている。

（4）『風俗通』は後漢末の人・応劭《おうしよう》（?〜二〇四）の著作。『風俗通義』ともいう。制度、風俗、伝説などについて述べた書。『隋書』巻三四経籍志・子部・雑家類に「風俗通義。三十一巻。録一巻。応劭撰。梁三十巻」とあるが、唐代以降に散逸し、一一世紀に残っていた『風俗通』逸文を輯集したのが、現行の一〇巻本『風俗通義』で、「四部叢刊」初編や「叢書集成」初編に所収されている。

（5）董勛《とうくん》は三国・魏から西晋にかけての議郎。『太平御覧《ぎょらん》』巻二二時序部七・夏中に、

董勛問礼俗曰、五月、俗称悪月。俗多持斎放生。案月令、仲夏、陰陽交、死生分。君子齋戒、止声色、節嗜慾。

董勛の「問礼俗」に曰わく、「五月、俗は悪月と称う。俗は持斎放生多し」と。「月令」（＝『礼記《らいき》』月令）を案ずるに、「仲夏、陰陽交り、死生分つ。君子斎戒し、声色を止《や》め、嗜慾を節す」と。

とあるが、「俗、五月不上屋」の言葉はない。

（6）「月令」は『礼記《らいき》』月令のこと。「月令」仲夏に次のようにある。

是月也、毋用火南方。可以居高明、可以遠眺望、可以升山陵、可以処臺榭。

是の月や、火を南方に用うこと毋《なか》れ。以て高明（楼観）を居るべく、以て遠く眺望遠くすべく、以て山陵に升るべく、以て臺榭《しゃ》（高殿）に處《お》るべし。

（7）鄭玄《じょうげん》（一二七～二〇〇）は、後漢末期の学者。青州北海郡高密県（山東省高密市）の出身。字は康成。二一歳で太学へ進み、『京氏易』・『公羊春秋』・『三統歴』・『九章算術』・『周官』・『礼記』・『左氏春秋』・『韓詩』・『古文尚書』の講義を受けた。前漢時代の経学は今文学派が主流を占め、また一経を専修し、師説を継承するのが一般的であったが、後漢時代には、古文学派が発展し、一人で複数の経典を兼修するのが常となった。鄭玄は古文を主とし、今文・古文の諸説を統合して一家の説を形成するもので、後世の考證学のために重要な資料を提供する事となった。

附節1　「屋を蓋《おお》うを忌む」の典拠

『荊楚歳時記』の「五月は悪月、牀《しょう》と薦席《せんせき》を曝《さら》し、屋を蓋《おお》うを忌む」は次のようである。

五月、俗称悪月、多禁忌。曝牀薦席、及忌蓋屋。

按異苑云、新野庾寔、嘗以五月曝席、忽見一小児死在席上。俄而失之。其後、寔子遂亡。或始於此。風俗通曰、

五月、上屋、令人頭禿。……

隋の杜臺卿の『玉燭宝典』巻第五・五月季夏に、

風俗通云、俗説、五月蓋屋、令人文（文は衍字）頭禿。

「風俗通」に云わく、「俗説に、五月屋を蓋《おお》えば、人の頭をして禿げしむ。

とあるから、『荊楚歳時記』五月の「屋を蓋うを忌む」の典拠は『風俗通』である。「牀と薦席を曝《さら》す」の出典は『玉燭宝典』には記載がないが、『荊楚記』が出典ではなく、一般的な書が出典であろう。あるいは杜公瞻《せん》の附加文かも知れない。『荊楚記』の記事があるべき箇所に、『荊楚記』ではない記事がある。この事実を以て、現行本『荊楚歳時記』は宗懍著といえない。

附節2　五月生れの子を忌む

1　五月生れの子

五月に生れた子を忌む習俗は、戦国時代から存在する習俗である。この習俗の非理を説いたのは、後漢の王充であり、五月生れの孟嘗君・田文である。王充は『論衡』巻二三「四諱」において、この習俗の非理を述べる。

四曰、諱挙正月五月子。以為正月五月子、殺父与母、不得挙也。已挙之、父母禍（偶）死、則信而謂之真矣。夫正月五月子、何故殺父与母。人之含気、在腹腸之内、其生、十月而産、共一元気也。正［月］与二月何殊、五［月］与六月何異、而謂之凶也。世伝此言久［矣］。拘数之人、莫敢犯之。弘識大材、実核事理、深睹吉凶之分者、

然後見之。昔斉相田嬰、賎妾有子、名之曰文。文以五月生、嬰告其母勿挙也、其母窃挙生之。及長、其母因兄弟、而見其子文於嬰。嬰怒曰、吾令女去此子、而敢生之、何也。文頓首、因曰、君所以不挙五月子者、何故。嬰曰、五月子者、長至戸、将不利其父母。文曰、人生受命於天乎、将受命於戸邪。嬰嘿然。文曰、必受命於天、君何憂焉。如受命於戸、即高其戸、誰能至者。嬰善其言、曰、子休矣。其後使文主家、待賓客、賓客日進、名聞諸侯。文長過戸、而嬰不死。以田文之説言之、以田嬰不死効之、世俗所諱、虚妄之言也。夫田嬰俗父、而田文雅子也。嬰信忌不実義、文信命不辟諱。雅俗異材、挙措殊操。故嬰名闇而不明、文声馳而不滅。実説、世俗諱之、亦有縁也。夫正月歳始、五月盛陽。子以［此月］生、精熾熱烈、厭勝父母、父母不堪、将受其患。伝相放傚、莫謂不然。有空諱之言、無実凶之効、世俗惑之、誤非之甚也。

四に曰わく、「正月・五月子を挙ぐる諱む」と。以為《おも》えらく正月・五月の子は、父と母を殺せば、挙ぐる得ざるなりと。已に之を挙げ、父母偶《たま》たま死せば、則ち信じて之を真と謂《おも》う。夫れ正月五月の子、何の故に父と母を殺さん。人の気を含む、腹腸の内に在り、其の生まるる、一〇月にして産し、一元気を共にするなり。正月と二月と何ぞ殊《ことな》るとし、五月と六月と何ぞ異るとし、之を凶と謂うか。世は此の言を伝えること久し。数に拘るの人、敢えて之を犯すこと莫し。弘識・大材、事理を実核し、深く吉凶の分を睹る者にして、然る後之を見る。むかし斉の相（宰相）・田嬰、賎妾に子有り、之に名づけて文と曰う。文は五月を以て生まるれば、嬰《えい》其の母に挙ぐること勿れと告げるも、其の母窃《ひそ》かに挙げて之を生む。長じるに及んで、其の母は兄弟に因りて、其の子・文を嬰《えい》に見《まみ》えしむ。嬰怒りて曰わく、「吾 女《なんじ》をして此の子を去らしめるに、敢えて之を生みしは、何ぞや」と。文頓首（＝頭を地面につけること）し、因りて曰わく、「君の五月子を挙げざる所以のものは、何の故ぞ」と。嬰曰わく、「五月子は、長戸《せたけ》に至れば、将《まさ》に其の父母に利あらざらんとす」と。文曰わく、「人の生れるは命を天に受けるか、将《は》たまた命を戸に受けるか」と。嬰嘿然《ぼくぜん》たり。文曰わく、「必ず命を天に受ければ、君何ぞ憂えん。如し命を戸に受ければ、即ち其の戸を高くせば、誰か能く至る者あらん」と。嬰は其の言を善しとして、曰わく、「子休めよ」と。其の後、文をして家を主り、賓客を待せしめるに、賓客日々進み、名諸侯に聞ゆ。文の長《たけ》戸を過ぐれども、嬰死せず。田文の説を以て之を言い、田嬰の死せざるを以て之を効《いた》さば、世俗の諱む所は、虚妄の言なり。夫れ田嬰は俗父にして、田文は雅子なり。嬰は忌を信じて義を実にせず、文は命を信じて諱を辟けず。雅俗材を異にし、挙措操を殊にす。故に嬰の名闇くして明ならず、文の声馳せて滅せず。実に説けば、世俗之を諱むも、亦た縁る有るなり。夫れ正月は歳始、五月は盛陽なり。子此の月を以て生れれば、精熾熱烈にして、父母を厭勝《えんしょう》せば、父母堪えず、将に受其の患を受けんとす。伝相放傚し、然らずと謂うもの莫し。空諱の言有り、実凶の効なく、世俗之に惑うは、誤非の甚だしきなり。

王充（二七～?）の『論衡』に登場する孟嘗君は「五月生」とあり、「五月五日生」とはない。孟嘗君の出自に関しては『史記』巻七五孟嘗君列伝に次のようにある。

孟嘗君、名文、姓田氏。文之父曰靖郭君田嬰。田嬰者、斉威王少子而斉宣王庶弟也。………（中略）………。初、田嬰有子四十餘人、其賤妾有子名文。文以五月五日生。嬰告其母曰、勿挙也。其母窃挙生之。及長、其母因兄弟而見其子文於田嬰。田嬰怒其母曰、吾令若去此子、而敢生之、何也。文頓首、因曰、君所以不挙五月子者、何故。嬰曰、五月子者、長与戸斉、将不利其父母。文曰、人生受命於天乎。将受命於戸邪。嬰黙然。文曰、必受命於天、君何憂焉。必受命於戸、則可高其戸耳。誰能至者。嬰曰、子休矣。………（中略）………。於是嬰迺礼文、使主家待賓客。賓客日進、名声聞於諸侯。諸侯皆使人請薛公田嬰以文為太子。嬰許之。嬰卒、謚為靖郭君。而文果代立於薛。是為孟嘗君。

孟嘗君、名は文、姓は田氏。文の父は靖郭君・田嬰《えい》と曰う。田嬰は、斉の威王の少子にして斉の宣王（在位は前三五六～前三二〇）の庶弟なり。……（中略）……。初め、田嬰、子四〇餘人あり、其の賤妾に子あり文と名づく。

文は五月五日（五日は衍字）を以て生まる。嬰、其の母に告て曰わく、「挙ぐること勿れ」と。其の母窃《ひそか》に挙げ之を生《そだ》つ。長ずるに及び、其の母、兄弟によりて其の子・文を田嬰に見《まみえ》しむ。田嬰、其の母に怒りて曰わく、「吾、若《なんじ》をして此の子を去《す》てしむ、而るに敢えて之を生《う》むは、何ぞや」と。文頓首（＝頭を地面につけること）し、因りて曰わく、「君、五月の子を挙ざる所以のものは、何の故ぞ」と。嬰曰わく、「五月の子は、長じ、戸と斉《ひと》しくば、将に其の父母に利ならざらんとす」と。文曰わく、「人生は命を天に受るか、将《は》たまた命を戸に受くか」と。嬰、黙然たり。文曰わく、「必ず命を天に受けば、君何ぞ憂えん。必ず命を戸に受けば、則ち其の戸を高くすべきのみ。誰れか能く至るものぞ」と。嬰曰わく、「子休《し》めよ」と。……（中略）……。是において嬰迺《すなわ》ち文を礼して、家を主り賓客を待せしむ。賓客日々に進み、名声諸侯に聞ゆ。諸侯皆な人をして薛公・田嬰に請い文を以て太子と為さしむ。嬰之を許す。嬰卒し、謚《おくりな》して靖郭君と為す。而して文果して代りて薛に立つ。是れ孟嘗君と為す。

宋版『史記』には「文以五月五日生」とあるが、古い抄本には「五日」の二字がない＊。三世紀中葉の重数節日「五月五日」が成立した後に「五日」が増入された結果である。五月五日が重数節日として意識されたのは、二世紀の後漢時代の終わりから三国時代であるから、この時期以降に「孟嘗君は五月五日生まれ」という俗説が形成され、「五月五日の生子を忌む」風習ができあがっていったと想定できる。孟嘗君を五月五日の生子の事例として扱うことは誤りなのである。

孟嘗君の事例は後漢時代（一世紀から三世紀前半）の中央亜細亜につながる甘粛回廊地帯の河西地方においては、二月と五月に生まれた子と、父母の生月と同月に生れる子は殺す習俗があったことと関連して理解するべき事例である。『後漢書《じょ》』巻六五張奐伝に、

在家四歳、復拝武威太守。平均徭賦、率厲散敗、常為諸郡最、河西由是而全。其俗多妖忌、凡二月五月産子及与父母同月生者、悉殺之。奐示以義方、厳加賞罰、風俗遂改、百姓生為立祠。

家に在ること四歳、復た武威太守を拝す。徭賦を平均し、率厲・散敗すれば、常に諸郡の最と為り、河西是れに由りて全《まつた》し。其の俗妖忌多く、凡《すべ》て二月・五月産まれの子及び父母と同月に生まれる者、悉《ことごと》く之を殺す。奐は示すに義方を以てし、厳しく賞罰を加うれば、風俗遂に改まり、百姓生きながら為に祠を立つ。

とある。右の話は二世紀中葉の話である。所が変われば、生子の忌み月が変化するものであろうか。

『後漢書《じょ》』張奐伝によれば、後漢時代の河西地方では二月と五月に生まれた子は、殺しまた遺棄する俗信があったとするが、南朝の江南地方でも二月生まれの子は殺す習俗があったから、二月と五月に生まれた子は、殺しまた遺棄するという俗信は、後漢時代の河西地方独自の俗信ではなかったようで、戦国時代から中国全体にあった俗信としてよいだろう。

＊　池田温「中国古代における重数節日の成立」（『中国古代史研究』第六所収　研文出版　一九八九）二五頁。中村裕一『中国古代の年中行事　第二冊夏』（汲古書院　二〇〇九）五四六頁以下を参照。

2　五月五日生れの子

一七八八年に完成した『日下旧聞考《じっかきゅうぶんこう》』巻一四七風俗に、『北京歳華紀』を出典として、次の記事を引用している。

民間、是日生子、束一木或荆条祭于堂、斬其木五六尺許、祝曰、如是止、勿長抵戸。

民間、是の日子を生めば、一木を束ね或いは荆条を堂に祭り、其の木五・六尺許《ばか》りに斬り、祝《まじな》いて曰わく、「是の如《ごと》くに止り、長じて戸に抵《あた》る勿れ」と。

これによれば、五月の生子が厭《いと》われた話は、明清時代の庶民に語り継がれていたことが判明する。

三世紀以前で五月五日生まれとされるのは、前漢の王鳳（?〜前二二）である。前漢の劉歆《りゅうきん》が撰し、西晋（二六五〜三一六）の葛洪《かっこう》の編集とされる『西京雑記』巻二に次のようにある。

王鳳、以五月五日生、其父欲不挙曰、俗諺挙五日子、長及戸則自害、不則害其父母。其叔父曰、昔田文以此日生、其父嬰勅其母曰、勿挙。其母窃挙之。復為孟嘗君、号其母為薛公大家。以古事推之、非不祥也。遂挙之。

王鳳、五月五日を以て生れ、其の父挙げざらんことを欲して曰わく、「俗諺に五日の子を挙げれば、長《たけ》戸に及べば則ち自らを害し、不《しか》らざれば則ち其の父母を害す」と。其の叔父曰わく、「むかし田文此の日を以て生れ、其の父・嬰《えい》は其の母に勅して曰わく、《挙ぐること勿れ》と。其の母窃《ひそか》に之を挙ぐ。復た孟嘗君と為り、其の母を号して薛公大家と為す。古事を以て之を推すに、不祥に非ざるなり」と。遂に之を挙ぐ。

王鳳は『漢書《かんじょ》』に列伝がなく、生まれた時のことは不明であるから、『西京雑記』と比較しようがない。しかし、『西京雑記』は信頼のおける文献ではないことと、前漢には「五月五日」の重数節日がないことを想起する必要がある。

この話は葛洪が『西京雑記』に増入した作り話であろう。

五月五日生まれの第二は後漢の胡広である。胡広の出生譚は『太平御覧《ぎょらん》』巻三一時序部一六・五月五日にもある。

世説曰、胡広、本姓黄。五月五日生、父母悪之、置之瓮中、投於江。胡翁聞瓮中有児啼、往取之、為子。遂七登三司。

「世説」に曰わく、「胡広、本姓は黄なり。五月五日生れ、父母之を悪《にく》み、之を瓮《ぼん》中に置き、江に投ず。胡翁瓮中に児の啼《な》く有るを聞き、往きて之を取り、子と為す。遂に七たび三司（太尉・司徒・司空）に登る」と。

一方、『後漢書《じょ》』巻四四胡広伝には、

胡広、字伯始、南郡華容人也。六世祖剛、清高有志節。平帝時、大司農馬宮辟之。値王莽居摂、剛解其衣冠、懸県府門而去、遂亡命交阯、隠於屠肆之間。後莽敗、乃帰郷里。父貢、交阯都尉。広少孤貧、親執家苦。長大、随輩入郡為散吏。太守法雄之子真、従家来省其父。真頗知人。会歳終応挙、雄勅真助其求才。雄因大会諸吏、真自於牖間密占察之、乃指広以白雄。遂挙孝廉。既到京師、試以章奏、安帝以広為天下第一。

胡広、字は伯始、南郡華容の人なり。六世の祖・剛、清高にして志節有り。平帝（前一～六）の時、大司農の馬宮之を辟《め》す。王莽の摂に居るに値《あた》って、剛は其の衣冠を解きて、府の門に懸けて去り、遂に交阯《こうし》（ベトナム）に亡命し、屠肆の間に隠る。後に莽敗《やぶ》るるや、乃ち郷里に帰る。父の貢は交阯《こうし》都尉。広は少《わか》くして孤貧、親ら家の苦しみを執る。長大にして、輩に随いて郡に入りて散吏と為る。太守・法雄の子の真、家従り来て其の父を省《みま》う。真は頗る人を知る。歳の終りに応《まさ》に挙ぐべきに会《あた》って、雄は真に勅《いいつ》けて其の才を求むを助けしむ。雄因って大いに諸吏を会《あつ》む。真は自ら牖《ゆう》（格子窓）間に密かに之を占察し、乃ち広を指し以て雄に白《もう》す。遂に孝廉に挙げられる。既に京師に到るや、試するに章奏を以てし、安帝（一〇六～一二五）は広を以て天下第一と為す。

とあり、胡広の家系を六世祖から説き、胡広が幼少のころは「孤貧」であったとはあるが、彼が捨て子とはいっていない。前近代中国社会において養子制度は認められていないから、黄姓の者が胡姓を名乗れるはずがない。胡広の話も五月五日の節日が成立した後に創作されたものであろう。

３　王鎮悪

南北朝時代の五月五日生まれで著名なのは王鎮悪（三七三～四一八　『宋書《じょ》』巻四五）である。

王鎮悪、北海劇人也。祖猛、字景略。……（中略）……。鎮悪以五月五日生、家人以俗忌引、欲令出継疎遠宗。猛見奇之、曰、此非常童、昔孟嘗君悪月生而相斉、是児亦将興吾門。故名之為鎮悪。

王鎮悪、北海劇の人のなり。祖は猛、字は景略。……（中略）……。鎮悪五月五日を以て生まれ、家人俗忌を以て引き、出して疎遠の宗を継がしめんと欲す。猛見て之を奇とし、曰わく、「此れ非常の童なり、むかし孟嘗君悪月に生れて斉に相たり、是の児亦た将て吾が門を興さん」と。故に之を名づけ鎮悪と為す。

とあり、『太平御覧《ぎょらん》』巻三一時序部一六・五月五日の条に引用される『宋略』（梁の裴子野の撰）にも次のようにある。

王鎮悪、以五月五日生。家人欲棄之。其祖猛曰、昔孟嘗君以此日生、卒得相斉。此児必興吾宗、以鎮悪為名。

王鎮悪、五月五日を以て生まれる。家人之を棄てんと欲す。其の祖の猛曰わく、「むかし孟嘗君此の日を以て生れ、卒に相（宰相）を斉に得る。此の児必ず吾が宗を興す。鎮悪を以て名と為さん」と。


王鎮悪は四世紀に生まれている。「端五」が登場する最初の文献は、晋の周處（二三六～二九七、『晋書《しんじょ》』巻五八）の『風土記』である。五月五日の節日は三世紀末には確実に成立していたことになるから、王鎮悪が三七三年の五月五日に生まれた時、家人が俗忌を引き合いに出し、五月五日生まれに難癖を附けたことは大いにあり得る話である。王鎮悪は五月五日の生子が忌み嫌われた文献に残る最初の人物である。家人が三七三年に突然に五月五日生子の俗忌を持ち出すことはないから、五月五日の生子の俗忌は四世紀初頭ころには認知された俗忌となっていたと想定でき、孟嘗君や王鳳・胡広の出生譚も四世紀初頭ころに成立したものであろう。

四一　五月五日を浴蘭節という。百草を蹋《ふ》み、百草を闘わすの戯あり

「宝顔堂秘笈広集」本『荊楚歳時記』の「五月五日を浴蘭節という。百草を蹋み、百草を闘わすの戯あり」は次のようである。


五月五日、謂之浴蘭節。四民並［蹋百草、有］(1)闘百草之戯。

按大戴礼曰、五月五日（五日は衍字）、蓄蘭。為沐浴。楚辞曰、浴蘭湯兮、沐芳華。今謂之浴蘭節、又謂之端午。

蹋百草、即今人有闘百草之戯也。


五月五日、之を浴蘭節という。四民並びに百草を蹋《ふ》み、百草を闘わすの戯有り。

「大戴礼」(2)（＝『大戴礼《だたいれい》』夏小正）を按ずるに曰わく、「五月、蘭を蓄《あつ》む。沐浴の為にするなり」(3)と。「楚辞」（九歌

章句第二離騒・東皇太一）に曰わく、「蘭湯に浴（湯あみ）し、芳華に沐（髪を洗う）す」と。いま之を浴蘭節と謂い、又た之を端午と謂う。百草を蹋《ふ》む。即ち今人百草を闘わすの戯有るなり。(4)

（1）「並［蹋百草、有］闘百草之戯」の［ ］内の文字は、「重較説郛《せつぷ》」本『荊楚歳時記』より補足した。
（2）『大戴礼《だたいれい》』は、漢代の儒者・戴徳が、古代の礼文献を取捨して整理した、儒教関連の論文集である。戴徳の甥である戴聖も『礼記』（＝小戴礼記）を著しており、区別し『大戴礼記』と呼ぶ。『大戴礼』の内容は、礼に対する論述であるが、雑多な論文の集まりである。全八五篇であったが、現在では四〇篇のみ現存している
（3）「大戴礼曰、五月五日、蓄蘭。為沐浴」は、『大戴礼』に「五月、蓄蘭。為沐浴」とあり、「五日」はない。
（4）「百草を闘わすの戯」は競技の内容が不明。

附節 「五月五日を浴蘭節という。百草を蹋《ふ》み、百草を闘わすの戯あり」の典拠

『荊楚歳時記』の「五月五日を浴蘭節という。百草を蹋み、百草を闘わすの戯あり」は次のようである。

五月五日、謂之浴蘭節。四民並［蹋百草、有］闘百草之戯。

按大戴礼曰、五月五日、蓄蘭為沐浴。楚辞曰、浴蘭湯兮、沐芳華。今謂之浴蘭節、又謂之端午。蹋百草、即今人有闘百草之戯也。

右の「一字下げ」の記事は『大戴礼』と『楚辞』、加えて『荊楚歳時記』成立当時のことを述べる「今謂之浴蘭節、……」の記事であって、『荊楚記』の記事ではない。『荊楚記』の記事があるとすれば、「一字上げ」の部分である。これは、この条だけに限定されるものではなく、『荊楚歳時記』全般にいえることで、『荊楚歳時記』において『荊楚記』の記事は「一字上げ」の部分の出典のない記事中にある。「一字下げ」の部分は出典を明記しているから、『荊楚記』

の記事ではないことは明白である。

五八一年頃にできた杜臺卿の『玉燭宝典』巻第五・五月仲夏に、

荊楚記云、四民並蹋百草。採艾以為人〔形〕、懸門戸之上、以禳毒気。

「荊楚記」に云わく、「四民並びに百草を蹋《ふ》む。艾《よもぎ》を採り以て人形《がた》を為り、門戸の上に懸け、以て毒気を禳《はら》う」と。

とあり、六二四年にできた『藝文類聚《げいもん》』巻四歳時部・中・五月五日に、

荊楚記曰、荊楚人、以五月五日、並蹋百草、採艾以為人〔形〕、懸門戸上、以禳毒気。

「荊楚記」に曰わく、「荊楚の人、五月五日を以て、並びに百草を蹋《ふ》み、艾を採り以て人形を為り、門戸の上に懸け、以て毒気を禳う」と。

とある。右の記事によって「四民並蹋百草」の出典は、『荊楚記』であることが判明する。「一字上げ」の箇所は『荊楚記』と出典不明の「謂之浴蘭節」と「有闘百草之戯」から構成される。原則からいえば「一字上げ」の箇所は全文『荊楚記』の記事でなければならない。出典不明の記事が存在することによって、「一字上げ」の箇所は全文が『荊楚記』の記事と想定するのは妄想ということになる。「一字上げ」の箇所は『荊楚記』の記事とは限らない。厳密にいえば現行本『荊楚歳時記』は『荊楚記』のみに注記した書ではないのである。それにも拘わらず、書名を『荊楚歳時記』といい、宗懍の撰という。奇妙である。

『荊楚歳時記』の「浴蘭節」と「闘百草之戯」は、無用の衍増という疑いが残るが、「一字下げ」の注記に、

按大戴礼曰、五月五日（五日は衍字）、蓄蘭。為沐浴。楚辞曰、浴蘭湯兮、沐芳華。今謂之浴蘭節、又謂之端午。

蹋百草、即今人有闘百草之戯也。

とあり、「謂之浴蘭節」と「有闘百草之戯」の文言を置く理由が述べられているから、決して衍増ではない。注記は杜公瞻《せん》が書いたものであるから、「謂之浴蘭節」と「有闘百草之戯」の文言は、『荊楚歳時記』作成時に意図的に増補さ

れたのである。増補したのは杜公瞻《せん》を措いて他にはいない。杜公瞻の記事に杜公瞻が注記するのであるから、現行本『荊楚歳時記』の著者は、杜公瞻であることは明白であろう。

五月五日を浴蘭節としたのは、実体があって浴蘭節としたのではない。『大戴礼《だたいれい》』に「五月、蓄蘭為沐浴」という句があったからに過ぎない。沐浴に関する史料は少ない。『玉燭宝典』巻第五・五月仲夏に、

又取蘭草、以備沐浴。習鑿歯与褚常侍書云、家舅見迎、南達夏口。白故府渚下見法。日与足下及江州、五月五日、共沐浴戯處。感想平生、追尋宿眷、髪鬅玉儀心、実悲矣。

又た蘭草を取り、以て沐浴に備う。習鑿歯《しゅうさくし》（『晋書《しんじょ》』巻八二、『漢晋春秋』の著者）の褚常侍（『晋書』巻七七の褚裒？）に与うる書に云わく、「家舅に迎えられ、南のかた夏口に達す。白き故府の渚下に法《ながれ》を見る。日々に足下（褚常侍）と江州に及び、五月五日、沐浴を共にし戯れし處。平生を感想し、宿眷《しゅくけん》（久しく受けた恩）を追尋すれば、玉儀の心（玉のように美しい心）に髪鬅《はってい》して、実《まこと》に悲し」と。

とあるのが、唯一の史料である。史料がないから五・六世紀の五月五日に沐浴する習俗がなかったとはいえないが、隋唐時代でも五月五日の沐浴習俗の史料がない。『荊楚歳時記』に「五月五日は浴蘭節」とあるから、五月五日は沐浴があったと考えてはならない。

日本には五月五日の菖蒲風呂の習俗がある。隋唐時代に五月五日の沐浴習俗の史料がなく、鎌倉時代の『年中行事秘抄』五月に浴蘭や菖蒲風呂の習俗をいわないから、菖蒲風呂の習俗は唐代のそれを継承したものではなく、室町時代ころの日本で独自に形成された習俗であり、権威附けのために中国の「浴蘭」の習俗がいわれるに過ぎない。

四二　五月五日、艾《よもぎ》の人形《ひとがた》を門戸に懸ける

「宝顔堂秘笈広集」本『荊楚歳時記』の「五月五日、艾の人形・菖蒲酒(1)」は次のようである。

採艾以為人、懸門戸上、以禳毒気。以菖蒲或鏤或屑、以泛酒。

[按](2)、宗則、字文度。常以五月五日鶏未鳴時、採艾。見似人處、攬而取之、用灸有験。師曠占曰、歳多病則病草先生。艾是也。今人以艾為虎形、或剪綵為小虎、粘(＝貼)艾葉以戴之。

艾を採り以て人を為り、門戸の上に懸け、以て毒気を禳《はら》う。菖蒲を以て或いは鏤《きざ》み或いは屑とし、以て酒に泛ぶ。

按ずるに、宗則(3)、字は文度。常に五月五日の鶏未だ鳴かざる時を以て、艾を採る。人に似たる處を見て、攬《つ》みて之を取り、灸に用うれば験有り。「師曠占(4)」に曰わく、「歳に病多くば則ち病草先ず生ず。艾是れなり」と。今人(杜公瞻《せん》の生きた隋代の人)艾を以て虎形《とらがた》を為り、或いは綵《き》を剪り小虎を為り、艾葉《がいよう》を貼り以て之を戴く。

(1) 菖蒲酒は梁克家(一一二八～一一八七)の『淳熙三山志《じゆんき》』巻四〇土俗類二歳時・端午・飲菖蒲酒に、

李彤四序総要云、五日、婦礼上続寿菖蒲酒。以本草云菖蒲可以延年、今州人、是日飲之、名曰飲続。

李彤《りとう》の「四序総要」に云わく、「五日、婦礼として続寿の菖蒲酒を上る」と。「本草」に〈菖蒲以て延年すること可〉と云うを以て、今州人、是の日に之を飲み、名づけて飲続と曰う。

とあるが、『荊楚歳時記』の逸文を検討してみても、五月五日の菖蒲酒が『荊楚歳時記』にあった形跡はない。「以菖蒲或鏤或屑、以泛酒」は後世の衍増である可能性が高い。

(2) 「按」字は「重較説郛《せつぷ》」本、「広漢魏叢書」本、和刻本『荊楚歳時記』にあるから、「按」字を補足した。

（3）　宗則は『歳華紀麗』巻二端午「時当採艾節及浴蘭」の注には「宋測」に作る。『南斉書《じょ》』巻五四高逸列伝に立伝される宗測、『南史』巻七五隠逸伝の宗少文伝に附伝される宗測のことである。『建康実録』巻一六と『太平広記』巻二一一に略伝がある。字の「文度」に関して『南斉書』には、

宗測、字敬微、南陽人。宋徵士炳孫也。世居江陵。測少静退、不楽人間。

宗測、字は敬微、南陽の人。宋の徴士・炳（『宋書《そうじょ》』巻九三）の孫なり。世々江陵に居す。測は少くして静退し、人間を楽しまず（徴士は学徳のある人。また、官として召し出されても就官しない人をいう）。

とあり、字は「敬微」であり、『荊楚歳時記』にある「文度」とは異なる。『南史』巻七五に附伝された宗測伝には、

測、字敬微、一字茂深。家居江陵。少静退、不樂人間。

測、字は敬微、一つの字は茂深。家して江陵に居す。少くして静退し、人間を楽しまず。

とあり、字は二つあったとするから、この外に字を「文度」といっていた時もあったと考えてよい。「宗則、字文度」は『太平御覧《ぎょらん》』巻三一時序部一六・五月五日に、

荊楚歳時記云、宗則、字文度。常以五月五日鶏未鳴時、採艾。見似人處、攬而取之、用灸有験。

「荊楚歳時記」に云わく、「宗則、字は文度。常に五月五日鶏未だ鳴かざる時を以て、艾《よもぎ》を採る。人に似たる處を見て、攬ねて之を取り、灸に用うれば験有り」と。

とあり、一〇世紀の『荊楚歳時記』に「宗則、字文度」と記載されており、後世の誤りたる増入ではない。宗測伝に、宗測は建武二年（四九五）に司徒府の主簿に召されたが、就任しなかったとある。六世紀前半まで生きた人である。宗測の族人に宗尚之がおり、『周書《じょ》』巻四二の宗懍伝によれば、宗懍の父は宗高之であるから、宗尚之と宗高之は世代を同じくする人であり、宗測と宗尚之は父子関係にないから、宗測の兄弟の子が宗尚之であろう。宗高之も宗測の兄弟の子であろうと推定される。宗懍からみて宗測は祖父の兄弟であろう。

（4）　師曠は晋の平公（在位は前五五七～前五三二）に仕えた楽人。字は子野。盲目であったが琴の名手。『師曠占』は『後漢書《じょ》』巻六〇上・蘇竟伝の「師曠雑事」の注に「師曠雑事は雑占の書なり。前書に曰わく、〈陰陽書一六家に師曠八篇有るなり〉」とあ

る。『旧唐書《くとうじょ》』巻四七経籍志下・子部・五行類に「師曠占書一巻」とあり、『新唐書《じょ》』巻五九藝文志・子部・五行類に「師曠占書一巻」とある。師曠なる人の占書。

一例ではあるが、『斉民要術《せいみんようじゅつ》』巻三雑説三〇に、

師曠占曰、黄帝問［師曠］曰、吾欲占歳苦楽善悪。可知否。対曰、歳欲甘、甘草先生。［草者］薺。歳欲苦、苦草先生。［草者］葶藶。［歳欲悪、悪草先生。悪草水藻］。歳欲雨、雨草先生。［草者］藕。歳欲旱、旱草先生。［草者］蒺藜。歳欲流、流草先生。［草者］蓬。歳欲病、病草先生。［草者］艾。

「師曠占」に曰わく、「黄帝、師曠に問いて曰わく、〈吾は歳の苦楽・善悪を占わんと欲す。知るべきや否や〉と。対えて曰わく、〈歳が甘ならんと欲すれば、甘草先ず生える。［草は］薺（なずな）。歳が苦ならんと欲すれば、苦草先ず生える。［草は］葶藶（いぬなずな）。歳が雨ならんと欲すれば、雨草先に生える。［草は］藕（はす）。歳が旱ならんと欲すれば、旱草先ず生える。［草は］蒺藜（はまびし）。歳が流れんと欲すれば、流草先ず生える。［草は］蓬（こうほね）。歳が病まんと欲すれば、病草先ず生える。［草は］艾（よもぎ）〉」と。

とあり、『藝文《げいもん》類聚』巻八一薬香草部・上・草と『太平御覧《ぎょらん》』巻一七時序部二・歳にも『師曠占』の引用がある。

附節　「五月五日、艾《よもぎ》の人形《ひとがた》を門戸に懸ける」の典拠

『荊楚歳時記』の「五月五日、艾の人形・菖蒲酒」は次のようである。

採艾以為人、懸門戸上、以禳毒気。以菖蒲或鏤或屑、以泛酒。

按宗則、字文度、常以五月五日鶏未鳴時、採艾。見似人處、攬而取之、用灸有験。師曠占曰、歳多病則病草先生。艾是也。今人以艾為虎形、或剪綵為小虎、粘（＝貼）艾葉以戴之。

艾の人形に関して、五八一年頃にできた杜臺卿の『玉燭宝典』巻第五・五月仲夏に、

荊楚記云、四民並蹋百草。採艾以為人、懸門戸之上、以禳毒気。

とあり、六二四年にできた『藝文《げいもん》類聚』巻四歳時部・中・五月五日に引用する『荊楚記』に、

荊楚記曰、荊楚人、以五月五日、並蹋百草、採艾以為人、懸門戸上、以禳毒気。

とあるから、『荊楚歳時記』の「採艾以為人、懸門戸上、以禳毒気」の出典は、『荊楚記』である。

『荊楚記』には「以菖蒲或鏤或屑、以泛酒」の記事がない。『太平御覧《ぎょらん》』巻三一時序部一六・五月五日に、

又〔荊楚歳時記〕、五月五日、荊楚人、並蹋百草。将（＝採）艾以為人〔形〕、懸門戸上、以禳毒気。故師曠占曰、歳多病、則艾草先生也。

又た「荊楚歳時記」に、「五月五日、荊楚の人、並びに百草を蹋《ふ》む。艾を採り以て人形と為し、門戸の上に懸け、以て毒気を禳《はら》う。故に「師曠占」に曰わく、「歳に病多ければ、則ち艾草先ず生えるなり」」と。

とあり、「毒気」と「師曠占」の間にあるべき「菖蒲酒」の記事がない。唐の韓鄂《かんがく》の『歳華紀麗』巻二端午の「掛艾」の注記に「荊楚記、五月五日、〔荊〕楚人、皆踏百草、採艾為人形、掛於戸上、以禳毒気」とあって、菖蒲酒の記事がない。「重較説郛《せつぷ》」本『荊楚歳時記』の「五月五日、艾の人形」にも菖蒲酒の記事がなく、「漢魏叢書」本と和刻本『荊楚歳時記』にも菖蒲酒の記事はない＊。菖蒲酒の記事は後世の衍増で、削除するべきである。

『千金月令』（「重較説郛」匀《いん》六九上所収）の逸文に、

端午、以菖蒲或鏤或屑、以泛酒。端午、菖蒲を以て或いは鏤《きざ》み或いは屑とし、以て酒に泛ぶ。

とある。「以菖蒲或鏤或屑、以泛酒」は、本来は唐の孫思邈の『千金月令』の記事で、『太平御覧』が成立した一〇世紀以降に『荊楚歳時記』に増入されたものであろうか。

＊「広漢魏叢書」本『荊楚歳時記』には菖蒲酒の記事があるが、原形に近い『太平御覧』所引『荊楚歳時記』や『歳華紀麗』所引の『荊楚歳時記』には菖蒲酒の記事がないから、「広漢魏叢書」本『荊楚歳時記』は信頼できない。

四三　五月五日、競渡（舟競べ）。雑薬を採る。屈原の故事

「宝顔堂秘笈広集」本『荊楚歳時記』の「五月五日、競渡（舟競べ）。雑薬を採る。屈原の故事」は次のようである。

是日、競渡。競採雑薬。

按、五月五日、競渡。俗為屈原投汨羅日、傷其死所（「所」字は衍字）。故並命舟檝以拯之。舸舟取其軽利、謂之飛鳧。一自以為水車、一自以為水馬。州将及士人、悉臨水而観之。蓋越人以舟為車、以楫為馬也。

是の日、競渡（舟競べ）す。競いて雑薬を採る。

按ずるに、五月五日、競渡す。俗は屈原(1)の汨羅《べきら》に投ずる日と為し、其の死を傷む。故に並びに舟檝《しゅうしょう》に命じて以て之を拯《すく》わしむ。舸舟《かしゅう》其の軽利を取り、之を飛鳧《ひふ》と謂う。一つに自ら以て水車と為し、一つには自ら以て水馬と為す。州将及び士人、悉く水に臨んで之を観る。蓋《けだ》し越人は舟を以て車と為し、楫《かい》を以て馬と為すなり。

（1）屈原（前三四三～前二七八）、氏は屈。諱は平、または正則。字は原。戦国時代の楚国の王族、詩人。秦の張儀の謀略を見抜き、楚国の懐王を諫めたが受け入れられず、汨羅江畔の玉笥山に流された。前二七八年に楚国の都・郢《えい》（湖北省荊州市）が秦軍に攻め落とされると、楚国の将来に絶望して入水自殺した。春秋戦国時代を代表する詩人としても有名である。屈原は洞庭湖に注ぐ汨羅江（汨水と羅水が合流して汨羅江となる）の地で『離騒』などを書いた（『楚辞』に所収）。

附節1　「五月五日、競渡（舟競べ）。雑薬を採る。屈原の故事」の典拠

競渡に関して、杜臺卿の『玉燭宝典』巻第五・五月仲夏に、

南方民、又競渡。世謂屈原投汨羅之日。故並命舟檝以拯之。在北舳艫既少、罕有此事。
南方の民、又た競渡す。世に屈原の汨羅《べきら》に投ずるの日と謂う。故に並びに舟檝《しゅうしょう》に命じて以て之を拯《すく》わしむ。北に在りて舳艫《ちゆうろ》既に少なく、此の事有るは罕《まれ》なり。

とあり、競渡は華北にない習俗というから、競渡は南方の習俗である。

歐陽詢らの『藝文類聚《げいもん》』巻四歳時部・中・五月五日に、

荊楚記曰、荊楚人、以五月五日並蹋百草。採艾以為人、懸門戸上、以禳毒気。又曰、屈原以是日死。故並将舟楫以拯之。今日競渡、是其遺跡。

「荊楚記」に曰わく、「荊楚の人、五月五日を以て並びに百草を蹋《ふ》む。艾《よもぎ》を採り以て人を為り、門戸の上に懸け、以て毒気を禳《はら》う」と。又た曰わく、「屈原是の日を以て死す。故に並びに舟楫《しゆうしゆう》を将《もつ》て以て之を拯う。今日の競渡、是れ其の遺跡なり」と。

とある。屈原と競渡のことは『荊楚記』に記事がある。『荊楚記』に依って「是日、競渡」という文を作り、これに杜公瞻《せん》が注記したのである。『荊楚記』に基づき「是日、競渡」と作文したのは杜公瞻《せん》である。「競渡（舟競べ）、屈原の故事」は文章としては短いが、全て杜公瞻の文である。

附節2　競渡

1　五月五日の競渡

五月五日は長江流域やその以南の地域で競渡を行う日である。南斉（五世紀末から六世紀）時代の劉澄之の『鄱陽記』（『太平御覧《ぎょらん》』巻六六地部三一・潭《たん》所引）に、

鄱陽記曰、懐蛟水、一名孝経潭。在県南二百歩、江中流石際、有潭。往往有蛟浮出、時傷人焉。毎至五月五日、郷人於此江水、以船競渡。俗云、為屈原攘災。承前郡守県綵、以賞之。刺史張栖真（真＝貞）以人之行莫大於孝、懸孝経標竿之上、而人知勧。俗号為懐蛟水、或曰孝経潭。

「鄱陽《はよう》記」に曰わく、「懐蛟水、一つには孝経潭と名づく。県の南二百歩に在り、江（鄱水）中の流石の際に、潭（淵のこと）有り。往往にして蛟《みずち》の浮出し、時として人を傷つくこと有り。五月五日に至る毎《ごと》に、郷人は此の江水に於いて、船を以て競渡す。俗に云わく、「屈原の為に災を攘《はら》う」と。承前の郡守綵を懸け、以て之を賞す。刺史の張栖貞《せい》（唐代後半期の刺史）は人の行い孝より大なるは莫きを以て、孝経を標竿の上に懸け、而して人に知せ勧む。俗は号して懐蛟水と為し、或いは孝経潭と曰う」と。

とある。鄱陽は饒州《じょうしゅう》・鄱陽郡を指し、『鄱陽記』は饒州の地理志であろう。六世紀の『荊楚歳時記』が伝えるものより古い競渡例で、『荊楚歳時記』のいう競渡が誇張ではないことを傍證する書である。

2　龍舟を造る話（虔州）

鄧徳明の『南康記』（『太平御覧《ぎょらん》』巻六六地部三一・潭《たん》所引）に、

南康記曰、梓潭山在雩都県之東南六十九里、其山有大梓樹。呉王令都尉蕭武伐為龍舟艚、斫成而索引、不動。占云、須童男女数十人為歌楽、乃当得下。［遂］依其言、以童男女牽拽、艚没于潭中、男女皆溺［焉］。其後、毎天晴朗浄、髣髴若見人船焉。夜宿潭辺、或聞歌唱之声。因号梓潭［焉］。

「南康記」に曰わく、「梓潭山は雩《う》都県の東南六九里に在り、其の山に大梓樹有り。呉王は都尉の蕭武をして伐りて龍舟の艚《こぶね》を為らしめ、斫成《しゃくせい》して牽引すれども、動かず。占に云わく、「童《わらべ》の男女数十人を須《も》って歌楽を為せば、乃ち当《まさ》に下るを得べし」と。遂に其の言に依り、童の男女を以て牽拽するに、艚は潭中に没し、男女皆な溺る。

其の後、天晴朗にして浄なる毎《ごと》に、髣髴《ほうふつ》として人船見《あらわ》るが若《ごと》し。夜に潭辺に宿せば、或いは歌唱の声を聞く。因りて梓潭と号す」と。

とある*。南康は江西省の南端に位置する郡で、嶺を超えれば嶺南地方である。唐代では虔州・南康郡という。鄧徳明の『南康記』は北魏の酈道元の『水経注』巻三七泿《ぎん》水（広西省の義江）の条に引用されている。『水経注』は五二四年以前に完成した書であるから、鄧徳明の『南康記』は五世紀の書ということになろう。

龍舟は競渡用の舟であろうから、『南康記』によって、五世紀の虔州・南康郡に競渡があったことが、おぼろげながら浮かび上がってくる。

＊『太平御覧《ぎょらん》』巻四八地部一三・梓潭山にも『南康記』を引用してある。

3　「競渡」の初見

「競渡」の語の初見は、三世紀になった晋の周處（二三六～二九七、『晋書《しんじょ》』巻五八）の『風土記』である。すなわち、徐堅の『初学記』巻四歳時部・下・五月五日第七叙事に引用された『風土記』に次のようにある。

周處風土記曰、仲夏端午（端五）、烹鶩角黍、注云、端始也。謂五月五日。進筒糉、一名角黍、一名糉。造百索、繋臂。一名長命縷、一名続命縷、一名辟兵繒、一名五色縷、一名五色絲、一名朱索。又有条達等織組雑物、以相贈遺。採艾懸於戸上、蹋百草、競渡。是月、俗多禁、忌蓋屋及暴薦席。

周處《かくしょ》の「風土記」に曰わく、「仲夏端五、鶩《がちょう》を烹て角黍を用う。注に云わく、「端は始めなり。五月五日を謂う」と。筒糉《つつちまき》を進め、一つには角黍と名づけ、一つには糉《そう》と名づく。百索を造り臂に繋く。一つには長命縷《る》と名づけ、一つには続命縷と名づけ、一つには辟兵繒《ぞう》と名づけ、一つには五色縷と名づけ、一つには五色絲《し》と名づけ、一つには朱索と名づく。又た条達等の織組の雑物有り、以て相い贈遺す。艾《よもぎ》を採り戸上に懸く。百草を蹋《ふ》み、競渡す。

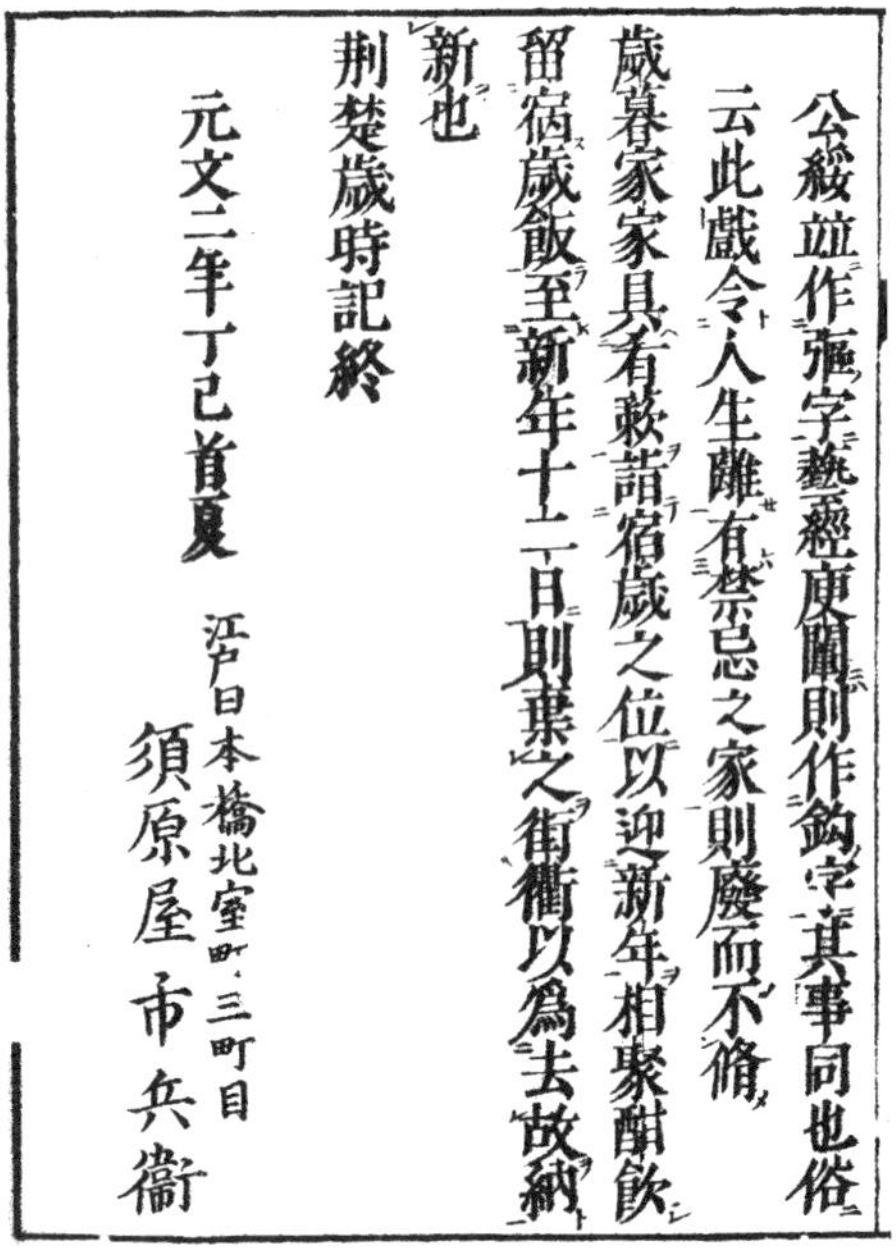
公綏並作㼝字藝經庾闡則作鈎字其事同也俗
云此戲令人生離有禁忌之家則廢而不脩
歳暮家家具肴蔌諸宿歳之位以迎新年相聚酣飲
留宿歳飯至新年十二日則棄之街衢以為去故納
新也
荆楚歳時記終
元文二年丁巳首夏
江戸日本橋北室町三町目
須原屋市兵衛

図版９　和刻本『荆楚歳時記』巻末。

是の月、俗は禁多し、屋蓋《おお》い及び薦席《せんせき》（敷物）を暴《さら》すを忌む」と。

『風土記』に短く「競渡」とあるが、この意味するところは実に大きなものがある。これによって、競渡は三世紀中葉に確実に行われていたことになる。そして、『風土記』の競渡は五月五日に挙行されている。すなわち、重数節日と結びついて存在するのである。このことは、競渡は三世紀中葉以前から存在し、三世紀初頭ころの五月五日の節日成立によって、従来は四月や五月に各地で行われていた競渡が、五月五日に集約されたことを意味する＊。競渡の起源を紀元前後や、これより古い時代に求めてもよいということになる。

＊　重数節日は、池田温「中国古代における重数節日の成立」（『中国古代史研究』第六所収　研文出版　一九八九）を参照。

4　四月の競渡（岳陽）

宋代の岳陽（洞庭湖の下流、岳州）では、四月に競渡を行っていた。范致明（一一〇〇年の進士）の『岳陽風土記』に、

瀕江諸廟皆有船。四月中、択日下水、撃画鼓、集人歌以櫂之、至端午罷。其実競渡也。而以為禳災。

江に瀕《そ》うの諸廟皆な船有り。四月中、日を択び水に下し、画鼓（色彩を施した太鼓）を撃ち、集人歌い以て之に櫂し、端午に至りて罷む。其れ実は競渡なり。而して以て災を禳《はら》うと為す。

とある。『岳陽風土記』は宋代の書であるが、四月に競渡を行うことは、宋代に開始された行事ではなく、唐代から継承されたものであろう。
岳陽の競渡は四月に行い、屈原の故事が登場せず、禳災という点が注目されるが、これは競渡が五月五日に集約されないで、原初的な形態、つまり時期と目的を宋代に残存したものと考えてよいのではないかと考える。

5 春の競渡（江南）

『旧唐書《くとうじょ》』巻一四六杜亜伝に、

江南風俗、春中有競渡之戯。　江南の風俗、春中（正月から三月）に競渡の戯有り。

とある。杜亜は八世紀末の人である。八世紀の競渡は唐代においても五月五日とは限らなかったのである。春中に行なう競渡は「四月の競渡」と同じく、時期が五月五日に集約されないで、原初的な形態を残したものとしてよい。

6 競渡の発祥地

唐の劉禹錫《うしやく》（七七二〜八四二）の『劉夢得文集』巻八楽府「競渡曲」の原注には、

競渡始於武陵、及今挙楫、而相和之。其音咸呼之何在。斯招屈之義。事見図経。

競渡は武陵に始まり、今に及ぶまで楫《しゆう》（かい）を挙げて相い之に和す。其の音咸な之（屈原）「何《いずく》にか在る」と呼う。斯れ招屈（屈原を招く）の義なり。事は「図経」に見ゆ。

とあり、競渡は武陵（湖南省武陵県）に発祥するという。
これは一説であって、競渡が何處で開始されたかを明確にすることは、今となっては不可能であろう。

7　競渡の目的

競渡は屈原（前三四〇〜前二七八）に由来する説、伍子胥《ごししょ》（伍員、?〜前四八五）に由来する説、越王・勾践の水軍訓練に由来する説があるが、これらは俗説であり、表層的な説である。

競渡の裏面に潜む民俗的目的として、雨乞い説が有力である。五月は稲作においては田植えの時期である。競渡の舟が龍形であることから、競渡の目的は雨乞いであり、農耕的な豊穣を祈る意味があるとするものである。前掲した「龍舟を造る話」に引用した『南康記』には「龍舟」の語が見える。競渡が龍と深く関係していることは認めてもよく、雨乞い説は有力な一説ではある＊。

＊　この見解は守屋美都雄訳註『荆楚歳時記』（平凡社・東洋文庫　一九七八）一五二頁を参照。

四四　五月五日、曹娥《そうが》の故事

「宝顔堂秘笈広集」本『荆楚歳時記』の「五月五日、曹娥の故事」は次のようである。この項は「曹娥の故事」を独立して示すために、「五月五日、競渡。競採雑薬」を分割したものである。

是日、競渡。競採雑薬。

［按］邯鄲淳曹娥碑云、五月五日（五日は衍字）、時迎伍君、逆濤而上、為水所淹。斯又東呉之俗、事在子胥、不関屈平也。越地伝云、起於越王勾践、不可詳矣。

是の日、競渡（舟競《くら》べ）す。競いて雑薬を採る。

邯鄲淳の(1)「曹娥碑(2)」を按ずるに云わく、「五月、時に伍君（伍子胥(3)）を迎え、濤《なみ》に逆いて上り、水の淹《ひた》す所と為る」と。斯れ又た東呉の俗、事は子胥に在り、屈平（屈原のこと。平は諱、原は字）に関わらざるなり。「越地伝(4)」に云わく、「［競渡は］越王・勾践(5)より起《はじ》まる」と。詳《つまび》らかにすべからず。

(1) 邯鄲《かんたん》淳（一三二～二二〇？）は、『後漢書《じょ》』巻一一四列女伝の孝女曹娥伝の注に、

会稽典録曰、上虞長・度尚弟子邯鄲淳、字子礼。時甫弱冠而有異才。尚先使魏朗作曹娥碑。文成未出、会朗見尚、尚与之飲宴、而子礼方至督酒。尚問朗碑文成未。朗辞不才。因試使子礼為之。操筆而成、無所点定。朗嗟嘆不暇、遂毀其草。其後、蔡邕又題八字曰、黄絹幼婦外孫齏臼。

「会稽典録」に曰わく、「上虞の長（戸数が萬戸以上の県は首長を「令」といい、萬戸に満たない県の首長は「長」という）・度尚の弟子の邯鄲淳、字《あざな》は子礼。時甫《ほ》弱冠にして異才有り。尚は先ず魏朗をして曹娥碑を作らしむ。文成り未だ出ださずに、会《たま》たま朗は尚に見ゆ、尚之と飲宴し、而して子礼方《まさ》に至り酒を督す。尚は朗に碑文の成るや未だなるや問う。朗は不才を辞す。因り試みに子礼をして之を為らしむ。筆を操りて成り、点定する所なし。朗は暇なきを嗟嘆《さたん》し、遂に其の草を毀《こぼ》つ。其の後、蔡邕《よう》又た八字を題して曰わく、「黄絹幼婦外孫齏臼＝絶妙好辞」と。

とある。後漢末の儒学者。『三国志』魏書巻二一王粲伝に附伝がある。劉表と曹操に仕え『笑林』の編者として知られる。最初は荊州に逃れて劉表に仕えた。劉表の死後、劉琮に従って曹操に降った。曹操は子の曹植が彼を求めたため、曹植の配下とし、魏の建国後に給事中となる。『隋書』巻三五経籍志・集部・別集類に「魏給事中邯鄲淳集。二巻」とある。

(2) 曹娥は『後漢書』巻一一四列女伝に伝記があるが、『古文苑』巻一九碑・曹娥碑には次のようにある。

孝女曹娥者、上虞曹盱之女也。其先与周同祖。末冑荒沈、爰来適居。盱能撫節安歌。婆娑楽神。以漢安二年五月、時迎伍君逆濤而上、爲水所淹。不得其屍。時娥年十四、号慕思盱、哀吟沢畔、旬有七日、遂自投江死、経五日、抱父屍出。以漢安迄于元嘉元年青龍在辛卯。莫之有表。度尚設祭之。誄之。辞曰、……（中略）……。永世配神、若堯二女爲湘夫人。時効彷彿、以招後昆。

孝女曹娥は、上虞の曹盱《く》の女《むすめ》なり。其の先は周と祖を同じくす。末冑《まっちゅう》荒沈し、爰《ここ》に来りて適居す。盱は能く節を撫し歌を

く安じ、婆娑《ばさ》して神を楽しましむ。漢安二年五月、時に伍君を迎へ、濤《なみ》に逆らいて上るを以て、水の淹《ひた》す所と為り、其の屍を得ず。時に娥は年一四、号慕して盱《く》を思い、沢畔に哀吟す。旬有七日、遂に自ら江に投じて死す。五日を経て、父の屍を抱きて出ず。漢安より元嘉元年、青龍（太歳）辛卯に在るに迄るも、之を表する有る莫きを以て、度尚設けて之を祭り、之を誄す。辞に曰わく、……（中略）……。永世神に配す。堯の二女の、湘夫人と為るが若《ごと》し。時に彷彿を効し、以て後昆に招《あき》（昭に同じ）らかにせよ。

（3）伍子胥（?～前四八四）は、春秋時代の楚の武人。諱は員《うん》。子胥は字。父と兄が楚の平王に殺されたので、呉を助け、楚と戦い、あだを討った。のち、呉王・夫差が越王・勾践を破ったとき、その降伏を許そうとした夫差に反対して自殺。『史記』巻六六伍子胥《ごししょ》列伝。

（4）『越地伝』は著者未詳。『太平御覧《ぎょらん》』に引用がある。同書巻九一九羽族部六・鶩《ぼく》には、次の記事がある。

越地伝曰、越人為競渡。有軽薄少年、各尚其勇、為鶩没之戯。有至水底、然後魚躍而出。

「越地伝」に曰わく、「越人競渡を為す。軽薄なる少年有り、各々其の勇を尚び、鶩没の戯（アヒルが水没する戯）を為す。水底に至る有りて、然る後に魚躍りて出ず」と。

（5）勾践（?～前四六五）は、「呉越同舟」・「臥薪嘗胆」・「雪会稽之恥」の熟語から著名であるから、多くは述べる必要はないであろう。春秋時代後期の越王。范蠡《はんれい》の補佐を得て呉を滅ぼし、春秋五覇の一人。句践とも表記される。前四九六年、父の越王・允常の後を勾践が後を継いだ。呉王・闔閭《こうろ》は越を滅亡せんとして越国に攻め込んだ。しかし、范蠡の奇策によって呉軍は大敗し、闔閭は陣没、太子の夫差が呉王となった。夫差は伍子胥の補佐によって呉国を再建し、越国に攻め込んで、越国を滅亡寸前までに追い詰めた。勾践は范蠡の進言に従い夫差に和を請い、夫差は伍子胥の猛烈な反対を押し切ってこれを受け入れた。勾践は呉国に行き夫差の召し使いとして仕えることになった。帰国を許され、越国は着々と国力を蓄え、呉国は越国に滅ぼされることになる。呉国を滅ぼした勾践は、越国の都を琅琊《ろうや》（現在の江蘇省連雲港市海州区）に遷し、更に諸侯を会盟して中原の覇者となった。

附節　曹娥《そうが》について

1　孝女曹娥

曹娥は後漢の孝女として夙《つと》に名高い。曹娥の伝記は『後漢書《じょ》』巻一一四列女伝に孝女曹娥伝がある。

孝女曹娥者、会稽上虞人也。父盱、能絃歌、為巫祝。漢安二年五月五日、於県江泝濤、迎婆娑神、溺死、不得屍骸。娥年十四。乃沿江号哭、昼夜不絶声。旬有七日、遂投江而死。至元嘉元年、県長度尚改葬娥於江南道傍、為立碑焉。

孝女の曹娥は、会稽上虞の人なり。父の盱《く》、絃歌を能くし、巫祝《ふしゅく》（祈禱師）と為る。漢安二年（一四三）五月五日、県の江に於いて濤《なみ》を泝《さかのぼ》りて、婆娑《ばさ》神（婆娑という名の神）を迎え、溺れ死んで、屍骸《しがい》を得ず。娥は年《とし》一四。乃ち江に沿いて号哭し、昼夜声を絶たず。旬有七日にして、遂に江に投げて死す。元嘉元年（一五一）に至り、［上虞］の県長（萬戸以下の県の長官を「長」といい、萬戸以上の県の長官を「令」という）の度尚《たくしょう》は改めて娥を江の南の道傍に葬り、為に碑を立つ。

曹娥の事績は五月五日に関連して、文献によく引用されるが、事実は父が五月五日に溺死しただけのことであり、この「五月五日」も実は間違いなのである。加えて言うなら、曹娥はどうして孝女であり、列女なのか。父母が死亡すれば子供は慟哭するであろうし、年端もいかない子供であれば、なおさらである。親を思慕し入水したことを評価して、度尚は立碑し、また『後漢書』の編者は列女伝に加えたのであろうか。後追いすることが漢代の孝子であり、孝であろうか。後追いを美徳とする道徳は餘りにも救いがない。

後漢の五月五日といえば、必ず曹娥が登場する。右の記事によれば、五月五日に死亡したのは曹盱《そうく》であって、曹娥ではない。であるのに曹娥が云々される。曹娥を著名人にする原因は、父を思う健気《けなげ》さという点に加えて、南朝・宋の劉義慶（四〇三～四四四）の『世説新語』巻中「捷悟篇」に載せる次の話も関係あるだろう。

魏武嘗過曹娥碑下、楊脩従。碑背上見題、作黄絹幼婦外孫齏臼八字。魏武謂脩曰、解不。答曰、解。魏武曰、卿未可言。待我思之。行三十里、魏武乃曰、吾已得。令脩別記所知。脩曰、黄絹色絲也。於字為絶。幼婦少女也。於字為妙。外孫女子也。於字為好。齏臼受辛也。於字為辞。所謂絶妙好辞也。魏武亦記之、与脩同。乃歎曰、我才不及卿、乃覚三十里。

魏武嘗《かつ》て曹娥碑の下を過《よぎ》り、楊脩従う。碑の背上の題を見るに、「黄絹幼婦外孫齏臼」の八字を作す。魏武は脩に謂いて曰わく、「解るや不《いな》や」と。答えて曰わく、「解（わかります）」と。魏武曰わく、「卿《なんじ》未だ言うべからず。我の之を思うを待て」と。行くこと三〇里にして、魏武乃ち曰わく、「吾已に得たり（吾は理解できた）」と。脩をして別に知る所を記さしむ。脩曰わく、「黄絹は色絲なり。字に於いては〈絶〉に為る。幼婦は少女なり。字に於いては〈妙〉に為る。外孫は女子なり。字に於いては〈好〉に為る。齏臼は受辛なり。字に於いては〈辤＝辞〉に為る。所謂〈絶妙好辞〉なり」と。魏武亦た之を記し、脩と同じ。乃ち歎じて曰わく、「我が才は卿に及ばざること、乃ち三〇里と覚《おぼ》ゆ」と。

そして、「黄絹幼婦外孫齏臼」を書いたのは、後漢の蔡邕《よう》であるといわれている。役者がそろい過ているわけで、曹娥の不憫さに花を添えて、曹娥を著名にしている。

2　曹娥伝と『会稽典録』

先に示した『後漢書《じょ》』曹娥伝は何に依ったものであろうか。『藝文類聚《げいもん》』巻四歳時部・中・五月五日に引用する、晋の虞預（字は叔寧、『晋書《しんじょ》』巻八二、四世紀の人）の『会稽典録』には、

会稽典録曰、女子曹娥者、会稽上虞人。父能絃歌。漢安帝（帝は衍字）二年五月五日、於県江泝濤、迎波神、溺死、不得尸骸。娥年十四。乃縁江号哭、昼夜不絶声。七日、遂投江而死。

とあり、『太平御覧《ぎょらん》』巻四一五人事部五六・孝女に引用する『会稽典録』には、

会稽典録曰、孝女曹娥者、上虞人。父盱、能弦歌、為巫（男は覡）。五月五日、於県泝江濤、迎婆娑神、溺死、不得屍骸。娥年十四歳。乃縁江号哭、昼夜不絶声。旬有七日、遂投江而死。県長改葬娥於道傍、為立碑焉。

とある。どちらも一長一短があるが、総合すれば次のようになる。

会稽典録曰、孝女曹娥者、会稽上虞人。父盱、能弦歌、為巫。漢安二年五月五日、於県江泝濤、迎婆娑神、溺死、不得屍骸。娥年十四歳。乃縁江号哭、昼夜不絶声。旬有七日、遂投江而死。県長改葬娥於道傍、為立碑焉。

「会稽典録」に曰わく、「孝女の曹娥なる者は、会稽上虞の人なり。父の盱《く》は、絃歌を能《よく》し、覡《げき》と為る。漢安二年五月五日、県の江（現在の曹娥江）に於いて濤《なみ》を泝《さかのぼ》り、婆娑神（婆娑という名の神）を迎え、溺れ死んで、屍骸を得ず。娥は年一四なり。乃ち江に縁《よ》りて号哭し、昼夜声を絶たず。旬有七日して、遂に江に投じて死す。県長は改めて娥を江の南の道傍に葬り、為に碑を立つ。

これを『後漢書《じょ》』曹娥伝と比較すれば、随分と記事が類似することが看取されよう。異なる部分は『会稽典録』に「至元嘉元年」と県長の「度尚」の名がないだけである。注意するべきは、『後漢書』と『会稽典録』がともに「迎婆娑神」とする点である。中華書局の標点本『後漢書』は、これを誤りとして「婆娑迎神」に改訂している。

五世紀の劉敬叔の『異苑』巻一〇には、孝女曹娥を述べて、

孝女曹娥者、会稽上虞人也。父盱、能絃歌、為巫（男は「覡」とあるべき）。漢安帝（帝は衍字）二年五月五日、於県江泝濤、迎婆娑神、溺死、不得屍骸。娥年十四、乃縁江号哭、昼夜不絶声。[旬有] 七日、遂投江而死。三日後、与父尸倶出。至元嘉元年、県長度尚改葬娥於江南道傍、為立碑焉。

とある。『異苑』の孝女曹娥も『後漢書《じょ》』や『会稽典録』と非常に類似する。標点本『後漢書』が誤りとする「迎婆娑神」も同じである。

『異苑』は『会稽典録』の記事を基礎にしていることは疑いない。また『藝文《げいもん》類聚』と『太平御覧《ぎょらん》』に引用する『会稽典録』が原本に忠実である保證はどこにもない。これらのことを勘案すれば、『異苑』の内容全文が『会稽典録』にもあったと想定してよいことになる。四世紀になった『会稽典録』の曹娥の記事が、五世紀になった『後漢書』の曹娥の記事と類似するのは、『後漢書』が『会稽典録』に依ったからである。『後漢書』の曹娥の史料源は『会稽典録』と断言してもよい。

3　曹娥碑

『後漢書』の「漢安二年五月五日」は信頼してよいものであろうか。正史の記載であるから努々《ゆめゆめ》間違いはないと思うが、重数節日・五月五日がまだ成立していない二世紀中葉の話である。『後漢書』曹娥伝は重数節日・五月五日が確立した四世紀の『会稽典録』に依拠しているから、漢安二年の「五月五日」は疑ってみる必要がある。

『会稽典録』の曹娥は会稽郡上虞県の県長・度尚が邯鄲淳《かんたんじゅん》に碑文を作製させた曹娥碑を基礎にしている。曹娥碑には何が書いてあるのか。『古文苑』巻一九碑・曹娥碑には次のようにある。

孝女曹娥者、上虞曹盱之女也。其先与周同祖、末冑荒流一作沈、爰茲適居。盱能撫節案歌婆娑楽神。以漢安二年五月、時迎伍君、逆濤而上、為水所淹、不得其屍。時娥年十四。号慕思盱、哀吟沢畔、旬有七日、遂自投江死。経五日、抱父屍出。以漢安迄于元嘉元年、青龍在辛卯、莫之有表。度尚設祭誄之。

孝女の曹娥なる者は、上虞の曹盱《そうく》の女なり。其の先（遠つおや）は周と祖を同じくし、末冑《まつちゅう》（子孫）荒流し 一には「沈」に作る。爰茲《ここ》に適居す。盱《く》は撫節案歌を能《よく》し、婆娑神を楽します。漢安二年五月を以て、時に伍君（伍子胥のこと）を迎え、濤《なみ》に逆《さから》いて上り、水の淹《ひた》す所と為り、其の屍《しかばね》を得ず。時に娥は年一四なり。号慕し盱《く》を思い、沢畔に哀吟すること、旬有七日、遂に自ら江に投じ死す。五日を経て、父の屍を抱きて出ず。漢安以《よ》り元嘉元年に迄《およ》び、青龍（太歳）は辛卯に在りて、之を表すること有る莫し。度尚は祭を設け之を誄《しの》ぶ。

宋の施宿等の『嘉泰会稽志』巻二〇曹娥碑も少し異同があるが、右の曹娥碑を載せ、一九世紀初期の厳可均の『全三国文』所収の邯鄲淳の「曹娥碑」も『古文苑』を採用している。邯鄲淳の「曹娥碑」は右のものとしてよい。「曹娥碑」によれば、曹盱が溺死したのは「漢安二年五月」であって、五月五日ではない。重数節日・五月五日が成立した後の『会稽典録』では、曹娥の事績を端午に関連づけるため「五日」が増衍され、『会稽典録』に依った『後漢書《じょ》』には「漢安二年五月五日」とあるのである。邯鄲淳の「曹娥碑」に依る限り、曹盱《く》の溺死は「漢安二年五月」であるから、曹娥と曹盱に関する事績は端午と何ら関係のないことになる。

四五　五月五日、薬草を採る

「宝顔堂秘笈広集」本『荊楚歳時記』の「五月五日、薬草を採る」は次のようである。この項は「五月五日、薬草を採る」を独立して示すために、「五月五日、競渡（舟競べ）。雑薬を採る。屈原の故事」を分割したものである。

是日、競渡。競採雑薬。

夏小正云、此日蓄薬、以蠲除毒気。

是の日、競渡す。競いて雑薬を採る。

「夏小正（1）」に云わく、「此の日、薬を蓄《あつ》め、以て毒気を蠲除《けんじょ》（取り除くこと）す」と。

（1）「夏小正」は『大戴礼《だたいれい》』（『大戴礼記《だたいらいき》』ともいう）の篇名。篇の第四七を「夏小正」（夏王朝の暦書）という。『大戴礼』は漢代の戴徳（生没年未詳）が、礼文献を整理した書、『大戴礼記』ともいう。戴徳の甥である戴聖も『礼記』（『小戴礼記』ともいう）を著している。『大戴礼』は全八五篇であったが、一〇世紀までに全体の半数の篇が散逸し、現在は四〇篇が残存している。残った篇においても記事が散逸している。「夏小正」にあるという「此日蓄薬、以蠲除毒気」は『大戴礼』の「夏小正」にない。

唐初期の六二四年にできた歐陽詢らの『藝文《げいもん》類聚』巻四歳時部中・五月五日に、

夏小正、此日、蓄採衆薬、以蠲除毒氣。　「夏小正」に、「此の日、衆薬を蓄採し、以て毒気を蠲除《けんじょ》す」と。

とある。この記事は『荊楚歳時記』の記事と少し異なるから、『荊楚記』や『荊楚歳時記』からの再引用ではなく、『大戴礼』の「夏小正」からの引用であり、六二四年頃の「夏小正」と現在の「夏小正」は同じでない。六二四年頃までの「夏小正」五月には「蓄採衆薬、以蠲除毒気」の記事があったのであろう。

徐堅らの『初学記』巻四歳時部・下・採艾懸於戸上の注記に細字で、

玉燭宝典云、［荊楚記云、四民並蹋百草。採艾以為人、懸門戸之上］、以禳毒氣。荊楚歳時記曰、……（中略）……。是日、競採雑薬。夏小正、此月、蓄薬。以蠲除毒氣。

とあるが、この場合は『荊楚歳時記』からの引用と明記している。白楽天（七七二～八四六。楽天は字、居易は諱）の『白氏六《りく》帖《じょう》事類集』巻四・五月五日・蓄薬の注記に、

又曰、是日、競採雑薬。夏小正云、此月、蓄薬、以蠲除毒気也。

とある。「又曰」とあるから、この場合も『荊楚歳時記』からの引用である。九世紀後半期の韓鄂《かんがく》の『歳華紀麗』巻二端午・蓄薬の注記に、

又曰、是日、競採雑薬。夏小正云、此日、蓄薬、以蠲除毒氣。

とあるが、「又曰」とあるから、この場合も『白氏六帖《りくじょう》事類集』と同じく『荊楚歳時記』からの引用である。一〇世紀の『太平御覧《ぎょらん》』巻三一時序部一六・五月五日に、

夏小正曰、此月（＝此日）蓄薬、以蠲除毒気也。

とある。この場合は「又曰」とないから、「夏小正」からの引用という感を受けるが、引用の語句が『荊楚歳時記』と一致するから、「夏小正」からの引用ではない。

四六　長命縷《る》と条達（釧）

「宝顔堂秘笈広集」本『荊楚歳時記』の「長命縷と条達（釧）」は次のようである（衍文には傍線を施した）。

以五綵絲繫臂、名曰辟兵。令人不病瘟。又有条達等織組雑物、以相贈遺。

按孝経援神契曰、仲夏、蠒始出。婦人染練、咸有作務。［玉燭宝典云、此節、備擬甚多。其来尚矣。又有］日月星辰、鳥獣之状、文繡金縷、貢献所尊。一名長命縷、一名続命縷、一名辟兵繒、一名五色絲、一名朱索、名擬甚多。赤青白黒以為四方、黄居中央、名曰襞方。綴於胸前、以示婦人蚕功也。［古］詩、云［何以致契闊］、繞臂双条達、是也。或問辟五兵之道。抱朴子曰、以五月五日、作赤霊符、著心前。今釵頭符是也。

五綵の絲《し》（絹糸）を以て臂《ひじ》に繫け、名づけて辟兵と曰う。(1) 人をして瘟《おん》（急性の伝染性感染症）を病ましめず。又た条達(2)（腕に着ける五綵の釧）等の織組《しょくそ》（染色した絹を織ったもの）の雑物有り、以て相い贈遺す。

「孝経援神契」(3)を按ずるに曰わく、「仲夏（＝五月）、蠒《まゆ》（＝繭）始めて出ず。婦人染練し、咸《み》な作務有り。「玉燭宝典」に云わく、「此の節、備擬甚だ多し」と。(4) 其の来るや尚《ひさ》し。又た日月星辰・鳥獣の状・文繡・金縷有り。尊う所に貢献す。一つには長命縷《る》と名づけ、一つには続命縷と名づけ、一つには辟兵繒《ぞう》と名づけ、一つには五色絲と名づけ、一つには朱索と名づけ、名擬甚だ多し。赤・青・白・黒以て四方と為し、黄は中央に居り、名づけて襞方《へきほう》(5)と曰う。胸前に綴《つら》ね、以て婦人の蚕功を示すなり。「古詩」(6)に「何を以てか契闊を致さん、臂を繞る双の条達」と云うは、是れなり。或るひと(7)五(8)兵（五兵とは弓・殳《しゅ》（ほこ）・戈《か》・矛《ぼう》・戟《げき》）を辟くるの道を問う。

「抱朴子」に曰わく、「五月五日を以て、赤霊符を作り、心《むね》の前に著く」と。今の釵頭符、是れなり。(9)

（1）「兵（bīng）」は「病（bīng）」と同音であるから、「辟兵」は「辟病」と同じ。

（2）呉曽の『能改斎漫録』巻三弁誤に、唐の『盧氏雑説』に記載するとし、

文宗問宰臣条脱是何物。宰臣未対。上曰、真誥言、安妃有金条脱為臂飾、即今釧也。

文宗は宰臣に条脱是れ何物かを問う。宰臣未だ対《こた》えず。上曰わく、「《真誥》に言わく、〈安妃は金の条脱を有《たも》ちて臂飾と為す、即ち今の釧なり〉」と。

とあり、条達は釧《くしろ》であるという。

（3）『孝経援神契』は緯書の一。緯書とは儒家の経書を神秘主義的に解釈した書物。「緯」とは「経」（たて）に対する「よこ」であり、経書に対応する書物（群）を指して緯書という。七経（『詩』『書』『礼』『楽』『易』『春秋』『孝経』）に対して緯書が作られ、これを七緯と総称する。狭義の緯書は、経書の注釈として、経書の内容に従って書かれた書物を指すが、緯書は天文占など讖記と同様の内容を含む。これによって、広義では、緯と讖とを総称して緯書という。『隋書』巻三二経籍志・経部に「孝経援神契七巻。宋均注」とある。

（4）「玉燭宝典云、此節備擬甚多。其来尚矣。又有」は『初学記』巻四歳時部・下・五月五日第七の「又有条達等織組雑物、以相贈遺」に附された細字記事にある。『玉燭宝典』巻第五・五月仲夏の附説には、次のようにある。

附説曰、此月夏至及五日、俗法備擬甚多。　附説に曰わく、「此の月の夏至及び五日、俗法備擬すること甚だ多し」と。

（5）襞方《へきほう》は『太平御覧《ぎょらん》』巻八一四布帛部一・綵に、

裴玄新言曰、五月五日、集五綵繒、謂之辟兵不解。以問伏君。伏君曰、青赤白黒為之四面、黄居中央、名曰襞方。綴之於複（＝襦）、以示婦人養蚕之功也。伝声書誤、以辟兵。

裴玄（三国・呉の人）の「新言」に曰わく、「五月五日、五綵の繒《きぬ》を集め、之を辟兵と謂うは解《げ》せず。以て伏君（三国の河南の人）に問う。伏君曰わく、「青赤白黒之を四面と為し、黄は中央に居るを、名づけて襞方と曰う。之を襦《はだぎ》に綴《つら》ね、以て

婦人の養蚕の功を示すなり。伝声書誤し、以て辟兵」と。

(6)　この古詩は『初学記』巻四歳時部・下・五月五日第七の「一名長命縷、一名続双命縷、………、一名五色絲、一名朱索。又有条達等織組雑物、以相贈遺」に附された細字註に「古詩云、繞臂条達」とあり、韓鄂《かんがく》の『歳華紀麗』巻二端午の「長命縷《る》」に「古詩云、何以致契潤、遶臂双条達」とあるが、何代の古詩であるかは不明。

(7)　「或問辟五兵之道。抱朴子曰、以五月五日、作赤霊符、著心前」は、葛洪の『抱朴子』内篇巻三弁問第一二にある。

或問辟五兵之道。抱朴子曰、吾聞呉文皇帝、……(中略)……。或以五月五日作赤霊符、著心前。

或るひと五兵を辟けるの道を問う。抱朴子曰わく、「吾れ聞く呉の文皇帝、……(中略)……。或いは五月五日を以て赤霊符を作り、心前(胸の前)に著く」と。

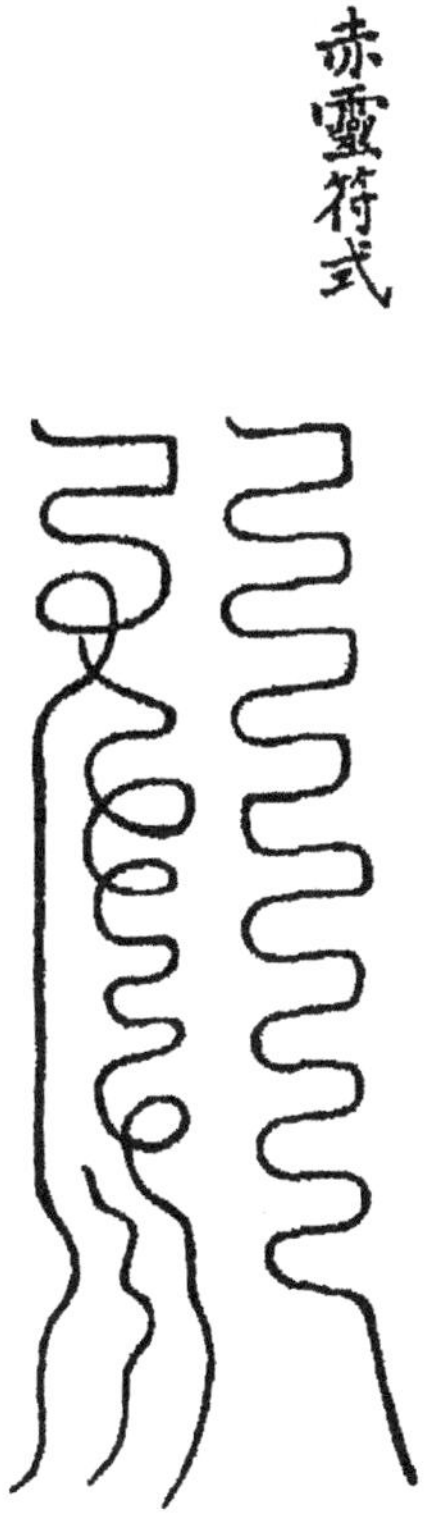

図版10　赤霊符

(8)　五兵は『周礼《しゅらい》』では、弓矢・殳《しゅ》(つえほこ)・矛《む》(ほこ)・戈《か》(ほこ)・戟《げき》(枝刃の出たほこ)をいうが、書によって五兵の内容が異なる。『周礼』の注では、戈・殳・戟・酋矛(二米ほどの手槍)・夷矛(長槍)であり、『春秋穀梁伝』の注では、矛・戟・鉞《まさかり》・楯・弓矢であり、『淮南子』の注では刃・剣・矛・戟・矢である。五兵に関しては、王応麟の『小学紺珠』巻九制度類・五兵を参照。また林巳奈夫編『漢代の文物』(京都大学人文科学研究所　一九七六)四五三頁以下を参照。

(9)　守屋美都雄氏は「今釵頭符是也」は、一四世紀に出版された陳元靚《せい》の『事林広記』前集巻二節序類・歳時雑記・五月端午の文であり、衍文とする。従うべきであろう。

四七　五月、鴝鵒《くよく》を捕獲する

「宝顔堂秘笈広集」本『荊楚歳時記』の「五月、鴝鵒を捕獲する」は次のようである。

取鴝鵒、教之語。

［按］、此月(1)（＝五月）、鴝鵒子、羽毛新成。俗好登巣、取養之。必先剪去舌尖、以教其語。

鴝鵒(2)を取り、之に語を教う。

按ずるに、五月、鴝鵒の子、羽毛新たに成る。俗は好んで巣に登り、取りて之を養う(3)。必ず先ず舌尖《ぜっせん》を剪去《せんきょ》し、以て其れに語を教う。

(1)『荊楚歳時記』の鴝鵒の記事は「此月」から始まるが、『太平御覧《ぎょらん》』巻九二三羽族部一〇・鸜鵒《くよく》には、

荊楚歳時記曰、五月、鴝鵒子、毛羽新成。俗好登巣、取養之、以教其語。号花鵒。

「荊楚歳時記」に曰わく、「五月、鴝鵒の子、毛羽新たに成る。俗は好んで巣に登り、取りて之を養い、以て其れに語を教う。花鵒《かよく》と号す」。

とあり、羅願（一一三六～一一八四）の『爾雅翼』巻一四釈鳥・鸜鵒《くよく》に、

荊楚之俗、五月、鸜鵒子、毛羽新成、取養之、以教其語。五月五日、剪舌。俗謂之花鵒。

荊楚の俗、五月、鸜鵒の子、毛羽新たに成り、取りて之を養い、以て其れに語を教う。五月五日、舌を剪《き》る。俗に之を花鵒と謂う。

とあるから、本来は「五月」であり、「宝顔堂秘笈広集」本『荊楚歳時記』の「此月」は「五月」が改変された結果である。

(2) 鴝鵒は鸜鵒とも書く。『太平御覧』巻九二三羽族部一〇・鸜鵒に、種々の文献が引用され説明がある。鴝鵒は日本でいう八哥《はっか》

鳥・叭叭《はは》鳥・ははつ鳥である。鳥綱スズメ目鳥椋《とりむく》科の鳥。全長約一尺で全体が黒色で、上嘴の基部に額冠がある。飛行時に翼の白斑が目だち、あたかも「八」字を示すので八哥（哥は「歌」または「歌う」の意）の名がついた。雑食性であるが動物質を好む。中国の四川省、河南省南部以南、東南アジアに分布する。ほかの鳥の声、人の声の物まねも若干できるので飼育されることが多い。日本には江戸時代に飼育用として輸入され野生化している。

（3）　鴝鵒《くよく》の飼育に関しては、以下に示す史料から明らかであろう。南朝・宋の劉敬叔の『異苑』巻三に、

　五月五日、剪鴝鵒舌、教令学人語。声尤清越、雖鸚鵡、不能過也。

　五月五日、鴝鵒の舌を剪《き》り、教えて人語を学ばしむ。声尤《もつと》も清越にして、鸚鵡《おうむ》と雖も、過ぐこと能わざるなり。

とあり、一三世紀の祝穆の『新編古今事文類聚』前集巻九天時部・夏「養鸜鵒（鸜鵒を養う）」に引用する、一一世紀の陶岳の『零陵記』にも同じ記事がある。

　零陵記云、鸜鵒、人多養之。五月五日、去其舌尖、則能語声。尤清越、雖鸚鵡、不能過也。

　「零陵記」に云わく、「鸜鵒、人多く之を養う。五月五日、其の舌尖《ぜつせん》を去れば、則ち能く声を語る。尤《もつと》も清越（＝明瞭）にして、鸚鵡《おうむ》と雖も、過ぐること能わざるなり」と。

『文献通考』巻二〇五経籍考によれば、『零陵記』は『零陵総記』ともいい、永州の地志であるから、一一世紀の永州において、鸜鵒を飼育することがあった。

前漢の淮南《わいなん》王・劉安（前一七九〜前一二二）の『淮南萬畢術《わいなんまんぴつじゆつ》』（『太平御覧《ぎょらん》』巻九二三羽族部一〇・鸜鵒所引）にも、

　淮南萬畢術曰、寒皐断舌、可使語。取寒皐、断舌即語。寒皐、一名鸜鵒。

　「淮南萬畢術」に曰わく、「寒皐《かんこう》舌を断ち、語らしむべし。寒皐を取り、舌を断てば即ち語る。寒皐、一には鸜鵒と名づく」と。

とある。重数節日の五月五日が成立する後漢以前は、鴝鵒の子を収養する日は決まっていなかったが、重数節日の五月五日が成立すると、四月下旬や五月の行事が五日に集約されるように、鴝鵒の子を捕らえる日も、五月五日となったものであろう。このように見てくると、重数節日の成立は中国古代社会に非常に大きな変化を与えたことが看取される。

劉義慶の『幽明録』（『太平御覧《ぎょらん》』巻九二三羽族部一〇・鸜鵒所引）に、鴝鵒に関する興味深い話を載せている＊。

幽明録曰、晋司空桓豁在荊。有参軍、剪五月五日鸜鵒舌、教令学語、遂無所不名（名は言の誤り）。［与人相］顧［問］、参軍善弾琵琶、鴝鵒毎立（立字は衍字？）聴移時。又善能効人語声、司空大会吏佐、令悉効四坐語、無不絶似。有生齆鼻、語難学。学之不似、因内頭於瓮中、以効焉。遂与齆者、語声不異。主典人於鴝鵒前盗物。参軍如厠、鸜鵒伺無人、密白主典人盗如千種、一二条列。［参軍］銜之而未発。後盗牛肉、鸜鵒復白。参軍曰、汝云盗肉応有験。鸜鵒曰、以新荷裹、着屏風後。検之果獲。痛加治、而盗者患之、以熱湯灌殺。参軍為之悲傷累日、遂請殺此人、以報其怨。司空教言曰、原殺鸜鵒之痛、誠合治殺。不可以害禽鳥、故極之於法令、止五歳刑也。

「幽明録」に曰わく、「晋の司空・桓豁《かんかつ》 荊［州］に在り。参軍有り、五月五日に鸜鵒《くよく》の舌を剪《き》り、教えて語を学ばしめ、遂に言わざる所なし。人と相い顧問し、参軍善く琵琶を弾かば、鸜鵒毎《つね》に聴きて時を移す。又た善能《よく》人の語声を効《なら》う。司空は大いに吏佐と会《あつ》め、悉く四坐の語を効《なら》わしむに、絶似せざるはなし。生（書生？）の齆鼻《はなづまり》なるもの有り、語は学び難し。之を学ぶに似ず、因りて頭を瓮《ぼん》中に内れ、以て焉を効う。遂に齆なる者と、語声異ならず。主典人鸜鵒の前に於いて物を盗む。参軍厠《かわや》に如《い》きに、鸜鵒人なきを伺い、密かに主典人の盗の千種の如きを白し、一・二条列す。参軍之を銜むも未だ発せず。後に牛肉を盗むに、鸜鵒復た白う。参軍曰わく、「汝云う『肉を盗めば応に験有るべし』」と。鸜鵒曰わく、「新荷の裹《つつみ》を以て、屏風の後に着《お》け」と。之を検べるに果して獲たり。痛く治を加うに、而して盗む者之を患い、熱湯を以て灌殺す。参軍之が為に悲傷すること累日、遂に此の人を殺し、以て其の怨に報わんと請う。司空言いて曰わく、「鸜鵒《くよく》を殺すの痛を原《たず》ぬれば、誠に合《ただ》に殺を治すべし。以て禽鳥を害すべからず、故に之を法令に極め、五歳の刑に止む」と。

主典人が五年の徒刑となったのは、鴝鵒を殺したこともあるだろうが、物を盗んだことに罪状の主点はあるのだろう。

七世紀から一〇世紀初頭の隋唐王朝の時代には、鴝鵒を語る文献は欠落して存在しない。羅願（一一三六〜一一八四）の『爾雅翼』巻一四釈鳥・鸜鵒《くよく》に、

荊楚之俗、五月、鸜鵒子、毛羽新成。取養之、以教其語。俗謂之花鴝。今有一種、灰色。好穿屋瓦下、以居。号瓦鴝。五月五日、剪舌。

荊楚の俗、五月、鸜鵒の子、毛羽新たに成る。取りて之を養い、以て其れに語を教う。俗に之を花鴝と謂う。今いま一種有

り、灰色なり。好んで屋の瓦下を穿ち、以て居す。瓦鴿と号す。五月五日、舌を剪《き》る。

とあり、梁克家（一一二八～一一八七）の『淳熙《じゅんき》三山志』巻四二土俗類四・物産・禽族・鴝鵒《くよく》に、

今人畜其雛、以竹刀、剔其舌、教之則能言。一種白者、似鵙而亦有幘。

今人其の雛を畜え、竹刀を以て、其の舌を剔《き》り、之に教えれば則ち能く言う。一種白きものあり、鵙《もず》に似て亦た幘《さく》（とさか）有り。

とあり、一二世紀に鴝鵒に言葉を教えていた事実がある。前漢の淮南王・劉安（前一七九～前一二二）の時代から、鴝鵒に言葉を教えていたのであり、千年以上の伝統のある行事ということになる。

＊『太平広記』巻四六二鸜鵒に、劉義慶の「幽明録」に出ずとして同じ話があるが、『太平御覧《ぎょらん》』のほうが詳細である。また劉敬叔の『異苑』巻三にも所載する。「与人相顧問」は『異苑』によって補字した。

四八補　土梟《つちふくろう》

羅願（一一三六～一一八四）の『爾雅翼』巻一六釈鳥四・梟《ふくろう》に、

土梟穴土以居。故曰土梟。而荊楚歳時記称、鴝鵒為土梟。

土梟は土に穴ほり以て居す。故に土梟と曰う。而して「荊楚歳時記」に称う、「鴝鵒《くよく》を土梟と為す」と。

とあるが、土梟は鴝鵒と同じというのは、如何であろうか。

四九補　梟《ふくろう》の声を聞く

一三世紀中葉の陳元靚《せい》の『歳時広記』巻二三端午・下「羹梟《きゅう》鳥（梟《ふくろう》鳥を羹にする）」に、

漢史(1)（＝『漢書《かんじょ》』巻二五郊祀志上）曰、五月五日、作梟羹賜百官。以其悪鳥、故以五日食之。……（中略）……。荊楚歳時記云、聞之当喚狗耳。又曰、鴞大如鳩、悪声、飛入人家不祥。

『漢書』巻二五郊祀志に曰わく、「五月五日、梟の羹を作り百官に賜う。其れ悪鳥なるを以て、故に五日を以て之を食らう」と。……（中略）……。「荊楚歳時記」に云わく、「之を聞かば当に狗を喚ぶべきのみ」と。又た曰わく、「鴞《きょう》（ふくろう）の大なること鳩の如し、悪声にして、飛びて人家に入らば不祥なり」と。

とあり、『荊楚歳時記』は鵂鶹を梟と同じ鳥としているようである。

（1）「漢史」とは『漢書』のことである。『漢書』郊祀志に、

天子常以春解祠、祠黄帝、用一梟破鏡。張晏曰、黄帝五帝之首也。歳之始也。梟悪逆之鳥。…………。如淳曰、漢使東郡送梟、五月五日、作梟羹、以賜百官。以其悪鳥故食之也。

天子常に春の解祠を以て、黄帝を祠るに、一に梟《きゅう》破《は》鏡《きょう》を用う。張晏曰わく、「黄帝は五帝の首なり。歳の始めなり。梟は悪逆の鳥。…………」と。如淳曰わく、「漢は東郡をして梟を送らしめ、五月五日、梟の羹を作り、以て百官に賜う。其の悪鳥を以ての故に之を食らうなり」と。

と梟の記事があるから、『漢史』は『漢書』郊祀志のことである。

五〇補　五月五日、筒糉《ちまき》、楝葉《よう》、長命縷《る》

釈・賛寧（九一九～一〇〇一）の『筍譜』巻下「四之事」に、

梁宗懍作荊楚歳時記、云、五月、民並断［新］竹筍、為［筒］糉。搏（＝縛）［楝］葉挿頭、五綵繋臂、謂為長命縷。

梁の宗懍「荊楚歳時記」を作り、云わく、「五月、民並びに新竹の筍を断ち筒糉(1)を為る。楝葉《れんよう》(2)を縛り頭に挿し、五綵《し》（五色の絹糸）を臂に繋け、謂いて長命縷(3)と為す。

とあり、羅願（一一三六～一一八四）の『爾雅翼』巻九釈木・楝《れん》に、次のようにある。

荊楚之俗、五月五日、民並断［新］竹筍、為筒糉、楝葉挿頭、纏五綵縷、［投］江中、以為辟水厄。士女或楝葉挿頭、五綵纏臂、謂長命縷。俗言、屈原以此日投水、百姓競以食祭之。漢建武中、長沙人、有見人自称三閭大夫者、謂之曰、所祭甚善、長苦為蛟龍所窃、蛟龍畏楝葉五色絲。自今見祭、宜以五色絲合楝葉縛之、所以俗並事之。宗懍引風俗通、以為獬豸食楝。原将以信其志也。然則鳳凰獬豸、皆食楝、而蛟龍特畏之。是亦異矣。

荊楚の俗、五月五日、民並びに新竹の筍を断ち、筒糉を為り、楝葉を頭に挿す。五綵《し》縷《る》を纏《まと》い、江中に投げ、以て水厄を辟くと為す。士女或いは楝葉《れんよう》を頭に挿し、五綵を臂に纏《まと》い、長命縷《る》と謂う。俗に言わく、「屈原(4)は此の日を以て水に投じ、百姓競いて以て食らい之を祭る。漢の建武中（二五～五六）、長沙の人、人の自ら三閭の大夫と称う者見ること有り、之に曰いて謂わく、「祭る所甚だ善し、長く蛟龍(5)の窃《ぬす》む所と為るを苦しむ。蛟龍《みずち》は楝葉・五色絲を畏る。今より祭られるに、宜しく五色の絲を以て楝葉を合せ之を縛るべし」と。俗並びに之を事《もち》いる所以なり。宗懍は「風俗通」を引き、以為《おも》うに獬豸《かいち》(6)は楝を食らう。原《たず》ぬるに将《まさ》に以て其の志を信ぜんとするなり。然るに則ち鳳凰・獬豸、皆な楝を食らい、而して蛟龍特に之を畏る。是れ亦た異るかな。

（1）筒糉は筒ちまき。粽の材料を竹の筒に押し込み、水底の屈原の元に届く前に蛟龍に食べられないように工夫した糉（＝粽）といわれる。

（2）楝《おうち》に関して、羅願（一一三六～一一八四）の『爾雅翼』巻九釈木・楝に次のようにある。

楝木、高丈餘、葉密、如槐而尖。三四月、開花、紅紫色、芬香満庭。其実如小鈴、至熟則黄。俗謂之苦楝子、亦曰金鈴子。可以練故、名楝。…………（中略）…………。又鳳皇（＝鳳凰）非梧桐、不棲。非楝実、不食。

楝木、高さは丈餘、葉は密にして、槐《えんじゅ》の如くにして尖《とが》る。三・四月に、花を開き、紅紫色にして、芬香庭に満つ。其の実は小鈴の如く、熟すに至らば則ち黄。俗に之を苦楝子と謂い、亦た金鈴子と曰う。練を以て故に、楝と名づくべし。………（中略）………。又た鳳凰は梧桐に非ざれば、棲まず。楝の実に非ざれば、食らわず。

（3）長命縷《る》は五月五日の端午に用いる飾物。もとは腰や腕などにつけた。色糸を臂にかけて、流行病などを避け、長命縷・続命縷などといわれた。兵難よけの護符として、この日に用いられた赤霊符がある。

（4）屈原（前三四三～前二七八）は、氏は屈。諱は平または正則。字は原。戦国時代の楚国の王族にして詩人。秦の張儀（?～前三〇九）の謀略を見抜き、楚国の懐王（在位は前三二九～前二九九）を諫めたが受け入れられず、汨羅《べきら》江の玉笥山に流罪となった。前二七八年に楚国の都・郢《えい》（湖北省荊州市）が秦軍に攻め落とされると、楚国の将来に絶望して入水自殺した。春秋戦国時代を代表する詩人としても有名である。屈原は汨羅江の地で『離騒』などを書いた（『楚辞』に所収）。

（5）蛟龍《みずち》は『荀子』勧学篇では、単に鱗のある龍とする。『述異記』には「水に棲む虺《き》は五百年で、蛟となり、蛟は千年で龍となり、龍は五百年で角龍、千年で応龍となる」とある。水棲の虺というのは、蝮《まむし》の一種のこととされる。蛇体に四肢を有し、足は扁平である。胸は赤く、背には青い斑点があり、体側は錦のように輝き、尾の先に瘤、あるいは肉環があるという

（6）獬豸《かいち》は伝説上の動物。姿は羊に似ているとされる。一角獣で、水辺を好む。争いが起きると、非理の方を突き倒すといわれ、正義や公正を象徴する祥獣とされる。「豸」の字は、足の無い虫や背中の長い獣を意味する。本来は「廌」と書く。「廌」は「法治（灋治）」の「治」と同音であり、「法（灋）」の正字にも含まれていることから、古くから中国人は「法治」の精神を「獬豸」を使って表現した。

文官の冠に獬豸《かいち》冠があるが、この冠は元は戦国時代の楚国の冠であった。楚国に獬豸冠があったことは、『淮南子《えなんじ》』巻九主術訓に次のようにある。

楚文王好服獬冠、楚国効之、趙武霊王貝帯鵔鸃而朝、趙国化之。使在匹夫布衣、雖冠獬冠、帯貝帯、鵔鸃而朝、則不免為人笑也。

楚の文王（?～前六七五）の好んで獬冠（獬豸冠）を服するや、楚国之に効《なら》い、趙の武霊王（在位は前三二六～前二九八）の貝帯・鵔鸃《しゅんじゅ》（＝鳥名　南方の雉）して朝するや、趙国之に化す。匹夫布衣に在らしめば、獬冠を冠し、貝帯を帯び、鵔鸃して朝すと雖も、則ち人の笑いと為るを免れざらん。

楚国以後の獬豸冠の概略に関しては、『通典』巻五七礼典一七・嘉礼二「君臣冠冕巾幘等制度・法冠」に簡明な説明がある。

図版11　獬豸《かいち》図　正義と公正を象徴する霊獣。日本の狛犬の原形といわれる

秦滅楚、獲其君冠、賜御史。以纚為展筩、鉄為柱巻。取其不曲撓也。一名柱後恵文冠。執法者服之、或謂之獬豸冠。獬豸神羊、一角。能別曲直、楚王獲之、以為冠。

漢晋至陳、歴代相因襲不易。隋開皇中、於進賢冠上加二真珠、為獬豸角形。大業中、改制一角。或云、獬豸神獣、蓋一角。今二角者非也。執法者服之。大唐法冠、一名獬豸冠、一角、為獬豸之形、御史臺監察以上服之。

秦は楚を滅し、其の君冠を獲て、御史に賜う。纚《し》（髪づつみ）を以て展筩と為し、鉄を柱巻と為す。其の曲撓《きょくぎょう》せざるを取るなり。一つに柱後恵文冠と名づく。法を執る者之を服し、或いは之を獬豸《かいち》冠と謂う。獬豸は神羊にして、一角。能く曲直を別け、楚王之を獲て、以て冠と為す。

漢晋より陳に至り、歴代相い因襲し易えず。隋の開皇中

（五八一～六〇〇）、進賢冠の上に二真珠を加え、獬豸を角形と為す。大業中（六〇五～六一八）、一角を改制す。或るひと云わく、「獬豸は神獣、蓋《けだ》し一角。今二角なるは非なり」と。法を執る者之を服す。大唐の法冠、一つに獬豸冠と名づけ、一角、獬豸の形に為り、御史臺の監察［御史］以上［の官は］之を服す。

附節　「五月五日、筒糉《ちまき》、楝葉《よう》、長命縷《る》」の典拠

賛寧（九一九～一〇〇一）の『筍譜』巻下「四之事」に、

梁宗懍作荊楚歳時記云、五月、民並断［新］竹筍、為［筒］糉。搏（＝縛）［楝］葉挿頭、五絲繋臂、謂為長命縷。

梁の宗懍「荊楚歳時記」を作り、云わく、「五月、民並びに新竹の筍を断《き》り、筒糉を為る。楝葉を搏り頭に挿し、五絲を臂に繋け、長命縷を為ると謂う」と。

とあるが、『玉燭宝典』巻第五・五月仲夏に、

荊楚記云、民並以新竹筒為筒糉、楝葉挿頭。五采縷投江、以為避火厄（＝水厄）。士女或取楝葉挿頭、綵絲繋臂、謂為長命縷。

「荊楚記」に云わく、「民並びに新竹の筒を以て筒糉を為り、楝葉を頭に挿す。五采縷を江に投げ、以て水厄を避くると為す。士女或いは楝を取り頭に挿し、綵絲を臂に繋け、謂いて長命縷《る》と為す。

とあり、『荊楚歳時記』の記事は『荊楚記』の依拠していることが判る。平安時代末の惟宗公方の『本朝月令』五月五日節会事に、筒糉と長命縷に関する記事がある＊。

荊楚記、民斬新竹筍、為首糉（首糉＝筒糉）。楝葉挿頭。五綵縷投江、以為避火厄（＝水厄？・）。士女或取楝葉挿頭、綵絲総（＝綵絲纒）臂、謂為長命縷。

「荊楚記」に、「民は新しき竹筍を斬り、筒糉を為る。楝葉を頭に挿す。五綵縷《る》を江に投げ、以て水厄を避くと為

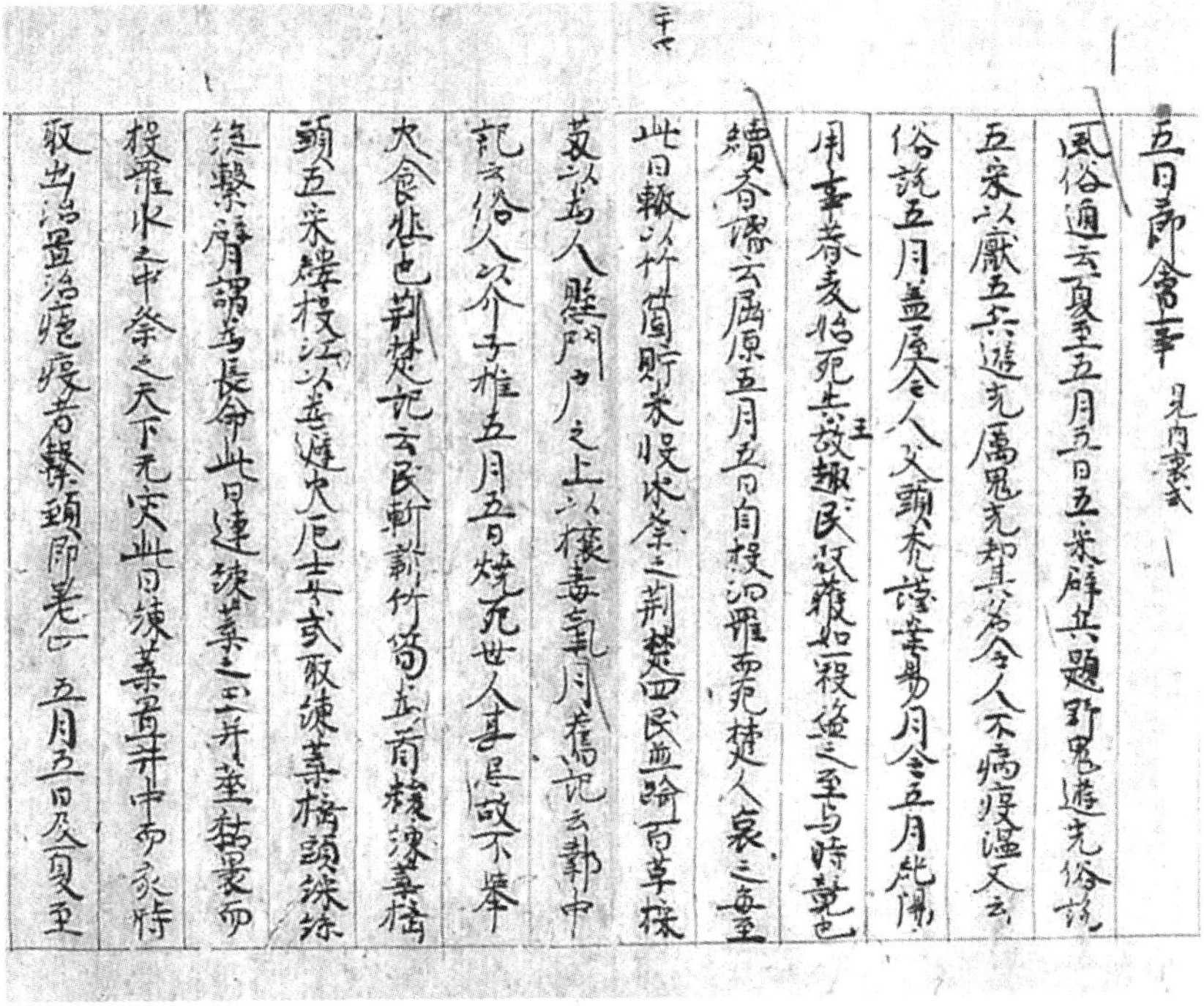

図版12　『本朝月令』巻２。五日節会事の条。

す。士女或いは楝葉を取り頭に挿し、綵絲を臂に纏《まと》い、謂いて長命縷と為す。

とあるから、『荊楚歳時記』の「筒糭《ちまき》、楝葉、長命縷《る》」の記事は『荊楚記』に依拠していることが確認できる。

＊『本朝月令』は「本朝がつりょう」とも読む。著書は平安時代中期の惟宗公方《これむねきみかた》。全四巻のうち、現存するのは四月から六月までを記述した第二巻である。年中行事の起源や沿革・内容を述べた最古の公事《くじ》書。散逸した古書を引用し、その引用は比較的原文に忠実であるため、本書は平安時代の有職故実の研究に貴重な史料を提供している。本書の成立時期は引用される文献から、成立は天慶《てんぎょう》九年（九四六）以前とされているが、延喜年間（九〇一～九二三）説や村上天皇朝説もある。本書の写本は、鎌倉時代の抄本である九条家旧蔵本（現在は宮内庁書陵部所蔵）と建武年間ころの抄本である金沢文庫旧蔵本（現在は東京の前田育徳会尊経閣文庫所蔵）とがある。

五一補　五月五日、蟾蜍《せんじょ》（ひき蛙）を捕獲し辟兵とする

一三世紀中葉の陳元靚《せい》の『歳時広記』巻二三端午・下「捕蟾蜍（蟾蜍を捕らえる）」に、

抱朴子内篇、肉芝者、謂萬歳蟾蜍。……（中略）……。以五月五日中時取之、陰乾百日。以其足画地、即為流水、帯其左手於身、辟五兵。若敵人射己、弓［弩］矢皆反還、自射也。……（中略）……。又荊楚歳時記云、五月五日、俗以此日取蟾蜍、為辟兵。六日則不中用。故世云、六日蟾蜍。起於此也。

「抱朴子」内篇に、[1]「肉芝とは、萬歳の蟾蜍（ひき蛙）を謂う。……（中略）……。五月五日中の時を以て之を取り、陰乾すること百日。其の足を以て地に画けば、即ち流水と為り、其の左手を身に帯れば、五兵（五兵とは弓・殳・戈・矛・戟）を辟く。若し敵人己を射れば、弓・弩《ど》（いし弓）の矢皆な反還し、自らを射るなり。……（中略）……。又た「荊楚歳時記」に云わく、「五月五日、俗は此の日を以て蟾蜍を取り、辟兵と為す」と。六日は則ち用うに中らず。故に世に云わく、「六日の蟾蜍」と。此れより起《はじ》まるなり。

（1）葛洪《かっこう》の『抱朴子』内篇巻一一僊薬第一一に次のようにある。

肉芝者、謂萬歳蟾蜍。頭上有角、頷下有丹書八字、体重。以五月五日中時、取之、陰乾百日。以其左足画地、即為流水、帯其左手於身、辟五兵。若敵人射己者、弓弩矢皆反還、自向也。

肉芝とは、萬歳の蟾蜍（ひき蛙）を謂う。頭上に角有り、頷下に丹書八字有り、体重し。五月五日中の時を以て之を取り、陰乾すること百日。其の足を以て地を画けば、即ち流水と為り、其の左手を身に帯れば、五兵を辟く。若し敵人己を射れば、弓・弩の矢皆な反還し、自らに向かうなり。

五兵に関しては「四六　長命縷と条達（釧）」の注（8）を参照。

五二補　五月五日、啄木鳥を捕獲する

一二世紀の『経史證類大観本草』巻一九禽部・啄木鳥に、『荊楚歳時記』を引用した記事がある。

爾雅云、鴷斲木。荊楚歳時記云、野人、以五月五日、得啄木貨之。主歯痛。

「爾雅」に云わく、「鴷斲木《れつたくぼく》」と。「荊楚歳時記」に云わく、「野人、五月五日を以て、啄木を得て之を貨《う》る。歯痛を主どる」と。

また、一三世紀中葉の陳元靚《せい》の『歳時広記』巻二三端午・下・「得啄木（啄木を得る）」に、

荊楚歳時記云、野人、以五月五日得啄木貨之。主歯痛。古今異伝云、本雷公採薬吏、化為此鳥。淮南子云、斲木愈齲。其信矣乎。……（中略）……。本草云、啄木鳥主痔瘻、治牙歯蠹蚛。焼為末、納牙孔中、不過三数。……

「荊楚歳時記」に云わく、「野人、五月五日を以て啄木を得て、之を貨る。歯痛を主る」と。「古今異伝」（一〇世紀以前の書、詳細不明）に云わく、「本と雷公は採薬の吏、化して此の鳥と為る」と。「淮南子《えなんじ》」（巻一六説山訓）に云わく、「斲木《たくぼく》(1)は齲（虫歯）を愈《いや》す」と。其れ信なるかな。………（中略）………。「本草」（＝『経史證類大観本草』巻一九禽部・新補の啄木鳥）に云わく、「啄木鳥は痔瘻《じろう》を主り、牙歯の蠹蚛《じっちゅう》（歯の虫くい部分）を治す。焼きて末と為し、牙の孔中に納め、三数を過ぎず」と。……

とある。啄木は(2)『爾雅』釈鳥に見える鴷斲木《れつたくぼく》のことで、鴷斲木の郭璞《かくはく》の注に、

口如錐、長数寸。常斲樹、食虫、因名。

口は錐の如く、長さ数寸。常に樹を斲《き》りて虫を食らう、因りて名づく。

とある。啄木が嘴が強く、虫を退治することから、啄木を焼いて粉末とし、虫歯の孔に入れれば、効能があると信じられたのであろう。

（1）『爾雅』釈鳥第一七に、次のようにある。

斲木。鴷音列。今亦謂之斲木鳥。常斲樹剥、剥然取虫食。

斲木《たくぼく》。鴷《れつ》の音は列。今亦た之を斲木鳥と謂う。常に樹を斲《き》り剥《はが》し、剥して然りて虫を取りて食らう。

（2）啄木は羅願（一一三六～一一八四）の『爾雅翼』巻一四釈鳥・斲木に次のようにある。

斲木鴷斲木。口如錐、長数寸。常斲枯木、取其蠹。故以名云。此鳥有大有小、有褐有斑褐者是雌。斑者是雄。又有青黒者、大如鵲頭、上有紅毛、如鶴頂生山中。土人呼為山啄木。然以青者為主。

斲木は鴷斲木《れつたくぼく》。口は錐の如く、長さ数寸なり。常に枯木を斲《き》り、其の蠹《むし》を取る。故に以て名づくと云う。此の鳥大有り小有り、褐有り斑褐なるもの有るは是れ雌。斑なるは是れ雄。又た青黒きもの有り、大なること鵲《かささぎ》の頭の如く、上に紅毛有り、鶴の如き頂は山中に生る。土人呼びて山啄木《やまきつつき》と為す。然るに以て青きもの主と為す。

五三補　五月、角力《すもう》（相撲・角觝・角抵）をする

一〇世紀の調露子の『角力記』(1)（「琳瑯秘室叢書」第四集所収）に、

一相攢 音費、蜀土荊襄之間曰攢。攢則争力競倒之謂也。相攢之名、荊楚歳時記、荊楚之人、五月間、相結伴為相攢之戯。即撲也。俗間或相攢 音堆 撲也。亦曰相扠。丑佳反 皆非雅正。

一に相攢《ひ》 音は費、蜀土（四川省）・荊襄（湖北省北部地域）の間は「攢」と曰う。「攢」とは則ち争力競倒の謂いな

り。相攢《ひ》の名、「荊楚歳時記」に、「荊楚の人、五月の間、相い結伴して相攢の戯を為す」と。即ち撲《ぼく》なり。俗間は或いは相い攢撲《ひぼく》す。音は堆。亦た相扠《そうしゃ》と曰う。［扠は］丑・佳の反《かえ》し。皆な雅正（模範的で正しい）に非ざるなり。

とある。また鎌倉時代の『年中行事秘抄』(2) 七月二六日にも相撲をいう。

荆［楚記］云、結件（件＝伴）［為］相撲之戯。相撲（＝攢）即相撲。［本朝］月令云、養壮侠、以助陽気。

「荊楚記」に云わく、「結伴して相撲の戯を為す。相攢は即ち相撲なり」と。「本朝月令」(3)に云わく、「壮侠を養い、以て陽気を助く」と。

相撲を五月五日に置いたのは『隋書』巻三一地理志下の揚州を総論した「揚州於禹貢為淮海之地（揚州は禹貢においては淮海の地と為す）」の一節に、

京口、東通呉会、南接江湖、西連都邑、亦一都会也。其人本並習戦、号為天下精兵。俗以五月五日為闘力之戯、各料強弱相敵、事類講武。宣城、毗陵、呉郡、会稽、餘杭、東陽、其俗亦同。

京口、東は呉会（呉と会稽）に通じ、南は江湖に接し、西は都邑に連り、亦た一都会なり。其の人本より並びに戦を習い、号して天下の精兵と為す。俗に五月五日を以て闘力の戯を為し、各々強弱を料り相い敵し、事は講武に類す。宣城、毗陵《ぴりょう》、呉郡、会稽、餘杭、東陽、其の俗亦た同じ。

とあることによる。闘力の戯は相撲のことである。長江下流域では五月に相撲が各地で行われた。この自然発生的な相撲は、王朝が交替して衰退する性格のものではないから、唐代でも行われたと想定してよいであろう。

（1）『角力記』は『宋史』巻二〇六藝文《げいもん》志・子部・志小説類に「調露子、角力記一巻」とある。

（2）『年中行事秘抄』は作者未詳。年中行事の儀式書・公事書。鎌倉初期の成立であろうと推定されている。引用文献には散逸しているものが多くあり、逸書の研究の重要な史料である。刊本は『群書類従』公事部にある。現存する写本は一二三九年に中原師世が書写したものである。師世本が東京の前田育徳会尊経閣文庫に所蔵される。師世本は『年中行事秘抄』の成立を考えるうえ重要な書であるが、師世本『年中行事秘抄』の祖本となった、天文二〇年（一五五〇）の萬里小路惟房《これふさ》本『年中行事秘抄』が天理図書館吉田文庫にある。

（3）『本朝月令』の詳細は、本書二八一頁の附節「五月五日、筒糭、楝葉、長命縷《る》の典拠」の＊を参照。

附節　相撲（角力・角觝・角抵）

1　相撲の起源

白楽天（七七二〜八四六。楽天は字、居易は諱）の『白氏六帖《りくじょう》事類集』第巻八の「壮第五三」に、

角力。壮士角力、校量其力也。　角力。壮士角力し、其の力を校量するなり。

とあり、角力は「力比べ」という。角力の始めに関して、一一世紀の高承の『事物紀原』巻九博弈嬉戯部四八に、

角觝、今相撲也。漢武故事曰、角觝、昔六国時所造。史記、秦二世在甘泉宮、作楽角觝。

角觝、今の相撲なり。「漢武故事」に曰わく、「角觝、昔六国（秦と山東六国・戦国時代）の時造る所」と。「史記」に、「秦の二世甘泉宮に在り、楽を作し角觝す」と。

とあり、相撲は六国が覇を競った戦国時代からある競技である。『白氏六帖事類集』第巻九雑技第四一に、

角抵之戯。漢武帝始作。両相当角力也。　角抵の戯。漢の武帝始めて作る。両（角・抵）は角力に相当するなり。

とあるのは、誤りであることは、史料を列挙するまでもない。『礼記《らいき》』月令の孟冬月（一〇月）に、

是月也、大飲烝。天子乃祈来年于天宗。大割祠于公社及門閭、臘先祖五祀、労農以休息之。天子乃命将帥、講武習射御角力。

図版13　敦煌発見の唐代の相撲図

是の月や、大いに飲烝（農事が終了して天子と諸侯が酒盛りすること）す。天子乃ち来年を天宗に祈る。大いに割きて公社及び門閭を祠り、先祖・五祀（一年間に行う五祀。春は戸、夏は竈、秋は門、冬は行《みち》、季夏は中霤）を臘し、農を労いて以て之を休息す。天子乃ち将帥に命じて、武を講じ射御（弓と馬術）を習い力を角《くら》べしむ。

とある。『礼記《らいき》』とは、礼に関する注記であり、戦国以降の「礼経」に関係する論議・注釈を、漢代の戴聖が『小戴礼記』を纏めた書が現行の『礼記』である。『礼記』の記事は漢代においては認知されたものであり、角力は戦国時代に始まるとしてよい。

『史記』巻八七李斯伝に、

欲案丞相、恐其不審。、乃使人案験三川守与盗通状。李斯聞之。是時、二世在甘泉、方作觳抵優俳之観。李斯不得見。因上書言趙高之短。

丞相（＝丞相・李斯の罪）を案ぜんと欲すれども、其の審かならざるを恐れ、乃ち人をして三川の守（＝李由）が盗と通ずる状を案験せしむ。李斯之を聞く。是の時、二世甘泉に在り、方に觳抵《かくてい》（＝角觝）・優俳の観を作《な》す。李斯は見ゆるを得ず。因りて上書し趙高の短を言う。

とある。二世皇帝が甘泉宮に居たのは前二〇八年ころであろう。この時、角力の競技は確実に存在していた。『漢書《かんじょ》』巻六武帝本紀・元封三年（前一〇八）の条に、

三年春、作角抵戲。三百里内、皆采観。

三年春、角抵の戯を作す。三百里の内、皆な采観す。

とあるから、相撲は武帝の時にも確実にあった。相撲は練兵講武の一環として戦国時代（前四〇三〜前二二一）には存在していた。

2　隋唐の相撲

『隋書』巻七七李士謙伝に、開皇八年（五八八）以前の話として、

其奴嘗与郷人董震因酔角力、震扼其喉、斃於手下。震惶懼請罪、士謙謂之曰、卿本無殺心。何為相謝。然可遠去、無為吏之所拘。性寛厚、皆此類也。

其の奴（李士謙の奴）嘗て郷人の董震と酔により角力し、震は其の喉を扼《おさ》え、手下に斃《たお》す。震は惶懼して罪を請うに、士謙之に謂いて曰わく、「卿《なんじ》は本より殺す心なし。何ぞ相い謝する為すや。然らば遠去し、吏の拘る所と為ることなかるべし」と。性の寛厚、皆な此《かく》の類なり。

と、角力が原因の死亡事件を伝える。『隋書』巻六二柳彧《いく》伝に、開皇初年（五八一）の頃のこととして、

彧見、近代以来、都邑百姓、毎至正月十五日、作角抵之戯、逓相誇競、至於糜費財力。上奏請禁絶之曰、………

彧見るに、近代以来、都邑の百姓《ひゃくせい》、正月一五日に至る毎《ごと》に、角抵の戯を為し、逓《たがい》に相い誇り競い、財力を糜費《びひ》するに至る。上奏して之を禁絶せんことを請いて曰わく、………

とあり、都会（都邑）における六世紀末期の正月一五日の角抵をいう。

また、『隋書』巻三煬帝紀大業六年（六一〇）正月丁丑の条に、

角抵大戯於端門街。天下奇伎異藝畢集、終月而罷。帝数微服往観之。

角抵し端門（皇城正面の門、紫禁城でいえば天安門）街に大戯せしむ。天下の奇伎・異藝畢《ことごと》く集い、終月にして罷

む。帝は数しば微服（粗末な服装、目立たない服装）して往きて之を観る。

とあり、洛陽城端門街で角抵を行うことがあった。これは煬帝が隋王朝の国力を西域諸国に誇示するための一環としての角抵であって、自然発生的な角抵ではないが、煬帝以前に自然発生的な角抵があったから、煬帝の角抵奨励によって、都では角抵競技が、これ以後にもあったと思う。

『旧唐書《くとうじょ》』巻一六穆宗本紀・元和一五年（八二〇）二月に、

丁亥、幸左神策軍、観角抵及雑戯、日昃而罷。

丁亥（一五日）、左神策軍に幸し、角抵及び雑戯を観るに、日昃《かたむ》きて罷む。

とある。九世紀の段成式（八〇〇～八六三）の『酉陽雑俎《ゆうようざつそ》』続集巻三支諾皐《しだつこう》下に、

荊州百姓郝惟諒、性粗率、勇于私闘。武宗会昌二年寒食日、与其徒遊於郊外、蹴鞠角力、因酔於墦間。

荊州の百姓・郝惟諒《せきいりよう》、性は粗率にして、私闘するに勇たり。武宗の会昌二年（八四二）寒食の日、其の徒と郊外に遊び、蹴鞠・角力し、因りて墦間《はんかん》（墓間）に酔う。

とあり、寒食に相撲をする記事がある。これは節日の餘興として行われたものであって、相撲が寒食に限って行われることはないだろう。

李商隠（八一二～八五八）の『義山雑纂』の「不相称（釣り合わぬもの）」に「痩人の相撲」とあり、同書の「羞不出（恥じて出でぬもの）」に「相撲人の面腫」とあるから、相撲の力士は唐代でも肥満体であった。相撲は男子の力自慢であり、また鍛錬の一であり、演じる装置も必要ないから、時と場所を選ばず行われた。長安の大寧坊に相撲力士の張幹の家があったと、清の徐松の『唐両京城坊考』は指摘する。年中行事の相撲の賞金で、記録に残るほどの家が建つはずはないから、相撲は時期を問わず、所々で賞金を懸けて行われたと理解される。

五四補　荊楚（湖北省）は早晩二蚕

羅願（一一三六～一一八四）の『爾雅翼』巻二四釈虫一・蠒《げん》（重蚕）に、

呉録曰、南陽郡一歳蚕八績。林邑記曰、九真郡蚕、年八熟。繭小軽薄、絲弱綿細。荊楚歳時記曰、八蚕繭出日南、至秋猶飼以柘。荊楚則早晩二蚕、則五月而已。永嘉郡記曰、永嘉有八輩蚕。蚖珍蚕三月績、柘蚕四月初績、蚖蚕四月績、愛珍五月績、愛蚕六月末績、寒珍七月末績、四出蚕九月初績、寒蚕十月績。

「呉録」に曰わく、「南陽郡は一歳に蚕は八績す（八回つむぐ）」と。「林邑記」（『林邑記』は五一五年にできた『水経注』に引用されるから、五世紀にはあった。林邑国はベトナム中部沿海地方のチャム族の国家。中国では九世紀まで林邑と呼び、一〇世紀以降は占城：チャンパと呼んだ）に曰わく、「九真郡（ベトナム北部に中国王朝が設置した郡）の蚕、年に八熟す。繭《まゆ》は小さく軽く薄く、絲は弱く綿は細し」と。「荊楚歳時記」に曰わく、「八蚕繭《さんけん》は日南より出で、秋に至り猶お飼うに柘（山桑）を以てす。荊楚は則ち早晩二蚕、則ち五月のみ。「永嘉郡記」（南朝・宋の鄭緝の撰。『永嘉記』が正式書名）に曰わく、「永嘉に八輩蚕有り。蚖珍蚕は三月に績ぎ、柘蚕は四月初めに績ぎ、蚖蚕は四月に績ぎ、愛珍は五月に績ぎ、愛蚕は六月末に績ぎ、寒珍は七月末に績ぎ、四出蚕は九月初めに績ぎ、寒蚕は一〇月に績ぐ。」

とあり、日南（ベトナム・フエ附近に置かれた中国の郡。前漢の武帝による南越国滅亡後に置かれた）の養蚕では、一年八蚕であるが、荊楚地方では五月の二蚕であるという。

『爾雅翼』には「一歳蚕八績」、「年八熟」、「八蚕繭」の語が出てくるが、意味は同じで、一年に八回の繭の収穫があることをいう。八蚕繭は賈思勰の『斉民要術《せいみんようじゅつ》』巻五種桑柘（桑・柘を種える）第四五養蚕附に、

俞益期牋曰、日南蚕八熟。繭軟而薄。椹採少多。

俞益期（豫章の人）の牋（手紙）に曰わく、「日南の蚕は八熟。繭は軟らかにして薄い。椹は少多を採る」と。

ベトナムからの俞益期の手紙に曰う、「ベトナムでは、蚕が一年のうちに八回も繭を作る。しかし、繭は軟らかで薄い。椹（さわら）は多少は採れる」と。

とある。また『斉民要術《せいみんようじゅつ》』巻五種桑柘（桑・柘を種える）第四五養蚕附には、

永嘉記曰、「永嘉有八輩蚕。蚖珍蚕三月績。柘蚕四月初績。蚖蚕四月初績。愛珍五月績。愛蚕六月末績。寒珍七月末績。四出蚕九月初績。寒蚕十月績。凡蚕再熟者、前輩皆謂之珍。養珍者、少養之。愛蚕者、故蚖蚕種也。蚖珍三月既績、出蛾取卵、七八日便剖卵蚕生、多養之。是為蚖蚕。欲作愛者、取蚖珍之卵、蔵内罌中。随器大小、亦可拾紙。蓋覆器口、安硎泉冷水中、使冷気折其出勢。得三七日、然後剖生、養之。謂為愛珍、亦呼愛子。績成繭、出蛾卵、卵七日、又剖成蚕。多養之、此則愛蚕也。

南朝・宋の鄭緝之の「永嘉記」に曰わく、「永嘉に八輩蚕有り。蚖珍蚕　三月績ぐ。柘蚕　四月初め績ぐ。蚖蚕《げんさん》　四月初め績ぐ。愛珍　五月績ぐ。愛蚕　六月末績ぐ。寒珍　七月末績ぐ。四出蚕　九月初め績ぐ。寒蚕　一〇月績ぐ。凡《すべ》て蚕の再熟するものは、前輩皆な之を珍と謂う。珍を養う者、少しく之を養う。愛蚕は、故は蚖蚕の種なり。蚖珍三月既に績ぎ、蛾を出だして卵を取り、七・八日して便ち卵を剖き蚕生れ、多く之を養う。是れ蚖蚕と為る。愛を作らんと欲すれば、蚖珍の卵を取り、罌《おう》（もたい）中に内《い》れて蔵す。器の大小に随い、亦た［蚕卵紙］一〇紙を可とす。蓋して器口を覆い、硎泉《けいせん》（坑泉）の冷水中に安［置］し、冷気をして其の出勢を折せしむ。三七日（三×七＝二一日）を得て、然る後に剖生（＝孵化）し、之を養う。謂いて愛珍と為し、亦た愛子と呼ぶ。績ぎて繭と成り、蛾を出だし卵［を生み］、卵は七日して、又た剖（孵化）して成蚕と成る。多く之を養い、此れ則ち愛蚕なり。

とあり、同一蚕種が一年に八化するのではない。いくつかの蚕種を孵化させ、年に八回収繭するのである。繭には桑

の葉が必要であるが、ベトナムは亜熱帯であるから桑の葉が生育し、容易に飼料が入手できたため、年に八回の収繭が可能であったのである。

五五　夏至に糉《そう》（ちまき）を食べ、楝葉《れんよう》を頭に挿し、長命縷《る》を繋ける

「宝顔堂秘笈広集」本『荊楚歳時記』の「夏至に糉（ちまき）を食べ、楝葉を頭に挿し、長命縷を繋ける」は次のようである。

夏至節日。食糉。

按周處風土記、謂為角黍。人並以新竹為筒糉、楝葉挿［頭］、五綵繫臂、謂為長命縷。

夏至節の日(1)、糉を食らう(2)。

周處の(3)「風土記」(4)を按ずるに、「角黍《かくしょ》を為ると謂う」(5)と。人並びに新竹を以て筒糉《ちまき》を為る。楝葉を頭に挿し(6)、五綵を臂《ひじ》に繫け、謂いて長命縷と為す。

（1）夏至は二四節気の第一〇。北半球ではこの日が一年のうちで最も日の出から日没までの時間が長い。南半球では、北半球の夏至の日に最も昼の時間が短くなる。旧暦では五月内に発生する。『荊楚歳時記』は「夏至節」と書く。この表記を信じれば、南朝・梁において夏至は節日であったことになる。後掲する「附節2　夏至休暇」で述べるように、漢時代の夏至は節日であり、官吏の休暇は三日であり、唐時代の夏至も節日であり、官吏の休暇は三日であったから、南朝・梁時代の夏至も休暇三日の節日であった可能性がある。

（2）糉《そう》はちまき。糉子ともいう。ちまきには角黍、粽《そう》という別名がある。糉には形状によって、角糉《かくそう》・錐糉・茭糉《こう》・筒糉・秤糉《ひょう》・

鎚糉・九子糉等々の名がある。菰の葉で黍《しょ》米を裹《つつ》み、灰汁で煮たもので、端午と夏至に食べる。現在、粽は竹皮で包むが、この起源はどうやら華中にあるらしい。一二世紀後半の福州の地方志である『淳熙《じゆんき》三山志』巻四〇土俗類・歳時・端午・角黍に、

楚人、是日、以竹筒貯米、祭屈原、名筒粽。四方相伝、皆以為節物。今州人、以大竹葉裹米、為角黍。亦有為方粽、以相餽遺。

楚人、是の日、竹筒を以て米を貯え、屈原を祭り、筒粽《そう》と名づく。四方相い伝え、皆な以て節物と為す。今州人、大竹の葉を以て米を裹み、角黍と為す。亦た方粽（方形のちまき）を為すもの有り、以て相い餽遺《きい》す。

とある。粽を竹皮に粽を包むことを伝える最初の文献であろう。

（3）周處（二三六〜二九七）は『晋書《しんじょ》』巻五八に列伝がある。詳細は本書六五頁注（18）を参照。

（4）『風土記』は本書六五頁の注（19）を参照。

（5）「周處、謂為角黍」は周處の『風土記』に記事がある。歐陽詢らの『藝文《げいもん》類聚』巻四歳時部・中・五月五日に、

風土記曰、仲夏端五、烹鶩角黍。端始也。謂五月初五日也。又以菰葉裹粘米煮熟、謂之角黍。

「風土記」に曰わく、「仲夏端五、鶩《ぼく》（あひる）・角黍を烹る。端は始めなり。五月初の五日を謂うなり。又た菰葉を以て粘米（もち米）の煮熟するを裹む、之を角黍と謂う」と。

とあり、「周處、謂為角黍」は周處の『風土記』が出典である。

（6）楝《おうち》は栴檀の古名。栴檀はセンダン科センダン属に分類される落葉高木。樹高は五〜一五米ほどで、成長が早い。

附節1「夏至に糉《そう》（ちまき）を食べ、楝葉《れんよう》を頭に挿し、長命縷《る》を繫ける」の典拠

『荊楚歳時記』の「夏至に糉（ちまき）を食べ、楝葉を頭に挿し、長命縷を繫ける」は次のようである。

夏至節日。食糉。

按周處風土記、謂為角黍。人並以新竹為筒糉、楝葉挿［頭］、五綵繫臂、謂為長命縷。

右の記事は『玉燭宝典』巻第五・五月仲夏に、

荊楚記云、民並以新竹為筒糉、楝葉挿頭、五采縷投江、以為避火厄（＝水厄）。士女或取楝葉挿頭、綵絲繫臂、謂為長命縷。

「荊楚記」に云わく、「民並びに新竹を以て筒糉《そう》を為り、楝葉《れんよう》を頭に挿し、五采の縷《る》を江に投げ、以て水厄を避くと為す。士女或いは楝葉を取り頭に挿し、綵絲を臂《ひじ》に繋け、謂いて長命縷と為す」と。

とあるから、『荊楚歳時記』の「人並以新竹為筒糉、楝葉挿頭、五綵繫臂、謂為長命縷」は『荊楚記』が出典である。

附節2　角黍《かくしょ》

角黍とは、菰《まこも》の葉に黍米を包んだ食品「ちまき」である。角黍は本来は夏至に食べる食品であったが、重数節日が二世紀末ころ成立すると、五月五日にも食べられるようになる。

北魏の賈思勰《かしきょう》の『斉民要術《せいみんようじゅつ》』巻九糉糧法に、夏至の日に角黍を食べることと、その製法を伝える。

風土記注云、俗先以二節一日（＝俗先此二節一日）、用菰葉裹黍米、以淳濃灰汁煮之、令爛熟、於五月五日夏至啖之。黏黍一名糉、一名角黍。

「風土記」の注に云わく、「俗は此の二節（端五と夏至）に先んずる一日、菰《まこも》の葉を用い黍《しょ》米を裹《つつ》み、淳濃の灰汁を以て之を煮、爛熟せしめ、五月五日・夏至に之を啖《くら》う。黏黍《ねんしょ》は一に糉《そう》と名づけ、一に角黍と名づく」と。

宋の葉廷珪（一一一五年の進士）の『海録砕事』巻二に、一二世紀の池陽（江南西道の池州）方面では、夏至を「朝節」と呼んで重視し、夏至には角黍を贈答した。

池陽風俗、不喜端午、而重夏至、以角黍舒雁（鵞鳥）、相饋遺、謂之朝節。図経。

池陽の風俗、端午を喜ばず、而して夏至を重んじ、角黍・舒雁を以て、相い饋遺《きい》し、之を朝節と謂う。「図経」。

池陽で夏至を重んじたことは宋代に開始されたことではない。歴史的には夏至の行事が先にあり、端午は後発の行事である。宋代の池陽では古い伝統行事を残していたのである。

附節3　夏至休暇

1　漢代の夏至休暇

魏晋南北朝の時代は史料の制約があって、元日前後は節日で官吏は休暇であることは想定できるが、他の節日に関して不明なことが多い。『荊楚歳時記』に「夏至節日。食糭」とあるから、南朝・梁では、夏至を節日としていたことが判明する。なお休暇は官吏に与えられるものであって、民衆は休暇と関係がない。

漢代の官吏は夏至と冬至には休暇があった。『漢書《かんじょ》』巻八三の薛宣伝に、薛宣が馮翊《ひょうよく》太守であったときのこととして次のような話を載せている。

及日至休吏、賊曹掾張扶独不肯休、坐曹治事。宣出教曰、蓋礼貴和、人道尚通。日至、吏以令休、所繇来久。曹雖有公職事、家亦望私恩意。掾宜従衆、帰対妻子、設酒肴、請鄰里、壹关相楽、斯亦可矣。扶慙愧、官属善之。

日至（夏至と冬至）の休吏に及んで、賊曹の掾（掾は属官）の張扶独り休むを肯《がえん》ぜず、曹（役所の担当部署）に坐し事を治む。宣は教（文書の名）を出だして曰わく、「蓋《けだ》し礼は和を貴び、人道尚お通ず。日至（夏至と冬至）、吏以て休ましむは、繇《よ》りて来る所久し。曹は公の職事有りと雖も、家亦た私恩の意を望む。掾宜しく衆に従い、帰りて妻子に対《むか》い、酒肴《こう》を設け、鄰里に請い、壹关《しょう》相い楽しむは、斯れ亦た可ならんか」と。扶は慙愧《ざんき》し、官属之を善《よ》しとす。

賊曹の掾（下級官吏）の張扶は夏至と冬至の休暇にも出勤するのを薛宣が諭した話である。右の「日至休吏」に、師古曰、冬夏至之日、不省官事、故休吏。　師古曰わく、「冬夏至の日、官事を省《かえりみ》ず、故に休吏」と。

と顔師古の注ある。前漢の夏至と冬至は、官吏は休暇であったのである。

2　唐代の夏至休暇

夏至は節日である。『大唐六典』巻二尚書吏部・吏部郎中職掌の「内外官吏則有假寧之節」の細注に、

八月十五日（＝八月五日の誤記）夏至及臘各三日。節前一日、節後一日。

八月五日（玄宗皇帝の生日・千秋節）・夏至及び臘は各々三日。節前一日、節後一日。

とあり、開元二五年（七三七）の「假寧令」には、夏至は明確に「節日」とし、休暇三日であった。天宝初年の「職官表」（敦煌文献・ペリオ・二五九三）に引用された、開元二五年（七三七）の「假寧令」にも、「夏至臘、各三日。節前一日、節後一日」とあり、『大唐六典』の記事を確認できる。

貞元六年（七九〇）以降に適用可能で、大和元年（八二七）の休暇を伝える、敦煌発見の「祠部新式第四」（敦煌文献のスタイン・六五三七背）にも次のようにある。

臘日夏至日、以上二節、各休暇三日、前後各一日。

臘日・夏至の日、以上の二節、各々休暇三日、前後各々一日。

「祠部新式第四」に千秋節（後に「天長節」と改称）の規定がないのは、「祠部新式第四」が貞元六年以降の規定であるからであり、千秋節は何ら関係がないからである。夏至は唐代を通じて節日であり、休暇三日であるから、元日と冬至に次ぐ節日であった。

五六　夏至に菊灰を作る

「宝顔堂秘笈広集」本『荊楚歳時記』の「夏至に菊灰を作る」は次のようである。

是日（＝夏至）、取菊為灰、以止小麦蠹。

按干宝変化論云、朽稲成虫、朽麦為蛺蝶。此其験乎。

是の日（＝夏至）、菊を取り灰を為り、以て小麦の蠹《むし》を止む(1)。

干宝(2)の「変化論」（未詳）を按ずるに云わく、「朽稲は虫と成り、朽麦は蛺蝶《きょうちょう》と為る。此れ其の験なるや」と。

（1）「夏至に菊灰を作る」と同じ記事は『太平御覧《ぎょらん》』巻二三時序部八・夏至にある。
荊楚歳時記曰、夏至日、取菊為灰、以止小麦蠹。按干宝変化論、乃云、［朽］稲成虫、［朽］麦為蛺蝶。其験乎。

（2）干宝（？～三三六）は、東晋の人。字は令升。新蔡（現在の河南省新蔡県）の人。『晋書《しんじょ》』巻八二に列伝がある。西晋の史書『晋紀』を著した。『隋書』巻三三経籍志・史部・古史類に「晋紀二十三巻。干宝撰。訖愍帝」とある。現在、この書は散逸した。干宝は志怪小説集である『捜神記』も著作している。『隋書』巻三三経籍志・史部・雑伝類に「捜神記三十巻。干宝撰」とあり、『旧唐書《くとうじょ》』巻四六経籍志・史部・雑伝類に「捜神記三十巻。干宝撰」とある。この書は散逸し、二〇巻本『捜神記』が現在では通行している。これは散逸した書を蒐集し、再編して一六世紀末の萬暦年間に『干宝撰。捜神記』として刊行したものである。三〇巻本『捜神記』は干宝以前の書物から収録したものと、干宝の見聞とを併せたものである。本書は、干宝の父の婢が埋葬より一〇年餘して蘇生したことが著述動機であるという。

六月

五七　三時雨（六月の雨）

「宝顔堂秘笈広集」本、『荊楚歳時記』の「三時雨」は次のようである。

六月、必有三時雨。(1)田家以為甘沢。邑里相賀、曰賀嘉雨。

六月、必ず三時雨（一日に三度の雨）有り。田家以て甘沢と為す。邑里相い賀し、賀嘉雨と曰う。

（1）三時雨に関して、『太平御覧《ぎょらん》』巻一〇天部一〇・雨上に、

荊楚歳時記曰、六月、必有三時雨。田家以為甘沢。邑里相賀、曰賀嘉雨。

「荊楚歳時記」に曰わく、「六月、必ず三時雨有り。田家以て甘沢と為す。邑里相い賀し、賀嘉雨と曰う」と。

とあり、一二世紀初頭の黄朝英の『靖康緗素雑記』巻五・三伏に次のようにいう。

又荊楚歳時記、……（中略）……。是月之雨、田家以為甘沢。邑里相賀、名曰嘉雨穀雨嘉雨也。

又た「荊楚歳時記」に、「……（中略）……。是の月の雨、田家以て甘沢と為す。邑里相い賀し、名づけて嘉雨・穀雨・嘉雨と曰うなり」と。

また『太平御覧』巻二二時序部七・夏中に、

陸機要覧曰、昔、雨山有神人焉、逍遙於中岳。与左元放遊薊子訓、所坐欲起。子訓意欲留之。一日之中三雨。今呼五月三時雨、亦為留客雨。

陸機の「要覧」（三巻）に曰わく、「昔、雨山に神人有り、中岳に逍遙す。左元放（左慈。字は元放）と共に薊子訓と遊ぶ。坐す所に起さんと欲す、子訓意《おも》いて之を留めんと欲す。一日の中三雨」と。今は五月の三時雨を呼びて、亦た留客雨と為す。

とあり、『太平御覧《ぎょらん》』巻一〇天部一〇・雨上に、次のようにある。

周處風土記曰、楡莢雨。春雨。黄雀風濯枝雨。又六月、有大雨、名濯枝雨。六月之風雨也。

周處の「風土記」に曰わく、「楡莢《ゆきょう》雨。春雨。黄雀《おうじゃく》風・濯枝雨。又た六月、大雨有り、濯枝雨と名づく。六月の風・雨なり」と。

五八補　三伏（初伏・中伏・末伏）とは

「宝顔堂秘笈広集」本『荊楚歳時記』に「伏日（初伏・中伏・末伏）」の記事はない。一二世紀初頭の黄朝英の『靖康緗素雑記』巻五・三伏に、

又荊楚歳時記、案歴忌［釈］（＝案暦忌釈）云、四時代謝、皆以相生。立春、木代水、水生木。立夏、火代木、木生火。立秋、金代火、金畏火。立冬、水代金、金生水。故至庚日必伏。庚者金［故］也。

又た「荊楚歳時記」に、「《歴忌釈：暦忌釈》(1)を案ずるに云わく、四時代謝し、皆な以て相い生まる。立春に、木は水に代り、水は木を生ず。立夏に、火は木に代り、木は火を生ず。立秋に、金を以て火に代り、金は火を畏る。立冬に、水は金に代り、金は水を生ず。故に庚日に至り必ず伏す(2)。庚は金の故なり」と。

とある。この記事は「案」字があるから、『荊楚歳時記』の注記である「一字下げ」の箇所の記事である。

では、『荊楚歳時記』の「一字上げ」に相当する記事は何であったかということになる。徐堅の『初学記』巻四歳時

部・下・伏日第八叙事に、

　歴忌釈曰、四時代謝、皆以相生。立春木代水、水生木。立夏火代木、木生火。立冬水代金、金生水。至於立秋、以金代火、金畏於火。故至庚日必伏。庚者金故也。

とあり、その細字注に、

　陰陽書曰、従夏至後、第三庚為初伏、第四庚為中伏、立秋後初庚為後伏。謂之三伏。曹植謂之三旬。

「陰陽書」に曰わく、「夏至より後、第三庚を初伏と為し、第四庚を中伏と為し、立秋の後の初庚を後伏と為す。之を三伏と謂う」と。曹植（三国・魏の曹植）は之を三旬（三〇日）と謂う。

とあり、一三世紀中葉の陳元靚《せい》の『歳時広記』巻二五・三伏節に三伏を次のように説明する。

　陰陽書曰、夏至逢第三庚為初伏、第四庚為中伏、立秋後初庚為末伏。是謂之三伏。

「陰陽書」に曰わく、「夏至の第三庚に逢うを初伏と為し、第四庚を中伏と為し、立秋の後の初庚を末伏と為す。是れ之を三伏と謂う」と。

三伏とは、夏至以後の第三の庚日を初伏とし、第四の庚日を中伏とし、立秋後の初の庚日を末伏とするものである。

以上によって、『荊楚歳時記』の三伏の記事は、以下に示すような文でなかったかと推測する。

　夏至後第三庚為初伏、第四庚為中伏、立秋後初庚為末伏。

　　案歴忌釈云、四時代謝、皆以相生。立春、木代水、水生木。立夏、火代木、木生火。立秋、金代火、金畏火。立冬、水代金、金生水。故至庚日必伏。庚者金［故］也。故曰伏日。

（1）『靖康緗素雑記』には「歴忌」とあるが、「歴忌釈」という書名であるから「釈」字を補うべきである。「歴」は「暦」に同じ。

（2）敦煌文献のペリオ・三二四七に同光四年（九二六）の具注暦がある。伏日関係部分は次のようである。

五月五日庚申　夏至。↓　五月廿五日庚辰　初伏。↓　六月一六日庚子　中伏。↓　六月廿二日丙午　立秋。↓　六月廿六日庚戌　末伏。

夏至が「庚」日であれば、その日は第一の「庚」日と数えるようである。中伏は初伏の一〇日後の六月六日庚寅であるべきなのに、二〇日後の六月一六日庚子を中伏としている。何故であろうか。書写過程の誤写とするべきであろうか。立秋後の最初の「庚」を末伏とするのは『陰陽書』の説明と一致する。

附節　「〈歴忌釈〉を案ずるに云わく、……」の典拠

隋の杜臺卿（『隋書』巻五八）の『玉燭宝典』巻第六・六月中央土に、

案暦忌釈（＝案暦忌釈）云、伏者何也。金気伏蔵之日也。四時代謝、皆以相生。立春、木代水、水生木。立夏、火代木、木生火。立秋、金代火。金畏於火。［立冬、水代金、金生水］。故至庚日必伏。庚者金也。

「暦忌釈」を案ずるに云わく、「伏とは何ぞや。金気伏蔵の日なり。四時代謝し、皆な以て相い生まる。立春に、木は水に代り、水は木を生ず。立夏に、火は木に代り、木は火を生ず。立秋に、金を以て火に代り、金は火を畏る。立冬に、水は金に代り、金は水を生ず。故に庚日に至り必ず伏す。庚は金の故なり」と。

とある。『荊楚歳時記』の「一字下げ」の注記といわれる箇所に、この記事があるから、杜公瞻《せん》は『荊楚歳時記』を著作し、「一字上げ」の三伏の記事を書いたとき、「一字下げ」の注記といわれる箇所に、この記事を引用したものである。この記事は杜公瞻の注記と認定してよく、「一字上げ」の三伏の記事も『荊楚記』の記事に依拠したものではないだろう。

五九　伏日に湯餅を作る

「宝顔堂秘笈広集」本『荊楚歳時記』の「伏日に湯餅を作る」は次のようである。

伏日、並作湯餅、名為辟悪餅。

按魏氏春秋［曰］、何晏以伏日食湯餅、取巾拭汗、面色皎然。乃知非傅粉。則伏日湯餅、自魏以来有之。

伏日、並びに湯餅を作り、名づけて辟悪餅と為す。(1)

「魏氏春秋」(2)を按ずるに曰わく、「何晏(3)は伏日を以て湯餅を食らい、巾を取り汗を拭くに、面色皎《こう》然たり。乃ち傅粉《ふふん》（白粉＝おしろい）に非ざるを知る」と。則ち伏日の湯餅、魏より以来之《これ》有り。

(1) 伏日に湯餅《ゆでめん》を食し、悪気・邪気を払う習慣があった。餅とは小麦粉の加工品をいい、日本でいう餅ではない。小麦以外の穀物の粉の加工食品を餌という。敦煌文献のペリオ・二七二一の「雑抄」に、

此月三伏、何謂。其日、食湯餅、去瘴気、徐（除）悪病。

此の月三伏、何の謂いぞや。其の日、湯餅を食らい、瘴気を去り、悪病を除く。

とある。湯餅であるから、熱い食品である。唐の孫思邈《そんしばく》の『千金月令』（「重較説郛《せつぷ》」匀《いん》六九所収）に、

伏日、進湯餅。名為辟悪。　伏日に、湯餅を進む。名づけて辟悪と為す。

とある。伏日には饂飩《おんどん》に類する湯餅を食べ、悪気を払う習慣があった。

北宋の元豊年間（一〇七八～一〇八五）頃の人である高承の『事物紀原』巻九酒醴《しゆれい》飲食部・湯餅には、

魏晋之代、世尚食湯餅。今索餅是也。語林、有魏文帝与何晏熱湯餅。即是其物、出於漢魏之間也。

魏晋の代、世は湯餅を食らうを尚ぶ。今の索餅（索は縄状のものをいうから、「索餅」とは極太のうどんのようなものか。

和名では无岐奈和《むきなわ》という）是れなり。「語林」（一〇巻、東晋の處士・裴啓撰、隋代には逸書となっていた）に、「魏の文帝、何晏に熱い湯餅を与う有り」と。即ち是れ其の物、漢魏の間に出ずるなり。

とあり、湯餅は漢魏の時代にあったという。史書を検索しても、『三国志』より以前に、湯餅は登場しない。湯餅は後漢から魏にかけて登場する食品と考えてよいことになるが、漢代では「湯餅」ではない表現があった可能性もあるから、湯餅は漢代から存在していた食品ということになる。

湯餅とは具体的には、どのような小麦粉の食品であったかとなると、北宋の歐陽脩の『帰田録』巻二に、

飲食四方異宜、而名号亦隨時俗、言語不同。至或伝者、転失其本。湯餅、唐人謂之不托、今俗謂之餺飥矣。晋束晳餅賦、有饅頭薄持起溲牢九（牢丸）之号、惟饅頭至今名存、而起溲牢九（牢丸）、皆莫暁為何物。薄持、荀氏又謂之薄夜、亦莫知何物也。

飲食は四方宜を異にし、而して名号亦た時俗に随い、言語同じからず。或いは伝わるに至りては、転《うた》た其の本を失う。湯餅、唐人《とうひと》之を不托と謂い、いま俗之を餺飥《ふたく》と謂う。晋の束晳《そくせき》の「餅賦」に、饅頭・薄持・起溲・牢丸（牢は獣肉、丸は丸いものであるから、肉を小麦粉で包んだもの。焼売）の号有り、惟だ饅頭は今に至るまで名存し、而して起溲・牢丸は、皆な何物為《な》るかを暁かにする莫し。薄持（「薄托」の誤り。薄飥・うすもちのこと）、荀氏は又た之を薄夜（「薄托」の誤り）と謂い、亦た何の物かを知る莫きなり。

とあり、湯餅は唐代では不托といわれ、宋代では餺飥といわれた。湯餅を不托というのは、手のひらに載せて餅を作ることを掌托といい、不托は、手のひらに載せないで作ることである。唐代にはめん棒で小麦粉の生地を延ばす方式が出現する。この方法で作るから不托というのであろう。

（2）『魏氏春秋』は『隋書』巻三三経籍志・史部・古史類に「魏氏春秋二十巻。孫盛撰」とある。孫盛は『晋書《しんじょ》』巻八二に列伝がある。『魏氏春秋』は現在は逸書となっている。

（3）何晏（?～二四九）は、後漢末期から三国・魏の人。字は平叔。祖父は何進。生母の尹氏が曹操の妾となったため、その関係で曹操の養子として養育され成長した。養父は曹操。『論語集解《しっかい》』・『老子道徳論』を編纂し、何晏は王弼《おうひつ》とともに玄学（老子に

関する学問）の創始者とされる。

附節　「伏日、湯餅を作る」の典拠

『荊楚歳時記』の「伏日に湯餅を作る」は次のようである。

伏日、並作湯餅、名為辟悪餅。

隋の杜臺卿の『玉燭宝典』巻第六・六月中央土に、

荊楚記云、伏日、並作湯餅。名為避悪。…………

「荊楚記」に云わく、「伏日、並びに湯餅を作る。名づけて避悪と為す」と。…………

とあるから、「伏日、湯餅を作る」の出典は明らかに『荊楚記』である。

六〇補　六月、氷鑑（保冷用の金属器）を使用する

五八一年頃に完成した杜臺卿（『隋書』巻五八）の『玉燭宝典』巻第六・六月中央土に、『荊楚記』を出典として鑑（保冷用の金属器）が出てくる。

此月熱盛。古礼則有頒氷。周官凌人職（＝『周礼』天官凌人職）云、春始治鑑。凡外内饔之膳羞鑑焉。祭祀供氷鑑。鄭玄注云、鑑如甀。大口以盛冰、置食物于中、以禦温気。鑑音胡監反。干宝注云、鑑金器。成（＝盛）飲食物、以置氷室、使不餒也。……（中略）……。荊楚記、或沈食于井。亦謂之鑑。

此の月（＝六月）熱盛んなり。古礼には則ち氷を頒つこと有り。『周礼《しゅらい》』天官凌《りょう》人の職に云わく、「春始めて鑑を治む。凡《すべ》て外内饔《よう》（調理済の食物）の膳鑑を羞《すす》む。祭祀に氷鑑を供す」と。鄭玄《じょうげん》の注に云わく、「鑑は甀《つい》の如し。

大口にして以て冰を盛り、食物を中に置き、以て温気を禦ぐ。鑑の音は胡・監の反し」と。干宝の注に云わく、「鑑は金器（＝金属器）。飲食物を盛り、以て氷室に置き、餒《う》えざらしむなり」と。……（中略）……。「荊楚記」に、「或いは食を井に沈む。亦た之を鑑と謂う（1）」と。

（1）鑑の具体的形状に関しては、林巳奈夫編『漢代の文物』（京都大学人文科学研究所　一九七六）二三一頁以下と図版5―91～図版5―94を参照。

七月

六一　七日夜、牽牛と織女の聚会

「宝顔堂秘笈広集」本『荊楚歳時記』の「七日夜、牽牛と織女の聚会」は次のようである。

七月七日、為牽牛織女聚会之夜。

按戴徳夏小正云、是月、織女東向。蓋言星也。春秋斗運樞（＝春秋運斗樞）云、牽牛神名略。石氏星経云、牽牛名天関。［春秋］佐助期云、織女神名収陰。史記天官書云、是天帝外孫。傅玄擬天問云、七月七日、牽牛織女、会天河。此則其事也。旧説天河与海通。近世有人居海渚者、毎年八月、有浮槎、去来不失期。人有奇志、立飛閣於槎上、多齎粮、乗槎而去。十餘月至一處。有城郭状、屋舎甚厳。遙望宮中有織婦。見一丈夫牽牛渚次飲之。牽牛人、乃驚問曰、何由至此。此人為説来意、幷問此是何處。答曰、君還至蜀都、訪厳君平、則知之。竟不上岸。因還如期。後至蜀、問君平。君平曰、某年某月、有客星、犯牽牛宿。計年月、正此人到天河時也。牽牛星、荊州呼為河鼓、主関梁。織女則主瓜果。嘗見道書云、牽牛娶織女、借天帝二萬銭、下礼。久不還。被駆在営室中。河鼓黄姑、牽牛也。皆語之転。

七月七日、牽牛と織女聚会の夜と為す。

戴徳(1)の「夏小正」(2)を按ずるに云わく、「是の月、織女東向す」と。蓋《けだ》し星を言うなり。「春秋運斗樞」(3)に云わく、「牽牛神は略と名づく」と。「石氏星経」(4)（石申の「星経」）に云わく、「牽牛は天関と名づく」と。「春秋佐助期」(5)

に云わく、「織女神は収陰と名づく」と。「史記」天官書に云わく、「是れ天帝の外孫」と。傅玄《ふげん》の「擬天問」に云わく、「七月七日、牽牛・織女、天河《あまのかわ》に会す(6)」と。此れ則ち其の事なり。「旧説」に「天河は海と通ず」と。近世に人の海渚に居る者有り、毎年八月、浮槎《ふさ》（いかだ）有り、去来するに期を失わず。人奇志を有《たも》ち、飛閣を槎上に立て、多く粮を齎《もたら》し、槎に乗りて去る。十餘月にして一處に至る。城郭の状有り、屋舎甚だ厳なり。遙かに望めば宮中に織婦有り。一丈夫の牛を渚次に牽《ひ》いて之に飲ましむるを見る。牛を牽く人乃ち驚き問いて曰わく、「何に由ってか此こに至るか」と。此の人為《ため》に来意を説き、并せて「此こは是れ何《いず》れの處《ところ》ぞ」と問う。答えて曰わく、「君還りて蜀都に至り、厳君平(7)を訪ぬれば、則ち之を知る」と。竟《つい》に岸に上らず。因って還ること期の如し。後に蜀（四川省の成都）に至り、君平に問う。君平曰わく、「某年某月、客星有り、牽牛宿（宿は星座の意）を犯せり」と。年月を計るに、正に此の人の天河に到りし時なり。牽牛星、荊州呼んで河鼓(8)と為し、関梁(9)を主る。織女は則ち瓜果を主る。嘗て「道書(10)」を見るに云わく、「牽牛 織女を娶りしに、天帝(11)（道教の最高神）より二萬銭を借り、礼に下す（婚礼費に使用するという意味）。久しく還さず。駆られて営室の中（室内）に在らしめらる」と。河鼓・黄姑(12)、牽牛なり。皆な語の転なり。

（1）戴徳は前漢の学者。梁（河南省汝州市）の人。字は延君。甥の戴聖を小戴とよぶのに対し、大戴とよぶ。戴聖とともに「礼」を后蒼に学び、『大戴礼記《だたいらいき》』一三巻八五篇を作った。生没年未詳。『大戴礼記』（『大戴礼』ともいう）の内容は、礼に対する論述（記）であるが、体系的なものではなく、雑多な論文の集まりで、現在ではその過半が失われ、四〇篇のみ現存している。戴徳の甥である戴聖も『礼記』（『小戴礼記』）を著しており、区別し『大戴礼記』・『大戴礼』と呼ぶ。

（2）「夏小正」は『大戴礼《だたいれい》』八三篇のうちの残った四〇篇のうちの一篇で、夏王朝の暦を述べた篇である。一〇世紀までの人が見ている記事が、現在では存在しない場合があり、一〇世紀までに篇の内容も変化している。

（3）『春秋斗運樞』は『春秋運斗樞』とあるべき。緯書の一。今は逸書となっている。逸文は「説郛《せつぷ》」巻第五、『玉函山房輯佚書』、「守山閣叢書」、「漢学堂叢書」に所収されている。

（4）『石氏星経』は石申（前四世紀の人）の著書。石申は戦国時代の魏国の天文学者。石申夫ともいう。彼には『天文』、『渾天図』、『石氏星経』がある。彼の著作のいくらかは唐の瞿曇悉達《ぐどんしつたつ》の『開元占経』に引用されている。

（5）「佐助期」は『春秋佐助期』の略称。著者不詳。春秋緯の一書。一四世紀の陶宗儀の「説郛」巻五下に『春秋佐助期』の逸文若干条を所載し、馬国翰の『玉函山房輯佚書』に逸文が輯集されている。

（6）「傅玄擬天問云、七月七日、牽牛織女、会天河」は『太平御覧《ぎょらん》』巻八天部八・漢に引用される。

　傅玄擬天問曰、七月七日、牽牛織女、特会天河。

　傅玄《ふげん》の「擬天問」に曰わく、「七月七日、牽牛・織女、特に天河に会す」と。

胡仔《こし》（一〇九五～一一七〇）の『漁隠叢話後集』巻七杜子美三に『藝苑雌黄』を引用し、その『藝苑雄黄』に引用された『荊楚歳時記』に、牽牛と織女の話を伝える。

（7）厳君平は『漢書《かんじょ》』巻七二王貢両龔鮑伝第四二の「序」の部分に出てくる人物で、前漢の成帝の時代（前三三年以降）蜀の成都の市中において卜筮《ぼくぜい》を職業としていた。真偽の程は定かではないが、唐の李吉甫の『元和郡県志』巻三二剣南道・彭州・導江県の条には「厳君平墓、在県西南十里」とあり、九世紀までは厳君平墓が存在していた。また『大明一統志』巻六七成都府・陵墓に「厳君平墓、在崇慶県西南一十里」とあり、『大清一統志』巻二九三成都府二・陵墓に「厳君平墓、在崇寧県西南。元和志、在唐昌県西南十里」とある。

（8）河鼓は『太平御覧』巻七天部七・星下に、

　又「荊州星占曰」、河鼓、一名三武、一名天鼓。

　又た「荊州星占」に曰わく、「河鼓、一つには三武と名づけ、一つには天鼓と名づく」と。

とあり、『太平御覧』巻三一時序部一六・七月七日に、

　日（＝衍字）緯書曰、牽牛星、荊州呼為河鼓、主関梁。織女星、主瓜果。

「緯書」に曰わく、「牽牛星、荊州は呼んで河鼓と為し、関梁を主る。織女星、瓜果を主る」と。

とある。牽牛星は荊州方面では河鼓といっていた。『荊州星占』は『新唐書《じょ》』巻五八藝文《げいもん》志・子部・天文類に「劉表、荊州星占二巻。劉叡、荊州星占二十巻」とある。

(9) 関は関所、梁は橋梁。『太平御覧《ぎょらん》』巻九七八菜茹部三・瓜に、

続漢書曰、牽牛星、荊州謂之河鼓、主関梁。織女主瓜果。

「続漢書《じょ》」に曰わく、「牽牛星、荊州は之を河鼓と謂い、関梁を主る。織女は瓜果を主る」と。

(10) 「道書」は道教の書という意味であろう。であれば、『荊楚歳時記』に道教のことが出てくるのは、この箇所と七月一五日の「盂蘭盆会《え》」の条に「七月十五日、僧尼道俗、悉営盆供諸仙（仙＝寺）」とある二箇所である。

(11) 天帝は色々な場合に使用される言葉である。仏教では仏教の守護神である帝釈諸天を天帝という。キリスト教ではゼウスを天帝と天帝宗ともいう。古代中国では伝説上の三皇五帝を天帝と尊称し、夏王朝や殷王朝では、その祖先を天帝と尊称している。また、天帝は星のことをいう場合もあり、帝星とも称され、北極五星の最も明るい星を指す場合もある。

道教でも天帝が存在し、天皇大帝・玉皇大帝という。善行の者は天恵を与え、悪行を行う者は天罰を与える。それらは寿命にも影響を及ぼす。竈神が人間の行いを天帝に報告するというのがそれであり、庚申信仰では人間に居着く三尸《し》という虫が、庚申の日の夜に人が寝ている間に、人間の罪状を天帝に報告するという。

牽牛と織女（天帝の娘）を結婚させたのも、道教の天帝であった。結婚によって織女は機織りの仕事を忘れ、牽牛と遊んでばかりいた。それに立腹した天帝は、天の川を境に二人を引き裂いたのである。

(12) 黄姑は牽牛・河鼓のこと。『太平御覧』巻六天部下・星中に、

天象列星図曰、…………。又古歌曰、東飛伯労、西飛燕。黄姑織女時相見。其黄姑者即河鼓也。為呉音訛而然今之言者。

「天象列星図」に曰わく、…………。又た「古歌」に曰わく、「東に伯労《もず》飛び、西に燕飛ぶ。黄姑・織女時に相い見《まみ》ゆ」と。

其れ黄姑は即ち河鼓なり。呉音訛《なま》りて然りて今の言と為る。

とあり、黄姑は河鼓の呉音訛《なま》りであるという。范成大（一一二六～一一九三）の『呉郡志』巻一三祠廟下に、

黄姑廟。在崑山県東二十六里地。名黄姑、父老相伝、嘗有牽牛織女星精降焉。女以金篦画河、河水湧溢。今村西有百沸河、郷人異之、為立祠。旧列牛女二像。後人去牽牛独祠織女。禱祈有応。歳七夕、郷人醵集廟下、占事無毫釐差。旧有廟記、今亡之。案荊楚歳時記、牽牛謂之河鼓。後人訛為黄姑。然古楽府有云、黄姑織女時相。見李太白詩、黄姑与織女相去不盈尺。則指牽牛為黄姑。

黄姑廟。崑山県の東二十六里の地に在り。黄姑と名づくは、父老相い伝う、嘗て牽牛織女の星精降ること有り。女は金篦《きんへい》を以て河を画し、河水湧溢す。今村西に百沸河有り、郷人之を異とし、為に祠を立つ。旧は牛女二像を列す。後人牽牛を去り独り織女を祠る。禱祈せば応有り。歳の七夕、郷人廟下に醵《きょ》集し、事を占うに毫釐《こうり》も差《たが》うことなし。旧は廟記有り、今之を亡う。「荊楚歳時記」を案ずるに、「牽牛之を河鼓と謂う」と。後人訛《あやま》りて黄姑と為す。然りして「古楽府」有りて云う、「黄姑・織女時に相《あ》う」と。李太白の詩に見ゆ、「黄姑と織女と相い去ること尺に盈《み》たず」と。則ち牽牛を指し黄姑と為す。

とあり、蘇州に黄姑廟があったという。『李白文集』巻二二「擬古十二首」の一に、黄姑と織女を詠う一首がある。


青天何歴歴、明星白如石。　青天何ぞ歴歴たる、明星白きこと石の如し。

黄姑与織女、相去不盈尺。　黄姑と織女と、相い去ること尺（三〇センチ）に盈たず。

銀河無鵲橋、非時将安適。　銀河（＝天河）鵲《じゃく》橋なし、時に非ずして将に安《いず》くにか適《ゆ》かしめんとす。

閨人理紈素、遊子悲行役。　閨人（＝妻）紈《がん》素（＝絹）を理《おさ》め、遊子（＝夫）行役を悲しむ。

瓶氷知冬寒、霜露欺遠客。　瓶氷冬寒を知り、霜露遠客を欺《あざむ》く。

客似秋葉飛、飄颻不言帰。　客は秋葉の飛ぶに似て、飄颻《ひょうよう》として帰るを言わず。

別後羅帯長、愁寛去時衣。　別後羅帯長し、去時の衣を寛《かん》にせしむことを愁う。

乗月託宵夢、因之寄金徽。　月に乗じて宵夢に託す、之に因って金徽（＝北方に出征した夫を指す）に寄す。


青天に歴歴と列する明星は白石のようで、牽牛と織女は相い去ること一尺もない。銀河には橋渡しをする鵲の橋もなく、七月七日以外は決して行くことができない。妻は出征する夫のために絹の衣を縫い、夫は出征を悲しんでいる。瓶の水が凍るを見て冬の寒さを知り、霜露は旅人を圧倒して、その心を傷ましめる。旅人は秋葉の飛ぶようなもので、飄颻《ひょうよう》として帰るとはいわない。征夫の妻は夫と別れた後に、痩せて帯が長くなり、衣服が緩くなるを愁うほど痩せていくので、月に乗じて夢に託して、別後の苦を、北方の金徽都督府の彼方にいる夫に知らせたいと思うばかりである。

六二　七夕乞巧《きっこう》

「宝顔堂秘笈広集」本『荊楚歳時記』の「七夕乞巧」は次のようである。

是夕、(1)〔南方〕人家婦女、結綵縷、穿七孔針、或以金銀鍮石為針。陳几筵(2)（「几筵」は衍字?）酒脯瓜菓於庭中、以乞巧。有蟢子網於瓜上、則以為符応。

按世王伝曰、竇后少小頭禿。不為家人所歯。遇七月七日夜、人皆看織女、独不許后出。乃有神光照室、為后之瑞。宋孝武七夕詩云、迎風披綵縷、向月貫玄針、是也。周処風土記曰、七月七日、其夜、灑掃庭中、露施几筵、設酒脯時菓、散香粉於筵上、以祀河鼓織女。言此二星神当会。守夜者咸懐私願。或云（＝咸云）、見天漢中有奕奕白気。或光耀五色、以為徴応、便拝得福。然則中庭祈願、其旧俗乎。

是の夕べ、南方の人家の婦女、綵縷《さいる》（色糸）を結び、七孔を穿つ針（七穴を有する針）、或いは金・銀・鍮石《ちゆう》(3)（真鍮）を以て針を為る。酒脯《しゆほ》（＝酒と乾し肉）・瓜菓を庭中に陳《の》べ、以て乞巧す。蟢子《きし》（蜘蛛）有り瓜上に網せば、則ち以て符応と為す。

「世王伝」(4)を按ずるに曰わく、「竇后《とう》（前漢の文帝の皇后）少《わか》くして小《すこ》しく頭禿ぐ。家人の歯《かぞ》う所（一人の女性として認知してもらえないこと）と為らず。七月七日の夜に遇い、人皆な織女を看るに、独り后の出ずるを許さず。乃ち神光の室を照す有り、后の瑞を為す」と。宋の孝武(5)の「七夕詩」(6)に云わく、「風を迎え綵縷《る》を披《なび》かせ、月に向かい玄針を貫く」とは、是れなり。周処(7)の「風土記」(8)に曰わく、「七月七日、其の夜、庭中を灑掃《さいそう》し、几筵《きえん》を露施し、酒脯・時菓を設け、香粉を筵上に散じ、以て河鼓（＝牽牛）・織女を祀る。此れ二星神の当《まさ》に会うべきを言う。守夜する者咸《み》な私願を懐く。咸な云わく、(9)「天漢（天の河）の中に奕奕《えきえき》として白気有るを見る。或いは五色に光耀せば、以て徴応と為し、便ち拝して福を得(10)」と。然らば則ち中庭の祈願、其れ旧俗ならんや。

（1）「南方」の二字は『玉燭宝典』巻第七・七月孟秋に、

荆楚記云、南方人家婦女、結綵縷、穿七孔針、或以金銀鍮為針。設瓜果於中庭、以乞巧。有蟢子、網於其瓜上、則以為得（得＝符応）。

「荆楚記」に云わく、「南方の人家の婦女、綵縷を結び、七孔を穿つ針、或いは金・銀・鍮を以て針と為す。瓜果を中庭に設け、以て乞巧す。蟢子有り、其の瓜上に網せば、則ち以て符応と為す」と。

とあることによって補字した。

（2）几は机、筵はむしろ。『太平御覧《ぎょらん》』巻三一時序部一六・七月七日に、

荆楚歳時記曰、七夕、婦人結綵楼、穿七孔針、或以金銀鍮石為針。宋孝武七夕詩曰、迎風披綵縷、向月貫玄針。陳瓜果于中庭、以乞巧。有喜子、網于瓜上、以為符応。

「荆楚歳時記」に曰わく、「七夕、婦人は綵楼を結び、七孔を穿つ針、或いは金・銀・鍮石を以て針を為る。宋の孝武の七夕詩に曰わく、〈風に迎いて綵縷を披せ、月に向いて玄針を貫く〉と。瓜果を中庭に陳べ、以て乞巧す。喜子有り、瓜の上に網せば、以て符応と為す」と。

とあり、「几筵」がない。「几筵」があれば、訓読することができない。『玉燭宝典』巻第七・七月孟秋の記事も「几筵」がなく、「宝顔堂秘笈広集」本『荆楚歳時記』以外の諸本は「几筵」の二字はない。「几筵」は衍字であるか、文字が脱落して「几筵」が読めなくなっていると考えられる。

（3）鍮《ちゅう》石とは亜鉛と銅の合金である真鍮（黄銅）のこと。

（4）『世王伝』は『太平御覧《ぎょらん》』巻三一時序部一六・七月七日に、

又曰、世伝、竇后頭禿、不為家人所歯。遇七夕、皆看織女、独不許后出。乃有神光照室、為后之瑞。

又た曰わく、「《世伝》に、〈竇后頭禿《とう》げ、家人の歯《かぞ》う所と為らず。七夕に遇い、皆な織女を看るに、独り后の出ずるを許さず。乃ち神光有り室を照すは、后と為る瑞なり〉」と。

とあり、「世伝」とするが、「王」字が脱落したもので『世王伝』とするべきであろう。『玉燭宝典』巻第七・七月孟秋のように『代王伝』とする書もある。これは唐王朝の第二代皇帝の太宗皇帝（五九八～六四九。在位は六二六～六四九。廟号は太宗）の姓名が李世民であり、「世」字を避諱したため、『代王伝』とあるとも考えられるが、漢の文帝は即位前は代王であったから、竇皇后を娶る話は『代王伝』にあり、『代王伝』とあるのが正しいと思われる。

（5）宋の孝武帝は南朝・宋の第四代皇帝（在位は四五三～四六四）。姓は劉、諱は駿。字は休龍、小字は道民。謚号は孝武皇帝、廟号は世祖という。

（6）「七夕詩」は『太平御覧』巻三一時序部一六・七月七日に、宋の孝武帝の七夕詩を引用して、

開庭鏡天路、餘光不可臨。沿風披弱縷、迎曜（＝暉）貫玄鍼、薄藝誠無取、時務聊可尋。

庭鏡を天路に開けば、餘光臨むべからず。風に沿いて弱縷を披《なび》かせ、暉を迎えて玄鍼を貫く。薄藝誠に取るなし、時務聊《いささ》か尋ぬべし。

とあり、宋の蒲積中の『歳時雑詠』巻二五・七夕に、

開庭鏡天路、餘光不可臨。沿風被弱縷、迎輝（＝暉）貫玄鍼。斯藝誠無取、時務聊可尋。

とあり、明の馮惟訥《とつ》の『古詩紀』巻五五宋第一・孝武帝「七夕二首」には、

開庭鏡天路、餘光不可臨。沿風被弱縷、迎輝（＝暉）貫玄鍼。斯藝成無取、時物聊可尋。

とある。『歳時雑詠』は『太平御覧』から引用し、『古詩紀』は『歳時雑詠』から引用したようである。

『玉燭宝典』巻第七・七月孟秋には、

秋風発離願、明月照双心。偕歌有遺調、別歎無残音。開庭鏡天路、餘光不可臨。沿風被弱縷、迎暉貫玄鍼。［斯藝成無取、

時物聊可尋」。（［］内は補字）

秋風離願（離ればなれの者）を発《ひら》き、明月双心（牽牛と織女の心）を照す。偕《とも》に歌えば遺調有り、別に歎《うた》えば残音なし。庭鏡を天路に開けば、餘光臨むべからず。風に沿いて弱縷《る》（細い糸）を被《なび》かせ、暉（＝月）を迎えて玄鍼を貫く。薄藝誠に取るなし、時務聊か尋ぬべし。

とあるから、『太平御覧《ぎょらん》』が引用する七夕詩は、詩の全文ではない。『玉燭宝典』が引用する七夕詩が全文に近いというべきである。『藝文類聚《げいもん》』巻四歳時部・中・七月七日によれば、宋の孝武帝の「七夕詩」には「白日傾晩照、絃月升初光。……」という詩もある。

（7）周處（二三六～二九七）は『晋書《しんじょ》』巻五八に列伝がある。詳細は本書六五頁注（18）を参照。

（8）『風土記』は本書六五頁の「六　屠蘇酒と五辛盤を上《たてまつ》る」の注（19）を参照。

（9）「或云」は『太平御覧』巻三一歳時武部一六・七月七日に引用する『風土記』には「咸云」とある。

（10）「便拝得福」は『太平御覧』巻三一歳時武部一六・七月七日に引用する『風土記』には「便拝而乞富乞寿……」とあるから、文章を簡略にするため、文字を改変している。

附節　「七夕乞巧《きっこう》」の典拠

『荊楚歳時記』の「七夕乞巧」は次のようである。

是夕、［南方］人家婦女、結綵縷、穿七孔針、或以金銀鍮石為針。陳几筵（「几筵」は衍字？）酒脯瓜菓於庭中、以乞巧。有蟢子網於瓜上、則以為符応。

これに類似する記事は『玉燭宝典』巻第七・七月孟秋に、

荊楚記云、南方人家婦女、結綵縷、穿七孔針、或以金銀鍮為針。設瓜果於中庭、以乞巧。有蟢子、網於其瓜上、則以為得（得＝符応）。

「荊楚記」に云わく、「南方の人家の婦女、綵縷《さいる》を結び、七孔を穿つ針、或いは金・銀・鍮《ちゆう》を以て針と為す。瓜果を中庭に設け、以て乞巧す。蟢子《きし》有り、其の瓜上に網せば、則ち以て符応と為す」と。
とあり、『荊楚歳時記』の「七夕乞巧《きつこう》」の記事と大略一致するから、「七夕乞巧」の出典は『荊楚記』である。完全に一致しないのは、『荊楚記』の記事を『荊楚歳時記』に引用するときに意識的に変えたか、『荊楚歳時記』が筆写を重ねる中で、文字の劣化が生じたためであろう。

六三補　張騫《ちようけん》が河源を尋ねる話

『太平御覧《ぎよらん》』巻五一地部一六・石上に、

荊楚歳時記曰、張騫尋河源、得一石、示東方朔。朔曰、此石是織女支機石。何至於此。

「荊楚歳時記」に曰わく、「張騫《ちようけん》(1)は河源（天河の河源）を尋ね、一石を得て、東方朔(2)に示す。朔曰わく、〈此の石是れ織女の支機石（織り機を支える重し石）なり。何ぞ此こに至るや〉」と。

とあり、一三世紀中葉の陳元靚《せい》の『歳時広記』巻二七・七夕・中・得機石（機石を得る）に、

漢武帝、令張騫使大夏尋河源、乗槎経月而至一處。見城郭如官府。室内有一女織、又見一丈夫牽牛飲河。騫問曰、此是何處。答曰、可問厳君平。織女取搘機石、与騫。而還後、至蜀君平。君平曰、某年月日、客星犯牛女。所得搘機石、為東方朔所識。

漢の武帝(3)、張騫をして大夏(4)に使いせしめ、河源を尋ねしむ。槎《いかだ》に乗り経月（月餘）にして一處に至る。城郭の官府の如きを見る。室内に一女織有り、又た一丈夫《じようぶ》の牛を牽《ひ》いて河に飲むを見る。騫《けん》問いて曰わく、「此こは是れ何處《いずく》か」と。答えて曰わく、「厳君平に問うべし」と。織女は搘《し》機石（織機を安定させる重し石）を取り、騫に与う。

而して還りて後、蜀の君平に至る。君平曰わく、「某の年月日、客星 牛女（牽牛・織女）を犯す」と。得る所の搘《し》機石、東方朔の識る所と為る。

とある。『歳時広記』の記事は『荊楚歳時記』の一部であると記載はないが、『太平御覧《ぎょらん》』の記事を見れば、『荊楚歳時記』の記事の一部分と判断できる。

（1）張騫《ちょうけん》（?～前一一四）は漢の武帝の命を受けて西域に使いして、中国に中央アジアの情報をもたらした人物。建元年間（前一四〇～前一三五）に出使し、前一二六年に帰国した。多くの植物が中国に将来された。『史記』大宛伝は張騫の報告を基礎として書かれている。また張騫以降に中国の西域との官交通と、中国の西域進出が開始され、以後の正史に「西域伝」が立伝されるようになるのは、張騫の奉使によるところが大である。『史記』巻一二三大宛伝に張騫の略伝がある。

（2）東方朔（前一五四～前九二）は、漢の武帝時代の政治家。字は曼倩《まんせい》。平原郡厭次《えんじ》県（現在の山東省恵民県）の人。『史記』巻一二六滑稽列伝と『漢書《かんじょ》』巻六五に立伝されている。『隋書』巻三四経籍志・子部・五行類には「東方朔歳占一巻」・「東方朔占二巻」・「東方朔書二巻」・「東方朔書鈔二巻」・「東方朔暦一巻」等々が著録されるが真偽の程は明らかではない。

（3）漢の武帝（前一四七～前八七）は前漢の第七代皇帝。廟号は世宗。諱は劉徹。前漢の創始者である高祖・劉邦の曽孫。諡号《しごう》は武帝。武力を以て国土を広げた皇帝や戦乱を平定した皇帝に送られる諡号である。最良の諡は「文」であり、文帝といわれる皇帝は評価の高い皇帝である。

景帝の九男もしくは一〇男として生まれ、魔除けのために敢えて「彘《てい》」（子豚の意）の幼名を与えられる。太皇太后・竇氏の意向によって一六歳で即位した。呉楚七国の乱によって有力な封王が倒れたことで、武帝は中央集権の確立を目指した。諸侯王が自分の領地を子弟に分け与えて、列侯に封建するのを許した。これにより諸侯王の封土は細分化され、皇帝家の権力が強化された。五経博士を設置し、儒教を官学とした。

莫大な蓄積を背景に外征を開始した。匈奴に敗北し西遷していた大月氏へ張騫《ちょうけん》を派遣し、大月氏との同盟で匈奴の挟撃を狙った。同盟は失敗に終わったものの、張騫の旅行により、それまで漠然としていた西域の情勢がはっきりとわかるようになった事が、後の対匈奴戦に大きく影響した。匈奴を撃破し、西域を漢の影響下に入れた。嶺南の南越国に遠征し、漢の郡県に組み入れ、衛氏朝鮮を滅ぼして楽浪郡を初めとする漢の朝鮮四郡を置いた。この延長線上に倭国がある。武帝は泰山に登って封禅を行い、自らの功績を上天に報告するに至ったが、治世の後半は反乱に苦しむことになり、内政に関して見るべきものが何もない。これが「武」と諡号《しごう》される所以である。

（4）大夏は中央アジアのバクトリア地域をいい、大夏はトハラの転写と想定されている。バクトリアはHindu-Kush（ヒンドゥークシュ）山脈とAmuアム（Oxus オクサス）河の間に位置する地域。グレコ－バクトリア（Greco - Bactria）王国は前二五〇年ころ、バクトリア太守のディオドトス（Diodotus）が、セレウコス朝の支配から独立して、建国したギリシア人王国。首都は現在のアフガニスタン北部のバルフ（古称バクトラ）にあった。バクトリアは前四世紀末、アレキサンダー大王の進攻をうけ、大王の死後はセレウコス朝の支配下に置かれた。従来はバクトリア銀貨を除き、王国の存在を示す遺物はなかったが、一九六四年以来、コクチャ川とアム・ダリヤ合流点のアイ・ハヌム遺跡においてギリシア人都市遺跡が発見された。

（5）厳君平は『漢書《かんじょ》』巻七二の「序」の部分に出てくる人物で、前漢の成帝の時代（前三三年以降）蜀の成都の市中において卜筮《ぼくぜい》を職業としていた。真偽の程は定かではないが、唐の李吉甫の『元和郡県志』巻三一剣南道・彭《ぼう》州・導江県の条には「厳君平墓、在県西南十里」とあり、九世紀までは厳君平の墓が存在していた。

六四補　七月七日に劉婕妤《しょうよ》が琉璃筆（ガラスの筆）を折る

『太平御覧《ぎょらん》』巻六〇五文部二一・筆に、

荆楚歳時記曰、陸士衡云、魏武帝劉婕妤、以七月七日折琉璃筆。

「荆楚歳時記」に曰わく、「陸士衡云う（1）、〈魏の武帝の劉婕妤、七月七日を以て、琉璃筆を折る〉」と。

とあり、『太平御覧《ぎょらん》』巻三一時序部一六・七月七日には、琉璃筆に関して次のようにある。

又［周處風土記］曰、陸雲与兄平原相書云、機為平原相。一日按視曹公器物、有書刀五枚、又琉璃筆一枚。景初二年七月七日、劉婕妤折之、見此使人悵然。按魏武帝、於漢為相、不得有婕妤。又景初是魏明帝年号。如此則文帝物也。与曹公器玩同處、故致舛雑耳。

又た周處の「風土記」に曰わく、「陸雲(2)は兄の平原の相（平原侯国の相＝内史。県であれば、県令に相当する）に書を与えて云う、機は平原の相と為る。「一日曹公(3)の器物を按視するに、書刀(4)（木牘・竹簡に誤字を書いた時、削除するための小刀）五枚有り、又た琉璃筆一枚。景初二年七月七日、劉婕妤《しょうよ》(5)之を折り、此れを見て使人悵然たり」と。按ずるに魏の武帝、漢に相と為り、婕妤有るを得ず。又た「景初」は是れ魏の明帝の年号なり。此《かく》の如きは則ち文帝の物なり。曹公の器玩と處を同じくし、故に舛雑《せん》（混雑）を致すのみ」と。

（1）陸士衡（二六一〜三〇三）。諱は機、字を士衡という。呉県（江蘇省）の人。六朝修辞主義文学の先導者。美文形式の文学論「文賦」は著名。『陸士衡文集』一〇巻がある。

（2）陸雲（二六二〜三〇三）、字は士龍。陸機の弟。呉の名門・陸氏に生まれる。呉県の陸氏は唐代まで連綿続いており、唐代では宰相の陸元方と陸贄《りくし》がいる。呉・西晋時代の中国の官僚で西晋きっての文学者といわれた。『陸士龍集』一〇巻がある。

（3）曹公は曹操（一五五〜二二〇）のこと。字は孟徳、幼名は阿瞞、また吉利。豫州沛国譙県《よしゅうはいこくしょうけん》（安徽省亳州市）の生まれ。後漢の丞相で、三国時代の魏王朝を創始する。廟号は太祖、諡号は武皇帝。後世では「魏の武帝」、「魏武」とも呼ばれる。

（4）書刀に関して、林巳奈夫編『漢代の文物』（京都大学人文科学研究所　一九七六）四八五頁以下を参照。

（5）「婕妤」は『漢書《かんじょ》』では「倢伃《しょうよ》」と書く。前漢以降の後宮における皇帝の側室の称号の一。『史記』外戚世家では「婕妤」としている。後世は「婕妤」のほうが多く用いられる。漢の武帝の時、婕妤などの号が制定され、元帝の時に昭儀の号が制定された。婕妤《しょうよ》は皇后、昭儀に次ぐ地位であり、官位としては上卿、爵位としては列侯に相当する。

後漢において、後宮は皇后、貴人、美人、宮人、采女だけになり、婕妤の号は廃止された。しかし、曹操が魏国を建国した時、後宮号の内に婕妤も採用され、魏が禅譲を受けて以降も後宮の称号として存続した。

六五　七月一五日、盂蘭盆会《え》

「宝顔堂秘笈広集」本『荊楚歳時記』の「七月一五日、盂蘭盆会」は次のようである。

七月十五日、僧尼道俗、悉営盆供諸仙(1)（仙＝寺）。

按盂蘭盆経云、有七葉功徳（＝七世功徳）。並幡花・歌鼓・果食、送之、蓋由此也。経又云、目連見其亡母生餓鬼中、即以鉢盛飯、往餉其母。食未入口、化成火炭、遂不得食。目連大叫、馳還、白仏。仏言、汝母罪重。非汝一人所奈何。当須十方衆僧威神之力。至七月十五日、当為七代父母厄難中者、具百味五菓、以著盆中、供養十方大徳。仏勅衆僧、皆為施主、祝（＝呪）願代（「代」＝衍字）七代父母（七代父母＝七世父母）、行禅定意、然後受食。是時、目連母得脱一切餓鬼之苦。目連白仏、未来世仏弟子、行孝順者、亦応奉盂蘭盆供養。仏言、大善。故後人因此広為華飾、乃至刻木割竹飴蠟剪綵、模花葉之形、極工妙之巧。

七月一五日、僧尼・道俗（「僧尼・道俗」は僧・尼と道教信者、俗世間の人）、悉く盆を営み諸寺に供す(2)。「盂蘭盆経(3)」按ずるに云わく、「七世の功徳有り」と。並びに幡花・歌鼓・果食、之を送るは、蓋《けだ》し此れに由るなり。「経」に又た云わく、「目連(4)其の亡母の餓鬼中に生きるを見て、即ち鉢を以て飯を盛り、往きて其の母に餉る。食未だ口に入らざるに、化して火炭と成り、遂に食することを得ず。目連大叫して、馳せて還り、仏に白す。仏言《もう》さく、「汝の母罪重し。汝一人の奈何《いかん》ともする所に非ず。当に十方衆僧の威神の力を須《もち》うべし。七月一五日に至り、当に七世の父母の厄難中の者の為に、百味・五菓を具し、以て盆中に著き、十方の大徳を供養すべし」と。仏は衆僧に勅し、「皆な施主の為に、七世の父母を呪願し、禅定(5)の意を行い、然る後に食を受く」と。是の時、目連の母、一切の餓鬼の苦を脱するを得たり。目連仏に白《もう》す、「未来世の仏弟子、行いの孝順なる者、亦た応に盂蘭盆を奉じて供養すべし」と。仏言《もう》さく、「大いに善し」と。故に後の人は此れに因り、広く華飾を為し、乃ち木を刻み・竹を割り・蠟《ろう》を飴にし・綵を剪《き》り、花葉の形を模《も》すに至り、工妙の巧を極む。

（1）『荊楚歳時記』の「七月一五日、盂蘭盆会《え》」と同じ記事は、『藝文《げいもん》類聚』巻四歳時部・中・七月一五日に、

荊楚歳時記曰、七月十五日、僧尼道俗、悉営盆供諸寺院（院は衍字）。□（□は空格を示す）盂蘭盆経に云、有七葉（＝七世）功徳。並幡花・歌鼓・果食送之、蓋由此。□（□は空格を示す）又曰、目連比丘、見其亡母生餓鬼中。即以鉢盛飯。往餉其母。食未入口、化成火炭、遂不得食。目連大叫。馳還白仏。仏言、汝母罪重。非汝一人力所奈何。当須十方僧衆威神之力。至七月十五日、当為七代（＝七世）父母現在父母厄難中者、具百味五果、以著盆中、供養十方大徳。仏勅衆僧、皆為施主咒願。［願］七代（＝七世）父母、行禅定意。然後受食。是時、目連母得脱一劫餓鬼之苦。目連白仏、未来世仏弟子行孝順者、亦応奉盂蘭盆［供養］、為爾可否。仏言大善。故後代人因此、広為華飾、乃至刻木割竹、飴蠟翦綵、模花果之形、極工妙之巧。

「荊楚歳時記」に曰わく、「七月一五日、僧尼道俗、悉く盆を営み諸寺に供す」と。「盂蘭盆経」に云わく、「七世の功徳有り」と。並びに幡花・歌鼓・果食之に送るは、蓋《けだ》し此れに由る。又た曰わく、「目連比丘、其の亡母の餓鬼中に生じるを見る。即ち鉢を以て飯を盛り、往きて其の母に餉る。食未だ口に入らざるに、化して火炭と成り、遂に食らうことを得ず。目連大叫して、馳せ還り仏に白《もう》す。仏言わく、「汝の母の罪重し。汝一人の力奈何《いかん》ともする所に非らず。当に十方僧衆の威神の力を須うべし。七月一五日に至り、当に七世の父母・現在の父母の厄難中の者の為に、百味五果を具し、以て盆中に著け、十方の大徳（徳の高い僧）を供養すべし」と。仏は衆僧に勅し、皆な施主の為に咒願せしむ。七世の父母を願い、禅を行じ意を定め、然る後に食を受く。是の時、目連の母一劫《いちごう》餓鬼の苦を解脱す。目連仏に白す、「未来世の仏弟子・行いの孝

順なる者、亦た応《まさ》に盂蘭盆を奉じ供養せば、爾《しか》る可しと為るや否や」と。仏言わく「大いに善し」と。故に後代の人此れに因り、広く華飾を為し、乃ち至木を刻み竹を割り蠟《ろう》を飴とし綵を翦《き》り、花果の形を模《も》すに至り、工妙の巧を極む。

とあり、『初学記』巻四歳時部・下・七月一五日第一〇叙事に、

荊楚歳時記曰、七月十五日、僧尼道俗、悉営盆供諸寺。案盂蘭盆経云、有七葉（七葉＝七世）功徳。並幡花・歌鼓・果食送之、蓋由此。

「荊楚歳時記」に曰わく、「七月一五日、僧尼道俗、悉く盆を営み諸寺に供す」と。案ずるに「盂蘭盆経」に云わく、「七世の功徳有り」と。並びに幡花・歌鼓・果食之に送るは、蓋《けだ》し此れに由る。

とあり、『太平御覧《ぎょらん》』巻三一時序部一七・七月一五日に、

荊楚歳時記曰、七月十五日、僧尼道俗、悉営盆供諸寺。按盂蘭盆経云、有七世功徳。并幡花・歌鼓・果食送之、蓋由此也。又盂蘭盆経曰、目連見其亡母生餓鬼中、即鉢盛飯、往餉其母。食未入口、化成火炭、遂不得食。目連大叫、馳還白仏。仏言、汝母罪重。非汝一人［力所］奈何。当須十方衆僧威神之力。至七月十五日、当為七代（＝七世）父母危難中者、具百味五果、以著盆中、供養十方大徳。仏勅衆僧、皆為施主呪願。［願］七代父母、行禅定意、然後受食。是時目連白仏、未来世仏弟子、行孝順者、亦応奉盂蘭盆供養。仏言大善。故後代人、因此広為華飾、乃至刻木割竹飴蠟［剪］綵鏤繪、模花葉之形、極工妙之巧。

「荊楚歳時記」に曰わく、「七月一五日、僧尼道俗、悉く盆を営み諸寺に供す」と。按ずるに「盂蘭盆経」に云わく、「七世の功徳有り」と。幷せて幡花・歌鼓・果食、之に送るは、蓋し此れに由るなり。又た「盂蘭盆経」に曰わく、「目連其の亡母の餓鬼中に生ぜるを見る。即ち鉢に飯を盛り、往きて其の母に餉《おく》る。食未だ口に入らざるに、化して火炭と成り、遂に食らうことを得ず。目連大いに叫び、馳せ還り、仏に白《もう》す。仏言《もう》さく、「汝の母罪重し。汝一人の力奈何《いかん》ともする所に非らず。当に十方衆僧の威神の力を須《もち》うべし。七月一五日に至り、当に七世の父母の危難中の者の為に、百味五果を具し、以て盆中に著け、十方の大徳を供養するべし」と。仏は衆僧に勅し、皆な施主の為に呪願せしむ。七世の父母を願い、禅を行じ意を定め、然る後に食を受く。是の時、目連仏に白す、「未来世の仏弟子、行いの孝順なる者、亦た応に盂蘭盆を奉じて供養す

べし」と。仏言わく「大いに善し」と。故に後代の人、此れ因り広く華飾を為し、乃ち木を刻み竹を割り蠟《ろう》を飴にし綵を剪《き》り繒《きぬ》を鏤《ちりば》め、花葉の形に模《も》すに至り、工妙の巧を極む。

とある。『荊楚歳時記』の「一字上げ」の箇所は「七月十五日、僧尼道俗、悉営盆供諸寺」であり、四本とも一致するから脱文はないようである。引用する盂蘭盆経は、盂蘭盆経三種類の内の『仏説盂蘭盆経』である。

（2）「営盆」の「盆」とは『旧唐書《くとうじょ》』巻一二徳宗紀・建中元年（七八〇）の条に、

七月丁丑、罷内出盂蘭盆、不命僧為内道場。

七月丁丑、内（内廷）より盂蘭盆を出《い》だすを罷め、僧に内道場を為《つく》るを命じず。

とあり、『大唐六典《りくてん》』巻二二少府監・中尚署令職掌の条の細字注に、

七月七日、進七孔金鈿針。十五日、進盂蘭盆。

七月七日、七の孔金鈿針を進む。一五日、盂蘭盆を進む。

とある。この記事を読めば「盆」は容器であることは明白である。「営盆」とは、盆に供物を盛ることをいう。

（3）盂蘭盆経は『仏説報恩奉瓫《おう》経』、『仏説盂蘭盆経』、加えて敦煌発見の『仏説浄土盂蘭盆経』の三経がある。この三経は中国で偽作された偽経である。印度において、七月一五日に盂蘭盆行事がなく、中国のみにある行事であることが根拠となっている。盂蘭盆行事は中国の孝道思想から生まれた独自の行事である。

（4）目連は前五世紀ごろのインドの僧。マガダ国のバラモンの出身。正しくは目犍連であるが、略して目連・目連尊者といわれる。また十大弟子の一人として数えられ、Mahā（音写は摩訶、訳語は大）をつけて、摩訶目犍連・大目犍連などともいわれる。目連の母は青提《しょうだい》女という。

（5）禅定とは、仏教で心が動揺することがなくなった一定の状態を指す。静慮ともいわれる。

附節　盂蘭盆会《え》の経典

1　盂蘭盆経は偽経

盂蘭盆会に関係する仏教典は『仏説報恩奉瓮《おう》経』（『大正新脩大蔵経』第一六冊所収）、『仏説盂蘭盆経』（『大正新脩大蔵経』第一六冊所収、『法苑珠林』では「小盆報恩経」と表記されている。隋の『歴代三宝紀』と唐の『大唐内典録』では竺法護訳とする）、『仏説浄土盂蘭盆経』（敦煌文献のペリオ・二一八五、『法苑珠林《ほうおうじゅりん》』では「大盆浄土経」と表記されている）の三種がある。孰れも訳者が失訳となっており、偽経とされている。このうち、『仏説浄土盂蘭盆経』は敦煌文献のみに存在する経典で、七世紀初期に成立した経典と考えられ、二〇世紀の初頭の敦煌文献の発見によって、この経典の存在が判明した＊1。経典の分量は『仏説報恩奉瓮経』、『仏説盂蘭盆経』、『仏説浄土盂蘭盆経』の順に多くなる。

『報恩奉瓮経』は『仏説盂蘭盆経』の抄訳であろうとされていたが＊2、最近では、『報恩奉瓮経』が成立した後に『仏説盂蘭盆経』が成立したと考え、別の経典と理解する説が提示されている＊3。であれば、盂蘭盆会に関係する梵本（印度の仏教典）は少なくとも三種あったことになる。

中国に流伝した盂蘭盆会《え》関係の経典は三種だけであるが、梵本（印度の仏教典）の盂蘭盆会関係の経典は三種だけとは限らず、もっと多く存在した可能性もある。梵本では盂蘭盆会関係の経典は三種以上あったと想定されるのに、他の印度の仏教典には目連尊者の救母の話はなく、いま述べた『仏説報恩奉瓮経』以下の経典のみに目連尊者の救母の話が出てくる。『仏説報恩奉瓮経』以下の盂蘭盆会に関する梵本（印度の仏教典）があれば、それを翻訳した訳者は翻訳経典に訳者名を書くはずであるが、「失訳」（訳者不明）となっている（『仏説盂蘭盆経』は五一二年にできた梁の僧祐の『出三蔵記集』では、失訳となっている）。また三経とも原本である梵本や西蔵本（チベット語の仏教典）が存在しない。加えて、地獄に堕ちた母を救う目連尊者の究極の孝道を説く話の内容が、儒教の「孝道」の教えと合致する。これらのことから三経は、中国由来の偽経とされる所以である。

＊1　本田義英「盂蘭盆経と浄土盂蘭盆経」（『龍谷大学論叢』二七六）。
＊2　長部和雄「浄土盂蘭盆経の成立とその背景」（『鈴木学術財団研究年報』二）。
＊3　入沢崇「仏説盂蘭盆経成立考」（『仏教学研究』四五・四六）。

2　『仏説盂蘭盆経』

聞如是。一時仏在舎衛国祇樹孤独園。大目乾連始得六通、欲度父母報乳哺之恩。即以道眼観視世間、見其亡母生餓鬼中、不見飲食、皮骨連柱。目連悲哀、即鉢盛飯往餉其母。母得鉢飯、便以左手障鉢右手搏、食未入口、化成火炭、遂不得食。目連大叫非号、啼泣馳還、白仏具陳如此。仏言、汝母罪根深結、非汝一人力所奈何。汝雖孝順声動天地、天神地祇邪魔外道道士四天王神、亦不能奈何。当須十方衆僧威神之力、乃得解脱。吾今当説救済之法、令一切難皆離憂苦。

聞くこと是《かく》の如し。一時、仏 舎衛国の祇樹孤独園に在しましき。大目乾連始めて六通を得、父母を度して乳哺の恩に報ぜんと欲す。即ち道眼を以て世間を観視し、其の亡母の餓鬼の中に生ぜるを見る。飲食《おんじき》を見ず、皮骨連柱す。目連悲哀し、即ち鉢に飯を盛り、往きて其れを母に餉《おく》る。母 鉢の飯を得て、便ち左手を以て鉢を障《ふせ》ぎ、右手に飯を搏《にぎ》るに、食未だ口に入らざるに化して火炭と成り、遂に食することを得ず。目連大いに叫び悲号し、啼泣《だいきゅう》して馳せ還りて、仏に白《もう》して具《つぶさ》に陳ぶること此《かく》の如し。仏の言《もう》さく、「汝の母 罪根深結すれば、汝一人の力の奈何《いかん》ともする所に非ず。汝 孝順の声もて天地を動かすと雖も、天神・地祇・邪魔・外道道士・四天王神、亦た奈何ともすること能わず。当に十方衆僧の威神の力を須《もち》いて乃ち解脱することを得べし。吾れ今当《まさ》に救済の法を説き、一切の難をして、皆な憂苦を離れしむべし」と。

仏告目連、十方衆僧七月十五日僧自恣時、当為七世父母、及現在父母厄難中者、具飯百味五果汲灌盆器、香油錠燭床敷臥具、尽世甘美以著盆中、供養十方大徳衆僧、当此之日、一切聖衆、或在山間禅定、或得四道果、或在樹下経行、或六通自在教化声聞縁覚、或十地菩薩大人権現比丘在大衆中、皆同一心受鉢和羅飯、具清浄戒聖衆之道、其徳汪洋。其有供養此等自恣僧者、現在父母、六種親属、得出三途之苦、応時解脱、衣食自然。若父母現在者福楽百年、若七世父母生天、自在化生入天華光、受無量快楽。

時仏勅十方衆僧、皆先為施主家呪願願七世父母、行禅定意、然後受食。初受食時、先安在仏前塔寺中、仏前衆僧呪願竟、便自受食。

爾時目連比丘及大菩薩衆、皆大歓喜、目連悲啼泣声釈然除滅。時目連母、即於是日得脱一劫餓鬼之苦。

仏 目連に告げたまわく、「十方衆僧、七月一五日の僧自恣の時に、当《まさ》に七世の父母、及び現在の父母の厄難中の者の為に、飯百味・五果・汲灌盆器・香油・錠燭・床敷・臥具、尽く世の甘美なるを具えて以て盆中に著け、十方の大徳・衆僧を供養すべし。此の日に当たりて、一切の聖衆、或は山間に在て禅足し、或は四道果を得、或は樹下に在りて経行し、或いは六通自在にして声聞・縁覚を教化し、或いは十地の菩薩大人の、権りに比丘と現じて大衆の中に在るも、皆な同じく心を一にして鉢和羅飯《はつわらぼん》を受くれば、清浄戒を具する聖衆の道、其の徳 汪洋ならん。其れ此れ等の自恣僧を供養すること有らば、現在の父母、六種の親属、三途の苦を出ずることを得て、時に応じて解脱し、衣食自然《えじきじねん》ならん。若《も》し父母現在せば、福楽百年、若《あるい》は七世の父母も天に生じ、自在に化生して天の華光に入り、無量の快楽《けらく》を受けん」と。

時に仏、十方衆僧に勅して、皆な先に施主の家の為に呪願《じゅがん》して七世の父母を願い、禅を行《ぎょう》じ意を定め、然る後に食を受けしむ。初め食を受くる時、先ず仏の前の塔寺の中に安在し、仏前の衆僧 呪願し竟《おわ》りて自ら食を受く。

爾《こ》の時、目連比丘、及び此の大会の大菩薩衆、皆な大いに歓喜し、目連の悲啼泣声、釈然として除滅す。是の時、目連の母、即ち是の日に於いて一劫の餓鬼の苦を脱ることを得たり。

目連復白仏言、弟子所生母、得蒙三宝功徳之力、衆僧威神之力故。若未来一切仏弟子亦応奉盂蘭盆、救度現在父母乃至七世父母。為可爾不。

仏言、大善快問。我正欲説。汝今復問。善男子、若比丘比丘尼、国王太子大臣宰相三公百官萬民庶人、行慈孝者、皆応先為所生現在父母、過去七世父母、於七月十五日仏歓喜日僧自恣日、以百味飯食安盂蘭盆中、施十方自恣僧願、使現在父母寿命百年無病、無一切苦悩之患、乃至七世父母離餓鬼苦、生天日中、福楽無極。是仏弟子修孝順者、応念念中、常憶父母乃至七世父母。年年七月十五日。常以孝慈憶所生父母。為作盂蘭盆、施仏及僧、以報父母長養慈愛之恩。若一切仏弟子、応当奉持是法。目連比丘、四輩弟子、歓喜奉行。仏説盂蘭盆経。

目連復た仏に白して言さく、「弟子が所生の母、三宝功徳の力を蒙ることを得たり。衆僧が威神の力の故なり。若し未来世の一切の仏弟子も亦た応《まさ》に盂蘭盆を奉じて、現在の父母、乃至《ないし》七世の父母を救度すべし。爾る可しと為んや不《いな》や」と。

仏言《もう》さく、「大いに善し、快《よ》き問いなり。我れ正に説かんと欲するに、汝今復た問えり。善男子、若し比丘・比丘尼・国王・太子・大臣・宰相・三公・百官・萬民庶人有りて、慈孝を行《ぎょう》ぜん者は、皆な応《まさ》に先ず所生の現在の父母、過去七世の父母の為に、七月一五日の仏歓喜日《ぶつあんきにち》なる僧自恣日《そうじしにち》に於いて、百味の飲食《おんじき》を以て盂蘭盆の中に安き、十方の自恣僧に施し願わば、現在の父母の寿命百年にして病無く、一切苦悩の患いなく、乃至七世の父母、餓鬼の苦を離れて天人の中に生れ、福楽極まることなからしむべし。是の仏弟子、孝順を修する者は、応に念念の中、常に父母、乃至七世の父母を憶うべし。年年の七月一五日、常に孝慈を以て所生の父母を憶い、為に盂蘭盆を作り、仏及び僧に施し、以て父母の長養・慈愛の恩に報ぜよ。若《も》し一切の仏弟子ならんには、応当《まさ》に是の法を奉持《ぶじ》すべし」と。

目連・比丘・四輩の弟子、歓喜し奉行《ほうこう》せり。

3 「仏説報恩奉瓫《おう》経」

聞如是。一時、仏在舎衛国祇樹孤独園。大目揵連始得六通、欲度父母報乳哺之恩。即以道眼観視世界、見其亡母生餓鬼中。不見飲食、皮骨相連柱。目連悲哀、即鉢盛飯、往餉其母。母得鉢飯、便以左手障鉢右手摶食、食未入口、化成火炭、遂不得食。目連馳還、白仏、具陳如此。仏告目連、汝母罪根深結。非汝一人力所奈何。当須衆僧威神之力。乃得解脱。吾今当説救済之法、令一切難皆離憂苦。

聞くこと是《かく》の如し。一時、仏 舎衛国の祇樹孤独園に在《い》しましき。大目乾連始めて六通を得、父母を度して乳哺の恩に報ぜんと欲す。即ち道眼を以て世界を観視し、其の亡母の餓鬼の中に生ぜるを見る。飲食《おんじき》を見ず、皮骨相い連柱なり。目連悲哀し、即ち鉢に飯を盛り、往きて其れを母に餉《おく》る。母 鉢の飯を得て、便ち左手を以て鉢を障《ふせ》ぎ、右手に飯を摶《にぎ》るに、食未だ口に入らざるに、化して火炭と成り、遂に食することを得ず。目連馳せ還りて、仏に白して、具《つぶさ》に陳ぶること此《かく》の如し。仏 目連に告げたまわく、「汝の母 罪根深結たり。汝一人の力の奈何ともする所に非ず。当に衆僧の威神の力を須《もち》うべし。乃ち解脱することを得。吾れ今当《まさ》に救済の法を説き、一切の難をして皆な憂苦を離れしむべし」と。

仏告目連、七月十五日、当為七世父母在父母、在厄難中者、具麨飯五果汲灌盆器香油庭燭（鋌燭）床榻臥具、尽世甘美以供養衆僧。当此之日、一切聖衆、或在山間禅定、或得四道果、或樹下経行、或得六通飛行、教化声聞縁覚、菩薩大人権示比丘、在大衆中、皆共同心、受鉢和羅。具清浄戒、聖衆之道、其徳汪洋。其有供養此等之衆、七世父母、五種親属、得出三途。応時解脱、衣食自然。仏勅衆僧、当為施主家、七世父母、行禅定意、然後食此供。目連比丘及一切衆、歓喜奉行。

仏 目連に告げたまわく、「七月一五日、当に七世の父母・在父母、及び厄難中に在る者、麨飯・五果・汲灌盆器・

香油・鋌燭・床榻・臥具を具し、世の甘美を尽して、以て衆僧を供養す。此の日に当たりて、一切の聖衆、或は山間に在て禅定《ぜんじょう》し、或は四道果を得、或は樹下に経行し、或いは六通を得て飛行し、声聞・縁覚を教化し、菩薩大人の権りに比丘に権示し、大衆の中に在るも、皆共に心を同じくし、鉢和羅を受く。清浄戒を具し、聖衆の道、其の徳 汪洋ならん。其れ此れ等の衆を供養すること有らば、七世の父母、五種の親属、三途を出ずることを得。時に応じて解脱し、衣食自然《えじきじねん》ならん。仏は衆僧に勅して、当に施主の家の為に、七世の父母、禅を行じ意を定め、然る後に此の供を食らわしむべし。目連・比丘・及び一切の衆、歓喜して奉行《ほうこう》す。

六六補　七月、面脂（顔に塗る化粧品）を為る

「七月、面脂を為る」の記事は「宝顔堂秘笈広集」本『荊楚歳時記』になく、また「重較説郛《せっぷ》」本『荊楚歳時記』にもない。王氏の『農書』(1)巻八百穀譜三・蓏《ら》属・冬瓜に次のようにある。

荊楚歳時記曰、七月、採瓜犀、以為面脂。

「荊楚歳時記」に曰わく、「七月、瓜犀《かさい》（瓜の種）を採り、以て面脂(2)を為る」と。

(1)　王氏の『農書』は元王朝時代の王禎《てい》（字は伯善）が皇慶二年（一三一三）に刊行した『農書』。農作業、栽培法、農具に関する詳細な記録。農業技術に関する歴史的な集大成でもある。

(2)　面脂は面薬ともいう。顔に塗る化粧品。『太平御覧《ぎょらん》』巻九七八菜茹部三・瓜に、

呉氏本草曰、瓜子、一名瓣。七月七日、採可作面脂。

「呉氏本草」に曰わく、「瓜子（瓜の種）、一つには弁《べん》と名づく。七月七日、採りて面脂を作るべし」と。

とあり、後漢末の呉晋の『呉氏本草』には、瓜子による面脂をいう。

『太平御覧《ぎょらん》』巻七一九服用部二一・脂沢に、

広志曰、面脂、魏興已来、始有之。　「広志」に曰わく、「面脂、魏興りて已来、始めて之有り」と。

とあり、面薬（面脂）は三国・魏（二二〇～二六五）の時代に発明された顔薬という。『広志』二巻は郭義恭の撰になる書で、郭義恭の詳細は明らかではないが、北魏の酈道元《れきどうげん》（四六九?～五二七）の『水経注』の本文と『後漢書《じょ》』の注によく引用されるから、『広志』の成立は西暦五〇〇年以前と考えてよい。

同じく『太平御覧』巻七一九服用部二一・脂沢に、

世説曰、江淮以北、謂面脂為面沢。　「世説」に曰わく、「江淮以北、面脂を謂いて面沢と為す」と。

とあり、南北朝時代の江淮以北（華北）では、面沢といっていたとあるが、現行の『世説新語』にこの記事はない。

六世紀の北魏の賈思勰の『斉民要術《せいみんようじゅつ》』巻五「種紅花藍梔子。附燕支・香沢・面脂・手薬・紫粉・白粉附（紅花・藍・梔子を植える。附燕支・香沢・面脂・手薬・紫粉・白粉を附す）」に面脂の作り方をいう。

合面脂法。用牛髄。牛髄少者、用牛脂和之。若無髄、空用脂亦得也。温酒浸丁香藿香二種。煎法一同合沢、浸法如煎沢法。亦著青蒿以発色。綿濾、著瓷漆盞中令凝［固］。若作脣脂者、以熟朱和之、青油裹之。其冒霜雪遠行者、常齧蒜令破、以揩脣、既不劈裂、又令辟悪。小児面患皴者、夜焼梨令熟、以糠湯洗面訖、以煖梨汁塗之、令不皴。赤蓬染布、嚼以塗面、亦不皴也。

面脂を合せる法。牛髄を用う。牛髄少きは、牛脂を用て之に和《あ》える。若し髄なくば、空《た》だ脂を用うも亦た得なり。温酒に丁香・藿香（紫蘇科の川緑）の二種を浸す。浸す法は煎沢の法の如し。煎じる法は一に合沢に同じ、亦た青蒿（菊科の二年草、カワラニンジン）を著け以て発色す。綿濾し（真綿で濾す）、瓷・漆盞（漆塗りの皿）中に著け凝固せしむ。若し脣脂を作るは、熟朱を以て之に和ぜ、青油もて之を裹《つつ》む。其れ霜雪を冒し遠行する者、常に蒜《さん》を齧み破らしめ、以て唇に揩れば、既に劈裂せず、又た悪を辟けしむ。小児の面　皴《しゅん》（しもやけ）を患う者、夜に梨を焼きて熟せしめ、糠湯を以て面を洗い訖らば、煖梨の汁を以て之に塗らば、皴《しわ》せしめず。赤蓬染布、嚼《か》み以て面に塗らば、亦た皴せずなり。

唐末の韓鄂《かんがく》の『四時纂要』一二月・面脂にも次のようにいう。

香附子大者十介、白芷三両、零陵香二両、白茯苓一両、並須新好者。細剉研、以好酒拌、令浥浥、蔓青油二升、先文武火、於瓶器中、養油一日。次下薬、又煮一日。候白芷黄色、綿濾去滓、入牛羊髄各一升。白蝋八両、、白蝋是蜜中蝋。麝香二分、先研令極細、又都暖相和、合熱攪匀。冷凝即成。

香附子（ハマスゲ、単子葉植物カヤツリグサ科カヤツリグサ属の植物）の大なるもの一〇介（介は個や个と同じ）、白芷《し》（よろい草の根）三両（一両は三七・三g）、零陵香二両、白茯苓（伐採して三年から五年経た松の根に生じるサルノコシカケ科のマツホド）一両、並びに新好（新しく好いもの）を須《もち》うなり。細かく剉研《ざけん》し、好酒を以て拌《まぜ》て、浥浥《ゆうゆう》（浸すこと）せしめ、蔓青油（かぶら油）二升（一升は〇・五九ℓ）、先ず文武火、瓶器中に、養油すること一日。次に薬を下し、又た煮ること一日。白芷の黄色なるを候《ま》ち、綿濾し（真綿で濾す）滓《かす》を去り、牛・羊の髄各々一升を入れる。白蠟八両、白蠟は是れ蜜中の蠟。麝香二分、先ず研ぎて極細ならしめ、又た都《すべ》て暖く相い和し、熱に合わせ攪匀《かくいん》す。冷凝せば即ち成る。

六七補　七月、書物と衣料の虫干し

「七月、書物と衣料の虫干し」の記事は「宝顔堂秘笈広集」本『荆楚歳時記』になく、また「重較説郛《せつぷ》」本『荆楚歳時記』にもない。羅願（一一三六～一一八四）の『爾雅翼』巻二四釈虫一・蟫《たん》に、

蟫白魚。衣書中虫也。始則黄色。既老則身有粉、視之如銀。故名白魚。荆楚之俗、七月、曝経書及衣裳。以為巻軸久、則有白魚。穆天子伝、蠹書於羽陵。

蟫（衣類や書物に生ずる虫）は白魚なり。衣・書の中の虫なり。始めは則ち黄色なり。既に老れば則ち身に粉有り、之を視れば銀の如し。故に白魚と名づく。荆楚の俗、七月、経書及び衣裳を曝《さら》す。以為《おも》うに軸に巻くこと久しければ、則ち白魚有り。「穆天子伝」に、「書を羽陵に蠹《むしぼし》す」と。

とあり、鎌倉時代の『年中行事秘抄』七月七日の「払拭御調度事」に、

　荊楚歳時記云、漢崔寔曰、七日、曝経書及衣裳、習俗然也。穆天子伝、蠹書於羽陵。是也。

「荊楚歳時記」に云わく、「漢の崔寔《さいしょく》(1)曰わく、〈七日、経書（四書五経等々の書物）及び衣裳を曝す(2)〉と。習俗然りなり。「穆天子伝(3)」に、〈書を羽陵に蠹す(4)〉」と。是れなり。

（1）崔寔《しょく》（?～一七〇）は、後漢の官僚。『四民月令』や『正論』（『政論』ともいう）の著者。崔寔は四月の「三四　獲穀（敦公）来る」の注（10）を参照のこと。

（2）「七日、曝経書及衣裳」は『四民月令』七月にある記事。

（3）『穆天子伝』は六巻からなる歴史書。周の穆王の伝記を中心とした書。『周王遊行』ともいう。『穆天子伝』は二八一年に戦国・魏の襄王（在位は前三一九～前二九六）の墓が盗掘された時、竹簡として出土した。この竹簡は『汲冢書《きゅうちょ》』七五篇として整理され、『穆天子伝』は六巻に纏められた。『隋書』巻三三経籍志・史部・起居注類に「穆天子伝六巻、汲冢書。郭璞注」とある。戦国・魏の史官が整理したもので、内容は史実と伝説が混在した書と理解されている。『道蔵』洞真部伝記、「漢魏叢書」、「四部叢刊」初編、「説郛《せっぷ》」巻一一三等々に所収される。

（4）「蠹書於羽陵」は、羽陵で書物の虫干しをしたという意味。『太平御覧《ぎょらん》』巻九四九虫豸部六に、

　穆天子伝曰、天子東遊、次（一宿為舎、再宿為信、過宿為次）雀梁、蠹書于羽陵。謂暴書蠹、因曰蠹書也。

「穆天子伝」に曰わく、「天子東遊し、雀梁に次《やど》り、羽陵に蠹《と》書す」と。謂いは書蠹を暴す、因りて蠹書と曰うなり。

とある。また『太平御覧』巻五三地部一八・陵に、

　穆天子伝曰、天子東遊、次於［＝雀］梁、曝蠹書于羽陵。

「穆天子伝」に曰わく、「天子東遊し、雀梁に次り、書を羽陵に蠹曝《とばく》す」と。

とあるから、「蠹書於羽陵」は羽陵で書物を曝したことをいう。

八月

六八　八月一日、小児に天灸を施し、眼明嚢《じょう》を為る

「宝顔堂秘笈広集」本『荊楚歳時記』の「八月一日、小児に天灸を施し、眼明嚢を作る」は次のようである。

八月十四日、四民（＝八月十日、四民→八月一日、士民(1)）並以朱墨点小児頭額（頭＝衍字）。名為天灸、以厭疾。又以錦綵為眼明嚢、遆相遺餉。

按述征記（＝「述仙記」の誤記）云、八月一日、作五明嚢。盛取百草頭露、［以之］洗眼、令眼明也。続斉諧記云、宏農（＝弘農。「弘」は清王朝の乾隆帝の諱。このため乾隆帝以降の出版物は、「弘」を避けて「宏」字を用いる）鄧紹、嘗以八月旦、入華山、採薬。見一童子執五綵嚢、承柏葉上露。皆如珠満嚢。紹問［之］、用此何為。答曰、赤松先生、取以明目、言終、便失所在。今世人、八月旦、作眼明袋、此遺象也。或以金箔為之、遆相餉焉。

八月一日、士民は並びに朱墨を以て小児の額《ひたい》に点ず。名づけて天灸と為し、以て疾を厭《おさ》う。又た錦綵を以て眼明嚢を為り、遆《かわるがわ》るに相い遺餉《いしょう》す。

「述仙記」(2)を按ずるに云わく、「八月一日、五明嚢（五綵嚢）を作り。百草の頭露を盛取し、眼を洗い、眼明ならしむなり」と。「続斉諧記」(3)に云わく、「弘農（虢《かく》州・弘農郡。洛陽の西、黄河の南に位置する現在の河南省三門峡市）の鄧紹《とうしょう》、嘗て八月旦（八月一日の朝）を以て、華山(4)に入り、薬を採る。一童子の五綵嚢を執り、柏（「かしわ」または「かへ」とも読み、中国では檜・このてがしわ・いぶき・さわら等ヒノキ科の植物を指す言葉）葉の上の露を承ける

を見る。皆な珠の如くにして嚢《ふくろ》に満つ。紹《しょう》は之に問う、〈此れを用い何を為さんや〉と。答えて曰わく、〈赤松《せきしょう》先生(5)、取りて以て目を明らかにす〉と。言い終わるや、便ち所在を失う」と。今世の人、八月の旦（朝）に、眼明袋（袋は嚢とあるべき）を作るは、此の遺象なり。或いは金箔を以て之を為り、逓《かわるがわ》るに相い遺餉《いしょう》す。(6)

（1）「八月十四日」の文字の訂正は、『太平御覧《ぎょらん》』巻二四時序部九・秋上に、

荊楚歳時記曰、八月十日（十は一の誤記）、四民並以朱点児頭（頭は額の誤記）、名為天灸、以厭疾也。

「荊楚歳時記」に曰わく、「八月一日、四民並びに朱を以て児の額に点じ、名づけて天灸と為し、以て疾を厭《おさ》うなり」と。

とあり、『錦繡萬花谷《きんしゅうまんかこく》』前集巻四・雑日に、

天灸。楚俗（＝世俗の誤記）、以（＝衍字）八月一日、以朱墨点小児額、為天灸、以圧疾病。荊楚歳時記。

天灸。世俗、八月一日、朱墨を以て小児の額に点じ、天灸と為し、以て疾病を圧《おさ》う。「荊楚歳時記」。

とあるのを勘案し、「八月一日」と訂正し、四民は士民と訂正した。

（2）『述征記』は『述仙記』の誤記である。『述征記』二巻は五世紀の郭縁生の著作である。「太平御覧経史図書綱目」に「述征記」とある。『述仙記』は『太平御覧』巻一二天部一二・露に、

述仙記曰、八月一日、作五明嚢。盛取百草頭露、……

「述仙記」に曰わく、「八月一日、五明嚢を作る。百草の頭露を盛取し、……」と。

とあり、宋の葉廷珪の『海録砕事』巻九上聖賢人事部下・送贈門・眼明嚢に、

述仙記、八月作五明嚢、盛百草露、以洗眼。

「述仙記」に、「八月に五明嚢を作り、百草の露を盛り、以て眼を洗う」と。

とあり、一三世紀中葉の陳元靚《せい》の『歳時広記』巻三秋・結絲嚢《けつしじょう》に、

隋唐嘉話、八月五日、明皇生辰、号千秋節。王公戚里、進金鏡、士庶結承露絲嚢相遺。又述仙記云、八月作五明嚢、承百草

露、以洗眼。

「隋唐嘉話」（唐の劉餗《そく》の撰）に、「八月五日は、明皇（＝玄宗皇帝）の生辰、千秋節と号す。王公・戚里は、金鏡を進め、士庶は承露を結ぶ絲嚢《しじょう》相い遺《おく》る」と。又た「述仙記」に云わく、「八月に五明嚢を作り、百草の露を承け、以て眼を洗う」と。

とある。『述仙記』に関する詳細は不明であるが、仙人に関する道教の書であろう。

（3）『続斉諧記』一巻は南朝・梁の呉均の撰述した書。『隋書』巻三三経籍志・史部・雑伝類に書名が見える。栢露を承受する話は『歳時広記』巻三秋・取栢露にある。

続斉諧記、鄧紹、八月朝、入華山、見一童子以五綵嚢承取柏葉上露。皆如珠子。且云、赤松先生、取以明目。今人、八月朝、作眼明袋、是也。又荊楚歳時記云、四民以錦綵為眼明嚢、云、赤松子以八月嚢承柏樹露為宜眼。後世、以金箔為之、逓相餉遺。

「続斉諧記」に、「鄧紹《とうしょう》、八月の朝、華山に入るに、一童子の五綵の嚢を以て柏葉上の露を承取するを見る。皆な珠子の如し。且つ云わく、「赤松先生、取り以て目を明らかにす」と。今人、八月の朝、眼明袋を作るは、是れなり。又た「荊楚歳時記」に云わく、「四民錦綵を以て眼明嚢を為り、云わく、〈赤松子八月に嚢を以て、柏樹の露を承け眼に宜《よ》しと為す〉」と。後世、金箔を以て之を為り、逓《かわるがわ》るに相い餉遺《しょうい》す。

『玉燭宝典』巻第八・八月仲秋に、『続斉諧記』を引用する。話は『歳時広記』の内容と類似する。

又続斉諧記、弘農鄧紹、八月旦、入華山採薬、見一童子執五綵嚢、承取柏葉上露。露皆如珠満嚢。紹問、何用。答曰、赤松先生、取以明目。言終、便失所在。故今人、常以八月旦、作眼明嚢。

又た「続斉諧記」に、「弘農の鄧紹、八月の旦、華山に入り薬を採るに、一童子の五綵嚢を執り、柏葉の上の露を承取するを見る。露は皆な珠の如くにして嚢に満つ。紹問う、〈何に用うや〉と。答えて曰わく、〈赤松《せきしょう》先生、取りて以て目を明らかにす〉と。言い終わるや、便ち所在を失う。故に今人、常に八月の旦を以て、眼明嚢を作る」と。

（4）華山は陝西省華陰市にある。中国五山の一とされ、西岳ともいう。花崗岩が露出した山で、五峰からなり、南峰が最高峰で二一五四米ある。現在は途中までロープウェイが敷設され、簡便に上れる。

（5）赤松《せきしょう》先生は伝説上の仙人。赤松子ともいう。また赤誦子ともいう。三皇（伏羲・女媧・神農）のうち、神農の時の雨師で、崑崙山に入って仙人となったという。『神仙伝』では、赤松子は秦の穆公（即位が前六五九年）の魚吏という。『列仙伝』に「赤松子、好食柏実。歯落更生（赤松子、好んで柏の実を食らう。歯落ちても更に生ず）」とある。

（6）「以錦綵、或以金箔為之、逓相餉焉」の文は『玉燭宝典』巻第八・八月仲秋の「眼明嚢」を述べた箇所に、

　荊楚記則云、以錦綵、或以金薄（金箔）為之、逓相餉遺焉。

「荊楚記」に則ち云わく、「錦綵を以て、或いは金箔を以て之（＝眼明嚢）を為り、逓《かわるがわ》るに相い餉遺《しょうい》す」と。

とある。『荊楚歳時記』の注記部分、すなわち、「一字下げ」の箇所に『荊楚記』の文があるのは、『荊楚記』の文は「一字上げ」にあり、「一字上げ」の『荊楚記』の文に対して、「一字下げ」て杜公瞻の注記があるのではなかったのか。「一字下げ」の箇所に『荊楚記』の文があることは、今回が初めてのことではない。それゆえ、『荊楚記』の文は「一字上げ」と「一字下げ」の両方にあることを知るべきである。

杜公瞻《せん》が『荊楚記』に注記を施した、その実体は『荊楚記』の語句に注を施したことではなく、『荊楚記』の文を採り入れて、新しい年中行事記、すなわち『荊楚歳時記』を創り出したことを意味する。新しい年中行事記においては、『荊楚記』の文が注記の部分に位置することもあり、また『玉燭宝典』の記事が「一字上げ」の箇所に採用されることもあったであろう。

附節　「八月一日、小児に天灸を施し、眼明嚢を為る」の典拠

『荊楚歳時記』の「八月一日、小児に天灸を施し、眼明嚢を為る」は次のようである。

　八月一日、士民並以朱墨点小児額。名為天灸、以厭疾。又以錦綵為眼明嚢、逓相遺餉。

五八一年頃にできた、杜臺卿（『隋書』巻五八）の『玉燭宝典』巻第八・八月仲秋に、「荊楚記云」としてではなく、『玉燭宝典』の独自の文言として、

世俗、八月一日、或以朱墨点小児額、為天灸、以厭疾也。

世俗、八月一日、或いは朱墨を以て小児の額《ひたい》に点じ、天灸と為し、以て疾を厭《おさ》うなり。

とあるから、この『玉燭宝典』の記事が採用され、『荊楚歳時記』の「八月一日、士民並以朱墨点小児額。名為天灸、以厭疾」の基礎になっているとしてよい。

また『玉燭宝典』巻第八・八月仲秋に、

続斉諧記、弘農鄧紹、八月旦、入華山採薬。見一童子執五綵嚢、承取柏葉上露。露皆如珠満嚢。紹問、何用。答云、赤松先生、取以明目。言終、便失所在。故世人、常以八月旦作眼明嚢。荊楚記則云、以錦綵、或以金薄為之、逓相餉遺焉。

「続斉諧記」に、「弘農の鄧紹《とうしょう》、八月の旦、華山に入り薬を採る。一童子の五綵嚢《じょう》を執り、柏の葉上の露を承取するを見る。露は皆な珠の如くにして嚢に満つ。紹問う、〈何に用う〉と。答えて云わく、〈赤松先生、取りて以て目を明らかにす〉と。言い終わるや、便ち所在を失う。故に世人、常に八月の旦を以て眼明嚢を作る」と。「荊楚記」に則ち云わく、「錦綵を以て、或いは金薄を以て之を為り、逓《かわるがわ》るに相い餉遺《しょうい》す」と。

とある。この記事が『荊楚歳時記』の「又以錦綵為眼明嚢、逓相遺餉」の基礎となっていると想定可能であろう。

果たして、そうであれば現行本『荊楚歳時記』に、

八月一日、士民並以朱墨点小児額。名為天灸、以厭疾。又以錦綵為眼明嚢、逓相遺餉。

とある記事は、『玉燭宝典』からの引用文ということになり、「八月一日、小児に天灸を施し、眼明嚢を為る」の典拠は『玉燭宝典』の記事と、そこに引用される『続斉諧記』の記事ということになる。

以上によって、記事の典拠は明らかとなった。『玉燭宝典』からこれらの記事を引用し、『荊楚歳時記』の記事としたのは誰であろうか。これは杜公瞻《せん》以外にはいない。引用したのは唯の転記ではない。「八月一日、士民並以朱墨点小

児額。名為天灸、以厭疾。又以錦綵為眼明囊、遆相遺餉」は『荊楚歳時記』の「一字上げ」の部分に位置し、『荊楚歳時記』の中心的記事である。この中心的記事は『荊楚記』の文と従来は想定されてきたが、

八月一日、士民並以朱墨点小児額。名為天灸、以厭疾。

は『玉燭宝典』を書いた杜臺卿の文である。『荊楚記』以外の文があっても、『荊楚歳時記』は宗懍撰というべきなのであろうか。杜公瞻《せん》は『玉燭宝典』の文や『荊楚記』の文を抜き出し、また自分で文言を書き加え、注記を附し、『荊楚歳時記』を著作した。現行本『荊楚歳時記』の部分に『荊楚記』の文でない例を多く指摘すれば、『荊楚歳時記』は宗懍撰ではなく、杜公瞻撰であることが理解してもらえるであろう。

六九補　秋分、秋の社日

『玉燭宝典』巻第八・八月仲秋に、

其祠社、盛於仲春者、秋物尽盛。故詩（＝詩経）周頌良耜云、秋報社稷也。下云、殺時犉牡、有捄其角。餘胙悉貢饋里閭。陳平為社宰、分肉甚均、即其義也。此会也、擲教於神前、卜来歳豊儉。或折竹□、以占之。

其れ社を祠るに、仲春より盛んなるは、秋 物尽きて盛んなればなり。故に「詩経《しきょう》」の「周頌良耜《しゅうしょうりょうし》」に云わく、「秋に社稷に報ゆるなり」と。下に云わく、「時《こ》の犉牡《じゅんぼ》（体が黄色で唇が黒色の雄牛）を殺す、捄《きゅう》（長いさま）たる其の角有り」と。餘胙《そ》（胙は神に供え、祭の後で分配する肉）は悉く里閭に貢饋《こうき》（贈ること）す。「陳平（前漢の陳平。『漢書』巻四〇陳平伝）社宰（社の主宰者）と為り、肉を分つこと甚だ均し」とは、即ち其の義なり。此の会や、教（桐で作った蛤形の占い道具）を神前に擲《なげう》ちて、来歳の豊倹を卜す。或いは竹□を折り、以て之を占う。

とあり、秋の社を述べる。

『太平御覧《ぎょらん》』巻七二六方術部七・竹卜に次のような秋社の記事がある。

荊楚歳時記曰、秋分、以牲祠社。其供帳、盛於仲春之月。社之餘胙、悉貢饋郷里、周族。社餘之会、其在茲乎。此其会也、擲教於社神、以占来歳豊倹。或拆（＝折）竹以卜。

「荊楚歳時記」に曰わく、「秋分、(1)牲を以て社を祠る。其の供帳は、仲春の月より盛ん。社の餘胙《よそ》（神に供えた肉）、悉く郷里に貢饋《こうき》（贈ること）し、族に周《あまね》くす。社餘の会、其れ茲《ここ》に在らんか。此れ其の会や、(2)教を社神に擲《なげう》ち、以て来歳の豊倹を占う。或いは竹を折り以て卜う」と。

また、高似孫（一一八四年の進士）の『緯略』巻三雑卜に同文がある。

竹卜者、荊楚歳時記曰、秋分、以牲祠社。具供帳、盛于仲春之月。社之餘胙、悉貢饋郷里、周于族。社餘之会、其在茲乎。此其会也、擲茭于社神、以占来歳豊歉。或折竹以卜。

竹卜とは、「荊楚歳時記」に曰わく、「秋分、牲を以て社を祠る。供帳を具すこと、仲春の月より盛ん。社の餘胙、悉く郷里に貢饋し、族に周くす。社餘の会、其れ茲に在らんや。此れ其の会や、茭《こう》（筍に類する植物の根）を社神に擲ち、以て来歳の豊歉を占う。或いは竹を折り以て卜う」と。

（1）秋の社日は『太平御覧』巻七二六方術部七竹卜に引用される『荊楚歳時記』によって、秋分の日が社日であることが判明する。秋分の日が社日であるのは、荊楚方面に限定されたものではないく、南朝の支配地域全体のことであったと想定できる。秋分の日が秋社日であるなら、春分の日は春社の日に相違ない。

（2）教に関して、程大昌（一一二三～一一九五）の『演繁露』巻三卜教に、

［宗］懍之荊楚歳時記曰、秋社擬教於神、以占来歳豊倹。……（中略）……。又歳時記注文曰、教以桐為之、形如小蛤。言教教令也。其擲法、則以半俯半仰者為吉也。此其所以為教也。

宗懍の「荊楚歳時記」に曰わく、「秋社に教を神に擬し、以て来歳の豊倹を占う。……（中略）……」と。又た「歳時記」の注文に曰わく、「教は桐を以て之を為り、形は小蛤《こう》の如し。教は教令を言うなり。其の擲法、則ち半俯半仰なるものを以て吉と為すなり」と。此れ其れ教と為す所以なり。

とあり、「教」は桐で小蛤形に作った占いの道具である。

（3）茭（草根の類）も「教」と同じ占いに用い、投げる道具であるから「教」と同じものと考えてよい。

附節　秋の社日

1　秋社の日

唐代では、立秋から数えて五番目の戊の日が、土地神の「社」を祭る秋社の日である。敦煌発見の同光四年（九二六）の具注暦（ペリオ・三二四七。具注暦とは歳位・星宿・干支・吉凶を日毎に注した暦）では、八月五日戊子が「社」となっている。湯浅吉美氏の『日本暦日便覧』（汲古書院　一九九〇）によれば、九二六年の立秋は六月二一日であり、立秋から五番目の「戊」は八月四日戊子であり、同光四年の具注暦と一日のずれがある。これは中国と日本で一月の日数を三〇日とするか二九日とするかによって生じた差違であり、問題としなくてよいであろう。同光四年の具注暦からも、秋社は立秋から五番目の「戊」の日であることが確認できる。

秋社に関して、一一世紀の高承の『事物紀原』巻八歳時風俗部四二・賽神に、

礼雑記（＝『礼記』雑記）曰、子貢観於蜡。子曰、百日之蜡、一日之沢。鄭康成謂、歳十二月、索鬼神而祭祀。則党正以礼。属民而飲酒、労農而休息之、使之燕楽。是君之沢也。今賽社則其事爾。今人以歳十月農功畢、里社致酒食以報田神、因相与飲楽。世謂社礼。始於周人之蜡云。

『礼記《らいき》』雑記下に曰わく、「子貢蜡《さ》を観る」と。子曰わく、「百日の蜡、一日の沢」と。鄭康成（鄭玄《じょうげん》のこと。字は康成）謂う、「歳の一二月、鬼神を索《もと》めて祭祀す。則ち党正礼を以てす。属民酒を飲み、農を労して之を休息し、之をして燕楽せしむ。是れ君の沢なり」と。今社に賽するは則ち其の事爾《しか》り。今人歳一〇月を以て農功畢《おわ》り、里社酒食を致し以て田神に報い、因りて相い与に飲楽す。世に社礼と謂う。周人の蜡《さ》より始まると云う。

とあるから、秋社は収穫祭である。

2 秋社の休暇

秋社の日は古来、節日である。秋社の日が節日であることは、令文の上においては、唐初の貞観《じょうがん》「假寧令」まで遡ることができる。『大唐六典《りくてん》』巻二尚書吏部・吏部郎中職掌の「内外官吏則有假寧之節（内外官吏則ち假寧の節有り）」の細注に、春秋二社は休暇一日とあり、天宝初年の「職官表」（敦煌文献のペリオ・二五九三）に引用された開元二五年（七三七）「假寧令」に、春秋二社は休暇一日とある。敦煌発見の「祠部新式第四」（敦煌文献のスタイン・六五三七背）にも、「春秋二社、后稷神也」とあり、休暇一日とする。秋社は唐代を通じて休暇一日であった。

『唐令拾遺補』「假寧令」（一四一五頁）には、開元二五年の「假寧令」として、

諸元日（元日は「元正」とするべき）冬至、並休假七日。節前三日、節後三日。寒食通清明、給假四日。八月十五日（＝八月五日の誤り）夏至及臘各三日。節前一日、節後一日。正月七日十五日晦日春秋二社二月八日三月三日四月八日五月五日三伏七月七日十五日九月九日十月一日立春立夏立秋立冬及毎月旬、並休假一日。

と復元する。この復元は天一閣所蔵の明鈔本『天聖令』（一〇二九年完成）にある天聖「假寧令」に準拠すれば、次のようにあった可能性が高い＊。

諸元正冬至、各給假七日。節前三日、節後三日。寒食通清明、［給假］四日。

諸《すべ》て元正・冬至、各々假七日を給す。節前三日、節後三日。寒食通清明、假四日を給す。

諸八月五日夏至及臘、［給假］各三日。節前一日、節後一日。

諸て八月五日（＝千秋節、玄宗皇帝の生誕日）・夏至及び臘各々三日。節前一日、節後一日。

諸正月七日十五日晦日春秋二社二月八日三月三日四月八日五月五日三伏日七月七日十五日九月九日十月一日立春春分立秋秋分立夏立冬毎旬、給休假一日。

諸て正月七日・一五日・晦日・春秋二社・二月八日・三月三日・四月八日・五月五日・三伏・七月七日・一五日・九月九日・一〇月一日・立春・立夏・立秋・立冬毎月旬に及んで、並びに休假一日。

＊『天一閣所蔵明鈔本天聖令校證』（中華書局　二〇〇六）三二一頁。

3　社翁雨

社日に降る雨を「社翁雨」という。一三世紀中葉の陳元靚《せい》の『歳時広記』巻一四・二社日・降社雨に、
提要録、社公社母、不食旧水、故社日必有雨、謂之社翁雨。
「提要録」（宋代の書）に、「社公・社母、旧水を食らわず、故に社日に必ず雨あり。これを社翁雨と謂う」と。
とある。宋代では、社日に降る雨を「社翁雨」と呼んでいた。
では、唐代ではどうか。陸亀蒙の「社門」（『全唐詩』巻六三〇陸亀蒙）の句に、
幾点社翁雨、一番花信風。　幾点の社翁雨、一番の花信風（各時期の開花を知らせる風）。
とあるから、唐代でも社日に降る雨を社翁雨といったのである。

4　則天治世下の秋社

則天武后の天授二年（六九一・長寿元年）から、秋社は九月に変更された。

九月、大赦天下、改元為長寿。改用九月為社、大酺七日。（『旧唐書《くとうじょ》』巻六則天紀・天授二年）

九月、天下に大赦し、改元して長寿と為す。改めて九月を用て社と為し、大酺すること七日なり。

唐の杜佑《とゆう》（七三五～八一二）の『通典《つてん》』巻四五礼典五吉礼四社稷・大唐の条には、

武太后天授三年九月為社。至長安四年三月、制、社依旧用八月。

武太后の天授三年（六九二）九月を社と為す。長安四年（七〇四）三月に至り、制《みことのり》して、「社は旧に依り八月を用てす」と。

とあり、天授三年とし、『旧唐書』の所伝と記事が一致しない。天授三年は元号としては存在しないから、「天授二年」の誤記であろう。

5　社宴

秋社の神事が終わり、巫《ふ》女の舞いが奉納されれば、次は待ちに待った宴会である。馳走と酒が社前に出され、老いも若きも社人が一同に会して社宴となる。春秋二社の日は昼間から酒の飲める日であった。

『隋書』巻七七李志謙伝に、

李氏宗党豪盛、毎至春秋二社、必高会極歓、無不沈酔諠乱。

李氏の宗党豪盛にして、春秋二社に至る毎《ごと》に、必ず高会極歓し、沈酔諠乱せざるはなし。

とある。張演（八七二年の進士及第）の「社日村居」（『全唐詩』巻六〇〇）に、鵞湖山下稲粱肥、豚柵鶏栖対掩扉。　鵞湖（信州鉛山県にある）の山下 稲粱肥え、豚柵鶏栖対して扉を掩う。
桑柘影斜春社散、家家扶得酔人帰。　家家酔人を扶け得て帰る。

とある＊。これは春社の情景を詠んだものであるが、春秋社は一対であるから秋社の場合も同様であったとしてよい。社宴の終了時刻は「桑柘 影斜にして春社散じ」とあるから夕方である。白楽天（七七二～八四六。楽天は字、居易は諱）の「春村」（『白氏文集《もんじゅう》』巻一三）に、春社を詠い、その一節に、

黄昏林下路、鼓笛賽神帰。　黄昏林下の路、鼓笛神に賽して帰る。

とある。社宴は夕方になってお開きとなり、酔人は家族や村人に助けられ家路に就いた。

＊　この詩は、『全唐詩』巻六九〇王駕にも収録し、王駕の作品といわれる。

七〇　豆花雨（八月の雨）

「宝顔堂秘笈広集」本『荊楚歳時記』の「豆花雨（八月の雨）」は次のようである。

八月雨、謂之荳花雨。　八月の雨、之を荳《とう》花雨と謂う。

加えて『太平御覧《ぎょらん》』巻八四一・百穀部五・豆に次のようにある。

陳留耆旧伝曰、小黄桓枚為都尉功曹。与郎君共帰郷里、為赤眉所得、欲殺啖之。枚求先死、賊義釈之、送豋豆一斛。又曰、八月雨為豆花雨。

「陳留耆旧《ききゅう》伝」(1)に曰わく、「小黄（陳留郡の小黄県）の桓枚《かんばい》は都尉の功曹(2)と為る。郎君と共に郷里に帰るに、赤眉《せきび》(3)の得る所と為り、［赤眉の軍は］殺して之を啖《くら》わんと欲す。枚は［郎君より］先に死せんことを求む。賊は義として之を釈《ゆる》し、豋豆《ろうと》（野豆）一斛を送る」と。又た曰わく、「八月の雨を豆花雨と為す」と。

これでは、豆花雨は『陳留耆旧伝《ききゆう》』にあったことになる。『陳留耆旧伝』は漢議郎の圏称と魏の散騎侍郎・蘇林の本があるが、後漢ないしは三国・魏にできた書であるから、豆花雨という言い方は三国・魏にはあったことになるが、何か奇妙であり、「豆花雨」という言い方が、三国・魏にあったと断定しないほうが無難であろう。

（1）『陳留耆旧伝』に関して『隋書』巻三三経籍志・史部・雑伝類に「陳留耆旧伝二巻。漢議郎圏称撰。陳留耆旧伝一巻。魏散騎侍郎蘇林撰」とあり、『旧唐書《くとうじょ》』巻四六経籍志・史部・雑伝類に「陳留耆旧伝三巻。蘇林撰」とあり、『新唐書《じょ》』巻五八藝文志《げいもんし》・史部・雑伝類には「圏称。陳留風俗伝三巻、蘇林。陳留耆旧伝三巻」とある。陳留は地名。前漢の元狩元年（前一二二）に河南省開封市附近に陳留郡が置かれた。陳留郡は陳留・小黄等の一七県を管轄した。『漢書《かんじょ》』巻二八上理志第八上によれば、前漢末に二九萬六二八四戸と一五〇萬九〇五〇の人口を擁した郡であった。

（2）都尉の功曹。都尉は郡の軍事を掌る、秦漢の官職名。前漢においては、郡尉といわれたが、景帝の時に郡守を郡太守とし、郡尉は郡都尉と改称した。都尉は太守を補佐し、郡内の軍事を掌り、官秩は比二千石であった。通常は郡に一名であるが、辺境などでは一郡に複数の都尉が置かれることもあり、その場合には「西部都尉」「中部都尉」などと呼ばれる。漢代の郡守が本籍地回避制度によって他郡出身者であったのに対して、功曹などの郡吏はその郡内から任用された。なかでも功曹は郡吏の任免賞罰を司り、在地の勢力者が多かったから、おのずから権限が強大で、また上級の官に昇進する例も多かった。

（3）赤眉《せきび》は西暦一世紀初頭の農民反乱の名称。反乱軍は眉を朱で染めて目印としたため「赤眉の乱」という。西暦一八年、山東地方に起こり、王莽が建国した新王朝の崩壊（西暦二三年）後も猛威を振るったが、西暦二七年に劉秀（＝のちの後漢の光武帝）によって鎮定された。

九月

七一　九日、重陽、野宴、茱萸《しゅゆ》、菊花

「宝顔堂秘笈広集」本『荊楚歳時記』の「九日、重陽、野宴、茱萸、菊花」は次のようである。

九月九日、四民並藉野飲宴。

按、杜公瞻云、九月九日宴会、未知起於何代。然自漢至宋未改。今北人亦重此節。佩茱萸、食餌、飲菊花酒、云令人長寿。近代、皆設宴於臺榭。又続斉諧記云、汝南桓景、随費長房、遊学［累年］。長房謂之曰、九月九日、汝家中当有災厄。［宜］急［去］、令家人［各作］縫（＝絳）嚢、盛茱萸繋臂上、登山、飲菊花酒、此禍可消。景如言、挙家登山、夕還［家］、見鶏犬牛羊一時暴死。長房聞之曰、此可代也。今世人、［毎至九月］九日、登高飲［菊花］酒、婦人帯茱萸嚢、蓋始於此。

九日、四民(1)並びに野に藉《か》り飲宴す。

按ずるに、杜公瞻《せん》(2)云わく、「九月九日の宴会、未だ何れの代より起《はじ》まるかを知らず。然るに漢より宋（南朝・宋）に至りて未だ改めず。今北人（秦嶺・淮河線以北の人々）亦た此の節を重んず。茱萸(3)を佩び、餌(4)を食らい、菊花酒を飲まば、人をして長寿ならしむと云う(5)。近代、皆な宴を臺榭《たいしゃ》（＝高殿）に設く」と。又た「続斉諧記(6)」に云わく、「汝南の桓景、費長房（列伝は『後漢書《じょ》』巻一一二・下「方術列伝」にあり）に随い、遊学(7)すること累年なり。長房之に謂いて曰わく、〈九月九日、汝の家中当《まさ》に災厄有るべし。宜しく急ぎ去《ゆ》き、家人をして各々絳嚢《こうじょう》（赤

袋〉を作らしめ、茱萸を盛りて臂《ひじ》の上に繋け、山に登り、菊花酒を飲まば、[8]此の禍は消ゆべし〉と。景は言の如く、家を挙げて山に登り、夕べに家に還り、鶏犬牛羊の一時に暴《にわ》かに死ぬを見る。長房之を聞きて曰わく、〈此れは代りとすべきなり〉と。今世の人、九月九日に至る毎《ごと》に、高きに登り[9]菊花酒を飲み、婦人茱萸嚢《しゅゆじょう》を帯《おび》るは、蓋《けだ》し此れより始まる」と。

（1）「四民」に関して、『太平御覧《ぎょらん》』巻三二時序部一七・九月九日には「荊楚歳時記曰、九月九日、四民並藉野飲讌」とあり、「宝顔堂秘笈広集」本『荊楚歳時記』と同じであり、問題はないように思える。ところが『初学記』巻四歳時部・下・九月九日第一一叙事には「荊楚歳時記曰、九月九日、土人並藉野飲宴」とあり、「土人」とする。これは本来は「士民」とあったが、唐の太宗皇帝・李世民の「民」を避諱して「士人」となり、「士」が「土」に誤記されたものである。避諱の結果を採り容れない『荊楚歳時記』では「士民」とあったが、一〇世紀の『太平御覧』完成までに「四民」と書き換えられたのであり、本来は「士民」であった。

（2）守屋美都雄氏は、杜公瞻《せん》が「杜公瞻云」と記すことはないとする。守屋美都雄訳註『荊楚歳時記』（平凡社・東洋文庫一九七八）二九五頁参照。この見解は疑問がある。詳細は四七五頁以下を参照。

注記にある「佩茱萸、食餌、飲菊花酒、云令人長寿」は、宗懍の『荊楚記』の記事である。六二四年に完成した歐陽詢らの『藝文《げいもん》類聚』巻八九木部・中・茱萸に、

荊楚記曰、九月九日、佩茱萸、食蓬餌、飲菊花酒、令人長寿。

とある。『荊楚記』に曰わく、「九月九日、茱萸を佩び、蓬餌《ほうじ》を食らい、菊花酒を飲めば、人をして長寿ならしむ」と。

『荊楚記』の記事が、注記である「一字下げ」の箇所にあるのは、一体どうしたことであろうか。杜公瞻が『荊楚記』の記事に注記を施し、その注記は『荊楚歳』の記事より、「一字下げ」となっているという通説に疑問が生じる。『荊楚記』の記事が注記にある事実は、『荊楚記』の記事は「一字上げ」の箇所にあるという通説を否定するものである。

（3）「佩茱萸（茱萸《しゅゆ》を佩ぶ）」のは、茱萸には鬼気・疫気を除き、延年益寿の効果があるとされたからである。羅願（一一三六〜一一八四）の『爾雅翼』巻一一釈木・榝《さつ》に、

榝、一名藙。今之茱萸也。其味苦辛。置之食中、能去臭。……（中略）……。風土記曰、俗尚九月九日、謂為上九。茱萸至此日、気烈熟色赤。可折其房以揷頭、云辟悪気禦冬。

榝、一つには藙《ぎ》と名づく。今の茱萸なり。其の味苦く辛い。之を食中に置かば、能く臭いを去る。……（中略）……。「風土記」に曰わく、「俗は九月九日を尚び、謂いて上九と為す。茱萸は此の日に至り、気烈に色赤に熟す。其の房を折り以て頭に挿すべし、悪気を辟け冬を禦ぐと云う」と。

とあり、九月上旬に熟し、香気が最も烈になり辛みも最大となる。このことが悪気を辟けると考えられ、三世紀の九日節の成立当初から、九日節とは関係の深い植物となった。

六世紀中葉に完成した賈思勰の『斉民要術《せいみんようじゅつ》』巻四「種茱萸（茱萸を種える）」に、

術曰、井上宜種茱萸。茱萸葉落井中、飲此水者、無瘟病。

「術」に曰わく、「井の上《ほとり》に宜しく茱萸を種えるべし。茱萸の葉 井中に落ち、此の水を飲む者、瘟病（感染性のはやり病）なし」と。

とあり、同書の同条に、

雑五行書曰、舎東種白楊茱萸三根、増年益寿、除患害也。

「雑五行書」に曰わく、「舎の東に白楊・茱萸三根を種えれば、年を増し寿を益し、患害を除くなり」と。

とあり、また同条に、

又術曰、懸茱萸子於屋内、鬼畏不入也。

又た「術」に曰わく、「茱萸《しゅゆ》の子《み》を屋内に懸ければ、鬼畏れ入らざるなり」と。

あるように、菊花と同じように、茱萸には病気を追い払い、延年益寿の効果があると信じられた。

茱萸には、呉茱萸、食茱萸（カラスザンショウ）、山茱萸があるが、重陽と深く関係するのは呉茱萸である。

呉茱萸と食茱萸は、同じミカン科に属する落葉小高木で、多数の小花が密集し、花は黄白色で雌雄異株である。原産は中国で、中でも江南のものが良いとされ、呉茱萸といわれる。呉茱萸はその形が山椒（ハジカミ）に似ているため、唐山椒、カラハジカミともいう。山茱萸はミズキ科ミズキ属の落葉小高木で、はなみずき、山法師、アメリカはなみずきの仲間である。日本では山茱萸を春黄金花《はるこがねばな》、秋珊瑚という。花期は三月で、早春に小さな黄色の花が塊状に咲き、春の訪れを告げる花木の一つである。秋にはグミ（胡頽子《こたいし》）のような鮮紅色の楕円形の果実が熟す。茱萸はグミといわれるが、グミではない。口絵1を参照。

（4）「食餌（餌《じ》を食らう）」の「餌」とは、『玉篇』巻九食部第一一二に「餌。如・至の切。食也、餅也、餻也」とある。餌は餻《こう》・糕《こう》であり、米粉を固形化したものである。『歳時広記』巻三四・重九《ちょうきゅう》・上「餌・䭔・糕」所引の『玉燭宝典』に、

玉燭宝典、九日、食餌者、其時、黍秫並収、以黏米加味、触類嘗新、遂成積習。周官籩人職曰、羞籩之実、糗餌粉餈。注云、糗餌者、秬米屑蒸之、加以棗豆之味。即今餌䭔也。方言謂之糕、或謂之餈。

「玉燭宝典」に、「九日、餌を食らうとは、其の時、黍・秫《と》（もちいね）並びに収め、黏米《ねんまい》を以て味を加え、類に触れ新を嘗《な》め、遂に積習を成す。「周官」籩人《へんじん》の職に曰わく、「羞籩《しゅうへん》（供物を盛る祭器）の実、糗餌《しゅうじ》は粉餈《し》」と。注に云わく、「糗餌は、秬《きょ》米（黒黍）の屑之を蒸し、加うるに棗《そう》豆の味を以てす」と。即ち今の餌䭔《じたい》なり。「方言」（『方言』、前漢の揚雄撰）は之を糕《こう》と謂い、或いは之を餈《し》と謂う（『方言』巻一三には「餌謂之餻、或謂之餈、或謂之□、音鈴。或謂之餣、央怯反。或謂之䬼。音元」とある）。

とあり、餌とは餌䭔《じたい》であり、糕《こう》であり餈である。

（5）「佩茱萸、食餌、飲菊花酒、云令人長寿」は、宗懍の『荊楚記』の記事である。六二四年に完成した欧陽詢らの『藝文類聚《げいもん》』巻八九木部・中・茱萸《しゅゆ》に、

荊楚記曰、九月九日、佩茱萸、食蓬餌、飲菊花酒、令人長寿。

「荊楚記」に曰わく、「九月九日、茱萸を佩び、蓬《ほう》餌を食らい、菊花酒を飲めば、人をして長寿ならしむ」と。

とある。『荊楚記』の記事が注記である「一字下げ」の箇所にあるのは、一体どうしたことであろうか。

（6）南朝・梁の呉均の『続斉諧記』の文字の訂正は『藝文類聚』巻四歳時部・中・九月九日に、

続斉諧記曰、汝南桓景、随費長房、遊学累年。長房謂之曰、九月九日、汝家当有災厄。急宜去、令家人各作絳嚢、盛茱萸、以繋臂、登高飲菊酒、此禍可消。景如言、挙家登山、夕還家、見鶏狗牛羊、一時暴死。長房聞之曰、代之矣。今世人、毎至九日、登山飲菊酒、婦人帯茱萸嚢是也。

とあり、『太平御覧《ぎょらん》』巻三二時序部一七・九月九日に、

続斉諧記曰、汝南桓景、随費長房、遊学累年。長房謂之曰、九月九日、汝家当有災厄。宜急去、令家人各作絳嚢、盛茱萸、以繋臂、登高飲菊花酒、此禍可消。景如言、当家登山、夕還、見鶏犬牛羊一時暴死。長房聞之曰、此可以代矣。今世人、毎至九月九日、登高飲酒、婦人帯茱萸嚢、因此也。

とあり、「重較説郛《せつぷ》」匀《いん》一一五下所収の『続斉諧記』に、

汝南桓景、随費長房、遊学累年。長房謂曰、九月九日、汝家中当有災。宜急去、令家人各作絳嚢、盛茱萸、以繋臂、登高飲菊花酒、此禍可除。景如言、斉家登山、夕還、見鶏犬牛羊一時暴死。長房聞之曰、此可代也。今世人、九日、登高飲酒、婦人帯茱萸嚢、蓋始於此。

とあるのを参考に、文字を改定した。

(7) 遊学は他国に出向して学問すること。類義語に「留学」がある。

(8) 菊花酒を飲めば長寿になると、古来信じられてきた。北宋の元豊年間(一〇七八～一〇八五)頃の高承の『事物起原』巻八歳時風俗部四二・菊酒には、

西京雑記曰、戚夫人侍児賈佩蘭、後出為段儒妻、説在宮内時。九月九日、佩茱萸、食蓬餌、飲菊花酒、云令人長寿。菊花舒時、並採茎葉、雑黍米醸之。至来年九月九日、始熟焉。謂之菊花酒。馮鑑謂自後漢桓景始也。

「西京雑記」に曰わく、「戚夫人の侍児・賈は蘭を佩び、のちに出でて段儒の妻と為り、宮内に在る時を説《い》う。〈九月九日、茱萸《しゅゆ》を佩び、蓬餌《ほうじ》を食い、菊花酒を飲めば、人をして長寿ならしめると云う〉と。菊花舒《ひら》く時、並びに茎葉を採り、黍米《しょまい》を雑え之を醸す。来年九月九日に至り、始めて熟す。之を菊花酒と謂う」と。馮鑑(一〇世紀・蜀の人)は、後漢の桓景(『続斉諧記』に登場する人物、費長房の助言で登高した災難を避けた人)より始まると謂うなり。

とあり、『太平御覧《ぎょらん》』巻三二時序部一七・九月九日に引用する『西京雑記』に、

西京雑記曰、漢武帝宮人、皆佩蘭、九月九日、佩茱萸、食蓬餌、飲菊花酒云、令人長寿。蓋相伝、自古莫知其由。

「西京雑記」に曰わく、「漢の武帝の宮人、皆な蘭を佩び、九月九日、茱萸を佩び、蓬餌を食らい、菊花酒を飲みて云わく、〈人をして長寿ならしむ〉と。蓋《けだ》し相い伝え、古より其の由を知る莫し」と。

とあって、戚夫人（前漢の高祖の寵女）の時、九月九日、茱萸を佩び、菊花酒を飲む習俗があったとする。すわなち、『西京雑記』によれば、前漢の高祖の時（在位は前二〇六〜前一九五）に、既に菊花酒を飲む習俗があったといい、『太平御覧』に引用する『西京雑記』によれば、武帝の時に「相い伝え、古より其の由を知る莫し」の状態であったという。九月九日に菊花酒を飲む習俗は非常な古俗であることになる。

しかし、『西京雑記』は問題のある書で、そのまま記事を信用することはできない。『西京雑記』は前漢の劉歆《りゅうきん》の撰になるが、早くに散逸した。現行の書は西晋の葛洪《かっこう》（二八三〜三六三）が逸文を蒐集して二巻本とし、それを一〇世紀以降になって六巻本とした書である。現在では『西京雑記』は葛洪が書いたとされている。従って、『西京雑記』に書かれている事実は、葛洪の生きた時代の習俗が反映していると認めてよく、四世紀初頭には、菊花酒を飲む習俗があったと認めてよい。

前漢の武帝の時代やそれ以前の九月九日に菊花酒を飲むことがあったかも知れない。しかし、それは単なる偶然であって、重陽の習俗として菊花酒を飲むことにはならない。重数節日の重陽（上九・重九《ちょうきゅう》）は前漢時代にはなく、二世紀末から三世紀初頭中葉に成立する。従って、重陽の習俗の一として菊花酒を飲むことは、いくら早くても二世紀末である。四世紀中葉までに書かれた『西京雑記』の菊花酒を飲む記事は、前漢のこととしているが、四世紀初頭ころに菊花酒を九月九日に飲んでいたことを伝える史料である。

（9）登高は身の穢れを祓《はら》う意味で開始された行事である。三月上巳の行事は、春の身の穢れを祓う行事であり、上巳が三月三日に固定されると、上巳の行事が三日に集中するようになる。これと同じ現象が、登高の場合も起っていると考えられる。

登高は本来は、山に登っても肌寒くない九月の行事であったが、九日節が成立すると、九日に移動するようになり、九日の行事として固定したのである。九日節が成立するのは三世紀中葉であるから、このころに九日登高の端緒があることになる。

『晋書《しんじょ》』巻九八孟嘉伝に、九月九日に龍山に登り宴会した話がある。

孟嘉、字萬年、江夏鄳人。呉司空宗曾孫也。……（中略）……。後為征西桓温参軍、温甚重之。九月九日、温燕龍山、寮佐畢集。時佐吏並著戎服、有風至吹、嘉帽墮落、嘉不之覚。温使左右勿言、欲観其挙止。嘉良久如厠、温令取還之、命孫盛作文嘲嘉、著嘉坐處。嘉還見、即答之、其文甚美、四坐嗟歎。

孟嘉、字は萬年、江州の人。呉の司空・孟宗の曽孫なり。……（中略）……。後に征西の桓温の参軍と為り、温甚だ之を重んず。九月九日、温は龍山に燕し、寮佐畢《ことごと》く集む。時に佐吏並びに戎服を著るに、風有り至吹し、嘉の帽を墮落せしむに、嘉は之を覚えず。温左右をして言うこと勿《なか》らしめ、其の挙止を観んと欲す。嘉良久《やや》しくして厠に如《ゆ》き、温は之を取還せしめ、孫盛（『晋書』巻八二）に命じて文を作り嘉を嘲《からか》わしめ、嘉の坐處に著く。嘉還り見て、即ち之に答うに、其の文甚だ美しく、四坐は嗟歎《さたん》す。

前近代の中国社会では、人前で裸体を見せることは勿論のこと、帽子や冠をぬいで露頭することは非礼なこととされた。この点をとらえて、桓温は孟嘉をからかったのである。

桓温（『晋書』巻九八）は三七三年に卒しているから、右の話は四世紀中葉のことである。四世紀中葉には九日に登高の習俗があったことになる。九日の登高の習俗は桓温が始めた習俗ではないから、四世紀初頭にあったとすることは可能であろう。孟嘉の落帽の話は九日登高の最も初期の史料である。

孟嘉が落帽した龍山は、唐の李吉甫『元和郡県志』巻二八宣州当塗県（安徽州宣城市附近）の条に、

九井山在県南十里。殷仲文、九日、従桓温、登九井、賦詩、即此山也。龍山在県東南十二里。桓温嘗与僚佐、九月九日、登此山、宴集。

九井山は県南一〇里に在り。殷仲文は、九日に、桓温に従い、九井に登り、賦詩するは、即ち此の山なり。龍山は県東南一二里に在り。桓温嘗《つね》に僚佐と、九月九日、此の山に登り、宴集す。

とあり、楽史（九三〇～一〇〇七）の『太平寰宇記《かんう》』巻一〇五江南西道・太平州当塗県の条に、

龍山在県南一十二里。桓温常以九月九日与僚佐登此。周廻十五里。

龍山は県南一二里に在り。桓温常に九月九日を以て僚佐と此こに登る。周廻一五里。

とある。宣州当塗県と太平州当塗県の差違は唐代と北宋の行政区画の変更によるものである。二種の地理書によって、唐代の宣州当塗県の龍山が、孟嘉が落帽した龍山であろうことは想像される。

南宋の陸游（一一二五～一二〇九）の『入蜀記』巻二乾道六年（一一七〇）七月一五日の条に、

凌歊臺正如鳳凰［臺］雨花［臺］之類、特因山顚名之。宋高祖所営、面勢虚曠、高出氛埃之表。南望青山龍山九井諸峰、如在几席。龍山即孟嘉登高落帽處、九井山有桓元僭位壇。

凌歊臺《りょうこうだい》は正に鳳凰臺・雨花臺の類の如く、特に山顚《てん》（山頂）に因り之を名づく。宋の高祖の営む所、面勢虚曠にして、高く氛埃《ふんあい》の表を出だす。南に青山・龍山・九井の諸峰を望み、几席に在るが如し。龍山は即ち孟嘉登高して落帽する處、九井山は桓元（＝桓玄）の僭位《せんい》の壇有り。

と述べ、陸游は当塗県の龍山が孟嘉落帽の處と明言するから、『晋書《しんじょ》』の龍山は当塗県の龍山としてよい。

南北朝時代の九日の登高例を文献に求めると、『太平御覧《ぎょらん》』巻三二時序部一七・九月九日に、

豫章記曰、龍沙在郡北。帯江沙甚潔白、高峻而陂有龍形。俗為九日登高處。

「豫章記」に曰わく、「龍沙は郡北に在り。江を帯び沙は甚だ潔白、高峻にして陂《は》に龍形有り。俗は九日登高の處と為す」と。

とある。『豫章記』は南朝・宋の雷次宗の著書である。

武徳七年（六二四）になった歐陽詢の『藝文《げいもん》類聚』巻四歳時部・中・九月九日に、

臨海記曰、郡北四十歩、有湖山。山甚平正、可容数百人坐。民俗極重、毎九日菊酒之辰、讌会於此山者、常至三四百人。

「臨海記」に曰わく、「郡の北四〇歩に、湖山有り。山甚だ平正にして、数百人の坐を容るべし。民俗極めて重じ、九日の菊酒の辰毎《あさごと》に、此の山に讌会するは、常に三・四百人に至る」と。

とある。『臨海記』に関しては誰の著作になるか不明であるが、『藝文類聚』に引用されるから、南朝期の地誌であることは確実である。『太平寰宇記』巻九八臺州臨海県と、臺州の地誌である『赤城志』に多く引用され、『赤城志』巻一九臨海県の条には県北四〇歩に湖山があるという。『臨海記』は南朝期の臨海郡（唐宋の臺州）の地誌であろう。

附節1 「九日、重陽、野宴、茱萸、菊花」の典拠

『荊楚歳時記』の「九日、重陽、野宴、茱萸、菊花」は次のようである。

九月九日、四民並藉野飲宴。

按、杜公瞻云、九月九日宴会、未知起於何代。然自漢至宋未改。今北人亦重此節。佩茱萸、食餌、飲菊花酒、云令人長寿。…………

右の記事の中で、「一字下げ」の箇所にある「佩茱萸、食餌、飲菊花酒、云令人長寿」は、『荊楚記』の記事である。現存する『玉燭宝典』は巻第九が闕巻になっており、『玉燭宝典』から右の事実を確認することはできない。しかし、六二四年にできた『藝文類聚《げいもん》』巻八九木部・中・茱萸に次のようにある。

荊楚記曰、九月九日、佩茱萸、食蓬餌、飲菊花酒、令人長寿。

「荊楚記」に曰わく、「九月九日、茱萸を佩び、蓬餌を食らい、菊花酒を飲まば、人をして長寿ならしむ」と。

これによって、「九月九日、佩茱萸、食蓬餌、飲菊花酒、令人長寿」は『荊楚記』の記事であることは確認できる。『荊楚歳時記』では、『荊楚記』の記事は「一字上げ」の箇所にあり、「一字下げ」の箇所は、杜公瞻《せん》の注記とされている。『荊楚記』の記事が、「一字下げ」の箇所にあるのは、どうしたことであろうか。『荊楚記』の記事は「一字上げ」の箇所にあるという通説に疑いが生じる。『荊楚記』の記事が『荊楚歳時記』の「一字下げ」の箇所にあることは、『荊楚記』の記事は必ず「一字上げ」の箇所にあるとは限らない證拠となる。

では、なぜ『荊楚記』の記事が『荊楚歳時記』の「一字下げ」の箇所にあるのであろうか。それは「一字下げ」の箇所に配置した人が存在するからである。配置した人物は注記を書いた人である。注記を書いたのは杜公瞻である。彼が注記に『荊楚記』の記事を配置したのである。

九月九日、四民並藉野飲宴。
按杜公瞻云、九月九日宴会、未知起於何代。然自漢至宋未改。今北人亦重此節。[佩茱萸、食餌、飲菊花酒、云令人長寿]。

とある記事の内で、[ ] 内以外の文は「杜公瞻云」とあるから、すべて杜公瞻《せん》の作文である。ここまで「九月九日、四民並藉野飲宴」の記事構成が判明すれば、現行本『荊楚歳時記』は宗懍撰とはいえないだろう。

附節2　九日節

1　九日節の起源

重数節日が成立する時期に関して、池田温氏は「中国古代における重数節日の成立」(『中国古代史研究』所収　研文出版　一九八九)において、二世紀末ころとするから、九日節の成立も二世紀末ころと想定される。

武徳七年(六二四)になった歐陽詢の『藝文類聚《げいもん》』巻四歳時部・中・九月九日の「書」に、

魏文帝与鍾繇書曰、歳往月来、忽復九月九日。九為陽数、而日月並応。俗嘉其名、以為宜於長久。故以享宴高会。是月、律中無射、言群木庶草、無有射而生。至於芳菊、紛然独栄、非夫含乾坤之純和、体芬芳之淑気、孰能如此。故屈平悲冉冉之将老、思食秋菊之落英。輔体延年、莫斯之貴。謹奉一束、以助彭祖之術。

魏の文帝(曹丕)の鍾繇《しょうよう》(三国時代の魏の官僚・能書家、鍾繇の字体が後世の楷書となった)に与う書に曰わく、「歳月往来し、忽ちに復た九月九日なり。九を陽数と為し、而して日月並びに応ず。俗は其の名を嘉し、以て長久に宜しと為す。故に以て享宴高会す。是の月、律は無射《ぶえき》(律は一二か月一二律に分けられ、中国の伝統音楽で用いられる一二種類の標準的な高さの音。律とは音を定める竹の管であり、その長さの違いによって一二の音の高さを定めた)に中《あた》り、群木庶草、射《えき》有りて生きるなきを言う。芳菊に至りては、紛然として独り栄え、夫れ乾坤の純和を含み、芬芳《ふんぽう》の淑気を体し、孰《いず》れが能《よ》く此《かく》の如くに非らざらん。故に屈平（屈原）冉冉《ぜんぜん》（＝徐徐に）として将《まさ》に老えんとするを悲しみ、秋菊の落英を食らわんと思う。体を輔け年を延ばす、斯れ之の貴きよりは莫し。謹んで一束を奉じ、以て彭祖の術（彭祖は「神仙伝」に、「諱は鏗。帝・顓頊《せんぎょく》の玄孫。殷の末年に至り、既に七六七歳。而して衰老せず。遂に流沙の西に往き、寿終るに非らざるなり」とある。「彭祖の術」とは長寿の秘訣）を助けん」と。

とある。「九を陽数と為し、而して日月並びに応ず。俗は其の名を嘉し、以て長久に宜しと為す」とあるから、明らかに九日節が成立している。魏の文帝は二二六年に薨去している。この書簡が書かれたのは三世紀前半であるから、九日節は二世紀後半には成立していたことになる＊。

＊　魏の文帝のこの書簡は『太平御覧』巻三二時序部一六・九月九日、『初学記』巻四歳時部・下・九月九日にも引用がある。

2　後漢の九月九日

後漢の崔寔《さいしょく》（一〇三？～一七〇？）の『四民月令』九月に、九日に「菊花を採る」ことをいう。

九日、可采菊花、収枳実。　九日、菊花を采り、枳実《きじつ》（からたちの実）を収むべし。

重陽の節供と菊とは深い関係にある。九月九日に菊花を摘むことは、重数節日が成立した後では、当然のことであるが、二世紀中葉において、九日に菊花を摘む行事は、重陽と関連づけて理解することに少々の疑問が生まれる。なぜなら、重数節日は二世紀末から三世紀初頭に成立していたことは疑いのない事実である。この重数節日の一である九月九日（重陽）の節供を、崔寔の生きた二世紀中葉にまで遡らせることが可能という問題が生じるからである。

『四民月令』は散逸し、現行の書は逸文集であるが、校輯された『四民月令』の記事を一瞥すると、その記事には信憑性がある。信憑性があるから後漢の年中行事を解明する書とされるのである。逸文を輯集した『四民月令』を一瞥して不可解と感じる記事はない。右の「九日、菊花を採る」記事も疑う必要はない。

そうとすれば、九月九日に菊花を摘む行事は、既に二世紀中葉にあったことになる。しかし、この九月九日に菊花を摘むことが、後世の菊花節・菊花酒に繋がる行事の起源と決めつけるわけにはいかない。『四民月令』を通覧すると、月と日の数が重なる日には行事がある。たとえば、『四民月令』五月に、

是月五日、可作醯。合止痢黄連丸霍乱丸、採葸耳。

是の月五日、醯《けい》（酢ざけ）を作るべし。止痢（下痢）の黄連《おうれん》丸・霍乱《かくらん》丸を合わせ、葸耳《けいじ》（おなもみ）を採る。

とある。これは五月五日の端午節を意識した行事ではない。七月七日にも行事があるが同じように、単に月と日の数が重なる日に行事があったことを示すものに過ぎない。従って、九月九日の「菊花を摘む」という行事を以て、それを以て、直ちに菊花節が二世紀中葉の後漢時代に成立していたとするのは如何なものかと思う＊。

＊　渡部武氏は、「菊花を摘む」行事を以て菊花節が崔寔《さいしょく》の時代に成立していたとする。渡部武訳注『四民月令』（平凡社・東洋文庫　一九八七）一一六頁。池田温氏は「中国古代における重数節日の成立」（『中国古代史研究』所収　研文出版　一九八九）三三頁において、「菊花を摘む」行事から菊花節が後漢にあったとすることはできないとする見解を採る。

3　唐代の九日節

唐代の九日節は数ある節日の中で、三大令節（「令」は令夫人・令息・令嬢の「令」で、善という意味）の一とされた節日である。北宋の一〇七〇年になった宋敏求の纂集した『唐大詔令集』巻八〇典礼・記節に所収する貞元五年（七八九）正月の「二月一日為中和節勅（二月一日を中和節と為すの勅）」に、

自今、宜以二月一日為中和節、以代正月晦日、備三令節之数、内外官司、休假一日。貞元五年正月。

今より、宜しく二月一日を以て中和節と為し、以て正月晦日に代え、三令節の数に備え、内外の官司、休假一日

たるべし。貞元五年正月。

とあり、貞元五年より中和節は令節の一となったが、右の史料では、他の二令節名が不明である。

『新唐書《じょ》』巻一三九李泌伝に、中和節の制定に関する貞元五年正月の徳宗皇帝と宰相・李泌の問答の記事があり、中和節が決定された後のことを伝えて次のようにある。

帝悦、乃著令、与上巳・九日為三令節、中外皆賜緡銭燕会。

帝悦び、乃ち「令（律令の令）」に著け、上巳《じょうし》・九日と三令節と為す。中外に皆な緡銭を賜い燕会せしむ。

また、李泌の子息である李繁《はん》の『鄴侯《ぎょうこう》家伝』（『歳時広記』巻一三「中和節・賜宴会」）に、同じことを伝えて、

上大悦、即令行之。并与上巳重陽、謂之三令節、中外皆賜銭、尋勝宴会。

上《おかみ》大いに悦び、即ち之を行わしむ。并せて上巳・重陽と、之を三令節と謂い、中外に皆な銭を賜い、勝（景勝地）を尋ね宴会せしむ。

とある。三令節とは上巳節・重陽（九日節）・中和節をいう。重陽は唐初（七世紀初頭）より三大令節の一であった。

附節3　茱萸《しゅゆ》

1　呉茱萸

重陽と関係する茱萸はミカン科の呉茱萸である。『藝文《げいもん》類聚』巻八九木部・下・茱萸に、

説文曰、榝似茱萸、出淮南。風土記曰、茱萸榝也。九月九日、熟色赤、可采時也。

「説文」に曰わく、「榝《さつ》（ごしゅゆ・かわはじかみ）は茱萸《しゅゆ》に似て、淮南《わいなん》に出ず」と。「風土記」に曰わく、「茱萸は榝なり。九月九日、色赤に熟す。采るべき時なり」と。

とあり、『太平御覧《ぎょらん》』巻九九一薬部八・茱萸に、

本草経曰、茱萸、一名藙音毅《き》。味辛温。生川谷間。湊理、根去三虫、久服軽身。生上谷。

「本草経」に曰わく、「茱萸《しゅゆ》、一つには藙音は毅《き》と名づく。味は辛にして温。川谷の間に生ず。湊理（肌のきめこまか）にして、根は三虫を去り、久しく服さば身を軽くす。上谷に生ず」と。

とあり、一二世紀の『経史證類大観本草』巻一三木部・中品・呉茱萸に、

図経曰、呉茱萸、生上谷川谷及宛句。今處處有之、江浙蜀漢尤多。木高丈餘、皮青緑色、葉似椿而闊厚、紫色。三月開花、紅紫色、七月八月、結実、似椒子。嫩時微黄。至成熟則深紫。九月九日、採陰乾。

「図経」（『図経本草』）に曰わく、「呉茱萸、上谷（上谷郡）の川谷及び宛句（県名）に生ず。いま處處之有り、江浙（長江下流域）・蜀（四川省）・漢（湖北省北部）尤も多し。木の高さ丈餘にして、皮は青緑色、葉は椿に似て闊厚、紫色なり。三月に花を開き、紅紫色なり。七月・八月に、実を結び椒子に似、嫩《わか》い時は微黄なり。成熟せば則ち深紫に至る。九月九日、採りて陰乾す」と。

とあり、呉茱萸はミカン科であるから柑橘と関係の深い江浙地方に原産するもので、江浙の古名が呉であるから、呉茱萸といわれる。呉茱萸が重陽と結び附くのは、重陽のころに熟し、周處の『風土記』に「気は烈」とあるように、柑橘系の強い芳香を放つからであり、この香りに辟邪の作用があるとされるのである（口絵1を参照）。

2　食茱萸

食茱萸は『経史證類大観本草』巻一三木部・中品に説明があり、呉茱萸の仲間である。羅願（一一三六～一一八四）の『爾雅翼』巻一一釈木三・樧《さつ》には次のようにいう。

樧、一名藙。今之茱萸也。其味苦辛、置之食中能去臭。……（中略）……。今蜀郡作之。九月九日、取茱萸、折其

枝、連其実広長四五寸、一升実可和十升膏。然鄭氏及説文、皆以煎茱萸為藙、蓋藙必煎乃用爾。今蜀人猶呼其実為艾子、蓋藙之訛也。

樧《さつ》、一名は藙《き》。今の茱萸《しゅゆ》なり。其の味は苦辛、之を食中に置けば能く臭を去る。……（中略）……。今蜀郡之を作る。九月九日、茱萸を取り、其の枝を折り、其の実を連ぬれば広さ長さ四・五寸、一升（宋代の一升は〇・九五ℓ）の実一〇升の膏に和《あ》えるべし。然るに鄭氏（鄭玄《じょうげん》）及び「説文」は、皆な煎茱萸を以て「藙」と為す、蓋《けだ》し「藙」は必ず煎り乃ち用うのみ。いま蜀人猶お其の実を呼びて艾子《がい》と為す、蓋《けだ》し「藙」の訛《あやま》りなり。

3　山茱萸

山茱萸はミズキ科ミズキ属の落葉小高木で、はなみずき、山法師、アメリカはなみずきの仲間である。呉茱萸と同じ時期に赤い実を附けるから山茱萸とされたものである。山茱萸は春黄金花《はるこがねばな》、秋珊瑚《あきさんご》という。花期は三月で、早春に小さな黄色の花が塊状に咲き、春の訪れを告げる花木の一つである。秋にはグミ（胡頽子《こたいし》）のような鮮紅色の楕圓形の果実が熟す。

六世紀中葉の賈思勰《かしきょう》の『斉民要術《せいみんようじゅつ》』巻四種茱萸（茱萸を種える）に、

食茱萸也。山茱萸則不任食。　食茱萸なり。山茱萸は則ち食らうに任《た》えず。

とあり、南宋の陳耆卿の『赤城志』巻三六風土門一・茱萸に、

似椒而浅青色者、曰山茱萸。粒大而黄黒者、曰呉茱萸。又有一種、紫色。九日、人以泛觴。

椒（山椒）に似て浅青色のものは、山茱萸と曰う。粒大にして黄黒のものは、呉茱萸と曰う。又た一種有り、紫色。九日、人以て觴《さかずき》に泛《うか》ぶ。

とあり、山茱萸は食用に供さないが、山茱萸酒と名づける酒がある。この酒は山茱萸の実の種を除去し、果肉だけを

酒に漬けたものであるから、山茱萸は食用ではないといわれるが、種が食用に適さないのである。

『太平御覧《ぎょらん》』巻九九一薬部八・山茱萸に、

呉氏本草曰、山茱萸、一名魁 音伎 実、一名鼠矢、一名鶏足。

「呉氏本草」に曰わく、「山茱萸、一つには魁《き》音は伎《き》実と名づけ、一つには鼠矢《そし》と名づけ、一つには鶏足と名づく」と。

とある。山茱萸は古くは魁実・鼠矢・鶏足ともいわれた。『太平御覧』巻九九一薬部八・山茱萸に、

本草経曰、山茱萸、一名蜀酸棗。平。生山谷。

「本草経」に曰わく、「山茱萸、一名は蜀酸棗《そう》。平なり。山谷に生ず」と。

とある。『太平御覧』に引用する『本草経』は、陶弘景（四五六～五三六）が注を加えた書であるから、六世紀ころに山茱萸は蜀酸棗ともいわれた。

『呉氏本草』は三国・魏の呉晋の撰になる書で、『太平御覧』に『呉氏本草』『呉氏本草経』として多く引用され、『呉晋本草』と同じ書である。『旧唐書《くとうじょ》』巻四七経籍志・子部・医術に「呉氏本草因六巻。呉晋撰」とあり、『新唐書《じょ》』巻五七藝文《げいもん》志・子部・医術に「呉氏本草因六巻。呉晋」とある。

附節4　上九・重九《ちょうきゅう》・重陽

1　九日節の名称

九月九日節は、その成立の当初から「重陽」の語が用いられたわけではない。九日節は、その初期においては「上九」と呼称された。「九月最初の九日」という意味である。また九月九日は「九・九」であるから、次には「重九」と

いわれた。中国では「九」は陽数とされるから、次には「重陽」の名称が生まれた。「重陽」といわれるようになった後も、「重九」の名称も併用された。以下に、九日節の名称の変遷を整理しておこう。

2　上九

九月九日節は、この節日が成立した三世紀には「上九」といわれた。『太平御覧《ぎょらん》』巻九九一薬部八・茱萸《しゅゆ》に、

風土記曰、俗上（「上」は「尚」の誤写？）九月九日、謂為上九。茱萸到、此日、気烈色赤。可折茱萸嚢（「可折茱萸房」の誤り）、以挿頭、用辟悪気禦冬。

「風土記」に曰わく、「俗は九月九日を尚び、謂いて上九と為す。茱萸、此の日に到り、気は烈にして色は赤なり。茱萸房を折り、以て頭に挿し、用て悪気を辟け冬を禦ぐべし」と。

とあり、『太平御覧』に引用された晋の周處（二三六〜二九七）の『風土記』に「上九」の語があることが根拠となっている。南宋の祝穆の『新編古今事文類聚』前集巻一一天時部・重陽の「群書要語」に引用する『風土記』にも、

九月九日、律中無射、而数九俗尚。此日、折茱萸房、以挿頭。言辟除悪気、而禦初寒。風土記。

九月九日、律は無射《ぶえき》に中り、而して数の九 俗は尚ぶ。此の日、茱萸の房を折り、以て頭に挿す。言いは悪気を辟除し、而して初寒を禦ぐ。「風土記」。

とあり、元末・明初の陶宗儀（『明史』巻二八五）の「説郛《せっぷ》」巻六〇に所載する『風土記』も、

九月九日、律中無射。而数九俗尚。此日、折茱萸房、以挿頭。言辟除悪気、而禦初寒。

九月九日、律は無射《えき》に中《あた》る。而して数の九は俗尚ぶ。此の日、茱萸の房を折り、以て頭に挿す。悪気を辟除し、而して初寒を禦ぐと言う。

とあって、「上九」の語がない。

『風土記』の右の記事は、隋の杜臺卿の『玉燭宝典』巻第九・九月季秋にも引用されていたはずである。現存する『玉燭宝典』は前田尊経閣の『玉燭宝典』が唯一の書であるが、尊経閣の『玉燭宝典』は九月巻が闕落しており、『玉燭宝典』九月に引用する『風土記』の「九月九日、律中無射、……」部分の文字を確認することができない。

『太平御覧《ぎょらん》』巻九九一薬部八・茱萸に引用する『風土記』と『爾雅翼』に引用する『風土記』とを比較すると、『太平御覧』には「用辟悪気禦冬」とあり、『爾雅翼』には「云辟悪気禦冬」とあり、引用する語句が類似する。『爾雅翼』の『風土記』は『太平御覧』巻九九一薬部八・茱萸の『風土記』からの再引用である可能性が高い。

一方、『藝文類聚《げいもん》』に引用する『風土記』には「言辟除悪気、而禦初寒」とあり、『太平御覧』巻三二時序部一七は「言辟悪気、而禦初寒」とあり、『新編古今事文類聚』に引用する『風土記』には「言辟除悪気、而禦初寒」とあり、「説郛《せつぷ》」巻六〇の『風土記』には「言辟除悪気、而禦初寒」とある。『新編古今事文類聚』と「説郛」は『藝文類聚』か『太平御覧』巻三二時序部一七からの再引用である可能性があるから、語句が一致するのは当然であろう。

そうすると、『太平御覧』巻九九一薬部八の『風土記』と『藝文類聚』に引用する『風土記』（『太平御覧』時序部も同じ）とは、どちらかの引用が原本に近く、正確かということになる。茱萸の効用に関して、『太平御覧』巻九八一薬部には「用辟悪気禦冬」とあり、『藝文類聚』には「言辟除悪気、而禦初寒」とあるから、この部分の引用は『藝文類聚』のほうが正確と認められる。であれば、他の部分も『藝文類聚』の引用が原本に近いと想定すべきであり、『太平御覧』巻九九一薬部の『風土記』は改変されていると考えるのが自然であろう。

『太平御覧』巻九九一薬部一七の『風土記』に改変の可能性があるとすれば、この書に「上九」とあることによって、三世紀中葉に九日節は「上九」と呼んでいたとするわけにはいかなくなる。九日節の成立当初は「上九」といっていたとする説は再考の餘地がある。

3　重九《ちようきゆう》

「重九」の語に関して、唐初の武徳七年（六二四）になった欧陽詢の『藝文《げいもん》類聚』巻二八人部・遊覧・詩に、

又大同八年秋九月詩曰、大君重九節、下輦上林中。酒闌嘉宴罷、車騎各西東。……

又た大同八年秋九月の詩に曰わく、「大君重九の節、上林中に下輦す。酒闌《たけなわ》に嘉宴罷め、車騎各々西東す。……」と。

とある。この詩の作者は、後に梁の簡文帝（在位は五四九～五五一）となった蕭綱である。この詩によって、大同八年（五四二）ころには、九日節を「重九」といっていたことは明らかとなる。

より早い時期の「重九」を求めれば、陶淵明の「九日間居 并序」（『陶淵明集』巻二所収）の「序」がある。

余間居、愛重九之名。秋菊盈園、而持醪靡由。空服其華、寄懐於言。

余の間居、重九の名を愛す。秋菊園に盈《み》ち、而して持醪由靡し。空しく其の華を服して、懐《おもい》を言に寄す。


世短意常多、斯人楽久生。　世短くして意常に多し、斯の人久生を楽《ねが》う。

日月依辰至、挙俗愛其名。　日月辰に依りて至り、挙俗其の名（重九）を愛す。

露凄暄風息、気澈天象明。　露凄として暄風（熱風）息《や》み、気澈して天象明らか。

往燕無遺影、来雁有餘声。　往燕遺影なく、来雁餘声有り。

酒能祛百慮、菊為制頽齢。　酒能く百慮を祛《しりぞ》け、菊は為《これ》頽齢（老化）を制す。

如何蓬廬士、空視時運傾。　如何ぞ蓬廬（粗末な家）の士（陶淵明のこと）、空しく時運の傾くを視る。

塵爵恥虚罍、寒華徒自栄。　塵爵（汚れた盃）虚罍《きようらい》（空の酒樽）を恥じ、寒華徒《いたずら》に自ら栄《さか》ゆ。

斂襟独間謡、緬焉起深情。　襟を斂《ひきし》めて（襟を正して）独り間謡（声を発して詠う）、緬焉深情起こる。

棲遅固多娯、淹留豈無成。　棲遅《せいち》固《まこと》に多娯、淹留豈《あ》に成ることなからん。

陶淵明は『晋書《しんじょ》』巻九四に列伝があり、生年には諸説があるが、ここでは興寧三年（三六五）に生まれ、元嘉四年（四二七）に卒した説を採用する。

南宋の潘自牧の百巻本『記纂淵海』巻二節序部は「重九」の項を設け、「重九」に関する史料を蒐集している。

（1）寧康三年（三七五）重九日、上講孝経、謝安侍坐。史。

寧康三年重九の日、上（孝武帝）は「孝経」を講じ、謝安侍坐す。「史」。

（2）重九日、折茱萸、以挿首、辟除悪気。風土記。

重九の日、茱萸を折り、以て首《こうべ》に挿し、悪気を辟除す。「風土記」。

（3）重九日、佩茱萸、令人長寿。西京雑記。

重九の日、茱萸を佩ぶれば、人をして長寿ならしむ。「西京雑記」。

（4）重九日、採菊花、与茯苓松脂久服、令人不老。太清草木方。

重九の日、菊花を採り、茯苓と松脂とを久しく服さば、人をして不老ならしむ。「太清草木方」。

右のうち、（1）の寧康三年の史料が間違いなければ、寧康三年には九日節は「重九」といわれていたことになり、陶淵明の「九日閒居 并序」詩を引用する必要はないことになる。『晋書』巻九孝武帝紀・寧康三年の条に「九月、帝講孝経」とあり、重九とはなく、『太平御覧《ぎょらん》』巻三二時序部一七・九月九日に、

「続晋陽秋」又曰、寧康三年九月九日、上嘗講孝経。謝安侍坐、陸約幷卞躭執読、謝石袁宏並執経、車胤王温摘句。

「続晋陽秋」（南朝・宋の永嘉太守・檀道鸞の撰）に又た曰わく、「寧康三年九月九日、上嘗て「孝経」を講ず。謝安侍坐し、陸約幷びに卞躭《べんたん》読を執り、謝石・袁宏並びに経を執り、車胤《しゃいん》・王温 句を摘す。

とあり、この史料にも「重九」とはない。『晋書《しんじょ》』巻八三車胤《いん》伝にも、孝武帝の講義を次のように伝えて、

寧康初、以胤為中書侍郎関内侯。孝武帝嘗講孝経。僕射謝安侍坐、尚書陸納侍講侍中卞耽執読、黄門侍郎謝石吏部郎袁宏執経、胤与丹陽尹王混摘句。時論栄之。

寧康の初め、胤を以て中書侍郎・関内侯と為す。孝武帝嘗て「孝経」を講ず。僕射の謝安侍坐し、尚書の陸納・侍講の侍中・卞耽 読を執り、黄門侍郎の謝石・吏部郎の袁宏 経を執り、胤は丹陽尹の王混と句を摘す。時論之を栄とす。

とあるのみで、「重九」の語はない。従って、寧康三年の史料は「重九」の史料とはならない。

（2）の史料は前項に示したもので、この史料の原典に「重九」の語はない。（3）の史料は前漢の劉歆《りゅうきん》の撰になるといわれる『西京雑記』に所載するものである。『西京雑記』巻三の当該部分を示すと次のようである。

戚夫人侍児賈佩蘭、後出為扶風人段儒妻、説在宮内時見。……（中略）……。九月九日、佩茱萸、食蓬餌、飲菊華酒、令人長寿。菊華舒時、并採茎葉、雑黍米醸之。至来年九月九日、始熟、就飲焉。故謂之菊華酒。

戚夫人の侍児・賈佩蘭、後に出でて扶風の人・段儒の妻と為り、宮内に在るの時の見ることを説く。……（中略）……。九月九日、茱萸《しゅゆ》を佩び、蓬餌《ほうじ》を食らい、菊華酒を飲めば、人をして長寿ならしむ。菊華舒《ひら》く時、并せて茎葉を採り、黍《しょ》米を雑え之を醸す。来年九月九日に至り、始めて熟し、就飲す。故に之を菊華酒と謂う。

とあり、「重九」の語はない。（4）の史料は『太平御覧《ぎょらん》』巻三二時序部一七・九月九日に、

太清諸草木方曰、九月九日、採菊花、与茯苓松栢脂丸服之、令人不老。

「太清諸草木方」に曰わく、「九月九日、菊花を採り、茯苓《ぶくりょう》・松栢脂の丸（丸薬）と之を服せば、人をして不老ならしむ」と。

とあるものであろう。『太清諸草木方』（梁の陶弘景の撰）にも「重九」の語はない。潘自牧の『記纂淵海』巻二節序部

に、九月九日を「重九」として史料を集めたため、原典の史料を「重九」に書き換えたのである、『記纂淵海』の史料は「重九」の史料にはならない。

4　重陽

九日節を重陽という事例は、『太平御覧《ぎょらん》』巻一七〇州郡一六・撫州に、

荀伯子臨川記曰、王右軍故宅、其地爽塏、山川若画。毎至重陽日、二千石已下、多遊萃於斯。旧井及墨池並在。

荀伯子（三七八〜四三八）の「臨川記」に曰わく、「王右軍の故宅、其の地爽塏《がい》（高臺）にして、山川は画《え》の若《ごと》し。重陽の日に至る毎に、二千石已下、多く斯に遊萃す。旧井及び墨池並びに在り」と。

とあり、南朝・宋の荀伯子の『臨川記』に「重陽」の語が登場する。荀伯子は『宋書』巻六〇に列伝があり、元嘉一五年（四三八）に死亡している。『宋書』巻六〇荀伯子伝による限りにおいて、『臨川記』は元嘉一五年以前になった書であり、「重陽」も元嘉一五年以前に存在した語ということになる。

『臨川記』は『太平御覧』に引用される時、もしくは著作された以後に「九日」もしくは「重九」の語が「重陽」と改変された可能性も考慮しなければならないが、しかし、改変の證拠は現在の時点では見あたらないから、「重陽」という言い方が、五世紀初頭にあったと考えることは可能である。これでは、「重九」が先行し（五世紀初頭）、「重陽」が後出するとする見解は成立しないことになる。「重九」と「重陽」の先後は再考する餘地があろう。

附節5　九日の節物

1　菊花の簪《かんざし》

唐代の『輦下歳時記』（『歳時広記』巻三四重九《ちょうきゅう》「簪菊花（菊花を簪す）」）に、九日の菊花の簪をいう。

九日、宮掖間、争挿菊花。民俗尤甚。　九日、宮掖の間、争いて菊花を挿す。民俗尤も甚し。

杜牧の『樊川文集』巻三「九日、斉安登高（九日、斉安に登高す）」にもある。

江涵秋影鴈初飛、与客攜壷上翠微。　江は秋影を涵《うるを》し鴈初めて飛ぶ、客と壷を攜え翠微に上る。
塵世難逢開口笑、菊花須挿満頭帰。　塵世 逢い難く口を笑うに開き、菊花須らく満頭に挿して帰るべし。
但将酩酊酬佳節、不用登臨歎落暉。　但だ酩酊を将て佳節に酬い、用いず登臨落暉を歎ずるを。
古往今来只如此、牛山何必独霑衣。　古往今来只だ此《かく》の如く、牛山何ぞ必しも独り衣を霑さん。

詩題に「九日、斉安登高」とあるが、「九日、斉山登高」に作る本もある。『樊川文集』巻三には「斉安郡晩秋」「斉安郡中偶題二首」「斉安郡後池絶句」「題斉安郡楼」「憶斉安郡」と題する詩があるから、「斉山」は「斉安」を是とするべきであろう。斉安郡は黄州の郡名で現在の湖北省黄岡市である。

2　茱萸の簪《かんざし》

晋の周處（二三六〜二九七）の『風土記』（『藝文《げいもん》類聚』巻四歳時部・中・九月九日）に、

風土記曰、九月九日、律中無射、而数九俗尚。此月、折茱萸房、以挿頭。言辟除悪気、而禦初寒。
「風土記」に曰わく、「九月九日、律は無射《ぶえき》に中《あた》り、而して数の九は俗尚ぶ。此の月、茱萸房を折り、以て頭に挿す。悪気を辟除し、而して初寒を禦ぐと言う」と。

とあるように、茱萸は悪気を辟除する効果があると信じられたからである。六世紀中葉の賈思勰《かしきょう》の『斉民要術《せいみんようじゅつ》』巻四種茱萸（茱萸を種える）にも、茱萸の薬効をいう。

術曰、井上宜種茱萸。茱萸葉落井中、飲此水者、無瘟病。雑五行書曰、舎東種白楊茱萸三根、増年益寿、除患害也。又術曰、懸茱萸子於屋内、鬼畏不入也。

「術」に曰わく、「井の上に、宜しく茱萸を種えるべし。茱萸の葉井中に落ち、此の水を飲む者は、無瘟病なし」と。「雑五行書」に曰わく、「舎東に白楊・茱萸三根を種えれば、年の益寿を増し、患害を除くなり」と。又た「術」に曰わく、「茱萸子（茱萸の実）を屋内に懸くれば、鬼畏れて入らざるなり」と。

一二世紀の文献ではあるが、呉自牧の『夢粱録』巻五・九月に、

蓋茱萸名辟邪翁、菊花名延寿客。故假此両物、服之、以消陽九之厄耳。

蓋《けだ》し茱萸は辟邪翁と名づけ、菊花は延寿客と名づく。故に此の両物に假り、之を服し、以て陽九の厄を消すのみ。

とあり、茱萸は辟邪翁といわれ、鬼を追い払う代表のようにいわれている。

3　茱萸嚢《しゅゆじょう》

晋の周處（二三六〜二九七）の『風土記』に、九日節に茱萸を身に帯びることはみえるから、九日節と茱萸の関係は古くからあった。唐初の武徳七年（六二四）になった歐陽詢の『藝文類聚《げいもん》』巻四歳時部・中・九月九日に、

続斉諧記曰、汝南桓景、随費長房、遊学累年。長房謂之曰、九月九日、汝家当有災厄、急宜去。令家人各作絳嚢、盛茱萸以繋臂、登高飲菊酒、此禍可消。景如言、挙家登山、夕還家、見鶏狗牛羊、一時暴死。長房聞之曰、代之矣。今世人毎至九日、登山飲菊酒、婦人帯茱萸嚢是也。

「続斉諧記」に曰わく、「汝南（唐代の汝南郡・蔡州）の桓景、費長房に随い、遊学すること累年。長房之に謂いて曰わく、「九月九日、汝の家災厄有るに当たり、急ぎ宜しく去《ゆ》くべし。家人をして各々絳嚢を作らしめ、茱萸を盛り以て臂に繋け、登高して菊酒を飲めば、此の禍消るべし」と。景は言の如く、挙家して山に登り、夕べに家に還るに、鶏狗牛羊、一時暴死するを見る。長房之を聞きて曰わく、「之に代る」と。今世の人（呉均の時代の人）九

日に至る毎《ごと》に、山に登り菊酒を飲み、婦人茱萸嚢を帯びるは是れなり。
とある。この話は創作の可能性があるから、そのまま受け取ることはできないが、南北朝時代より九日に茱萸嚢を身に着ける習俗があったことは認めてよく、九日の贈答に茱萸嚢があったとしてよい。
唐代の茱萸嚢に関しては史料が少ない。郭振（郭元振、『旧唐書《くとうじょ》』巻九七）の「秋歌二首」の第二に、

辟悪茱萸嚢、延年菊花酒。与子結綢繆、丹心此何有。

辟悪の茱萸嚢、延年の菊花酒。子と結んで綢繆《ちゆうびゆう》す、丹心此れ何《いずくに》か有らん。

とあり、『太平御覧《ぎょらん》』巻三二時序部一七・九月九日に、

盧公範曰、九月重陽日、上五色糕菊花枝茱萸樹。飲菊花、佩茱萸嚢、令人長寿也。

「盧公範」に曰わく、「九月重陽の日、五色糕・菊花枝・茱萸樹を上《たてまつ》る。菊花を飲み、茱萸嚢を佩ぶれば、人をして長寿ならしむなり」と。

とある。『盧公範』は八世紀初頭の人・盧懐慎（『旧唐書』巻九八）の家法である。唐代では茱萸嚢の習俗が廃れてしまったのであろうか。

附節6　菊花酒

1　唐代の菊花酒

『新唐書《じょ》』巻二〇二文藝列伝の李適伝に、

凡天子饗会游豫、唯宰相及学士得従。春幸梨園、並渭水祓除、則賜細柳圏辟癘。夏宴蒲萄園、賜朱桜。秋登慈恩浮図、献菊花酒、称寿。冬幸新豊、歴白鹿観、上驪山賜浴湯池、給香粉蘭沢。

凡《すべ》て天子の饗会游豫、唯だ宰相及び学士従うを得。春には梨園に幸し、並びに渭水に祓除《ふつじょ》し、則ち細柳圏を賜い癘を辟く。夏には蒲萄園に宴し、朱桜を賜う。秋には慈恩［寺］の浮図に登り、菊花酒を献じ、寿を称《あ》ぐ。冬には新豊に幸し、白鹿観を歴て、驪《り》山に上り、浴を湯池に賜い、香粉・蘭沢を給う。

とあり、『太平御覧《ぎょらん》』に引用する盧懐慎（『旧唐書』巻九八）の家法である『盧公範』にも、菊花酒を飲むことをいう。

盧公範曰、九月重陽日、上五色糕菊花枝茱萸樹。飲菊花［酒］、佩茱萸嚢、令人長寿也。（巻三二時序部一七・九月九日）

「盧公範」に曰わく、九月重陽の日、五色の糕《こう》（米粉を固形化したもの）・菊花枝・茱萸《しゅゆ》樹を上《たてまつ》る。菊花酒を飲み、茱萸嚢を佩ぶれば、人をして長寿ならしむなり。

宋の龐元英《ほうげんえい》（一一世紀末の人）の『文昌雑録』巻三に、

唐歳時節物。……（中略）……。九月九日、則有茱萸菊花酒餻。

唐の歳時の節物。……（中略）……。九月九日、則ち茱萸《しゅゆ》・菊花酒・餻《こう》（米粉を固形化したもの。落雁の類）有り。

とあるように、九日は菊花酒を飲み、また菊花酒を贈答した。

2　発酵の菊花酒

菊花酒は菊の花弁を酒に浮かべたものが一般的であるが、菊茎・菊葉・菊花弁を麹によって発酵させた菊花酒もあった。一三世紀の元王朝時代の文献である闕名氏の『居家必要事類全集』巳集・酒麹類・菊花酒に、

菊花酒。以九月九日菊花盛開時、揀黄菊嗅之、香嚐之甘者摘下、晒乾。毎清酒一斗、用菊花頭二両、生絹袋盛之、懸於酒面上、約離一指高、密封瓶口、経宿去花袋。其味有菊花香。又甘美如木香臘梅花、一切有香之花、依此法為之。蓋酒性与茶性同、能逐諸香而自変。

菊花酒。九月九日の菊花盛開の時を以て、黄菊を揀《えら》び之を嗅ぎ、香嘗《こうしょう》の甘きを摘下し、晒乾《さいかん》す。清酒一斗毎《ごと》に、菊花頭二両を用い、生絹の袋に之を盛り、酒面上に懸け、約《ほぼ》一指の高さを離し、瓶口を密封し、経宿（一日）すれば花袋を去る。其の味菊花の香り有り。又た甘美なる木香・臘梅花の如き、一切の香り有るの花、此の法に依り之を為る。蓋《けだ》し酒性は茶性と同じ、能く諸香を逐《お》いて自ら変る。

とある、また北宋の李石の『続博物志』巻五にも、

菊花舒時、採茎葉、雑黍米醸之。至来年九月九日始熟、謂之菊花酒。

菊花舒《ひら》く時、茎葉を採り、黍《しょ》米を雑え之を醸す。来年九月九日に至り始めて熟す、之を菊花酒と謂う。

とある。実に手のこんだ菊花酒である

3　菊酒は頭痛薬

一三世紀中葉の陳元靚《せい》の『歳時広記』巻三四重九《ちょうきゅう》・上・菊花酒に、菊花酒は頭痛に効能があるという。

西京雑記、［戚］夫人侍児賈佩蘭、後出為扶風人段儒妻。………（中略）………。菊花盛開時、採茎葉、雑麦米醸酒。密封置室、至来年九月九日方熟。且治頭風、謂之菊酒。

「西京雑記」に、「戚夫人の侍児の賈《か》佩蘭、後に出でて扶風の人・段儒の妻と為る。………（中略）………。菊花盛んに開く時、茎・葉を採り、麦米を雑え酒を醸す。密封して室に置き、来年の九月九日に至らば方《まさ》に熟す。且に頭風を治す、之を菊酒と謂う。

先にも述べたように『西京雑記』は非常に問題のある書である。従って、その内容をそのまま事実とすることはできない。『西京雑記』は前漢の劉歆《りゅうきん》の撰になるが、早くに散逸し、現行の書は西晋の葛洪《かっこう》（二八三〜三六三）が逸文を蒐集した書であるから、『西京雑記』に書かれている事実は、葛洪の時代の習俗を投影しているとすることはできるだ

ろう。四世紀初頭には、菊花酒は頭痛薬とされていたのである。

唐の孫思邈《そんしばく》（?～六八二）の『千金方』（『歳時広記』巻三四重九・上「作菊枕（菊枕を作る）」）に、

千金方、常以九月九日取菊花、作枕袋枕頭、大能去頭風、明眼目。

「千金方」に、常に九月九日を以て菊花を取り、枕袋・枕頭を作らば、大いに能く頭風を去り、眼目を明るくす。

とあり、九月九日に菊花の枕を作ることをいう。菊の香りの成分が頭痛を除き、目に薬効があるとされたのである。

七二補　九日、菰（まこも）菜の羹《あつもの》と鱸《ろ》魚（すずき）の膾《なます》

羅願（一一三六～一一八四）の『爾雅翼』巻六釈草・蘧蔬《きよそ》（菰草）に、

荊楚歳時記、九月九日事中、称菰菜地菌之流。作羹甚美。鱸魚作膾。白如玉、一時之珍

「荊楚歳時記」の九月九日の事中（九月九日の記事の中）に、「菰菜の地菌(1)（「菰菜の地菌」は菰（まこも）の茎に黒穂病菌が寄生して生じる、竹子状のもの。食用となる）の流を称う。羹を作らば甚だ美《うま》し。鱸魚は膾に作る(2)。白きこと玉の如し。一時の珍なり」と。

とあり、林洪（一一三七～一一六二の進士。『山家清供』の著者）の『茹草紀事』（『説郛《せつぷ》』巻一〇六下に所収）に、次のような菰菜の記事がある。

荊楚歳時記曰、九月九日事、称菰菜地菌之流。作羹甚美。

「荊楚歳時記」に曰わく、「九月九日の事に、菰菜の地菌の流を称《い》う。羹を作らば甚だ美《うま》し」と。

『太平御覧《ぎよらん》』巻八六二飲食部二〇・膾に、

春秋左助期（＝春秋佐助期）曰、八月雨後、苽菜生於洿下地中、作羹臛甚美。呉中以鱸魚作鱠（＝膾）、苽菜為

羹。魚如白玉、菜黄若金。称為金羹玉鱸（＝膾）、一時珎食（＝珍食）。

「春秋佐助期」(3)に曰わく、「八月の雨後、苽菜（菰菜に同じ。苽は菰の本字）は洿下《おか》（くぼ地）の地中に生じ、羹臛《かんかく》（あつもの。菜あるを羹、菜なきを臛）を作らば甚だ美し。呉中は鱸魚を以て膾を作り、苽菜を羹と為す。魚は白玉の如く、菜は黄にして金の若し。称いて金羹玉膾《きんかんぎょくかい》と為し、一時の珍食なり。

とある。『春秋佐助期』（著者不詳。春秋緯の一書）は、三国・魏の宋均が注釈を加えているから、後漢には成立していた。後漢の時代から、呉の金羹玉膾は天下に周知されていたことがわかる。

呉の金羹玉膾の調理方法は『斉民要術《せいみんようじゅつ》』巻八「作羹臛」第七六羹臛法に記述がある。

菰菌魚羹。魚方寸准。菌湯沙中出、劈。先煮菌令沸、下魚。又云、先下、与魚菌茉糝葱豉。又云、洗不沙。肥肉亦可用。半奠之。

菰菌魚羹。魚は方寸に准《そろ》える。菌は湯沙中に出だし、劈《さ》く。先に菌を煮て沸せしめ、魚を下す。又た云わく、「先に魚を下し、魚・茉《すいば》（タデ科の植物）・糝《さん》（めしまじり）・葱・豉《き》を与らしむ」と。又た云わく、「洗は沙せず。肥肉亦た用うべし」と。之を半奠（半盛り）にす。

（1）菰菜の地菌は菰《まこも》の茎に、黒穂病菌が寄生して生じる竹筍状のもので食用となる。『爾雅』釈草・蘧蔬《きよそ》の郭璞《かくはく》の注に、

蘧蔬似土菌、生菰草中。今江東啖之。甜滑。　蘧蔬は土菌に似て、菰草中に生える。今江東之を啖《く》らう。甜滑なり。

とあり、蘧蔬という。羅願（一一三六～一一八四）の『爾雅翼』巻六釈草・蘧蔬に、

菰蔣草也。江南呼為茭草。根久盤厚。則夏月生菌、菌即謂之菰菜。利五臟、雑鯉為羹。呂氏春秋曰、菜之美者、……。越駱之菌。則古者重之久矣。

菰は蔣草なり。江南呼びて茭草と為す。根久《なが》く盤厚し。則ち夏月に菌を生じ、菌は即ち之を菰菜と謂う。五臟（肝臟・心

臓・脾臓・腎臓・肺臓）を利し、雑鯉を雑え羹を為る。「呂氏春秋」（『呂氏春秋』巻一四孝行覧第二本味）に曰わく、「菜の美《うま》きものは、……。越駱（中国東南の異民族）の菌。則ち古より之を重ずること久し」と。

（2）鱸魚はカジカ（＝鰍）科の淡水魚。体色は黄褐色で暗色の横筋が五本あり、産卵期には尻びれ等が赤色になる。晩秋に川を下って産卵、稚魚は翌年四・五月ごろ川を上る。日本では有明海附近の川に生息している。中国では松江の鱸魚が著名である。鱸魚の膾は古来、蘇州の松江産を天下第一とした。楽史（九三〇～一〇〇七）の『太平寰宇記《かんう》』巻九一蘇州常熟県に、呉江（＝黄埔河）、本名松江。又名松陵、又名笠沢。……（中略）……。至秋月、多生鱸魚、張翰思鱸鱠之所也。呉江、本は松江と名づく。又た松陵と名づけ、又た笠沢と名づく。……（中略）……。秋月に至り、多く鱸《ろ》魚を生じ、張翰の「鱸膾を思う」の所なり。

とあり、范成大（一一二六～一一九三）の『呉郡志』巻二九土物にも次のようにある。

鱸魚、生松江尤宜。鱠潔白鬆軟。又不腥。在諸魚之上。江与太湖相接、湖中亦有鱸。俗伝江魚四鰓、湖魚止二鰓。味輒不及秋初。魚出呉中、好事者、競買之、或有遊松江、就鱠之者。

鱸魚、松江に生ずるもの尤も宜し。鱠は潔白にして鬆軟《しょうなん》。又た腥ならず。諸魚の上に在り。江は太湖と相い接し、湖中亦た鱸有り。俗伝に江魚は四鰓、湖魚は二鰓に止む。味は輒《すなわ》ち秋初に及ばず。魚は呉中に出で、好事の者、競いて之を買い、或いは松江に遊び、膾に就くの者有り。

（3）『春秋佐助期』に関しては「六一　牽牛と織女」の注（5）を参照。

附節　松江の鱸

1　松江の鱸（後漢）

松江の鱸は、既に後漢の時代（二五～二二〇）には天下に周知されていた。『後漢書《じょ》』巻七二下・方術列伝・左慈伝に松江の鱸をいう。

左慈、字元放、廬江人也。少有神道。嘗在司空曹操坐。操従容顧衆賓曰、今日高会、珍羞略備。所少呉松江鱸魚耳。元放於下坐応曰、此可得也。因求銅盤貯水、以竹竿餌釣於盤中、須臾引一鱸魚出。………

左慈、字は元放、廬江の人なり。少くして神道（神秘の術）有り。嘗て司空・曹操（一五五～二二〇）の坐に在り。操は従容として衆賓を顧みて曰わく、「今日の高会、珍羞略《ほ》ぼ備わる。少なき所は呉の松江の鱸魚のみ」と。元放下坐に於いて応じて曰わく、「此れ得べきなり」と。因りて銅盤（銅のたらい）を求め水を貯え、竹竿を以て餌つけて盤中に釣り、須臾《すゆ》にして一鱸魚を引き出す。……

2　張翰の故事

呉の鱸鱠に関する張翰の故事は餘りにも有名である。『晋書《しんじょ》』巻九二文苑列伝の張翰伝に、

張翰、字季鷹。呉郡呉人也。父儼、呉大鴻臚。翰有清才、善属文、而縦任不拘。時人号為江東歩兵。会稽賀循、赴命入洛、経呉閶門、……（中略）……。両王冏辟為大司馬東曹掾。冏時執権、翰謂同郡顧栄曰、天下紛紛、禍難未已。夫有四海之名者、求退良難。吾本山林間人、無望於時。子善以明防前、以智慮後。栄執其手、愴然曰、吾亦与子採南山蕨、飲三江水耳。翰因見秋風起、乃思呉中菰菜蓴羹鱸魚膾、曰、人生貴得適志、何能覊宦数千里以要名爵乎。遂命駕而帰。

張翰、字は季鷹、呉郡呉の人なり。父の儼は、呉の大鴻臚なり。翰は清才有り、善く文を属して縦任にして拘わらず。時人号して「江東の歩兵」と為す。会稽の賀循、命に赴き洛に入り、呉の閶門《しょうもん》を経て、……（中略）……。斉王の冏《きょう》（晋の文帝・司馬昭の子である献王・攸の子、司馬昭の孫、『晋書』巻五九）辟して大司馬東曹の掾と為す。冏は時に権を執り、翰は同郡の顧栄に謂いて曰わく、「天下紛紛として、禍難未だ已まず。夫れ四海の名有る者、退

くを求めて良《まこと》に難し。吾は本と山林の間人、時に望むなし。子善く明を以て前を防ぎ、智を以て後を慮れ」と。栄は其の手を執り、愴然として曰わく、「吾亦た子と南山の蕨《わらび》を採り、三江の水を飲むのみ」と。翰因りて秋風の起るを見、乃ち呉中の菰菜（春に出る菰の芽、また菰筍・茭筍ともいう）・蓴羹《しゆんかん》（じゅんさいの羹）・鱸魚の膾を思い、曰わく、「人生は志に適すを得るを貴とし、何ぞ能く宦数千里に羇《き》し、以て名爵を要せんや」と。遂に駕に命じて帰す。

とあり、張翰は秋風を感じると、やっと手に入れた東曹の掾という官を投げすて、「人生は志に適すを得るを貴とし」として、さっさと鱸魚の膾が待つ郷里にかえってしまった。

張翰を指して「江東の歩兵と為す」とは、竹林の七賢の一人である阮籍は生来、酒が大好きで、歩兵の厨房に酒が山積みされているのを知り、その酒を飲みたいばかりに歩兵の指揮官である歩兵校尉を志願した故事によるもので、「江東の大酒飲み」という意味である。

3　隋代の鱸膾

隋の杜宝の『大業拾遺記』に、煬帝の治世に呉郡が松江鱸魚乾膾を献上したことをいう。

又呉郡献鮸松江鱸魚乾膾六瓶。瓶容一斗。作膾法、一同鮸魚。然作鱸魚膾、須八月九月霜下之時、収膾魚三尺以下者作乾膾。浸漬訖、布裹瀝水令尽、散置盤内、取香柔花葉、相間、細切和膾、撥令調匀。霜後膾魚、肉白如雪、不腥。所謂金虀玉膾、東南之佳味也。（『太平広記』巻二三四呉饌）

又た呉郡、鮸・松江鱸魚の乾膾六瓶を献ず。瓶に一斗を容れる。膾を作るの法は、一に鮸《めん》魚（いしもち）と同じ。然るに鱸魚の膾を作るは、八月・九月の霜下るの時を須ち、膾魚三尺以下のものを収めて乾膾を作り、浸漬し訖れば布裹（布に裹む）し、瀝水尽さしむ。盤内に散置し、香柔花の葉を取り、相い間《へだ》て、細切し膾に和ぜ、撥して調匀《ちょういん》せしむ。霜後の膾魚、肉は白く雪の如く、腥ならず。所謂、金齏《せい》玉膾なり。東南の佳味なり。

七三補　九日の催禾雨（九日の雨）

一三世紀中葉の陳元靚《せい》の『歳時広記』巻三五重九《ちょうきゅう》・中・進諱詞に、九月九日の雨を催禾雨というとある。

荊楚歳時記、重九日、常有疎雨冷風。俗呼為催禾雨。

「荊楚歳時記」に、「重九の日、常に疎雨（疎む雨）・冷風有り。俗に呼んで催禾雨(1)と為す」と。

（1）『荊楚歳時記』は荊楚地方の歳時を述べると共に、『玉燭宝典』の記事を引用し、華北のことを述べているから、『荊楚歳時記』にいう歳時や現象が荊楚地方のものとは限らない。従って、九月九日の催禾雨が荊楚地方の雨と判断するのは早計である。

七四補　菊水

北宋の朱勝非(1)（一〇八二～一一四四）の『紺珠集』(2)巻五に引用する『荊楚歳時記』逸文に「南陽菊水源」と題して、次の記事がある。

豫章記云、南陽有菊水、居其側者多寿。劉寛月致三十斛。水源芳菊被崖、故以名。

「豫章記」(3)に云わく、「南陽(4)に菊水有り、其の側に居す者は多寿。劉寛(5)は月に三〇斛を致す。水源の芳菊崖を被い、故に以て名づく。

（1）朱勝非は『宋史』巻三六二に列伝がある。朱勝非は崇寧二年（一一〇三）の進士合格。

（2）『紺珠集』は『宋史』巻二〇六藝文志・小説類に「紺珠集十三巻」とあり、陳振孫（一一八四年の進士合格）の『直斎書録解題』巻一一小説家類に「紺珠集十二巻。案文献通攷作十三巻」とあり、説明に、

朱勝非鈔諸家伝記小説、視曽慥類説、為略。

朱勝非は諸家の伝記・小説を鈔し（＝抜き書き）、曽慥《そぞう》の「類説」に視《なぞら》え、略を為《つく》る。

とある。断片的ではあるが、今となっては貴重な記事が多くある書である。

（3）『豫章記』は『隋書』巻三三経籍志・史部・地理類に「豫章記一巻。雷次宗撰」、『新唐書《じょ》』巻五八藝文志・史部・地理類に「雷次宗。豫章記一巻」とある。南朝・宋の雷次宗（三八六～四四八。『宋書』巻九三、『南史』巻七五）が豫章（江西省南昌市）の地理・風俗を概説した書。

（4）河南省南陽は漢水の支流である白河の西岸に位置する。約二二〇㎞北東に同省の鄭州、三二〇㎞南東に湖北省の武漢が位置している。秦の時代に南陽郡が設置され、発展の基礎が築かれた。後漢を興した光武帝は、南陽盆地を勢力基盤としていた。

（5）劉寛（一一八～一八五）は『後漢書《じょ》』巻五五に劉寛伝がある。三世紀初頭の後漢の応劭《おうしょう》の『風俗通』（『藝文《げいもん》類聚』巻八一薬香部・菊所収）に、劉寛等が南陽の菊水を飲用した話がある。

風俗通曰、南陽酈県有甘谷、谷水甘美。云其山有大菊、水従山上流下、得其滋液。谷中有三十餘家、不復穿井、悉飲此水。上寿百二三十、中百餘、下七八十者、名之大夭。菊華軽身益気故也。司空王暢太尉劉寛太尉袁隗為南陽太守、聞有此事、令酈県月送水二十斛、用之飲食。諸公多患風眩、皆得瘳。

「風俗通」に曰わく、「南陽の酈《れき》県（鄧州菊潭県）に甘谷有り、谷水は甘美なり。云う〈其の山に大菊有り、水は山上より流下し、其の滋液を得〉と。谷中に三十餘家有り、復た井を穿たず、悉く此の水を飲む。上は寿・百二三十、中は百餘、下は七八十なる者あり、之を大夭《よう》と名づく。菊華は身を軽くし気を益す故なり。司空の王暢（二世紀の人）・太尉の劉寛（『後漢書』巻五五）・太尉の袁隗 南陽太守と為り、此の事有るを聞き、酈県をして月々に水二〇斛を送らしめ、之を用いて飲食す。諸公多く風眩（癲癇）を患うも、皆な瘳《い》えるを得る。

一〇月

七五　一〇月一日、黍臛《しょかく》（黍《きび》の雑炊）を為る。秦の歳首

「宝顔堂秘笈広集」本『荊楚歳時記』の「一〇月一日、黍臛（黍《きび》の雑炊）を為る。秦の歳首」は次のようである。

十月朔日、［家家為］(1)黍臛。俗謂之秦歳首。未詳黍臛之義。今北人、此日、設麻羹豆飯、当為其始熟嘗新耳。禰衡別伝云、十月朝（＝朔）、黄祖在艨艟上、会設黍臛。是也。又天気和暖似春。故曰小春。

一〇月朔日、家々黍臛(2)（黍の雑炊）を為る。俗に之を秦の歳首(3)と謂う。未だ黍臛の義を詳らかにせず。今北人（秦嶺・淮河線以北の人々）、此の日、麻羹《まかん》豆飯(4)を設《しつら》え、当《まさ》に其れ始めて熟し新を嘗《なめ》ると為すべきのみ。「禰衡《でいこう》別伝(5)」に云わく、「一〇月朔、黄祖(6)（三国時代の江夏太守）艨艟(7)（細くて長い戦船、艨衝ともいう）の上に在り、会して黍臛を設う」と。是れなり。又た天気和暖にして春に似たり。故に小春と曰う。

（1）「家家為」は『玉燭宝典』巻第一〇・一〇月孟冬の附説に、

附説曰、十月、周之蜡節。秦之歳首。荊楚記云、朔日、家家為黍臛。案礼、……

附説に曰わく、「一〇月は、周の蜡節なり。秦の歳首なり。《荊楚記》に云わく、〈朔日、家家は黍臛（雑炊）を為る〉」と。

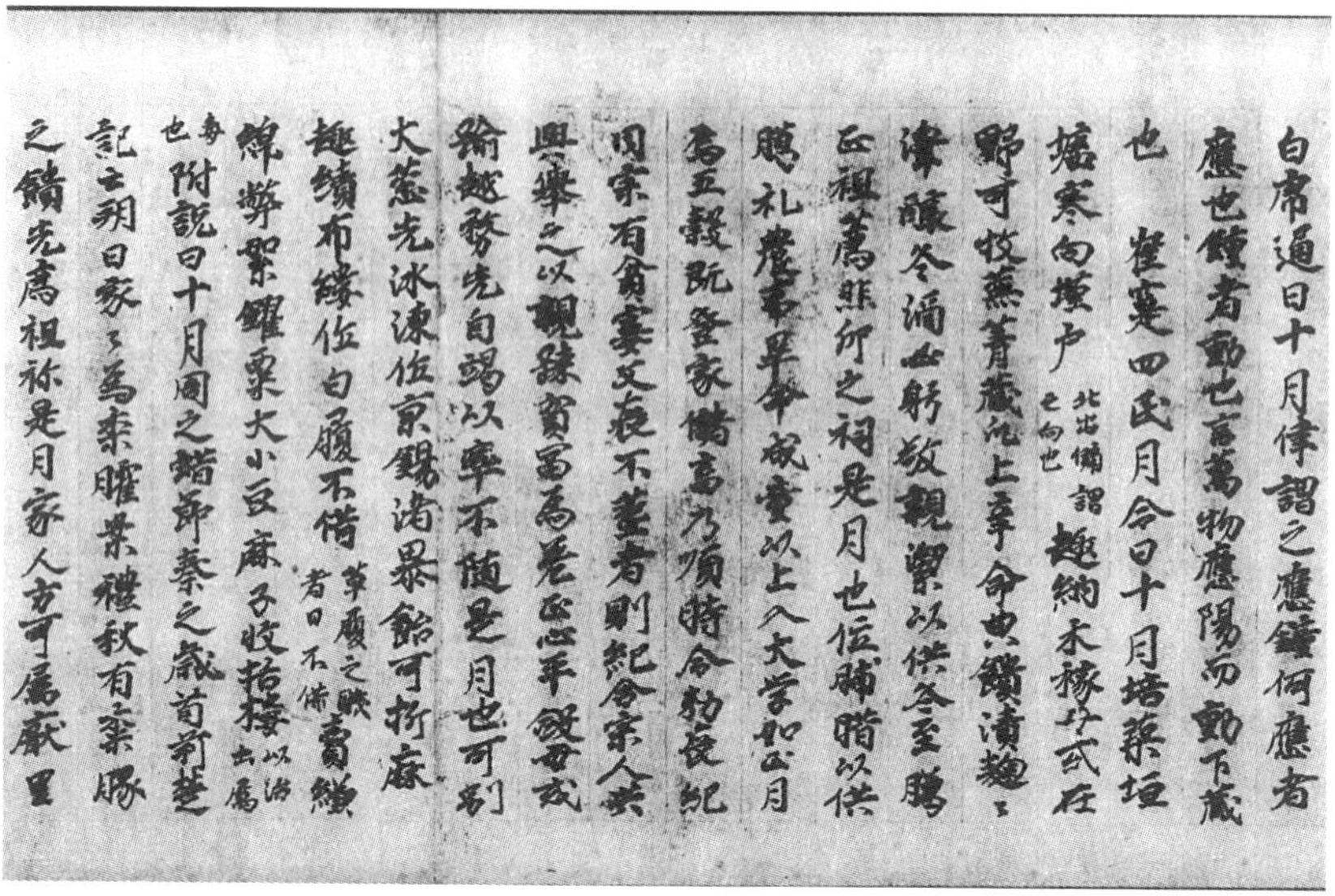
白虎通曰十月律謂之應鍾何應者
應也鍾者動也言萬物應陽而動下藏
也　崔寔四民月令曰十月培築垣
墻塞向墐戸　北出牖謂之向也
野可收蕪菁藏瓜上辛命典饋漬麹々
澤釀冬酒必躬敬潔以供冬至臘
正祖薦韭卵之祠是月也作脯腊以供
臘祀農事畢命成童以上入大學如正月
焉五穀既登家備儲蓄乃順時令勅喪紀
同宗有貧窶久病不葬者則糾合宗人共
興舉之以親疎貧富為差正心平斂毋或
踰越務先自竭以率不隨是月也可別
大蔥先冰凍作京餳煮暴飴可折麻
趣績布縷作白履不借　草履之賤者曰不借
賣縑帛弊絮糴粟大小豆麻子收括樓　以治身也
附説曰十月國之端節秦之歳首前楚
記云朔日家々為黍臛黍禮秋有黍臛
之餚先薦祖祢是月家人方可屬厭置

図版14　『玉燭宝典』巻第10・10月孟冬。後より３行目に「秦之歳首」とある。

礼を案ずるに、……

とあることを参考として補字した。

(2) 黍臛《しょかく》は黍《きび》を用いた雑炊、もしくは黏米《ねんまい》（もち米）を用いた雑炊。『太平御覧《ぎょらん》』巻八五〇飲食部八・黍に「風俗通曰、今宴飲大会、皆先黍臛（「風俗通」に曰わく、「今宴飲大会するに、皆な黍臛を先にす」）とある。

(3) 秦の歳首は始皇帝の二六年（前二二一）から前漢の太初元年（前一〇四）の太初暦の採用まで、「顓頊暦《せんぎょく》」を用い、歳首を一〇月にしたことをいう。

月建という言葉がある。月建の「建」とは、北斗七星の柄の部分の三星を斗柄といい、斗柄の延長部分を「建」という。北斗七星の斗柄が夕方に寅の方位を指すことを建寅（寅に建《おざ》す）という。一二支に分け一二か月に月建を配当するが、華北の農事に適合させるため、冬の真ん中にある冬至を含む月を建子の月に配当した。これによって、春季は建寅（孟春）・建卯（仲春）・建辰（季春）、夏季が建巳（孟夏）・建午（仲夏）・建未（季夏）、秋季が建申（孟秋）・建酉（仲秋）・建戌（季秋）、冬季が建亥（孟冬）・建子（仲冬）・建丑（季冬）の月となる。これには夏・殷・周の各王朝の暦である夏正（夏暦）、殷正（殷暦）、周正（周暦）において同じである。夏正では建寅の月を正月とし、殷正では建丑の月を正月とし、周正では建子の月を正月とした。

周王朝以降の戦国各国が主として採用したのは夏正である。これは夏王朝を継承する正統性を示すためである。始皇帝の二六年（前二二一）に秦王朝は顓頊《せんぎょく》暦を採用した。顓頊暦は月建の配置は夏正と同じであるが、年始が建寅ではなく、建亥（一〇月）であった。年始と正月を顓頊暦は別々にしていただけで、夏正と同じであった。この顓頊暦が前漢の太初元年（前一〇四）の太初暦の採用まで用いられていた。太初の改暦において、年始を建寅月とし、これが以後の王朝に継承されることになった。

月建	子	丑	寅	卯	辰	巳	午	未	申	酉	戌	亥
夏正	一一月	一二月	正月	二月	三月	四月	五月	六月	七月	八月	九月	一〇月
殷正	一二月	正月	二月	三月	四月	五月	六月	七月	八月	九月	一〇月	一一月
周正	正月	二月	三月	四月	五月	六月	七月	八月	九月	一〇月	一一月	一二月

『荊楚歳時記』の「一字上げ」の箇所は、一般には『荊楚記』の文とされる。その「一字上げ」の箇所に「俗謂之秦歳首」とある。この文は明らかに『荊楚記』の文ではない。「一字上げ」の箇所にある文は、『荊楚記』の文とするのは誤りである。「俗謂之秦歳首」は、杜公瞻《せん》が、「一字上げ」の箇所に置いたもので、『荊楚記』の文と他の文が混在している。

（4）麻羹豆飯は麻豆饡《さん》・麻豆羹飯と同じ食品である。『歳時広記』巻三七小春「食黍臛《しょかく》（黍臛を食らう）」に引用する『太清諸草木方』（三巻。『太清諸草木方集要』が正式書名である。『初学記』に引用がある）に、

太清諸草木方、十月一日、宜食麻豆饡（＝麻豆饡）。

「太清諸草木方」に、「一〇月一日、宜しく麻豆饡《さん》（饡は汁かけ飯の意）を食らうべし」と。

とあり、一〇月一日に麻豆饡を食べるという。また『玉燭宝典』巻第一〇・一〇月孟冬の附説に次のようにある。

今世、則炊乾飯、以麻豆羹、沃之。諺云、十月旦、麻豆饡（＝麻豆饡）。字苑、以羹澆飯也。字林同。音子旦反。

今世、則ち乾飯を炊き、麻豆羹を以て、之に沃ぐ。諺に云わく、「一〇月旦、麻豆饡《さん》」と。［饡とは］「字苑」に、「羹を以て飯に澆ぐなり」と。「字林」も同じ。［饡］の音は「子・旦の反《かえ》し＝さん」なり。

「饡」字は顧野王（五一九～五八一。『陳書』巻三〇、『南史』巻六九）の『玉篇』巻九食部に、

饡。子旦切。以羹澆飯也。　饡。子・旦の切。羹を以て飯に澆《そそ》ぐなり。

とある。「鑽」は「穿つ」という字であり、食物には不適切な字である。『玉篇』によって「饡」と訂正するべきである。「鑽」字に作るのは『玉燭宝典』が転写されていく過程において、「饡」が「鑽」と誤写された結果であろう。

隋代の華北では、一〇月一日に麻豆羹飯を食べた。胡麻と豆をすりつぶしたものを飯にかけたものが麻豆羹飯であり、麻豆饡は麻豆羹飯と同じものである。一〇月一日には、中国の南北において同じような食品を食べたのである。

（5）『禰衡《でいこう》別伝』の詳細は不詳。『太平御覧《ぎょらん》』に引用がある。禰衡は『後漢書《じょ》』巻一一〇下・文苑列伝七〇下に列伝がある。

禰衡、字正平、平原般人也。少有才弁、而気尚剛傲、好矯時慢物。興平中、避難荊州。建安初、来遊許下。始達潁川、乃陰懐一刺、既而無所之適、至於刺字漫滅。………（中略）………。後黄祖在蒙衝船上、大会賓客。而衡言不遜順。祖慙、乃訶之。衡更熟視曰、死公云等道。祖大怒、令五百将出。欲加箠、衡方大罵。祖恚、遂令殺之。祖主簿素疾衡、即時殺焉。射徒跣来救、不及。祖亦悔之、乃厚加棺斂。衡時年二十六。其文章多亡云。

禰衡、字は正平、平原・般の人なり。少《わか》くして才弁有り、而して気尚剛傲《ごうこう》、好んで時に矯《たが》い物を慢《あなど》る。興平中（一九四～一九五）、難を荊州に避ける。建安の初め（一九六～二二〇）、来りて許下に遊ばんとす。始めて潁川《えいせん》に達《いた》るや、乃ち陰かに一刺を懐にせしも、既にして之《ゆ》き適《ゆ》く所なく、刺の字漫滅するに至る。………（中略）………。後に黄祖蒙衝船上に在りて、大いに賓客を会す。而して衡の言遜順ならず。祖慙《は》じ、乃ち之を訶《か》す（叱ること）。衡更めて熟視して曰わく、「死公（死に損ないの意）、等道を云う」。祖大いに怒り、五百をして将《ひき》い出さしむ。箠《むち》を加えんと欲して、衡方に大いに罵る。祖恚《いか》り、遂に之を殺さしむ。祖の主簿素より衡を疾《にく》みたれば、即時に焉《これ》を殺す。射《えき》は徒跣して来り救いしも、及ばず。祖亦た之を悔い、乃ち厚く棺斂を加う。衡は時に年二十六。其の文章多く亡《うしな》わると云う。

（6）黄祖（?～二〇八）は、後漢末期の武人。呉の孫氏一族と長く抗争を続けた劉表配下の将軍。禰衡を最初は厚遇していたが、後には黄祖は怒って彼を殺害した。

（7）艨艟《もうどう》は堅固で細長く、敵船に突入するための船をいう。梁の顧野王の『玉篇』巻一八舟部「艨《もう》」に、「莫・公の切。艨艟戦船」

とある。細くて長い戦船、艨衝・蒙衝ともいう。

附節「一〇月一日、黍臛《しょかく》（黍《きび》の雑炊）を為る。秦の歳首」の典拠

『荊楚歳時記』の「一〇月一日、黍臛（黍《きび》の雑炊）を為る。秦の歳首」は次のようである。

十月朔日、［家家為］黍臛。俗謂之秦歳首。

未詳黍臛之義。今北人、此日、設麻羮豆飯、当為其始熟嘗新耳。…………

この記事は「十月朔日、家家為黍臛」と「俗謂之秦歳首」に二分することができる。

『玉燭宝典』巻第一〇・一〇月孟冬の附説に（三八〇頁の図版14を参照）、

附説曰、十月、周之蜡節。秦之歳首。荊楚記云、朔日、家家為黍臛。案礼、……

附説に曰わく、「一〇月は、周の蜡《さ》節。秦の歳首なり。『荊楚記』に云わく、〈朔日、家家は黍臛（黍《きび》の雑炊）を為る〉と。礼を案ずるに、……」。

とあり、『荊楚歳時記』の「十月朔日、家家為黍臛」は『玉燭宝典』が引用する「荊楚記云、朔日、家家為黍臛」に依拠した記事であり、「俗謂之秦歳首」は『玉燭宝典』の「十月、周之蜡節。秦之歳首」に少し手を加えた記事である。

「十月朔日、家家為黍臛」が『荊楚記』に依拠した記事であることは、「一字下げ」の注記といわれる箇所に、

未詳黍臛之義。今北人、此日、設麻羮豆飯、当為其始熟嘗新耳。…………

とあり、黍臛はどのような食品か理解できないという。理解できないのは「一字下げ」の注記を書いた人であり、『荊楚記』の「十月朔日、家家為黍臛」を『荊楚歳時記』の「一字上げ」の記事に採用したが、荊楚地方を含めた江南の黍臛という食物が理解できなかったからである。『荊楚記』の「十月朔日、家家為黍臛」を『荊楚歳時記』の「一字上げ」の記事に採用した人物は、北人の杜公瞻《せん》であり、「一字下げ」の注記を書いたのも杜公瞻である。

「一字上げ」の「十月朔日、［家家為］黍臛。俗謂之秦歳首」という記事は、『荊楚記』と『玉燭宝典』の記事から構成される。『荊楚歳時記』において「一字上げ」の箇所は、宗懍の記事だけのはずであるが、ここでは『玉燭宝典』の記事が混入している。これでは現行本『荊楚歳時記』は宗懍撰とはいえないだろう。

七六　一〇月小春（衍文）

「宝顔堂秘笈広集」本『荊楚歳時記』の「七五　一〇月一日、黍臛《しよかく》（黍《きび》の雑炊）を為る。秦の歳首」に「小春」の記事は示したが、検討の餘地があるので、再び「一〇月小春」の項目を設けた。なお「重較説郛《せつぷ》」本、「漢魏叢書」本、「広漢魏叢書」本、「和刻」本の『荊楚歳時記』に、「一〇月小春」の記事はない。

「宝顔堂秘笈広集」本の『荊楚歳時記』の「一〇月小春」の記事は次のようである。

十月朔日、［家家為］黍臛。俗謂之秦歳首。

未詳黍臛之義。今北人、此日、設麻羹豆飯、当為其始熟嘗新耳。禰衡別伝云、十月朝（＝朔）、黄祖在艨艟上、会設黍臛。是也。又天気(1)和暖、似春。故曰小春。

右の記事を見て奇妙に感じるのは「小春」の記事に出典がないことである。一般的に『荊楚歳時記』の注記記事は出典が明示され、「〇〇曰、…………」とあるのが通例である。出典がないので、この小春の記事は衍増である可能性が高い。小春の記事が注記の最後に位置する点も、後世の衍増で最後尾に附加された疑いを大きくする。

（1）「天気」という語に関して、『錦繍萬花谷』後集巻一天門・雨には、

液雨、天時和暖、似春。故曰小春。此月内一雨、謂之液雨。百虫飲此而蔵蟄。俗呼為薬水。出荊楚歳時記。

液雨、天時和暖、春に似たり。故に小春と曰う。此の月の内の一雨、之を液雨と謂う。百虫此れを飲みて蔵蟄す。俗に呼びて薬水と為す。「荊楚歳時記」に出ず。

とあり、『荊楚歳時記』を出典として「天気」を「天時」とする。

なお、『錦繡萬花谷《きんしゆうまんかこく》』後集によれば、

天時和暖、似春。故曰小春。此月内一雨、謂之液雨。百虫飲此而蔵蟄。俗呼為薬水。

とある記事全体が『荊楚歳時記』の記事であったことになる。一七世紀の彭大翼の『山堂肆考』巻四天文・雨・薬水に、

荊楚歳時記、十月、天時和暖、似春。故曰小春。此月内一雨、謂之液雨。百虫飲此而蔵蟄。俗呼為薬水。

とあり、『錦繡萬花谷』後集と類似する記事がある。これは『山堂肆考』が『錦繡萬花谷』後集の記事を引用したもので、『錦繡萬花谷』後集以外の史料を有し、そこから引用したものではないであろう。

以上を要約すれば、「宝顔堂秘笈広集」本『荊楚歳時記』に「又天気和暖、似春。故曰小春」とあるが、この記事は『錦繡萬花谷』後集巻一天門・雨に、

液雨、天時和暖似春。故曰小春。此月内一雨、謂之液雨。百虫飲此而蔵蟄。俗呼為薬水。出荊楚歳時記。

とあることを考慮すれば、本来の「小春」記事は、右に示した記事でなかったかと想定できる。

この「小春」の記事を「宝顔堂秘笈広集」本『荊楚歳時記』は「又天気和暖、似春。故曰小春」と縮め、「天時」を「天気」に書き換えたと推測される。であれば、「宝顔堂秘笈広集」本『荊楚歳時記』の「小春」記事は、一四世紀以降に改変された記事ということになり、『錦繡萬花谷』後集の「小春」記事が是ということになる。果たして、これで正解であろうか。

附節　小春

1　八月を小春という

「小春」という季語は、一〇世紀末の賛寧（九一九～一〇〇一）の『筍譜』巻上「一之名」に出てくる。

八月、俗謂之小春。暑已去、寒欲来、気至而涼。故曰小春。

八月、俗に之を小春と謂う。暑さ已に去り、寒さ来らんと欲し、気至りて涼し。故に小春と曰う。

賛寧は『宋高僧伝』の著者である。『宋高僧伝』は太平興国七年（九八二）に勅命を奉じ、端拱元年（九八八）に完成したから、一〇世紀末には八月を小春と呼んだようである。

また、乾隆八年（一七四三）に完成した『欽定授時通考』巻五天時・秋・八月に、

田家五行、八月中旬、作熱、謂之潮熱。又名八月小春。

「田家五行」に、「八月中旬、熱を作す、之を潮熱と謂う。又た八月小春と名づく」と。

とある。『田家五行』は一二世紀から一四世紀の書である。

一〇月を小春ということは、『荊楚歳時記』によって明白であるのに、一〇世紀末に八月を小春と呼んだことを、わざわざいうのは不必要と思われるが、『荊楚歳時記』の一〇月小春は疑わしいのである。七世紀の『荊楚歳時記』によって、一〇月は小春ということが定着しているなら、「八月小春」を提唱しても世間に受容されるはずはない。それにも拘わらず、一〇世紀末や一二世紀に「八月小春」が提唱される事実は、一二世紀まで「一〇月小春」が季語として存在しなかった可能性が高いことを示すものである。

2　一〇月を小春という

一〇月を小春というのは、『荊楚歳時記』の一〇月の記事中にある。『荊楚歳時記』の史料によって、小春という言葉は六世紀からあったと一般的には理解されている。

ここで注意するべきは「小春」は宗懍の『荊楚記』ではなく、『荊楚記』に附した隋の杜公瞻《せん》の補足説明の注記部分にあるから、「小春」は隋代からの歳時用語であることになり、六世紀末ころから一〇月を小春といったことになる。さらにいえば、杜公瞻の補足説明の部分にある「又天気和暖、似春、故曰小春」は、本当に杜公瞻の補足説明かどうか疑わしい。なぜ補足説明部分の末尾にあるのか。末尾であれば、後世の人が書き加えることが簡単にできる。「重較説郛《せっぷ》」本『荊楚歳時記』の「十月」の記事に「小春」記事がない。「重較説郛」本『荊楚歳時記』は不注意によって、「小春」記事を脱落したのであろうか。

3　『歳時広記』の小春

一三世紀中葉の陳元靚《せい》の『歳時広記』巻三七小春の冒頭に、唐の徐堅らが八世紀前半に完成させた『初学記』の記事を引用し、その中に「小春」の語があるという。

又初学記云、冬月之陽、萬物帰之。以其温煖如春、故謂之小春。亦云小陽春。

又た「初学記」に云わく、「冬月の陽、萬物之に帰す。其の温煖春の如きを以て、故に之を小春と謂う。亦た小陽春と云う」と。

ところが、『初学記』には「小春」の記事はない。「小春」の記事は明らかに『歳時広記』の造作である。小春を説明するのであれば、『初学記』ではなく、年代の古い『荊楚歳時記』の史料を引用すればよい。それをしないのは『荊楚歳時記』に「小春」の記事がなかったからに相違ない。

4　『新編古今事文類聚』前集の小春

一三世紀の祝穆の『新編古今事文類聚』前集巻一二天時部一〇月に、

冬日、其暖如春。故謂之小春。初学記。　冬日、其の暖は春の如し。故に之を小春と謂う。「初学記」。

とあり、『初学記』に「小春」という語はあるとする。

ところが、『初学記』には「小春」の記事はない。この「小春」の記事も『新編古今事文類聚』前集の造作である。『歳時広記』の場合と同様に小春を説明するのであれば、『初学記』ではなく『荊楚歳時記』の記事を引用すればよい。それをしないのは、『荊楚歳時記』に「小春」の記事がなかったからに相違ない。『新編古今事文類聚』前集・天文部は南宋以前の歳時史料を輯集した部分である。『荊楚歳時記』の存在を知らないはずはない。

5　『事林広記』の小春

泰定二年乙丑（一三二五）に補訂重刻された『新編群書類要　事林広記』甲集巻四「令節記載門」下・小春に、

十月為小春。荊楚歳時記云、天時和暖、似春、故曰小春。此月内、雨、謂之液雨。百虫飲而蔵蟄。俗呼為薬水。至来春二月、雷鳴啓蟄。

一〇月を小春と為す。「荊楚歳時記」に云わく、「天時和暖にして、春に似たり、故に小春と曰う」と。此の月の内、雨ふる、之を液雨と謂う。百虫飲んで蔵蟄す。俗呼んで薬水と為す。来春二月に至り、雷鳴り啓蟄す。

とあり、『荊楚歳時記』に一〇月を小春というとある。

一三世紀中葉の『歳時広記』巻三七小春に、八世紀前半に完成した奉勅撰の『初学記』の記事を引用し、「小春」の語があるというのに、一四世紀の『事林広記』では『荊楚歳時記』に「小春」の記事があるという。
『事林広記』には元王朝の至元「雑令」が引用されており、陳元靚《せい》でない人物が編纂し、陳元靚の名を使用している可能性が高い。初版は一四世紀初頭ころであろう。一三世紀中葉の『歳時広記』と『新編古今事文類聚』は「小春」を『初学記』にあるとしている。これは『荊楚歳時記』に「小春」の記事はなかったからである。一四世紀初頭の『事林広記』は『荊楚歳時記』に「小春」の記事があるという。一三世紀後半ころ、『荊楚歳時記』の不完全本となった過程において、『荊楚歳時記』に「小春」の記事が増衍され、それが『事林広記』に引用されて、右のような記事となったと理解される。

6　『錦《きん》繡《しゆう》萬《まん》花《か》谷《こく》』の小春

闕名氏の『錦繡萬花谷』後集巻之一「雨門」に「小春」の語がある。

液雨。天時和暖、似春、故曰小春。此月内、一雨、謂之液雨。百虫飲此而蔵蟄。俗呼為薬水。出荊楚歳時記。

液雨。天時和暖にして、春に似る、故に小春と曰う。此の月の内、一たび雨ふらば、之を液雨と謂う。百虫 此れを飲みて蔵蟄す。俗呼んで薬水と為す。「荊楚歳時記」に出ず。

この記事は『事林広記』の記事と類似する。
『錦繡萬花谷』は陳振孫の『直斎書録解題』巻一四に、

錦繡萬花谷　四十巻続四十巻。
序称淳熙十五年作、而不著名氏。門類無倫理、序文亦拙。

「錦繡萬花谷」　四〇巻・続四〇巻。
序に淳熙一五年（一一八八）の作と称《い》い、而るに名氏を著さず。門類 倫理なく、序文亦た拙。

という。『錦繡萬花谷《きんしゆうまんかこく》』は南宋の淳熙一五年にできた書であり、陳振孫が閲覧した『錦繡萬花谷』は前集「四十巻」と続集「四十巻」のみであったという。

現行の『錦繡萬花谷』は前集・後集・続集・外集からなるから、後集と外集は陳振孫の閲覧後に、増補されたものとしなければならない。陳振孫は淳熙一一年（一一八四）の進士合格で、端平年間（一二三四〜一二三六）には、浙西提挙の使職にあったから＊、『直斎書録解題』もこの時期に書かれたものであろうから、後集と外集は一二三五年ころ以降に増補されたものに相違ない。

増補された時期は『事林広記』が書かれた時期と近い。一三世紀の後半に小春の記事が附加された『荊楚歳時記』が登場し、それを『事林広記』か『錦繡萬花谷』のどちらかが引用し、またそれを、どちらかが再引用したものであろうと考えることができる。

＊『宋人伝記資料索引　三』（中華書局　一九八八）二六〇五頁。

7　『啓劄青銭《けいさつ》』の小春

泰定元年（一三二四）に出版された『新編事文類要　啓劄青銭』後集の節令門・小春に、

小春。天気有如春、故名小春。蟄蔵。歳時記。此月雨、百虫蔵蟄。

小春。天気に春の如き有り、故に小春と名づく。蟄蔵。「歳時記」。「此の月の雨、百虫蔵蟄す」と。

とある。「蟄蔵」という語は「歳時記」にあるというが、「小春」という語は「歳時記」にあるとはいっていない。『啓劄青銭』にいう『歳時記』は『荊楚歳時記』を指すものではなく、宋代の歳時書一般をいうものであろう。『啓劄青銭』によって、「小春」が『荊楚歳時記』にあったという明確な根拠は得ることができない。

8 『夢粱録』の小春

元統二年（一三三四）に完成した呉自牧の『夢粱録』巻六・一〇月に、

十月孟冬、正小春之時。蓋因天気融和、百花間、有開一二朶者、似乎初春之意思。故曰小春。月中雨、謂之液雨。百虫飲此水而蔵蟄、至来春、驚蟄、雷始発声之時、百虫方出蟄。

一〇月孟冬、正に小春の時。蓋《けだ》し天気融和に因り、百花の間、一・二朶《だ》を開くもの有り、初春の意思に似る。故に小春と曰う。月中の雨、之を液雨と謂う。百虫此の水を飲みて蟄に蔵れ、来春に至り、蟄に驚き、雷始めて声を発するの時、百虫方に蟄を出ず。

とあり、一四世紀には確かに一〇月を「小春」と呼んでいる。

9 「小春」の始まり

「小春」は『荊楚歳時記』の注記とされる部分に一例だけ見え、七世紀から一〇世紀にかけて、一〇月を小春と呼んだ例は、通常の唐代文献や唐詩にはみえない。ということは、一〇世紀以前に「一〇月小春」という言い方はなかったと想定できる。六世紀末から七世紀初めの隋代にあったものが、七世紀以降になく、一二世紀になって、突然に復活すると考えるのも奇妙な話である。

一〇世紀まで「一〇月小春」がなかったから、一〇世紀になって賛寧の『筍譜』巻上「一之名」に、

八月、俗謂之小春。暑已去、寒欲来、気至而涼。故曰小春。

八月、俗に之を小春と謂う。暑さ已に去り、寒さ来らんと欲し、気至りて涼し。故に小春と曰う。

とあるように、小春八月説が生まれてくるのであろう。

清代の『御定《ぎょてい》月令輯要』巻一八・十月令・小春に、一〇月小春の出典を正体不明の『歳時事要』なる書に求めている。

増歳時事要、十月、天時和暖、似春、花木重花。故曰小春。歐陽修詞、十月小春、梅蘂綻。

増『歳時事要』に、「一〇月、天時和暖に、春に似て、花木重ねて花さく。故に小春と曰う」と。歐陽修（列伝は『宋史』巻三一九）の詞（『歐陽忠文公集』巻一三二漁家傲の二の一節）に、「一〇月小春、梅蘂《じゅく》（梅の花の意。蘂は蕊の俗字）綻《ほころ》ぶ」と。

『御定月令輯要』が「小春」の出典を、『荊楚歳時記』としなかったのはなぜであろうか。

『御定月令輯要』の記事の詮索は、さておくとして、一〇世紀以前に小春の用例がないことは、唐代では小春という言い方がなかったと考えるべきある。それにも拘わらず、『荊楚歳時記』の杜公瞻《せん》の補足説明の最後に出てくる。これは一〇月小春が一般化した一三世紀後半以降に増衍された可能性が高い。

ともかく、現在判明する「一〇月小春」は、歐陽脩（一〇〇七～一〇七二）の『歐陽忠文公集』巻一三二「漁家傲」に「一〇月小春 梅蘂綻ぶ」とあるのが最古の史料である。葉隆礼（一二四七の進士）の『契丹国志』巻二七歳時雑記の一〇月に「小春」の項目があるから、「一〇月小春」は一三世紀後半から一般化したものと想定してよい。

一一月

七七　鹹葅《かんそ》（漬物）を為る

「宝顔堂秘笈広集」本『荊楚歳時記』の「鹹葅（漬物）為る」は次のようである。

仲冬之月、采擷（采は「採」に同じ。擷は「経」の誤写・誤記）霜蕪菁葵等雑菜、乾之、［家家］並為鹹葅。有作其和者、並作金釵色(1)。

［按］、今南人作鹹葅、以糯米熬搗為末、幷研胡麻［為］汁、和醸之。石窄令熟、葅既甜脆、汁亦酸美。其茎為金釵股。醒酒所宜也。

仲冬の月、霜を経る蕪菁(2)・葵(3)等の雑菜を采《と》り、之を乾し、家家並びに鹹葅(4)（漬物）を為る。其の和（漬り頃の意味）を作すもの有らば、並びに金釵《きんさ》の色（黄金色）を為す。

按ずるに、今南人（秦嶺・淮河線以南の人々）鹹葅を作るに、糯米《だ》（もちごめ）を以て熬《い》り搗《つ》き末（粉末）と為し、幷せて胡麻を研《と》ぎ汁を為り、和《まぜ》て之を醸す。石窄《せきさく》（石の重し）して熟さしめれば、葅は既に甜《あま》く脆《もろ》く、汁亦た酸美（酸っぱく旨い）なり。其の茎は金の釵股(5)と為す。酒を醒《さ》ますに宜《よろし》とする所なり。

（1）「宝顔堂秘笈広集」本『荊楚歳時記』では、「有作其和者、並作金釵色」は「一字下げ」の注記となっているが、『玉燭宝典』巻第一一・一一月仲冬に、

荊楚記云、家家並為鹹葅。有得其和者、並為金釵色。

「荊楚記」に云わく、「家家並びに鹹葅《かんそ》を為る。其の和（漬り頃の意味）を得るもの有らば、並びに金釵《きんさ》色を為す」と。

とある。『荊楚記』では「家家並為鹹葅。有得其和者、並為金釵色」は一組の記事となっている。それゆえに、「有得其和者、並為金釵色」を「並為鹹葅」に連続させ、「一字上げ」の文とした。

「一字下げ」の先頭に「按」字がなく、「今南人作鹹葅」から始まることになるが、『荊楚歳時記』ができた七世紀初頭の鹹葅の作り方を述べているから、出典がないのである。或いは先頭に「按」字があるべきかも知れない。

（2）蕪菁は後漢の崔寔《さいしょく》（一〇三？〜一七〇？、『後漢書《じょ》』列伝四二崔駰《さいいん》伝附伝）の『四民月令』一〇月に、

可収蕪菁、蔵瓜。　蕪菁を収め、瓜を蔵すべし。

とあり、一〇月に蕪菁らの野菜を収穫した。六世紀の北魏の賈思勰《かしきょう》の『斉民要術《せいみんようじゅつ》』巻三蔓菁《まんせい》に、

崔寔曰、四月、収蕪菁及芥葶藶冬葵子。六月中伏後七月、可種蕪菁。至十月、可収也。

崔寔曰わく、「四月、蕪菁及び芥・葶藶《ていれき》（犬なずな＝犬薺の古名）・冬葵の子（種子）を収む。六月中伏の後・七月、蕪菁を種えるべし。一〇月に至り、収むべきなり」と。

とある。『斉民要術』に引用する崔寔の記事は、『四民月令』の逸文にはないから、『四民月令』の蕪菁の記事を一纏めにしたものであろう。蘿《ら》蔔《ほ》（大根）は六月に植え、一〇月に収穫し、窖《こく》（穴蔵）に貯蔵すると唐の韓鄂《かんがく》の『四時纂要』六月の条に述べるから、時代が異なっても、蕪菁や蘿蔔の収穫は一〇月であった。

『斉民要術』巻三「種蜀芥蕓薹芥子（蜀芥《たかな》・蕓薹《うんたい》（あぶら菜）・芥子《からし》を種える）」に、

十月、収蕪菁訖時、収蜀芥。中為鹹淡二菹、亦任為乾菜。蕓薹、足霜乃収。不足霜即渋。

一〇月、蕪菁（「蔓菁」とも書く）を収め訖る時、蜀芥（たか菜）を収む。中なるは鹹淡二菹（鹹菹・淡菹、菹は葅に同じ）と為り、亦た乾菜と為るに任す。蕓薹、霜足りて乃ち収む。霜足らざれば即ち渋し。

とあり、一〇月に蕪菁・蜀芥・蕓薹《あぶらな》を収穫するという。

北魏の賈思勰の『斉民要術』巻三蔓菁に、

故漢桓帝詔曰、横水為災、五穀不登。令所傷郡国、皆種蕪菁、以助民食。然此可以度凶年、救飢饉。乾而蒸食、既甜且美、自可藉口、何必飢饉。若値凶年、一頃乃活百人耳。

故に漢の桓帝（在位は一四六～一六七）詔して曰わく、「横水（場所不明）災を為し、五穀登《みの》らず。傷つく所の郡国をして、皆な蕪菁を種さしめ、以て民食を助けしめよ」と。然らば此れ以て凶年を度《すく》い、飢饉を救うべし。乾かして蒸食すれば、既に甜《あま》く且つ美《うま》く、自ら口に藉《すす》むべきに、何ぞ必ずしも飢饉ならんや（非常食であろうか）。若し凶年に値《あた》れば、一頃乃ち百人を活すのみ。

とあり、蔓菁は古来より飢饉に備える非常食としても注目された野菜でもある。

蕪菁の別名に関して、漢の揚雄（前五三～一八）の『方言』巻三に、

蘴・蕘・蕪菁也。陳楚之郊、謂之蘴。魯斉之郊、謂之蕘。関之東西、謂之蕪菁。趙魏之郊、謂之大芥。其小者謂之辛芥、或謂之幽芥。其紫華者、謂之蘆菔。東魯、謂之菈蘧。

蘴《ほう》・蕘《ぎょう》は、蕪菁なり。陳楚の郊（江南方面）、之を蘴と謂う。魯斉の郊（山東省方面）、之を蕘と謂う。関の東西（函谷関の東西）、之を蕪菁と謂う。趙魏の郊（山西省方面）、之を大芥と謂う。其の小なるものは之を辛芥と謂い、或いは之を幽芥と謂う。其の紫華なるものは、之を蘆菔と謂う。東魯、之を菈蘧《ろうとう》と謂う。

とあり、蔓菁は陳楚の郊では蘴といい、魯斉の郊では蕘といい、関の東西では蕪菁といい、趙魏の郊では大芥といい、辛芥・幽芥ともいった。

漢の史游が撰し、七世紀の顔師古が注を加えた『急就篇』巻二「老菁蘘荷、冬日蔵。菁音精、蘘音穣（老菁・蘘荷、冬日に蔵す。菁の音は精、蘘の音は穣）」に、

菁蔓菁也。一曰冥菁、亦曰蕪菁、又曰芴菁。蔓音萬。又莫干反。蕪音無、芴音勿。

菁は蔓菁なり。一つには冥菁と曰い、亦た蕪菁と曰い、又た芴菁《こっせい》と曰う。蔓の音は萬。又た莫・干の反《かえ》し＝ばん。蕪の音は無、芴の音は勿《こつ》。

とあり、蕪菁は冥菁と芴菁という名称があったとする。また『太平御覧《ぎょらん》』巻九七九菜茹部三・蕪菁に、

陸機毛詩疏義曰、采葑蕪菁也。郭（＝郭璞）云、今崧菜也。可食、少味。

陸機の「毛詩疏義」に曰わく、「采葑《さいふう》は蕪菁なり。郭璞《かくはく》云わく、〈今の崧菜なり。食らうべし、少しく味あり〉」と。

とあり、蕪菁は采葑ともいった。

六世紀の賈思勰の『斉民要術《せいみんようじゅつ》』巻三蔓菁に、

広志曰、蘆菔、一名雹突。

「広志」（郭義恭の撰）に曰わく、「蘆菔《ろふく》、一つには雹突《ほうとつ》と名づく」と。

とあり、蘆菔は地方によっては雹突ともいわれた。

『斉民要術』巻三蔓菁に、

種菘蘆菔 蒲北反 法。与蕪菁同。菘菜似蕪菁、無毛而大。方言曰、蕪菁、紫花者謂之蘆菔。案、蘆菔、根実粗大、其角及根葉、並可生食、非蕪菁也。諺曰、生噉蕪菁、無人情。取子者、以草覆之。不覆則凍死。秋中売□、十畝得銭一萬。

菘・蘆菔を種える 蒲・北の反《かえ》し 法。蕪菁と同じ。菘菜は蕪菁に似て、無毛にして大なり。「方言」に曰わく、「蕪菁、紫花なるもの之を蘆菔と謂う。案ずるに、蘆菔、根は実に粗大、其の角（不明）及び根葉、並びに生食するべし、蕪菁に非ざるなり。諺に曰わく、「生にて蕪菁を噉《くら》えば、人情なし」と。子《たね》を取るものは者、草を以て之を覆う。覆わざれば則ち凍死す。秋中に売□せば、一〇畝に銭一萬を得る。

とあり、蘆菔は蕪菁の仲間で、紫の花が咲くものが蘆菔であるという。

九世紀末の丘光庭の『兼明書』巻五蔓菁に蔓菁・菘・蘿菔を論じている。

今人、呼菘為蔓菁、云、北地生者為蔓菁、江南生者為菘。其大同而小異耳。食療本草所論、亦然。明曰、此蓋習俗之非也。余少時亦謂菘為蔓菁。常見医方、用蔓菁子為辟穀薬。又用為塗頭油。又用之消毒腫。毎訝菘子、有此諸功。殊不知其所謂。近読斉民要術、乃知蔓菁是蘿菔苗。平生之疑、渙然氷釈。即医方所用蔓菁子、皆蘿菔子也。漢桓帝時、年饑、勧人種蔓菁、以充饑。諸葛亮征漢、令軍人種蘿菔。則蘿菔蔓菁為一物、無所疑也。然則北人呼菘為蔓菁、与南人不同者、亦有由也。蓋鼎峙之世、文軌不同。魏武之父、諱菘。故北人呼蔓菁、而江南不為之諱也。亦由呉主之女名二十、而江南人呼二十為念、而北人不為之避也。由此言之、蔓菁本為蘿菔苗、亦已明矣。或曰、根苗一物、何名之異乎。答曰、按地骨苗、名枸杞、芎窮苗名蘼蕪、藕苗名蓮荷、亦其類也。斯例実繁、不可勝紀。何独蔓菁蘿菔不可異名乎。又曰、今北人呼為蔓菁者、其形状与江南菘菜不同何也。答曰、凡薬草果実蔬菜、踰境、則形状小異。而況江南北地乎。

今人、菘《しょう》を呼びて蔓菁と為し、云わく、「北地に生じるものは蔓菁と為し、江南に生じるものは菘と為す。其の大同にして小異するのみ」と。「食療本草」（唐の孟詵の撰）の論ずるところ、亦た然り。明（丘光庭のこと）曰わく、「此れ蓋《けだ》し習俗の非なり。余少《わか》き時亦た菘を謂い蔓菁と為す。常《かつ》て医方（医書）を見るに、蔓菁の子《たね》を用て辟穀薬と為す。又た用て塗頭油と為す。又た之を用いて毒腫を消す。毎《つね》に菘子を訝《いぶか》るに、此れ諸功有り。殊だ其の謂う所を知らず。近ごろ「斉民要術《せいみんようじゅつ》」を読むに、乃ち蔓菁は是れ蘿菔の苗なるを知る。平生の疑い、渙然として氷釈す。即ち医方用う所の蔓菁子、皆な蘿菔の子なり。漢の桓帝の時、年饑なれば、人に蔓菁を種えるを勧め、以て饑に充つ。諸葛亮 漢を征し、軍人をして蘿菔を種えしむ。則ち蘿菔・蔓菁は一物と為すは、疑う所なきなり。然るに則ち北人（秦嶺・淮河線以北の人々）は菘を呼びて蔓菁と為し、南人と同じからざるは、亦た由有るなり。蓋《けだ》し鼎峙の世、文軌同じからず。魏武（魏の武帝）の父、諱は菘。故に北人蔓菁を呼び、而して江南之が諱を為さざるなり。亦た呉主の女「二〇」と名づくるによりて、江南人「二〇」を呼びて「念」と為し、而して北人之が避を為さざるなり。此れにより之を言うに、蔓菁は本は蘿菔苗と為すは、亦た已に明らかなり。或るひと曰わく、「根苗一物、何ぞ名の異ならんや」と。答えて曰わく、「按ずるに地骨苗、枸杞《くこ》と名づけ、芎窮《きゅうきゅう》苗を蘼蕪《びぶ》と名づけ、藕《ごう》苗を蓮荷と名づくは、亦た其の類なり」と。斯《こ》の例 実に繁たり、勝《たえ》て紀すべからず。何ぞ独り蔓菁・蘿菔 名を異にすべけんや」と。又た曰わく、「今 北人呼びて蔓菁と為すは、其の形状 江南の菘菜と同じからずは、何ぞや」と。答えて曰わく、「凡《すべ》て薬草・果実・蔬菜、境を踰《こえ》て、則ち形状小異す。而して況んや江南北地においてをや」と。

唐代の人は華北に産出するもを蔓菁といい、江南に産出するを菘といっている。孟詵の『食療本草』も同じである。蔓菁と蘿菔は同じ野菜である。華北で菘といわないのは、三国・魏の武帝の父の諱が菘であり、これを避諱して菘菜を「菘」といわず、蔓菁という。華中の人は魏の武帝の父の諱を避ける必要がないから、「菘」というのである。華北の蔓菁と華中の菘が形状が異なるのは、南北の気候に因る。

（3）　大観二年（一一〇八）の『経史證類大観本草』巻二七菜部・上品には「冬葵子」と「蜀葵」の項がある。これは冬葵子と蜀葵が、別の葵菜であることを明瞭に示すものであり、冬葵子は百菜の主であるとする。漬物にする葵菜は冬葵であることは明白である。青木正児氏は「葵藿考」（『青木正児全集　第八巻』所収　春秋社　一九七一）において、冬葵が古来食用に供せられた野菜であるという『本草綱目啓蒙』（小野蘭山著。享和三年・一八〇三年刊）の説を紹介している。

（4）鹹葅《かんそ》は『斉民要術《せいみんようじゅつ》』巻九作葅幷蔵生菜第八八蕪菁菘葵蜀芥鹹葅法（葅を作り幷せて生菜を蔵する法第八八　葵《あおい》・菘《うきな》・蕪菁《かぶ》・蜀芥《たかな》の鹹葅法）に、漬物の作り方を述べる。

収菜時、即択取好者、菅蒲束之。作塩水、令極鹹、於塩水中洗菜、即内甕中。若先用淡水洗者、葅爛。其洗菜塩水、澄取清者、瀉著甕中、令没菜把即止、不復調和。葅色仍青、以水洗去鹹汁、煮為茹、与生菜不殊。其蕪菁・蜀芥二種、三日抒出之。粉黍米、作粥清。擣麦麪麲作末、絹篩。布菜一行、以麲末薄坌之、即下熱粥清。重重如此、以満甕為限。其布菜法、毎行必茎葉顛倒安之。旧塩汁還瀉甕中。葅色黄而味美。

菜を収めた時、即に好いものを択取し、菅《すげ》・蒲《がま》もて之を束ねる。塩水を作り、極鹹ならしめ、塩水中に菜を洗い、即に甕《おう》中に内《おさ》（＝納）める。若し先に淡水を用いて洗えば、葅《そ》（漬物）爛《ただ》れる。其の菜を洗う塩水、澄んで清きものを取り、瀉《そそ》ぎて甕《おう》中に著け、菜を没し把《と》りて即に止めしめ、復た調和せず。葅《そ》色仍ち青、水を以て鹹《かん》汁を洗去し、煮て茹《ゆでもの》に為せば、生菜と殊ならず。其の蕪菁・蜀芥（たかな）の二種、三日にして之を抒《しょ》出す。黍《しょ》米を粉にし、粥清を作る。麦の麪麲《めんかん》（ざらこうじ）を擣《つ》いて末と作し、絹篩する。菜を一行に布いて、麲《こうじ》末を以て薄く之を坌《まぶ》し、即に熱い粥清を下す。重ね重ね此の如くし、甕に満るを以て限と為す。其の布菜の法、行毎《ごと》に必ず茎・葉顛倒して之を安《お》く。旧い塩汁還して甕中に瀉《そそ》ぐ。葅色黄にして味美《うま》し。

（5）金釵《きんさ》は金製のかんざし。「金釵の色」は黄色味を帯びた色。

附節　「鹹葅《かんそ》（漬物）を為る」の典拠

『荊楚歳時記』の「鹹葅（漬物）を為る」は次のようである。

仲冬之月、采擷（采は「採」に同じ。擷は「経」の誤写・誤記）霜蕪菁葵等雑菜、乾之、家家並為鹹菹（漬物）。有作其和者、並作金釵色。

［按］、今南人作鹹菹、以糯米熬搗為末、幷研胡麻［為］汁、和釀之。石窄令熟、菹既甜脆、汁亦酸美。其茎為金釵股。醒酒所宜也。

『太平御覧《ぎょらん》』巻九七九菜茹部四・蕪菁に、次に示す「鹹菹《かんそ》」の記事がある。

荊楚歳時記曰、仲冬、是月也、菜結（菜結は采経の誤写・誤記。采経＝採経）霜蕪菁葵等雑菜、乾之、並為鹹菹。有得其和者、並作金釵色。今南人作鹹菹、以糯米熬搗為末、幷研胡麻［為］汁、和釀之。石笮音責。令熟、菹既甜汁（汁＝衍字）脆、汁亦酸美。呼其茎為金釵股。醒酒所宜也。

「荊楚歳時記」に曰わく、「仲冬、是の月や、霜を経る蕪菁・葵等の雑菜を采り、之を乾し、並びに鹹菹を為る。其の和（漬り頃の意味）を得るもの有らば、並びに金釵《きんさ》色と作る。今南人（秦嶺・淮河線以南の人々）鹹菹を作るに、糯米《だ》（もちごめ）を以て熬《い》り搗《つ》き末（粉末）と為し、幷せて胡麻を研《と》ぎ汁を為り、和ぜて之を釀す。石笮《せきさく》音は責（音はさく）して熟さしめれば、菹は既に甜く脆《もろ》く、汁亦た酸美なり。其の茎を呼《い》いて金釵股《こ》と為す。酒を醒すに宜《よろし》とする所なり」と。

右の記事は「宝顔堂秘笈広集」本『荊楚歳時記』の「鹹菹（漬物）為る」の記事と一致する記事である。これによって、「宝顔堂秘笈広集」本『荊楚歳時記』の「鹹菹（漬物）を為る」の記事は、一〇世紀以前の『荊楚歳時記』の「鹹菹（漬物）を為る」の記事を、正確に伝えていることになる。

『荊楚歳時記』の「仲冬之月、采擷（擷は「経」の誤写・誤記）霜蕪菁葵等雑菜、乾之」もしくは「仲冬、是月也、菜結（菜結は采経の誤写・誤記）霜蕪菁葵等雑菜、乾之」の記事は、『玉燭宝典』巻第一一・一一月仲冬に、

采経霜蕪菁葵等雑菜、乾之。　霜を経る蕪菁・葵等の雑菜を采（＝採に同じ）り、之を乾かす。

とあるから、「霜を経る蕪菁・葵等の雑菜を采り、之を乾す」という記事の出典は『玉燭宝典』にあり、『玉燭宝典』は、この記事の出典を『荊楚記』とはいわない。

『荊楚歳時記』の「有得其和者、並作金釵色」という記事は、『玉燭宝典』巻第一一・一一月仲冬に、

荊楚記云、家家並為鹹葅。有得其和者、並為金釵色。

「荊楚記」に云わく、「家家並びに鹹葅《かんそ》を為る。其の和を得るもの有らば、並びに金釵色を為す」と。

とあるから、「有得其和者、並作金釵色」の出典は『荊楚記』であることが判明する。

右の事実によって、

仲冬月、采経霜蕪菁葵等雑菜、乾之、並為鹹葅。有得其和者、並作金釵色。

という記事は『玉燭宝典』と『荊楚記』の記事から構成されている事実が明らかとなり、『荊楚歳時記』の記事は『荊楚記』の記事だけではないことが判明する。

では、『玉燭宝典』と『荊楚記』の記事を組み合わせ、「仲冬月、采経霜蕪菁葵等雑菜、乾之、並為鹹葅。有得其和者、並作金釵色」という記事を作文したのは、何者であるかが次の問題となる。『荊楚記』を閲覧すること可能であって、五八一年頃にできた『玉燭宝典』を閲覧でき、『荊楚歳時記』に関係の深い人といえば、杜公瞻《せん》を措いて他にはいない。『荊楚歳時記』を書いた人は杜公瞻《せん》である。『荊楚歳時記』の「鹹葅（漬物）を為る」の記事は、杜公瞻が『荊楚歳時記』の著者であることを證明する史料である。

「一字上げ」の箇所は宗懍の文とされ、『荊楚歳時記』は宗懍撰とされてきた。「一字上げ」の箇所に『玉燭宝典』の記事があるのに、『荊楚歳時記』は宗懍撰といえるであろうか。杜公瞻は自己の意志で『玉燭宝典』の「采経霜蕪菁葵等雑菜、乾之」と『荊楚記』の「家家並為鹹葅。有得其和者、並為金釵色」を組み合わせ、記事を作り、注記を附した。これが『荊楚歳時記』の「鹹葅（漬物）を為る」の実体である。

七八補　一一月、蘘荷《じょうか》を塩蔵する

「一一月、蘘荷を塩蔵する」という記事は「宝顔堂秘笈広集」本や「重較説郛《せつぷ》」本『荊楚歳時記』に記事はなく、『経史證類大観本草』にある。同書巻二八菜部・中品・白蘘荷の「図経曰」の項に、細字で次の記事がある。

白蘘荷、旧不著所出州土。今荊襄江湖間、多種之。北地亦有春初生。葉似甘蕉、根似薑而肥。其根堪為葅。其性好陰、在木下生者尤美。潘岳間居賦（＝閑居賦）云、蘘荷依陰時、藿向陽。是也。宗懍荊楚歳時記曰、仲冬、以塩蔵蘘荷、以備冬儲。又以防蠱。史遊（史遊＝史游）急就篇云、蘘荷冬日蔵。其来遠矣。干宝捜神記云、其（＝某）外姉夫蔣士、先得疾下血、言中蠱。家人密以蘘荷置其席下。忽大笑曰、蠱我者、張小也。乃収小、小走。自此解蠱薬、多用之。

白蘘荷(1)、旧は出だす所の州土を著さず。今は荊襄《けいじょう》（湖北省の漢江流域）・江湖（江西省と湖南省）の間、多く之を種える。北地亦た春初に生えるもの有り。葉は甘蕉（バナナ）に似て、根は薑《しょうが》（生姜）に似て肥ゆ。其の根は葅《そ》（漬物）を為るに堪う。其の性は陰を好み、木下に在り生えるもの尤《もっと》も美《うま》し。潘岳（二四七～三〇〇。『晋書《しんじょ》』巻五五。潘安仁のこと）の「間居賦」(2)（＝『閑居賦』）に云わく、「蘘荷陰《かげ》に依り、時として藿《かく》（＝葉）陽に向く」と。是れなり。宗懍の「荊楚歳時記」に曰わく、「仲冬、以て蘘荷を塩蔵し(3)、以て冬儲に備う。又た以て蠱《こ》を防ぐ(4)」と。史游（前一世紀の宦官。官は黄門令）の「急就篇(5)」に云わく、「蘘荷冬日に蔵す」と。其の来るや遠し。干宝(6)の「捜神記(7)」に云わく、「某《それがし》の外姉《し》（妾の姉）の夫の蔣士、先ごろ疾を得て下血し、〈蠱《こ》に中《あた》る〉と言う。家人密《ひそか》に蘘荷を以て其の席（敷物）下に置く。忽ちに大笑して曰わく、〈我を蠱する者は、張小なり〉と。乃ち小を収《とら》えんとするに、小走《に》ぐ」と。此れより蠱を解く薬(8)、多く之を用う。

蔣士の話は、干宝（?〜三三六）の『捜神記』が出典である。二〇巻本『捜神記』巻一二に、

余外婦姉夫蔣士、有傭客、得疾下血。医以中蠱、乃密以蘘荷根、布席下、不使知。乃狂言曰、食我蠱者、乃張小小也。乃呼小小、亡云（「云」当改「去」）。今世攻蠱、多用蘘荷根、往往験。蘘荷或謂嘉草。

余《われ》の外婦の姉《し》（外婦姉は妾の姉）夫の蔣士、傭客に有りて、疾を得て下血す。医は蠱《こ》に中《あた》るを以て、乃ち密《ひそか》に蘘荷の根を以て席（敷物）下に布き、知らしめず。乃ち狂いて言いて曰わく、「我を食らう蠱は、乃ち張小小なり」と。乃ち小小を呼《よ》ぶに、亡去す。今世蠱を攻《なお》すに、多く蘘荷根を用い、往往にして験あり。蘘荷或いは嘉草と謂う。

とあり、『太平御覧《ぎょらん》』巻九八〇菜茹部五・蘘荷に、次のようにある。

捜神記曰、余外婦姉夫蔣士、有傭客、得疾下血。医以中蠱、乃密以蘘荷根、布席下、不使知。乃狂言曰、食我蠱者、張小人（＝小）也。乃呼張小小、已亡去。今世攻蠱、多用蘘荷根。往往験。蘘荷或為嘉草。

「捜神記」に曰わく、「余《われ》の外婦姉（外婦姉は妾の姉）の夫の蔣士、傭客に有りて、疾を得て下血す。医は蠱に中るを以て、乃ち密《ひそか》に蘘荷根を以て、席下に布き、知らしめず。乃ち狂いて言いて曰わく、〈我を食らう蠱は、張小小なり〉と。乃ち張小小を呼ぶに、已《すで》に亡去す」と。今世に蠱《こ》を攻めるに、多く蘘荷根を用う。往往にして験あり。蘘荷或いは嘉草と為す。

（1）蘘荷は茗荷の古名。生姜科の多年草。また生姜の別称。温帯の東アジアが原産。日本の山野に自生しているが、大陸から将来され、自生していると推定される。遺伝子を調査すれば判明する。花穂および若芽の茎が食用とされる。雌雄《しゆう》同株で、繁殖は地下茎による栄養体繁殖が主体である。俗に「食べると物忘れがひどくなる」と言われるが、学術的な根拠はなく、それとは反対に茗荷の香り成分には、集中力を増す効果があることが明らかになっている。

中国から生姜とともに持ち込まれた際、香りの強い方を「兄香」（せのか）、弱いほうを「妹香」（めのか）と呼んだことが、

生姜・茗荷に転訛したという説が有力である。

（2）「閑居賦」は『文選《もんぜん》』巻一六に所収されている。

晋潘岳閑居賦曰、岳嘗読汲黯伝、至司馬安四至九卿、而良史書之。題以巧宦之目、未嘗不慨然廃書而歎。曰、嗟乎巧誠有之、拙亦宜然。……（中略）……。蘘荷依陰、時藿向陽。緑葵含露、白薤負霜。

晋の潘岳の「閑居賦」に曰わく、「岳嘗て汲黯《きゅうあん》の伝（『史記』汲黯伝）を読み、司馬安（汲黯の従兄弟）の四たび九卿に至り、而して良史（＝司馬遷）之を書し、題するに巧宦の目を以てするに至り、未だ嘗て慨然として書を廃して歎ぜずんばあらず。曰わく、「嗟乎《ああ》、巧は誠に之有り。拙も亦た宜しく然るべし」と。……（中略）……。蘘荷陰に依り、時として藿《かく》（＝葉）陽に向かう。緑葵露を含み、白薤《かい》（にら）霜を負う。

（3）蘘荷の塩蔵法の詳細は、六世紀の北魏の賈思勰の『斉民要術《せいみんようじゅつ》』巻三蘘荷・芹・藘《きよ》「食経蔵蘘荷法（食経の蘘荷を蔵するの法）」に次のようにある。

蘘荷一石、洗、漬。以苦酒六斗、盛銅盆中、著火上、使小沸。以蘘荷稍稍投之、小萎便出、著席上令冷。下苦酒三斗、以三升塩著中。乾梅三升、使蘘荷一行。以塩酢澆上、綿覆罌口、二十日便可食矣。

蘘荷一石、洗い、漬ける。苦酒（苦酒は酢）六斗を以て、銅盆中に盛り、火上に著け、小沸せしむ。蘘荷を以て稍《よう》稍に之に投じ、小萎せば便ち出だし、席（むしろ）上に著《お》き冷やす。苦酒三斗を下し、三升の塩を以て中に著く。乾梅三升、蘘荷をして一行せしむ。塩酢を以て上に澆ぎ、罌《おう》口を綿覆し、二〇日せば便ち食らうべし。

（4）蠱《こ》は虫とか呪いに使用する虫という意味であるが、呪いに使用する虫に関連して蠱毒という語がある。蠱毒とは、古代中国において用いられた呪術を言う。蠱道、蠱術、巫蠱《ふこ》ともいう。動物を使うもので、中国華南の少数民族の間で現在まで受け継がれている。動物を使った呪術の一種である。蛇、百足などを同じ容器で飼育し、互いに共食いさせ、勝ち残ったものの毒を採取して飲食物に混ぜ、人に害を加えたり、思い通りに福を得たり、富貴を図ったりする。この蠱毒は古代中国において、広く用いられていた。蠱の作り方には、『隋書』巻三一地理志下の末尾の、江南の風俗全般を述べた部分に記事がある。

然此数郡、往往畜蠱、而宜春偏甚。其法以五月五日聚百種虫、大者至蛇、小者至蝨。合置器中、令自相啖、餘一種存者留之、蛇則曰蛇蠱、蝨則曰蝨蠱、行以殺人。因食入人腹内、食其五蔵。死則其産移、入蠱主之家、三年不殺他人、則畜者自鍾其弊。累世、子孫相伝不絶、亦有随女子嫁焉。干宝謂之為鬼、其実非也。自侯景乱後、蠱家多絶、既無主人。故飛遊道路之中、則殞焉。

然るに此の数郡（新安・遂安・鄱陽・九江・臨川・廬陵・南康・宜春等の内の数郡）、往往にして蠱《こ》を畜え、而して宜春は偏《かたよ》りて甚し。其の法五月五日を以て百種の虫を聚め、大なるものは蛇に至り、小なるものは蝨《しらみ》に至る。器中に合せ置き、自らをして相い啖《くら》わしめ、餘りて一種存するも者之を留む。蛇則ち蛇蠱と曰い、蝨則ち蝨蠱《しつこ》と曰い、行き以て人を殺す。食に因り人の腹内に入り、其の五蔵を食らう。死すれば則ち其の産は移り、蠱《こ》主の家に入り、三年他人を殺さず、則ち畜う者自ら其の弊を鍾《あつ》む。累世、子孫相い伝え絶えず、亦た女子の嫁に随うこと有り。干宝は之を鬼と為すと謂うも、其の実は非なり。侯景の乱（五四八～五五二）より後、蠱家多く絶え、既に主人なし。故に道路の中に飛遊し、則ち殞《し》ぬ。

（5）『急就篇』は前漢の元帝（在位は前四八～前三三）の宦官・史游の作とされ、完全な形で残っている韻をふんだ最古の漢字学習書である。「急就奇觚与衆異（急ぎ奇觚に就かば衆と異なる）」で始まるために『急就篇』といわれ、『急就』あるいは『急就章』とも呼ぶ。「急就」は「急に成る」の意。『急就篇』には多くの人が注釈を加えており、七世紀の顔師古が注釈した『急就篇』は現存するが、他の学者が注釈した『急就篇』は散逸した。散逸の原因は『千字文』等の学習書が、新しく登場したためである。現行の『急就篇』は三四章に分けられており、全二一四四字からなる。

（6）干宝（?～三三六）は東晋の人。字は令升。『晋書《しんじょ》』巻八二に列伝がある。才能により著作郎として任官する。王導の推薦で史官となり、国史編纂官となる。宣帝から愍帝までの五三年の歴史を二〇巻にまとめ、『晋紀』と題して上奏した。地方官を歴任し、王導の招きを受けて司徒右長史に至った。身内が体験した奇怪な出来事が契機となり、世間に伝わる不思議な人物や事件の記録を集めて志怪小説集『捜神記』三〇巻を著した。

（7）『捜神記』は四世紀に東晋の干宝が著した志怪小説集。『隋書』巻三三経籍志・史部・雑伝類に「捜神記三十巻。干宝撰」とあり、もとは三〇巻あったが、散逸してしまった。現行の二〇巻本は、明の萬暦年間（一五七三～一六二〇）に『干宝撰捜神記』として刊行したもの。現行本は神仙・感応・方士・再生・徴応・妖怪・魑魅の怪異などに関係する四七〇の説話を、再分類した

もの。『太平広記』にも八〇餘りの説話が収録されている

（8）古くから蘘荷は蠱を退治する妙薬とされていた。六世紀の北魏の賈思勰《かしきょう》の『斉民要術《せいみんようじゅつ》』巻三蘘荷・芹・藘《きょ》「食経蔵蘘荷法（食経の蘘荷を蔵するの法）」に、

葛洪方曰、人得蠱、欲知姓名者、取蘘荷葉、著病人臥蓆下、立呼蠱主名也。

葛洪《かっこう》（二八三〜三六三。『抱朴子』を著す）の「方」（＝處方箋）に曰わく、「人 蠱《こ》を得て、姓名を知らんと欲する者は、蘘荷の葉を取り、病人の臥蓆の下に著《つ》ければ、立ちどころに蠱主の名を呼《い》うなり」と。

とあり、『太平御覧《ぎょらん》』巻九八〇菜茹部五・蘘荷にもある。

葛洪方曰、人得蠱、取蘘荷葉、着臥席下、不使知、立呼蠱［主］姓名。

葛洪の「方」に曰わく、「人 蠱を得ば、蘘荷の葉を取り、臥席の下に著け、知らしめざれば、立ちどころに蠱主の姓名を呼《い》う」と。

附節1　「一一月、蘘荷を塩蔵する」の典拠

『経史證類大観本草』巻二八菜部・中品・白蘘荷の「図経曰」に、次のように『荊楚歳時記』を引用する。

宗懍荊楚歳時記曰、仲冬、以塩蔵蘘荷、以備冬儲。又以防蠱。史遊（史遊＝史游）急就篇云、蘘荷冬日蔵。其来遠矣。干宝捜神記云、其（＝某）外姉夫蔣士、先得疾下血、言中蠱。家人密以蘘荷置其席下。忽大笑曰、蠱我者、張小也。乃収小、小走。自此解蠱薬、多用之。

右の『荊楚歳時記』の記事に類似した記事は『玉燭宝典』巻第一一・一一月仲冬にある。

又塩蔵蘘荷、為一冬儲備。亦云、防以蠱。急就［篇］則云、老菁蘘荷、冬日蔵。崔寔［四民］月令、此事在九月。今在仲冬者、蓋南土晩冬。干宝云、外姉夫蔣士、先得疾下血、以為中蠱。密以蘘荷置於其席下。忽咲（＝笑）曰、蠱食我者、張小也。乃収小、小走。

又た蘘荷を塩蔵し、一冬の儲備と為す。亦た云わく、「以て蠱《こ》を防ぐ」と。「急就篇」に則ち云わく、「老菁・蘘荷、冬日蔵す」と。崔寔の「四民月令」に、「此の事九月に在り。今仲冬に在るは、蓋《けだ》し南土は冬晩《おそ》ければなり」と。干宝云わく、「外姉の夫（妾の姉の夫）の蔣士、先に疾を得て下血し、以て蠱《こ》に中《あた》ると為す。密かに蘘荷を以て其の席（敷物）下に置く。忽《たちま》ちに笑いて曰わく、〈蠱の我を食らうは、張小なり〉と。乃ち小を収《とら》えんとするに、小走《に》ぐ」と。

『経史證類大観本草』に引用する『荊楚歳時記』と『玉燭宝典』の記事は、大筋において一致する。記事が完全に一致しないのは、『玉燭宝典』の記事を『荊楚歳時記』が引用したが、引用するとき省略したり、「其来遠矣」のように自己の見解を追加し、『荊楚歳時記』には『四民月令』の記事がないが、『荊楚歳時記』が最初から省略している場合もあるから、完全な一致は問題にしないでよい。『荊楚歳時記』より『玉燭宝典』のほうが成立時期は早く、五八一年頃に『玉燭宝典』はできている。そして両書の記事は類似している。これは『玉燭宝典』の記事を『荊楚歳時記』が引用しているからである。「一一月、蘘荷を塩蔵する」の出典は『荊楚記』ではなく『玉燭宝典』である。『玉燭宝典』の記事を『玉燭宝典』以降の人が引用し、『荊楚歳時記』の記事としたのである。『玉燭宝典』以降の人で、『荊楚歳時記』に関係の深い人は杜公瞻《せん》しかいない。それゆえ現行本『荊楚歳時記』の著者は杜公瞻ということになる。

『経史證類大観本草』には「宗懍荊楚歳時記曰、仲冬、以塩蔵蘘荷、……」とあるが、『玉燭宝典』の記事を引用する『荊楚歳時記』の著者は宗懍ではない。宗懍は五六五年以前に卒しているから、五八一年以降の『玉燭宝典』の記事を引用できない。『経史證類大観本草』が書かれた一二世紀には、『荊楚歳時記』は宗懍撰とされ、宗懍撰とする『荊楚歳時記』が通行していたのである。『宋史』巻二〇五藝《げい》文《もん》志・子部・農家類に、

宗懍、荊楚歳時記一巻。

とある書は、『経史證類大観本草』がいう『荊楚歳時記』のことであろう。

『荊楚歳時記』の「一字上げ」の部分は宗懍の文とされる。そこに宗懍以外の『玉燭宝典』の記事があっても、宗懍撰『荊楚歳時記』といえるものであろうか。「一一月、蘘荷を塩蔵する」は「一字上げ」や「一字下げ」の別がなく、全文が『玉燭宝典』の記事によって占められている。これでも宗懍撰の『荊楚歳時記』といえるであろうか。「一一月、蘘荷を塩蔵する」の記事によって、『荊楚歳時記』は『玉燭宝典』の記事を引用した人の著書、すなわち、杜公瞻《せん》撰の『荊楚歳時記』とするべきであろう。

附節2　造畜蠱《こ》毒を不道（一〇悪の一）とする「唐律」の規定

前漢の武帝の末期に、巫蠱《ふこ》（畜蠱や蠱毒）が頻発し、社会不安を生み、前漢王朝は衰退に向かうことになる。二千年前の漢の時代も巫蠱は盛んであった。唐王朝の刑法である「唐律」において、巫蠱を実行した者とそれを唆《そそのか》した者は重大犯罪である「十悪」（謀反＝王朝国家に対する反逆、謀大逆、謀叛、悪逆、不道、大不敬、不孝、不睦、不義、内乱）の一である「不道」とされ、絞刑となった。同居する家族は事情を知らなくても、流三千里の刑。里正・坊正・村正らの村役人は事情を知っていて糾明しなかったなら、流三千里の刑に処せられた。巫蠱に関係した「流三千里」の刑は恩赦の適用外にあり、再審制度はないから、判決が一度下れば、二度と郷里に還ることはなかった。

巫蠱が厳重に禁止される社会は、裏を返せば、巫蠱が盛行していた社会を意味する。唐代の社会は牧歌的な長閑な社会ではなく、呪詛《じゅそ》が横行する暗い不可解な社会でもあった。巫蠱は一四世紀以降の明清王朝の時代にもあった。『大明律』巻一九に、巫蠱は斬刑と規定され、『大清律例』巻三〇でも、巫蠱は斬刑と規定されている。一九四九年の中華人民共和国成立後においても、湖南省で巫蠱が実際にあったことが報告されている。甲骨文字に巫蠱があった痕跡が窺えるというから、中国における巫蠱による呪術や呪詛《じゅそ》は、まさに「来るや遠し」である。

「唐律」の内の「名例律」に一〇悪を規定しており、その第五番目に、

五曰不道。謂殺一家非死罪三人、及支解人、造畜蠱毒、厭魅。

疏議曰、安忍残賊、背違正道。故曰不道。

五に曰わく不道。一家にて死罪に非ざる三人を殺し、及び人を支解（＝解体）し、蠱《こ》毒を造畜し、厭魅《えんみ》するを謂う。

疏議して曰わく、安忍残賊、正道に背違す。故に不道と曰う。

とある。不道の規定は長文であるので、冒頭部分のみを示した。

唐の「賊盗律」の「造畜蠱毒（蠱毒を造畜す）」に、

諸造畜蠱毒、謂造合成蠱、堪以害人者。及教令者、絞。造畜者、同居家口、雖不知情、若里正。坊正村正亦同。知而不糾者、皆流三千里。

疏議曰、蠱有多種、罕能究悉。事関左道、不可備知。或集合諸蠱、置於一器之内、久而相食、諸蠱皆尽。若蛇在、即為蛇蠱之類。造謂自造、畜謂伝畜、可以毒害於人。故注云、謂造合成蠱、堪以害人者。若自造、若伝畜猫鬼之類、及教令人、並合絞罪。若同謀而造、律不言皆、即有首従。其所造及畜者同居家口、不限籍之同異。雖不知情、若里正坊正村正知而不糾者、皆流三千里。

諸《すべ》て蠱毒を造畜し、造合して蠱を成し、以て人を害するに堪うる者を謂う。及び教令したる者は、絞。造畜したる者、同居の家口、情を知らずと雖も、若《も》しくは里正、坊正・村正亦た同じ。知りて糾さざる者は、皆な流三千里。

疏議して曰わく、蠱に多種有り、能く究《きわ》め悉すこと罕《まれ》なり。事は左道（妖術・邪道）に関し、備《つぶさ》に知るべからず。或いは諸蠱を集合して、一器の内に置き、久しくして相い食《は》み、諸蠱皆な尽く。若《も》し蛇在らば、即ち蛇蠱と為すの類。造とは自ら造るを謂い、畜とは伝え畜するを謂い、以て人を毒害すべし。故に注に云わく、造合して蠱を成し、以て人を害するに堪うる者を謂う。若し自ら造り、若しくは猫鬼（毒虫・毒草）を伝え畜するの類、及び教令したる人、並びに合《まさ》に絞罪たるべし。若《も》し同謀して造らば、律皆な言わざれば、即ち首・従有り

（主犯と従犯あり）。其れ造り及び畜する所の者の同居する家口は、籍の同異を限らず。情を知らずと雖も、若《も》しくは里正・坊正・村正知りて糾《きゅう》せざる者は、皆な流三千里。

とある。「造畜蠱毒」の規定は長文であるから、これも冒頭部分のみの引用とする。

巫蠱《ふこ》を実行した者は、巫蠱が成功するや否やに関係なく、一〇悪のうちの「不道」とされ、絞刑に処せられ、同居する家族と村役人も流三千里となった。この流三千里の刑は恩赦が出ても適用外であり、二度と故郷の土を踏むことは叶わなかった。王朝が「賊盗律」に条文を設けて「造畜蠱毒」の罪を厳しく取り締まったのは、「造畜蠱毒」によって呪詛《じゅそ》する習俗が、社会に蔓延していたためである。唐代社会は呪詛《じゅそ》が満ち溢れる不気味な社会であった。

七九　冬至、赤小豆粥を作る

「宝顔堂秘笈広集」本『荊楚歳時記』の「冬至、赤小豆粥を作る」は次のようである。

冬至日、量日影、作赤豆粥、以禳疫。

按、共工氏有不才之子。以冬至死、為疫鬼。畏赤小豆。故冬至日、作赤豆粥、以禳之。又晋魏（＝魏晋）間、宮中以紅線量日影。冬至後、日影添長一線。

冬至の日[1]、日の影を量る。赤豆粥を作り、以て疫を禳《はら》う。

按ずるに、共工氏[2]に不才の子有り。冬至を以て死し、疫鬼と為る。赤小豆を畏る。故に冬至の日、赤豆粥を作り、以て之を禳《はら》う。又た魏晋の間、宮中[3]紅線を以て日の影を量る。冬至の後、日の影に長さ一線を添える。

（1）前近代中国で用いられた太陰太陽暦（農暦ともいう）では、冬至を含む月を一一月と定義し、一九年に一度、冬至日が一一月一日となる。これを朔旦冬至という。朔旦冬至が必ず一九年に一回あることは、一九年七閏原則（一九年間に七度の閏月を設ける）の暦が正確に運用されている反映として、朔旦冬至は盛大に祝賀された。

冬至は二四節気の一つで、冬至は太陽の黄経が二七〇度に達した日（太陽暦の一二月二一日もしくは二二日に当たる）である。この頃、太陽は天の赤道の南側で最も離れるので、北半球では昼間の長さが最も短い前近代中国では、この期間をさらに五日を一候とする三候（蚯蚓結、麋角解、水泉動）に区分した。蚯蚓《きゅういん》（みみず）が地にもぐり、馴れ鹿の角を切り、湧き水の多い時期の意味である。

二至二分の名称は、『尚書』堯典にみえ、前三世紀の『呂氏春秋』に、夏至は「日長至」、冬至は「日短至」、春分・秋分は「日夜分」とある。二至二分の中間点に位置する四立は『春秋左氏伝』僖公五年（前六五五）の条に、

凡分至啓閉、必書雲物、為備故也。　凡《すべ》て分・至・啓・閉、必ず雲物を書くは、備と為さんが故《ゆえ》なればなり。

とあり、「啓」が立春・立夏、「閉」が立秋・立冬にあたる。分・至・啓・閉は戦国時代に開始されたとしてよく、二十四節気の名称は前漢の『淮南子《えなんじ》』において確立している。

冬至が決定できないと一年の行事が決まらない。冬至の決定は太陰太陽暦を用いる社会では非常に重要なことである。周王朝は一年を一二か月に分け、一二支の最初の「子」を冬至の月にあて、冬至を年始とした。しかし、春秋・戦国や秦王朝以降の歴代王朝は夏王朝を正統とし、夏王朝を継承しているという意味を込めて、夏暦を採用し、夏王朝が歳首とする寅の月を歳首・年始とした。

（2）共工氏は、神話に登場する神。姿は人面蛇身、洪水を起こす水神。祝融の子供であり、炎帝の一族にあたる。大地の崩壊を引き起こした悪神として神話に登場する。悪神として神話に登場するのは、中原を本拠とした古代王朝と長期にわたって敵対した羌族と共工氏に関係があるためではないかとされる。『風俗通』に「共工之子」とされる三人の記述がある。○天下の各地へ車や舟をつかって移動するのを好んだとされる脩。○顓頊《せんぎょく》を補佐し大地をととのえた勾龍。○死後に疫鬼となって人々に災いをもたらした無名氏である。無名氏が『荊楚歳時記』に登場する共工氏の「不才之子」である。

（3）「又晋魏（＝魏晋）間、宮中、……」は一三世紀の祝穆の『新編古今事文類聚』前集巻一二天時部・冬至・添宮線に、

晋魏間、宮中以紅線量日影。冬至後、日添長一線。歳時記。

とあるから、一三世紀の『荆楚歳時記』に、この記事は存在したことは明らかであるが、『新編古今事文類聚』以前に記事が存在した形跡がなく、また意味が不明である。『新編古今事文類聚』によって一三世紀以前に、この記事があったとするのは根拠が弱い。この記事は一三世紀の衍増記事ではないかと疑う。

附節1「冬至、赤小豆粥を作る」の典拠

『荆楚歳時記』の「冬至、赤小豆粥を作る」の「一字上げ」の箇所は次のようである。

冬至日、量日影、作赤豆粥、以禳疫。

「一字上げ」の部分は宗懍の文とされるから、右は一般論でいえば、『荆楚記』の文ということになる。

右に類似する記事が『玉燭宝典』巻第一一・一一月仲冬にある。

荆楚記云、冬至日、作赤豆鬻（「鬻」は「粥」の本字）。説者云、共工氏有不才之子。以冬至死、為人厲。畏赤豆。故作鬻以禳之。

「荆楚記」に云わく、「冬至の日、赤豆鬻を作る。説者（議論する者）云わく、〈共工氏に不才の子有り。冬至を以て死し、人厲と為る。赤豆を畏る。故に鬻を作り以て之を禳《はら》う〉」と。

『荆楚歳時記』の「一字上げ」の「冬至日、量日影、作赤豆粥、以禳疫」は、『荆楚記』の記事に依拠していることは明白である。

『玉燭宝典』には「冬至日、量日影、作赤豆粥、以禳疫」とはない。誰かが『玉燭宝典』所載の『荆楚記』の記事を「冬至日、量日影、作赤豆粥、以禳疫」と書き直したのである。宗懍以外の誰かが『玉燭宝典』の記事を編集して、「冬至日、量日影、作赤豆粥、以禳疫」としたのである。記事を再編集したのは誰か。『玉燭宝典』の記事を編集した

のであるから、『玉燭宝典』の著者である杜臺卿が編集したのではない。『荊楚歳時記』にある記事であるから、『荊楚歳時記』を著作した人物の再編集である。ここまでいえば、再編集したのは杜公瞻《せん》しかいない。杜公瞻こそは現行本『荊楚歳時記』を著作した人である。

『玉燭宝典』が引用する『荊楚記』には「量日影」の三字がなく、『荊楚歳時記』に「量日影」の三字がある。これは杜公瞻の増入か、あるいは、後人の衍増ということになる。後代の衍増であれば、三字を削除すれば問題は解決する。しかし、杜公瞻の増入であれば、『荊楚歳時記』の「一字上げ」の記事は、『荊楚記』の記事のみとは言えなくなり、増入記事もあることになる。つまり、「一字上げ」の箇所は、宗懍の文だけではなく、宗懍以外の記事もある可能性を示すものである。もし、このことを是と認めるなら、『荊楚歳時記』の「一字上げ」の箇所は、宗懍の文に限定されなくなるから、『荊楚歳時記』は宗懍撰とはいえなくなる。

附節2　冬至の前夜

1　除夜（唐代）

冬至の前夜を「除夜」ということは、遅くとも唐代にはあった。七世紀以降、冬至の前夜を大晦日の夜と同様に除夜という。貞元六年（七九〇）ころ、盧頊《ぎょく》が杭州の銭塘に居住していた時、冬至の前夜を「除夜」といっている。

貞元六年十月、范陽盧頊、家於銭塘。妻弘農楊氏。其姑王氏、早歳出家、隷邑之安養寺。………（中略）………。是夕、冬至除夜、盧家方備粢盛之具。（『太平広記』巻三四〇盧頊《ぎょく》）

貞元六年一〇月、范陽の盧頊、銭塘に家す。妻は弘農の楊氏なり。其の姑の王氏、早歳に出家し、邑の安養寺に隷す。………（中略）………。是の夕べ、冬至の除夜、盧家方《まさ》に粢盛《しせい》（神への供物）の具を備う。

冬至の前夜を除夜というのは、冬至は元日に次ぐ重要な節日であることによる。元日の前夜を除夜というようになったのは六世紀以降のことで、従来の臘日の前夜の儺《だ》（逐除・逐儺）の行事が大晦日の夜に移動した結果、大晦日の夜を除夜というようになり、元日に次ぐ重要な節日である冬至の前夜も除夜というようになったのである。冬至の除夜は元日の除夜から派生したものであり、早くても六世紀以降のことであり、臘日の前夜を除夜といっていた六世紀以前にはなかった言いかたである。

求法僧・圓仁は開成三年（八三八）冬至のころ、江南の揚州に滞在しており、揚州の冬至の前夜の様子を伝える。

廿六日夜、人咸不睡、与本国正月庚申之夜同也。（『入唐求法巡礼行記』開成三年一一月）

二六日の夜、人咸な睡らず、本国の正月・庚申（庚申の夜は一晩中起きている習俗）の夜と同じなり。

『唐代の暦』や『日本暦日便覧』によれば、開成三年一一月二六日夜は冬至の前夜である。唐代の揚州では冬至の前夜は大晦日と同様に眠らなかった。これは揚州独自の習俗ではなく、唐代の中国では何処でも同じであったと想定してよいであろう。

2　除夜（漢代）

除夜とは、悪疫を逐除する夜という意味である。悪疫を逐除するのは一年に何回もあるが、夜に逐除するのは史料にみえる限りでは、臘日の前夜もしくは大晦日の夜である。

漢代の除夜は『後漢書《じょ》』礼儀志・中に、

先臘一日、大儺、謂之逐疫。　臘に先だつ一日、大いに儺す、之を逐疫と謂う。

とあり、臘日（漢代の臘日は冬至から数えて三回目の戌の日、冬至は毎年変化するから臘日に定日はない。各王朝が木・火・土・金・水のうちの、どの徳を選択するかによって、歴代王朝の臘日は異なる）の前日に儺《だ》という行事がある。臘日の前日は歐陽

詢の『藝文《げいもん》類聚』巻八六菓部・上・桃に、

風俗通曰、黄帝書称、上古之時、有兄弟二人、荼与鬱律、[住]度索山上桃樹下、簡百鬼、妄禍人、則縛以葦索、執以食虎。於是県官以臘除夕、飾桃人、垂葦索、画虎於門、効前事也。

「風俗通」に曰わく、「黄帝の書に称う、『上古の時、兄弟二人有り、荼《と》と鬱律《うつりつ》、度索山上の桃樹の下に住み、百鬼を簡し、人を妄禍せば、則ち縛るに葦索を以てし、執えて以て虎に食らわしむ』と。是に於いて県官臘除の夕べを以て、桃人を飾り、葦索を垂れ、虎を門に画くは、前事に効《なら》うなり」と。

とあるように、前日の昼間ではなく前日の夜間を指すから、漢代の除夜は臘日の前夜であって、唐代の除夜と日が異なる。臘日の前夜に悪疫を逐除する習俗は六世紀ころに、臘日から大晦日に移行するから、漢代から六世紀まで、除夜は臘日の前夜を指す言葉であった。

3　冬除（宋代）

一三世紀の陳元靚《せい》の『歳時広記』巻三八冬至「号冬除（冬除と号す）」に、

歳時雑記、冬至既号亜歳。俗人遂以冬至前之夜為冬除。大率多倣歳除故事、而差略焉。提要録、謂之二除夜。

「歳時雑記」（呂原明撰）に、「冬至既に亜歳と号す。俗人遂に冬至前の夜を以て冬除と為す。大率多く歳除の故事に倣《なら》いて、差略す。〈提要録〉（宋代の書、成立年不詳）に、『之を二除夜（大晦日除夜と冬至の除夜）と謂う』」と。

とあり、一〇世紀以降では、冬至の前夜を除夜というのに加えて「冬除」ともいった。

4　冬住（宋代の福建）

南宋の陸游（一一二五～一二〇九）の『老学庵筆記』巻八に「冬住」を次のように説明する。

陳師錫家享儀、謂冬至前一日為冬住、与歳除夜為対。蓋閩音也。予読太平広記、巻三四〇有盧頊伝。云、是夕、冬至除夜。乃知唐人冬至前一日、亦謂之除夜。詩［経］唐風、日月其除。除音直慮反。則所謂冬住者、冬除也。陳氏伝其語、而失其字耳。

陳師錫（『宋史』巻三四六、福建の建州の人）の「家享儀」に、「冬至前一日を謂いて冬住と為し、歳除の夜と対《つい》を為す」と。蓋《けだ》し閩《びん》音（福建の音）なり。予《よ》「太平広記」を読むに、巻三四〇に盧頊《ぎょく》の伝有り。云う、「是の夕、冬至の除夜」と。乃ち唐人冬至前一日、亦た之を除夜と謂うを知る。「詩経」の唐風に、「日月其れ除《さ》る」と。除の音は直・慮の反し。則ち所謂「冬住」とは、冬除なり。陳氏は其の語を伝え、而して其の字を失うのみ。

冬住の「住」は「除」の福建の音であるという。宋代の福建地方では冬至の除夜を冬住といっていたらしい。福建地方固有の表現であるから、「冬住」が中国全土に普及することはなかった。

5　冬至は三大令節の一

唐代の三大令節（「令」は善という意味）とは、中和節（二月一日）・上巳節・重陽節を指す場合もあるが、この三大令節は三大年節を除外した三大令節をいうもので、三大年令節は正月元旦・寒食清明・冬至をいう。三大年令節のうち、寒食は六世紀に普及した行事であり、六世紀以前は二大年令節であった。

一三世紀中葉の陳元靚《せい》の『歳時広記』巻三八冬至・為大節（大節と為す）に、

歳時雑記、都城以寒食冬至正為三大節。自寒食至冬至、中無節序。故人間多相問遺、至献節。或財力不及、故諺語云、肥冬痩年。

「歳時雑記」（呂希哲、字は原明の撰）に、「都城は寒食・冬至・正［月元日］を以て三大節と為す。寒食より冬至に至り、中に節序なし。故に人間多く相い問遺し、献節に至る。或いは財力及ばず、故に諺語に云わく、「冬に肥え年に痩せる」」と。

とあり、『歳時広記』巻三八冬至「若年節（年節の若《ごと》し）」にも、冬至を伝えて次のようにある。

東京夢華録、京師最重冬至節、雖至貧者、一年之間、積累假借、至此日、更易新衣、備弁飲食、享祀先祖、官放関撲、慶賀往来、一如年節。

「東京《とうけい》夢華録」に、「京師最も冬至節を重んじ、貧者に至ると雖も、一年の間、假借を積累し、此の日に至らば、新衣を更易し、飲食を備弁し、先祖を享祀し、官は関撲（賭け事の類）を放し、慶賀の往来、一に年節の如し」と。

唐代でも三大年節とは正月元旦・寒食清明・冬至を指したかという疑問が残るが、唐代の三大令節は中和節（二月一日）・上巳節・重陽節を指す。これらの令節より正月元旦・寒食清明・冬至のほうが重要な節日であることは明らかであるから、唐代でも三大年節とは正月元旦・寒食清明・冬至を指したと考えてよい。

八〇補　枳椇《きく》（けんぽ梨）

一二世紀の唐慎微の撰述した『経史證類大観本草』巻一四木部・下品・「枳 音止、椇 音矩」に、

荊楚歳時記云、詩有椇羞。広雅、枳椇実如珊瑚。十一月、採是白石木子。山中多有之。塩［蔵］荷裹、一冬儲備（＝以為冬儲）。又以辟虫毒。

「荊楚歳時記」に云わく、「《詩（＝詩経）》に〈椇羞《くしゅう》〉有り。《広雅》[1]（三国・魏の張揖によって編纂された辞書）に〈枳椇の実は珊瑚の如し。一一月、是の白石木子を採る。山中多く之有り。荷裹（枳椇の実を蓮の葉で包んだもの）を塩蔵し、一冬儲備す。又た以て虫毒を辟く〉」と。

とあり、『爾雅翼』巻九釈木・椇《く》にも、『荊楚歳時記』の佚文がある。

椇枳《きく》椇也。其木径尺、葉如桑柘。以為屋材、則室中酒味皆敗。其子作房、似珊瑚核、在其端。其味甚甘、小児食之。江東謂之木蜜。崔豹古今注云、枳椇子、一名木蜜、一名木餳。実如形巻曲。核在実外。味甘美如餳蜜。一名白石、一名木實、白木実名枳椇。古者人君燕食所加庶羞凡三十一物、其果則有淩椇棗栗榛柿瓜桃李梅杏樝梨。又婦人之贄、椇榛棗栗。荊楚之俗、亦塩蔵荷裹（＝褁）、以為冬儲。今不以為重、賤者食之而已。

椇は枳椇《きく》なり。其の木の径は尺、葉は桑柘の如し。以て屋材と為さば、則ち室中の酒味皆な敗る。其の子は房を作し、珊瑚核に似て、其の端に在り。其の味甚だ甘く、小児之を食らう。江東は之を木蜜と謂う。崔豹の「古今注」に云わく、(2)「枳椇の子、一つには木蜜と名づけ、一つには木餳と名づく。実は巻曲を形どるが如し。核は実の外に在り。味は甘美にして餳蜜の如し。一つに白石と名づけ、一つに木実と名づく、白木の実は枳椇と名づく(3)」と。古は人君の燕食加う所の庶羞（ご馳走）凡《すべ》て三十一物、其の果則ち淩・椇・棗・栗・榛（はしばみ）・柿・瓜・桃・李・梅・杏・樝（さんざし）・梨有り。又た婦人の贄、椇・榛・棗・栗。荊楚の俗、亦た荷裹（枳椇の実を蓮の葉で包んだもの）を塩蔵し、以て冬儲と為す。今以て重きを為さず、賤しき者之を食らうのみ。

（1）『広雅』は三国・魏の博士・張揖（字は稚讓）によって編纂された辞書。『爾雅』に集められた訓詁が充分でないので、それを増補したものが『広雅』である。『隋書』巻三二経籍志・経部・小学類に「広雅三巻。魏博士張揖撰。梁有四巻」とあり、「広雅音四巻。秘書学士曹憲撰」とあり、『旧唐書《くとうじょ》』巻四六経籍志・経部・小学類に「広雅四巻。張揖撰」とある。隋の煬帝の治世には、煬帝の楊広の「広」を避諱して、『博雅』と改題されたこともあったが、後に『広雅』に戻った。
　張揖には『埤蒼』と『古今字詁』があったが今は現存しない。『広雅』に関しては、王念孫の『広雅疏證』（香港中文大学出版社　一九七八）を参照する必要がある。

（2）現行本の崔豹《ひょう》の『古今注』に「枳椇子。一名木蜜、一名木餳。実如形巻曲、核在実外。味甘美如餳蜜。一名白石、一名木実、

白木実名枳椇」の記事はないが、『太平御覧《ぎょらん》』巻九七四果部一一・枳椇に引用する崔豹《さいひょう》の『古今注』に次のようにある。

崔豹古今注曰、枳椇子。一名樹蜜、一名木餳。実形拳曲、核在実外。味甜美、如餳蜜。一名白石、一名木石、一名枳椇也。

崔豹の『古今注』に曰わく、枳椇子《きく》。一名は樹蜜、一名は木餳《とう》。実は拳曲の形をし、核は実の外に在り。味は甜美にして、餳蜜《とうみつ》の如し。一名は白石、一名は木石、一名は枳椇なり。

（3）枳椇《きく》（けんぽ梨）は「玄圃梨」とも書く。クロウメモドキ科ケンポナシ属の落葉高木。初夏に小型の白い花が咲く。秋に数ミリの果実が熟す。同時にその根元の枝が同じくらいの太さにふくらんで、梨のように甘くなり食べられる。この実は二日酔いに効くともいわれる。葉や樹皮を煎じて飲むこともある。

一二月

八一　一二月は臘月、沐浴と臘祭

「宝顔堂秘笈広集」本『荊楚歳時記』の「一二月は臘月、沐浴と臘祭」は次のようである。

十二月八日為臘日。史記陳勝伝（巻四八陳渉世家。諱は勝、字は渉）、有臘日之言。是謂此也。諺言、臘鼓鳴、春草生。村人並繋細腰鼓、戴胡公頭、及作金剛力士、以逐疫。沐浴、転除罪障。

按礼記云、儺人所逐厲気也。呂氏春秋季冬紀注云、今日（＝今人）臘前一日、撃鼓駆疫。謂之逐除。晋陽秋、王平子、在荊州、以軍圍逐除。以闘故也。玄中記、顓頊氏三子、倶亡、處人宮室。善驚小児。漢世、以五営千騎、自端門伝炬送疫、棄洛水中。故東京賦云、卒歳大儺、駆除群厲。方相秉鉞、巫覡操茢、侲子萬童、丹首玄製、桃弧棘矢、所発無臬。丹首帥赤幘也。逐除所服。宣城記云、洪矩、呉時、作廬陵郡［太守。以清称。徵還］、［船軽、皆］載士船頭。［時歳暮］、逐除人就矩乞、矩指船頭云、無所載、士耳。小説、孫興公常着戯頭、与逐除人共至桓宣武家。宣武覚其応対不凡、推問乃験也。金剛力士、世謂仏家之神。案河図玉版云、天立四極、有金剛力士。兵（兵は「其」字の誤り？）長三十丈。此則其義。

一二月八日を臘日と為す。「史記」巻四八陳渉世家に、「臘日」の言有り。是れは此れを謂うなり。諺に言わく、「臘鼓鳴り、春草生ず」と。村人並びに細腰鼓を繋《しば》り、胡公頭を戴き、金剛力士を作り、以て逐疫に及ぶ。沐浴し、罪障（修行の妨げとなる罪業）を転除す。

「礼記《らいき》」を按ずるに云わく、「…………」（「按礼記云」以下は後段に訓読しているから、ここでは省略する）。

右の記述では一二月八日は臘日であることになる。臘日に定日はないから、これは明らかに間違いである。漢王朝の臘日は、冬至から三巡目の戌日が臘日であり、唐王朝であれば、臘日は冬至から三巡目の辰日が臘日である。歴代の王朝は五行（木・火・土・金・水）の一を王朝の徳目をしていた。ここでは一二月八日を臘日として固定するが、どの王朝であっても、臘日が特定の日に固定されることはない。

太陰太陽暦では、冬至は毎年異なる。従って、「十二月八日為臘日」とあるのは実に奇妙である。「十二月」と「為臘日」の間に、必ずや脱字があるに相違ない。守屋美都雄氏は『中国古歳時記の研究』（帝国書院　一九六三）三六五頁の注1において、「宝顔堂秘笈広集」本『荆楚歳時記』に、

十二月八日為臘日。史記陳勝伝（陳勝伝は陳渉世家）、有臘日之言。…………

とある箇所は、原記事には「十二月為臘月」とあったが、後人が「八日」の二字を書き加え、「十二月八日為臘月」となり、八日が臘月では理が通らないから、臘月を「臘日」に改変したとし、『史記』陳勝伝に「臘日」はなく「臘月」とあるから、「有臘月之言」と復元する。守屋美都雄氏の復元は次のようになろう。

十二月為臘月。史記陳勝伝、有臘月之言。…………

これは「十二月八日為臘日。史記陳勝伝、有臘日之言」より、理に叶った補訂記事といえる。

しかし、右の復元では萬全ではない。杜臺卿の『玉燭宝典』巻第一二・一二月季冬に、

附正説曰、十二月八日、沐浴。已具内典温室経。俗謂為臘月者。史記陳勝伝（陳勝伝は陳渉世家）、有臘月之言。

正説に附して曰わく、「十二月八日、沐浴す。已に内典の「温室経」に具す。俗に謂いて臘月と為すなり。『史記』陳渉世家に、〈臘月〉の言有り」と。

とある（本書四二三頁の図版15の上段、三行目以下を参照）。また『太平御覧《ぎょらん》』巻二七時序部一二・冬下に、

荊楚歳時記曰、十二月八日、沐浴、転除罪障。

「荊楚歳時記」に曰わく、「十二月八日、沐浴し、罪障（修行の妨げとなる罪業）を転除す」と。

とあり、「十二月八日、沐浴、転除罪障」とあったと明記し、また『太平御覧《ぎょらん》』巻三三時序部一八・臘に、

又［荊楚歳時記］曰、俗又以此月為臘月。按史記陳勝伝、有臘月之言。是謂此也。諺云、臘鼓鳴、春草生。村人並繫細腰鼓、戴胡［公］頭、及作金剛力士、以逐大疫。

又た「荊楚歳時記」に曰わく、「俗は又た此の月を以て臘月と為す。『史記』陳勝伝を按ずるに、〈臘月〉の言有り。是れ此れを謂うなり。諺に云わく、〈臘鼓鳴り、春草生ず〉と。村人並びに細腰鼓を繫け、胡公頭を戴き、及び金剛力士を作り、以て大疫を逐う」と。

とある。『玉燭宝典』と『太平御覧』の記事を、「一字上げ」と「一字下げ」の要領に従い、一文にすれば、

十二月八日、沐浴、転除罪障。已具内典温室経。俗又以此月為臘月。

按史記陳勝伝（＝陳渉世家）、有臘月之言。是謂此也。諺云、臘鼓鳴、春草生。村人並繫細腰鼓、戴胡［公］頭、及作金剛力士、以逐大疫。

となる。この記事が『荊楚歳時記』の「十二月」の冒頭記事にあったと想定してよい。このように考えれば「八日」は、後人の衍増としなくてよくなる。

以上の考察から、『荊楚歳時記』の「十二月八日、…………」の記事は次のように改訂し復元できる。

十二月八日、沐浴、転除罪障。已具内典温室経。俗又以此月為臘月。

按史記陳勝伝（＝陳渉世家）、有臘月之言。是謂此也。諺云、臘鼓鳴、春草生。村人並繫細腰鼓、戴［公］胡頭、及作金剛力士、以逐大疫。按礼記云、儺人所逐厲気也（傍線部は衍文）。呂氏春秋季冬紀注云、今日（＝今人）臘前一日、撃鼓駆疫。謂之逐除。晋陽秋、王平子、在荊州、以軍圍逐除。以闘故也。玄中記、顓頊氏三子、

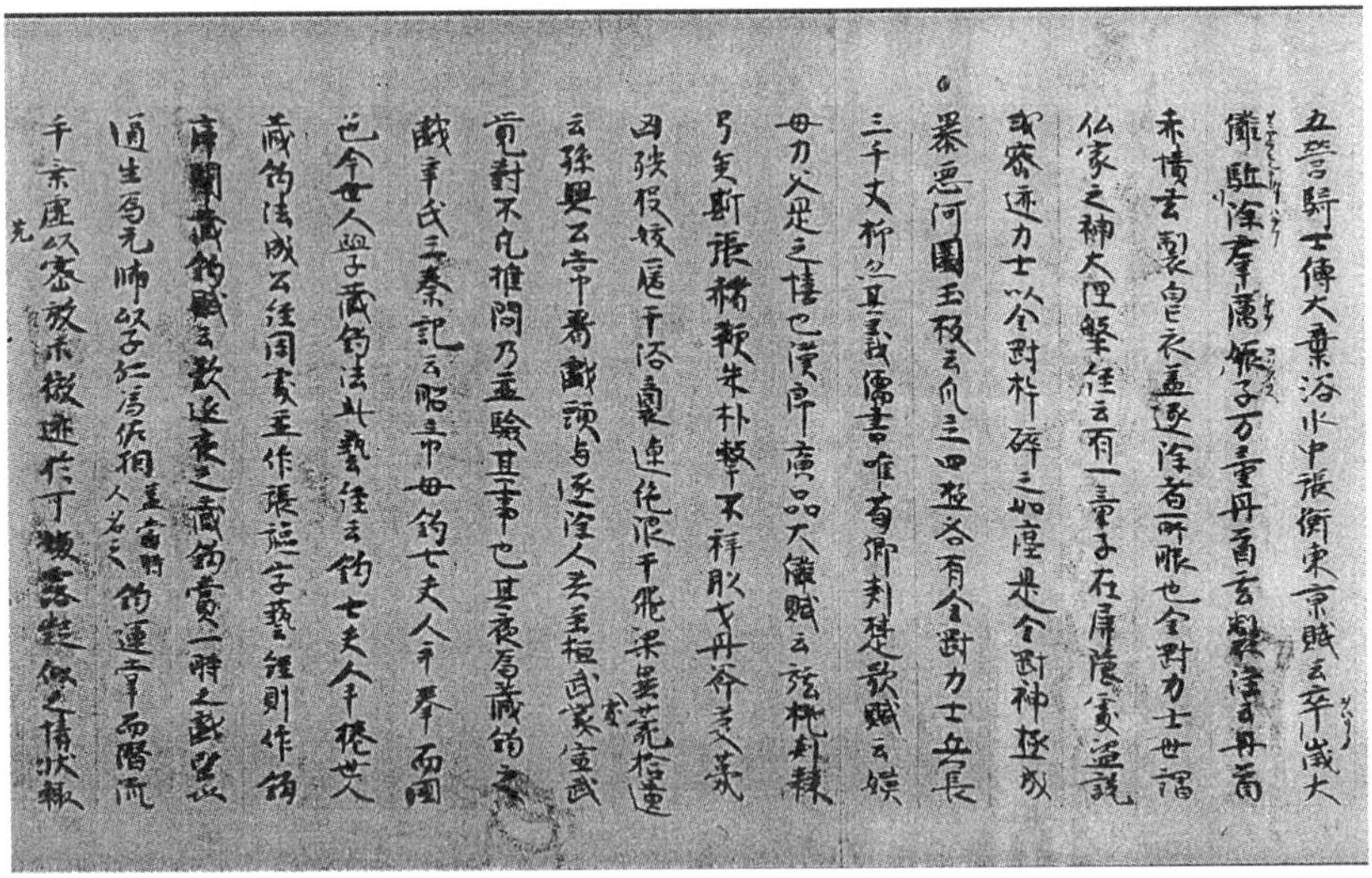

図版15　『玉燭宝典』巻第12・12月季冬の上段３行目以下に「附正説曰、十二月八日、沐浴。…」とある。

倶亡、處人宮室。善驚小児。漢世、以五営千騎、自端門伝炬送疫、棄洛水中。故東京賦云、卒歳大儺、駆除群厲。方相秉鉞、巫覡操茢、侲子萬童、丹首玄製、桃弧棘矢、所発無臬。丹首帥赤幘也。逐除所服。宣城記云、洪矩、呉時、作廬陵郡［太守。以清称。徴還、船軽、皆］載土船頭。［時歳暮］、逐除人就矩乞、矩指船頭云、無所載、土耳。小説、孫興公常着戯頭、与逐除人共至桓宣武家。宣武覚其応対不凡、推問乃験也。金剛力士、世謂仏家之神。案河図玉版云、天立四極、有金剛力士。兵（兵は「其」字の誤記？）長三十丈。此則其義。

一二月八日、沐浴(1)して、罪障（修行の妨げとなる罪業）を転除す。已《すで》に内典（仏典）の「温室経(2)」に具す(3)。俗は又た此の月を以て臘月(4)と為す。

「史記」陳渉世家(5)を按ずるに、「臘月」の言有り(6)。是れ此れを謂うなり。諺に云う(7)、「臘鼓鳴り、春草生ず」と。村人並びに細腰鼓（腰に下げる細長い太鼓）を撃ち、胡公頭(8)を戴き、及び金剛力士(9)を作り、以て大疫を逐う。「礼記」を按ずるに云わく、「儺人逐う所の厲気なり(10)」と。「呂氏《りょし》春秋」季冬紀の注に云わく、「今人臘前の一日(11)、鼓撃ちて疫を駆る。之を逐除と謂う」と。「晋陽秋(12)」に、「王平子(13)、荊州に在り、軍を以て囲み逐除す」と。闘いを以ての故なり。「玄中記(14)」に、「顓頊《せんぎょく》氏の三子、倶に亡《し》し、人の宮室に處《お》り、善く小児を驚かす」と。漢の世、五営の千騎を以て、端門（皇城の南面する中央の門。北京の紫禁城でいえば天安門）より伝炬《きょ》して疫を送り、洛水の中に棄つ(15)。故に「東京賦(16)」（『文選《もんぜん》』巻三所収）に云わく、「卒歳（年末）大いに儺《だ》し、群厲を駆除す。方相鉞《えつ》を秉り、巫《ふ》（女性の奉神者）覡《げき》（男性の奉神者）茢《れつ》（ほおき）を操り、侲子萬童（大勢の童男）、丹首（赤い被りもの）玄製（黒のよそおい）し、桃弧《とうこ》（桃の木で作った弓。魔よけに使う道具）棘矢《きょくし》（茨の木でできた矢。魔よけに使う道具）、発する所臬《まと》なし」と。丹首は赤幘《さく》を帥《ひき》いるなり。逐除し服する所なり。「宣城記(17)」に云わく、「洪矩、呉の時、廬陵郡太守と作《な》り、清を以て称せらる。徴されて還るに、船軽く、皆な土を船頭（船の上部）に載す。時に歳暮、逐除の人 矩に就いて「逐除の酒代を」乞うも、矩は船頭を指して云わく、〈載す所なし、土のみ〉」と。

「小説」[18]に、「孫興公[19]は常に戯頭を着て、逐除の人と共に桓宣武[20]の家に至る。宣武其の応対凡ならざるを覚り、推問するに乃ち験あるなり」と。金剛力士、世に仏家の神と謂う。『河図玉版』[21]を案ずるに云わく、「天は四極を立て、金剛力士有り。其の長《たけ》三〇丈」と。此れ則ち其の義なり。

（1）沐浴に関して、史遊の『急就篇』に「洗髪曰沐、澡身曰浴」とある。沐は髪を洗うこと、浴は身を澡うこと。

（2）『温室経』は後漢の安世高が翻訳した仏典で、『仏説温室洗浴衆僧経』のこと。『大正新脩大蔵経』第一六冊に所収される。『仏説温室洗浴衆僧経』は耆域という医師が、釈迦や弟子達に入浴を薦め、それを受けて釈迦が、入浴の功徳を論じる経である。この史料によって、隋代の仏教に臘八（一二月八日）行事があり、この日に沐浴があったことは明白な事実となる。

（3）一二月八日の沐浴は、一一四三年になった法雲の『翻訳名義集』巻三・林木篇に、

又今北地、尚臈八（＝臘八＝一二月八日：釈尊成道の日）浴仏。乃属成道之節。故周書異記云、周穆王二年癸巳二月八日、仏年三十成道。正当今之臈八（臘八）也。

又た今（一〇世紀から一二世紀）の北地（華北地方）、臘八の浴仏を尚ぶ。乃ち成道の節に属す。故に「周書異記」に云わく、「周の穆王（在位は前九七六～前九二二）の二年癸巳二月八日、仏年三〇にして成道す」と。正に今の臘八に当たるなり。

とある。周の穆王二年癸巳二月八日は周正（周暦）である。これを夏正（夏暦）に直せば、一二月八日となる。秦漢以来の歴代王朝は夏王朝を正統とし、夏正を採用したから、周正の二月八日は秦漢以降の歴代王朝では一二月八日となり、華北地方では、この日を「成道の日」としていると、法雲は臘八成道を説明する。成道の日を伝える印度の暦を、中国暦に直す過程での解釈の相違から、二月八日・三月八日・四月八日・一二月八日の四説が生じたのである。中国では地域によって、成道日や釈尊降誕日が異なっていた。

一三世紀中葉の陳元靚《せい》の『歳時広記』巻二〇仏日・行摩訶に次のようにある。

歳時雑記、諸経仏説、仏生日不同。其指言四月八日生者為多。宿願果報経云、諸仏世尊、皆是此日、故用四月八日、灌仏也。今但南方皆用此日、北人専用臘月八日。近歳因圓照禅師来慧林、始用此日、行摩訶利頭経法。自是稍稍遵。

「歳時雑記」（二巻。北宋の呂希哲、字は原明の撰）に、「諸経仏説、仏の生日同じからず。其の四月八日生れと指言するもの多しと為す。『宿願果報経』に云わく、「諸仏世尊皆な是れ此の日」と。故に四月八日を用《もっ》て、灌仏するなり。今但だ南方皆な此の日を用い、北人（秦嶺・淮河流域以北の華北平原に生活する人々）専ら臘月八日を用う。近歳 圓照禅師の慧林に来るに因り、始めて此の日を用《もっ》て、「摩訶利頭経」の法を行う。是れより稍稍《ようよう》遵《したが》う」と。

（4）臘月は一二月の別名である。臘は歳終の祖先祭。漢王朝では、臘は冬至から三巡目の戌の日である。冬至は一一月に来る節気であるから、一〇干が三巡すれば、臘日は必ず一二月にくることになる。

（5）陳勝（?～前二〇九）は、秦代末期の農民反乱の指導者。字は渉。劉邦や項羽に先んじて秦に対する反乱を起こしたが、秦の討伐軍に攻められて敗死した。『史記』巻四八世家第一八陳渉世家がある。

（6）「陳勝伝、有臘月之言」の一文を、『史記』巻四八陳渉世家によって検證すると、

章邯已破伍徐、撃陳。柱国房君死。章邯又進兵、撃陳西張賀軍。陳王出監戦。軍破張賀死。臈月、陳王之汝陰、還至下城父。其御荘賈殺、以降秦。陳勝葬碭、謚曰隠王。

章邯《しょうかん》已に伍徐を破り、陳を撃つ。柱国房君死す。章邯又た兵を進め、陳の西なる張賀の軍を撃つ。陳王出でて戦を監す。軍破れ張賀死す。臈月（臈月は臘月に同じ）、陳王 汝陰に之《い》き、還りて下城父に至る。其の御（御者）の荘賈［陳王］を殺し、以て秦に降る。陳勝は碭《とう》（徐州碭山県）に葬り、謚《おくりな》して隠王と曰う。

とあり、「陳勝伝、有臘月之言」は『史記』巻四八陳渉世家に依っていることが判る。

（7）「諺言、臘鼓鳴、春草生」の文は『太平御覧《ぎょらん》』巻三三時序部一八・臘に、

又［謝承後漢書］東夷列伝曰、三韓俗、以臘日（＝月）家家祭祀。俗云、臘鼓鳴、春草生也。

又た謝承（会稽山陰の人、呉の孫権の謝夫人の弟）の「後漢書《じょ》」東夷列伝に曰わく、「三韓（朝鮮の馬韓・弁韓・辰韓）の俗、臘月を以て家家祭祀す」と。俗云わく、「臘鼓鳴り、春草生ず」と。

とあり、謝承の『後漢書《じょ》』にみえる。

この史料を忠実に読めば、朝鮮の三韓地方では臘日に祭祀（＝臘祭）があったと解釈でき、中国の臘祭が三韓にもあったことになる。しかし、三世紀の三韓地方に中国の臘祭があろうはずがないから、「臘日」は「臘月」の誤写に相違ない。「日」を「月」に訂正すれば問題は解決する。臘月は一二月のことである。要するに、三韓地方では一二月に、年を締めくくる土俗的な祭祀があることをいっているに過ぎない。

右に述べたように、三韓に臘日と臘祭はないから、「俗云、臘鼓鳴、春草生也」の臘鼓は三韓で鳴ることはない。この諺言は、謝承が生まれ生活した三世紀の俗言である。臘月は新暦では一月から二月上旬に相当するから、このころには春草が芽生えることとは、あり得る話である。

（8）胡公頭は帽子の一。胡頭は「公」字が脱落した語。『梁書《じょ》』巻五四諸夷伝の東夷・倭《わ》に、

男女皆露紒、富貴者以錦繡雑采（＝綵）為帽、似中国胡公頭。

男女皆な露紒《ろけい》（冠りものをしない）し、富貴の者は錦繡・雑綵を以て帽を為《つく》る。中国の胡公頭に似たり。

とあり、胡公頭の語がみえる。一一世紀の高承の『事物紀原』巻九吉凶典制部四七嗔拳《しんけん》に、

江淮之俗、毎作諸戯、必先設嗔拳笑面。有諸行戯時、嘗在故臈之末、所作之人。又多村夫、初不知其所謂也。按荊楚歳時記、有諺語云、臘鼓鳴、春草生。村人並［撃］細腰鼓、戴胡公頭、及作金剛力士、以逐除。今南方、為此戯者、必戴面如胡人状、作勇力之勢。謂之嗔拳。則知其為荊楚故俗旧矣。

江淮（淮水以南の長江下流域）の俗、諸戯を作す毎《ごと》に、必ず先ず嗔拳《しんけん》笑面を設く。諸行戯有る時、嘗《つね》に故臈の末に在りて、作す所の人なり。又た多くの村夫、初め其の謂う所を知らざるなり。「荊楚歳時記」を按ずるに、「諺語《ことわざ》有りて云わく、〈臘鼓鳴り、春草生ず〉と。村人並びに細腰鼓を撃ち、胡公頭を戴き、及び金剛力士を作り、以て逐除す」と。いま南方、此の戯を為す者、必ず面の胡人の状の如きを戴き、勇力の勢を作《な》す。之を嗔拳と謂う。則ち其れ荊楚の故俗の旧為《な》るを知る。

とあり、一二世紀の江淮の俗では、諸戯を行う時に嗔拳という面を装着するが、これは胡公頭に起源するという。

（9）金剛力士は仏教の守護神である天部の一つ。梵語では「ヴァジュラダラ」と言い、「金剛杵《しょ》（仏敵を退散させる武器）を持つ

もの」を意味する。開口の阿形像と、口を結んだ吽《うん》形像の二体を一対として、仁王の名で、寺院の門や須弥壇の左右に安置されている。仁王像は阿形・吽形の一対が原則であるが、これを一体のみで表した、執《しゅ》金剛神と呼ばれる像がある。東大寺法華堂の本尊の背後の厨子内に安置された執金剛神がそれで、裸形でなく甲冑を着けている。仁王像は裸形が一般的であるが、着甲の仁王像もある。

(10)「按礼記《らいき》云、儺人所逐厲気也」は『礼記』にはない。衍文であろう。

(11)『荊楚歳時記』には「今日臘前一日」とあるが、これでは文意が通じない。「今日」は「今人」の誤りとするべきである。「重較説郛《せっぷ》」本『荊楚歳時記』と『玉燭宝典』巻第一二・一二月季冬は「今人」に作る。

(12)『晋陽秋』は『隋書』巻三三経籍志・史部・別史類に「晋陽秋三十二巻。訖哀帝。孫盛撰」とあり、孫盛（三〇二～三七三。『晋書《しんじょ》』巻八二孫盛伝）の撰になる。「春」を「陽」と言い変えた書で、「晋春秋」の意味であろう。「訖哀帝」とは、記述が東晋の哀帝（司馬丕《ひ》。在位は三六一～三六五）までとの意味。

(13)王平子は王澄のこと。『晋書』巻四三王戎伝に附伝され王澄伝がある。平子は字。四世紀の初頭ごろの西晋の恵帝の末年に荊州刺史になっている。軍隊を以て群厲を逐除したという意味である。

(14)『玄中記』は郭氏撰となり、著者不明。完本は現存せず、『水経注』の序文、『太平寰宇《かんう》記』・『荊楚歳時記』・『藝文《げいもん》類聚』・『初学記』・『太平御覧《ぎょらん》』・『太平広記』等に引用されている。

(15)「漢世、以五営千騎、端門伝炬送疫、棄洛水中」は『後漢書《じょ》』巻一五礼儀志・礼儀中・大儺《だ》に、

　嚾呼、周徧前後省三過、持炬火、送疫出端門。門外騶騎伝炬出宮、司馬闕門門外五営騎士、伝火棄雒水中。

　嚾呼《かんこ》し、前後を周徧し三過を省み、炬火を持ちて、疫を送りて端門（皇城の正面の門）に出ず。門外の騶騎《すうき》炬を伝えて宮を出で、司馬闕門の門外五営の騎士は、火を伝えて雒水《らくすい》の中に棄つ。

とある記事を書き換えたものであろう。

(16)「東京《とうけい》賦」に云わく、「卒歳大いに儺《だ》し、群厲を駆除す。………」は『文選《もんぜん》』巻三「東京賦」に、

　爾乃卒歳大儺、敺除羣癘、方相秉鉞、巫覡操茢、侲子萬童、丹首玄製、桃弧棘矢、所発無臬。

爾して乃ち卒歳（年末）大いに儺し、群厲を毆除《く》す。方相鉞《えつ》を秉り、巫《ふ》（女性の奉神者）覡《げき》（男性の奉神者）茢《れつきよくし》（ほおき）を操り、侲子萬童（大勢の童男童女）、丹首（赤い被り物）玄製（黒のよそおい）し、桃弧《とうこ》棘矢（桃の木で作った弓と棘の矢）あり、発《はな》つ所臬《まと》なし。

とある。

(17)『宣城記』は紀義（生卒年は未詳）の撰。この話は『太平御覧《ぎょらん》』巻五三〇礼儀部九・儺《だ》に、

宣城記曰、呉時、洪臣（＝洪矩）為廬陵太守。有清称、徴還、船車皆載土。時歳暮、除逐人就乞、見土而去。

とあり、『太平御覧』巻二六二職官部六〇・良太守下に、

宣城記曰、涇県洪短（＝洪矩）、呉時、為廬江太守。［以］清称、徴還、船軽皆載土。時歳暮、逐除者就乞、所獲甚少、洪乃語之、逐除人見土而去。

とあり、『太平御覧』巻三七地部二・土にも、次のようにある。

宣城記曰、江矩（＝洪矩）、呉時、為廬江太守。以清称、徴還、船軽皆載土。時歳暮、逐除者就乞、所獲甚少。江乃語之、逐除人見而去。

(18)『小説』は『隋書』巻三四経籍志・子部・小説類に「小説十巻。梁武帝勅安右長史殷芸撰。梁目、三十巻」と「小説五巻」と二書を著録する。『旧唐書《くとうじょ》』巻四七経籍志・子部・小説類に「小説十巻。劉義慶撰」「小説十巻。殷芸撰」とある。孰れの『小説』が該当するかは不明。

(19)孫興公は孫綽のこと。『晋書《しんじょ》』巻五六孫楚伝に附伝されて孫綽伝があり、そこに次のようにある。

綽、字興公。博学善属文。少与高陽許詢、倶有高尚之志。居于会稽、游放山水十有餘年。乃作遂初賦、以致其意」

綽、字は興公。博学にして属文（文章を作ること）を善くす。少くして高陽の許詢と、倶に高尚の志有り。会稽に居し、山水に游放すること十有餘年。乃ち遂初賦を作り、以て其の意を致す。

(20)桓宣武は桓温（三一二〜三七三）のこと。宣武は謚《おくりな》。『晋書』巻九八に列伝がある。東晋の武人。字は元子。三四五年に東晋第一の大鎮であった荊州の刺史となった。蜀の成を滅ぼし、前秦の軍を破り、さらに前燕を討った。桓温の中原出兵の目的は、

その成功によって朝廷内の反対勢力を押え、簡文帝から禅譲によって皇帝になることにあった。しかし、前燕戦で敗戦し威名も衰え、新王朝樹立は実現しなかった。

孫興公が儺《だ》を行った話は、『太平御覧《ぎょらん》』巻五三〇礼儀部九・儺《だ》に次のようある。

建康実録曰、孫興公常著戯［頭］、為儺。至桓宣武家、宣武覚其応対不凡、推問之。乃興公。

「建康実録」（唐の粛宗皇帝ころの人・許嵩の撰）に曰わく、「孫興公常に戯頭を著《き》て、儺を為す。桓宣武の家に至るに、宣武其の応対凡ならざるを覚え、之を推問す。乃ち興公なり」と。

『荊楚歳時記』の孫興公が儺を行った話は『建康実録』が原典であろう。

(21)『河図玉版』の詳細は未詳。『水経注』巻一五洛水の条に「河図玉版曰、倉頡為帝、南巡、登陽虚之山。……」とある。『水経注』は五一五年成立であるから、『河図玉版』は五世紀に成立した書であり、『龍魚河図』に類する書であろう。『太平御覧』に引用される。一二世紀の趙与旹《じ》（旹は時の古字。趙与時）の『賓退録』巻五に、

河図玉版曰、湘夫人者帝堯女也。秦始皇浮江、至湘山、逢大風。…………

「河図玉版」に曰わく、「湘夫人は［五帝の一人である］帝・堯《ぎょう》の女《むすめ》なり。秦の始皇［帝］江に浮び（長江流域を行幸すること）、湘山（湖南省岳陽市湘陰県附近）に至り、大風に逢う。…………

とあるから、一二世紀ころには存在していた。

附節1　「一二月は臘月、沐浴と臘祭」の典拠

『荊楚歳時記』は『隋書』経籍志に著録されていない。『荊楚歳時記』の書名と記事が最初に登場するのは、唐代（六一八～九〇七）初期の六二四年にできた『藝文《げいもん》類聚』である。『荊楚歳時記』は七世紀初頭の煬帝治世の大業年間に完成した書であろう。唐代における『荊楚歳時記』に関して、『旧唐書《くとうじょ》』巻四七経籍志・子部・雑家類に、

荊楚歳時記十巻（一巻の誤り）、宗懍撰。又二巻、杜公瞻撰。

とあり、『新唐書《じよ》』巻五九藝文志《げいもん》・子部・農家類に、

宗懍、荊楚歳時記一巻。杜公瞻、荊楚歳時記二巻。

とあり、七世紀初めから一〇世紀初めまでの唐代では、宗懍と杜公瞻《せん》の『荊楚歳時記』が共に通行していた。

宗懍は五六五年以前に卒しているから、七世紀初めになって宗懍が『荊楚歳時記』を著すことはない。宗懍撰の『荊楚歳時記』は『荊楚記』を唐代になって書名変更したものに相違ない。杜公瞻は『荊楚記』に注記を加えた人物とされるから、杜公瞻撰『荊楚歳時記』は『荊楚記』と関連していたはずである。現行本『荊楚歳時記』は「一字上げ」の記事と、「按」から始まる「二字下げ」の記事から構成され、「一字上げ」の箇所は『荊楚記』の記事、「按」から始まる「一字下げ」の箇所は、杜公瞻の注記とされ、宗懍撰・杜公瞻注『荊楚歳時記』とされるが、確證があるわけではない。この書は『荊楚記』に杜公瞻が注記した本とされるから、「一字上げ」の箇所の記事は『荊楚記』の記事でなければならないことになる。現行本『荊楚歳時記』は宗懍撰の書であろうか。現行本が宗懍撰であるなら、経籍志や藝文志《げいもん》にいう杜公瞻《せん》撰の『荊楚歳時記』はどうなったのであろうか。

右のことを検討するために、最初に示した「一二月は臘月、沐浴と臘祭」の記事と、この記事に類似する記事がある『玉燭宝典』巻第一二、一二月季冬の附説の記事を比較する必要がある。『玉燭宝典』には次のようにある。

附正説（正は衍字？）曰、十二月八日、沐浴。已具内典温室経。俗謂為臘月者、史記陳勝伝、有臘月之言。劉歆列女伝云、魯之母師、臘日休作者、歳祀。曹大家注云、臘一歳之大祀。魏世、華歆常以臘日宴子弟。王朗慕之、蓋其家法。諺云、臘鼓鳴、春草生。案周官、方相氏、…………。今世、村人打細腰鼓、戴胡公頭、及作金剛力士逐除、即其遺風。呂氏春秋季冬紀注云、今人臘歳前一日、撃皷駆疫。謂之逐除。玄中記云、顓頊氏有三子、倶亡、處人宮室、善驚小児。漢世、以五営千騎、自端門送疫、至（＝棄）洛水。続漢書礼儀志云、季冬之月、先臘一日、逐疫。侲子持炬火、送疫出端門。門外騶騎、伝炬出宮、司馬闕門、門外五営騎士、伝火棄洛水中。張衡東京賦云、

卒歳大儺、駆除群厲。方相秉鉞、巫覡操茢、侲子萬童、丹首玄製。注云、丹首赤幘、玄製皁衣。蓋逐除者、所服也。金剛力士、世謂仏家之神。大涅槃経云、…………。河図玉版云、天立四極、各有金剛力士。共長三千丈。抑亦其義。…………。小説、孫興公常着戯頭、与逐除人共至桓宣武家。宣武覚其応対不凡、推問乃験也。

附説に曰わく、一二月八日、沐浴す。已に内典（＝仏典）の「温室経」に具す。俗に謂いて臘月と為すなり。「史記」陳勝伝（＝陳渉世家）に、「臘月」の言有り。劉歆《きん》（?～二三）の「列女伝」（劉向の撰であるが、子息の劉歆の「頌」が加わり、劉歆の「列女伝」ともいわれる）に云わく、魯の母師、臘日に作を休むは、歳祀なればなり。曹大家《たいこ》（班昭のこと。曹家に嫁したため曹大家といわれる。四五?～一一七?。中国初の女性歴史家。「漢書《かんじょ》」を書いた班固と西域都護となった武将・班超の妹）の注に云わく、「臘は一歳の大祀」と。魏の世、華歆（一五七～二三一。『三国志』魏書巻一三）常に臘日を以て子弟を宴す。王朗之を慕い、其の家法を蓋《たつとぶ》なり。諺に云わく、「臘鼓鳴り、春草生ず」と。「周官」（＝『周礼《しゅらい》』夏官・司馬・方相氏）を案ずるに、方相《ほうそう》氏、「…………」と。今世、村人細腰鼓を打ち、胡公頭を戴き、金剛力士を作りて逐除する及ぶは、即ち其の遺風なり。「呂氏《りょし》春秋」（呂不韋撰、後漢の高誘注）季冬紀の注に云わく、「今人、臘歳前一日、鼓を撃ち疫を駆《お》う。之を逐《ちく》除と謂う」と。「玄中記」（郭氏の撰）に云わく、「顓頊《せんぎょく》氏に三子有り、倶に亡《な》くなり、處人の宮室に處《よ》りて、善く小児を驚かす。漢の世、五営の千騎を以て、端門（宮城正面の門）より疫を送り、洛水に棄つ。「続漢書《じょ》」礼儀志に云わく、「季冬の月、臘に先だつ一日、逐疫す。侲子（童児）は炬火を持ち、疫を送りて端門を出ず。門外の騶《すう》騎、炬を伝えて宮を出で、司馬闕門の門外の五営の騎士、火を伝え洛水中に棄つ」と。張衡の「東京《とうけい》賦」（『文選《もんぜん》』巻三所収）に云わく、「卒歳（年末）大いに儺《だ》し、群厲を駆除す。方相（厄禍を除くことを掌る方相氏）鉞《えつ》を秉り、巫《ふ》（女性の奉神者）覡《げき》（男性の奉神者）は茢《れつ》（ほおき）を操り、侲子萬童（多数の童児）、丹首（赤い被り物）玄製（黒の装い）」と。注に云わく、「丹首赤幘《さく》（赤い被り物）、玄製皁《そう》衣（黒の装い）。蓋《けだ》し逐除する者、服するなり」と。金剛力士、世に仏家の神と謂う。「大涅槃経」に云わく、

「…………」と。「河図玉版」（撰者不詳。六世紀以前の書）に云わく、「天は四極を立て、各々金剛力士有り。其の長《たけ》三千丈。抑《おおせ》て（「抑」字は誤写か）亦た其の義なり。…………」。「小説」に、「孫興公（本書四二八頁の注（19）を参照）常に戯頭を着けて、逐除の人と共に桓宣武（本書四二八頁の注（20）を参照）の家に至る。宣武其の応対凡ならざるを覚え、推問する乃ち験あるなり」と。

『荊楚歳時記』の「一二月は臘月、沐浴と臘祭」は、明らかに『玉燭宝典』の右の記事を基礎に構成されていることが読み取れる。「一二月は臘月、沐浴と臘祭」には、「礼記云、儺人所逐厲気也」のように『玉燭宝典』にない書が引用され、『玉燭宝典』に見える『列女伝』、『晋陽秋』、『宣城記』が引用されない。『小説』の記事のように、引用の順序が異なる場合もある。これらの相違点は、記事を引用する人の考えに因るから、多少の相違は無視してよい。

「宝顔堂秘笈広集」本『荊楚歳時記』を初めとする、現行本『荊楚歳時記』の「一字上げ」の箇所は、

十二月八日為臘日。史記陳勝伝、有臘日之言。是謂此也。諺言、臘鼓鳴、春草生。村人並繫細腰鼓、戴胡公頭、

及作金剛力士、以逐疫。沐浴、転除罪障。

とある。これは『玉燭宝典』巻第一二・一二月季冬に、

附正説曰、十二月八日、沐浴。已具内典温室経。俗謂為臘月者。史記陳勝伝、有臘月之言。

とあり、本書四二一頁において、右の記事を種々勘案して、

十二月八日、沐浴、転除罪障。已具内典温室経。俗又以此月為臘月。

按史記陳勝伝（＝陳渉世家）、有臘月之言。是謂此也。諺云、臘鼓鳴、春草生。村人並繫細腰鼓、戴胡頭、及作

金剛力士、以逐大疫。…………

と訂正した。「按」以下の「一字下げ」の記事は、杜公瞻《せん》の注記といわれる部分である。

「一字上げ」の「十二月八日、沐浴、転除罪障。已具内典温室経。俗又以此月為臘月」は、『荊楚歳時記』では宗懍

の文、すなわち『荊楚記』の文に相当するものである。『玉燭宝典』巻第一二・一二月季冬には、

　附正説曰、十二月八日、沐浴。已具内典温室経。俗謂為臘月者。史記陳勝伝、有臘月之言。

とあって、「荊楚記云、一二月八日、沐浴。……」とないから、附正説の記事は明らかに『荊楚記』の文ではない。では誰の文であろうか。「附正説曰」とあるから、『玉燭宝典』の著者・杜臺卿の文である。杜公瞻《せん》は杜臺卿の文を『荊楚記』の記事と同じく「一字上げ」の『荊楚歳時記』の記事とし、それに注記を施しているのである。『玉燭宝典』は五八一年頃完成し、宗懍は五六五年に卒しているから、『玉燭宝典』の記事を引用できるのは杜公瞻しかいない。従って、「一二月は臘月、沐浴と臘祭」の記事は、杜公瞻撰の『荊楚歳時記』の記事ということになる。そして、「一二月は臘月、沐浴と臘祭」の記事は、現行本『荊楚歳時記』に存在するから、現行本『荊楚歳時記』は杜公瞻の撰であって、宗懍撰の『荊楚歳時記』ではないということになる。

『宋史』巻二〇五藝文《げいもん》志・子部・農家類に、「宗懍、荊楚歳時記一巻」とあり、「四庫全書」本『荊楚歳時記』、「重較説郛《せつぷ》」本『荊楚歳時記』、「漢魏叢書」本『荊楚歳時記』、和刻本『荊楚歳時記』等々は、著者を「宗懍」とするから、『荊楚歳時記』は宗懍の著書とすることに、疑念を持つことがなかった。二〇一八年に中華書局から出版された「広漢魏叢書」本を底本とする、姜彦稚氏の『荊楚歳時記』も書題に「梁・宗懍撰、隋・杜公瞻注、姜彦稚輯校　荊楚歳時記」としている。しかし、「一二月は臘月、沐浴と臘祭」の記事は『玉燭宝典』からの引用であることは、明々白々であり、『荊楚歳時記』の著者は杜公瞻である。現行本『荊楚歳時記』を宗懍撰という考えに固執すると、説明できない事が多々生じる。

附節2　臘について

1　臘とは

『太平御覧《ぎょらん》』巻三三時序部一八・臘に、

蔡邕独断曰、臘者歳終大祭。縦吏民宴飲。非迎気、故但送不迎也。

蔡邕《さいよう》（一三三〜一九二）の「独断」に曰わく、「臘は歳終の大祭なり。吏民宴飲を縦《ほしいまま》にす。気を迎えるに非らず、故に但だ送りて迎えざるなり」と。

とあり、臘は歳終の大祭である。

一三世紀中葉の陳元靚《せい》の『歳時広記』巻三九臘「魏時祭（魏の時祭）」に、

魏臺訪議、薦田臘所得之禽獣、謂之臘。特時祭之名爾。

「魏臺訪議」（魏の高堂隆の撰）に、「田臘して得る所の禽獣を薦《すす》む、之を臘と謂う」と。特に時祭の名なるのみ。

とあり、臘は田臘して得た禽獣を先祖に薦める祭りという。臘日には「蜡《さ》」という祭りがある。一年の収穫を百神に感謝する祭りを蜡という。

臘祭の性格について、同じ一二月にある「蜡祭」との関連で、漢代以来のいろいろな見解が提示されているが、現在に至って一致する見解がない。漢以来の諸学者の説を示すと、

（1）鄭玄と孔穎達は、臘祭と蜡祭を同時の祭祀としながらも、臘は蜡中に包括されるとする。

（2）『玉燭宝典』に引く『月令章句』の説は、時代による祭名の相違とする見解を採る。すなわち、夏には「嘉平」、殷には「清祀」、周には「大蜡」といった。

（3）同祭異名とする説。

の説がある。これらの説に対し池田末利氏は、蜡とは祭祀の名であり、臘とは対象神の名であるとする＊。

＊ 池田末利「蜡・臘考　古代中国の農業祀」（『中国古代宗教史研究』東海大学出版会、一九八一年）。

2　臘の別名

『史記』巻六秦始皇本紀三一年（前二一六）一二月の条に、

更名臘曰嘉平。　臘を更名して嘉平と曰う。

とある。秦は夏暦によって一〇月を歳首としたから、臘も夏王朝に合わせて嘉平としたのである。

殷王朝と周王朝の臘の名称は、後漢の蔡邕《さいよう》（一三二〜一九二）の『独断』に、

四代称臘之別名。夏曰嘉平、殷曰清祀、周曰大蜡、漢曰臘。

四代（夏・殷・周・漢）臘の別名を称う。夏は嘉平と曰い、殷は清祀と曰い、周は大蜡《さ》と曰い、漢は臘と曰う。

とあり、六二四年に完成した歐陽詢の『藝文《げいもん》類聚』巻五歳時・下・臘にも同じことをいう。

風俗通曰、礼伝曰、夏曰嘉平、殷曰清祀、周曰大蜡、漢改曰臘。臘者猟也。因猟取獣、祭先祖也。漢火行、衰於戌。故此日臘也。

「風俗通」に曰わく、「《礼伝》に曰わく、〈夏は嘉平と曰い、殷は清祀と曰い、周は大蜡と曰い、漢改めて臘と曰う〉と。臘は猟なり。猟に因り獣を取り、先祖を祭るなり。漢は火行、戌に衰う。故に此の日に臘するなり」と。

3　臘の起源

『史記』巻五秦本紀・恵文君一二年（前三二六）に「初臘（初めて臘す）」の記事がある。『春秋左氏伝』僖公の五年

（前六五五）に、晋国が虞国に道を借りて虢《かく》国を伐った時、宮子奇が虞公に「晋国に道を貸せば、虞国も必ず晋国に滅亡させられることになるから、道を貸すべきでない」と諫言したところ、虞公は「晋国は虞国と同性の国であるから、虞国を伐つようなことはあるまい」と取り合わなかった。度々諫言したが虞公は聞き入れなかったので、

虞不臘矣。在此行也。晋不更当矣。　虞は臘せず。此の行に在らん。晋更に当らざらん。

（虞国は臘月までもたない。此度の出陣で虞国を滅ぼすであろう。晋はこれ以上攻めることはしないであろう）。

と述べ、宮子奇は一族を引き連れ他国に去った。

『春秋左氏伝』に「虞不臘矣」とあることによって、宋の程伊川は『春秋左氏伝』は恵文君一二年（前三二六）以後に書かれたとし、朱子もこの説に依っている＊。程伊川は臘は秦国が最も古く、秦国の臘が関東に広まったと考え、『春秋左氏伝』僖公の五年の記事は恵文君一二年（前三二六）以後に書かれたとしたのである。

唐の張守節は『史記正義』において、

秦恵文王始効中国為之。故初臘。　秦の恵文王始めて中国を効《なら》いて之を為す。故に初めて臘す。

といい、『春秋左氏伝』が秦代の作でないことをいう。張守節の説が正論であろう。

臘は関中盆地以外では前七世紀にはあった行事あり、秦国は前三二六年になって臘の行事を導入したのである。『史記』の記事を信用する限りにおいて、秦国はこの時まで臘の行事がなかった。

＊　『程子外書』第一一、『朱子語類』巻八三春秋。

附節3　歴代王朝の臘日

1　『魏臺訪議』

五行と臘日の関係について『太平御覧《ぎょらん》』巻三三時序部・臘に『魏臺訪議』の議論がある＊。

高堂隆魏臺訪議曰、詔問、何以用未祖丑臘。臣隆対曰、按月令、孟冬十月、臘先祖五祀。謂薦田猟所得禽獣、謂之臘。左伝曰、虞不臘矣。唯見此二者、而皆不書日。聞先師説曰、王者各以其行之盛祖、以其終臘。水始生於申、盛於子、終於辰。故水行之君、以子祖、辰臘。火始生於寅、盛於午、終於戌。故火行之君、以午祖、戌臘。木始生於亥、盛於卯、終於未。故木行之君、以卯祖、未臘。金始生於巳、盛於酉、終於丑。故金行之君、以酉祖、丑臘。土始生於未、盛於戌、終於辰。故土行之君、以戌祖、辰臘。今魏拠土徳。宜以戌祖、辰臘。

高堂隆の「魏臺訪議」に曰わく、「詔して問う、〈何ぞ以て未祖・丑臘《未を以て祖し、丑を以て臘すという意味》に用いるや〉と。臣隆対《こた》えて曰わく、「按ずるに〈月令〉に、孟冬一〇月、先祖・五祀を臘す。田猟を薦め得る所の禽獣を謂いて、之を臘と謂う」と。「左伝」（『春秋左氏伝』僖公の五年）に曰わく、「虞は臘せず（虞国は臘月までもたない）」と。唯だ此の二者を見るに、皆な日を書せず。先師の説を聞くに曰わく、「王者は各々其の行の盛んなるを以て祖とし、其の終りを以て臘とす。水は始め申に生れ、子に盛んにして、辰に終わる。故に水行の君は、子を以て祖とし、辰を以て臘とす。火は寅に始生し、午に盛んにして、戌に終る。故に火行の君、午を以て祖とし、戌を以て臘とす。木は亥に始まり、卯に盛んにして、未に終はる。故に木行の君は、卯を以て祖とし、未を以て臘とす。金は巳に始まり、酉に盛んにして、丑に終わる。故に金行の君は、酉を以て祖とし、丑を以て臘とす。土は未に始まり、戌に盛んにして、辰に終わる。故に土行の君、戌を以て祖とし、辰を以て臘とす。今 魏は土徳に拠る。宜しく戌祖・辰臘を以てすべし」と。

右の『魏臺訪議』の所論を整理し、歴代王朝の臘日を求めれば次のようになろう。

木徳は卯日が祖日で未日が臘日となる。………五胡の燕王朝・五代の後周王朝。

火徳は午日が祖日で戌日が臘日となる。………周王朝・漢王朝・五胡の秦王朝・隋王朝・宋王朝・元王朝。

土徳は戊日が祖日で辰日が臘日となる。………三国の魏王朝・唐王朝・五代の後唐王朝。

金徳は酉日が祖日で丑日が臘日となる。………晋王朝・五代の後晋王朝。

水徳は子日が祖日で辰日が臘日となる。………秦王朝・南朝の宋王朝・五胡の趙王朝・五代の後漢王朝。

例外として、北魏王朝の水徳がある。これは水徳は申日が祖日で辰日が臘日となるとするものである。

＊唐の杜佑《とゆう》（七三五～八一二）の『通典《つてん》』巻四四礼典四大蜡・魏の条にも載せる。

2　秦の臘日

秦の臘日は『史記』巻六始皇本紀二六年（前二二一）の条に、

始皇推終始五徳之伝、以為周得火徳、秦代周。徳従所不勝。方今水徳之始、改年始、朝賀皆自十月朔。衣服旄旌節旗皆上黒。数以六為紀。符法冠皆六寸、而輿六尺、六尺為歩、乗六馬、更名河曰徳水、以為水徳之始。

始皇 終始五徳の伝を推し、以為《おも》えらく「周は火徳を得たり、秦は周に代る。徳は勝たざる所に従う。方今は水徳の始めなり」と。年始を改め、朝賀皆な一〇月朔を自《もち》う。衣服・旄（から牛の尾を竿頭につけた旗）旌（割いた羽をつけた旗）節（王命の證）旗（熊や虎を画いた旗、大将の標）皆な黒きを上《たつと》ぶ。数は六を以て紀と為す。符（割り符）法冠は皆な六寸、而して輿は六尺、六尺を歩と為し、六馬に乗る。更めて河（黄河）を名づけて徳水と曰い、以て水徳の始めと為す。

とあり、周は火徳であり、秦は周に勝利した。火徳に勝つものは水徳であると考え、秦は水徳と定めたのである。

3　漢の臘日

漢の臘日について、許慎（一世紀の人）の『説文《せつもん》』に、冬至後三戌為臘、祭百神。　冬至の後の三戌を臘と為し、百神を祭る。

とあり、冬至の後の三巡目の戌の日が臘日であったという。

三世紀初頭の応劭《おうしょう》の『風俗通』巻八「臘」に、

謹按礼伝、夏曰嘉平、殷曰清祀、周曰大蜡、漢改為臘。臘者猟也。言田猟取獣、以祭祀其先祖也。或曰、臘者接也。新故交接、故大祭以報功也。漢家火行、衰於戌。故以戌臘也。

謹みて「礼伝」を按ずるに、「夏は嘉平と曰い、殷は清祀と曰い、周は大蜡《さ》と曰い、漢は改めて臘と為す。臘は猟なり。言いは田猟して獣を取り、以て其の先祖を祭祀するなり。或るひと曰わく、「臘は接なり。新故交接し、故に大祭し以て功に報ずるなり」と。漢家は火行（五行の火）、戌に衰う。故に戌を以て臘すなり。

とあり、漢王朝は戌を臘日としていた。

また『後漢書《じょ》』巻一五礼儀志・中に、

季冬之月、星廻歳終、陰陽以交。労農大享臘。

季冬の月、星廻り歳終わり、陰陽以て交る。農を労い大いに臘を享《まつ》る。

とあり、この部分の注に、

高堂隆曰、帝王各以其行之盛而祖、以其終而臘。火生於寅、盛於午、終於戌。故火家以午祖、以戌臘。秦静曰、古礼、出行有祖祭、歳終有蜡臘、無正月必祖之祀。漢氏以午祖、以戌臘。午南方。故以祖。冬者歳之終、物畢成。故以戌臘。而小数之学者、因為之説、非典文也。

高堂隆曰わく、「帝王各々其の行の盛りを以て祖し、其の終わりを以て臘す。火は寅に生まれ、午に盛んにして、戌に終わる。故に火家（漢王朝）は午を以て祖し、戌を以て臘す」と。秦静（三国時代の学者）曰わく、「古礼にては、出行に祖祭有り、歳終に蜡臘有りて、正月に必ずしも祖の祀なきなり。漢氏は午を以て祖し、戌を以て臘す。

午は南方なり。故に以て祖す。冬は歳の終、物畢成す。故に戌を以て臘す。而るに小数の学者、因りて之が為に説くも、典文に非ざるなり」と。

とあり、「火家（漢王朝）は午を以て祖し、戌を以て臘す」という。漢王朝は戌を臘日としていた。

この部分の高堂隆の論と本項の1に示した高堂隆の『魏臺訪議』は記事が異なるが、引用される時の省略の仕方が異なるためである。

4　晋の臘日

晋の臘日は『太平御覧《ぎょらん》』巻三三時序部一八・臘に＊、

晋宋旧事曰、魏帝遜位、祖以酉日、臘以丑日。魏名臣奏［事］曰、大司農董遇議曰、土行之君故、宜以未祖以丑臘為得。盛終之節、不可以戌祖癸臘。

「晋宋旧事」（一三五巻。『隋書』巻三三経籍志・史部・旧事篇）に曰わく、「魏帝 位を遜《ゆず》り、祖は酉日を以てし、臘は丑日を以てす」と。「魏名臣奏事」に曰わく、「大司農・董遇の議に曰わく、『土行の君の故に、宜しく未・祖を以て丑・臘を以て得と為すべし。盛終の節、戌祖・癸臘を以てすべからず』」と。

とあり、晋王朝は丑の日に臘祭を行っている。

一〇世紀末の韓鄂《かんがく》の『歳華紀麗』巻四臘に、

晋以金而取丑。　晋は金を以て而して丑を取る。

とあり、一三世紀中葉の陳元靚《せい》の『歳時広記』巻三九臘日「晋作楽（晋 楽《がく》を作す）」に、

晋起居注、安帝隆安四年十二月辛丑、臘祠作楽。

晋の「起居注」に、「安帝の隆安四年（四〇〇）一二月辛丑、臘祠に楽を作《な》す」と。

とあり、安帝は隆安四年一二月辛丑に臘祭を挙行しており、晋王朝は丑の日に臘祭を行い、五行では金徳であった。

＊『魏名臣奏』は『魏名臣奏事』のことであり、「事」字を脱している。『隋書』巻三三経籍志・史部・刑法に「魏名臣奏事四十巻、目一巻、陳寿撰」とある。

5　五胡の臘日

五胡の諸王朝の臘日は『魏書』巻一〇八之一礼志所収の魏の中書監・高閭の上奏に、

魏承漢、火生土、故魏為土徳。晋承魏、土生金、故晋為金徳。趙承晋、金生水、故趙為水徳。燕承趙、水生木、故燕為木徳。秦承燕、木生火、故秦為火徳。

魏は漢を承け、火は土を生じ、故に魏は土徳と為す。晋は魏を承け、土は金を生じ、故に晋は金徳と為す。趙は晋を承け、金は水を生じ、故に趙は水徳と為す。燕は趙を承け、水は木を生じ、故に燕は木徳と為す。秦は燕を承け、木は火を生じ、故に秦は火徳と為す。

とある。これによって、五胡の趙は水徳、五胡の燕は木徳、五胡の秦は火徳であることが判明する。

6　北魏の臘日

『魏書』巻一〇八之一礼志に、

［太和］十五年正月、侍中司空長楽王穆亮、……（中略）……。中書侍郎賈元寿等言、臣等受勅、共議中書監高閭秘書丞李彪等二人所議皇魏行次。………（中略）………。今欲従彪等所議、宜承晋為水徳。詔曰、越近承遠、情所未安。然考次推時、頗亦難継。朝賢所議、豈朕能有違奪。便可依為水徳、祖申臘辰。

太和一五年（四九一）正月、侍中・司空・長楽王の穆亮、……（中略）……。中書侍郎の賈元寿等言わく、「臣等勅を受け、共に中書監の高閭・秘書丞の李彪等二人の議す所の皇魏の行次を議す。………（中略）………。今彪等の議す所に従わんと欲す、宜しく晋を承け水徳と為すべし」と。詔して曰わく、「近くを越え遠きを承く、情の未だ安んぜざる所なり。然るに次を考え時を推すに、頗る亦た継ぎ難し。朝賢の議す所、豈に朕の能く違奪すること有らんや。便ち依りて水徳と為し、祖申・臘辰たるべし」と。

とあり、太和一五年（四九一）正月に、北魏は変則的な祖申臘辰の水徳を魏王朝の臘日と決定した。

7　隋の臘日

隋の臘日は『隋書』巻六九王劭《おうしょう》伝に、王劭の高祖・文皇帝に対する上奏の一節に、

赤応隋者、言赤帝降精、感応而生隋也。故隋以火徳為赤帝天子。叶霊皇者、叶合也。言大隋徳合上霊天皇大帝也。又年号開皇、与霊宝経之開皇年相合、故曰協霊皇。皇辟出者、皇大也。辟君也。大君出、蓋謂至尊受命出為天子也。

赤は隋に応ずるとは、赤帝降精し、感応して隋を生ずるを言うなり。故に隋は火徳を以て赤帝天子と為す。霊皇に叶うとは、叶は合すなり。大隋の徳は上霊天皇大帝に合すを言うなり。又た年を開皇と号すは、「霊宝経」の開皇の年と相い合す、故に霊皇に協すと曰う。皇辟出ずとは、皇は大なり。辟は君なり。大君出ずとは、蓋《けだ》し至尊受命し出でて天子と為るを謂うなり。

とある。隋王朝は五行の火徳を選択している。

8　元の臘日

福建の椿荘書院から至順（一三三〇～一三三三）年間に発刊された『新編纂図増類群書類要　事林広記』前集巻二節

序類・一二月臘月に、

大元皇帝、亦以火徳而王天下。故亦以戌日為臘也。

大元皇帝、亦た火徳を以て天下に王たり。故に亦た戌日を以て臘と為すなり。

とあるから、元王朝（一二七一～一三六八）は漢王朝と同じ、冬至の後の三巡目の戌の日が臘日であった。

附節4　臘除（臘日の前夜）

1　臘除の日

「臘除」とは臘日の前日に悪疫を逐除することをいう。逐儺《だ》の行事は六世紀ころを境として歳末の大晦日に移動する。従って、「臘除」という語も六世紀以降では何ら実体のない死語に近い語となり、それに替わり、「歳除」という語が登場する。逐儺の儀式は臘日から歳末の大晦日に移動したのである。

六世紀以前は古い臘の伝統を維持している時代であり、「臘除」も実体のある意味のある語であった。臘除は臘日の悪疫を逐除するのではない。このことに関して、『後漢書《じょ》』礼儀志・中に、

先臘一日、大儺、謂之逐疫。　臘に先だつ一日、大いに儺す、之を逐疫と謂う。

とあり、後漢の蔡邕《さいよう》（一三三～一九二）の『独断』に、

故十二月歳竟、常以先臘之夜、逐除之也。　故に一二月の歳の竟《おわ》り、常に先臘の夜を以て、之を逐除するなり。

とあり、六世紀ころまでの逐儺は臘日の前日の夜であった。

2 『風俗通』の臘除

臘除の行事について、三世紀初頭の応劭《おうしょう》の『風俗通』巻八桃梗・葦茭・画虎には、

謹按黄帝書、上古之時、有神荼与鬱壘昆弟二人、性能執鬼。度朔山上有桃樹、二人於樹下、簡閲百鬼。無道理妄為人禍害、神荼与鬱壘縛以葦索、執以食虎。於是、県官常以臘除夕、飾桃人、垂葦茭、画虎於門。皆追効於前事、冀以衛（衛は禦の誤り）凶也。

謹んで按ずるに黄帝の書に、「上古の時、神荼《しんと》と鬱壘《うつるい》の昆弟（兄弟）二人有り、性は能く鬼を執る。度朔山上に桃樹有り、二人は樹下に百鬼を簡閲し、道理なく妄りに人の禍害を為せば、神荼と鬱壘縛るに葦索を以てし、執えて以て虎に食らわす」と。是に於いて、県官は常に臘除（臘日の前夜）の夕を以て、桃人を飾り、葦茭を垂れ、虎を門に画く。皆な前事を追効し、以て凶を禦ぐを冀《ねが》うなり。

とあり＊、臘除の夕方には悪疫を逐除するため、桃人を飾り、葦茭を垂れ、虎を門に画いたと『風俗通』はいう。

＊『風俗通』巻八の臘除の記事は『太平御覧』巻三三時序部一八・臘と『太平御覧《ぎょらん》』巻八九一獣部四・虎上に引用がある。

3 『独断』の臘除

後漢の蔡邕《さいよう》（一三二〜一九二）の『独断』疫神に臘除の話がある。

帝顓頊有三子。生而亡去、為鬼。其一者居江水、是為瘟鬼。其一者居若水、是為魍魎。其一者居人宮室樞隅處、善驚小児。于是命方相氏、黄金四目、蒙以熊皮、玄衣朱裳、執戈楊楯。常以歳竟十二月、従百隷及童児而時儺、以索宮中殴疫鬼也。桃弧棘矢、土鼓鼓且射之。以赤丸五穀播洒之、以除疾殃。已而立桃人葦索、儋牙虎神荼鬱壘以執之。儋牙虎神荼鬱壘二神。海中有度朔之山。上有桃木、蟠屈三千里。卑枝東北有鬼門。萬鬼所出入也。神荼

与鬱塁二神、居其門、主閲領諸鬼。其悪害之鬼、執以葦索、食虎。故十二月歳竟、常以先臘之夜、逐除之也。乃画荼塁、幷懸葦索於門戸、以禦凶也。

帝たる顓頊《せんぎょく》に三子有り。生まれて亡去し、鬼と為る。其の一は江水（長江）に居し、是れは瘟《おん》鬼と為る。其の一は若水（青海省を流れる川）に居し、是れは魍魎《もうりょう》と為る。其の一は人の宮室の樞隅の處に居し、善く小児を驚かす。是に於いて方相《ほうそう》氏に命じて、黄金四目、蒙《かぶ》るに熊皮を以てし、玄衣・朱裳、戈を執り楯を楊げしむ。常に歳の竟《おわ》りの一二月を以て、百隷及び童児を従えて時儺《だ》し、以て宮中に索《もと》めて、疫鬼を殴《う》たしむなり。桃弧棘《こきょく》矢（桃の不製の弓といばらの矢）もて、土鼓を鼓し且つ之を射る。赤丸の五穀を以て之を播洒《はんさい》し、以て疾殃《よう》（病気と禍）を除かんとす。已にして桃人・葦索（葦の綱）を立て、儋《たん》牙の虎・神荼《しんと》・鬱塁《うつるい》もて以て之を執えしむ。儋牙の虎・神荼・鬱塁《うつるい》の二神あり。海中に度朔の山有り。上に桃木有り、蟠《ばん》屈すること三千里。卑《ひ》き枝の東北に鬼門有り。萬鬼の出入する所なり。神荼と鬱塁との二神、其の門に居り、諸鬼を閲領するを主る。其れ悪害の鬼あらば、執えるに葦索を以てし、虎に食らわしむ。故に一二月の歳の竟《おわ》り、常に臘に先だつの夜を以て、之を逐除するなり。乃ち荼塁を画き、幷せて葦索を門戸に懸け、以て凶を禦ぐなり。

4　桃人・葦茭・虎

前掲した『風俗通』には、臘除の夕べに桃人を飾り、葦茭《こう》（葦で作った綱）を垂れ、門に虎を画くというが、『後漢書《じょ》』礼儀志・中・大儺に所載する後漢の朝廷の逐儺の儀式が終了した後に、

訖、設桃梗鬱儡葦茭。　訖《おわ》れば、桃梗（桃の木で作った人形）・鬱儡《うつらい》（儡は塁に同じ）・葦茭を設ける。

とあるから、逐儺の儀式が終了した悪疫がいない清浄な空間に桃人・葦茭・虎を配置し、その空間に悪疫が侵入しないようにするのが、正式な順序であろう。

臘日の前夜の逐儺《だ》は六世紀には大晦日に移動する。移動する原因は臘日は一二月にあり、暦によっては大晦日と重なり、また近接する場合もある。悪疫を追い払うために使用する道具も正月の時と同じである。このようなことが原因となって、臘日の前夜の逐儺が大晦日に移動したのであろう。また六世紀ころになって、先秦以来の臘日の意義が薄らいだことも逐儺が移動する原因の一かも知れない。

附節5　臘除（臘日の前夜）に逐儺《だ》する（六世紀以前）

1　逐儺《だ》の起源

逐儺（逐疫・逐除）の来る所以は、まことに久しい。逐儺は『論語』郷党篇に、

郷人儺、朝服而立於阼階。　郷人の儺には、朝服して阼《そ》階（東階段）に立つ。

とあり、逐儺は戦国時代初期の孔子の時代（五五一～四七九）に、既にあった。孔子の時代の逐儺が臘日の前日であったかは不明である。

前掲した『荊楚歳時記』の「八一　一二月は臘月、沐浴と臘祭」の杜公瞻《せん》の注記に次のように逐儺を述べる。

按礼記（＝『礼記』郊特牲）云、儺人所以逐厲気也。呂氏春秋季冬紀注云、今人臘歳前一日、撃鼓駆疫。謂之逐除。

『礼記《らいき》』郊特牲を按ずるに云わく、「儺人厲気を逐う所以なり」と。「呂氏春秋《りよし》」の季冬紀の注に云わく、「今人、臘歳前の一日、鼓を撃ち疫を駆《お》う。之を逐除と謂う」と。

これによって、『呂氏春秋』の書かれた秦の時代（前三世紀）から、逐儺は存在したことが知られる。

2　逐除の疫神

臘日の前夜や大晦日の夜の逐除の理由を説明して、『後漢書《じょ》』礼儀志・中・大儺の「先臘一日、大儺。謂之逐疫（臘に先だつ一日、大儺《だ》す、之を逐疫と謂う）」の注に引用する『漢旧儀』は逐除を次のように説明する。

漢旧儀曰、顓頊氏有三子、生而亡去、為疫鬼。一居江水、是為［虐］虎。一居若水、是為罔両蜮鬼。一居人宮室区隅漚庾（漚庾は衍字）、善驚人小児。月令章句曰、日行北方之宿、北方大陰、恐為所抑。故命有司大儺。所以扶陽抑陰也。盧植礼記注曰、所以逐衰而迎新。

「漢旧儀」（衛宏の撰）に曰わく、「顓頊《せんぎょく》氏に三子有り、生まれて亡去し、疫鬼と為る。一は江水（長江）に居り、是れは虐虎と為る。一は若水（青海省を流れる川）に居り、是れは罔両蜮鬼《もうりょうかくき》と為る。一は人の宮室の区隅に居し、善く人の小児を驚かす。〈月令章句〉に曰わく、『日 北方の宿（星宿・星座）に行けば、北方大陰にして、抑する所と為るを恐る。故に有司に命じて大儺す。陽を扶《たす》け陰を抑す所以なり』」と。盧植（『後漢書』列伝五四）の「礼記」の注に曰わく、「衰を逐いて新しきを迎える所以なり」と。

一は顓頊氏の子供に三人があり、その一人が人家の隅に居て小児を驚かす疫神となったので、これを逐除するといい、二は冬は大陰であるから、陽を扶け陰を抑すためといい、三は衰を逐いて新しき迎えるためという。陽を扶け陰を抑すためという説明は知識人向けの説明としては理に叶っているが、抽象的である。人家の隅に居て小児を驚かす疫神を逐うというのが、一般向けの説明して納得される話ではある。

3　逐儺の儀式（後漢）

後漢の逐儺の儀式次第は『後漢書』礼儀志・中・大儺にある。

先臘一日、大儺、謂之逐疫。其儀、選中黄門子弟年十歳以上十二以下百二十人為侲子。皆赤幘皁製、執大鼗。方相氏黄金四目、蒙熊皮、玄衣朱裳、執戈揚盾。十二獣有衣毛角。中黄門行之、冗従僕射将之、以逐悪鬼於禁中。

夜漏上水、朝臣会、侍中尚書御史謁者虎賁羽林郎将執事、皆赤幘陛衛。乗輿御前殿。黄門令奏曰、侲子備、請逐疫。於是中黄門倡、侲子和曰、甲作食殎、胇胃食疫、雄伯食魅、騰簡食不祥、攬諸食咎、伯奇食夢、處梁祖明共食磔死寄生、委随食観、錯断食巨、窮奇騰根共食蠱。凡使十二神追悪凶、赫女軀、拉女幹節、解女肉、抽女肺腸、女不急去、後者為糧。因作方相与十二獣儛。嚾呼、周徧前後省三過、持炬火、送疫出端門。門外騶騎、伝炬出宮、司馬闕門門外五営騎士伝火棄雒水中。百官官府、各以木面獣、能為儺人師。訖、設桃梗鬱儡葦茭。畢、執事陛者罷。葦戟桃杖以賜公卿将軍特侯諸侯云。

臘に先だつ一日、大儺《だ》す、之を逐疫と謂う。其の儀、中黄門（少府の属官）の子弟・年一〇歳以上一二以下の一二〇人を選び侲子（童子）と為す。皆な赤幘《さく》（赤い頭巾）皁《そう》製（黒のよそおい）し、大鼗《とう》（大きな振り鼓）を執る。方相《ほうそう》氏（厄禍を除くことを掌る神）黄金四目、熊皮を蒙《かぶ》り、玄衣朱裳（黒い上着に朱色の裳裾）し、戈《か》を執り盾を揚ぐ。一二獣に衣毛（体毛）・角有り。中黄門之を行い、冗従僕射《ぼくや》（少府の属官、比六百石）之を将《ひき》い、以て悪鬼を禁中に逐う。夜漏上水（漏刻の始まる時間）、朝臣会するに、侍中・尚書・御史・謁者・虎賁・羽林郎（良家から選抜した兵士）の将《まさ》に事を執らんとするに、皆な赤幘《さく》陛衛す。乗輿前殿に御す。黄門令（少府の属官、比六百石、宦官を監督する）奏して曰わく、「侲子備われば、逐疫を請う」と。是に於いて中黄門倡《とな》え、侲子和して曰わく、「甲作（悪鬼を食う神）は殎《きょう》（災いの鬼）を食らい、胇胃《ひつい》（疫病を防ぐ神）は疫を食らい、雄伯（魅を食う神）は魅を食らい、騰簡《とうかん》（不吉をもたらす悪鬼を食う神）は不祥（不吉の鬼）を食らい、攬諸（災をもたらす悪鬼を食う神）は咎《きょう》（咎の鬼）を食らい、伯奇（夢を食う神）は夢（迷いの鬼）を食らい、處梁《しょりょう》（處良に同じ、人に取り憑く鬼を食う神）・祖明（處梁に同じ）は共に磔《たく》死（磔の鬼）寄生（寄生の鬼）を食らい、委随（墓地に出没する鬼を食う神）は観（墓場の鬼）を食らい、錯断（巨大な悪鬼を食う神）は巨（大鬼）を食らい、窮奇（呪いをかける鬼を食う神）騰根《とうこん》（窮奇に同じ）は共に蠱《こ》（呪いの鬼）を食らう。凡《すべ》て一二神をして悪凶を追い、女《なんじ》の軀を赫《ひさ》ぎ、女《なんじ》の幹節を拉《ひし》ぎ、女《なんじ》の肉を解《やぶ》り、女の肺腸を抽《ひきぬ》かしむ、女急ぎ去らず、後《おく》れば糧と為らん」と。因りて方相は一二獣と儛《ぶ》を作す。嚾呼《かんこ》し、前後を周徧して三過を省み（同じ動作を三回行うこと）、炬火を持ちて、疫を送りて端門（皇城の正面の門）より出ず。門外の騶騎、炬を伝えて宮を出で、司馬闕門の門外五営の騎士は火を伝えて雒水《らくすい》の中に棄つ。百官の官府、各々木面を以て獣となり、能《よ》く人師に儺《だ》を為す。訖《おわ》れば、桃梗（桃木で作った人形《ひとがた》）・鬱儡《うつらい》（鬱塁に同じ）・葦茭《いこう》（葦で作った縄）を設う。畢《おわ》れば、執事の陛する者は罷《やめ》る。葦戟・桃杖は以て公卿・将軍・特侯・諸侯に賜うのみ。

八二　臘日に竈神《そうしん》を祭る

「宝顔堂秘笈広集」本『荊楚歳時記』の「臘日に竈神を祭る」は次のようである。

其日、並以豚酒祭竈神。

　按礼記（＝「礼記」礼器）云、竈者老婦之祭也。尊於瓶、盛於盆。言以瓶為罇、盆盛饌也。許慎五経異義云、顓頊有子。曰黎。為祝融火正也。祀以為竈神、姓蘇、名吉利、婦姓王、名摶頰。漢宣帝時、陰子方者、至孝有仁恩、嘗臘日辰炊、而竈神形見、子方再拝受慶、家有黄犬、因以祭之。謂為黄羊。陰氏世蒙其福、俗人所競尚、以此故也。

其の日（臘日）、並びに豚・酒を以て竈神(1)を祭る。

『礼記《らいき》』礼器《らいき》を按ずるに云わく、「竈は老婦の祭なり。瓶を尊《たる》とし、盆に盛る(2)」と。言うこころは瓶を以て罇《そん》と為し、盆は饌《せん》（食べ物）を盛るなり。許慎(3)の「五経異義(4)」に云わく、「顓頊《せんぎょく》(5)に子有り。黎と曰う。祝融の火正（炎帝神農の子孫とされ、火を司る神）と為るなり。祀りて以て竈神と為る。姓は蘇、名は吉利(6)。婦の姓は王、名は摶頰《はくきょう》」と。漢の宣帝(7)（在位は前七四〜前四九）の時、陰子方(8)なる者、至孝にして仁恩有り。嘗て臘日の辰《あさ》に炊《かし》ぐに、竈神の形見われ、子方再拝して慶を受く。家に黄犬有り、因りて以て之を祭り、謂いて黄羊と為す。陰氏は世々其の福を蒙る。俗人の競いて尚ぶ所、此れを以ての故なり。

（1）竈神は中国全土で最も広く、最も親しく祭られた神である。竈王、竈君、竈王爺、竈司など地方によって呼び名が異なる。旧暦の一二月二四日（北方では二三日）の夜、一家の主（男）が竈《そう》神の紙の像を貼った前で、線香を焚き、飴や酒肉（供物は時代や地方によって異なる）を供えて祭った。この行事を〈送竈〉あるいは〈辞竈〉といい、その一年は家の中にとどまって、一家の者たちの行為の善悪を監察していた竈神が、天上の玉皇大帝のもとに報告に帰って行くに当たり、よりよく報告してもらうべく、供物を供えて饗応するものとされた。

（2）「竈者老婦之祭也。尊於瓶、盛於盆」は『礼記《らいき》』礼器《らいき》に「夫奥者老婦之祭也。盛於盆、尊於瓶（夫れ奥《さん》は老婦の祭なり。盆に盛り、瓶を尊とす）」とあり、「盛於盆」と「尊於瓶」が逆である。

（3）許慎（五八?〜一四七?）は、後漢の人。最古の漢字字典『説文解字』の作者。『後漢書《じょ》』巻一〇九下・儒林伝に列伝がある。姓は許、名は慎、字は叔重。著書に『五経異義』・『説文解字』・『淮南《わいなん》鴻烈間詁』がある。『説文解字』は現存しており、『淮南鴻烈間詁』も現行本『淮南子《えなんじ》』の注に採用されている。

（4）『五経異義』は『隋書』巻三二経籍志・経部に「五経異義十巻。後漢太尉祭酒許慎撰」とあるが、現在は逸書であり、逸文は『漢魏逸書鈔』にある。

（5）顓頊《せんぎょく》氏は中国伝説上の五帝の一。黄帝の孫。重・黎という神に命じて、天地を分離させたという。高陽に国を建てたことから高陽氏ともいう

（6）竈神の姓名は『荊楚歳時記』の「一字下げ」の「按」の箇所に、許慎の『五経異義』を引用し、

五経異義云、顓頊有子、曰黎。為祝融火正。祝融為竈神、姓蘇、名吉利。婦姓王、名搏頰。

「五経異義」に云わく、「顓頊に子有り、黎と曰う。祝融の火正を為る。祝融は竈神と為り、姓は蘇、名は吉利。婦の姓は王、名は搏頰《はくきょう》」と。

とあったが、『後漢書《じょ》』巻六二陰子方伝の注記に、

雑五行書曰、竈神名禅、字子郭。衣黄衣、夜被髪、従竈中出。知其名、呼之、可除凶悪。

「雑五行書」に曰わく、「竈《そう》神の名は禅、字は子郭。黄衣を衣《き》る。夜に被髪して、竈の中より出ず。其の名を知りて、之を呼べば、凶悪を除くべし」と。

とあり、段成式（八〇〇～八六三）の『酉陽雑俎《ゆうようざつそ》』巻一四諾皐記《だつこうき》・上には、次のようにある。

竈神名隗、状如美女。又姓張、名単、字子郭。夫人字卿忌、有六女、皆名察一作祭洽。常以月晦日上天、白人罪状。大者奪紀、紀三百日。小者奪筭（筭＝算）、筭一百日。故為天帝督使、下為地精。己丑日日出卯時、上天、禺中下行署。此日祭得福。其属神有天帝嬌孫天帝大夫天帝都尉天帝長兄硎上童子突上紫官君太和君玉池夫人等。一曰竈神名壌子也。

竈神名は隗《がい》、状は美女の如し。又た姓は張、名は単、字は子郭。夫人、字は卿忌、六女有り、皆な察洽（祭洽）と名づく。常に月の晦日を以て天に上り、人の罪状を白う。大なる者は紀を奪う、紀は三〇〇日なり。小なるは筭を奪う、筭は一〇〇日なり。故に天帝の督使と為り、下りて地精と為る。己丑の日の日出ずる卯の時、天に上り、禺中（正午に近い巳の刻）に行署に下る。此の日祭らば福を得る。其の属神に天帝嬌孫・天帝大夫・天帝都尉・天帝長兄・硎《けい》上童子・突上（突上＝煙突）の紫官君・太和君・玉池夫人等有り。一には竈神・名は壌子を曰うなり。

（7）漢の宣帝（在位は前七四～前四八）は、前漢の第九代皇帝。武帝の曽孫。初め民間に育ち、霍光に擁立され皇帝となった。その数奇な生涯から逸話が多い。

（8）陰子方は『後漢書』巻六二陰識伝に附伝がある。

宣帝時、陰子方者、至孝有仁恩。臘日晨炊、而竈神形見。子方再拝受慶。家有黄羊、因以祀之。自是已後、暴至巨富、田有七百餘頃、輿馬僕隷、比於邦君。子方常言、我子孫必将彊大。至識三世、而遂繁昌。故後常以臘日、祀竈而祀黄羊焉。

宣帝の時（在位は前七四～前四八）、陰子方、孝至にして仁恩有り。臘日の晨《あさ》炊くに、竈神の形見《あらわ》る。子方、再拝して慶を受く。家に黄羊有り、因て以て之を祀る。是より已後、暴《にわか》に富巨に至り、田を有つこと七百餘頃、輿馬・僕隷は邦君に比す。子方常に言う「我が子孫は必ず将て彊大なり」と。識（陰識）に至る三世、遂に繁昌す。故に後に常に臘日、竈《かまど》を祀り

て黄羊を祀る。

三世紀初頭の応劭《おうしょう》の『風俗通』巻八竈《そう》神には、『東観漢記』に載せる陰子方の話を紹介している。

謹按明堂月令、孟夏之月、其祀竈也。五祀之神、王者所祭、古之神聖有功徳於民、非老婦也。〔東漢〕漢記、南陽陰子方、積恩好施、喜祀竈。臘日晨、炊而竈神見、再拝受神。時有黄羊、因以祀之。其孫識、執金吾、封原鹿侯、興衛尉、鮦陽侯。家凡二侯牧守数十。其後、子孫常以臘日祀竈、以黄羊。

謹みて按ずるに「明堂月令」（小戴の月令、『礼記《らいき》』のこと）に、「孟夏の月、其の竈《かまど》を祀るなり」と。五祀の神、王者の祭る所、古の神聖 功徳を民に有り、老婦に非らざるなり。「東観漢記」に、「南陽の陰子方、積恩し施すを好み、喜んで竈を祀る。臘日の晨、炊《かし》ぎて竈神見われ、再拝して神を受く。時に黄羊有り、因りて以て之を祀る。其の孫の識、執金吾、原鹿侯に封ぜられ、興は衛尉〔卿〕、鮦陽侯たり。家凡《すべ》て二侯・牧守数十。其の後、子孫常に臘日を以て竈を祀るに、黄羊を以てす。

附節1 「臘日に竈神を祭る」の典拠

『荊楚歳時記』の「臘日に竈神を祭る」は次のようである。

其日、並以豚酒祭竈神。

按礼記（＝「礼記」礼器）云、竈者老婦之祭也。尊於瓶、盛於盆。言以瓶為罇、盆盛饌也。許慎五経異義云、顓項有子。曰黎。為祝融火正也。祀以為竈神、姓蘇、名吉利、婦姓王、名摶頬。漢宣帝時、陰子方者、至孝有仁恩、嘗臘日辰炊、而竈神形見、子方再拝受慶、家有黄犬、因以祭之。謂為黄羊。陰氏世蒙其福、俗人所競尚、以此故也。

右の記事に類似するのは『玉燭宝典』巻第一二・一二月季冬に所載する次の記事である。

荊楚記、俗云、此戯令人生離。有物忌之家、則廃而不修。其日、並以豚酒祭竈神。礼器云、竈者老婦之祭。罇於瓶、盛於盆。言以瓶為罇、以盆盛饌也。許慎五経異義云、顓頊有子、曰黎。為祝融火正也。祀以為竈神。…………。竈、書云、竈神、姓蘇、名吉利、婦姓王、名摶頰。捜神記（巻四）云、漢［宣帝時、南陽］陰子方者、嘗臘日晨炊、而竈神形見、子方再拝受慶。家有黄羊。因以祠之。至識三世、而遂繁盛。故後常以臘日祀竈、而薦黄羊焉。荊楚記云、以黄犬祭之。謂之黄羊。陰氏世蒙其福。

「荊楚記」に、「俗に云わく、〈此の戯（＝蔵鉤《ぞうこう》）人をして生離ならしむ。物忌有るの家、則ち廃して修めず〉」と。其の日、並びに豚・酒を以て竈《そう》神を祭る。『礼記《らいき》』礼器《らいき》に云わく、「竈は老婦の祭なり。瓶を罇とし、盆に盛る。言いは瓶を以て罇と為し、盆を以て饌（供え物）を盛るなり」と。許慎の「五経異義」に云わく、「顓頊《せんぎょく》に子有り、黎と曰う。祝融の火正と為るなり。祀りて以て竈神と為す」と。…………。竈、書に云わく、「竈神、姓は蘇、名は吉利、婦の姓は王、名は摶頰《はくきょう》」と。「捜神記」巻四に云わく、「漢の宣帝の時、南陽」の陰子方なる者、嘗て臘日の晨炊《かし》ぐに、而して竈神の形見われ、子方再拝して慶を受く。家に黄羊有り。因りて以て之を祠る。［陰識に至るまで三世、遂に繁盛す。故に後に常に臘日を以て竈を祀り、黄羊を焉《これ》に薦む」と。「荊楚記」に云わく、「黄犬を以て之を祭る。之を黄羊と謂う。陰氏世世その福を蒙る」と。

『玉燭宝典』に引用する『荊楚記』の記事は、

俗云、此戯令人生離。有物忌之家、則廃而不修。

までであり、この記事に続く、

其日、並以豚酒祭竈神。礼器云、竈者老婦之祭。罇於瓶、盛於盆。言以瓶為罇、以盆盛饌也。許慎五経異義云、顓頊有子、曰黎。為祝融火正也。祀以為竈神。…………。

とある記事は、「其日、並以豚酒祭竈神」が『玉燭宝典』を書いた杜臺卿の文で、「礼器云、…………」以下には、『礼記』礼器篇、『五経異義』、『捜神記』、『荊楚記』の記事が引用されている。

「其日、並以豚酒祭竈神」は、『荊楚歳時記』の「一字上げ」の箇所に同文がある。「一字上げ」の箇所は、宗懍の文と想定されているにも拘わらず、『玉燭宝典』の記事があるのは、どのように説明できるであろうか。宗懍の文は「一字上げ」とするのは、確固とした立證の結果によるものではなく、そういう風に思われているだけのことである。従って、『荊楚歳時記』の「一字上げ」の箇所は、宗懍の文と決めつけるのは誤りということになる。

では、『荊楚歳時記』の「一字上げ」の箇所に、『玉燭宝典』の「其日、並以豚酒祭竈神」という記事を引用したのは誰であろうか。『玉燭宝典』の記事を引用するのであるから、杜臺卿以後の人である。『荊楚歳時記』に関係して杜臺卿以後の人といえば、杜公瞻《せん》より他にはない。現行本『荊楚歳時記』は杜公瞻の著作であって、宗懍の著書ではないことが、「其日、並以豚酒祭竈神」という記事が、現行本『荊楚歳時記』にあることによって判明する。

附節2　竈神《そうしん》

1　竈神に関する諸説

竈《かまど》は食事に関する設備であるから、竈は人類の起源とともにあり、竈に対する信仰も実に古いものがあり、文字以前の時代からあったであろう。近代になって竈や竈神に科学的考察が加えられるようになった。そこで提示された説は大きく分けて、火神説、家族神説、火神説と家族神の折衷説の三説がある。

火神説を提唱するのは狩野直喜氏等である＊1。狩野氏は『礼記《らいき》』礼器《らいき》に、

孔子曰、臧仲文安知礼。夏父弗綦逆祀而弗止也、燔柴於奥。夫奥者老婦之祭也。盛於盆、尊於瓶。

孔子曰わく、「臧《ぞう》仲文は安《いず》くんぞ礼を知らん。夏父弗綦《かふふつき》逆祀するも止めず、柴を奥《かまど》に燔く。夫れ奥は老婦の祭なり。盆に盛り、瓶に尊す」と。

とある。「奥」を竈《かまど》と解釈した。

家族神説を採るのは、森三樹三郎氏等々である＊2。森氏は『礼記』礼器に、

夫奥者老婦之祭也。　夫れ奥《かまど》は老婦の祭なり。

とある老婦が竈神《そうしん》であるとする。

火神説と家族神の折衷説を採るのは津田左右吉氏等である。津田氏等は、火は神聖であるとともに、火は家族生活を支えるものであるから、竈神を火神と家族神とする＊3。

＊1　火神説を採るのは狩野直喜「支那の竈神に就いて」（『支那文藪』所収　みすず書房　一九七三）、上妻隆栄「祭竈の研究」（「東亜経済研究」二五・六、二六・一）、守屋美都雄訳注『荊楚歳時記』（平凡社・東洋文庫　一九七八）二四七頁以下、何錡章「灶神考源」（「大陸雑誌」三五・一二）

＊2　森三樹三郎『中国古代神話』（清水弘文堂書房　一九六九）、朱介凡「古代祀灶習俗」（「東方雑誌」復刊二・一〇）

＊3　津田左右吉「シナの民間信仰における竈神の起源」（『津田左右吉全集』二八巻所収　岩波書店　一九六六）、池田末利「支那に於ける竈神の起源」（『中国古代宗教史研究』所収　東海大学出版会　一九八一）

2　晦日、竈神が天に上る

晦日に竈神が天に上る話は、段成式（八〇〇〜八六三）の『酉陽雑俎《ゆうようざっそ》』前集巻一四「諾皐《だくこう》記」上にみえる。

竈神名隗、状如美女。又姓張、名単、字子郭。夫人字卿忌。有六女、皆名察一作祭洽。常以月晦日上天、白人罪状、大者奪紀。紀三百日。小者奪算。算一百日。故為天帝督使、下為地精。己丑日、日出卯時、上天、禺中下行署。此日祭得福。其属神有天帝嬌孫天帝大夫天帝都尉天帝長兄硎上童子突上紫官君太和君玉池夫人等。一日竈神、名壤子也。

竈神《そうしん》の名は隗《かい》、状は美女の如《ごと》し。又た姓は張、名は単、字《あざな》は子郭なり。夫人の字は卿忌なり。六女有り、皆な祭洽《こう》（祭洽）と名づく。常に月の晦日を以て天に上り、人の罪状を白《い》い、大なる者は紀を奪う。紀は三百日なり。小なる者は算を奪う。算は一百日なり。故に天帝（道教の天帝）の督使と為り、下りて地精と為る。己丑の日、日出ずる卯の時（午前六時）、天に上り、禺中（巳の時、午前一〇時）下りて行署す。此の日祭らば福を得。其の属神に天帝嬌孫・天帝大夫・天帝都尉・天帝長兄・硎上童子・突上紫官君・太和君・玉池夫人等有り。一に曰わく「竈神、名は壤子なり」と。

晦日に竈神が天に上る話は唐代に始まった話ではない。晋の葛洪《かっこう》（二八三〜三六三）の『抱朴子』内篇巻一微旨に、

又月晦之夜、竈神亦上天、白人罪状。大者奪紀。紀者三百日也。小者奪算、算者三日也。吾亦未能審此事之有無也。

又た月晦の夜、竈神亦た天に上り、人の罪状を白《い》う。大なるものは紀を奪う。紀とは三百日なり。小なるものは算を奪う。算とは三日なり。吾亦た未だ此の事の有無を審にすること能わずなり。

とあり、『太平御覧《ぎょらん》』巻一八六居處部・竈に、

［淮南］萬畢術曰、竈神、晦日帰天白人罪。

「淮南萬畢術《わいなんまんひつじゅつ》」に曰わく、「竈神、晦日に天に帰し人の罪を白《い》う」と。

とあるように、古くは『淮南萬畢術』に記載がある。『淮南萬畢術』は前漢の劉安（前一七九〜前一二二）の著作であるから、晦日に竈神が天に上り人の罪を告げることは紀元前の時代から、人々に信じられていたのである。

八三　歳暮に蔵彄《ぞうこう》（蔵鉤《ぞうこう》）の戯をする

「宝顔堂秘笈広集」本『荊楚歳時記』は「歳暮に蔵彄（蔵鉤）の戯をする」は次のようである。

歳前、又為蔵彄之戯。始於鉤弋夫人。

按漢武故事云、上巡狩河間、見清光自地属天。望気者云、下有貴子。上求之、見一女子在空室中。姿色殊艶、両手皆拳、数百人擘之莫舒。上自披即舒、号拳夫人。善素女術、大有寵、即鉤弋夫人也。辛氏三秦記曰、漢（「漢」字は後世の附加）昭帝母鉤弋夫人、手拳有国色。［今］世人、［学］蔵鉤起（起は法）於此。鉤亦作彄。周處風土記曰、進清醇、以告蜡、竭恭敬、以明祀。乃有蔵鉤、俗呼為行彄。蓋婦人所作金環、以鍇指而纒者。臘日祭後、叟嫗各随其儕、為蔵鉤之戯。分二曹、以較勝負。得一籌者為勝。其負者起拝謝勝者。周處・成公綏並作彄字、藝経庾闡則作鉤字。其事同也。［荊楚記］、俗云、此戯令人生離。有禁忌之家、則廃而不修。

歳前（新年の前）、又た蔵彄の戯を為す(1)。鉤弋《こうよく》夫人(2)より始まる。

「漢武故事」(3)を按ずるに云わく、「上 河間（黄河下流の現在の河北省滄州市附近）を巡狩し、清光の地より天に属するを見る。望気の者云わく、〈下に貴子有り〉と。上之を求むに、一女子の空室の中に在るを見る、姿色殊だ艶《えん》、両手皆な拳《にぎ》り、数百人もて之を擘《ひら》かしむも舒《ひら》くこと莫し。上自ら披《ひら》くに即に舒《ひら》き、拳夫人と号す。素女の術(4)（房中術）を善くし、大いに寵有り、即ち鉤弋夫人なり」と。辛氏（前漢の隴西の人、詳細不明）の「三秦記」(5)に曰わく、「昭帝(6)の母は鉤弋夫人、手拳《にぎ》りて国色有り。今の世人、蔵鉤の法を此れより学ぶ」と。鉤亦た彄《こう》に作る。周處(7)の「風土記」(8)に曰わく、(9)「清醇を進め以て蜡(10)を告ぐ、恭敬を竭し以て明祀す」と。乃ち蔵鉤有り、俗に呼んで「行彄《こうこう》を為す」と。蓋《けだ》し婦人作る所の金環、以て指を鍇《つつ》みて纒《まと》うものなり。臘日の祭後、叟嫗《そうおう》各々其の儕《せい》（ともがら）に随い、蔵鉤《ぞうこう》の戯を為す。二曹（二組）に分れ、以て勝負を較《くら》ぶ。一籌《ちゅう》を得る者を勝と為す。其の負ける者起拝して勝者に謝す。周處・成公綏《すい》(11)並びに「彄《こう》」字に作り、「藝経」(12)に「庾闡《ゆせん》(13)は則ち〈鉤《こう》〉字に作る(14)」と。其の事同じなり。「荊楚記」に、「俗に云わく、〈此の戯は人をして生離ならしむ〉(15)」と。禁忌有るの家、則ち廃して修めず。

（1）「蔵彄《こう》の戯」は手に物を握り、その数を当て合う遊び。漢の昭帝の母の鉤弋《こうよく》夫人の両手が拳状であったのを武帝が開いて治したという故事伝説に由来する。初めは指輪を回してだれの手にあるかを当てる遊戯であった。この遊戯の規則を伝えるのは、『藝文《げいもん》類聚』巻七四巧藝部・蔵鉤に引用する周處の『風土記』の記載が唯一である。

風土記曰、義陽臘日飲祭之後、叟嫗児童為蔵鉤之戯。分為二曹、以効勝負。若人偶、即敵対、人奇即人為遊附、或属上曹、或属下曹、名為飛鳥、以斉二曹人數、一鉤蔵在数手中、曹人当射知所在。一蔵為一籌、三籌為一都。

「風土記」に曰わく、「義陽の臘日飲祭の後、叟嫗・児童は蔵鉤の戯を為す。分れて二曹と為り、以て勝負を効す。若し人偶ならば、即ち敵対し、人奇ならば即ち人を遊附と為し、或いは上曹に属し、或いは下曹に属し、名づけて飛鳥と為し、以て二曹人数を斉《ひと》しくす。一鉤（かぎ）を蔵して数手の中に在り、曹人当《まさ》に所在を射知すべし。一蔵を一籌と為し、三籌を一都と為す。

（2）鉤弋夫人は漢の武帝に寵愛された趙婕妤《しょうよ》（前一一三〜前八八）のこと。名は未詳。武帝を継いだ昭帝の生母。『漢書《かんじょ》』巻七昭帝紀第七に、

孝昭皇帝、武帝少子也。母曰趙倢伃。本以有奇異得幸。及生帝亦奇異。語在外戚傳。

孝昭皇帝、武帝の少子なり。母は趙倢伃と曰う。本は奇異有るを以て幸を得。帝を生むに及んで亦た奇異あり。語は外戚伝に在り。

とあり、『漢書』巻九七外戚伝には、次のようにある。

孝武鉤弋趙倢伃昭帝母也。家在河間。武帝巡狩過河間、望気者言、此有奇女。天子亟使使召之。既至、女両手皆拳。上自披之、手即時伸。由是得幸、号曰拳夫人。先是、其父坐法、宮刑為中黄門、死長安葬雍門。拳夫人進為倢伃、居鉤弋宮、大有寵。太始三年、生昭帝、号鉤弋子。任身十四月廼生。上曰、聞昔堯十四月而生。今鉤弋亦然。廼命其所生門曰堯母門。後衛太子敗、而燕王旦広陵王胥多過失。寵姫王夫人男、斉懐王李夫人男昌邑哀王皆蚤薨。鉤弋子年五六歳、壮大多知。上常言、

類我。又感其生与衆異、甚奇愛之、心欲立焉、以其年稺母少、恐女主顓恣乱国家、猶与久之。鉤弋倢伃従幸甘泉、有過見譴以憂死。因葬雲陽。後上疾病、乃立鉤弋子為皇太子。拝奉車都尉霍光為大司馬大将軍、輔少主。明日、帝崩、昭帝即位。追尊鉤弋倢伃為皇太后。発卒二萬人起雲陵。邑三千戸。……

孝武の鉤弋《こうよく》・趙倢伃《しょうよ》は昭帝の母なり。家は河間に在り。武帝巡狩して河間を過《よぎ》り、気を望む者言わく、「此こに奇女有り。天子しばしば使をして之を召さしむ。既に至り、女の両手は皆な拳《にぎ》る。上自ら之を拔《ひら》くに、手即ち時伸す。是れ由り幸を得て、号して拳夫人と曰う。是より先、其の父法に坐して、宮刑せられ中黄門と為り、長安に死し雍門に葬らる。拳夫人進められて倢伃と為り、鉤弋宮に居し、大いに寵有り。太始三年（前九四）、昭帝を生み、鉤弋子と号す。任身して一四月にして廼《すなわ》ち生る。上曰わく、「聞くならく昔堯は一四月《げつ》にして生る。今鉤弋亦た然り。」廼ち命じて其の生れる所の門を堯母門と曰わしむ。後に衛太子敗れ、而して燕王の旦・広陵王の胥は過失多し。寵姫の王夫人の男、斉懐王・李夫人男・昌邑哀王は皆な蚤《はや》く薨ず。鉤弋子の年五・六歳にして、壮大にして知多し。上常に言わく、「我に類す」と。又た其の生の衆と異なるを感じ、甚だ之を奇愛し、心は焉《これ》を立てんと欲するも、其の年稺《おさな》く母少《わか》きを以て、女主顓恣《せんし》し国家を乱すを恐れ、猶お与《あずか》ること之に久しゅうす。鉤弋倢伃は甘泉に幸するに従い、過有りて譴せられて、以て憂死す。因りて雲陽に葬る。のち上疾病し、乃ち鉤弋子を立て皇太子と為す。奉車都尉の霍光を拝して大司馬・大将軍と為し、少主を輔《たす》けしむ。明くる日、帝崩り、昭帝位に即く。鉤弋倢伃《こうかしょうよ》を追尊して皇太后と為し、卒二萬人を発し、雲陵を起こす。邑三千戸。……

（3）『漢武故事』は漢の武帝の生涯を述べた伝奇小説。史書として扱うことはできない。『宋史』巻二〇三藝文《げいもん》志・史部故事類に「班固、漢武故事五巻」とあり、班固の著作とするが信頼に価しない。『旧唐書《くとうじょ》』巻四六経籍志・史部列代故事に「漢武故事二巻」とある。晁《ちょう》公武（一一〇五～一一八〇）の『郡斎読書志』巻二下伝記類に「漢武故事二巻。右、世言班固撰。唐張柬之書。洞冥記後云、漢武故事、王倹造」とある。結局、著者不明であり、五～六世紀あたりに書かれたもの。「漢魏叢書」、「重較説郛《ぷ》」、「龍威秘書」、「守山閣叢書」、『欽定四庫全書』子部に所収されている。

（4）素女は性愛と養生を司る仙女。男女の性的交わりについての技法と思想の体系である「房中術」を九天玄女と共に黄帝に教えたとされる。素女は房中術のこと。

(5)『三秦記』は咸陽や長安方面に関する地誌。『大唐六典』巻一九の驪山《りざん》の温泉湯に引用がある。『三秦記』は経籍志・藝文志に著録がないから、隋代には散逸が始まり、入手しにくい書であったようである。著者や巻数は不明であるが、後漢時代の著作であろう。『三輔黄図』『水経注』・『斉民要術《せいみんようじゅつ》』・『藝文《げいもん》類聚』・『初学記』に引用がある。逸文は『説郛《せっぷ》』・『二西堂叢書』・『知服斎叢書』にあり、『漢唐地理書鈔』にもある。近年に西安市の三秦出版社から標点本が出版された。

『荊楚歳時記』には「辛氏三秦記曰、漢昭帝母鈎弋夫人、手拳有国色、世人、蔵鈎起於此」とあるが、『玉燭宝典』巻第一二・一二月季冬に引用する『三秦記』には「辛氏三秦記云、昭帝母鉤弋夫人、手拳而国色。今世人、学蔵鉤法此」とあり、若干の相違がある。

(6)昭帝(在位は前八七~前七四)は、前漢の第八代皇帝。母は鈎弋《こうよく》夫人として知られる趙婕妤《しょうよ》(前一一三~前八八)である。諡《し》号は孝昭皇帝。武帝の末子。昭帝は武帝以来の専売制を弱め、国力の回復に専念した。

(7)周處(二三六~二九七)は『晋書《しんじょ》』巻五八に列伝がある。詳細は本書六五頁の注(18)を参照。

(8)『風土記』の詳細は、本書六五頁「六　屠蘇酒と五辛盤を上る」注(19)を参照。

(9)「周處風土記曰、進清醇、以告蜡、竭恭敬、以明祀」は、『初学記』巻四歳時部・下・臘第一三叙事の「明祀」の注に「周處風土記曰、進清醇、以告蜡、竭恭敬、於(=以)明祀」とあり、『荊楚歳時記』は忠実に『風土記』を引用していることがわかる。

(10)蜡《さ》祭は森羅萬象を祭祀る神事で、隋の杜臺卿(『隋書』巻五八)の『玉燭宝典』巻第一二・一二月季冬に、

臘者祭先祖、蜡者報百神。同日異祭也。　臘は先祖を祭り、蜡は百神に報ずる。同日異祭なり。

とあるように、臘日と深く関連する祭祀である。『玉燭宝典』によれば、一二日に蜡《さ》祭を配置しなければならないが、蜡祭の日は各王朝によって異なる。七世紀の唐代の蜡祭は一二月の寅の日に挙行され、寅の日は辰の日に先立つ二日であるから、一二月一〇日が蜡祭となる。開元二〇年(七三二)に『大唐開元礼』が編纂された時に改訂があり、開元二〇年以降、蜡祭は臘祭と同日に挙行されるようになる。

唐代の蜡祭の式次第は『大唐開元礼』巻二二吉礼「皇帝臘日蜡百神於南郊(皇帝臘日に百神を南郊に蜡す)」と『大唐開元礼』巻二三吉礼「臘日蜡百神於南郊。有司摂事(臘日に百神を南郊に蜡す。有司事を摂す)」とにある。皇帝の蜡祭挙行は唐代の記

録にないから、唐代の蜡祭《さ》は「臘日蜡百神於南郊、有司摂事」の式次第で有司が代行した。

南郊壇は明徳門外にある。宋敏求（一〇一九～一〇七九）の『長安志』巻一一県一。萬年には、

南郊壇百神壇霊星壇、以上、並在県南一十五里啓夏門外。

南郊壇・百神壇・霊星壇、以上、並びに県南一五里（萬年県治の南一五里）の啓夏門外に在り。

とあり、啓夏門外にある。冬至に上帝を祭る南郊壇とは別に百神壇があるから、「臘日蜡百神於南郊、有司摂事」とあるが、この「南郊」は冬至の南郊壇と同じではない。

後漢の蜡祭は『四民月令』一二月に、

是月也、群神頻（並の誤り）行、大蜡礼興。乃冢祠君師九族友朋、以崇慎終不背之義。

是の月や、群神並行し、大蜡の礼興る。乃ち君・師・九族・友朋を冢《ちょう》祠し、以て慎終不背の義を崇ぶ。

とある。これによれば、後漢の蜡祭は一二月に行われたが、祭日は一定していなかったようである。

北周（五六〇～五八一）と隋初の開皇三年（五八三）「祠令」に規定する蜡祭は、『隋書』巻七礼儀志に、

隋初、因周制。定令、亦以孟冬下亥蜡百神、臘宗廟、祭社稷。其方不熟、則闕其方之蜡焉。

隋初、周制に因る。「令」を定め、亦た孟冬の下亥（亥日は下旬にない時もあるから、最終の亥日と理解するべきであろう）を以て百神を蜡し、宗廟を臘し、社稷を祭る。其の方（方角）熟せざれば、則ち其の方の蜡を闕く。

とあり、北周と隋初の蜡祭は一〇月の最終の亥の日に挙行された。一〇月を百神を蜡し、宗廟を臘り、社稷を祭る月としたのは、北周王朝が夏王朝の蜡祭に依ったためである。

隋王朝は建国の当初は、夏正による北周の蜡祭を継承し、一〇月に蜡祭を行った。しかし、この制度はすぐに改定されることになる。『隋書』巻七礼儀志二に、

開皇四年十一月、詔曰、古称臘者、接也。取新故交接。前周歳首、今之仲冬、建冬之月、称蜡可也。後周用夏后之時、行姫氏之蜡。考諸先代、於義有違。其十月、行蜡者停、可以十二月為臘。於是始革前制。

開皇四年（五八四）一一月、詔して曰わく、「古《いにしえ》の臘と称うは、接なり。新故交接するを取る。前周の歳首、今の仲冬、建

冬の月、蜡《さ》と称うは可なり。後周（北周）は夏后の時を用て、姫氏の蜡を行う。諸先代を考うに、義に於いて違うこと有り。其れ一〇月、蜡《さ》を行うは停め、一二月を以て臘と為すべし」と。是に於いて始めて前制を革《あらた》む。

とあり、開皇四年に「一二月を臘月とする」と詔書が公布され、周正（周暦）によって臘祭は一二月に変更された。開皇四年の臘祭と蜡祭は、この詔書に基づき一二月に挙行された。

(11) 成公綏《せい》（二三一～二七三）は『晋書《しんじょ》』巻九二に列伝がある。字は子安、本貫は安東郡白馬県。

(12) 『藝経』は詳細不明である。「説郛《せつぷ》」巻一〇二に邯鄲《かんたん》淳（一三二～二二〇？）の『藝経』を所収する。邯鄲淳は「曹娥碑」を書いた人物で、『後漢書《じょ》』巻一一四列女伝の孝女曹娥伝の注に次のようにある。

会稽典録曰、上虞長・度尚弟子邯鄲淳、字子礼。時甫弱冠而有異才。

「会稽典録」に曰わく、「上虞の長・度尚の弟子・邯鄲淳、字は子礼。時甫弱冠にして異才有り」と。

(13) 庾闡《ゆせん》（生没年不詳）は『晋書』巻九二に列伝がある。本貫は潁川郡鄢陵《えんりょう》県。四世紀の人。

(14) 「庾闡則作鈎字」とは、庾闡の「蔵鈎賦《ぞうこう》」には「鈎」字に作ることをいう。『藝文《げいもん》類聚』巻七四巧藝部・蔵鈎《こう》・賦に、次のようにある。

晋庾闡蔵彄賦曰、歎近夜之蔵彄、復一時之戯。望以道生為元帥、以子仁為佐相。……

晋の庾闡の「蔵鈎賦」に曰わく、「近夜の蔵鈎を歎じ、一時の戯を復す。望むに道生を以て元帥と為し、子仁を以て佐相と為さん。……」と。

(15) 「俗云、此戯令人生離。有禁忌之家、則廃而不修」は、『玉燭宝典』巻第一一・一二月季冬に、

荆楚記、俗云、此戯令人生離。有物忌之家、則廃而不修也。

「荆楚記」に「俗に云わく、〈此の戯は人をして生離ならしむ〉と。物忌有るの家、則ち廃して修めざるなり」と。

とあり、『荆楚記』の記事であることが判るから、「荆楚記」の三字を補足した。

附節 「歳暮に蔵彄《ぞうこう》（蔵鉤）の戯をする」の典拠

『荊楚歳時記』は「歳暮に蔵彄《こう》（蔵鉤）の戯をする」は次のようである。

歳前、又為蔵彄之戯。始於鉤弋夫人。

右の記事は『荊楚歳時記』の「一字上げ」の箇所であるから、『荊楚記』の記事とされる。

『太平御覧《ぎょらん》』巻一七時序部二・歳除に、

又曰、歳前、又為蔵鉤之戯。辛氏三秦記曰、昭帝母鉤弋夫人、手拳而国色、帝披之即時伸。人学蔵鉤、亦法此。鉤亦作彄。

又た曰わく、「歳前、又た蔵鉤の戯を為す」と。辛氏の「三秦記」に曰わく、「昭帝の母・鉤弋《こうよく》夫人、手拳り而して国色あり、帝之を披《ひら》き即時に伸す」と。人蔵鉤を学ぶに、亦た此れに法《のつと》る。「鉤」亦た「彄」に作る。

とある。何が「又た曰わく」なのか。『太平御覧』巻一七時序部二・歳除の、この記事の前には『荊楚記』の記事があり、「又た曰わく」とあるから、「歳前、又為蔵鉤之戯」の記事は『荊楚記』の記事となる。

しかし、『初学記』巻四歳時部・下・歳除第一四叙事に、

荊楚歳時記曰、歳前、又為蔵鉤之戯。辛氏三秦記云、昭帝母鉤弋夫人、手拳而国色。今人学蔵鉤、亦法此。鉤亦作彄。

「荊楚歳時記」に曰わく、「歳前、又た蔵鉤の戯を為す」と。辛氏の「三秦記」に曰わく、「昭帝の母・鉤弋夫人、手拳《にぎ》り而して国色あり。今人蔵鉤《こう》を学ぶに、亦た此れに法る。「鉤」亦た「彄」に作る。

とあり、『初学記』は『荊楚記』ではなく『荊楚歳時記』とする。『玉燭宝典』巻第一二・一二月季冬には、

其夜、為蔵鉤之戯。辛氏三秦記曰、昭帝母鉤弋夫人、手拳而国色。今世人学蔵鉤法此。

其の夜、蔵鉤の戯を為す。辛氏の「三秦記」に曰わく、「昭帝の母の鉤弋夫人、手拳り而して国色あり。今の世人は蔵鉤を学ぶに此れに法《のつと》る。

とあり、右の記事を「荊楚記曰」としない。『太平御覧』の巻首にある引書目録である「太平御覧経史図書綱目」に『荊楚歳時記』の書名はあるが、『荊楚記』の書名はないから、『太平御覧』が『荊楚記』とするのは、『荊楚歳時記』

の略記であろう。

であれば、「歳前、又為蔵鈎之戯」は『荊楚記』の記事でないことになる。「始於鈎弋夫人」は杜公瞻《せん》が附加した文である。『荊楚歳時記』の「歳前、又為蔵彄之戯」は「一字上げ」の箇所にあり、『荊楚記』の記事であるべきなのに、『荊楚記』以外の出典不明の記事があり、「始於鈎弋夫人」は杜公瞻が附加した文と推測される結果となった。

八四　歳暮の送歳行事

「宝顔堂秘笈広集」本『荊楚歳時記』の「歳暮の送歳行事(1)」は次のようである。

歳暮、家家具肴蔌(2)一作核、誻宿歳之位、以迎新年［也］。相聚酣飲、［謂為送歳］。留宿歳飯、至新年十二日、則棄之街衢、以為去故納新也。［除貧取富。又留此飯、須発蟄、雷鳴、擲之屋扉、令雷声遠也］。孔子所以預於蜡賓、一歳之中、盛於此節。

歳暮、家家は肴蔌《こうそく》（肴は肉や魚を用いた料理。蔌は野菜料理）を具し一は核に作る、宿歳（去り行く古い歳）の位（年神を祀る所）に詣《いた》り、以て新年を迎うなり。相い聚り酣飲し、謂いて送歳と為す。宿歳の飯を留め、新年一二日に至り、則ち之を街衢に棄て、以て故《ふる》きを去り新しきを納むと為すなり。貧を除き富を取る。又た此の飯を留め、発蟄(3)、雷鳴するを須《ま》ち、之を屋扉に擲げ、雷声をして遠ざからしむなり。孔子蜡賓《さ》(4)に預り、一歳の中、此の節に盛んなる所以なり(5)。

（1）「歳暮の送歳行事」の記事は、『玉燭宝典』巻第一二・一二月季冬に、

荊楚記云、歳暮、家家具肴蔌、誻宿歳之儲、以迎新年也。相聚酣飲、請（＝謂）為送歳。留宿歳飯、至新年十二日、則棄之

街衢、以為去故納新、除貧取富。又留此飯、須発蟄、雷鳴、擲之屋扉、令雷声遠也。

「荊楚記」に云わく、「歳暮、家家肴蔌《こうそく》を具し、宿歳の儲に詣り、以て新年を迎うなり。相い聚り酣飲し、謂いて送歳と為す。宿歳の飯を留め、新年一二日に至り、則ち之を街衢《がいく》に棄て、以て故《ふる》きを去り新しきを納むと為し、貧を除き富を取る。又た此の飯を留め、発蟄、雷鳴するを須《ま》ち、之を屋扉に擲《なげう》てば、雷声をして遠ざからしむなり」と。

とあり、『太平御覧《ぎょらん》』巻一七時序部二・歳除に、

荊楚記曰、歳暮、家家具肴蔌、謂（謂＝詣）宿歳之儲、以迎新年。相聚酣飲、［謂為送歳］。…………。又［荊楚記］曰、留宿歳飯、至新年十二月（月＝日）、則棄之街衢、以為去故内（内＝納）新也。

「荊楚記」に曰わく、「家家肴蔌を具し、宿歳の儲に詣《いた》り、以て新年を迎うなり。相い聚り酣飲し、謂いて送歳と為す。…………。又た「荊楚記」に曰わく、「宿歳の飯を留め、新年の一二日に至り、則ち之を街衢に棄て、以て故《ふる》きを去り新しきを納むと為すなり」と。

とあることに依り、［　］の文字を補った。

（2）「宝顔堂秘笈広集」本『荊楚歳時記』は、冒頭に「歳暮、家家具肴蔌　一作核」とあり、「一作核」と細字注がある。この注は「重較説郛《せつぷ》」本『荊楚歳時記』と『玉燭宝典』には存在しない。「蔌」がどうして「核」でありえようか。「蔌」を「核」に置き換えれば、意味不明となる。

（3）「発蟄」は「啓蟄」に同じ。蟄は「虫が土中に閉じこもる」意で、「発蟄」・「啓蟄」は「冬籠りの虫が這い出る」の意味。二四節気の第三。旧暦一月後半から二月前半。太陽暦では太陽黄経が三四五度に達した時で、三月六日ごろ。期間としての意味もあり、この日から、次の節気の春分前日までである。

啓蟄を中国では驚蟄と書く場合がある。これは前漢王朝の六代皇帝の景帝の諱が「啓」であり、これを避諱して意味が似ている「驚」の字で代用したことに由来する。同時に、立春→啓蟄→雨水→春分→穀雨→清明の順であった節気を、景帝以降は立春→雨水→驚蟄→春分→清明→穀雨と変更した。

漢王朝が滅亡すると、「啓」字を避諱する必要がなくなったが、慣用として「驚蟄」が使用された。「発蟄」も「驚蟄」の流れ

に沿った語であろう。七世紀の唐代となると、「啓蟄」に戻され、同時に、順次も孟春正月中に変更されている。

日本でも、「驚蟄」が歴代の具注暦に使われ、驚蟄は仲春二月節とされた。日本で「啓蟄」が名称として用いられたのは、貞《じょう》享《きょう》の改暦（一六八五年二月四日から一七五五年二月一〇日までの七〇年間使用された）の時である。従来の仲春二月節のまま、文字だけが改められた。

（4）蜡《さ》祭は本書「八三　歳暮に蔵彄《ぞうこう》（蔵鉤）の戯をする」の注（10）でも述べた（四六〇頁）。応劭《おうしょう》の『風俗通』巻八臘に、

謹按礼伝、夏曰嘉平、殷曰清祀、周曰大蜡。漢改為臘。臘者猟也。言田猟取獣、以祭祀其先祖也。或曰、臘者接也。新故交接。故大祭以報功也。

謹んで「礼伝」を按ずるに曰わく、「夏は嘉平と曰い、殷は清祀と曰い、周は大蜡と曰い、漢改めて臘と為す」と。臘は猟なり。田猟して獣を取り、以て其の先祖を祭祀するなり。或いは曰わく、「臘は接なり。新故交接す。故に大祭し以て功に報ずるなり」と。

とあり、臘の別名で周王朝の臘祭を「蜡祭」という。『風俗通』の説が正解とはいかないようで、蜡《さ》祭には多くの議論がある。詳細は守屋美都雄訳註『荊楚歳時記』（平凡社・東洋文庫　一九七八）二三三頁以下の「臘日」の項を参照。

（5）「孔子所以預於蜡賓。一歳之中、盛於此節」の一文は、「宝顔堂秘笈広集」本『荊楚歳時記』には、

孔子所以預以陪賓、一歳之出、盛于此節。

とあるが、『太平御覧《ぎょらん》』巻三三時序部一八・臘に、『荊楚歳時記』の記事を引用しており、

又曰、孔子所以預於蜡賓。一歳之中、盛於此節。

とある。この記事を採用し、「宝顔堂秘笈広集」本『荊楚歳時記』の記事を次のように改めた。

孔子所以預於蜡賓、一歳之中、盛於此節。

附節　「孔子蜡賓《さひん》に預り、一歳の中、此の節に盛んなる所以なり」の典拠

「孔子所以預於蜡賓」は、『礼記《らいき》』礼運篇に、

昔者、仲尼与於蜡賓、事畢、出遊於観之上、喟然而嘆。

むかし、仲尼は蜡賓《さひん》に与《あずか》り、事畢《おわ》り、出でて観（高い建物）の上に遊び、喟《き》然として嘆ず。

とあり、『荆楚記』の記事ではない。

この文は『玉燭宝典』巻第一二・一二月季冬に、

［礼記］礼運云、仲尼与於蜡賓。注云、蜡者索也。祭宗廟時、孔子仕魯、在助祭之中。事畢、出遊於観之上、喟然而嘆。

『礼記《らいき》』の「礼運」に云わく、「仲尼蜡賓に与る」と。注に云わく、「蜡は索なり。宗廟を祭る時、孔子は魯に仕え、祭を助くの中に在り」と。「事畢り、出でて観（高い建物）の上に遊び、喟然として嘆ず」と。

とあるから、『礼記』の記事を『玉燭宝典』が引用しているのである。

では、『礼記』の記事を『荆楚歳時記』に引用したのは誰か。引用したのは杜公瞻《せん》を措いて他にはない。『玉燭宝典』に引用はあるが、『玉燭宝典』の著者が『荆楚歳時記』に引用することはできない。杜公瞻が『玉燭宝典』を閲覧し、「仲尼与於蜡賓」とあるのを見て、「一歳之中、盛於此節」という杜公瞻の文を書き加え、「仲尼所以与於蜡賓、一歳之中、盛於此節」としたものである。

「八四　歳暮の送歳行事」は宗懍の『荆楚記』の記事に、杜公瞻の「仲尼所以与於蜡賓、一歳之中、盛於此節」が加わり、記事を構成していることになる。杜公瞻の文は「一字上げ」の箇所にある。「一字上げ」の箇所は宗懍の文とされてきたが、杜公瞻の文もあることになる。従来の「一字上げ」の箇所は宗懍、注記は杜公瞻という想定はまったく当を得ないことが明らかとなる。

八五補　歳暮の鎮宅埋石

一二世紀初頭の『経史證類大観本草』の巻三玉石部・上品・大石鎮宅に、

大石鎮宅、主災異不起。宅経、取大石鎮宅四隅。荊楚歳時記、十二月暮日、掘宅四角、各埋一大石、為鎮宅。又鴻宝萬異術（＝鴻宝萬畢術）云、埋丸石於宅四隅、搥桃核七枚、則鬼無能殃也。

大石鎮宅は、災異起きざることを主る。「宅経(1)」に、「大石を取り宅の四隅に鎮《しず》む」と。「荊楚歳時記」に、「一二月暮日、宅の四角を掘り、各々一大石を埋め、鎮宅と為す」と。又た「鴻宝萬畢術(2)」に云わく、「丸石を宅の四隅に埋め、桃核（桃の実。桃核は桃弧の誤り？）七枚を搥《う》てば、則ち鬼能《よ》く殃《わざわい》することなきなり」と。

とあり、一三世紀中葉の陳元靚《せい》の『歳時広記』巻四〇歳除に、

荊楚歳時記、十二月暮日、掘宅四角、各埋一大石、為鎮宅。又鴻宝萬畢術云、埋圓石於宅四隅、搥桃核七枚、則鬼無能殃也（訓読は右に示した「経史證類大観本草」を参照）。

とある。一二世紀の『荊楚歳時記』には存在した記事と認定してよいだろう。

開皇元年（五八一）頃に完成した隋の杜臺卿（『隋書』巻五八）の『玉燭宝典』巻第一二・一二月季冬に、

雑五行書云、屋宅四角、各埋一石。名為鎮宅。淮南萬畢術則云、埋圓石於宅四隅、雑以桃弧七枚、則無鬼殃之害。非独今也。

「雑五行書(3)」に云わく、「屋宅の四角、各々一石を埋《うず》む。名づけて鎮宅と為す」と。「淮南萬畢術」に則ち云わく、「圓石を宅の四隅に埋め、雑うるに桃弧《とうこ》（桃の木で作った弓）七枚を以てせば、則ち鬼殃《よう》（鬼のわざわい）の害なし。独り今に非ざるなり。

とある。右の記事は『経史證類大観本草』と『歳時広記』の記事と類似していることに注意しなければならない。語句の並びが大略一致している。

『荊楚歳時記』の「歳暮の鎮宅埋石」の記事は、『玉燭宝典』巻第一二・一二月季冬の『雑五行書』と『淮南萬畢術』の記事に類似するから、「歳暮の鎮宅埋石」の出典は、『玉燭宝典』巻第一二・一二月季冬であろう。

『荊楚歳時記』は杜公瞻《せん》が『荊楚記』に注釈した書とされているが、「歳暮の鎮宅埋石」の出典が『玉燭宝典』であれば、『荊楚歳時記』は『荊楚記』に注釈した書とすることはできなくなる。『荊楚歳時記』は基本的には『荊楚記』に注釈した書であるが、『玉燭宝典』から記事を採り、杜公瞻が書き上げた独自の書ではないだろうか。現行本の『荊楚歳時記』は「一字下げ」だけでなく、「一字上げ」の箇所も、杜公瞻《せん》が増入した記事が多くある。宗懍の『荊楚記』と『荊楚歳時記』は荊楚地方の年中行事のみを述べた書で、注釈もなかったはずである。現行本の『荊楚歳時記』は「一字上げ」と、「一字下げ」の箇所に分けられ、両箇所に杜公瞻による増入記事が多くある。現行本の『荊楚歳時記』は宗懍撰の書ではなく、杜公瞻撰の『荊楚歳時記』というべきである。それを宗懍撰の『荊楚歳時記』とする。これは現行本『荊楚歳時記』の実情にまったく合致していないとしなければならない。

（1）『宅経』に関して、『隋書』巻七八蕭吉伝に『宅経』八巻を著作したとあり、『旧唐書《くとうじょ》』巻四七経籍志・子部・五行類に「五姓宅経二巻」、『新唐書《じょ》』巻五九藝文《げいもん》志・子部・五行類に「五姓宅経二巻」、『宋史』巻二〇六藝文志・子部・五行類に「五音三元宅経三巻、陰陽宅経一巻、陰陽宅経図一巻、黄帝八宅経一巻、淮南王見機八宅経一巻」が著録される。

（2）『鴻宝萬異術』は『鴻宝萬畢術』の誤り。『鴻宝萬畢術』は前漢の劉安（高祖の孫・前一五〇年ころの人）の著書。歐陽詢の『藝文《げいもん》類聚』巻七八霊異部・上に、

列仙伝曰、……………。又曰、漢淮南王劉安言神仙黄白之事、名為鴻宝萬畢［術］三巻。

「列仙伝」に曰わく、…………。又た曰わく、「漢の淮南王・劉安は神仙黄白の事を言い、名づけて鴻宝萬畢術三巻と為す」と。

とあり、『列仙伝』に『鴻宝萬畢術』三巻をいう。『鴻宝萬畢術』は『淮南萬畢術』と異名同一の書であろう。ともかく、一二月の鎮宅埋石の習俗は、前漢の時代に既に存在していた。

（3）『雑五行書』は『斉民要術《せいみんようじゅつ》』に引用される書であるから、六世紀中葉以前に成立した書である。

附節　臘日の鎮宅埋石

『太平御覧《ぎょらん》』巻三三時序部一八・臘に、

淮南萬畢術曰、歳暮臘、埋圓石于宅隅、雜以桃弧七枚、則無鬼疫。

「淮南萬畢術」に曰わく、「歳暮の臘に、圓石を宅隅に埋め、雑うるに桃弧（桃の木で作った弓）七枚を以てせば、則ち鬼疫なきなり」と。

とある。『淮南萬畢術』は前漢の淮南王《わいなん》・劉安（前一七九～前一二二）の著書である。劉安の時代、鎮宅埋石は臘日に行う行事であった。漢の時代、臘という行事は冬至から三巡目の戌の日であるから、大晦日ではない。六世紀の『荊楚歳時記』は暮日に行うとあり、歳暮の臘とはないから、漢代と六世紀の鎮宅埋石の行事の日は異なる。悪霊払いは臘除といい、紀元前後の漢代では臘日の前日に行ったが、六世紀の『荊楚歳時記』では、歳末に移動している。移動した時期は臘除が大晦日に移動した時期に連動するものであろうが、臘除が大晦日に移動した時期が不明なため、鎮宅埋石の行事の移動も不明である。

八六　閏月は行事なし

「宝顔堂秘笈広集」本『荊楚歳時記』の「閏月は行事なし」は次のようである。

閏月、不挙百事。

按周礼（＝『周礼』春官宗伯・大史）云、閏月、［詔］王出居寝門。故為閏字、門中従王也。是月也、不挙百事、以無中気也。

閏月(1)、百事を挙げず。

「周礼《しゅらい》」（＝『周礼』春官宗伯・大史）を按ずるに云わく、「閏月、王をして出だして寝門に居らしむ」と。故に「閏」字に為り、門中は「王」によるなり。是の月や、百事を挙げざるは、中気に非ざるを以てなり。

閏月は王は宗廟に関する職務がないから、寝門内に居して休息する。「うるう」の字「閏」は寝門内に王を居る状態を示している。閏月は三年に一度、暦の上で人為的に作られた月であり、一二か月の行事外であるから、特に行事がないのである。

（1）閏月は三年毎に一回、人為的に置いた月。太陰太陽暦では、約三年に一度、一か月を加え一三か月とし、季節とのずれを調整した。この人為的に置いた月を「閏月」という。太陰太陽暦は、新月から新月までを「一か月」とし、それを一二回繰り返すことで「一二か月」＝「一年」とした。月の満ち欠け（平均朔望月＝約二九・五三〇日）による「一二か月」は、約三五四・三六日であり、太陽暦の一年（約三六五・二四日）と比べて、約一一日短いので、太陰太陽暦を使い続けると、暦と実際の季節に大きな誤差が生じることになる。この誤差は三年で一一日×三＝三三日、つまり三年間で一か月ほどになる。太陰太陽暦では三年に一度、「一か月」を加え、「一三か月」とし、季節との誤差を調整した。

八七補　鴛鴦

『重修毘陵志』巻一三禽之属の「鴛鴦」に、

荊楚記、鄧木鳥、羽毛五色、雌雄相逐。　「荊楚記」に、「鄧《とう》木鳥(1)、羽毛は五色、雌雄相い逐う」と。

とある。季節が不明なため末尾に置いた。

現行本『荊楚歳時記』は『荊楚記』の記事全文に注記を加えた本ではなく、隋の杜公瞻《せん》が記事を選択して『荊楚歳時記』としたものであるから、この記事が現行本『荊楚歳時記』に存在したとは限らない。

『重修毘《び》陵《りょう》志』は明代の成化己丑（成化五年：一四六九）に常州武進県の朱昱が編纂した地誌である。『欽定四庫全書総目』巻七三史部二九に次のようにある。

重修毘陵志、四十巻。江蘇巡撫採進本。
明朱昱撰。昱字懋易、武進人。初成化己丑、常州知府卓天錫聘昱、修郡志、書成。

重修毘陵志、四〇巻。江蘇巡撫採進本。
明の朱昱《いく》撰。昱の字は懋易《ぼうい》、武進の人。初め成化己丑、常州知府の卓天錫昱を聘し、郡志を修めしめ、書成る。

『荊楚記』は七世紀中葉ごろに『荊楚歳時記』と書名変更され、『荊楚記』の書名は七世紀以降の文献には餘り登場しない。それゆえに、一五世紀になって突然に『重修毘陵志』に引用されるのは不自然である。何か問題のある記事と疑うもので、『重修毘陵志』の鴛鴦の記事は偽文ではなかろうか。

（1）鄧木鳥は鴛鴦の別名。鴛鴦はカモ科オシドリ属に分類される鳥類。東アジアに分布する。日本では北海道や本州中部以北で繁殖し、冬季になると西日本へ南下し越冬する。食性は植物食傾向の強い雑食である。

八八補　鶏寒狗熱

陸佃（一〇四二～一一〇二）の『埤雅《ひが》』巻五釈獣・狗に、

荆楚記曰、鶏寒狗熱。　「荆楚記」に曰わく、「鶏寒狗熱」と。

とある。『荆楚記』とあるが、宗懍の原本に近い『荆楚記』ではなく、『荆楚歳時記』を『荆楚記』と略記した書であろう。宋の黄朝英（一一世紀後半から一二世紀初頭の人）の『靖康緗素雑記』巻七寒鶏に、

余観荆楚歳時記云、鶏寒狗熱。歴茲承久。

余「荆楚歳時記」を観るに云わく、「鶏寒狗熱」と。歴して茲れ承久なり。

とあるが、意味不明である。

前漢の桓寛の『塩鉄論』（前八一年に朝廷で開かれた塩や鉄を巡る塩鉄会議の記録を、後日に六〇篇にまとめたもの）巻六「散不足第二九」に、「羊淹鶏寒（羊を淹し鶏を寒す）」という成句があり、明代の方以智（一六一一～一六七一。明末・清初の人。一六四〇年の進士。翰林院検討という官となったが、満州から興った清朝軍の侵攻に遭い、華南地方を流浪し、清朝への帰順を拒否し僧侶となった）の『通雅』巻三九飲食に、

言寒者凍肉之類也。塩鉄論、羊淹鶏寒。…………。歳時記、鶏寒狗熱、是其意也。

寒と言うは凍肉の類なり。「塩鉄論」（巻六「散不足第二九」）に、「羊淹鶏寒」。…………。「歳時記」に、「鶏寒狗熱」、是れ其の意なり。

とあるから、「鶏寒狗熱」とは、飲食に関係する語であろう。方以智は「寒」は凍肉の類とするから、鶏寒は「鶏の冷肉」という意味に理解されようか。

『文選《もんぜん》』巻三四の曹子建の「七啓 幷序」に、

寒芳苓之巣亀、膾西海之飛鱗。寒今胵肉也。塩鉄論曰、煎魚切肝、羊淹鶏寒。劉熈釈名曰、韓鶏本出韓国所為。寒与韓同。

芳苓の巣亀を寒し、西海の飛鱗を膾にす。寒は今の胵肉なり。「塩鉄論」に曰わく、「魚を煎り肝を切り、羊を淹し鶏を寒す」と。劉熈の「釈名」に曰わく、「韓鶏は本は韓国の所為に出ず。寒は韓と同じ」と。

とあり、『文選』の李善の注に、寒は胵と同じという。胵は肉を「炙る」、魚を「煮る」という意味であるから、鶏寒は「鶏の炙り肉」あり、「鶏寒狗熱」は「鶏の炙り肉と狗の炙り肉」の意味となり、方以智の解釈と異なる。

本書の要約

訳注書に「要約」は馴染まない。本書では訳註に加えて、現行本『荆楚歳時記』の著者の問題を扱い、この著者に関する論旨が込み入っている。それ故に敢えて「要約」という項を設けて、本書の「まとめ」とする。一〇世紀以降の書物に『荆楚歳時記』の逸文が散見する。その逸文は現行本『荆楚歳時記』の記事と異なることが多い。故に現行本『荆楚歳時記』は脱落した記事がある不完全本であることが判る。従って、現行本『荆楚歳時記』には、当然のこととして、記事の脱落や衍文・脱字、また錯誤等々があることが想定される。このことを念頭において、現行本『荆楚歳時記』に接する必要がある。『荆楚歳時記』は史料源としては扱いにくい書である。

衍文について

衍文の最たる事例は、正月の「二〇　晦日に窮（窮は疫病神）を送る」である。この記事が衍文であることは、すでに守屋美都雄氏が『中国古歳時記の研究』（帝国書院　一九六三）三三九頁注⑴に指摘するところである。

九月の「七一　九月九日、重陽、野宴、茱萸、菊花」に、

九月九日、四民並藉野飲宴。

按、杜公瞻云、九月九日宴会、未知起於何代。然自漢至宋未改。今北人亦重此節。近代多宴設於臺榭。

とあるうちの、「杜公瞻《せん》云」は衍文であると『中国古歳時記の研究』（帝国書院　一九六三）三六二頁注3に指摘がある。

「一字下げ」の部分は杜公瞻《せん》の注記であるから、自己の文章に「杜公瞻云」と書くはずがないというのが、衍文の理由である。

しかし、「按」字を除く「杜公瞻云、………」の記事は『太平御覧《ぎょらん》』巻三二歳序部一七・九月九日に引用する『荊楚歳時記』の細字部分にあるから、衍文とはいえない。『太平御覧』に引用される『荊楚歳時記』は七世紀から一〇世紀初の唐代に書かれた書であり、『大平御覧』所引の記事を簡単に衍文とすることはできない。「一字下げ」の箇所に「杜公瞻云」とあるのは、過去の文献に記事がなく、杜公瞻が初めて言及したからである。文献に言及があれば、その文献を引用するが、言及した文献がない場合は、「杜公瞻云」としたのである。決して衍増ではない。

次に衍文と想定されるのは、正月の「六　屠蘇酒と五辛盤を上《たてまつ》る」の「一字上げ」の記事にある「進屠蘇酒膠牙餳、上五辛盤（屠蘇酒・膠牙餳《こうがとう》を進め、五辛盤を上る）」という文言である。この文言は現行本『荊楚歳時記』を構成する文献の一である、宗懍の『荊楚記』に存在しない文言であるから、『荊楚歳時記』（＝『荊楚記』）に存在してはならない文言で、衍文ということになる。しかし『荊楚歳時記』の「一字上げ」の箇所には、『荊楚記』以外の記事もあることを明らかにした。それ故に直ちに「進屠蘇酒膠牙餳、上五辛盤」が衍文であると断言できない。『荊楚歳時記』の「一字上げ」の部分は、『荊楚記』の記事のみと想定すること自体が間違いである。

「三五　四月八日の浴仏会《え》と龍《りゅう》華《げ》会《え》」の「一字下げ」の箇所に引用される「按高僧伝………」の記事は、梁の慧《え》皎《こう》の『高僧伝』には存在しない。『高僧伝』に仮託した衍増文である。この他には「一一　立春、燕を象《かたど》った髪飾りを作る。〈宜春〉の字を貼る」と「三九　僧尼の結夏《けつげ》（結制）」の「一字下げ」の箇所に衍増文がある。加えて「四二　五月五日、艾の人形《ひとがた》を門戸に懸ける」の菖蒲酒の記事も疑わしい。衍文とするべきであろう。「四六　長命縷《る》と条達（釧）」の注記の「今釵頭符是也」は、『事林広記』の文章で衍文である。

次に衍文と考えられるのは、一〇月の「七五　一〇月一日、黍臛《しょかく》（黍《きび》の雑炊）を為る。秦の歳首」の「一字下げ」

の箇所の最後尾に、出典なしで、

又天気和暖、似春。故曰小春。　又た天気和暖にして、春に似たり。故に小春と曰う。

とある一文である。本書では、この「一〇月小春」を独立させて「七六　一〇月小春」とし、その真偽を論じた。「重較説郛《せっぷ》」を初めとする「説郛」系統の『荊楚歳時記』には「小春」の記事はない。「一〇月小春（indian summer）」は周知され、その出典は『荊楚歳時記』とされる。「一〇月小春」が、衍文というのは衝撃が大きい。

「小春」とあるのは、陳元靚《せい》の泰定二年乙丑（一三二五）刊本『事林広記』巻四甲集節令門・下・一〇月「小春」と至順（一三三〇～一三三三）刊本『事林広記』前集巻二節序類・一〇月小春の条である。そこには、

十月為小春。荊楚歳時記云、天時和暖、似春。故曰小春。

一〇月を小春と為す。「荊楚歳時記」に云わく、「天時和暖にして、春に似たり。故に小春と曰う」と。

とある。この記事は一三世紀の陳元靚の『歳時広記』巻三七小春の冒頭部分に依拠している。すなわち、『歳時広記』巻三七小春の冒頭部分に、唐の徐堅らが編纂した奉勅撰の『初学記』を引用し、

又初学記云、冬月之陽、萬物帰之。以其温煖如春、故謂之小春。亦云小陽春。

又た「初学記」に云わく、「冬月の陽、萬物之に帰す。其の温煖春の如きを以て、故に之を小春と謂う。亦た小陽春と云う」と。

と述べる。ところが、『初学記』には右の記事はない。「小春」の記事は明らかに、『歳時広記』の造作である。小春を説明するのであれば、『初学記』ではなく、より年代の古い『荊楚歳時記』の記事を引用すればよい。それをしないのは『荊楚歳時記』に「小春」の記事が存在しなかったからに相違ない。

『荊楚歳時記』一〇月に、

十月朔日、[家家為]黍臛。俗謂之秦歳首。

> 未詳黍臛之義。今北人、此日、設麻羹豆飯、当為其始熟嘗新耳。禰衡別伝云、十月朝（=朔）、黄祖在艨艟上、会設黍臛。是也。

とある記事に、出典なしで一三世紀頃に附加された記事である。出典を引用しないのも、衍文であることを示すものである。『荊楚歳時記』の「一〇月小春」は衍文とし削除するべきである。

「七九　冬至、赤小豆粥を作る」の「一字下げ」の箇所に出典なしで「又晋魏間宮中、以紅線量日影。冬至後、日影添長一線」とある。この文は文意不明であり、また出典がない。また「一字下げ」の箇所の最後にあることから推測して、後世に附加された衍増文としてよいであろう。

『荊楚歳時記』の衍文といえば、明清時代の筆記類に出てくる『荊楚歳時記』の逸文である。これらの逸文は守屋美津雄氏の『中国古歳時記の研究』（帝国書院　一九六三）第二篇資料篇の「四　荊楚歳時記」の第二部「佚文輯録」に逸文の諸例をみることができる。これらの逸文は出典が不明であり、逸文としては史料的価値はない。唐宋時代の信頼できる文献に出てくる逸文でない限り、信頼性は皆無であり、明清時代の出典不明な『荊楚歳時記』の逸文は衍文として扱う必要がある。

説明を要する記事

「二六補　寒食節の別名」は説明の必要な記事である。泰定二年乙丑（一三二五）に出版された陳元靚《せい》の『事林広記』巻四甲集節令門・上・三月寒食と至順（一三三〇～一三三三）刊本『事林広記』前集巻二節序類・三月の条に、

> 寒食無定日、或二月或三月。荊楚記云、去冬至一百五日、即有疾風甚雨。謂之寒食節。又謂之百五節。秦人呼寒食為熟食日。言其不動煙火、預弁熟食、過節也。斉人呼為冷煙節、又云禁煙節。

とある。右の記事には寒食節とその別名を述べる。五六五年以前にできた『荊楚記』が一三世紀末に残存していたと

は考え難いから、『事林広記』に引く『荊楚記』は『荊楚歳時記』を略記した書名であろう。「荊楚記云」は何處までの文字にかかるものであろうか。宗懍は南朝の人であるから、江南の事情には精通し、江南のことに言及はするが、事情に疎い華北のことは言及するはずはない。従って、秦人（関中盆地の人々）や斉人（黄河下流域の人々）の寒食名に言及するはずがないから、秦人や斉人の寒食名は『荊楚記』の記事ではない。訓読は次のようであり、傍線部分が『荊楚記』の記事で、秦人以下は一〇世紀の文献から引用した記事であろう。

寒食に定日なし、或いは二月或いは三月。「荊楚記」に云わく、「冬至を去ること一百五日、即ち疾風・甚雨有り。之を寒食節と謂う。又た之を百五節と謂う」と。秦人は寒食を呼びて熟食日と為す。其れ煙火の動かざるを言い、預《あらかじ》め熟食を弁じ、節を過すなり。斉人は呼びて冷煙節と為し、又た禁煙節と云う。

訂正を要する記事

「一字下げ」の記事を「一字上げ」の記事に訂正する必要のある記事は、『荊楚歳時記』の「七七　鹹葅《かんそ》（漬物）を為る」にある。「鹹葅（漬物）を為る」の記事は次のようである（訓読は「七七　鹹葅（漬物）を為る」を参照）。

仲冬之月、采経霜蕪菁葵等雑菜、乾之、［家家］並為鹹葅。

有作其和者、並作金釵色。今南人作鹹葅、以糯米熬搗為末、并研胡麻［為］汁、和釀之。石窄令熟、葅既甜脆、汁亦酸美。其茎為金釵股。醒酒所宜也。

この鹹葅に関連して、『玉燭宝典』巻第一一・一一月仲冬には、

荊楚記云、家家並為鹹葅。有得其和者、並為金釵色。

とあり、「鹹葅」と「有得其和者、並為金釵色」は一組の『荊楚記』の文章である。この事実に依って、『荊楚歳時記』の「鹹葅（漬物）を為る」は、

仲冬之月、采経霜蕪菁葵等雑菜、乾之、［家家］並為鹹葅。有作其和者、並作金釵色。［按］、今南人作鹹葅、以糯米熬擣為末、幷研胡麻［為］汁、和醸之。石窄令熟、葅既甜脆、汁亦酸美。其茎為金釵股。醒酒所宜也。

と訂正するべきであろう。

脱　字

「宝顔堂秘笈広集」本『荊楚歳時記』一〇月に、

十月朔日、黍臛。俗謂之秦歳首。　一〇月朔日、黍臛《かくしよ》（黍の雑炊）。俗は之を秦の歳首と謂う。

とある。これでは黍臛をどうするのか不明であり、意味不明となるから、どこかに脱字があるに相違ない。

『玉燭宝典』巻第一〇・一〇月孟冬の附説には、

荊楚記云、朔日、家家為黍臛。　「荊楚記」に云わく、「朔日、家家黍臛を為る」と。

とある。これによって、『荊楚歳時記』の記事を「十月朔日、家家為黍臛」と訂正するべきである。

『荊楚歳時記』の「一字下げ」の記事の頭字には、「按」字があるのが一般的である。この「按」字は注記の開始を示す役割を有しており、本書において「補」と表記した補足記事以外の記事には「按」字ある。しかし、以下に示す三記事には頭字に「按」字がない。（漢数字は本書の整理番号である）

二五　寒食（冬至の後、一百五日目）

五五　夏至に糉《そう》（ちまき）を食べ、楝葉《れんよう》を頭に挿し、長命縷《る》を繋ける

七七　鹹葅《かんそ》（漬物）を為る

この三記事の「一字下げ」の先頭には「按」字が脱落したと想定され、「按」字を補足するべきであろう。

「一字上げ」と「一字下げ」の記事

現行本『荊楚歳時記』において、一項目を形成する記事は「一字上げ」と「一字下げ」の記事から構成される。「一字上げ」の記事は本文に相当し、「一字下げ」の記事は、本文に対する注記である。守屋美都雄『中国古歳時記の研究』（帝国書院　一九六三）第一章第四節「荊楚歳時記の研究」において、「一字下げ」の記事は杜公瞻《せん》の注記とし、王毓栄《おういくえい》『荊楚歳時記校注』（文津出版社　一九八八　臺北）の第一部「説明（日本の凡例に相当）」において、注記者は杜公瞻とし、姜彦稚輯校『荊楚歳時記』（中華書局　二〇一八）も、書題に「宗懍撰・杜公瞻注・姜彦稚輯校」とする。多数を占める見解が正解とはいえないが、「一字下げ」の記事は「一字上げ」の記事に対する注記であり、注記者は杜公瞻《せん》とする守屋氏・王毓栄《いくえい》氏・姜彦稚氏の見解に筆者も賛成する。

現行本『荊楚歳時記』は南北朝末期の宗懍（五六五年以前の人）の撰とされるが、「一字下げ」の記事は七世紀初頭に、杜公瞻が諸文献を引用し注記したもので、引用した記事の出典が明記される。出典が明記されるから「一字下げ」記事は宗懍の文章ではない。また「一字下げ」の記事には、五八一年、もしくはそれ以降にできた『玉燭宝典』の記事が引用されているから、「一字下げ」の記事は宗懍の文章ではないことは明白である。そうすれば、宗懍の文章は「一字上げ」の記事ということになる。

「一字下げ」の記事は、杜公瞻の注記であり、分量的には「一字上げ」記事の数倍もある。本文と注記が相俟って『荊楚歳時記』を形成するにも拘わらず、現行本『荊楚歳時記』を、少ない記事の宗懍の撰とするのは実に奇妙である。この奇妙さに誰も言及しない。

「一字上げ」の記事があって、「一字下げ」の注記を書くことができる。宗懍は五六五年以前の人である。五六五年以前に『荊楚歳時記』の「一字上げ」の記事は書かれたことになる。この箇所は宗懍の文章とされているから、「一字下げ」の箇所には、宗懍以外の文章は存在しないことになる。「一字上げ」の記事中に、誤入でなく、宗懍の『荊楚記』以外の記事があれば、現行本『荊楚歳時記』は宗懍撰とはいえなくなる。

結論から述べると、「一字上げ」の記事には『玉燭宝典』や杜公瞻の記事があり、その分量は大半を占める。それゆえ、現行本『荊楚歳時記』を宗懍撰とするのは誤り、非常に問題がある。現行本『荊楚歳時記』の「一字上げ」の記事は、宗懍以外の人が宗懍の『荊楚記』の記事を引用し、また『玉燭宝典』の記事を引用し、再編したものに相違ないのである。

二種類の『荊楚歳時記』

『荊楚歳時記』は宗懍の撰とされる。このことは八世紀の『初学記』の成立以来いわれ、これを疑う人はいない。しかし、『荊楚歳時記』に関して、『旧唐書《くとうじょ》』巻四七経籍志・下・子部・雑家類に、

荊楚歳時記十巻（一巻の誤り）、宗懍撰。又二巻、杜公瞻撰。

とあり、『新唐書《じょ》』巻五九藝文志《げいもんし》・子部・農家類に、

宗懍、荊楚歳時記一巻。杜公瞻、荊楚歳時記二巻。

とあり、七世紀から一〇世紀初頭に及ぶ唐王朝の時代には、宗懍撰の『荊楚歳時記』一巻と杜公瞻撰の『荊楚歳時記』二巻があったから、『荊楚歳時記』を宗懍の撰とするのは間違いではないが、正解でもない。

宗懍撰『荊楚歳時記』は、現行本『荊楚歳時記』と同一書ではない。宗懍は現行本『荊楚歳時記』を書くことはできない。なぜなら、現行本には五八一年、もしくはそれ以降にできた『玉燭宝典』の記事が「一字上げ」の箇所に引用されているからである。『旧唐書』経籍志と『新唐書』藝文志《げいもんし》にいう宗懍の『荊楚歳時記』は、『荊楚記』が七世紀以降の唐代になって、『荊楚歳時記』と書名を変更した書であり、内容は『荊楚記』と同じである。この書は『玉燭

宝典』に引用される『荊楚記』をみる限りにおいて、現行本『荊楚歳時記』のように、「一字上げ」と「一字下げ」の記事の別はない。

であれば、現行本『荊楚歳時記』には杜公瞻《せん》の注記があるから、宗懍の『荊楚歳時記』以外の『荊楚歳時記』、すなわち、杜公瞻撰『荊楚歳時記』ということになる。現行本『荊楚歳時記』の祖本は杜公瞻撰の『荊楚歳時記』としても、何らの矛盾はない。杜公瞻撰『荊楚歳時記』は現行本『荊楚歳時記』と基本的に同一本なのであり、現行本『荊楚歳時記』を宗懍撰とするのは誤りである。その誤りがまかり通って現在に至っているのが現状である。現行本『荊楚歳時記』を宗懍撰とすることが誤りであることは、「一字上げ」の記事の典拠を検討すれば明白となる。

「一字上げ」の記事の典拠

現行本『荊楚歳時記』は「一字上げ」と「一字下げ」の記事から構成され、「一字下げ」の記事は「一字上げ」記事の注記で、注記者は隋の杜公瞻《せん》である。「一字上げ」の記事は宗懍の文章だけではないと《「一字上げ」と「一字下げ」の記事》において述べた。もし「一字上げ」の記事が宗懍の文章のみと仮定するなら、「一字上げ」の記事に、宗懍以外の記事があってはならないことになる。

それでは『荊楚歳時記』の「一字上げ」の箇所は、すべて宗懍の文章であろうか。現行本『荊楚歳時記』の「一字上げ」の記事の典拠を逐一に検討すると、典拠が明確に判明するのは、左に示す三二例の記事である。「重較説郛《せっぷ》」を初めとする「説郛」系統の『荊楚歳時記』は、各々に文字の異同はあるが、結果は「宝顔堂秘笈広集」本『荊楚歳時記』と変わることはない。

訳註番号	記事名	出典
一	元日は三元といい、正月を端月という	『史記』・杜公瞻《せん》
二	鶏鳴いて起く	『玉燭宝典』
三	庭前に爆竹し、悪鬼（悪霊）を避ける	『荊楚記』・杜公瞻
四	門戸に画鶏、桃板、門神（神荼と鬱壘）を飾る	『荊楚記』・杜公瞻
六	屠蘇酒を進め五辛盤を上る	『玉燭宝典』・杜公瞻
九	七日は人日、七種粥を作り、人勝と華勝を贈答する	『玉燭宝典』・杜公瞻
一〇	人日に登高する	『玉燭宝典』
一一	立春、燕を象った髪飾りを作る。〈宜春〉の字を貼る	『玉燭宝典』
一七	正月一五日の夕、紫姑神を迎え、衆事を占う	『玉燭宝典』
一九	元日より月晦に至り、並びに酺聚《ほしゆう》し飲食を為す	『玉燭宝典』・杜公瞻
二五	寒食（冬至の後、一〇五日目）	『玉燭宝典』・杜公瞻
二八	寒食の日、闘鶏と闘鶏子（闘卵）を行う	杜公瞻
三五	四月八日の浴仏会《え》と龍華《りゅうげ》会《え》	『荊楚記』
四〇	屋を蓋《おお》うを忌む	『風俗通』
四一	五月五日を浴蘭節という。百草を蹋み、百草を闘わすの戯あり	『荊楚記』・杜公瞻
四二	五月五日、艾《よもぎ》の人形《ひとがた》を門戸に懸ける	『荊楚記』
四三	五月五日、競渡（舟競べ）。雑薬を採る。屈原の故事	杜公瞻

五〇補	五月五日、筒糉《ちまき》、楝葉《れんよう》、長命縷《る》	『荊楚記』
五五	夏至に糉《そう》（ちまき）を食べ、楝葉を頭に挿し、長命縷《る》を繋ける	『荊楚記』
五九	伏日、湯餅を作る	『荊楚記』
六二	七夕乞巧《きつこう》	『荊楚記』
六七補	七月、書物と衣料の虫干し	『荊楚記』
六八	八月一日、小児に天灸を施し、眼明嚢《じよう》を為る	『玉燭宝典』
七一	茱萸を佩び、餌を食らい、菊花酒を飲まば、人をして長寿ならしむ	『荊楚記』（「一字下げ」）
七五	一〇月一日、黍臛《しよかく》（黍《きび》の雑炊）を為る。秦の歳首	『荊楚記』・杜公瞻
七七	鹹葅《かんそ》（漬物）為る	『玉燭宝典』・『荊楚記』
七八補	一一月、蘘荷を塩蔵する	『玉燭宝典』
七九	冬至、赤小豆粥を作る	『荊楚記』
八一	一二月は臘月、沐浴と臘祭	『玉燭宝典』
八二	臘日に竈神を祭る	『玉燭宝典』
八三	歳暮に蔵彄（蔵鉤）の戯をする	杜公瞻
八四	孔子蜡賓《さひん》に預り、一歳の中、此の節に盛んなる所以なり	杜公瞻

「一字上げ」の『玉燭宝典』の記事

「一字上げ」の部分は、すべて『荊楚記』の記事であるはずである。そうでなければ宗懍撰『荊楚歳時記』とはいえない。ところが、「一字上げ」の部分には『玉燭宝典』の文言と、杜公瞻が附加した文言がある。現行本『荊楚歳時記』の「一字上げ」の箇所の『荊楚記』の記事は約四割を占めるに過ぎない。宗懍撰『荊楚歳時記』であれば、「一字上げ」の部分に、『玉燭宝典』や杜公瞻の附加文言があるはずがないのである。然るに「一字上げ」の部分には、『玉燭宝典』や杜公瞻の附加文言が六割を占めている。この事実は何者かが『荊楚記』・『玉燭宝典』・杜公瞻《せん》の文章を引用して、「一字上げ」の記事を編成したことを示すものであり、『荊楚歳時記』は「一字上げ」の箇所に『荊楚記』の記事を取りそろえ、その記事に対して、「一字下げ」において、杜公瞻が注記を加えたものではないことは判然とする。現行本『荊楚歳時記』は宗懍の著作では決してない。

「一字上げ」の箇所に『玉燭宝典』の記事がある事例の最たるものは、「一七　正月一五日の夕、紫姑神を迎え、衆事を占う」であろう。紫姑神の記事（一一九頁を参照）を再掲示することはしないが、『荊楚歳時記』と『玉燭宝典』の記事を比べると、両記事は大略一致する。『玉燭宝典』は『荊楚記』を引用する場合は、「荊楚記云」と明記して記事を引用する。『玉燭宝典』の「紫姑神」の記事は「荊楚記云」とはない。従って、『荊楚歳時記』の「紫姑神」の記事は、全文を『玉燭宝典』に依拠していることになる。両記事に小異はある。この小異は『玉燭宝典』から『荊楚歳時記』に引用する時に、書き加えや、省略が生じたと考えれば解決する小異である。

「紫姑神」の記事によって、現行本『荊楚歳時記』の実体が解明されたといってよい。「紫姑神」の記事は全文が『玉燭宝典』からの引用である。「紫姑神」の記事が『荊楚記』にあれば、『玉燭宝典』から引用する必要はない。「紫姑神」の記事が『荊楚記』にないから、『玉燭宝典』から引用したのである。

『荊楚歳時記』の「一字上げ」の箇所は『荊楚記』の記事と想定されてきたが、それは大いなる誤解であり、「紫姑神」の記事における「一字上げ」の箇所は『玉燭宝典』の記事であり、「一字下げ」の箇所も『玉燭宝典』の記事である。『玉燭宝典』の記事を以て宗懍撰とはいわない。

『爾雅翼』の「荊楚之俗」

一二世紀の羅願の『爾雅翼』には「荊楚之俗」とあって、『荊楚歳時記』の記事と考えられる記事を引用する。しかし、「荊楚之俗」とされた年中行事が、すべて荊楚地方の年中行事ではない。『荊楚歳時記』には華北の行事も記載されている。「荊楚之俗」という言葉は羅願の言葉であって、『荊楚歳時記』に本来からあった言葉ではない。『爾雅翼』は『荊楚歳時記』に書いてある記事のすべては、荊楚地方の行事であると信じていたから、「荊楚之俗」としたのである。羅願の『荊楚歳時記』に対する理解は、他の筆記類の理解と同じく間違っている。羅願は一二世紀の人であるが、時代が古いからといって、真実を伝えているとは限らない。羅願のいう「荊楚之俗」に誤導され、『荊楚歳時記』所載の年中行事が、すべて「荊楚之俗」と曲解する愚を犯してはならない。

打毬と鞦韆《しゅうせん》の戯を行う時期

「宝顔堂秘笈広集」本『荊楚歳時記』では、打毬・鞦韆に興じる時期を一月としている。

しかし、劉向の『別録』には「寒食蹴鞠」とあり、『藝文《げいもん》類聚』に引用する『古今藝術図』には「寒食の日、鞦韆を用て戯を為す」とあり、王維（七〇一～七六一）の『王右丞《ゆうじょう》集』巻六「寒食城東即事」と題する七言古詩に「蹴踘屢しば飛鳥の上を過り、鞦韆競いて出ず垂楊の裏」と詠い、薛能（八七一～八八〇）の「寒食」（『歳時雑詠』巻一二寒食）にも「夜半灯なく還りて寐ねず、鞦韆懸りて月明中に在り」の句があり、白楽天（七七二～八四六。楽天は字、居易は諱）の「寒食夜」（『白氏文集《もんじゅう》』巻一八）は、寒食の夜、子供達が大声を出し、鞦韆に興じるさまを詠む。加えて、杜甫（七一二～七七〇）の「清明二首」（『杜工部詩』巻三節序）の第二首に「一〇年蹴踘雛を将いる遠く、萬里鞦韆の習俗同じ」と詠い、韋荘（八三六～九一〇）の「丙辰年（乾寧三年：八九六）、鄜《ふ》州遇寒食、城外酔吟七言五首」に、満街楊柳緑絲烟、画出清明二月天。満街の楊柳緑絲の烟、画き出す清明二月の天。
好是隔簾花樹動、女郎撩乱送鞦韆。好きかな簾を隔て花樹動ける、女郎撩乱し鞦韆を送る。

と詠うから、打毬と鞦韆の戯は寒食・清明の時期に行う競技であり、遊戯であった。
「重較説郛」本『荊楚歳時記』と和刻本『荊楚歳時記』は寒食の時期に打毬と鞦韆を配置している。打毬と鞦韆の事例から考えれば、打毬と鞦韆は寒食の時期に配置するのが正解で、「宝顔堂秘笈広集」本『荊楚歳時記』が一月に打毬と鞦韆を配置するのは、何かの間違いの結果と考える。

「一字下げ」の箇所にある『荊楚記』

『荊楚歳時記』の「七一　九月九日、重陽、野宴、茱萸《しゅゆ》、菊花」は次のようにある。

九月九日、四民並藉野飲宴。
　按杜公瞻云、九月九日宴会、未知起於何代。然自漢至宋未改。今北人亦重此節。佩茱萸、食餌、飲菊花酒、云令人長寿。近代、皆設宴於臺榭。…………

右の記事のうち、注記にある「佩茱萸、食餌、飲菊花酒、云令人長寿」は、唐建国から七年目の六二四年に完成した、欧陽詢らによる奉勅撰『藝文類聚《げいもん》』巻八九木部・中・茱萸に、
　荊楚記曰、九月九日、佩茱萸、食蓬餌、飲菊花酒、令人長寿。
とあるから、『荊楚記』の記事である。
『荊楚歳時記』の注記箇所は『荊楚記』に対する注記とされるから、『荊楚記』の記事は「一字上げ」の箇所に位置するのが普通である。ところが、「佩茱萸、食餌、飲菊花酒、云令人長寿」とある『荊楚記』の記事は、杜公瞻《せん》が附した注記箇所にある。これはどうしたことであろうか。

宗懍の『荊楚記』の全文は現存せず、『荊楚歳時記』は現在では不完全本となり、「宝顔堂秘笈広集」本『荊楚歳時記』が不完全本のうちで最善本といわれているに過ぎない。完全本の『荊楚歳時記』において、「佩茱萸、食餌、飲菊花酒、云令人長寿」と記事は存在し、杜公瞻が注記を作成する時に、再び注記に引用したと考えられなくもない。しかし、『荊楚歳時記』の文章を注記に再度引用するするものであろうか。『荊楚歳時記』に「佩茱萸、食餌、飲菊花酒、云令人長寿」とあれば、杜公瞻《せん》は注記に別の記事を引用するのではないかと考える。

杜公瞻《せん》は『荊楚歳時記』に注記を加えた。しかし、「佩茱萸、食餌、飲菊花酒、云令人長寿」という『荊楚記』もしくは『荊楚歳時記』の記事が注記箇所にあるから、杜公瞻は『荊楚記』もしくは『荊楚歳時記』の記事に対して、順を追って注記を加えたのではなく、『荊楚記』もしくは『荊楚歳時記』の記事を省略することがあり、時としては『荊楚記』もしくは『荊楚歳時記』の記事を注記に移動することもあったと想定可能となる。

現行本『荊楚歳時記』の「一字上げ」の宗懍の文章とされる箇所は、宗懍の文章そのままではなく、杜公瞻の手が加わった文章で、『荊楚記』の記事の省略や杜公瞻の記事の増入があると想定される。その證拠が『玉燭宝典』の記事の増入である。

現行本『荊楚歳時記』の著者は杜公瞻

大業年間（六〇五～六一八）に、現行本『荊楚歳時記』すなわち杜公瞻撰『荊楚歳時記』は完成した。この『荊楚歳時記』に『玉燭宝典』を引用することが可能なのは誰か。唐代には宗懍撰の『荊楚歳時記』二巻があり、唐代の宗懍撰『荊楚歳時記』一巻は、従前の『荊楚記』を書名変更したものであり、注記のない書である。このように整理すれば、注記のある現行本『荊楚歳時記』は杜公瞻撰『荊楚歳時記』ということになる。

現行本『荊楚歳時記』は「一字上げ」と「一字下げ」から構成され、宗懍の著作ではないことは分明である。杜公瞻こそは現行本『荊楚歳時記』の著者であり、隋の大業年間にできた『荊楚歳時記』は現行本『荊楚歳時記』の祖本である。杜公瞻が『荊楚記』と『玉燭宝典』の記事を採用し、また自らの文章を附加し『荊楚歳時記』の「一字上げ」の記事を書き、「一字下げ」の部分に、諸文献を引用し注記としたというのが、ことの真相であろう。

一〇世紀の『太平御覧《ぎょらん》』所引の『荊楚歳時記』は著者をいわない。八世紀の奉勅撰の『初学記』以来、一〇世紀以降の諸本は、『荊楚歳時記』は宗懍の著書とする。それは現行本『荊楚歳時記』の「一字上げ」の記事が宗懍撰と想定し、この「一字上げ」の部分を以て全体を宗懍撰とするのであろう。しかし、現行本『荊楚歳時記』の「一字上げ」箇所は宗懍の『荊楚記』の記事ばかりではないから、現行本『荊楚歳時記』を宗懍撰とするのは誤っている。すなわち、『初学記』が現行本『荊楚歳時記』を宗懍撰とするのは、何かの思い込みから生じた誤りとしなければならない。

私はこの事実を知らないで『中国古代の年中行事』（汲古書院　東京）全五冊において、「宗懍の『荊楚歳時記』」と書いた。誠に汗顔の至りである。

「一字上げ」と「一字下げ」の記事から構成される『荊楚歳時記』（＝現行本『荊楚歳時記』）は、隋の杜公瞻が大業年間（六〇五～六一八）に完成させた歳時記である。このことに気がついたのは、『荊楚歳時記』の「一字下げ」の注記は、宗懍の著でないのに、『荊楚歳時記』全体を宗懍撰としているのは何故であろうかという疑問が発端であった。「一字上げ」の記事の典拠を点検すると、前掲した一覧表（四八三～四八五頁）のような結果となった。従って、現行本『荊楚歳時記』は部分的に荊楚の歳時習俗を引用するのみであるから、『荊楚歳時記』全体を「六世紀の長江中流域の歳時習俗を伝える貴重な文献」とするのは、大いなる誤解以外何ものでもないということになろう。

宗懍撰『荊楚歳時記』

宗懍（生年四九八～五〇二年。卒年五六一～五六五年）撰『荊楚歳時記』は、『旧唐書《くとうじょ》』経籍志と『新唐書《じょ》』藝文《げいもん》志、加

えて『宋史』藝文志・子部・農家類に「荆楚歳時記」とある。この書の初名は『荆楚記』であった。『荆楚記』が『荆楚歳時記』と書名変更されたのは六二四年以降のことであるらしい。六二四年に完成した『藝文類聚《げいもん》』巻八九木部・中・茱萸《しゅゆ》に、

荆楚記曰、九月九日、佩茱萸、食蓬餌、飲菊花酒、令人長寿。

とあり、『荆楚記』を引用する。『藝文類聚』巻四歳時部・中・正月一五日に、

荆楚歳時記曰、風俗、望日以楊枝挿門、随楊枝所指而祭。其夕、迎紫姑神、以卜。

とある。『藝文類聚』には『荆楚記』と『荆楚歳時記』を引用するが、宗懍に二書の著作はないから、『荆楚記』は宗懍撰であり、この場合の『荆楚歳時記』は杜公瞻撰《せん》と想定できる。

これは七世紀初頭に、杜公瞻が『荆楚記』を基礎として『玉燭宝典』の記事を加味して『荆楚歳時記』を著作し、七世紀の中国の年中行事記として社会に受容されたことによって、『荆楚記』という書名も『荆楚歳時記』と改称されたのであり、宗懍の『荆楚歳時記』は『荆楚記』と同じ内容の書である。宗懍は五六五年以前に『荆楚記』を著作しているから、『荆楚記』に加えて『荆楚歳時記』を著作することはできない。

杜公瞻撰の『荆楚歳時記』が広く流布するようになると、『荆楚記』から書名変更した宗懍撰の『荆楚歳時記』と混同されるようになり、『荆楚歳時記』は宗懍の撰述と理解されることとなった。八世紀中葉の『初学記』には『荆楚歳時記』は宗懍撰としているから、八世紀中葉までに『荆楚記』は『荆楚歳時記』と改称され、杜公瞻撰『荆楚歳時記』を宗懍撰『荆楚歳時記』という説は確立していたようである。

現行本『荆楚歳時記』には、『玉燭宝典』と杜公瞻の文が混在し、明らかに『荆楚記』や宗懍撰の『荆楚歳時記』とは異なる。しかし、杜公瞻の『荆楚歳時記』とは書名が同じであるため、宗懍撰『荆楚歳時記』と混同され、現行本『荆楚歳時記』は宗懍撰『荆楚歳時記』と訂正されることなく、現在に至っているのである。

『荊楚歳時記』という書名の所以

杜公瞻《せん》が書いた書を『荊楚歳時記』といい、宗懍の書いた『荊楚記』を『荊楚歳時記』と書名変更するのは、何故であろうか。杜公瞻の書は確かに『荊楚歳時記』である。『旧唐書《くとうじょ》』巻四七経籍志・下・子部・雑家類に、

荊楚歳時記十巻（一巻の誤り）、宗懍撰。又二巻、杜公瞻撰。

とあり、『新唐書』巻五九藝《げい》文《もん》志・子部・農家類に、

宗懍、荊楚歳時記一巻。杜公瞻、荊楚歳時記二巻。

とある。間違いはない。

更に杜公瞻の『荊楚歳時記』は現行本『荊楚歳時記』であるとした。現行本『荊楚歳時記』が宗懍撰であるならば、現行本『荊楚歳時記』の「一字上げ」の箇所は、すべて『荊楚記』の記事でなければならない。しかし、「一字上げ」の箇所は『荊楚記』の記事に加えて『玉燭宝典』の記事があるから、現行本『荊楚歳時記』は杜公瞻撰の『荊楚歳時記』であるとした。杜公瞻撰の『荊楚歳時記』は七世紀初頭の隋王朝の煬帝治世下おいて完成した。

宗懍の書の最初の書名は『荊楚記』という。六二四年にできた『藝《げい》文《もん》類聚』巻四歳時部・中・五月五日に、

荊楚記曰、荊楚人、以五月五日、並蹋百草、採艾以為人、懸門戸上、以禳毒気。

「荊楚記」に曰わく、「荊楚の人、五月五日を以て、並びに百草を蹋み、艾を採り以て人を為り、門戸の上に懸け、以て毒気を禳《はら》う。

とあるから、六二四年当時、宗懍の書の書名は『荊楚記』であって、『荊楚歳時記』ではない。

現行本『荊楚歳時記』と同じ内容を有する『荊楚歳時記』は『藝文類聚』に登場するから、杜公瞻の『荊楚歳時記』が最初にできたと考えてよい。杜公瞻《せん》は何故に『荊楚歳時記』という書名を用いたのであろうか。現行本『荊楚歳時

記』の典拠を検討すると、『荆楚歳時記』は『荆楚記』の記事を全体で四割用いていることが判明している。現行本『荆楚歳時記』は不完全本であるから、完本であれば『荆楚記』の記事の比重は五割を超したかもしれない。杜公瞻の『荆楚歳時記』は『荆楚記』に由来する書という意味を込めて、書名を『荆楚歳時記』と命名した可能性がある。

杜公瞻の『荆楚歳時記』が世間に広まり、好評を博するようになると、その元となった『荆楚記』にも注目が集まり、書名が類似することによって、『荆楚記』も『荆楚歳時記』と呼称されるようになったものであろう。八世紀初頭にできた『初学記』が、杜公瞻撰の『荆楚歳時記』と宗懍撰『荆楚歳時記』を取り違えているから、『荆楚歳時記』が『荆楚歳時記』といわれるようになったのは七世紀末までのことであろう。

杜公瞻の『荆楚歳時記』によって、『荆楚記』も『荆楚歳時記』と勝手に書名変更という事態を引き起こした。これは杜公瞻の『荆楚歳時記』が七世紀の唐代社会に広く受容されたためである。

杜公瞻《せん》撰『荆楚歳時記』の時代的意味

現行本『荆楚歳時記』、すなわち、杜公瞻撰『荆楚歳時記』は『荆楚記』と『玉燭宝典』の記事を採用し、杜公瞻の文章を加えて、「一字上げ」の記事としている。杜臺卿（『隋書』巻五八）は北朝系の官人であるから、『玉燭宝典』には『荆楚記』の記事を引用するとともに、華北の年中行事にも言及がある。杜公瞻は『玉燭宝典』を使いこなすことによって、六世紀の華北と江南の年中行事を総合化して述べる結果となった。杜臺卿や杜公瞻が活躍した隋王朝という時代は、南北の統一が完成した時代であり、杜公瞻の『荆楚歳時記』は南北の統一という新しい時代の到来に合致した年中行事記であったといえる。

宗懍の『荆楚記』や宗懍の『荆楚歳時記』は、江南の一地方である荆楚の年中行事記であるがゆえに、注目度が低く、需要も少なく、『荆楚記』は散逸することとなった。杜公瞻の『荆楚歳時記』は唐宋時代に広範囲に普及し、よく読まれた。宗懍の『荊楚記』と杜公瞻の『荊楚歳時記』の違いは何処にあったかといえば、『荊楚記』が江南の一地方の年中行事記、杜公瞻の『荊楚歳時記』は当時における中国主要部を網羅した年中行事記という点が異なる。杜公瞻の『荊楚歳時記』は、南北統一という時代のうねりが生んだ年中行事記といってよいであろう。

古代の日本に『荊楚歳時記』は伝来していた。このことは藤原佐世《すけよ》の『日本国見在《げんざい》書目録』雑伝家部に「荊楚歳時記　一巻」とあり、同書総集家部に「荊楚記　一」とあり、『年中行事秘抄』や『本朝月令』に引用があることから明らかである。古代の日本が『荊楚歳時記』を求めたのは、長江中流域の荊楚地方の年中行事に関心があったためではない。古代日本の為政者にとって、片田舎である荊楚地方の年中行事などは、どうでもよいことであったに違いない。古代の日本が『荊楚歳時記』を必要としたのは、遣唐使派遣の時代、『荊楚歳時記』が唐国において、よく読まれる流行本であったからである。

『荊楚歳時記』は荊楚地方の年中行事に加えて、六世紀の華北の年中行事が記載されており、七世紀の中国の歳時風俗を大観するのに好都合であったからである。古代日本も隋唐から「令」を受け入れ、「令」に基礎を置く当時における近代国家の形成に努めていた。「令」には皇帝支配とそれに関連する年中行事があり、唐国の学習と「令制」に基づく天皇支配制に附随する年中行事を確立するために、『荊楚歳時記』を教本の一として必要としたのである。

二〇一九年（令和元年）六月一五日

中村裕一　識

追記

本書は宗懍撰『荊楚歳時記』の訳註ではなく、杜公瞻撰の『荊楚歳時記』である。宗懍撰『荊楚記』と宗懍撰『荊楚歳時記』（唐代の『荊楚記』の別名）にあったであろう「荊楚記序」は、本書の先頭に配置しなかった。ここに示して参考とする。

傅玄之朝会、杜篤之上巳、安仁秋興之叙、君道娯蜡之述。其属辞、則已洽。其比事、則未弘。率為小記、以録荊楚歳時。風物故事、自元日至除日、凡二十餘事。

傅玄（二一七～二七八）＊1の朝会、杜篤（?～七八）の上巳＊2、安仁（二四七～三〇〇）秋興の叙＊3、君道（二六三～三〇六）娯蜡の述＊4。其れ辞を属《つづ》れば、則ち已に洽し。其れ事に比すれば、則ち未だ弘からず。率ね小記を為り、以て荊楚の歳時を録す。風物故事、元日より除日に至り、凡て二十餘事。

右の序は晁公武（一二世紀中葉の人）の袁州本『郡斎読書志』巻三下に引用された『荊楚歳時記』の序文であり、馬端臨の『文献通考』巻二〇六・経籍考三三・史・地理時令に「荊楚歳時記四巻」とあり、『郡斎読書志』からの引用として、右の『荊楚歳時記』の序文がある。『荊楚歳時記』は大部な書ではないが、右の序文では短文に過ぎよう。序文の一部が引用されたものであろう。

＊1　傅玄は（二一七～二七八）は、三国・魏から西晋の人。字は休奕。傅咸の父。『晋書』巻四七に列伝がある。唐の歐陽詢の『藝文《げいもん》類聚』巻四歳時部・中・元正と徐堅の『初学記』巻一四礼部下、また『太平御覧《ぎょらん》』巻二九時序部一四・元日の条に「朝会賦」の部分引用がある。全文は『御定歴代賦彙』巻四七典礼と『全晋文』巻四五にある。

＊2　杜篤（?～七八）は、京兆杜陵（陝西省西安市）の生まれ。後漢王朝前期の人。前漢の御史大夫である杜延年の玄孫。『後漢

書』巻一一〇上文苑列伝に列伝がある。「杜篤之上巳」とは、杜篤の上巳の「祓禊賦」を指すもので、『藝文《げいもん》類聚』巻四歳時部・中・三月三日に「祓禊賦」が引用される。

＊3　安仁は（二四七～三〇〇）潘安仁のこと。安仁は字で、諱は岳という。西晋時代の文人。『晋書《しんじょ》』巻五五に潘岳伝がある。「安仁秋興之叙」は潘安仁の「秋興賦」のことで、『文選』巻一三物色に「秋興賦幷序」があり、『藝文類聚』巻三歳時部・上・秋と、徐堅の『初学記』巻三歳時部・下・秋に「秋興賦」の一部が引用されている。「秋興賦」の序には「晋十有四年、余春秋三十有二」とあるから、西晋王朝開始から一四年目（二七八年）の作である。

晋十有四年、余春秋三十有二、始見二毛。以太尉掾兼虎賁中郎将、寓直于散騎之省。高閣連雲、陽景罕曜。珥蟬冕而襲紈綺之士、此焉遊處。僕野人也。偃息不過茅屋茂林之下、談話不過農夫田父之客。攝官承乏、猥厠朝列。夙興晏寢、匪遑底寧。譬猶池魚籠鳥有江湖山藪之思。於是染翰操紙、慨然而賦。于時秋也。故以秋興命篇。其辞曰、……

晋の十有四年、余春秋三十有二、始めて二毛を見る。太尉掾を以て虎賁中郎将を兼ね、散騎の省に寓直す。高閣雲に連り、陽景曜すこと罕なり。蟬冕を珥みて紈綺を襲るの士、此れ焉《ここ》に遊處す。僕野人なり。偃息は茅屋茂林の下に過ぎず、談話は農夫田父の客に過ぎず。官を攝ね乏しきを承け、猥りに朝列に厠《まじ》る。夙《つと》に興き晏《おそ》く寝ね、底寧に遑あらず。譬えば猶お池魚・籠鳥の江湖・山藪の思い有るがごとし。是に於いて翰《ふで》を染め紙を操り、慨然として賦す。時に秋なり。故に秋興を以て篇に命《なづ》く。其の辞に曰わく、……

＊4　君道（二六三～三〇六）とは嵇含の字で、諱は含という。嵇含は『晋書』巻八九に列伝がある。号は亳丘子。西晋時代の人。『旧唐書』巻四七経籍志下・子部と『新唐書《じょ》』巻六〇藝文志・子部に『嵇含集』一〇巻を著録するが、現在は逸書となっている。なお嵇含には『南方草木状』三巻（『百川学海』・『説郛《せつぷ》』に所収）があり、華南地域の植物を述べる。『藝文類聚』巻五歳時部・下・臘に嵇含の「娯蜡賦序」を所載する。

晋嵇含娯蜡賦序曰、玄象運而寒暑交、節会至而萬物遷。天地之化、固以不停。况於人道之不変乎、是以百年憂喜相参、能達要終之数。悟生生之宜者。百世不遇其人。大蜡之夕、雖天下同有、携金蘭以斉馨利、貴得意以遺栄勢。孰我尚哉。

晋の嵇含の「娯蜡賦序」に曰わく、玄象運びて寒暑交り、節会至りて萬物遷る。天地の化、固より以て停めず。况んや人道の不変に於いてをや。是れ以て百年の憂喜相い参じ、能く要終の数に達す。生きて生の宜を悟り者。百世其の人を遇らず。大蜡の夕、天下同じく有りと雖も、金蘭を携え以て馨利《けいり》を斉《ひと》しくし、意を得るを貴び以て栄勢を遣る。孰れか我尚《たつと》ぶかな。

＊5　除日とは悪霊を逐除する日をいう。悪霊を逐除する日とは、一年の歳終の祭りである臘祭の前日をいう。古い中国では、「臘」は猟に通じ、狩猟をして得た禽獣を祖先に供えるところから、臘祭という。漢代では臘日の前日に悪霊の逐除を行っていたが、六世紀には除日が大晦日に移動する現象が起き、大晦日の夜を除夜というようになった。除夜の悪霊払いの行事が、日本では節分の豆まきとして残存している。

著者紹介

中　村　　裕　一（なかむら　ひろいち）

1945年　兵庫県宍粟《しそう》郡生まれ

1968年　関西学院大学文学部史学科卒業

1973年　大阪大学大学院文学研究科博士課程修了

1992年　博士（文学　大阪大学）

著　書

『唐代制勅研究』（汲古書院　1991）　学位論文

『唐代官文書研究』（中文出版社　1991）

『唐代公文書研究』（汲古書院　1996）

『隋唐王言の研究』（汲古書院　2003）

『唐令逸文の研究』（汲古書院　2005）

『大業雑記の研究』（汲古書院　2005）

『中国古代の年中行事　第一冊　春』（汲古書院　2009）

『中国古代の年中行事　第二冊　夏』（汲古書院　2009）

『中国古代の年中行事　第三冊　秋』（汲古書院　2010）

『中国古代の年中行事　第四冊　冬』（汲古書院　2011）

『唐令の基礎的研究』（汲古書院　2012）

『大唐六典の唐令研究』（汲古書院　2014）

『中国古代の年中行事　第五冊　補遺』（汲古書院　2018）

訳注　荊楚歳時記

二〇一九年十二月二十三日　第一刷発行

著　者　中村裕一

発行者　三井久人

整版印刷　富士リプロ㈱

発行所　汲古書院

〒102-0072　東京都千代田区飯田橋二-五-四

電　話　〇三（三二六五）九七六四

FAX　〇三（三二二二）一八四五

ISBN978 - 4 - 7629 - 6639 - 2　C3022

KYUKO-SHOIN, CO., LTD. TOKYO.

Japanese Translation with Notes
on
the Jing-Chu-Sui-Shi-Ji
荊楚歳時記之訳注

BY

NAKAMURA HIROICHI

中村　裕一

KYUKO SYOIN

TOKYO

2019

索　引

ア

イ

ウ

エ

オ

キ

サ

タ

チ

ヤ

ユ

ヨ

ラ

リ

ル

レ

ロ

ワ